イルクーツク商人とキャフタ貿易

帝政ロシアにおけるユーラシア商業

森永貴子❖著

Иркутское купечество и кяхтинская торговля

Коммерция Эвразии в Императорской России

北海道大学出版会

北海道大学は、学術的価値が高く、かつ、独創的な著作物の刊行を促進し、学術研究成果の社会への還元及び学術の国際交流の推進に資するため、ここに「北海道大学刊行助成」による著作物を刊行することとした。

二〇〇九年九月

目次

凡例

一　ロシア語の地名、人名の日本語表記については、一般に用いられるアルファベット読みを踏襲した。ただし、日本語に翻訳されている用語で、慣例表記として定着しているもの（例えば「シベリヤ」は「シベリア」。また人名では「ボロディン」「カンディンスキー」など）に関しては慣例表記に従った。

二　イルクーツク商人の名前の表記については史料記載のものを尊重した。例えば出典に「ヴァシーレイ」と表記されているものは現代表記の「ヴァシリー」に修正せず、そのまま残した。

三　キリル文字のДは母音字・子音字との組み合わせによって「ザ・ジ・ズ・ゼ・ゾ」と発音・表記されることがあるが、語頭に来るДについては例外的に「ダ、ディ、ドゥ、デ、ド」と表記した（例えば「管区」を意味する「ディストリクト」）。またEは一部の例外（「ラヴレンチェイ」「スレーチェンスク」）を除き、全て「エ」音で表記した。軟音（ь）は、基本的に「イ」音で表記した。

四　参考文献のうち、帝政時代のロシア語文献ではiなどの古いアルファベット表記が用いられるが、本書では現代ロシア語表記に修正して記載した。ただし古文書史料のアルファベット表記はそのまま残した。

五　本書掲載の年月日は旧ロシア暦を用いる。西暦への換算は、一八世紀で一二日、一九世紀で一三日を加える。

序章

「イルクーツク商人」と「キャフタ貿易」はロシア史の事例研究として取り上げられる機会が少ないテーマである。何故ならば、「イルクーツク」も「キャフタ」も一般に辺境の町として認識されているからである。しかし本書の研究対象とするイルクーツク市は一八・一九世紀を通じて東シベリアの政治的拠点だっただけでなく、同地域の商業拠点として重要な位置を占めた。地理的に見れば西はエニセイ川、アンガラ川、東はクレンガ川、レナ川、南はバイカル湖、セレンガ川といった河川網と直接つながり、東西交通の要衝であった。さらにザバイカリエ地域では露清貿易、すなわちキャフタ貿易が繁栄した。つまり、イルクーツクの重要性は河川網に囲まれていることによる有利な地理的条件、行政府が設置されたという政治的条件、キャフタの後背地という経済的条件に立脚していた。ロシア政府は一七世紀にネルチンスクを清朝政府との交渉を行うための前哨基地としたが、一八世紀以後はイルクーツクがこれに取って代わり、行政官に外交交渉権が与えられた。ロシア政府は毛皮の輸出先である清との貿易に熱心であり、一七二八年にキャフタ条約が締結されると、イルクーツクはキャフタに最も近い東シベリアの行政都市として最大中継交易地となった。キャフタは一八六〇年代までほぼ唯一の露清貿易拠点であり、ロシアが外国貿易を行う「港(ポルト)」(1)の一つとして東シベリア流通の重要な要であった。

本書の目的は、第一に一八・一九世紀に東シベリアの流通拠点であったイルクーツクの商人構造と出自を解明することであり、第二にその重要な商業活動であったキャフタ貿易との関係性を明らかにすることである。これにより、近世・近代においてヨーロッパ・ロシア地域からシベリアへ人口が移動した過程を商業史の視点に基づき解明することが可能である。また第三に、行政と地元住民の対立という政治的側面を強調してきたシベリア史に経済史的視点を加え、ロシア辺境統治の実態と商人の社会生活について実証的に解明することを目的とする。筆者がこのテーマを選んだ理由は、ロシア人がシベリア、北太平洋地域へ進出した具体的経緯を知りたいと考えたからである。極東におけるロシアの南下については近代史の政治的側面のみが語られがちだが、そこに至るまでにはシベリア、北太平洋地域におけるコサック、狩猟業者、毛皮業者、商人の活動があり、彼らは中央から離れた辺境地で政府の方針とは無関係に行動範囲を拡大した。こうした毛皮事業はロシアのアジア貿易の要であるキャフタ貿易の成長に支えられた。一八世紀、清はロシアの主要毛皮輸出市場であった。これらの商業活動を支えた有力グループの一つがイルクーツク商人であり、イルクーツク商人史を紐解くことはロシア毛皮交易史とキャフタ貿易史の実態を解明することである。またキャフタ貿易の繁栄期は帝政ロシア時代における国内流通の成長期と重なっており、ロシア流通をアジア貿易の視点から捉えなおすことも可能である。

以上の観点から、筆者はイルクーツク商人史とキャフタ貿易史の検討がロシア流通史、人口移動史、ヨーロッパのアジア貿易史に関わる重要課題の一つであると考える。近年、ロシアでは政治史・経済史研究のみならず、地誌研究や社会史研究の成果が刊行されつつあり、その点シベリア史研究においても例外ではない。本書も先行研究と近年の研究動向に多くを負っている。序章第一節ではこれらの点を整理しつつ、先行研究の問題点と課題について検討する。第二節ではイルクーツク商人とキャフタ貿易史を議論するための前提知識として、近代ロシアにおける行政組織と都市制度、商人の法的地位とギルドなどの公的な枠組みについて整理し、ロシア商人とイルクーツク商人の共通点・相違点について比較検討する材料としたい。

一　先行研究と課題設定

1　ロシア商人史の研究動向

イルクーツク商人史を研究する上で、問題となるのはロシア商人史研究の動向である。西ヨーロッパではイタリアのヴェネツィア商人、フランスのマルセイユ商人、ドイツのハンザ商人、オランダ商人、イギリス商人などを対象に、その会計実務、社会文化史的役割に関する膨大な研究蓄積があり、広域的な交易史・貿易史研究に生かされている。しかしイルクーツク商人史に関してはロシア商人史研究の動向に影響され、一九八〇年代まで手付かずの状態であった。

ソ連時代のロシア商人史研究は資本家研究の一部として行われた。その多くが帝政末期の工業資本家を対象としている一方、Я・Н・ヤコフツェフスキー著『封建農奴制ロシアにおける商人資本』(モスクワ、一九五三年)のように、商業史の視点から資本家を捉える研究も行われた。[2] ヤコフツェフスキーの著書は中世のノヴゴロド商人から近代のギルド商人まで、一次史料に依拠した浩瀚な研究であるが、一九五〇年代のソ連の経済史研究を反映し、マルクス・レーニン理論にロシア商人史を当てはめる作業が中心となっている。ヤコフツェフスキー以後しばらく商人史研究の進展は見られないが、一九七〇年代にシベリア史研究の分野から新たな研究の動きが出てくる。この時期ヨーロッパの社会史研究の方法論がソ連史学に取り入れられるようになり、商人を経済史ではなく社会史の視点で捉えなおそうと試みたのが著名な西シベリア史研究者として知られるノヴォシビルスクの歴史家М・М・グロムィコである。彼女は「一八世紀シベリア商人の社会心理的特徴に寄せて」(一九七一年)、「シベリア商人コルニリエフ」(一九七二年)、「ヴェルホトゥリエ商人ポホジャシン」(一九七三年)、「Н・И・ノヴィコフの学術友好団体におけるГ・М・ポホジャシン」（一九七四年）、「封建時代のシベリアにおける非特権身分の系譜学研究による社会経済的側面」（一九七七年）などの論文を発表し、西シベリア社会における商人の役割を生き生きと描いた。(3)

同時期にモスクワの歴史家A・И・アクショーノフは系譜学研究の立場からモスクワ商人の家系研究を行い、その成果として『一八世紀モスクワ商人の系譜――ロシア・ブルジョワジーの形成史から』（モスクワ、一九八八年）を刊行した。(4)アクショーノフは一連の研究の中で一八世紀のモスクワ商人の家系創始者の多くがモスクワ近郊農民出身者だった事実を指摘し、ロシアにおける商人身分の社会的流動性を実証した。

グロムィコ、アクショーノフらの研究を皮切りにロシアの企業家史研究に注目が集まり、これに追随する研究成果が登場した。本格的なイルクーツク商人史研究はこうした動向の中から出てきた。イルクーツク商人史研究の端緒となったのはロシア国立イルクーツク大学の歴史家В・П・シャヘロフの博士候補論文『一八世紀末―一九世紀第1三半期における南東シベリアの商工業開発』（イルクーツク、一九八一年）である。同論文は南東シベリア地域（イルクーツク周辺地域）の経済史研究だが、イルクーツク商人のリスト、生没年、ギルド登録期間などの豊富なデータを提示し、イルクーツクの流通と商人の役割について踏み込んだ研究を行っている。(5)シャヘロフの試みは非常に興味深いが、商工業全体を網羅的に説明しているため、商人だけでなく町人、同業組合員、労働者なども研究対象とし、商人そのものの深い分析には至っていない。むしろ同氏はその後発表した論文の中で詳細な事例研究を積み重ねており、地誌研究の成果を取り入れた社会文化史研究を進めている。(6)

シャヘロフに続き、一九九〇年代にはノヴォシビルスクの研究者Е・А・ズーエヴァがシベリア商人の家族史研究を行った。彼女は博士候補論文『一八世紀末―一九世紀前半シベリアにおけるロシア商人の家族』（ノヴォシビルスク、一九九二年）などの中で、シベリアで最も有力な商人家系が西シベリアのトムスクと東シベリアのイルクーツクに存在した事実を指摘し、シベリアの各主要都市の商人の世帯数、平均家族構成、姻戚関係、社会的流動性に関するデータを提示した。なお、一九八二年から一九九二年までの研究成果として二〇〇七年に博士候補論文と同名の著作が刊行されている。[7] ズーエヴァはロシア科学アカデミー・ロシア史研究所シベリア支部刊行の『簡略シベリア商人・商業史事典』(ノヴォシビルスク、一九九四―一九九九年)の共同執筆にも携わっており、[8] 一九九〇年代のシベリア商人史研究を牽引した。同じくイルクーツク商人研究ではИ・A・シチューキンの博士候補論文『一九世紀東シベリア商人史』(モスクワ、二〇〇〇年)があり、彼らの社会心理(メンタリテート)および社会的役割、生活文化に重点を置いて研究を行っている。[9]

近年では商人に関する国家的制度の枠組みを論じたH・B・コズロヴァ『一八世紀におけるロシア絶対主義と商人(二〇年代―六〇年代初め)』(モスクワ、一九九九年)、デカブリストとの交流・関係史を事例にロシア商人の社会史的役割を論じたA・B・セミョーノヴァの研究など、ロシア商人を包括的に捉える研究が盛んになりつつある。[10] しかしその一方で各地域・都市の商人に関する事例研究も出てきている。例えばトムスク商人を扱ったЮ・M・ゴンチャロフ『一九世紀後半―二〇世紀初頭のシベリア商人家族』(バルナウル、一九九七年)、アルタイ地域の商人に関する概説書であるB・H・ラズゴン『一八―一九世紀前半におけるシベリア商人』(バルナウル、一九九九年)、Ю・B・オゼロフ『一九世紀半ばのクールスク商人』(クールスク、二〇〇一年)、A・M・コネーチヌイ編『一九世紀ペテルブルク商人』(サンクト・ペテルブルク、二〇〇三年)、E・B・コムレヴァ『エニセイスク商人――一八世紀後半―一九世紀前半』(モスクワ、二〇〇六年)、ネルチンスクの金鉱業者を扱ったO・B・ウシャコフ『ミハイル・ドミートリエヴィチ・ブチン――一九世紀六〇年代―二〇世紀ザバイカリエの企業家・慈善家』(ノヴォシビルスク、二〇〇六年)などの成果がある。[11]

以上のように、近年のロシア商人史研究は経済史研究よりも社会文化史研究が先行している傾向がある。一方、イルクーツク商人史研究の問題点は、ズーエヴァ、シチューキンによる社会史研究が充実しつつも、経済史研究と社会史研究が別々のカテゴリーとして切り離され、シャヘロフの研究とズーエヴァらの研究が別個の問題として結びつけられていないということである。アレクサンドル二世(在位一八五五―一八八一年)の大改革以前、一般的なロシア商人の経営は家族経営であり、家族生活と商売が不可分の関係にあった。従ってロシア商人の経済活動と社会生活を別個に扱うのは彼らの実像の一部分にしか光を当てることにならず、全体像が分かりにくいという問題点がある。イルクーツク商人史を研究する上で、その経済活動、特にキャフタ貿易との関係を明らかにすることが重要であり、流通史における彼らの位置づけを考察する必要がある。

2　地誌研究・流通史研究

一八世紀から一九世紀のシベリア史研究で重要な史料となるのが帝政ロシア時代に刊行された地誌研究書である。一八世紀の東シベリアは人口希薄で食料自給も困難な辺境地であり、ロシア領に編入以来、住民の大部分を構成したのはアジア系先住民族とヨーロッパ・ロシアから派遣されてきた勤務者であった。[12]ロシア政府が本格的にシベリア移住計画に着手するのは農奴解放後の一八六〇年代である。[13]だが北ドヴィナ河岸の町ソリヴィチェゴツクを拠点とするストロガノフ家がシベリア殖民事業を行い、エルマークがシビル・ハン国を征服した歴史に示されるように、一六世紀後半には豊富な毛皮を求めるロシア人が西シベリア地域へ進出し、先住民を征服したコサックの後続には狩猟業者、商人たちの集団が見られた。彼らはシベリア地域で進取の気性に富んだ独特の風土を作り上げた。[14]特に一七四三年にエメリヤン・バソフがカムチャツカ沿岸を探検して以来、北太平洋地域の毛皮産業は東シベリアの商品流通を刺激し、北ロシアを中心とするヨーロッパ・ロシアの人々がこの地へ移住した。こうしたシベリアにおける都市の出現、ロシア人の人口移動史に関しては、帝政時代からの研究蓄積がある。

例えば一八世紀ロシア科学アカデミーに招聘されたドイツ人研究者で、サンクト・ペテルブルク大学初代学長のゲルハルト・フリードリヒ・ミュラー(ロシア名フョードル・イヴァノヴィチ・ミルレル)は、『シベリア王国誌』（サンクト・ペテルブルク、一七五〇年）、『シベリア商業に関する記録』（サンクト・ペテルブルク、一七五六年）を出版しており、「シベリア史の父」と呼ばれている。M・Д・チュルコフはロシア帝国の商業、定期市情報を収集して『古代から現代までのロシアの全港・国境における商業史的記録』（注1参照）を刊行し、その中でキャフタ貿易についても取り上げている。[15] また一九世紀初頭にはロシア地誌情報の集大成としてA・M・シチェカトフの『ロシア地理事典』（モスクワ、一八〇一―一八〇九年）が刊行されている。[16] これらの文献資料の特徴は百科事典的情報の羅列であり、体系的研究書とは性質が異なるが、当時の商品・交通手段・地理情報などを詳細に記述しているため、一次史料としての価値は高い。また一九世紀後半にはロシアでも統計学が発達し、商業関連の政府統計データが刊行された。Ю・A・ガゲメイステルの『シベリア統計概観』（サンクト・ペテルブルク、一八五四年）はその代表である。[17] 以上の文献・データ史料などからイルクーツクの存立基盤を知ることが可能である。

シベリア史の網羅的研究ではなく、イルクーツクおよび東シベリア地域に関する最初の本格的地誌研究書は、Ф・A・クドリャフツェフとE・П・シリンの共著『イルクーツク——市史概説』（イルクーツク、一九四七年）である。同じくシリンの単著『一八世紀のキャフタ——ロシア・中国貿易史から』（イルクーツク、一九四七年）も古文書史料を多く引用していて詳しい。[18] クドリャフツェフはソ連初期にイルクーツク大学歴史学部教授として歴史書編纂事業を推進し、徹底した古文書研究を行うことで東シベリア史研究に貢献した。その著書『ブリヤート蒙古民族史』は戦前に日本でも翻訳され、[19] イルクーツク周辺の先住民とロシア人住民の関係を含む浩瀚な研究成果が知られている。しかし一九五八年に刊行されたΓ・A・ヴェンドリフとの共著『イルクーツク——市史概説』では古文書史料の引用が大幅に減り、「商人対行政」「富裕層対貧困層」という二項対立の構造が強調されている。[20] これはマルクス・レーニン史観に基づく階級闘争史観で事実関係を整理し、個別事例や例外に属する事件・事柄などを省略しているためである。こうした傾向は同時代のシベリア史研究全般に見られる。

一方、流通史研究は資本主義と「全ロシア市場」形成史の研究を出発点とし、主に一九七〇年代から研究成果が見られるようになる。このうちレニングラード（現サンクト・ペテルブルク）の歴史家Б・Н・ミローノフは「一八世紀ロシアの価格革命」（『歴史の諸問題』第一一号、一九七一年）において一次史料に基づくロシアの流通と商品価格の変動を研究した。同氏は商人の社会的流動性についても研究する一方、『一八世紀後半—一九世紀前半のロシア国内取引』（レニングラード、一九八一年）でロシアの諸定期市に関する詳細な分析を行った。[21] 彼の業績はロシア流通史研究の基礎を確立したものとして高く評価されている。これに関連して、Э・Г・イストミナの『ロシアの水運——一八世紀後半—一九世紀初め』（モスクワ、一九八二年）はヨーロッパ・ロシアの河川交通が流通に果たした役割を研究した労作である。[22] また、シベリア史では『一六世紀末—二〇世紀初頭におけるシベリア諸都市の商取引』（ノヴォシビルスク、一九八七年）と題する論文集が刊行され、Д・Я・レズン、О・Н・ベセージナ共著『シベリアの定期市一八—一九世紀前半』（ノヴォシビルスク、一九九二—一九九三年）では、西シベリア、東シベリアそれぞれの定期市の変遷を追うことにより、シベリアの都市・農村の流通構造と担い手の変化について解明が試みられた。[23] 一九九四年から一九九九年には先述の『簡略シベリア商人・商業史事典』が刊行された。[24] 同書は従来個別事例研究、地誌研究の分野でしか公表されてこなかったシベリア商人と各商業都市の基礎データを事典形式で集成したものであり、貴重な手引書である。ただし厳しい予算内で刊行されたためか、執筆者によって相互に矛盾するデータ・情報を記載しており、校正や編集が不十分である。また史料的制約によるものか、非常に重要と思われる都市・商人名が索引に記載されていない場合もあり、バランスに欠けている。地誌研究成果の活用は大いに注目されるだけに、今後の史料整理・情報の追加・修正が必要なところである。

これらの流通史研究は基礎研究段階であり、商人史と流通史を結びつけた経済史としての研究成果はまだ少ない。ロシアの本格的な商人史・流通史研究は始まったばかりであり、イルクーツク商人に関してもその経営・商業について史料の整理・解明が十分ではないのが実情であるから、キャフタ貿易との関わりについて分析することは大きな意義があると考える。

3　キャフタ貿易史研究

キャフタ貿易に関しては、帝政ロシア時代の統計研究の成果としてある程度の蓄積がある。例えばA・K・コルサクの『ロシア・中国貿易史統計概観』(カザン、一八五七年)は一九世紀半ばまでのシベリア流通とキャフタ貿易の全体像を知る上で欠かせない一次史料である。[25] またキャフタのビジネス指南書として商人И・A・ノスコフが書いた冊子『キャフタ』(イルクーツク、一八六一年)、新たな統計資料を加えたX・И・トルセーヴィチの『ロシア・中国外交商業関係(一九世紀まで)』(モスクワ、一八八二年)などの概説書が存在する。[26] 一九〇九年には関税徴収局統計部門の調査資料として『ロシア・中国貿易の統計資料』(サンクト・ペテルブルク、一九〇九年)が刊行されており、先に挙げた文献に含まれていない情報を捕捉することができる。[27] キャフタ貿易に関連して、ロシア茶貿易の研究書として刊行されたA・П・スボーチンの『ロシアおよび他の国々における茶と茶貿易』(サンクト・ペテルブルク、一八九二年)もロシアと周辺アジア諸国との茶貿易史を概観しており、アジア貿易におけるキャフタの位置づけを判断する上で重要な文献である。[28]

ソ連時代には先述したシリンの研究書のほか、M・И・スラトコフスキーの『露中商業経済関係史』(モスクワ、一九七四年)が見られる。[29] また外国人研究者ではフランスのG・カーエンが『ピョートル大帝期における露清関係史』(パリ、一九一二年)を刊行しており、キャフタ貿易が確立するまでの概要を記述している。アメリカの研究者C・M・ファウストは『モスクワ人と中国官吏――ロシアの中国貿易とその確立、一七二七―一八〇五年』(チャペル・ヒル、一九六九年)の中で、全ての取引品目について詳細な検討を行った。[30]

日本においては、露清関係史研究の専門家である吉田金一氏による優れた業績がある。同氏はコルサク、トルセーヴィチらのロシア語統計資料のみならず、中国側で刊行された一次史料も駆使してキャフタ貿易の変遷について解明しており、日本における露清関係史研究の基礎を確立した人物である。[31] また吉田金一氏以後、柳澤明氏、澁谷浩一氏らが主に露清外交史を中心とする精緻な研究を続けており、キャフタ貿易史研究における日本側の研究業績は極めて高い水準にあると言える。[32] しかし従来のキャフタ貿易史研究を概観すると、その内容は露清の貿易統計の分析と、外交交渉・条約文の分析が中心である。これらについては非常に興味深い研究が行われているにもかかわらず、キャフタ貿易に参加したロシア商人、中国商人たちが具体的にどのように取引を行っていたのか、流通組織の構造や仕組みがどのようなものであったかなど、貿易実務とその現場に関する分析があまり行われていない。

この要因として、外交史研究が条約文などの刊行史料によって分析しやすいのに比べ、貿易実務については旅行記などの二次史料の証言に頼らざるをえず、一次史料へのアクセスが容易ではないという史料上の制約が背景にあるだろう。また地誌研究の成果がこれまで積極的に取り上げられてこなかったことも一因である。

4　課題設定と検討上の問題点

イルクーツク商人の経営がキャフタ貿易と密接な関係にあり、キャフタ貿易に果たした彼らの役割が大きかったことは以上の先行研究によりほぼ明らかである。しかし近代ロシアにおけるアジア貿易の中心であったキャフタには、イルクーツク商人だけでなくヨーロッパ・ロシア地域、シベリア地域など、ロシア全土から商人が集まり、互いに競合関係にあった。筆者の関心は、東シベリアにおける毛皮産業の繁栄を基礎に形成されたイルクーツク商人が、キャフタ貿易と関わることによってその構造と経営をどのように変化させていったのか、という点である。特に変化が激しかったのが度重なるキャフタ貿易の停止が行われなくなる一七九二年以降である。筆者はキャフタ貿易の運営と取引品目の急激な変化がイルクーツク商人の経営活動に影響を与え、その構造に決定的な変化をもたらしたと考える。

これらの事実を検証する上での困難は、一八世紀末―一九世紀前半におけるイルクーツク商人の会計事務史料がほとんど残されていない点である。筆者はモスクワの国立歴史博物館手稿史料課（ОПИ ГИМ）で、イルクーツク商人であったバスニン家の寄贈文書を調査したが、手書きの取引記録は非常に稚拙なものしか残されていなかった。この時代はイルクーツク商人を含めロシア商人全体の識字率が低く、きちんとした会計簿をつけている商家は稀である。さらにロシア商人の伝統的経営方法が色濃く残っていた一九世紀初頭においては、契約書を交わす習慣が定着していなかったことなどから、簿記を手がかりに各商人の経営内容を知ることは困難である。しかしロシア国立古代文書館（РГАДА）に保存されているバスニン寄贈文書には、キャフタ貿易の関税台帳をはじめとする有益な史料が多数含まれている。(33) また他にも徴税を目的とした政府の取引調査記録などが残されており、国立イルクーツク州文書館（ГАИО）ではイルクーツク市議会文書、イルクーツク・ギルド局の台帳、サンクト・ペテルブルクのロシア国立歴史文書館（РГИА）ではシベリア第一委員会、シベリア第二委員会文書などの史料を活用することができた。(34) これらの史料により、イルクーツク商人が関わったキャフタ貿易についてある程度再構成することが可能である。

以上の史料を基に、本書では一八世紀後半から一九世紀前半におけるイルクーツク商人の経営と構造の変化、これらに対するキャフタ貿易の関わりについて検証する。このような広い時期を本書で設定したのは、イルクーツク商人の本質的変化が見られる一七九二年から一八三〇年頃の時期と、その前後の時期の相違をより明確にするためである。先行研究の成果を整理することで、以下の事実をあらかじめ想定することができる。(1)キャフタ貿易が本格的に拡大し、イルクーツクにおけるギルド商人の質的な成長が始まったのが度重なる貿易停止の終了する一七九二年以降であると考えられること、(2)この時期以後中国からの輸入品目に占める茶の割合が飛躍的に増加し、それまでロシア側にとっては東シベリアの限られた市場だけに必要と考えられていた中国貿易が、ロシア全域にわたる極めて広範な市場を獲得し始めたこと、(3)ロシアの輸出品目に占める毛皮の割合が減少し、ラシャ、綿織物製品などの工業製品の輸出が増加することでイルクーツクにおける取引構造に影響を及ぼしてくる時期が一八二〇年代であること。

上記の点を踏まえ、本書ではイルクーツク商人とキャフタ貿易の構造変化の過程について第一章以下で検証していくこととする。

二　近代ロシアの制度的枠組み

本節では第一章に入るための前提知識として、帝政ロシア時代における商人の法的地位と、それを取り巻く行政組織について、ヨーロッパ・ロシアおよびシベリアにおける相違点に留意しつつ、概観していく。

1　大改革以前の地方行政改革とシベリア行政

ロシアではピョートル一世(在位一六八二―一七二五年)の時代にヨーロッパ諸国を制度的・文化的モデルとする近代化政策が推進され、絶対主義の確立と中央集権化、軍事財政国家への転換を模索する過程で様々な改革が試みられた。その一つが財政改革および中央集権化政策と表裏一体をなした地方行政改革である。一七世紀までのロシアの地方行政は、郡(ウエズド)と呼ばれる行政単位に分かれており、中央から郡の行政・司法を司る地方長官(ヴォエヴォーダ)[35]が派遣されていた。しかしこの制度は地方長官の職権乱用を引き起こしたり、滞納されている租税の徴収が進まなかったりするなど、多くの弊害を抱えていた。こうした事態を打開するため、一六九九年に地方長官職が廃止され、地方行政はその管轄から切り離された。その後ロシアは一七〇二年に北方戦争でスウェーデンからインゲルマンラント地方を獲得し、一七〇六年にその長官としてピョートル一世の側近アレクサンドル・メンシコフが任命され、ロシアで最初の県(グベルニヤ)に当たるものが創設された。[36] さらに一七〇八年にはロシア全体がモスクワ、インゲルマンラント(一七一〇年からペテルブルク)、キエフ、スモレンスク、アルハンゲロゴロド、カザン、シベリア、アゾフの八県に分割され、各県の長に県知事(グベルナートル)が置かれた。[37] 特にシベリア県の場合は政府の独立官庁であったシベリア庁(シビルスキー・プリカース)を廃止し、トボリスクを県庁所在地として創設されたものであり、ペルミ地方の大部分とヴャトカ地方、ウラル以東全域の広大な領域を含む巨大行政単位となった。[39] また各県行政の責任者として司令長官(オーベル・コメンダント)、郡行政の責任者として司令官(コメンダント)が置かれた。しかし新たに創設された県の行政単位は領域的にあまりにも広く、県と郡をつなぐ中間行政単位の必要性が認識された。一七一三年にはバルト海沿岸地域の行政にならって司令官を郡長(ランドラート)に改称し、県知事の補佐役とした。[40] しかし郡長は「全ての(地元)貴族が自らの手で」選出することとしたため、その実態はかつての地方長官の支配とほとんど変わらなかった。一七一八―一七二〇年の行政改革では県の数を一一に拡大し、これを四五の地方(プロヴィンツィヤ)に分割し、その下部単位として管区(ディストリクト)を設けた。県と地方の行政は、県知事の補佐役として新たに設けられた副知事と地方長官がそれぞれ担当することとされた。県知事と地方長官の主な機能はそれぞれ財政と司法に分割され、前者の権限は県都に限られた。人頭税の徴収は従来と同じく貴族選出の役人である委員(コミッサール)に委託された。[41]

しかしピョートル一世の一連の改革はほとんどが短命に終わり、ロシア旧来の制度を刷新するには至らなかった。一七二七年、県知事・地方長官を除きピョートルが制定した全ての制度が廃止され、各都市、都市近郊、地方にそれぞれ地方長官が配置されることになった。一七三〇年、地方長官の任期は二年に、一七六〇年には五年に延長されたが、住民の要望によってさらに延長が可能となったため、旧来の地方長官の職権乱用体質は温存された。こうした状況は一七七五年に地方長官職が廃止されるまで続いた。

エカテリーナ二世(在位一七六二―一七九六年)の時代には、一七六四年四月二一日に「県知事への訓令」が出され、県知事は「監督を委ねられた県全体の長であり、主人である」と規定された[42]。しかしヨーロッパ・ロシア地域における県行政改革の本格的な動きはプガチョフの乱(一七七三―一七七四年)の衝撃によって始まった。政府は反乱の原因を地方の無力に求め、広大な帝国の統治を円滑に進めるための地方行政改革を断行した。一七七五年一一月に「全ロシア帝国の県行政のための基本法」が、一七八〇年にその第二版が公布された。法令は担税民三〇―四〇万人を単位として県を設定し、各県に一〇―二〇の郡を設け、各郡の人口は二―三万人とする新地域行政単位を定めた。これにより、この時期二五あった県は四一に拡大し、郡も倍増した。これは行政機関の不足という問題に対処したものであったが、一方で行政単位を細分化したことにより、新たな郡庁所在地となった旧来の村、商工地区(ポサード、後述)がそのまま都市(ゴーロド)に格上げされ、人口過疎地域では実態と制度が合わないところも見られた[43]。また県知事の上官として、政府高官が任命される総督(ナメースニク、もしくはゲネラル・グベルナートル)の制度が設けられた。一方でこの改革は権力の地方分散化と地方貴族の行政参加をも目的としており、地方の貴族を貴族集会(ドヴォリャンスコエ・ソブラニエ)と呼ばれる身分団体に組織化し、その中から三年ごとに郡警察署長、貴族裁判所の判事・裁判官などを互選する制度を導入した。その後一七八五年に公布された「貴族への恵与状」は、貴族集会に全ての貴族が出席する義務を課し、投票資格は所領を持つ貴族に限定されたものの、貴族集会を核とする貴族団(ドヴォリャンスコエ・オプシチェストヴォ)が各県・郡に成立し、貴族団長には知事に次ぐ官等が与えられた。この時期の改革によって、貴族は地方行政において重要な地位を占めるようになり、貴族主導の地方自治が始まった[44]。

しかし貴族集会はあくまで地主貴族が存在するヨーロッパ・ロシア地域においてのみ成立可能な制度であり、地主貴族が存在しないシベリア、特に本書の研究対象であるイルクーツクでは全く不可能であった。シベリアにもかつてモスクワから移住した貴族子弟の子孫であるシベリア小貴族（ボヤルスキエ・ジェーチ）、シベリア貴族（シビルスキエ・ドヴォリャーネ）が若干数存在していたが、一八世紀になるとこの称号がコサック勤務の農民にまで与えられるようになり、身分的権威が失墜した結果、一七四四年にその特権が廃止された[45]。このため、シベリアの貴族はあくまで中央から一時的に派遣されてくる行政官および高官たちに限定され、地主貴族に相当する特権層は存在しなかった。後述するように、こうしたヨーロッパ・ロシア地域の地方行政との構造的な違いが、シベリアにおける役人・人材の不足と知事・総督の職権乱用を増長した一因となった。

シベリア行政においてはヨーロッパ・ロシア地域と同じく行政官の不正・蓄財が後を絶たなかったが、特に初代シベリア県知事となったマトヴェイ・ガガーリンはトボリスク市の整備事業に尽力した人物として知られる一方で、シベリアから国庫に納められる毛皮税を着服するなどの職権乱用行為を行った。このため彼は一七一九年にペテルブルクへ召還され、一七二一年同地で絞首刑となった[46]。この事件で、広大なシベリア統治においてあまりにも大きな行政区分による統括は困難であることが判明し、一七一九年シベリア県を三地方に分割し、各地方に副知事（ヴィッツェ・グベルナートル）を配置した。

また一七三〇年、元老院管轄下で廃止されたシベリア庁が復活し、政府が直接シベリアの行政を統括しようと試みた。しかし一七六三年シベリア庁は廃止され、一七六四年「異民族の王国」として「シベリア王国（シビルスコエ・ツァールストヴォ）」が創設される。このときシベリア県と共にイルクーツク県が創設され、シベリア県がトボリスク地方とエニセイスク地方に分けられることになった。シベリア王国の創設はエカテリーナ二世の一連の行政改革と平行して行われたものであり、その目的はヨーロッパ・ロシアとシベリア地域を分離し、その上でツァーリが両地域の連携を強化して統括することであった。これにより、政府はシベリア地域に対する支配を確固たるものにしようと試みた。しかしロシア人移住者が増加しつつあるなかで異民族保護を強化する政策はシベリア行政の実情に合わない部分もあり、所期の目的が達成されないままシベリア王国は廃止された[47]。一七八二年にトボリスク州(オーブラスチ)、トムスク州を一管区として総督制(ナメースニチェストヴォ)が導入され、トボリスクに総督(ナメースニク)が置かれた。翌年には同じくイルクーツク州、ネルチンスク州、ヤクーツク州、オホーツク州を一管区としてイルクーツク総督府が、コルィヴァン地域を一管区としてコルィヴァン総督府が設けられた。しかしパーヴェル帝(在位一七九六—一八〇一年)時代に入ると、一七九六年に州制度を廃止してトボリスク県とイルクーツク県の行政区分が復活し、コルィヴァン総督府は廃止された。さらに一七九七年にはトボリスクの総督制が廃止され、イルクーツクには軍政知事(ヴォエンヌィ・グベルナートル)が任命された。(48)

その後のシベリア行政はアレクサンドル一世(在位一八〇一—一八二五年)時代の国内改革に伴って制度改変が重ねられた。一八〇三年シベリア総督制が復活し、行政官の名称はかつてのナメースニクからゲネラル・グベルナートルへと改称され、官吏の罷免・裁判・流刑の権利を含め、県知事よりも大きな権限が与えられた。これはシベリア統治を円滑に行い、綱紀粛正を図るためにはより大きな権限を持った行政官が必要と政府が判断したからであった。さらに一八〇三年から一八〇四年にかけてトボリスク県が同県とトムスク県に分割され、イルクーツクにシベリア総督府が置かれた。しかし初代総督И・О・セリフォントフ(在任一八〇二—一八〇六年)はその重責に見合うだけの成果を上げられなかった。さらに二代目総督И・Б・ペステリ(在任一八〇六—一八一九年)はイルクーツクに短期間滞在した後すぐにペテルブルクに戻り、イルクーツク県知事として郵政局時代の部下Н・И・トレスキン(在任一八〇六—一八一九年)を送り込んで抑圧的な政治を行った。このためペステリ、トレスキンは地元住民と激しく対立し、かつてアレクサンドル一世の秘密委員会のメンバーであり改革派である内務大臣ヴィクトル・コチュベイからも批判を受け、一九一九年両者は罷免された。ペステリに代わって新総督に任命されたのはアレクサンドル一世の国内改革の片腕であった法律家出身の政治家М・М・スペランスキー(在任一八一九—一八二二年)である。(49)このように、アレクサンドル一世時代のシベリア統治はロシアの国内改革派と、反改革派のせめぎ合いが反映される形となった。スペランスキーのシベリア行政改革後、一八二二年シベリア総督は東シベリア総督と西シベリア総督に分けられ、前者はイルクーツクに、後者はトボリスクに配置されることとなり、この制度が帝政末期まで続いた。

2　ロシアの都市制度と自治機能

一六―一七世紀におけるロシアの都市は、石造もしくは木造の要塞に囲まれ、行政機関や土地所有者の邸宅を有する一般的な都市（ゴーロド）と、これに隣接して商人、手工業者が居住する商工地区（ポサード）とに区分されていた。[50] しかし同時代のヨーロッパ諸都市とは異なり、ロシアでは商人、手工業者の社会的階層分化が必ずしも明確ではなく、都市生活における住民の組織的な結びつきが強いわけでもなかった。近代ロシアの本格的な都市制度改革はピョートル一世の地方行政改革と平行して進められた。ピョートルの都市制度改革で特に注目されるのは、都市住民の生活にヨーロッパ式の自治組織を導入しようとした点である。そのモデルとなったのは、ドイツのザクセン地域に由来し、バルト海沿岸地域に普及していたマグデブルク法である。[51] このため新たに導入された自治組織の名称にはドイツ語起源の用語が多く見受けられる。しかし名称が同じであっても制度の中身はロシアの社会的条件に合わせて大きく改変されており、けしてそのまま導入されたわけではない。また機能そのものは変えずに、名称だけを頻繁に改称しているケースもあるため、本来の意味とは完全に切り離して考える必要がある。

すでに一六七九―一六八一年に、政府は都市の人頭税（ポダチ）徴収を商工地区民に委託しており、国庫関連業務を商工地区に移管しようと試みた。一六九八年この仕組みが法的に承認され、これに伴い長老（ゼムスキー・スタロスタ）がドイツ風の名称ブルミストル（またはブルゴミストル）に改称された。[52] 一方、首都モスクワでは以前から官庁による仕事の引き延ばしや地方長官による商人への侮辱行為・職権乱用が行われていた。こうした事態の打開を目的として、一六九九年一月三〇日の勅令により、モスクワ市の行政をブルミステルスカヤ・パラータに統合し、同年一一月一七日に市会(ラトゥーシャ)と改称した。市会は各都市の地方自治組織を統括するものとされ、市会を通じて商工業民に関するあらゆる法令が公布されることになった。また同年一〇月二〇日には地方自治組織(ゼムスカヤ・イズバー)の長としての地方長官職が廃止され、これに代わって組織の構成員には選出された複数のブルミストルが就くこととなった。各都市の商人、手工業者、小商人はブルミストルの選出権を持ち、ブルミストルは地方自治組織の長として交替でプレジデントを務め、酒税・関税の徴収などを行った。[53][54][55][56]

しかし一七〇八年に県制度が導入されると、自治会組織は県知事に従属するものとされ、行政官による職権乱用問題も解消されなかった。このため、市会制度は存続しつつもその意義を失っていった。ピョートル一世は身分制による市政復活を目的として一七二一年に制度を改正し、市マギストラートを設けた。これは都市の商人、手工業者のための身分制的な行政・司法(刑事・民事)・警察・財政組織として権限を拡大され、主に都市整備事業に関与した。全国のマギストラートを統括する組織がモスクワに置かれた都市参事会(グラーヴヌィ・マギストラート)で、これは事実上の国政機関であった。このとき全国の都市は人口規模に応じて五等級に分類されると同時に、ギルド制度(第二節3参照)が導入され、各都市のマギストラートでは「第一等級都市民、良民、富裕民、賢者」の中から一―四人のブルミストルと二―八人の市参事会員(ラトマン)が選出された。また従来と同じくブルミストルの中から交替でプレジデントが選出され、プレジデント、もしくはブルミストルがマギストラートの長となった。一七二三―一七二四年には地方自治組織が廃止され、市マギストラートがこれに取って代わった。しかしマギストラートも県知事への従属関係が強く、地元行政の枠を出るものではなかった。[57][58][59][60]

ピョートル一世の死後まもなく、一七二七年に都市参事会が廃止され、都市の「商工地区を最適に保護するため」市マギストラートが県知事と地方長官に直接従属することになった。続いて一七二八年に市マギストラートが廃止され、市会制度が復活した。しかし市会は刑事事件に関する裁判機能を著しく削られ、刑事・民事の判決に際しては県知事、地方長官に上告しなければならなくなった。[61]こうした状況から、アンナ・イヴァノヴナ(在位一七三〇―一七四〇年)時代の元老院はブルミストルが都市住民の庇護の役割を十分に果たしていないと報告しており、政府はこの制度がうまく機能していないことを認識していた。[62]このためエリザヴェータ・ペトロヴナ(在位一七四一―一七六一年)時代にはサンクト・ペテルブルクに都市参事会が復活し、一七四三年に市マギストラートが「従来と同じく」再興され、人頭税、酒場税、塩税、関税の徴収など財政機能を担った。だがこの措置も結局は地元行政に対する都市の自治機能を回復させるものではなく、裁判判決、税金の月次収支報告などは従来通り県知事、地方長官の下で行われた。[63]

一七七五年の県行政改革は、県マギストラートの統括下に各都市のマギストラートおよび市会を設けることを定めた。その組織は従来のものとほとんど変わらず、都市の商人および町人(第二節3参照)から三年任期で選出されたブルミストルと市参事会員により構成された。マギストラートと市会は身分制機関として、都市の商工業階層、すなわち商人と町人に関する裁判のみを扱うこととされ、都市に存在しているという点においてのみ都市機関となった。一七七五年の改革でもう一つ注目されるのは、地方裁判所のシステムを拡充したことである。新たな裁判所組織は全身分的性格を有した。元老院の下部組織として、県には刑事裁判局、民事裁判局が、特別裁判所として良心裁判所(ソーヴェスヌィ・スード)、貴族地方裁判所(ナドヴォールヌィ・スード)が、身分制裁判所として上級地方裁判所、県マギストラート、上級裁判所(ヴェルフニャヤ・ラスプラーヴァ)が設けられた。さらに郡・都市においては郡裁判所、市マギストラート、下級地方裁判所(ニジュニャヤ・ラスプラーヴァ)が置かれた。このうち、郡裁判所、市マギストラートの機能は身分的な後見・監督を行うことであった。郡裁判所は貴族の資産保護・後見を行うため、地元貴族から判事が選ばれた。これに対し、市マギストラートの場合はさらにその下部に都市納税者審判所(シロツキー・スード)が設けられ、市長が審判所長、マギストラート職員、市長老などが判事となって都市住民の資産保護・後見を行った。[64]例えば商人家系で孤児となった子供、未亡人などがいると、その遺産管理のため富裕商人らが後見人を設定した。しかし一方でこうした制度は商人の蓄財手段にもなっていった。

一七八五年に交付された「都市への恵与状」は従来の惰弱な市の自治機能を再生した。ここで初めて「市団（ゴロツコエ・オプシチェストヴォ）」に法的な権利が与えられ、独自に資産を所有し、都市住民から特別税を徴収することが可能となった。さらに参加資格は二五年以上の都市在住者、年収五万ルーブル以上の富裕層という制限付きであったものの、これに当てはまる都市住民全員が自治のために集まる「市集会（ゴロツコエ・ソブラニエ）」が規定され、構成員は市長、市議会議員、ブルミストル、市参事会員、長老、良心裁判所判事、都市身分代表者といった各身分機関の構成員の選出・被選出権を持った(65)。

同じく一七八五年に公布された「都市自治法」は以下のように規定した。第八条、市マギストラートは市でどのような不足・不備があるかを監視し、これを県マギストラートおよび県庁に報告すること、第二五条、当局および権力者が都市に対して新たな税・勤務・負担などを課す場合、市マギストラートが県マギストラートおよび元老院に請願書を出せること、第一七八条、マギストラートと市議会（ゴロツカヤ・ドゥーマ）が相互に協力すること、など。つまり、市マギストラートおよび県マギストラートと市議会の関係は極めて曖昧に規定されたものの、市マギストラートには従来の法令・規定が適用され、市議会と並存することになった。また同法では、マギストラートを構成するのは市団から選出されたブルゴミストル二人、市参事会員四人とされた。マギストラートは裁判のほか、不動産税の徴収、新兵供出義務の遂行、町人および商人の登録、同業組合長の選出などの仕事を課された(66)。

市議会組織の構成員には市長（ゴロツコイ・ゴロヴァー）と、複数の市議会議員（グラースヌィ）が選出された。政府は単に商工地区民だけではなく、広く「都市住民」の市政参加を目指し、六つの選挙人等級区分（クーリヤ）を設け、それぞれ①住宅所有者などの都市在住者（貴族含む）、②ギルド商人、③手工業同業組合員、④他都市および外国人ゴスチ（商人、第二節3参照）、⑤名誉市民、⑥狭義の商工地区民、とした。市議会はこうした特徴から、別名「六市議会議員議会（シェスチグラースナヤ・ドゥーマ）」とも呼ばれた。これは市政を商人身分の自治からヨーロッパ式の全都市身分型自治に移行させることを狙っていたが、ロシアの都市身分の実態に即したものとは言えず、結局はギルド商人を中心とする自治組織となった(67)。

また市議会が存在していない小人口都市の場合は市会が裁判組織を代表し、市の運営全般を取り仕切った。こうした制度は主にヨーロッパ・ロシア地域で行われたが、人口希薄なシベリア（およびスタヴロポリ県）では市マギストラートが市裁判所の名称で運営され、ブルミストルが市裁判員、市参事会員が市裁判員代理とされた(68)。第三章でも説明するように、特に辺境の東シベリア地域ではこうした自治組織の維持は非常に難しく、かろうじて運営が可能であったのは商人人口の大部分が集中していたイルクーツクであった。この結果、一七四五年に設けられたイルクーツク県マギストラートが周辺小都市の市会業務を統括・管理することになった。

こうしたエカテリーナ二世の都市改革の成果はアレクサンドル二世の大改革直前まで維持された。アレクサンドル二世は司法改革に伴ってマギストラートと市会を徐々に廃止した。まず一八六四年七月二一日に西シベリアのトムスク、トボリスク、チュメニで市裁判所が、バルナウル、クズネツク、タラ、トゥリンスクで市会が廃止され、管区裁判所に機能が移管された。その後一八六六年に全ヨーロッパ・ロシア地域の市マギストラートと市会が廃止され、その裁判機能は郡裁判所に、市の運営機能は市議会に移管された。さらに一八八五年二月二五日にはシベリアの他の都市で市裁判所、市会が廃止され、商人・町人がこれに参加するために選出されることはなくなった(69)。

3　ロシア商人の法的地位とギルド制度

中世ロシアにおける商人の制度的な枠組みとしては特権商人ゴスチの制度がよく知られている。古代ルーシではもともと商人の中で外国との貿易に従事する者や、外国から取引にやってきた外国人商人を指す名称として「ゴスチ」という言葉が存在した。しかしゴスチの意味や定義は時代ごとに変遷しており、単に一般的商人を指す名称「クペーツ」や小商人である「トルゴーヴェツ」同様、非常に多面的に使われた用語である。時代的に見ると、ゴスチは一四—一五世紀、イタリア人との貿易に特化した特権ロシア商人を指す「ゴスチ・スロジャーネ」[70]と、一六世紀末—一七世紀にツァーリから貿易特権を与えられると共に徴税などの勤務義務を課せられた商人としての「ゴスチ」に大別される。前者はイタリア商人を仲介者とする東方物産貿易により財をなし、モスクワにおいて貴族や高官に次ぐ高い社会的地位を占める富裕層であった。後者も富裕層である点は同じだが、より公的かつ明確な身分階層を示す用語として使われるようになり、一六世紀末には上層商人としてゴスチ、ゴスチ組合(ゴスチンナヤ・ソートニャ)、ラシャ組合(スコンナヤ・ソートニャ)の社会的分化が見られるようになる。このようなカテゴリーに含まれない全ての商工地区民が一般商人(トルゴーヴィエ・リュージ)であると認識されていた。ゴスチには国税(チャグロ)の免除、土地所有権、自由航行権などの諸特権が与えられていたが、その地位は世襲ではなく、またツァーリへの勤務義務として主要都市における関税徴収、酒類の販売監督、ツァーリの代理人として取引業務を行うことなど、非常に重い負担を課せられていた。こうした負担は全て無給で行われており、多くのゴスチ家系が一代でその身分から消え、家系的継続性が弱かった点が指摘されている。[71]一方で商工地区に住む一般商人の場合、国税を支払い、都市に課される様々な勤務・義務負担を果たしつつ商業に従事する必要があった。また商人と手工業者の社会的境界線も曖昧であり、手工業者だけでなく貴族も特権を与えられて商業に従事するケースが多かった。さらに都市に居住せず、都市の国税も支払わずに農村部から商売のために来訪する農民・商売人と競合関係となったため、都市の商人たちは税制上の不公正に対する不満を抱えていた。アレクセイ・ミハイロヴィチ帝(在位一六四五—一六七六年)時代には、外国商人の国内市場進出などを理由として都市暴動が頻発したが、その結果一六四九年に都市における商取引の権利は国税の支払いに依拠すると認められた。[72]

以上のゴスチ身分だけでなく、中小商人をも含めた商人身分制度改革が行われ、商工地区民の中から商人身分を区別化する作業が始まるのはピョートル一世の時代である。この時期の制度改正においては、商工地区民と、農村部からの違法商売人とを明確に区別することに重点が置かれた。

一七二一年の「市参事会に関する法令」は、都市住民を「定期在住者」「非定期在住者(卑しい住民)」に分け、さらに前者を二つの「ギルド」に法的に区分することとした。第一ギルドに属したのは「特権によって他の都市民から区別される」第一等級市民であり、銀行家、大商人、医者、銀細工師、イコン画家などがこれに含まれた。[73]第二ギルドは「小間物、食料」を商う者全てとされた。それ以外の一般労働者は都市住民とは見なされず、「非定期在住者」に区別された。これにより商工地区民は国税に緊縛されるようになり、ある商工地区から他の商工地区への移動は一切禁じられた。[74]これらの区分は商工地区住民全体の制度的枠組みを作り上げ、明確な規定が定められた。さらに一七二二年四月二七日の法令では、手工業者を束ねる組織として同業組合(ツンフト、ツェフ)制度が導入され、何らかの手工業に従事する者、もしくは親方から職人の資格を得た者であれば全て登録することが可能となった。[75]ギルドと同業組合はそれぞれ長老を選出し、各身分の事柄や政府の警察・財政業務に携わった。こうした機関は都市身分のとりまとめを行い、彼らから人頭税の徴収を行ったり、新兵供出義務を履行したりする上で重要と見なされた。[76]

しかしここで言う「ギルド」はヨーロッパ的なギルド制度と全く異なる意味で使われており、ヨーロッパにおける都市住民各層のように自己の利益・権利を守るために自発的に形成された互助組織ではない。あくまでも資産規模により区別された恣意的な身分制度であることに注意しなければならない。このギルド制度の下で、商人の法的地位は特殊な変遷を辿る。もともとロシア語の「商人(クペーツ)」は商品の販売者・購入者両方を指し、手代や小売業従事者も含めて自分の身分を「商人」だと申告すれば、自動的に商人となった[77]。このため商人身分は最富裕の特権商人から担ぎ屋まで非常に雑多なカテゴリーの人々を含み、ギルド商人に登録されていることと、商売の形態は必ずしも一致していなかった。こうした状況を改善し、商工業の発展を促そうとしたのがエカテリーナ二世であった。彼女はフランスの第三身分に当たる階層をロシアで創出しようとしたと言われており、都市住民の中から富裕層を分離しようと試みた。一七七五年五月二五日の法令により、ギルドは三等級に分けられ、それまでのロシア商人の中で一定額以上の資本金を申告した者だけがギルド商人として登録されることになった。商人の地位向上を目的として設けられた資本金制限により、商人の数は著しく減少し、税金やギルド証明書発行費用を支払えない者は町人(メシチャニン)もしくは同業組合員に登録された[78]。

一七七五年の法改正は商業階層にとっては大きな変化であったが、ギルドに登録するための資本金額はその後も段階的に引き上げられていった。一七七五年法令で第一ギルド商人は一万ルーブル以上の資本を、第二ギルドは一〇〇〇—一万ルーブル、第三ギルドは五〇〇—一〇〇〇ルーブルの資本を申告する者と定められた。これにより、ギルド商人であるための最低資本金額が五〇〇ルーブルとなり、申告資本金額の一%をギルド税として課された[79]。続いて一七八五年四月二一日のギルド法改正では申告資本がそれぞれ一万—五万ルーブル、五〇〇〇—一万ルーブル、一〇〇〇—五〇〇〇ルーブルに引き上げられた[80]。一七九四年六月二三日、三度目の改正の際にはそれぞれ一万六〇〇〇—五万ルーブル、八〇〇〇—一万六〇〇〇ルーブル、二〇〇〇—八〇〇〇ルーブルと規定された[81]。最後の法改正は一八〇七年で、このとき最低資本金額は八〇〇〇ルーブルとなった。つまり、わずか三〇年間に商人身分であるために必要とされる最低資本金額は一六倍も上昇したことになる。

このように十分な資本を持たなければギルド商人になることは不可能となり、その一方で富裕商人がマギストラートや市議会に選出されると、裁判業務などの重い負担を課せられた。その代わり彼らは人頭税・新兵供出義務を免除され、商人としての特権を与えられた。各ギルドの等級と資本金額はそれぞれの特権に対応していた。第一ギルドは国内各地の卸取引と外国貿易、二頭立ての馬車に乗る権利を与えられた。一方、第二ギルドは国内各地の卸取引・小売取引を、第三ギルドは登録している都市や管区における小売取引、酒場・小店舗の開設のみを許可された[82]。

同業組合員は手工業施設を開く独占権を与えられたが、ギルド商人と異なり人頭税・新兵供出義務が課せられたため、負担は町人身分とほぼ変わらなかった。

前項で説明したように、ギルドの登録は基本的にマギストラートが毎年年末・年初に行う業務であり、他の都市、農村部などから登録する場合にはマギストラートの承認が必要であった。本書でもキーワードとなる他都市商人(イノゴロードヌィ・クペーツ)を法的な見地から定義すると、ある都市のギルドに登録してそこを拠点に活動しつつ、商売のために他の都市に出張旅行を行い、出張先のマギストラートの承認を受けてギルド登録した商人のことを指す。しかし第二章で指摘するように、史料ではこの言葉を法的な意味で使用している場合と、単に他の都市から来訪した商人全般を指している場合の両方が見られる。つまり、他都市商人の中には正式に法的手続きを経ている人々とそうでない人々の二種類がいた。これはイルクーツクの流通構造を明確にする上でも重要であるので、第二章で詳しく述べる。

以上のようなギルド制度は一九世紀を通じて維持されるが、一八六二年の法改正では第三ギルドが廃止され、これにより小商人[83]がギルドに登録できる可能性が閉ざされた。ギルド登録制度そのものが廃止されるのは一八九八年のことである。これらを踏まえて、イルクーツク商人の活動を検討していく。

(1) 帝政ロシア時代に商人チュルコフが編纂した『古代から現代までのロシアの全港・国境における商業史的記録』は、一八世紀のロシア国内商業・貿易に関する最も詳細な公式文書記録を含み、貿易港だけでなく内陸交易地キャフタも「港」の呼称で記載している。ロシアの公式記録では、国境に位置する外国人との貿易拠点を陸海問わず港と分類している。М. Д. Чулков, *Историческое описание российской коммерции при всех портах и границах от древних времен до ныне настоящаго, и всех преимущественных узаконений по оной Государя Императора Петра Великаго и ныне благополучно царствующей Государыни Императрицы Екатерины Великия. Т. 1-7.* М., 1782-1788.

（2）В. Н. Яковцевский, *Купеческий капитал в феодально-крепостнической России.* М., 1953.（邦訳、ヤコフツェフスキー著、石川郁男訳『封建農奴制ロシヤにおける商人資本』未来社、一九五六年）シベリアにおける資本家研究には以下の文献がある。Ю. П. Колмаков, *Крупная торгово-промышленная буржуазия Восточной Сибири в период монополистического капитализма. (1898-март 1917 гг.), Автореферат диссертации на соискание ученой степени кандидата исторических наук.* Иркутск. 1971; Г. Х. Рабинович, *Крупная буржуазия и монополистический капитал в экономике Сибири конца XIX-начала XX вв.,* Томск. 1975.

（3）М. М. Громыко, К Характеристике социальной психологии сибирского купечества XVIII в., *Вопросы истории.* 1971. №3. С. 59-71; Она же. Сибирские купцы Корнильевы. *Известия сибирского отделения Академии Наук СССР. Серия обшественных наук.* 1972. №6. Вып. 2. С. 23-28; Она же. Верхотурские купцы Походяшины. *Вопросы истории Сибири досоветского периода. (Бахрушинские чтения. 1969),* Новосибирск. 1973. С. 137-149; Она же. Г. М. Походяшин в дружеском ученом обществе Н. И. Новикова. *Города Сибири (Экономика, управление и культура города Сибири в досоветский период),* Новосибирск. 1974. С. 259-298; Она же. Социально-экономические аспекты изучения генеалогии непривилегированных сословии феодальной Сибири. *История и генеалогия.* М., 1977. С. 197-236.

グロムィコの論文はシベリア商人史研究のみならず、ロシア商人史研究の先駆けとされ、その後の商人史研究で必ず引用される古典となっている。

（4）А. И. Аксенов, Положение и судьбы гостей в конце XVII-XVIII в., *Проблемы отечественной истории.* М., 1973. С. 66-87; Он же. Очерки истории генеалогии в России. *История и генеалогия.* М., 1977. С. 57-79; Он же. *Генеалогия московского купечества XVIII в., Из истории формирования русской буржуазии.* М.,

1988; Он же. Генеалогия и уездные купеческие общества подмосковья XVIII в., *Генеалогия, источники, проблемы, методы исследования*. М., 1989. С. 47-50.

（5） В. П. Шахеров, *Торгово-промышленное освоение Юго-Восточной Сибири в конце XVIII-первой трети XIX вв., Диссертация на соискание ученой степении кандидата исторических наук*. Иркутск. 1981.

（6） シャヘロフの研究成果をまとめたものとして，二〇〇一年に以下の論文集が刊行されている。В. П. Шахеров, *Города Восточной Сибири в XVIII-первой половине XIX вв., Очерки социально-экономической и культурной жизни*. Иркутск. 2001.

（7） Е. А. Зуева, Опека и попечительство у сибирского купечества в последней четверти XVIII-первой половине XIX в., *Социально-культурное развитие Сибири*. Новосибирск. 1991. С. 25-34; Она же. *Русская купеческая семья в Сибири конца XVIII-первой половины XIX в., Диссертация на соискание ученой степени кандидата исторических наук*. Новосибирск. 1992; Она же. Трапезниковы—Сибирская купеческая династия. *К истории предпринимательства в Сибири. (материалы всероссийской научной конференции. Новосибирск. 1995)*, Новосибирск. 1996. С. 17-22; Она же, *Русская купеческая семья в Сибири конца XVIII-первой половины XIX в.*, Новосибирск. 2007. 二〇〇七年に刊行された文献は新たに図版を加えているなど若干の修正はあるが，博士候補論文とほぼ同内容である。

（8） А. С. Зуев, Д. Я. Резун (от. ред.), *Краткая энциклопедия по истории купечества и коммерции Сибири. Т. 1-4*. Новосибирск. 1994-1999.

（9） И. А. Щукин, *История купечества Восточной Сибири в XIX веке: формирование и социальное положение. Диссертация на соискание ученой степени кандидата исторических наук*. М., 2000.

（10） Н. В. Козлова, К вопросу о социально-политической характеристике русского купечества в XVIII в., *Вестник Московского университета. Серия 8. История*. 1987. №6. С. 47-55; Она же. Гильдейское купечество в России и некоторые черты его самосознания в XVIII в., *Торговля и предпринимательство в феодальной России*. М., 1994. С. 214-251; Она же. Некоторые черты личного образа купца XVIII века. (К вопросу о менталитете российского купечества), *Менталитет и культура предпринимателей России XVII-XX вв.*, М., 1996. С. 43-57; Она же. Некоторые аспекты торговой деятельности в России в XVIII веке (Из истории разработки правовых документов), *Купечество в России XV-середина XIX века. Сборник статей в честь профессора А. А. Преображенского*. М., 1997. С. 194-218; Она же. *Российский абсолютизм и купечество в XVIII веке. (20-е-начало 60-х годов)*. М., 1999; А. В. Семенова, Декабристы и купечество. (К проблеме "Дворянские революционеры и русская буржуазия"), *Город и горожане России XVIII-первой половине XIX в.*, М., 1991. С. 183-207; Она же. Национально-православные традиции в менталитете купечества в период становления российского предпринимательства. *Купечество в России XV-середина XIX века*. М., 1997. С. 96-111. 近年のロシア商人史に関する膨大な研究をまとめることは筆者の手に余るが、新たな商人史研究を試みているものとして、以下を挙げておく。А. А. Преображенский, В. Б. Перхавко, *Купечество Руси IX-XVII века*. Екатеринбург. 1997; Н. Б. Голикова, *Привилегированные купеческие корпорации России XVI-первой четверти XVIII в., Т. 1*. М., 1998; А. В. Семенова (отв. ред.), Н. В. Козлова, А. А. Преображенский, В. Б. Перхавко (ред.), *История предпринимательства в России. Книга 1. От средневековья до середины XIX века*. М., 2000; Ю. А. Петров (руководители проекта), *История предпринимательства в России. Книга 2. Вторая половина XIX-начало XX века*. М., 1999.

(11) Ю. М. Гончаров, *Сибирская купеческая семья второй половине XIX-начала XX в. (по материалам компьютерной базы данных купеческих семей Томской губернии)*, *Автореферат диссертации на соискание ученой степени кандидата исторических наук*. Барнаул. 1997; В. Н. Разгон, *Сибирское купечество в XVIII-первой половине XIX в.*, Барнаул. 1999; Ю. В. Озеров, *Курское купечество в середине XIX века*. Курск. 2001; А. М. Конечный (сост.), *Петербургское купечество в XIX веке*. СПб., 2003; Е. В. Комлева, *Енисейское купечество: последняя половина XVIII-первая половина XIX века*. М., 2006; О. В. Ушаков, *Михаил Дмитриевич Бутин: предприниматель и меценат Забайкалья, 60-гг. XIX-начала XX в.*, Новосибирск. 2006.

(12) 勤務者（または勤務人、スルジールィエ・リュージ）とは、古代・中世ルーシで公（クニャージ）などに仕えた下級軍事階層を指し、その後文官相当の人々に対しても使われるようになった。ただしこれは近世以降成立したロシアの諸身分とは必ずしも一致しない様々な階層・グループを含んでいる。特に一八世紀のピョートル改革以後、この言葉は都市住民から選出された自治組織で「公（おおやけ）の仕事に無給で奉仕する人々」を指す一般名称としても使われた。こうしたロシア独特の機能を持つ都市を、西ヨーロッパの自治都市とは異なるカテゴリーに属するものとしてService city（勤務都市）と呼ぶこともある。

（13）А. П. Окладников (гл. ред.), *История Сибири*. Т. 3. Л., 1968. С. 22.

（14）ロシア人のシベリア進出の経緯は拙著『ロシアの拡大と毛皮交易』彩流社、二〇〇八年の「第二章　ロシアのシベリア征服と毛皮を求める人々」四一—七五頁を参照。また、ロシア毛皮交易史の古典的研究としては以下を参照。Raymond H. Fisher. *The Russian Fur Trade 1550-1700*. University of California Press. Berkeley and Los Angels. 1943 (Kraus Reprint Co., Milwood, New York. 1974); J. Martin. *Treasure of the land of darkness. The fur trade and its significance for medieval Russia*. Cambridge University Press. Cambridge, London, New York, New Rochell, Melbourne, Sydney. 1986.

（15）Г. Ф. Миллер, *Описание Сибирского Царства. Кн. 1*. СПб., 1750; Он же. *Описание о торгах сибирских*. СПб., 1756; Он же. *История Сибири. Т. 1-2*. Л-М., 1937-1941; М. Д. Чулков, *Историческое описание российской коммерции... Т. 3. К. 2*. М., 1785. 加藤博文氏は、ミュラーの業績の一部がロシア考古学研究の基礎を築いたとして高く評価している。加藤博文「ロシアにおける考古学の形成(1)——ミューラーとロシアで最初の『考古学調査手引書』」『北方人文研究』創刊号、二〇〇八年、八七—九九頁。

（16）А. М. Щекатов, *Словарь географический Российского государства. Ч. 1-7*.（以下、*СГРГ*）М., 1801-1809.

（17）Ю. А. Гагемейстер, *Статистическое обозрение Сибири. Ч. I-II*. СПб., 1854.

（18）Ф. А. Кудрявцев, Е. П. Силин, *Иркутск. Очерки по истории города*. Иркутск. 1947; Е. П. Силин, *Кяхта в XVIII веке. Из истории русско-китайской торговли*. Иркутск. 1947.

（19）Ф. А. Кудрявцев, *История бурят-монгольского народа от XVII в. до 60-х годов XIX в., Очерки*. М.-Л., 1940.（邦訳、クドリヤフツェフ著、齋藤貢譯『ブリヤート蒙古民族史』紀元社、一九四三年）

（20）Ф. А. Кудрявцев, Г. А. Вендрих, *Иркутск. Очерки по истории города*. Иркутск. 1958.

（21）Б. Н. Миронов, «Революция цен» в России в XVIII веке. *Вопросы истории*. 1971. №11. С. 49-60; Он же. К вопросу о роли купечества во внешней торговле Петербурга и Архангельска во второй половине XVIII-начале XIX века. *История СССР*. 1973. №6. С. 129-140; Он же. Социальная мобильность российского купечества в XVIII-начале XIX века. (опыт изучения), *Проблемы исторической демографии СССР*. Таллин. 1977. С. 207-217; Он же. *Внутренний рынок России во второй половине XVIII-первой половине XIX в.*, Л., 1981.

(22) Э. Г. Истомина, *Водные пути России во второй половине XVIII-начале XIX века.* М., 1982.

(23) О. Н. Вилков (от. ред.), *Торговля городов Сибири конца XVI-начала XX в.*, Новосибирск. 1987; Д. Я. Резун, О. Н. Беседина, *Городские ярмарки Сибири XVIII-первой половины XIX в.: Ярмарки Западной Сибири.* Новосибирск. 1992; Они же. *Городские ярмарки Сибири XVIII-первой половины XIX в.: Ярмарки Восточной Сибири.* Новосибирск. 1993.

(24) А. С. Зуев, Д. Я. Резун (от. ред.), *Краткая энциклопедия по истории купечества и коммерции Сибири. Т. 1-4.*

(25) А. К. Корсак, *Историко-статискическое обозрение торговых сношений России с Китаем.* Казань. 1857.

(26) И. А. Носков, *Кяхта.* Иркутск. 1861; Х. И. Трусевич, *Посольския и торговыя сношения России с Китаем. (до XIX века).* М., 1882.

(27) *Труды статистическаго отделения департамента таможенных сборов. Статистическия сведения о торговле России с Китаем.* СПб., 1909.

(28) А. П. Субботин, *Чай и чайная торговля в России и других государствах.* СПб., 1892.

(29) М. И. Сладковский, *История торгово-экономических отношений народов России с Китаем. (до 1917 г.)*, М., 1974.

(30) G. Cahen, *Histoire des relations de la Russie avec la Chine sous Pierre le Grand (1689-1730).* Paris. 1912. (邦訳、ガストン・カーエン著、東亜外交史研究会訳『露支交渉史序説』生活社、一九四一年); C. M. Foust, *Muscovite and Mandarin: Russia's Trade with China and Its Settings, 1727-1805.* The University of North Carolina Press. Chapell Hill. 1969.

(31) 吉田金一「ロシアと清の貿易について」『東洋学報』第四五巻第四号、一九六三年三月、三九―八六頁、同『近代露清関係史』近藤出版社、一九七四年、同『ロシアの東方進出とネルチンスク条約』東洋文庫、一九八四年。

(32) 柳澤明「イフ・フレー(庫倫)貿易について」『早稲田大學史學科　史観』第一一五号、一九八六年九月、七三―八五頁、同「キャフタ條約以前の外モンゴル―ロシア國境地帯」『東方学』第七七号、一九八九年一月、七〇―八四頁、同「「理藩院尚書アリンガの書簡」と、ジュンガル問題をめぐる清朝の対ロシア政策」『早稲田大学教育学部　学術研究(地理学・歴史学・社会科学）』第二三号、一九八九年一二月、九九―一〇九頁、同「キャフタ条約への道程――清の通商停止政策とイズマイロフ使節団」『東洋学報』第六九巻第一・二号、一九九八年一月、一三四―一五八頁、同「一七六八年の「キャフタ條約追加條項」をめぐる清とロシアの交渉について」『東洋史研究』第六二巻第三号、二〇〇三年一二月、五六八―六〇〇頁、澁谷浩一「露清関係とローレンツ・ランゲ――キャフタ条約締結に向けて」『東洋学報』第七二巻第三・四号、一九九一年三月、二九―六四頁、同「キャフタ条約以前のロシアの北京貿易――清側の受入れ体制を中心にして」『東洋学報』第七五巻第三・四号、一九九四年三月、六五―九七頁、同「モスクワの露清関係史史料について」『満族史研究通信』第八号、一九九九年三月、一二一―一四八頁、同「イズマイロフ使節団と儀礼問題――康熙帝直筆の一件の理藩院書簡をめぐって」『茨城大学　人文学科論集』第三四号、二〇〇〇年一〇月、二七―三七頁、同「ロシア帝国外交文書館の中国関係文書について」『満族史研究』第一号、二〇〇二年五月、九二―一一二頁、同「キャフタ条約締結過程の研究」『茨城大学　人文学科論集』第四〇号、二〇〇三年九月、五七―七五頁、同「キャフタ条約の文書通信に関する条項について――条約締結後の清側によるロシア側書簡受領拒否問題をめぐって」『茨城大学　人文学科論集』第四五号、二〇〇六年三月、三三―五六頁。

　なお、二〇〇八年三月七日に東北大学東北アジア研究センターでシンポジウム「帝国の貿易　一八～一九世紀　ユーラシアの流通とキャフタ」が行われ、日本のみならず中国から山西大学晋商学研究所の劉建生氏が招かれ、活発な議論が交わされた。今後も研究者間の情報交換による研究の進展が期待される。劉建生・豊若非著、高宇訳「山西商人と清露貿易」塩谷昌史編『東北アジア研究シリーズ⑪　帝国の貿易　一八～一九世紀の流通とキャフタ』東北大学東北アジア研究センター、二〇〇九年二月、九七―一三八頁。森永貴子「キャフタ貿易に見る露清商人の組織と商慣行」同書、六三―九六頁。

（33）ОПИ ГИМ. Ф. 469. Фонд Баснина; РГАДА. Ф. 183. Список пожертвованый Н. В. Басниным (Фонд Баснина).

（34）ГАИО. Ф. 70. Оп. 1. Верховным делом Иркутской Городской Управы и Думы; ГАИО. Ф. 308. Оп. 1. Иркутское гильдейское управление; РГИА. Ф. 13. Департамент министра коммерции; РГИА. Ф. 18. Департамент мануфактур и внутренней торговли; РГИА. Ф. 1264. Первой сибирский комитет; РГИА. Ф. 1265. Второй сибирский комитет.

（35）ヴォエヴォーダはスラブ諸民族の地域で広く普及していた地方行政官を指す用語。一般には地方長官と訳されるが、その機能は地域・時代によって異なっており、いわゆる行政官から軍事司令官まで幅広く、日本語訳は一つではない。特に後者の場合、初期のイルクーツクに置かれたヴォエヴォーダは多分に軍事的機能を有していた。このため『シベリア年代史』の訳者である吉村柳里氏はイルクーツクのヴォエヴォーダを「軍政官」と訳している。イ・ヴェ・シチェグロフ著、吉村柳里訳『シベリヤ年代史』日本公論社、一九四三年、一六頁。

(36) ただし当初は県の名称は与えられていなかった。Н. П. Ерошкин, *Очерки истории государственных учреждений дореволюционной России*. М., 1960. С. 111.

(37) 一七一三年にはスモレンスク県を廃止してリガ県とし、一七一四年にはニジェゴロド県、アストラハン県が創設された。И. А. Андреевский (ред.), *Энциклопедический словарь*. Изд. Ф. А. Брокгауз, И. А. Ефрон（以下 *ЭС. Брокгауз и Ефрон*）*Т. 18*. СПб., 1898. С. 840; Н. П. Ерошкин, *Очерки истории государственных учреждений дореволюционной России*. С. 111.

(38) イヴァン四世(在位一五三三—一五八四年)の時代、ロシアはカザン、アストラハン、シビルの三ハン国を征服し、シビル・ハン国、カザン・タタールの王族に関する待遇や同地域の統括を担当するカザン宮廷庁(プリカース・カザンスコヴォ・ドヴォルツァ)を創設した。その後、一六三七年にシベリア地域を管轄するためカザン宮廷庁からシベリア庁が分離独立した。アレクセイ・ミハイロヴィチ帝(在位一六四五—一六七六年)時代、一六六六年にスウェーデンへ亡命したロシア人外交官コトシーヒンの証言によると、同時期のカザン宮廷庁とシベリア庁を管轄する貴族は同じ人物が務めていたという。松木栄三編訳『ピョートル前夜のロシア——亡命ロシア外交官コトシーヒンの手記』彩流社、二〇〇三年、一六四—一六九頁。

(39) И. В. Щеглов, *Хронологический перечень важнейших данных из истории Сибири. 1032-1882 гг.*, Сургут. 1993. С. 108.(初版 Иркутск. 1883；邦訳、イ・ウェ・シチェグロフ著、吉村柳里訳『シベリヤ年代史』二〇九—二一一頁)

(40) Н. П. Ерошкин, *Очерки истории государственных учреждений дореволюционной России*. С. 112-113; 土肥恒之「第一章　ピョートル改革とロシア帝国の成立」田中陽兒・倉持俊一・和田春樹編『世界歴史大系　ロシア史2——一八〜一九世紀』山川出版社、一九九四年、二八—二九頁。

(41) *ЭС. Брокгауз и Ефрон. Т. 12*. СПб., 1892. С. 829.

(42) *ЭС. Брокгауз и Ефрон. Т. 18*. С. 840.

(43) ナメースニクは県令とも訳されるが、ゲネラル・グベルナートルと同じく一県もしくは複数県を統括する総督を指す。両者の機能はほとんど同じであり、名称が異なるだけであった。*ЭС. Брокгауз и Ефрон. Т. 40*. СПб., 1897. С. 517.

(44) 土肥恒之「第二章　一八世紀のロシア」『世界歴史大系　ロシア史2』八三—八七頁。

(45) シベリア小貴族は都市貴族に昇進し、シベリア貴族からモスクワ貴族となる道が開かれていた。小貴族はロシア語の原義通り貴族の子弟を表す場合もあるが、ここでは単に身分的序列として扱われているようである。ピョートル時代の法令による規定は以下の通りである。①シベリア貴族、小貴族、コサックは役人である。②彼らの役目は派遣されることと勤務することである。③ピョートル時代に農民、商人からこの身分に加えられた者がいた。④彼らは税その他の支払いを免除される。⑤今後、担税身分からこれらの特権身分に加えることはしない。⑥シベリア貴族、小貴族、コサックの三身分はその子によってのみ補充される。⑦彼らは農民の買い取り、農村の所有、それらを抵当に取ることおよび何らかの所有権を持つことを禁止される。И. В. Щеглов, *Хронологический перечень важнейших данных из истории Сибири*. С. 152-153.（シチェグロフ『シベリヤ年代史』三〇三—三〇五頁）；大橋與一『帝政ロシアのシベリア開発と東方進出過程』東海大学出版会、一九七四年、一九六頁。

(46)　一七一九年行政監督官ネステロフが元老院に行った報告によれば、ガガーリンの不正行為は以下のようなものだった。①シベリア軍司令官、少佐、委員、書記官、ガガーリン公とその勤務者によって行われた収賄と、シベリア住民に対する破壊行為。②元老院が事務職に採用した四八人以外に、勤務・監視の目を逃れている未成年者など五五人をガガーリン公が採用し、彼らが掠奪・破壊行為を行ったこと。③これら破壊者が元老院に通知されたことを知り、秘密もしくは公然と掠奪品をシベリアから搬出したこと。この報告を受けたピョートル一世は、これらの関係者がモスクワ、ペテルブルクに入り込むことを予期し、関所の監視を強化して「禁制品または未申告の商品、毛皮、金」を見つけ次第直ちに没収するよう命じた。この事件は政府がその後のシベリア行政を慎重に考慮し、綱紀粛正を図る端緒となった。И. В. Щеглов, *Хронологический перечень важнейших данных из истории Сибири*. С. 115, 118.（シチェグロフ『シベリヤ年代史』二二三、二二五—二二六頁）；大橋與一『帝政ロシアのシベリア開発と東方進出過程』一九一—一九三頁。ガガーリンが処刑された年月日については諸説あり、『シベリヤ年代史』では一七二一年三月一六日、イルクーツク年代記では三月一八日と七月一八日の両方が併記されている。П. И. Пежемский, В. А. Кротов, *Иркутская летопись. 1652-1856 г., Труды Восточно-Сибирскаго Отдела Императорскаго Русскаго Географическаго Общества*. №5. Иркутск. 1911. С. 47.

(47)　シチェグロフは『シベリヤ年代史』で、一七六四年のシベリア王国創設とトボリスク県、イルクーツク県への行政区画の変更は異民族政策の変更によるものであるとしている。彼はヤドリンツェフらの議論を引用し、次のように説明している。エカテリーナ二世はシベリアをブハラ人など異民族の植民地と見なし、そのために異民族王国を保護する主権の象徴としてトボリスクに玉座を設けた。これはヨーロッパの植民地政府に似た独立地方政治組織を作ろうとする試みである。しかし計画は実行されず、絶大な総督主権が残り、シベリア総督はこうした権力を占有して専制君主のように振舞っただけである、と。И. В. Щеглов, *Хронологический перечень важнейших данных из истории Сибири*. С. 173-174.（シチェグロフ『シベリヤ年代史』三四六―三四八頁）；大橋與一『帝政ロシアのシベリア開発と東方進出過程』一九八―二〇一頁。

(48) 一七九八年から一八〇三年の間、イルクーツクにはヴォエンヌィ・グベルナートルとグラジダンスキー・グベルナートルの二人の知事が並存して任命された。両者の相違点は、前者が行政・司法権と軍の指揮権を持ち、後者が行政・司法権を持つことであるが、一七九八年までシベリア総督であったБ・Б・レツァノが同年Х・А・フォン・トレイデンの後任としてヴォエンヌィ・グベルナートルとなっており、区分が明確ではない（第三章第三節1参照）。また『シベリヤ年代史』訳者の吉村柳里氏はヴォエンヌィ・グベルナートルを「軍政知事」と訳しており、特に二人の知事が並存している時期については両者を区別する必要があるため、本書では吉村訳を用いる。また、グラジダンスキー・グベルナートルは前任・後任の県知事との連続性が見られることから、単に県知事と訳しておく。И. В. Щеглов, *Хронологический перечень важнейших данных из истории Сибири*. С. 191-195, 206-207.（シチェグロフ『シベリヤ年代史』三八四―三八五、三八七―三九二、四一一―四一四頁）；大橋與一『帝政ロシアのシベリア開発と東方進出過程』二〇〇頁。

(49) И. В. Щеглов, *Хронологический перечень важнейших данных из истории Сибири*. С. 224-225, 243-248.（シチェグロフ『シベリヤ年代史』四四六―四四八、四八五―四八七、四九五―四九九頁）；大橋與一『帝政ロシアのシベリア開発と東方進出過程』二〇三―二〇五頁。ペステリ、トレスキンと地元住民の関係については第四章で詳しく述べる。

(50) О. Ю. Шмидт (гл. ред.), *Большая советская энциклопедия*（以下*БСЭ*）. *Т. 18*. М., 1930. С. 76.

(51) *БСЭ. Т. 37*. М., 1938. С. 608.

(52) ブルミストルはドイツ語のBauermeisterに由来する名称で、バルト海沿岸地域からロシアに伝わった。一般に一八六一年の大改革以前には「村長」を指す言葉として用いられている。しかしピョートル改革期には都市長老、すなわち市長をも意味する用語として使用されており、史料によってはブルゴミストル（бургомистр, 同じくドイツ語のBürgermeister由来）と表記されている。ただし、後述のゴロツコイ・ゴロヴァもまた市長を意味する名称であり、ここでは混同を避けるためにブルミストルのままにしておく。*ЭС. Брокгауз и Ефрон. Т. 9*. СПб., 1891. С. 14-15.

(53) 一六九九年一月三〇日の勅令により設置された機関で、モスクワ市のゴスチ、商工地区民より選出された人々から構成された。これはモスクワの地方自治組織を兼ねると同時に、地方都市自治組織の中央機関でもあった。主にゴスチおよび商工地区民たちの間で起こった裁判の審理、都市税・商業税の徴収、所管地方自治組織の統括を行っていたが、最も重要な仕事は国税、酒税などあらゆる税を国庫に納入させることであった。*БСЭ. Т. 8*. М., 1927. С. 78.

(54) ラトゥーシャもドイツ語のRathausに由来する名称で、市役所の建物を意味する用語である。このときモスクワに設置された市会の役割はブルミステルスカヤ・パラータと同じであり、身分別選出の地方都市自治組織であった。*ЭС. Брокгауз и Ефрон. Т. 9.* С. 367; *БСЭ. Т. 48.* М., 1941. С. 305.

(55) ゼムスカヤ・イズバーは一六世紀、イヴァン四世時代に中央集権化策の一環として設置された機関である。組織は商工地区民・郷住民の最富裕層から選出された複数の長老(ゼムスキー・スタロスタ)と宣誓役人(ツェロヴァリニク)から構成され、主に担税民関連で郡機関の所轄事項を除く様々な裁判や、人頭税・地方税の徴収・管理を行い、商取引や都市民の生活(市清掃など)に関する事柄を扱った。また全国の地方自治組織を統括する中央機関として、モスクワにゼムスキー庁(ゼムスキー・プリカース)が設けられた。В. В. Богуславский, *Славянская энциклопедия XVII век. Т. 1.* М., 2004. С. 482; 松木栄三編訳『ピョートル前夜のロシア』一九七、一七八、二三八頁。

(56) Н. П. Ерошкин, *Очерки истории государственных учреждений дореволюционной России.* С. 110-111.

(57) ピョートル一世はマギストラート制度導入に先立ち、一七一八年公布の指示書において「リガおよびレーヴァルの法令に基づき」これを設置するよう明記した。その目的は「ばらばらになってしまった全ロシア商人を再び結集する」ことであった。このように、マギストラートもブルミストルと同様にバルト海沿岸地域経由で導入されたドイツの制度であった。*БСЭ. Т. 37.* С. 20-21; *ЭС. Брокгауз и Ефрон. Т. 17.* СПб., 1893. С. 314-316; Н. П. Ерошкин, *Очерки истории государственных учреждений дореволюционной России.* С. 117.

(58) 市参事会員は中世ドイツにおける都市評議会の構成員を指す用語。ドイツにおいては都市貴族の中から一年任期で選出されたが、同制度は一四—一五世紀にリトアニア地域に浸透し、その後マグデブルク法と共にロシアに導入された。*БСЭ. Т. 48.* М., 1941. С. 304-305; Н. П. Ерошкин, *Очерки истории государственных учреждений дореволюционной России.* С. 117-118.

(59) А. А. Кизеветтер. *Посадская община в России XVIII ст.* М., 1903. С. 620-623; *ЭС. Брокгауз и Эфрон. Т. 18.* С. 305.

(60) *БСЭ. Т. 18.* С. 78.

(61) Н. П. Ерошкин, *Очерки истории государственных учреждений дореволюционной России.* С. 143-144.

(62) *ЭС. Брокгауз и Ефрон. Т. 17.* С. 315.

(63) Н. П. Ерошкин, *Очерки истории государственных учреждений дореволюционной России.* С. 147.

(64) Н. П. Ерошкин, *Очерки истории государственных учреждений дореволюционной России*. С. 162-164.
(65) Н. П. Ерошкин, *Очерки истории государственных учреждений дореволюционной России*. С. 169-170.
(66) *ЭС. Брокгауз и Ефрон. Т. 17*. С. 315-316.
(67) *БСЭ. Т. 18*. С. 80-81.
(68) *ЭС. Брокгауз и Ефрон. Т. 17*. С. 315-316.
(69) *ЭС. Брокгауз и Ефрон. Т. 17*. С. 316.
(70) ゴスチ・スロジャーネの名称は、彼らが当時キプチャク・ハン国の領域であったサライを経由し、黒海沿岸のヴェネツィア植民都市スダク（ロシア語名スロジュ）に居住していたイタリア商人と取引していた事実に由来する。В. Е. Сыроечковский, *Гости-сурожане. Известия государственной академии истории материальной культуры им. Н. Я. Марра. Вып. 127*. М.-Л., 1935. С. 17-18; Janet Martin. *Treasure of the land of darkness. The fur trade and its significance for medieval Russia*. pp. 90-91.
(71) ゴスチの特質と変遷に関する日本語の論文については、以下を参照。栗生沢猛夫「ゴスチ考」『スラヴ研究』第三二号、北海道大学スラブ研究室、一九八五年、一―二五頁、鳥山成人「第八章　初期ロマノフの政治・経済・社会」田中陽兒・倉持俊一・和田春樹編『世界歴史大系　ロシア史1』山川出版社、一九九五年、三三六―三三八頁。また一八世紀初頭のゴスチに関してはА. И. Аксенов, Положение и судьбы гостей в конце XVII-XVIII в., С. 66-87 がその法的地位や家系について具体的に触れており詳しい。
(72) *БСЭ. Т. 18*. С. 78.
(73) *БСЭ. Т. 16*. М., 1929. С. 828.
(74) *БСЭ. Т. 18*. С. 77.
(75) 同業組合はドイツ由来の制度で、従来ロシアにあった手工業者層に適用する形で導入された。*ЭС. Брокгауз и Ефрон. Т. 75*. СПб., 1903. С. 131-134.
(76) Н. П. Ерошкин, *Очерки истории государственных учреждений дореволюционной России*. С. 110-111.
(77) Н. В. Козлова, *Российский абсолютизм и купечество в XVIII веке*. С. 6.
(78) メシチャニンはポーランド語起源の用語で本来は市民を指す言葉。一七七五年の法令では単に商人に登録されていない「都市住民」と規定されたが、一七八五年の「都市への恵与状」ではその範囲が拡大され、手工業、工芸、労働に従事する商工地区民全てがこのカテゴリーに分類された。町人は人頭税、新兵供出義務を課せられていたが、一八六三年には人頭税を免除され、町人団を形成した。*БСЭ. Т. 39.* М., 1938. С. 308.

(79) *Полное собрание законов Российской Империи.* （以下 *ПСЗ*） *Т. 20.* №143267; *БСЭ. Т. 16.* С. 828.

(80) *ПСЗ. Т.* 22. №16188.

(81) *ПСЗ. Т.* 22. №17223; В. Л. Янин (и др.), *Отечественная история: история России с древнейших времен до 1917 года: энциклопедия в пяти томах. Т. 1.* М., 1994. С. 553-554.

(82) Н. П. Ерошкин, *Очерки истории государственных учреждений дореволюционной России.* С. 170-171.

(83) *БСЭ. Т. 16.* С. 828.

第一章　毛皮産業とキャフタ貿易の成立

イルクーツクの商品流通にキャフタ貿易が大きな影響を与えたことは多くの歴史家が指摘するところである。しかし一八世紀のキャフタ貿易は必ずしも常に順調だったわけではなく、露清関係に影響を受け、極めて不安定であった。なぜなら一七二八年のキャフタ条約締結以後、貿易は様々な理由により一〇回も停止され、そのたびにキャフタ貿易に関わる商人たちは損害を蒙ってきたからである。ロシア側から見て、キャフタ貿易は清に毛皮を輸出するために必要な貿易である一方、輸入品目は南京木綿を中心とするシベリアの生活物資が中心であり、一方的な輸出超過状態であった。こうした状況からロシア官僚の中には、キャフタ貿易をロシア経済全体にとって重要ではないと見なす人々もいた。それにもかかわらず、ロシア政府、特に外務省は一七九二年の貿易再開に至るまで清との友好路線を崩さず、外交交渉を粘り強く続け、キャフタ貿易の再開と成長をもたらした。

本章ではイルクーツク商人とキャフタ貿易の関係を明らかにするため、イルクーツクの地理的・経済的立地条件、キャフタ貿易を成立させた存立基盤、北太平洋地域における毛皮産業の成長、シベリアの流通構造とヨーロッパ・ロシア地域からの参加商人との関係について検証していく。

一　イルクーツクの商業的位置と初期の中国貿易

1　イルクーツク市の成立と住民構成

一六五二年、エニセイスクからアンガラ水系に到達してブリャート人を征服した小貴族イヴァン・ポハボフはアンガラ川に注ぐイルクート川中洲のジャチー島に冬営地を築き、その後一六六一年アンガラ川右岸にイルクーツク要塞を築いて、イルクーツク市の基礎を作った[1]。一七世紀の時点で、この地はコサックと役人が住民の大半を占める小規模集落に過ぎなかった。一七〇〇年におけるイルクーツク市の人口は男子七二六人以上と、不正確ながらわずかな数字であったが、その後一七二二年に総人口三四四七人、一七四四年四〇七八人、一七九一年一万五二二人、一八二七年一万五六四六人と急増し、一八二七年時点でシベリア最大の都市となった[2]。

東シベリアにおいてイルクーツクに人口が集中した背景には、冒頭で述べたようにその地理的位置が大きく影響している。ロシア人が最初にこの地に入るきっかけとなったのは、一六二〇年代にエニセイスク長官(エニセイスカヤ・ヴォエヴォーダ)が派遣したコサックによる「ブラト(ブリャート)の地」の征服探検事業であった。エヴェンキとの戦闘により、この地域が肥沃で毛皮獣の多い土地であり、さらに銀鉱が存在するらしいという噂を聞いたロシア人たちは、何度もブリャートの征服を試みた。しかし「シャーマンの早瀬」と呼ばれるアンガラ川の急流と、ブリャート人の激しい抵抗により、その征服には三〇年以上の歳月を要した。その後ポハボフによるイルクーツク要塞建設と、一六五四年アンガラ川左岸におけるバラガンスク要塞建設によって、バイカル湖西部の征服がほぼ完了し、ロシア人はブリャート人からヤサク(貢納)として毛皮を徴収するようになった[3]。イルクーツクの行政官たちは西のエニセイ川、アンガラ川、東のクレンガ川、レナ川、南のバイカル湖、セレンガ川といった河川交通網を利用し、東西へ遠征を行った。毛皮を求める狩猟業者たちはバルカ、ドシチャニクと呼ばれる木造平底船を操り、遠くヤクーツク、オホーツクまで出かけていった。こうした地理的条件から、イルクーツクは東シベリアと西シベリア、ヨーロッパ・ロシアの双方向に一年中商品を運ぶことが可能な流通拠点となった[4]。

一八世紀前半におけるイルクーツクの住民構成の特徴は、その人口規模に比べて商工地区民の占める割合が比較的大きい点にあった。第二回全国人口調査(一七四四年)記録によると、イルクーツク住民四〇七八人に対し、商人数は一五七九人であり、人口の約四割を占めた[5]。またЛ・С・ラフィエンコが調査した一七六〇年代シベリア諸都市に対する商業委員会アンケートによると、イルクーツク商人が一五四六人と記録されており、その構成は第一ギルド二七〇人、第二ギルド五二三人、第三ギルド七五三人、このうち国境取引(すなわちキャフタ貿易)に従事する人々の数は五七人であった。貿易に対するイルクーツク市住民の投資額も一一万五七〇〇ルーブルと、シベリア諸都市中最大だったという[6]。これをほぼ同時期のロシア商業都市に関するН・Л・ルビンシュテインの統計と比較すると、シベリア諸都市の商人の数はエニセイスクが三二一三人、トボリスクが二八二七人、これに次いでイルクーツクが三番目の位置を占めていた。これをさらにヨーロッパ・ロシア商人[7]の数と比較すると、ロシア最大の商業都市モスクワは六八三四人、近郊のカルーガが六八〇八人、トゥーラ三三〇〇人となっており、また北ロシアにおいて最も商人が多いヴェリーキー・ウスチュグでは一八九三人を数えた[8]。このように、同時代のロシア全体の水準で見ると、ヴォルガ水系や北ドヴィナ川沿いの主要河川商業都市に比べてイルクーツク商人の数は少ない。しかし、人口密度の低い辺境都市であるという地理的条件を考慮すると、人口当たりの商人比率が比較的高い都市であったと特徴づけることができる。この時期イルクーツク市に占める商人の割合が大きかった背景には、毛皮事業による狩猟業活動に加え、キャフタ貿易の開始があった。まずイルクーツクの埠頭から船でアンガ

イルクーツクからキャフタへの交通経路は次のようなものであった。まずイルクーツクの埠頭から船でアンガ

ラ川を遡航してバイカル湖の河口に出ると、リストヴェンヌィ埠頭で荷物を湖航行用の船に積み替える。船は湖の対岸へ航行してセレンガ川の河口に至る。ここから途中までセレンガ川を遡行し、キャフタ付近で馬車に積み替えて現地に到着する。天候条件が良ければイルクーツクからキャフタまでの旅程は船で二、三日ほどであり、極めて近い位置関係にあった。こうした地理的条件を利用して、イルクーツクはキャフタで取引されるロシア・中国商品の集散地として機能した。ミュラーは、イルクーツク商人たちが「中国人との間に設けられた利益の多い商取引によって、短期間で裕福になった」と指摘している。[9]一八世紀を通じたイルクーツクの急激な人口増加は、こうした経済的条件が影響したものであった。

2　北京国営貿易からキャフタ自由貿易への転換

そもそもキャフタ貿易とはどのようなものか。キャフタ(恰克図)とはロシアと清が貿易を行うために設けられた両国国境線上の自由交易拠点の名称であり、一般にキャフタ貿易は露清貿易として知られている。キャフタの町そのものは一七二八年のキャフタ条約締結によって人工的に築かれた交易集落であり、商業村(スロボダー)もしくは前哨地(フォルポスト)とも呼ばれていた。しかしキャフタ貿易が開始されるよりもずっと前から、両国の中間地帯でロシア商人と中国商人の民間取引が行われていたことが知られている。すでに一六五〇年代にはネルチンスクが露清貿易の基地になり、中国商品を売買する商人専用の市場が整備されていた。[10]一方、ロシアと清の商品を仲介交易し、ロシアから商業特権を与えられていた中央アジアのブハラ商人のキャラバンはしばしば西シベリア諸都市を訪れていたが、一六七四年にトボリスクを訪れたのを最後として商取引に訪れなくなった。中央アジアの交易民という仲介者がなくなったことで、ロシア商人たちはザバイカリエ地域を経由し、イルティシ川流域の定期市へ直接出かけて取引を行うようになった。[11]これらは国家の承認を得た取引ではなく、あくまで両国の民間商人による自発的な商業活動であったが、こうした流通の変化によって一七世紀後半にはロシア産毛皮の輸出がヨーロッパ方面から清の方向へ逆流し始めた。

一方、アムール川遠征を行ったエロフェイ・ハバロフは一六五一年に清の要塞・雅克薩(ヤクサ)を奪い、アルバジン要塞と改称して占拠した。この事件に驚いたロシア政府は掠奪を行ったハバロフたちを解任したが、後任として派遣されたオヌフリー・ステパノフもこの地域の住民からヤサクの徴収を続けた。地元の人々は突然出現した未知の掠奪者を「羅刹(ロチャ)」と呼び、彼らが何人なのかという情報も分からなかった。この事件に軍事的危機感を抱いた清朝政府は、黒竜江上流・中流域の住民を松花江上流の嫩江に移住させて無人化し、一六五六年ステパノフ軍を迎撃して雅克薩を奪還した。[12] その少し前、一六五五年に北京を訪れたロシア使節ピョートル・ヤルィジキンとセイトクル・アブリンとの交渉において、清は「羅刹」がロシア人であることをほぼ確認する。しかしロシア側はハバロフらの行動が政府の関知するところではないとして、清に貿易許可を求め続けた。ロシア政府はあくまで清朝政府への攻撃意志はなかった、との態度を示した。ところが一六六五年にポーランド流刑囚ニキーフォル・チェルニゴフスキーがアルバジン要塞を奪って再占拠した。さらにハバロフの事件で嫩江へ強制移住させられていたエヴェンキ系族長ピョートル・ガンチムールが故地に帰還し、ロシアにヤサクを納めるようになったこともあり、ロシアと清の外交関係は緊張化していく。自由貿易を求めるロシア側と、住民の帰属問題の解決を要請する清朝政府の認識は最初から食い違い、一六七四年に北京入りしたロシア使節ニコライ・ガヴリーロヴィチ・スパファリーは北京で冷遇された。この間もロシア人はアムール川の支流ゼーヤ川に入り込んで要塞を建設し始めたため、康熙帝は三藩の乱(一六七三―一六八一年)の平定を待ってアルバジンへの本格的な攻撃を開始した。これがアルバジン戦争(六年戦争、一六八三―一六八九年)である。

アルバジン戦争はロシア側司令官アレクセイ・トルブジンらの抵抗と、徹底的な攻撃を躊躇する清軍の温情姿勢から、戦いが長引いた。しかし辺境地域の安定を図りたい清は一六八五年ロシアに国書を送り、ロシア側も休戦交渉のため全権大使フョードル・ゴロヴィンにブリャンスク総督の地位を与えて派遣した。休戦交渉を準備する一方で、清は交渉を有利に進めるため外モンゴルのハルハ部と連携し、一六八八年一月ゴロヴィンらが滞在していたザバイカリエのウジンスクと、セレンギンスクを挟撃した。だが予想に反してロシア軍がハルハ部撃退に成功したため、清側は当初予定していたセレンギンスク会談を中止した。(13)

こうしたなか、ゴロヴィンは会談の打ち合わせのため一六八九年一月にイヴァン・ロギノフを北京に派遣したが、清は彼の北京入りを五月まで足止めし、入京後にネルチンスク会談を行うと一方的に宣言した。ロギノフの知らせがゴロヴィンに届く前に、ネルチンスクには一万二〇〇〇人の軍隊を率いた清朝使節団が到着し、現地入りしたロシア側を威嚇したという。このように、ネルチンスク会談は清の軍事包囲下で進められた。清の目的は交渉を有利に進めることにより黒竜江流域の主権を確保することであった。交渉の結果、ロシア側はアルバジン要塞を破壊し、アルグン・ゴルビツァ川を両国国境とすること、ガンチムールら越境者の引渡しは行わないこと、そしてロシア側に貿易を許可し、「いかなる階級の者といえども旅券を携帯するものは、両帝国内に自由に入り、必需品を売買することを許可する」と定め、八月二七日ネルチンスク条約が調印された。(14)

以上のように、露清貿易は両国の民間商人による毛皮取引の成長とロシア政府の貿易要請、ロシア人の南下と徴税・掠奪行為、辺境統治における清朝政府の軍事的危機感といった複雑な環境の上に成立した。しかし当初ロシア政府は国が貿易を主導することを躊躇した。初期のキャラバンは全てロシアの特権商人であるゴスチと呼ばれる人々が組織したもので、政府主催ではなかった。一六九〇年にゴロヴィンの親書を携えた商人の一団が「荷車六〇台分の毛皮」を運んで北京入りしたのを最初に、一六九七年まで毎年ロシアの民間商人による交易キャラバンが北京を訪れた。その一方でロシア政府は中国市場の調査を行うことを目的にオランダ人イズブラント＝イデスを使節として派遣しており、彼は一六九三年に北京入りした。(15)このときの北京貿易はロシアの毛皮と中国の綿織物の取引を中心に行われ、その成功を見たロシア政府は一六九八年の勅令で「中国に赴く者は勅令およびシベリア庁発行の許可証を受け取ること」「ヴェルホトゥリエとネルチンスクで、貨物から十分の一税を徴収すること」「旅券には携行貨物品目と関税支払証明書を記載すること」「キャラバンは隔年ごとに中国に送ること」などを定め、北京貿易を国家独占とした。[16]以後一七一八年までの二〇年間に計一〇回の国営キャラバンが派遣された。

しかしロシア政府による北京貿易の独占はうまくいかなかった。すでに述べたように、清に従属する先住民族の居住地域に一七世紀後半からロシア人が進出し、中国人やモンゴル人、エヴェンキ人との毛皮交易を行っていたからである。つまりロシア側では当初から民間商人による交易欲求が強く、政府が貿易を統制して取引を独占することは困難であった。事実、国営キャラバン随行員の中にも多くの民間商人たちが含まれていた。朝貢貿易の慣例により、これらの随行員の北京滞在費用は清朝政府が全額負担しなければならず、清はロシア側に随行員を減らすよう要請した。このためロシア政府は一七〇六年に民間商人のキャラバン随行を禁止した。それでも問題は解決せず、北京貿易の利益は減少していった。吉田金一氏によると、その原因は、①ネルチンスクの役人とキャラバン長(コミッサール)が私腹を肥やすために不正を働いたこと、②キャラバンから個人商人を排除できなかったこと、③キャラバン経由地の庫倫(クーロン、別名ウルガ、現ウランバートル)でロシア商人と中国商人の自由取引が行われたことにあった。さらに北京貿易から締め出されたロシア商人たちはキャラバン経由地のチチハル、庫倫において禁制品のクロテンなどの毛皮を大量に取引するようになった。特に庫倫の繁栄は目覚しく、北京の三―五倍にも上る大量の毛皮が持ち込まれ、取引される毛皮が北京の半値近い安さであったこと、ロシア商人にとっては北京よりも距離がはるかに近く、費用と時間が節約できたこと、中国商品を大量購入できたことなどを理由に、北京貿易を凌駕した。この結果北京では毛皮供給が飽和状態となり、一六九八年から一七一七年までの約二〇年間に価格が六〇%も下落したという。[17]このため清朝政府はロシアにキャラバンの受け入れ停止を申し渡し、一七一八年に清を訪れたΦ・イストプニコフのキャラバンが北京入りすることを拒否した。さらに一七二〇年には庫倫貿易も禁止された。

このような事態に至った直接的背景には国家が民間交易を統制できなかったという経済的要因があるが、さらに大きな背景として政治的要因も指摘されている。柳澤明氏の露清外交史研究によると、ジダ川からアルグン川までの「自然国境帯」を越境する逃亡者が後を絶たず、両国は逃亡者の引渡しを行うことを暗黙の了解としていた。しかしハルハ部タブヌート族の場合、ネルチンスク条約締結前の一六八八年にロシアに集団逃亡した経緯があり、一六九五年に彼らがロシアに再逃亡した際には、ロシア側が前回の事件を理由に清への引渡しを拒否したため大問題となった。また烏梁海（ウリヤンハイ）（現在のトゥヴァ）の対人主権を巡る両国の対立もあり、そこに一七一七年ロシアがトゥヴァ東部に要塞を建設したことが引き金となって、貿易停止が行われたという[18]。つまり、清朝政府にとっては北京貿易よりも臣従民族の逃亡と対人主権がはるかに重要な問題であり、辺境地域安定のために貿易を切り捨てるのは自明のことであった。

貿易停止の通告に対し、ロシア側は一七一九年レフ・ヴァシリエヴィチ・イズマイロフの使節団を派遣して貿易再開を交渉しようとした。さらに旅の途中イルクーツクに滞在していたイズマイロフは、国境で足止めされているイストプニコフのキャラバン入国も申請するようにとの追加指令を受け取り、一七二〇年一一月一八日に北京入りした。このときイズマイロフ側はイストプニコフらの受け入れと貿易再開を要請したが、清側は逃亡タブヌート族の引渡しと越境問題の解決を主張した。このためイズマイロフはイストプニコフのキャラバン入国を認めてもらえば逃亡者引渡しについてシベリア知事に建言するとだけ約束し、初代ロシア領事ローレンツ・ランゲを北京に残して翌年帰国した[19]。この交渉の成果は、貿易停止の真の理由が越境問題であることをロシア側がようやく理解したことだった。しかし通達の遅れからロシア側は清への回答を速やかに行うことができず、ランゲとイストプニコフのキャラバンは一七二二年五月八日に北京から退去を命じられ、さらに貿易禁止後も庫倫に留まっていたロシア商人たちが同地から追放された[20]。

このように貿易再開の目処は立たなかったが、新たな契機は両国皇帝の崩御という政治的変化によってもたらされた。一七二五年六月一八日、ロシア外務参議会は、ピョートル一世崩御の知らせと雍正帝即位の祝賀を伝えるため、交渉代表使節としてボスニア出身の特権商人サーヴァ・ルキーチ・ヴラジスラヴィチ＝ラグジンスキーを任命した。これにより清朝政府も全権代表派遣を決定し、露清交渉が再開された。一七二七年六月、ラグジンスキーと清の全権隆科多はブーラ（布拉）で国境画定について交渉し、八月にブーラ条約を締結した。しかし双方の条約文に異なる箇所があったため、翌年六月一四日に満州語条文の内容を正文として一一項目からなるキャフタ条約を批准した。「露清帝国の政治経済的相互関係に関するキャフタ条約」と題する条約文の主な内容は、①両国の逃亡者を必ず捕らえて双方に引き渡すこと（第二条）、②キャフタ河畔のロシア兵舎、清の国境標識の間を等分し、交易場とすること（第三条）、③両国通商を相互に行うこと（第四条）、④北京のオロス館には今後ロシア人のみを居住させること（第五条）、などである。[21]

これにより、ロシア商人随行員二〇〇人の制限つきで国営北京貿易を許可し、これと平行してネルチンスク付近のツルハイトゥ（もしくはツルハイトゥイ、アルグン河畔の町）と、セレンガ川の支流キャフタ河畔の国境地点キャフタを交易所とし、免税自由貿易を行うことが定められた。これに対し、チチハル、庫倫における交易は禁じられた。しかし新しい交易拠点のうち、東のツルハイトゥには商人がほとんど集まらず、西のキャフタは清の記録に「百貨雲集、市肆喧闐、恰克図遂為漠北繁富之区」「其内地商民至恰克図貿易者、強半皆山西人、由張家口、販運烟茶緞布雑貨前往、易換各色皮張氈片等物」と描かれるほどの繁栄ぶりであった。[22] このため、イルクーツク県副知事A・И・ブリル（在任一七六七―一七七六年、第三章を参照）が「ツルハイトゥで取引しない理由」を国境で商うロシア商人たちに審問したことがあった。この審問に対し、商人側は次のように報告した。「イルクーツク商人と何人かの小売業者はツルハイトゥ前哨地で中国商人と取引をしていたが、キャフタ国境ではキャフタ貿易がなかったため、[23] そこへ行かざるをえなかった。現在は中国貿易が再開されたため、キャフタから遠く離れたツルハイトゥ前哨地ではいつも十分に商品があるとは限らず、彼らにとって必要な商品の取引額も少なく、あるときなどは逆に中国人向けに運び込まれた商品が極めて粗悪で取引に適さないか、さもなければ国庫への納税にすら量が足りなかった……両方の交易所で定められた関税率もその品質に由来するものではなく、キャフタで安価に販売されている商品の量に由来するものであり、損失が大きい。このため商人たちは、遠隔地であることと、税金支出、商品の低価格取引によって取り返しのつかない大損害を蒙っている[24]」。

第二節で説明するように、審問に先立つ一七六二―一七六八年、清はキャフタ貿易を停止し、商人たちは仕方なくツルハイトゥで取引を行っていた。しかしようやくキャフタ貿易が再開されると、商人たちはキャフタより も遠隔地でコストがかかるツルハイトゥでは取引しようとせず、再びキャフタへと戻った。このようにキャフタ貿易の度重なる停止によってツルハイトゥが代替交易地として補助的に機能したが、貿易が再開されるとまたキャフタに商人が戻るという現象が繰り返された。シリンは、キャフタ貿易停止によってたしかにツルハイトゥに流入する商品額は増加したが、キャフタで通常取引される商品額にははるかに及ばなかったことを指摘している[25]。またアメリカの研究者ファウストは、ツルハイトゥの輸出入合計のピークは一七六八年の一万ルーブルほどという数値を挙げており、キャフタの貿易規模に匹敵する額ではなかった[26]。つまり、キャフタが機能する限りツルハイトゥは交易地として重要ではなく、次第に衰退していった。

一方ロシア政府はキャフタ条約によって自由貿易を制度化しつつも、国営キャラバンを主軸とする毛皮貿易を確立しようとした。しかし現実は政府の意図に反し、ここでも密貿易が国庫独占を脅かすことになった。当初キャフタでは商人の毛皮取引を禁止したため、ロシア商人たちはシベリア、北太平洋で入手した毛皮をヨーロッパ・ロシア地域から運ばれたラシャなどの工業製品と交換し、それをキャフタで中国商品と交換するという手続きを経なければならなかった。しかし実際には密貿易によって安価なロシア毛皮が清に輸出されており、清朝政府も北京貿易を圧迫したため、国営キャラバンの派遣間隔は当初の隔年から次第に開いていった。一七五四年キャラバン参加者を募集した際にはあまり商人が集まらず、このキャラバンを最後に北京貿易は事実上消滅した。ロシア政府は毛皮貿易の独占を廃止する代わりにキャフタ貿易への課税を制度化することで、利益を確保する方向へ政策を転換した。

初期のキャフタ貿易は国内関税制度が存在していたために、通過する全ての関所・税関で税を支払わねばならず、そのため東に行くほど商品価格は上昇した。ピョートル一世時代、中国向け商品に限り、西シベリアのヴェルホトゥリエとザバイカリエ地域のネルチンスクの二箇所のみで国内関税を課すことが定められたが、それでも関税以外にタムガ(烙印)税、重量税、コンターロ(三プードの単位)税、秤税、倉庫税など、数十に及ぶ小額の税が徴収された[27]。従ってロシア商人がキャフタ貿易に参加することは常に多額の税負担を意味した。しかし女帝エリザヴェータ・ペトロヴナ時代にピョートル・シュヴァーロフ伯爵による改革が行われ、一七五四年ヴェルホトゥリエ以外の国内税関が廃止され、一七五五年一二月一日付け勅令でヴェルホトゥリエ税関の廃止と新関税規則が施行された[28]。この改革により、「国境税関において関税を徴収することとし、一銀ルーブル当たりの国内税を一四コペイカ、関税を五コペイカ、計一九コペイカとする」「中国商品からは一ルーブル当たり関税一〇コペイカ、国内税一三コペイカ、計二三コペイカを徴収する」「二〇分の一税は廃止する」「税金は商品を外国に輸出する際に一回だけ徴収する」などの規則が定められた[29]。つまり、国内関税を廃止する代わりに政府が新たな財源としたのは外国貿易からの関税収入であった。これはキャフタ貿易も例外ではなく、免税自由貿易を規定した条約に反するものだった。

その後一七六一年にシベリアの国境線にある全ての税関から関税を徴収すること、別税率の採用が定められ[30]、エカテリーナ二世は一七六二年七月三一日付け勅令で「外国への毛皮類輸出禁止を廃止すること」「税表に基づく関税を支払うことによって全ての人々は自由に輸出を行えること」を宣言し、一七五四年以後途絶えていた北京貿易を正式に廃止した[31]。このようにロシアの税制改革と民間の毛皮輸出の勢いに押される形でキャフタの貿易

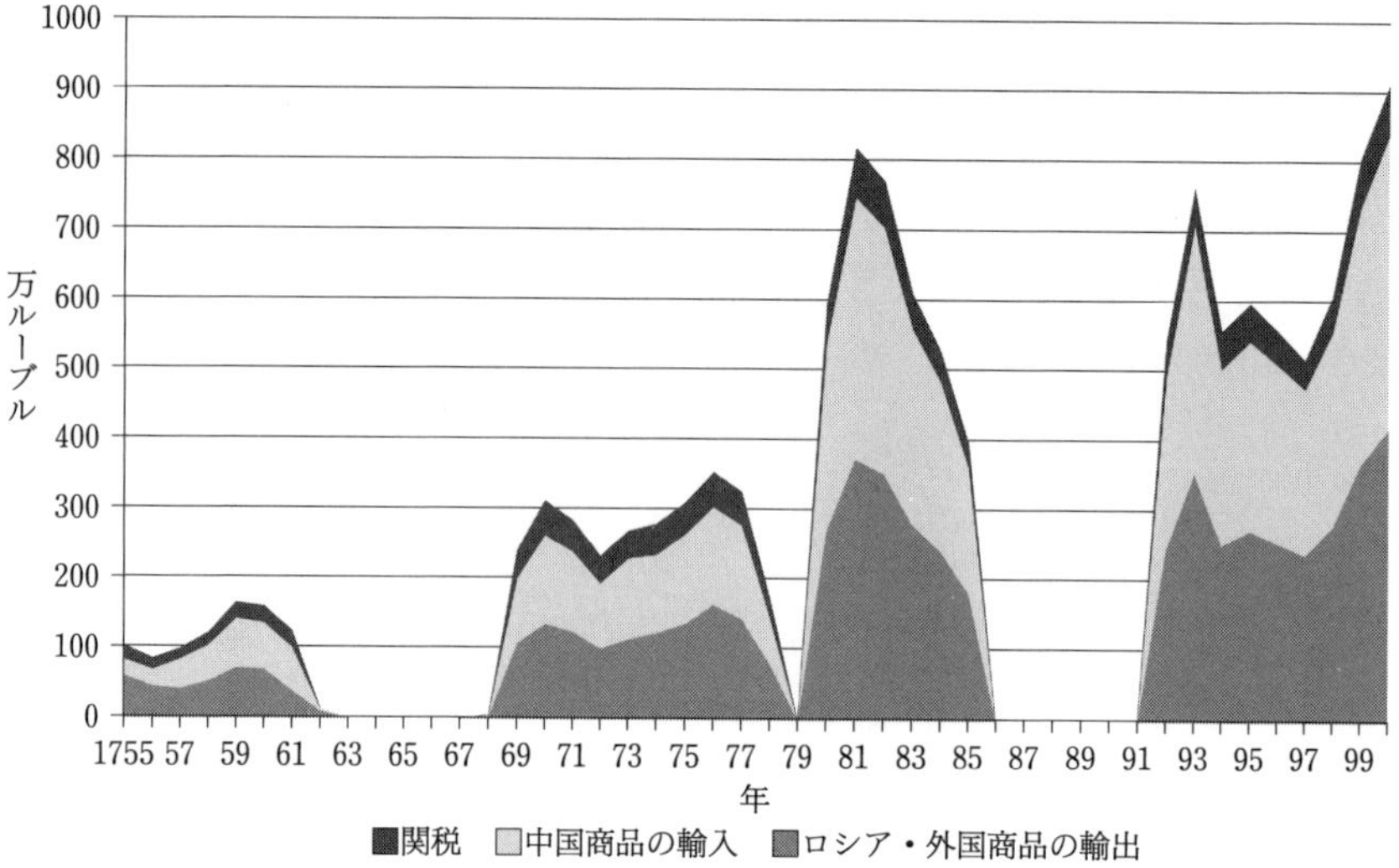
1000
900
800
700
600
500
400
300
200
100
0
万ルーブル
1755 57 59 61 63 65 67 69 71 73 75 77 79 81 83 85 87 89 91 93 95 97 99
年
関税
中国商品の輸入
ロシア・外国商品の輸出

図1-1　1755-1800年のキャフタ輸出入額累計

注：関税は1760年まで10分の1税，1761年以後は異なる税率で計算されている。
出典：А. К. Корсак, *Историко-статискическое обозрение торговых сношений России с Китаем*. С. 67, 73, 97.

額が順調に増加し、同貿易からの関税は北京貿易に代わる税収源となった。キャフタ貿易の取引高について、コルサクが提示するロシア側の関税記録を積み上げグラフにしたものを参照しよう(図1-1)。

一七五五年以前のデータは断片的にしか残っていないため、どの程度の取引額があったのか不明である。しかし一七五五―一八〇〇年のデータだけを見ても、一八世紀後半に取引額が急増したことは明らかである。これは北京貿易の消滅と毛皮輸出の解禁によるところが大きい。貿易が停止される一七六二年以前は輸出入額が一〇〇万ルーブル前後であり、貿易が再開した一七六八年こそ取引額が少ないものの、その後一七七六年には輸出入額三〇〇万ルーブルを超えた。さらに一七八〇年から一七八五年の間には輸出入額が最高で七〇〇万ルーブル以上に達した。一七九二年以降は若干の変動があるものの、一八〇〇年には八〇〇万ルーブルを突破した。グラフで取引がない期間はキャフタ貿易停止時期であり、その間ツルハイトゥの取引が活発化したが、年間一万ルーブル未満の取引額では当然キャフタ貿易を穴埋めするものではなかった。

取引規模を判断する上で、キャフタ貿易の特殊な取引形態にも留意する必要がある。ロシア側は金・銀などの貨幣流出を恐れ、商品を直接交換するバーター貿易を採用した。このためロシア商人と中国商人はあらかじめ機軸商品を基準として各商品の交換比率を定め、初期には清の主軸商品であるキタイカ(南京木綿)を交換基準とした。[32] これは露清貿易が事実上毛皮と綿織物の交易だったからである。この制度によりキャフタ貿易に従事する商人たちは現地で商品を直接現金化することができず、中国商品をロシア国内で販売するまで関税納入が事実上困難だった。こうした状況から政府は一七五四年にシベリア以外のロシア商人が六カ月期限の普通手形を発行して納税することを承認した。

度重なる貿易停止という困難があったにもかかわらず、キャフタ貿易は順調に成長していった。それを支えたのはシベリア、北太平洋地域における毛皮事業の発展と、北京の宮廷に仕える満州貴族たちの高い毛皮需要であった。ロシア関税統計局刊行のデータによると、一七六八―一七八五年の中国輸出のうち七八・八%を毛皮商品が占めていた。[33] また帝政時代に露清貿易のデータを集計したコルサクとトルセーヴィチによると、ロシア毛皮輸出総額に占めるキャフタの比率は一七六九年八三・八%、一七九四年六八・五%であり、残りのそれぞれ一六・二%、三一・五%がキャフタ以外から輸出された。[34] これらの数値は、一八世紀のロシアにおける毛皮輸出がキャフタ貿易に大きく依存していたことを示している。従って、キャフタ貿易の輸出入データを分析するには、ロシア側の毛皮事業の仕組みを分析する必要がある。

3　北太平洋におけるイルクーツク商人の毛皮事業

一八世紀初めの毛皮事業は主に東シベリア域内における狩猟業が中心だった。トルセーヴィチの研究は一八世紀初頭のヤクーツク周辺にリスと同じくらいの数のクロテンがいたと伝えており、ミュラーが研究を行った一八世紀半ばにはヤクーツク周辺の住民が居住地付近でテンをよく捕まえていたという。[35]ミュラーの情報によると、アルテリと呼ばれる狩猟業の協同組合に所属する猟師が一人当たりテン四〇枚の束を最低七つ(つまり二八〇枚以上)は入手していた。[36]しかしクロテンをはじめとするシベリアの高級毛皮獣は乱獲により次第に枯渇していき、輸出量も減少した。

その一方で、ベーリングの第二次探検(一七三三―一七四三年)の際にはアラスカへの探検航海が行われ、ラッコをはじめとする毛皮獣の情報がカムチャツカ半島のペトロパヴロフスク・カムチャツキーにもたらされた。ニジネカムチャツク要塞司令官であったエメリヤン・バソフは千島列島における毛皮猟を計画していたが、ベーリング探検隊から地理情報がもたらされたことでベーリング島への探検を計画した。バソフの計画にはモスクワ商人アンドレイ・セレブレンニコフらの民間毛皮業者も協力し、シーチク船カピトン号を建造して一七四三年にベーリング島で冬営を行った。翌年カピトン号はラッコ一万二〇〇〇枚、ホッキョクギツネ四〇〇〇枚を積んで帰還し、北太平洋における毛皮事業の先鞭をつけた。[37]

エメリヤン・バソフの探検事業を皮切りに、モスクワ、クールスク、トゥーラ、シューヤ、ヴォログダ、ヤロスラヴリ、アルハンゲリスク、カルゴポリ、ソリヴィチェゴツク、ヴェリーキー・ウスチュグ(ヴェリコウスチュグ、もしくはウスチュグ)、ソリカムスク、ヤレンスク、ネジン、ハリコフなどのヨーロッパ・ロシア商人、ナルィム、タラ、トボリスク、セレンギンスク、ヤクーツク、カムチャツカなどのシベリア商人が北太平洋の毛皮事業に参加し、これにイルクーツク商人も加わった。ロシアの研究者P・B・マカロヴァらはソ連時代からロシア人の北太平洋進出史に関する詳細な研究を行っており、出資者構成と獲得した毛皮の内訳、評価総額などのデータについては現在ほぼ解明されている。[38]先行研究によると、当時の北太平洋における毛皮事業は通常特定の船主が事業を主催して投資を募り、株式を発行する形態だった。株は一回の狩猟船派遣ごとに発行され、船が帰還すると持ち株比率に応じて獲得した毛皮を配分した。つまりそれぞれ毛皮事業ごとに毎回「株式会社」が設立され、会社は株の大部分を所有する主催者の名で呼ばれた。株主は通常数十人おり、なかには一株しか持たない小株主も存在した。事業の成功はいかに有能な船員、狩猟業者を集めるかにかかっていた。このため各株主は「半株システム（ポルパエヴァヤ・システマ）」に基づき、労働者を募集するよう義務づけられた。これは一株に配当される毛皮の半分を株主が受け取り、半分を労働者給与として配分するシステムである。こうして雇用された狩猟業者の中には、ネジン・ギリシャ人エヴストラチー・イヴァノヴィチ・デラロフのように、後年ロシア・アメリカ会社の株主へ成長した大商人もいた。[39]「乾燥株（スホヴィエ・パイ）」は船乗り、航海士、鍛冶師などの専門職の雇用や教会・学校・会社への寄付のために別個に設けられた株である。[40]こうした各事業に基づく株式発行の形態は、初期のイギリス東インド会社の仕組みと共通する部分があるが、この時期のロシア毛皮事業の場合、事業主が互助的な組合や共同組織に属していたわけではない点が特徴的である。

北太平洋における毛皮事業史料そのものが膨大なデータであるため、ここでは事業全体の説明は割愛し、イルクーツク商人が主要株主として狩猟船派遣に関わった事業に絞って巻末添付表1を参照する。同表の出典にも示したが、ロシア領アメリカで勤務した海軍士官ヴァシリー・ニコラエヴィチ・ベルフが一八二三年サンクト・ペテルブルクで刊行した最も基礎的なデータが残っており、D・クレノフによる英訳を参照することができる。しかし同書の記録は完全なものではなく、漏れているデータが多数ある。これを補足するものとしてロシア側には長い研究蓄積があり、巻末添付表1の作成には最新研究成果である『ロシア領アメリカ史　第一巻』（一九九七年）記載のデータを加えた。

同表が示すように、エメリヤン・バソフが開始した最初期の狩猟業探検に参加したイルクーツク商人として、ニキーフォル・トラペズニコフ（?—一七六八年）の活躍が目立っている。トラペズニコフの毛皮事業に関しては、マカロヴァが一九五〇年に発表した論文以降、現在に至るまで統計数値の修正が重ねられており、若干のずれがあるものの、ほぼ最終的結論が出ている。[41] これらの研究によると、トラペズニコフは他の商人との共同事業も含めて二五年間で計二〇回余り船を派遣しており、カムチャツカ沿岸の島々やアリューシャン列島で毛皮事業を行っている。これらの毛皮事業はほとんど間を置かずに頻繁に行われており、初期事業の多くがラリスク商人チェバエフスコイ、トチマ商人フョードル・ホロジロフ、モスクワ商人イヴァン・ルィビンスコイ、ヤロスラヴリ商人ステファン・ティリン、ジューコフらとの共同事業であった。興味深いのはトラペズニコフだけでなく、同じイルクーツク商人であるバリンの提携者が全てヨーロッパ・ロシア商人である点だ。おそらく彼らの事業は資金面でヨーロッパ・ロシア商人に大きく依存していたであろうと推測される。トラペズニコフの場合、一七四〇年代にはこうした提携事業が中心だったが、一七五〇年代あたりから共同事業と平行して独立事業が増えていく。しかし一七四九—一七五〇年に派遣した聖ニコライ号の成果は毛皮三一二七ルーブルしかなく、一七五〇—一七五二年に派遣した聖ピョートル号はアリューシャン列島のアッツ島で難破した。このような失敗を重ねつつも、一七四九—一七五三年に派遣した聖ニコライ号は一〇万五七三〇ルーブルの毛皮をもたらし、一七五四—一七五七年に派遣した同船およびフィッシュ号は合計四四万四一六八ルーブルという莫大な額の毛皮を運んできた。こうした成功の一方で、一七五四年に派遣した共同事業船聖ピョートル号はカムチャツカ半島沖のメードヌィ島(現コッパー島)で難破しており、毛皮事業は成功すれば利益も大きい反面、失敗した場合の損害も大きかった。そうしたリスクを考慮したのか、トラペズニコフはイルクーツク商人バリン、ヤロスラヴリ商人ジューコフ、モスクワ商人イヴァン・ニキーフォロフらとの共同事業を再び行っている。彼は一七六〇年代に独立事業を増やしたものの、船三隻を失ったことにより破産し、一七六八年貧困のうちに世を去ったと伝えられている。[42]

このほかに北太平洋で初期に毛皮事業を行っていたイルクーツク商人としてエメリヤン・ユーゴフ(?—一七五三年)がいる。彼はもともとネルチンスク郡やヴィチム川、ニジニャヤ・ツングースカ川、コルィマ川流域で狩猟業を行っていた人物である。彼は一七五〇—一七五四年に自ら聖イオアン号に乗り込み、コマンドル諸島で狩猟業を行った。しかし航海の途中ベーリング島付近で死亡し、彼が所有していた六株が国庫に接収されたという。[43]より伝説的な人物としてはイヴァン・ステパノヴィチ・ビチェヴィン（一七〇四―一七五九年）が有名である。彼は酒の請負販売業などを経てキャフタ貿易に参加し、一七五〇年代北太平洋の島々で毛皮事業を営んだとされる。そのため当時イルクーツクで最も富裕な商人だったとして様々な伝承が残されている。しかし彼の事業に関して記録が残されているのは一七六〇―一七六二年に派遣された聖ガヴリール号のみで、同船はリシイ諸島（現フォックス諸島）とアラスカ半島で毛皮を獲り、五万二五七〇ルーブルの毛皮を積んで帰還した。彼が事業を行った時期には個人商人が中国人にキャフタで毛皮を販売することが許可されていなかったため、まず毛皮商品をヨーロッパ・ロシア商人に販売し、受け取った金で主にラシャを購入し、これを中国商品と交換するためキャフタへ送るという複雑な転売方法を取った。先述のトラペズニコフもおそらく同様の手続きを行ったと考えられる。しかしその一方で、一八世紀半ばに有力イルクーツク商人の一人だったニコライ・ブレチャロフの場合は、トチマ商人ホロジロフがカムチャツカで獲得した毛皮を購入し、キャフタに密輸して様々な中国商品と交換していたことが知られている。[44]従ってビチェヴィンやトラペズニコフらがキャフタに毛皮を密輸していた可能性も否定できない。密輸商品は記録上に現れないためどの程度の規模で取引されたか把握することはできないが、北京貿易の消滅と毛皮輸出の解禁を促したのがこうした密貿易の存在であった点は留意すべきだろう。

　ビチェヴィンは毛皮事業の成功により、一七五七年には「すでに発見されている南北の国々と、未知の陸地やアナディルの島々を探索し、うまくいけばチュコトカ岬を回航して北海に注ぐ川やレナ川の河口まで」到達する探検隊を自費で組織したいと、ロシア政府に提案した。目的はもちろん毛皮事業だった。政府から許可を得たビチェヴィンは実際にこの探検を行っている。また巻末添付表1には記載していないが、別の資料によると彼はモスクワ商人イヴァン・ニキーフォロフ、トボリスクのイリヤ・スニギリョフ、ヴォログダのイヴァン・ブレニンとの共同事業も行ったという。しかしその経営規模を示すデータは現在残っていない。ビチェヴィンの資産規模を推測する手がかりとしては、彼がイルクーツク市内のチフヴィンスカヤ教会とズナメンスカヤ修道院の建立資金を寄付した事実と、第三章で説明するクルィロフ事件で財産を没収されて拷問死し、残された資産のオークション販売価格が二万二四一三ルーブルに上ったという記録だけである。(45)

トラペズニコフ、ユーゴフ、ビチェヴィンの没後、イルクーツク商人が主要株主として参加する毛皮事業は減少した。これは毛皮事業の拠点が次第に東の遠隔地へと移動したこと、クールスク商人イヴァン・ラリオノヴィチ・ゴリコフとルィリスク商人グリゴリー・イヴァノヴィチ・シェリホフ(一七二七—一七九五年)が登場して以後、アラスカ半島における毛皮事業が中心となったことによるものである。事業に必要な船、労働者、航海士の確保、遠隔地の島々での長期滞在における食料物資などのため、事業費用は莫大になっていった。このため毛皮事業への投資にはある程度の資本力が必要となり、クルィロフ事件で損害を蒙ったイルクーツク商人は毛皮事業からしばらく遠ざかった。

しかし一七七七年には、イルクーツク商人ヤコフ・プロターソフ(一七二五—一七九八年)、フョードルとミハイルのキセリョフ兄弟が毛皮事業主として参入してくる。(46)シャヘロフの研究データによると、ヤコフ・プロターソフはトムスク商人出身で一七七五年にイルクーツク商人として登録したとあるので、それ以前に獲得した豊富な資金を元手に毛皮事業を行おうと登録を移したと考えられる。(47)またこの時期は乱立していた毛皮会社の活動が落ち着き、毛皮業者の世代交代と提携・合併現象が起こってくる。特にルィリスク商人シェリホフの場合、まず毛皮事業主であるヴォログダ商人マトヴェイ・オコニシニコフの手代となり、後にクールスク商人ゴリコフの手代となって共同経営者へと出世した。シェリホフが手代経験を積んで本格的に毛皮事業を開始するのは一七七六年頃のことである。(48)一七八〇年代に入るとゴリコフ・シェリホフ会社、イルクーツク商人フョードル・キセリョフとミハイル・キセリョフ、ヤクーツク商人パーヴェル・セルゲーヴィチ・レベジェフ＝ラストチキンの三会社が最も有力な毛皮事業主となった。やがて毛皮会社統合の動きが加速され、ゴリコフ・シェリホフ会社を中心にロシア・アメリカ会社の母体が形成されていくが、こうした合併現象を促した契機の一つがキャフタ貿易の停止であった。

二　キャフタ貿易停止の影響

1　一八世紀の露清外交――課税と越境・逃亡事件

第一節で触れたように、キャフタ貿易は外交問題によってしばしば停止された。その背景にはアジア系先住民の越境逃亡事件、露清両国民が引き起こした掠奪事件などといった刑事上の問題の処理があり、一方でキャフタ貿易制度の根幹に由来する諸問題があった。ただし先述のようにキャフタ貿易停止によってロシア商人と中国商人の交易関係が全く途絶えたわけではなく、小規模ながらもツルハイトゥの取引は行われ、さらに国境地帯では密貿易も行われていた。

取引高が順調に成長していたはずのキャフタ貿易がしばしば停止された背景には、キャフタ条約締結に至る過程同様、契機となる直接的原因と、より大きな政治的原因が二重に存在していた。そこでまず停止の過程を時系列に沿って整理していく。最初の停止は一七四四年の一七日間、次に一七四七年の三日間、一七五一年の二日間であり、いずれも短期間の停止に過ぎなかった。しかし一七五三年には三回、計五カ月余り貿易が停止された。貿易停止を言い渡したのはいずれも清朝政府であり、六月の停止時には酒、銅貨などの禁制品がキャフタで密輸されたこと、一一月の停止時にはロシア側の関税賦課の事実が発覚したこと、一二月の停止時には取引を禁止されていた毛皮の密輸が行われたことを理由としていた。本章第一節2で説明したように、ロシア政府はピョートル時代からヴェルホトゥリエとネルチンスクで中国向け商品に国内関税をかけていた。しかし「ロシア側の関税賦課」は、両国商人が「免税自由貿易」を行うと定めたキャフタ条約第四条に違反しており、ロシア商人は「関税を支払うことによって全ての人々は自由に輸出を行える」とロシア政府が規定したことは清にとっても大きな問題となった。なぜならたとえ課税対象がロシア商人であったとしても、課税金額は販売されるロシア商品の価格に上乗せされ、中国商人の購入価格にはねかえってくるからである。しかしこれに対し、ロシア政府は一七五四年に国内関税を廃止し、一七五五年には新関税規則を公布してキャフタ貿易への課税強化を行った。このことが影響したのか、清は一七五六年に貿易を一ヵ月以上停止し、一七五九年にも一一日間停止した。[49]

その後一七六一年に中国商人がロシアの関税撤廃を要求し、これが引き金となって翌年再びキャフタ貿易が停止された。しかしそれでもロシア政府は一七六二年に毛皮輸出の解禁と関税徴収を定める勅令を公布している。停止の表向きの理由を比較すると、清がロシア側の課税措置を深刻に受け止めているのに対し、ロシア側は清の抗議をそれほど重視していないように見える。しかし貿易の背景をよく調べると、課税問題だけがキャフタ貿易の停止理由とは言えない。なぜなら清もキャフタ条約を破り、キャフタからウルガ、カルガン(張家口の別名)に送られたロシア商品に対して秘密裏に課税しており、その事実をロシア側に知らせていなかったからである。[50] 従って課税問題は表向きの理由に過ぎず、真の原因は別のところにあったと言わざるをえない。

露清の領土関係から見ると、一七五七年に清の乾隆帝がジュンガル部を制圧し、懸案となっていたロシアとジュンガル部の協力関係による軍事的脅威が排除された。同年ロシアは使節B・ブラチシェフを派遣し、清朝政府に女帝エリザヴェータ・ペトロヴナの即位祝賀の使節派遣を要請したが、[51] 併せてシベリアとカムチャツカ半島を結ぶ交通路としてアムール川の航行許可と、北京におけるロシア人学生の満州語・中国語教育に対する配慮などを求めた。[52] この要請に対し、清はロシア側が特使を派遣するならば両国間の平和に同意する印として大使を派遣する、また黒竜江におけるロシア船の航行は拒否するとの回答を与えた。吉田金一氏はこの時点で清がロシアに対等の使節を派遣する考えがあったと指摘しており、一七五六年のキャフタ貿易停止に関しては、課税問題以外の外交関係の強い影響は感じられない。

しかし一七五七年に清がジュンガル部を制圧した直後、同地の有力者であったアムルサナとシェレンの二人がロシア国内に逃亡する事件が起こった[53]。この問題を巡って露清間で激しい応酬が繰り広げられた。アムルサナを含む二人がシベリアに逃亡したとの情報が清に届いたのは一七五七年八月のことであり、その後逃亡したのは二人ではなく八人であり、彼らがシベリアの河川で溺死したと伝えられた。これについてロシア政府は翌年一月、アムルサナが川で溺れたところを救出され、拘禁中に痘瘡で死亡したと清朝政府に伝えた。同年、ロシア政府は清にアムルサナの遺体検分を申し入れ、これを受けて清の役人が検分している。しかし清はアムルサナが生きており、ロシア側が彼を匿っていると疑って、一七六〇年まで遺骨引渡しを要求し続けた。だがロシアはこれが過剰要求だとして最後まで拒否の姿勢を貫いた。もう一人の逃亡者シェレンについても、もともとはジュンガル部の人間ではなくトルグート人であるから、トルグートに送り届けてロシアの臣民とすべきであると回答し、これも引渡しを拒否した[54]。この結果、清は北京在住のロシア人僧侶、学生を監禁し、黒竜江で捕らえた越境ロシア人を抑留するという強硬措置を取った。このように、ロシアとジュンガル部の過去の協力関係に神経を尖らせてきた清朝政府は、アムルサナ、シェレンの逃亡問題に過敏に反応した。こうした辺境統治を巡る危機感から、キャフタにおけるロシアの課税問題が焦点となり、一七六二年の貿易停止に利用されたと見られる。

冷え込んだ露清関係を打開するため、ロシア側は一七六五年にイヴァン・イヴァノヴィチ・クロポトフ大佐を使節として清に派遣した。交渉の結果キャフタ貿易は一七六八年に再開されるが、一七六七年にエカテリーナ二世がクロポトフ宛てに送った訓令には次のように記されている。国境問題解決後、「キャフタ貿易は従来通り自由であり、中国商人と商品が遅滞なく往来するようにすること、なぜなら多数の商品を抱えるロシア商人たちがキャフタに来ることは常に自由だからであり、そのため貿易は両国にとって利益があるだろう」。また「キャフタで条約に反してロシアが商人に課税している」という清の抗議に対し、国境地点に当たる場所では「輸入商品であれ、輸出商品であれ、両国の貿易商人からいかなる税も徴収しない」とクロポトフが約束するよう指示した[55]。つまり、ロシア政府は清朝政府の側も課税している事実を把握していたにもかかわらず、貿易再開を最優先と考え、表向き課税していないという体裁を整えた。こうした交渉努力の結果、一七六八年にキャフタ追加条約が調印され、「キャフタ、ツルハイトゥの二つの交易場においては、永久に税金を徴収しない」ことを明記し、免税貿易を確認することで清朝政府は貿易再開に同意した。しかしその後もロシアはキャフタ貿易に課税し続けており、現状は何も変わらなかった(図1-1参照)。ロシア側は免税措置について、あくまで交易場所で税を徴収しないことと解釈し、クロポトフはキャフタ税関をセレンギンスクに近いストレルカ(ペトロパヴロフスク要塞)に移転して税を徴収した。しかしこのような二重制度を取っていることはまもなく清に露見した。クロポトフがキャフタで関税徴収のため商品検査を行っている事実に対し、一七七五年に清が追加条約違反であると抗議して、八度目のキャフタ貿易停止を行った。しかしクロポトフは税関を中国人の目からさらに遠ざけ、トロイツコサウスク(現在キャフタ市に編入)に退けることで課税事実を隠し、停止は三日間で終わった[56]。

九度目の貿易停止は一七七八年から二年間に及んだ。発端は、同年にオイラート部がロシア商人のキャラバンを襲い、掠奪して清領内に逃げ込んだことだった。ロシア政府は犯人を国境へ戻すよう要求したが、清朝政府はロシア側がジュンガル部のシェレンを引き渡さなかった事件を引き合いに出してこれを拒否した。一七六八年の追加条約によって過去の事件は不問となったにもかかわらず、清はこの問題を口実として利用した。こうして両者の議論は一七八〇年四月二六日まで続き、その間貿易は行われなかった[57]。

最後のキャフタ貿易停止は一七八五―一七九二年の約七年間であった。停止のきっかけはロシア国籍のブリャート人ウラザイ(烏拉勒寨、またはウラルザイ)とその仲間が清領内に越境し、中国人キャラバンを掠奪した事件だった。清は頭目ウラザイを国境上で捕らえ、その処刑を要求した上でロシア側に引き渡した。ところがロシア側はウラザイを笞刑(棒叩きの刑罰)処分にし、極北の地へ流刑にしただけで処理を済ませた。この件に関し清朝政府は「清の役人を立ち会わせなかったのは一七六八年のキャフタ追加条約違反だ」と抗議し、ロシア政府にウラザイ引渡しを要求した上、これに応じない場合はキャフタ貿易停止を通告した。しかし従来と同様、ロシア側は清の要求を些細なこととして取り合わず、ウラザイ引渡しも拒否した。[58] このため清はマイマチェン長官(ジャルグチ、ロシア語ではザルグチェイ[59])を通じてキャフタ貿易停止を命じた。

ロシアは貿易再開を要望してたびたび清に申入れをしたが、両国の主張は平行線を辿った。ロシアは一七八九年に交渉のためドルゴポロフをマイマチェンに派遣し、「ウラザイは一七八九年に流刑先で死亡した」とするイルクーツク県知事書簡を渡した。清はドルゴポロフを歓待し、交渉は友好的に行われたが、書簡がウラザイの死亡についてのみ記載しており、その仲間について全く触れていないと指摘し、仲間の引渡しと処刑を求めた。これに対しドルゴポロフは「ウラザイたちは、死刑の代わりにイルクーツクから数千ヴェルスト北の地に流刑されており、(そこへは)道なき道であるために郵便も年に一回、冬季にスキーで運ばれるほどです。ウラザイは大分前に死亡しましたが、わが国の元老院からも遠い土地では、貴国の文書もすぐには届かないでしょう。もしかしたらその知らせも届かないかもしれないし、彼らはすでに死んでいるかもしれません」と答え、イルクーツク県知事が速やかな貿易再開を希望していると主張した。それでも清はキャフタ条約追加条項第一〇条に基づいてウラザイの仲間の処刑を要求し、彼らが全員死亡すれば貿易を再開すると約束した。会談の席上、清の役人も貿易再開を望んでいると述べた。彼らの話では、マイマチェンの中国人、特に貧しい人々が困窮し、食べ物にもこと欠く有様であり、キャフタ貿易停止は彼らにとっても「高くついた」との意見を述べた。[60] しかしここでもマイマチェンの役人たちと北京の認識は異なっていた。例えば清朝政府は当時の重要商品の一つ、[61] 大黄の輸出を厳禁し、甘粛・四川・新疆方面から浙江・広東方面に至る広範囲で大規模な取締りを行った。ロシア側は当時、大黄をヨーロッパに再輸出して利益を得ていたため、この禁輸措置で直接的不利益を蒙った。そこでロシア政府は清朝政府に輸出再開を求めたが、清朝政府は「貿易を再開しなくとも、わが国に何の関係があろう。わがモンゴルの小民にも何の差し障りもない」と返答してロシアの要請を無視した。[62]

吉田金一氏はこうした清朝政府の対応について、乾隆帝時代における外交姿勢の変化を指摘する。例えば先述のトルグート人は第一次露土戦争(一七六八—一七七四年)をはじめとして度重なる戦乱に巻き込まれ、次第に清への帰属意識を強めた。このため一七七一年にトルグート人一六万九〇〇〇人余りが清に向けて集団移動した。途中膨大な死者を出しながら清領のイリに辿り着いたトルグート人たちを乾隆帝は労い、ロシア政府の返還要求を退けた。こうした事件を通じて清の対露外交は高圧的になり、キャフタ貿易の長期停止に影響したという。[63]つまり、一七八五年の貿易停止は露清の外交関係の変化が根本的原因であって、ウラザイ事件はその引き金に過ぎなかった、と吉田氏は推測している。

しかしこのような両国の関係は一七九一年に一変する。同年一月、再びトルグート人の逃亡事件が起こり、彼らはロシア人僧侶に手渡されたという文書を清朝政府にもたらした。この文書にはロシアがトルグート人を取り戻すため軍を準備しているという記述があり、清朝側に戦争勃発の緊張が走った。しかし戦争予告の手紙に疑問を抱いた清朝政府がロシアの元老院に問い合わせたところ、同年秋にそのような事実は全くないとの回答があった。さらに元老院は回答に添えてキャフタ貿易再開を申し入れており、乾隆帝はロシア側の根気強い要請に対し、とうとうこれを許可した。こうして一七九二年二月八日に「キャフタ通商および露清国境議定書」が調印され、キャフタ貿易が再開された。[64]

以上の経緯が示すように、キャフタ貿易停止は課税問題という表向きの要因と越境・逃亡事件という外交問題の二つが主要原因となっており、特に三回の長期間停止は後者が主たる原因であった。この件に関して清朝政府が強硬姿勢を取り続けた一方で、ロシア政府は清を刺激しないように極めて慎重な態度を崩さなかった。『一八世紀キャフタ』の著者シリンは、この時期の露清外交について「ロシア側が常に譲歩して柔和な態度を示した」

と評している。[65] シリンはその根拠として、一七九二年の遣日使節アダム・ラクスマンに対し、①ロシア政府がアムール川経由の新航路発見を厳しく禁じて、清朝政府の疑惑を招かないよう注意した点、②貿易交渉再開に関して新たな障害となる根拠を与えないよう注意した点を挙げている。[66] 一八世紀にキャフタ貿易停止を招いた諸事件を検証していくと、貿易そのものが露清の微妙な外交関係の上に成り立っており、一七九二年の貿易再開までは本当の意味で安定したとは言いがたいことが分かる。しかも貿易欲求は両国の商人共に強かった一方で、清朝政府は貿易そのものに消極的態度を取り、キャフタ貿易を最終的に許可したのも辺境統治政策の一環であった。従ってキャフタ貿易が安定化し、両国が制度・流通面で改善していくのは一七九二年以降であり、この年がキャフタ貿易にとっての大きな分岐点となった。

2　毛皮輸出ルートへの影響

ここまでキャフタ貿易停止の経緯を検証したが、このことが地元商人たちに及ぼした影響はどのようなものだったのであろうか。これに関してはいくつかの研究があり、その意見は二つに大別される。一つは貿易停止がそれほど影響をもたらさなかったという意見、[67] もう一つは貿易停止が地元商人に莫大な損害をもたらしたという意見である。[68]

前者の意見としてしばしば引用される史料に、アレクサンドル・ニコラエヴィチ・ラジーシチェフの「中国貿易に関する手紙」と題する報告書がある。[69] 彼は農奴制を批判したとして一七九〇年から東シベリアのイリムスクに流刑されており、移動も制限されたため、キャフタを訪れることはなかった。しかしトボリスク経由でイルクーツクに短期滞在した経験を踏まえ、上記の報告書の中でキャフタ貿易に関する独自の議論を展開している。ラジーシチェフの思想は同時代のヨーロッパにおける重商主義思想から重農主義思想への移行期に位置づけられ、[70]

自由貿易およびキャフタ貿易そのものに対して批判的態度を取っている。その背景にはサンクト・ペテルブルクを拠点とする英露貿易の急成長があるが[71]、ここではキャフタ貿易に対する彼の意見を材料に、貿易停止の具体的影響について検討する。

彼はシベリアに送られる旅の途中、キャフタ貿易に関する地元住民の意見にしばしば耳を傾けており、トボリスクまではキャフタ貿易の停止に対する不満がほとんど聞かれなかったと手紙に記述している。不満があるとすればせいぜい茶の輸入が減ったことぐらいであり、中国輸出向けの在庫を抱えた大商人やファンザ、キタイカ、ダバといった中国製の綿・絹織物製品を購入していた人々が貿易停止を残念がった程度だという[72]。キャフタ貿易における中国の主力商品が南京木綿であったことはすでに述べたが、これらはあくまで人口過疎地で地場産業の少ないシベリア地域の住民たちの需要を満たすものであって、ヨーロッパ・ロシア地域やヨーロッパ諸国への再輸出用ではなかった。しかし中国製の絹・綿織物製品の輸入が途絶えたことはシベリアの産業に予想外の効果をもたらした。ラジーシチェフが得た証言によると、貿易停止後イルクーツク県、トムスク県で亜麻が栽培されるようになり、地元の女性たちがその織り方を習得した[73]。これによりキタイカの代用品として亜麻がトムスクからイルクーツクへ運ばれ、カンファ、ゴリ、カムキの代用品[74]としてはリヨンの布製品やフランスの流行品がもたらされ、モスクワの工場生産用の絹がペルシア、イタリアを通じてもたらされるに至ったのではないかと推測している[75]。

一方で一七七五―一七八一年にロシアに輸入された茶の総額はキャフタ輸入総額の一五・八%[76]、重量は年間平均二万九〇〇〇プードだったと記録されている[77]。この時期の茶の輸入量は一九世紀以降に比べてそれほど大きくはなく、輸入茶のほとんどはシベリア先住民たちが好む磚茶(タン)であった[78]。購入者は主にカルムィク人、ブリャート人、ザバイカリエ地域の住民で、輸入が途絶えたことによって茶の価格が高騰すると、彼らはこれを入手するために借財し、乞食同然の状態になるほど困窮したという[79]。つまりキャフタ貿易停止による茶の輸入減少はロシア人よりもシベリア先住民にとってより深刻だった。[80] 一方でラジーシチェフはヨーロッパ経由でロシア人にも喫茶の習慣が広がり始めていることを認めつつ、キャフタ茶の輸入がなくなったことでイギリス、オランダ、デンマークからの輸入が増え、茶の愛好者は高い金を払ってでもこれらの茶を購入するようになったのだから、キャフタ茶の輸入停止は問題ないとしている。当時ロシアにおける茶の愛好者は上層の人々に限られていたから、キャフタからであろうと、ヨーロッパからであろうと、大した影響はなかったかもしれない。事実、一七八五年以後ペテルブルク経由で輸入される茶の量が増加したことはアメリカのロシア経済史家A・カハンも指摘している。[81]

しかし以上の意見はあくまで輸入に関する判断である。キャフタ貿易において茶の輸入が爆発的に増加するのは一九世紀以降のことであり、一八世紀はロシアの輸出超過傾向だった点を想起する必要がある。つまり、キャフタ貿易への影響は毛皮輸出に最も顕著に表れており、この点を分析しなければ意味がない。

毛皮輸出とキャフタ貿易停止に関するラジーシチェフの意見は主に四点である。①キャフタ貿易停止はロシアの国家収入にとって大きな損失ではない。②停止により毛皮の輸出先が中国から西ヨーロッパに変化しただけで、販路に問題はない。キャフタ貿易はシベリア商人、特にイルクーツク商人にとってのみ必要な貿易である。③貿易停止は価格面でも取引量でもシベリアの毛皮猟に影響しなかった。④貿易停止によりシベリアとヨーロッパ・ロシアの間の流通が活発化し、イルクーツクの地元商人もマカリエフなどの遠隔定期市へ往来するようになった。[82]

第一の点については一八世紀のロシア貿易統計を検討する必要がある。エカテリーナ二世期後半におけるロシア輸出に関するグラフを参照しよう（図1-2）。この時期はロシア全体の輸出高が二〇〇〇万ルーブル台から六〇〇〇万ルーブル台へと飛躍的に増加した。急激な成長はバルト海沿岸諸港における英露貿易拡大に支えられており、一七七五年のロシア諸港輸出額ではサンクト・ペテルブルクが四四・七％を占め、その次にリガの二四・九％、アルハンゲリスクの七・四％、キャフタの七・四％が続いた。当時のロシア最大の貿易相手国はイギリスであり、

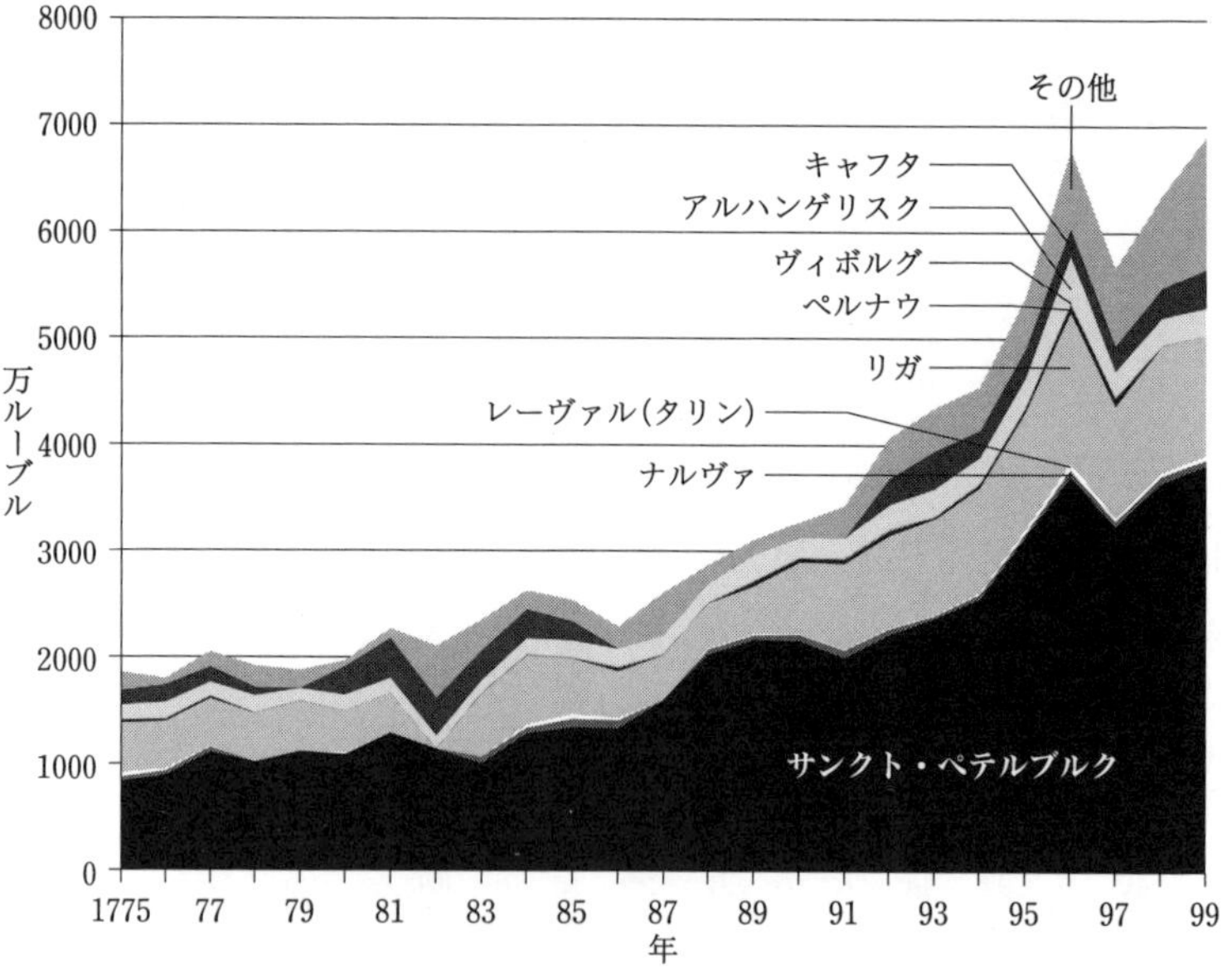
8000
7000
6000
5000
4000
3000
2000
1000
0
万ルーブル
その他
キャフタ
アルハンゲリスク
ヴィボルグ
ペルナウ
リガ
レーヴァル(タリン)
ナルヴァ
サンクト・ペテルブルク
1775
77
79
81
83
85
87
89
91
93
95
97
99
年

図 1-2　18 世紀第 4 四半期ロシアの港別輸出高累計

出典：A. Kahan. *The plow, the hammer, and the knout. An Economic History of Eighteent-Century Russia.* pp. 164-165.

イギリス商人の大部分が取引を行っていたペテルブルクは輸出入港として圧倒的シェアを占めていた。自由貿易に対するラジーシチェフの否定的意見はペテルブルクにおけるイギリス商人の優位という現状への不満によるものと推測されるが、実はロシアはエカテリーナ二世期後半のほとんどにおいてイギリスに対する巨額の貿易黒字を計上していた。一七九〇年にロシアの輸入が急増して一時期収支がゼロに近づいたのは、一七八七年に第二次英露通商条約が失効し、ロシア政府がイギリス商人を含む外国人商人のロシア国籍取得を促すという保護貿易政策を取ったためであった。イギリス商人は帰化によって、ロシア商人と同率関税で輸出入を行えるようになり、一時的にイギリスからロシアへの輸出が激増した。このときの保護貿易政策は明らかに失敗であり、ロシア政府は一七九三年以降再びイギリスとの貿易関係を強化しなければならなかった。(83) その一方で、キャフタ貿易は輸出額の一〇%未満であり、輸出入総額に占める割合から見ると、一七八三年一三・四%、一七九二年六・五%であった[84]。この数値を見る限り、ロシア貿易全体においてキャフタ貿易がそれほど重要ではない、というラジーシチェフの意見は一見正しいように見える[85]。

しかし第二点については非常に疑問である。なぜならキャフタ貿易停止によって、ヨーロッパ市場がロシアの毛皮在庫を吸収できたという確たる根拠に乏しいからである。ラジーシチェフはシベリア産最高級リスがイルクーツクを経てヨーロッパ・ロシアに流出したと説明しており、この毛皮商品はヨーロッパ諸国との取引におけるロシアの貿易赤字に充てられ、大部分がハンブルクに、一部がトルコへ向かったと推測している[86]。ここで当時の主要輸出拠点であるペテルブルク、アルハンゲリスクの毛皮輸出について、トルセーヴィチのデータを基に比較してみよう。リスに関して、ペテルブルク輸出は一七八五年以前に一万五〇〇〇―五万六〇〇〇枚の間を推移していたが、一七八七年には二四万枚を超えている。またアルハンゲリスクの場合、一七七九年のキャフタ貿易停止期間に二六万枚余が輸出されたが、貿易再開後の一七八三―一七八四年には二万枚余に減少している。このように、キャフタ貿易の停止期間にペテルブルクとアルハンゲリスクのリス輸出は増加している。しかしキャフタから輸出されたリスの量を見ると、一七六八―一七八五年に年間平均二〇〇万―四〇〇万枚という膨大な数を示しており、数万程度ではない[87]。また高級毛皮のクロテンの場合、キャフタから同時期に年間六〇〇〇―一万六〇〇〇枚が輸出されていたのに対し、アルハンゲリスクでは輸出ゼロ、ペテルブルクではクロテンの尾の輸出がわずかに見られる程度である。その他の毛皮品目を検証しても、キャフタ貿易停止時のペテルブルクとアルハンゲリスクの毛皮輸出はキャフタよりはるかに規模が小さい[88]。ほかにも同時期のクロテン輸出先としてトルコが挙げられているが、これについては統計が明らかではないのではっきりしない。しかしトルセーヴィチのデータだけを見ても、ヨーロッパ輸出がキャフタ貿易停止を穴埋めしたかのように主張するラジーシチェフの見解は根拠に乏しい。

第三の貿易停止時におけるシベリア毛皮猟への影響についてだが、これは各毛皮品目別に分析する必要がある。

これについてもトルセーヴィチのデータがあり、大雑把な比較が可能である。貿易停止期間である一七八八年のデータがあるものに限って言うと、価格が上昇した毛皮は十字ギツネ、オコジョ、ビーヴァーのジャコウ腺、カワウソであり、逆に低下したのはホッキョクギツネ、リス、オオヤマネコである。[89]クロテンの場合一七八八年のデータがないが、一八世紀を通じて価格は上昇傾向であり、単純に獲れる数が減少して希少価値が高くなったと考えられる。上記品目のうち、十字ギツネは専ら北太平洋地域から供給されており、キャフタ、アルハンゲリスク、ペテルブルクの輸出品目の中には全く見当たらない。[90]つまり、これらはロシア国内市場向けの商品であり、供給も不安定なためキャフタ貿易の影響を受けておらず、価格上昇が見られるのは当然と言える。オコジョはシベリア産毛皮で、一七八三―一七八四年にアルハンゲリスク輸出が急増していることから、[91]捕獲量減少とヨーロッパにおける需要増加の両方が価格上昇の原因と考えられる。ビーヴァーのジャコウ腺についてはラッコを手がかりにできる。ロシアではフィンランド、ペテルブルク経由で輸入したカナダ産ビーヴァーと、北太平洋産のラッコを一括して「ビーヴァー」と記載していた。[92]どちらの供給も非常に不安定であり、一七八八年に北太平洋産のラッコはゼロ、ペテルブルク輸入も減少した。[93]つまり価格上昇の原因は単純な供給減少によるものと考えられる。

一方、価格が低下したホッキョクギツネについては北太平洋の毛皮事業で恒常的に供給されており、キャフタにおいても比較的安価に輸出されている品目であった。[94]従って価格低下はキャフタ貿易停止による過剰供給が原因と見られる。リスも同様で、明らかに貿易停止とヨーロッパ輸出の伸び悩みによるものであろう。オオヤマネコはもともとヨーロッパから輸入されて清に再輸出されていた商品であり、シベリア産の毛皮ではなかった。以上のように、価格上昇の原因は主に供給減少によるもの、価格低下は過剰供給によるものと考えられ、キャフタ貿易停止がシベリアの毛皮猟に影響しなかったというラジーシチェフの意見はやはり偏っているであろう。

第四点で、ラジーシチェフは従来東シベリア、キャフタで完結していたイルクーツクの商品流通がイルビート、マカリエフ、アルハンゲリスク、ウスチュグなどの交易ルートに向かって開かれ、結果的にイルクーツクとヨーロッパ・ロシア地域をつなぐ商取引が活発になったと結論づけている。(95)

3　流通システムと毛皮事業の変化

こうしたラジーシチェフの意見はあくまでロシア、シベリアの流通全体をヨーロッパ市場との関連から大局的に分析したものであり、キャフタ貿易そのものに深く関わっていた地元商人の意見は異なっていた。九回目の貿易停止の際、イルクーツク商人アレクセイ・シビリャコフが一七七九年にイルクーツク役場に行った報告の中で、前年度は「中国国境での毛皮・その他の商品を取引できなかったために八〇〇ルーブルの損失があった」と述べた。(96)またラジーシチェフ自身、一七八五年以後の貿易停止によって大商人たちが抱えたキャフタ貿易の在庫商品が四〇〇万―五〇〇万ルーブルに上った点を認めている。(97)一七八〇―一七八五年に、ロシアから清への年間輸出総額が一八〇万―三七〇万ルーブルの間を推移していたことから考えると、(98)それまでの年間輸出額のほぼ二倍に相当する在庫を抱えたことになる。このような状況からイルクーツク商人たちはアレクセイ・シビリャコフを通じて「キャフタ貿易再開」「交換された中国商品の関税削減」「イルクーツク県産毛皮・その他商品の独占権をイルクーツク商人に与えること」などの要望書を政府に提出した。(99)

ロシア流通全体から見た損害が比較的少なかったのに対し、地元商人の損害が大きかった理由は、各商品の流通構造とその担い手である商人の出自の違いにある。第一節で述べたように、シベリア、カムチャツカ地域における毛皮産業の従事者はロシア全土から集まっていた。特にモスクワをはじめとするヨーロッパ・ロシア商人たちはシベリアと西ヨーロッパ諸国の流通を仲介することで、莫大な利益を得た。(100)このためキャフタ貿易停止の際にも、ヨーロッパ・ロシア商人の活動範囲はほとんど変わっておらず、シベリア商人よりも損失が少なかったと考えられる。一方ヨーロッパ・ロシア地域との流通のパイプが少なかったシベリアの地元商人、特にイルクーツク商人にとっては損失が大きかった。ラジーシチェフの手紙が特に指摘するのは、イルクーツクでキャフタ貿易に従事したのが大商人だけではなく、多数の小商人だった事実である。ロシアのギルド法は外国との貿易資格を第一ギルド商人に限定しており、当然キャフタ貿易の参加資格は第一ギルド商人のみに許されていた。しかしイルクーツク商人の多くがギルド税の負担を軽減するため、複数で一グループを作り、彼らの中の一人が第一ギルド商人として登録し、仲間たちはその随行者という形でキャフタ貿易を行っていた。[101]さもなければ、ヨーロッパ・ロシア商人と手代契約を結び、彼らの代理人としてキャフタ貿易に参加する方法もあった。つまりキャフタ貿易に従事するイルクーツク商人の大部分は資金力に乏しく、ヨーロッパ・ロシアの大商人よりも立場が劣勢であった。彼らは購入した毛皮をヨーロッパ・ロシアに搬送する手段を持たず、キャフタ以外に活動の場はなかった。だがなかにはヤコフ・プロターソフのように、キャフタ貿易停止期間にマカリエフ、カザンに出かけて取引していたことを示す裁判記録も残っている。[102]ただし本章第一節3で指摘したように、プロターソフはもともとトムスク商人出身であり、彼自身も毛皮業者であるから、イルクーツクの古参商人とは条件が異なる。

さらにラジーシチェフ自身認めているように、最盛期三〇〇〇人の人々と一万台の荷橇が集まったイルクーツクの来訪者数は貿易停止期に激減しており、キャフタ貿易との関係においてイルクーツクはロシア最良の貿易都市だとしている。[103]

しかしキャフタ貿易停止のより大きな影響は北太平洋の毛皮事業に現れた。[104]ベルフは毛皮貿易の利益を蓄積した毛皮事業主たちが一七八四年以後引退したと指摘しており、新たな狩猟船の派遣も一七八五年以後激減した。[105]この中で派遣されたのは第一節で述べたゴリコフ・シェリホフ会社の会社船と、ヤクーツク商人レベジェフ＝ラストチキンおよびグリゴリー・シェリホフの共同出資船、イルクーツク商人ヤコフ・プロターソフの船だけだった。おりしも一七八七年、カジヤク島（現コディアク島）の征服事業からイルクーツクに帰還したグリゴリー・シェリホフは、「日本、中国、朝鮮、インド、フィリピンおよび他の島々、アメリカのスペイン人、アメリカ人との貿易」を拡大する構想を抱き、(106) イルクーツク総督И・B・ヤコビ（在任一七八三―一七八九年、第三章第三節1参照）に対してゴリコフ・シェリホフ会社に特権と政府からの借款を許可してくれるよう求める請願書を提出した。(107) その後ヤコビもシェリホフの請願を支援し、同じ文面の請願書がエカテリーナ二世に提出された。(108) シェリホフの請願は、表面上はアメリカ先住民に対する彼の暴虐行為への女帝個人の嫌悪、政治的には北太平洋地域の領土を巡るイギリスとの外交関係悪化への懸念、第二次露土戦争（一七八七―一七九一年）の戦費調達、寵臣ポチョムキンと商業参議会員ヴォロンツォフの意見の対立などにより退けられた。(109) しかしこの請願でゴリコフとシェリホフは銀メダルを授与され、北太平洋の毛皮事業を率先して行う許可を得た。さらにゴリコフ・シェリホフ会社は一七九〇年に北東会社（セーヴェロ・ヴォストーチナヤ・コンパニヤ）とプレッテチェンスカヤ会社、一七九一年にウナラシカ会社（ウナラシンスカヤ・コンパニヤ）、一七九四年に北部会社（北アメリカ会社、セーヴェルナヤ・コンパニヤ）、一七九五年にクリル会社（クリルスカヤ・コンパニヤ）をグループの下部組織として設立し、事業の効率化を推進した。(110) さらにゴリコフ・シェリホフ会社にはイルクーツク商人シャラーポフ、ミハイロ・シビリャコフ、イリヤ・シーゾフ（シーズィフ）、ピョートル・ミチューリンとイヴァン・ミチューリン、アンドレイ・パホルコフらが参加したと指摘されている。(111) つまり、一七八五―一七九二年のキャフタ貿易停止期間には毛皮事業の船舶派遣と毛皮取引がゴリコフ・シェリホフ会社を中心に統合されつつあり、彼らは規模を縮小しながら共同事業の形で互いに提携関係にあったと見られる。

4　ロシア・アメリカ会社設立におけるイルクーツク商人の役割

キャフタ貿易停止期間に毛皮事業の縮小が進んだにもかかわらず、貿易が再開されたことで毛皮業者たちは再び競合関係となっていった。一七九二年以後の狩猟船派遣事業を見ると、イルクーツク商人ヤコフ・プロターソフ、ステパン・フョードロヴィチ・キセリョフ、ヤクーツク商人レベジェフ＝ラストチキンの単独毛皮事業がそれぞれ行われた。(112)これらの競争に拍車をかけたのが、一七九五年七月二〇日のシェリホフの急死であり、以後ゴリコフ・シェリホフ会社の遺産相続争いと内紛が勃発する。この結果一七九八年に「合同アメリカ会社」が設立され、一七九九年同社に特権が付与されて「ロシア・アメリカ会社」が誕生した。(113)

ロシア・アメリカ会社成立には、キャフタ貿易の停止・再開という政治的要因が大きく影響している。その一方で会社成立に関わった人物を検証していくと、イルクーツク商人が積極的に関与したことは明らかである。先行研究では、帝政時代に『ロシア・アメリカ会社成立と現在までの活動の歴史的概観』を編纂したП・А・チフメニョーフにしろ、ソ連史家のС・Б・オークンにしろ、共にシェリホフの成功に対する「イルクーツク商人の嫉妬」と「妨害」を強調する傾向がある。(114)しかし近年ロシア・アメリカ会社の研究を精力的に行っているА・Ю・ペトロフは新たに独自の視点を提示しており、イルクーツク商人が会社設立の上で媒介者的役割を果たしたことを指摘している。(115)彼らの中でも特に主導的役割を果たしたのが、ニコライ・プロコピエヴィチ・ムィリニコフ(一七四五―一八一五年)である。以下では、イルクーツク商人と毛皮交易の関係を明らかにするため、ロシア・アメリカ会社が成立する経緯について概観する。

シェリホフの急死後、彼の事業を支える重要なパートナーの一人であった未亡人のナタリヤ・アレクセーヴナ・シェリホヴァ(116)は、イルクーツク役場に自身の事業能力を訴える請願書を提出した。彼女はイルクーツクに在住して夫と取引相手の連絡を仲介し、有力商人たちからも「お母さん(マートゥシカ)」と呼ばれ尊敬される存在だった。しかし当時ゴリコフ・シェリホフ会社の事務一切を取り仕切っていたのはシェリホフ自身と、ゴリコフの義理の甥に当たるアレクセイ・エフセーヴィチ・ポレヴォイだけであり[117]、ペテルブルクに在住していたゴリコフは会社の共同経営者であるにもかかわらず帳簿内容の詳細を知らなかった。ポレヴォイは叔父のおかげで会社事業に関わるようになり、ゴリコフとシェリホフの仲介者的役割を果たしていたが、まもなくシェリホフの不正に引き込まれ、会社資金を着服するという背任行為を繰り返した。ゴリコフもこの事実を知っていたが、ポレヴォイの謝罪を受け入れて信用し続けた。つまり、会社の主導権は事実上シェリホフとその共謀者であるポレヴォイが掌握している状態だった。シェリホフの死によって事業の取引相手たちは手形の決済を求める請願書を税務署に提出した。税務署はその内容から、シェリホフの遺族が会社事業に関与していないと判断し、商業参議会もシェリホフの遺言状がないこと、彼の死に不審があることを指摘した[118]。

一七九五年に帰還した会社船アレクサンドル号、フェニックス号は評価額六〇万ルーブル相当の毛皮を満載していた。しかし経理実態を知らないナタリヤ・シェリホヴァは[119]、取引相手との決済をうまく処理することができなかった。シベリア商人ニキータ・ニキートヴィチ・デミドフは、共同事業者たちと「個人的関係」にならないようシェリホヴァに忠告したが、彼女はポレヴォイと敵対してイルクーツクの事務所から彼を締め出した。一方ポレヴォイもデミドフを通じてゴリコフへの取りなしを頼んだが、ゴリコフは請負債務の関係から会社経理が明らかになることを恐れ[120]、シェリホヴァに甥の締め出しを頼んだ。このように会社経営からポレヴォイの排除が進む一方で、シェリホヴァはエカテリーナ二世への直接請願を計画し、デミドフの協力によって寵臣プラトン・ズーボフを通じて便宜を図ってもらうことに成功した。この結果一七九五年には北アメリカ会社の相続権が、一七九六年にはシェリホヴァと娘たちのゴリコフ会社共同経営権が認められた[121]。

シェリホヴァの事業経営に協力したのは夫の男性親族たちだった。義弟のヴァシリー・イヴァノヴィチ・シェリホフは、一家の庇護者としてゴリコフに協力を要請した。このため一七九七年にゴリコフは代理人コマロフをイルクーツクへ派遣し、その後自らも同地を訪れて事務の調査を行った。だがその結果ポレヴォイの利益着服とゴリコフの損害額、シェリホフの職権乱用などが明るみになり、シェリホフ家とゴリコフ家の経営権を巡る争いが泥沼化の様相を見せ始めた。

こうしたゴリコフ・シェリホフ会社の混乱状況から、イルクーツクの毛皮業者たちは新たな動きを開始した。一七九六年にステパン・キセリョフはニコライ・ムィリニコフに対し、日本沿岸への商業・狩猟探検の共同組織を提案した。ムィリニコフはこれに応じて他のイルクーツク商人三〇人を誘い、会社設立案をイルクーツク県庁に提出した。この会社は南クリル諸島および日本との貿易、ゴリコフ・シェリホフ会社との提携も含めた活動を提案していた。しかしイルクーツク県庁はこの計画案を却下した。(122) その後ムィリニコフらイルクーツク商人たちは、ゴリコフ・シェリホフ会社の元アラスカ植民地支配人であるエヴストラチー・イヴァノヴィチ・デラロフ、イルクーツク商人エメリヤン・グリゴリエヴィチ・ラリオノフ、ミチューリン、ドゥドロフスキーらを事業に引き入れ、資本金一三万一〇〇〇ルーブルの「イルクーツク商業会社(イルクーツカヤ・コメルチェスカヤ・コンパニヤ)」を設立した。(123) 同社は活動範囲をオホーツク、カムチャツカ、ロシア帝国とし、アメリカにおける狩猟業、毛皮交易を計画した。またオホーツク、カムチャツカに支店を置き、イルクーツク事務所にはポレヴォイ宅が提供された。しかし壮大な計画に比べて会社の資本金はあまりにも少なかった。一方、ゴリコフ・シェリホフ会社からすれば、デラロフらの人材が引き抜かれたことは自社の分裂を招きかねない事態だった。

一七九七年六月一八日、ゴリコフはゴリコフ・シェリホフ会社から自己資本株を引き上げ、(124) イルクーツク商業会社に加えた。この結果ゴリコフ・シェフリホフ会社傘下の北東会社、北アメリカ会社、クリル会社との合併が実現し、「ゴリコフとイルクーツク商人ムィリニコフおよびその仲間たちのアメリカ会社」が成立した。ゴリコフが加えた株の時価総額は六八万四四六八ルーブルとされており、シェリホフの生前に使い込まれていた資金をシェリホフ一族から回収することも目的としていた。この合併により、シェリホヴァの立場はいよいよ難しくなった。ゴリコフ対シェリホフ家の係争はゴリコフ・イルクーツク商人連合対シェリホフ家の争いへ発展し、ゴリコフは株を引き上げる際に現金決済を要求したからである。いずれにしても、ゴリコフ・シェリホフ会社の経理実態がはっきりしない状態では、ゴリコフの資産がどれだけの価値を持つのか明確化することは難しかった。ここでゴリコフ・シェリホフ会社の係争を静観していたムィリニコフが、ゴリコフとシェリホヴァの資金を再統合するよう要求し、これにシェリホヴァが譲歩した。七月一八日、シェリホヴァが全経営を処理する支配人の任命権を持つことなどの条件を含む契約書が作成され、「ゴリコフ、シェリホフ、ムィリニコフのアメリカ会社」が成立した。(125)

以上の経緯はゴリコフ・シェリホフ会社の係争に刺激されたイルクーツクの毛皮業者の統合現象と捉えることができ、北太平洋で毛皮事業を継続するためには連携が必要だということを彼らが認識した結果でもあった。特にゴリコフとシェリホフ家の間に立って一貫して第三者的態度を取ったムィリニコフは非常にうまく立ち回ったと言える。イルクーツク商人ステパン・キセリョフとヤクーツク商人レベジェフ＝ラストチキンだけは最後までこの流れに合流しようとしなかったが、それ以外の主だった毛皮業者が統合したことは重要であった。一七九八年八月三日にアメリカ会社参加者が規約を含む公式文書に署名し、資本金七二万四〇〇〇ルーブル、七二四株の「合同アメリカ会社(ソエジニョンナヤ・アメリカンスカヤ・コンパニヤ)」が成立した。しかし規約はアメリカ周辺部における先住民や諸外国との衝突が生じた際の政府の具体的援助について一切の明言を避けており、会社の自己責任による活動を促す内容であった。さらに会社構成員はイルクーツクの富裕商人で占められ、事実上イルクーツク商業会社と変わらなかった。ここで参考のために合同アメリカ会社参加者のリスト(表1-1)を参照しよう。

表が示すように、合同アメリカ会社構成員の全二〇家族中、イルクーツク商人が一五家族を占め、そのほとん

表1-1　合同アメリカ会社の構成員

身分	名	共同登録者
ルィリスク名誉市民，貴族	ナタリヤ・アレクセーヴナ・シェリホヴァ	娘　アンナ，アヴドチヤ
クールスク名誉市民	イヴァン・ラリオノヴィチ・ゴリコフ	息子ニコライ
イルクーツク第1ギルド商人	ニコライ・プロコピエヴィチ・ムィリニコフ	息子ドミートリー〔ドミートレイ〕，ヤコフ，ミハイル
イルクーツク第2ギルド商人	ピョートル・ドミートリエヴィチ・ミチューリン	息子ニコライ，プロコピー〔プロコペイ〕，ドミートリー〔ドミートレイ〕，故イヴァン・ドミートリエヴィチ
イルクーツク第2ギルド商人	セミョン・アレクセーヴィチ・スタルツォフ	息子ドミートリー〔ドミートレイ〕，甥フョードル・ペトロヴィチ・スタルツォフ
モスクワ第2ギルド商人	エヴストラト〔ママ〕・イヴァノヴィチ・デラロフ	息子イヴァン
イルクーツク第2ギルド商人	ステパン・フョードロヴィチ・ドゥドロフスキー	息子ヨシフ〔オシプ〕
ルィリスク第3ギルド商人	イヴァン・ペトロヴィチ・シェリホフ	
イルクーツク第2ギルド商人	イヴァン・フョードロヴィチ・ドゥドロフスキー	
イルクーツク第3ギルド商人	エメリヤン・グリゴリエヴィチ・ラリオノフ	
イルクーツク第3ギルド商人	アンドレイ・ペトロヴィチ・リトヴィンツェフ	息子エフドキム，イヴァン，アンドレイ
イルクーツク第3ギルド商人	ラヴレンチー〔ラヴレンチェイ〕・イヴァノヴィチ・ズーボフ	
イルクーツク第3ギルド商人	フョードル・フョードロヴィチ・ドゥドロフスキー	
イルクーツク第3ギルド商人	アレクセイ・フョードロヴィチ・オスタニン	
イルクーツク第3ギルド商人	ピョートル・フョードロヴィチ・イヴァノフ	息子ヤコフ，パーヴェル，ピョートル
ルィリスク第3ギルド商人	ヴァシリー・イヴァノヴィチ・シェリホフ	
イルクーツク第3ギルド商人	イヴァン・ミハイロヴィチ・キセリョフ	
イルクーツク第3ギルド商人	エフィム・ニキーチノヴィチ・スヒフ	息子ピョートル
イルクーツク第3ギルド商人	プロコピー〔プロコペイ〕・イヴァノヴィチ・ダヴィドフ	息子イヴァン，ステパン
イルクーツク第3ギルド商人	ピョートル・プロコピエヴィチ・ムィリニコフ	

注：〔　〕内はイルクーツク・ギルド局台帳記載の表記。

出典：П. А. Тихменев, *Историческое обозрение образования Российско-американской компании и действий ея до настоящаго времени. Ч. 1.* Приложение. С. 3.

どはムィリニコフ家を中心とする縁戚関係であった。例えばニコライ・ムィリニコフの親族のうち、息子のドミートレイはピョートル・ドミートリエヴィチ・ミチューリンの親戚アンナと、娘のエカテリーナはステパン・フョードロヴィチ・ドゥドロフスキーの息子オシプと、姪のマリヤ・ミハイロヴナはラヴレンチェイ・イヴァノヴィチ・ズーボフとそれぞれ結婚していた（巻末添付図1-12参照）。またプロコペイ・イヴァノヴィチ・ダヴィドフはラヴレンチェイ・ズーボフの姉妹マリヤを妻としていた（巻末添付表1-7参照）。つまり会社構成員であるイルクーツク商人の七家族がムィリニコフの親族であり、イルクーツク商人以外ではシェリホフ家が三家族を占めるという、親族経営の性格が非常に強い会社であったことが分かる。

ムィリニコフは会社合併後シェリホヴァと友好的な関係となったが、シェリホヴァは会社規約、特に支配人の任命権を巡って運営方法に不満を抱き、シェリホフ家の優位が損なわれることを恐れた。そこでまず株数の拡大という名目でイルクーツク商人の影響力を低下させることを狙い、女婿であり、パーヴェル帝の宮廷において侍従長となっていたニコライ・ペトロヴィチ・レザノフ(126)を通じて商業参議会に「アメリカ会社完全再建への覚書」を提出した(127)。政府が合同アメリカ会社の事業を正式に保護するには、北太平洋地域に進出しているイギリスとの外交関係が懸念されたが、ロシアはイギリス国王ジョージ三世（在位一七六〇—一八二〇年）からロシアと競争する意思はないとの確認を取り、新規約の公布を承認した。一七九九年七月八日、合同アメリカ会社は「皇帝陛下の庇護下にあるロシア・アメリカ会社」（以下ロシア・アメリカ会社）と改称され、アラスカにおける二〇年間の狩猟業独占権を持つ、ロシア最初の特権株式会社となった。新規約の主な項目は以下のようなものであった。旧会社の「七二四株に一〇〇〇株を追加する」こと（第二項）、「あらゆる身分のロシア人、およびロシア国籍を持つ外国人」が会社に参加できること（第三項）、会社と同一の場所で貿易を行ったり、船を所有して狩猟業を行ったりする他の狩猟業者の参加を認め、会社に参加しない狩猟業者も船が戻るまでの一定期間のみ事業継続を認めること（第七項）、「支配人の選出は投票で決め、支配人に選出されるのは二五株以上を所有する出資者であり」（第一七項）、「支配人選出の投票権は一〇株以上の出資者にしかない」こと（第一八項）[128]。ただしここでも国の援助については具体的に触れておらず、実際の運営は商人と狩猟業者の裁量に任されている半官半民会社であった。

ここでロシア・アメリカ会社とイルクーツク商人の関係が問題となる。同社の出資者は商人、貴族を含めロシア国籍所有者全体に拡大され、皇帝アレクサンドル一世も出資する巨大会社となった。A・A・プレオブラジェンスキーが発見したロシア・アメリカ会社の株主構成記録によると、株主の大部分は商人が占め、イルクーツク商人は多数いる株主の一部に過ぎなくなり、影響力が低下した[129]。新会社の株主構成で特に注目されるのはシェリホヴァの女婿レザノフと、同じく女婿でヴェリコウスチュグ商人のミハイル・マトヴェーヴィチ・ブルダーコフらが加わっている点である[130]。ミハイル・ブルダーコフは兄弟のピョートルと共にロシア・アメリカ会社の支配人に選出されており、同社におけるシェリホフ家の影響力を維持することになった。また一八〇〇年一〇月一九日に会社本社はイルクーツクからサンクト・ペテルブルクに移転され、イルクーツク事務所は支社に格下げとなった。この結果、イルクーツクはロシア領アメリカとペテルブルクの間の情報を結ぶ連絡地に過ぎなくなり、イルクーツク商人たちは徐々に毛皮事業の運営から切り離された。

その一方で、イルクーツク商人ニコライ・ムィリニコフらも株主として残っており、彼の息子ドミートレイとヤコフはロシア・アメリカ会社の支配人に選出された。さらに新株主としてイルクーツクで最も強い影響力を持っていた第二ギルド商人ミハイロ・ヴァシリエヴィチ・シビリャコフ（一七四四―一八一四年）も加わった。しかし後述するように、ムィリニコフ家とシビリャコフ家は一八〇六年に就任したイルクーツク県知事トレスキンと対立し、その経営に大きな損害を蒙ることになった（第三章第三節参照）。

三　キャフタ貿易のシステムと取引の諸問題

1　キャフタにおける露清商人の商慣行

一八世紀のイルクーツクがキャフタの後背地・中継交易地として急成長した一方、貿易拠点であるキャフタは長い間小規模村落のままであった。その理由としては、①国境沿いに位置し、政府が居住規制を行ったことと、②度重なる貿易停止と不安定な露清関係の二つが考えられる。しかもロシア政府はキャフタ貿易の規制を強化するため、一七九九年に「卸取引に参加していない様々な身分の人々」すなわち第三ギルド商人や町人身分などの貿易資格を法的に持たない者たちをキャフタからトロイツコサウスクへ強制移住させた。[131]すでに触れたように、ここには一七七五年にロシア側の税関が設けられていた。これらの条件により、キャフタは人工商業村落として、トロイツコサウスクは後背居住村落として認識されるに至る。このため商人人口はキャフタの後背地であるセレンギンスクやイルクーツクの方がはるかに多く、キャフタの行政区分が村(スロボダー)から都市(ゴーロド)に昇格するのは一八二二年のことである。[132]

キャフタと国境線を挟んで設けられた清の交易所マイマチェン(買売城)も同じ状況だった。双方の距離はわずか一二サージェン(約二六メートル)、集落規模はどちらも周囲二五〇サージェン(約五三四メートル)ほどで、倉庫が集まる小規模交易村落の体裁を取っていた。[133]一八二三年にマイマチェンを訪れたアレクセイ・マルトスによると、ここには平行して走る中央通り、東通り、西通りと、それらを横切る一本の通りしかなかった。一五〇件に満たない建物はほとんどが商店(マガジン)や店舗(ラフカ)であり、こざっぱりした建物以外に華美なものは一切なかったという。[134]ロシア側と異なり、女性が一人もいなかったというマイマチェンはキャフタ以上に人工的空間だった[135]。しかもキャフタとマイマチェンを隔てるのは低い木の柵と扉だけで、昼間扉が開かれる時間帯に双方の商人が二つの集落を出入りし、夜間には扉に鍵がかけられた。国境要塞（フォルポスト）でもあるにもかかわらず警備が厳重ではなかったのは、交易所周囲を「柵で外部から見えるように」囲むことを定めたキャフタ条約の取り決めによるものと見られる[136]。

キャフタの取引については、ドイツ人のロシア科学アカデミー会員ペーター・ジーモン・パラスが一七七二年から一七七三年頃の様子を記録している[137]。

中国人との取引は商品と商品の交換によって行われる。通常中国人たちがロシア人の交換所にやってくる。そこにはあらゆる商品の見本が並べられ、できるだけ早く品定めすることができるようになっている。交換所で交渉が行われることはめったにない。しかし中国人たちはしばしばロシア人の家に来たがる。はじめのうちはどのようなロシア商品を仕入れるつもりなのかを話し、何にいくらかかるのか、運搬費用を計算して価格を組み、お茶の席で話がつけば、そこで倉庫に行く。中国人たちは取引の重要性に応じ、積荷もしくは倉庫全体に印をつける。そうすると、ロシア人は中国人のところに行き、自分にとって都合の良い商品を選び、品質や荷物自体が偽物でないかどうかを吟味する。全部見ると、その荷をそのままにし、そこに誰か見張りを残していく。そして自分の商品を引き渡すときに中国人の商品を受け取るのである。交換するとき、ロシア商人は最良の中国商品に対し、自分の商品の固有価格または実質価格の三、四割、もしくは中国商品の購入・設定価格か購入可能額の半分以下を取り分として考える。なぜなら主要取引は毛皮で行われ、その品質・価格は実に様々であり、中国人はこれを運んで常に交易時の購入価格の倍値で売ることができるからだ。そうでなければ、ロシア人がこれほどの遠隔地で取引することは不可能だ。ここまで来るには非常に高い税金を支払わねばならず、それにより輸出入品に対して二〇から二五パーセントの額が国庫に入る。だからこれらは全て中国市場向けに差し引かねばならない。

以上の記述から、商品選択の主導権はまず中国商人にあり、彼らが商談のため積極的にキャフタを訪れたことが分かる。しかも交易所では取引せず、ロシア人宅で価格交渉が行われていた。商取引に長けた中国商人との取引はロシア商人の資質が試される場でもあった。ファウストが引用している古文書史料によると、中国商人はロシア人の熟練度を調べるため、わざわざ直射日光が差さない晴れの日を選んで毛皮の品定めをした。そして後で提示された価格を熟考し、商品を購入するかどうか決めたという[138]。これはその場で購入を決めなかったというパラスの記述と符合する。

またキャフタの取引自体は一年中行われたが、特に活発化するのは一二月〜三月であった。これはロシア国内の各定期市の開催日が影響しているが、中国商人の場合は特に旧正月である二月の祝祭と平行して大規模取引を行う傾向があった[139]。

一方、初期の北京貿易では金銀決済も行われたと推測されるが、キャフタ貿易では貨幣取引を一切禁じ、バーター取引を行ったため、商品交換比率はロシア商人、中国商人双方の合意に基づいて決定された。つまり、キャフタ貿易を行っただけではその場での現金収入がなく、費用を回収するためにはロシア国内での販売、もしくは他国への再輸出による転売手続きが必要であった。しかし先述の国内関税廃止と並んで、一七五四年に貴族銀行が、一七五八年にペテルブルクとモスクワに商人銀行が開設され、ヨーロッパ・ロシア商人は現金でなく手形で商品の決済を行えるようになった[140]。キャフタを訪れる商人たちはイルクーツクの県マギストラートおよび市会で自分の身分、証明書、携帯する信用手形の承認を受けた後に取引を行うシステムとなり、関税も同じく手形で徴収されるようになった[141]。一七七四年にはキャフタに公証人が置かれ、マギストラートも設置された[142]。さらに一七八一年に関税を手形で支払う権利がシベリア商人に認められ、モスクワとペテルブルクの納入手形決済は一年期限の利子六％、シベリアの納入手形決済は九カ月期限の利子四％と定められた。シベリアにおける決済を円滑にするため、一七七六年トボリスクに国営銀行支店が、一七七九年イルクーツクに同支店が開かれたが、こちらは運用資金の不足でそれぞれ一七八八年、一七八九年に閉鎖された。

以上のようにロシアでは一八世紀後半を通じて決済・送金の仕組みが着々と整備されたため、キャフタ貿易がバーター取引であること自体は問題ではなかった。パラスも指摘するように、キャフタ貿易最大の問題は、ロシア商人たちが取引の際にそれぞればらばらな価格を提示し、さらに遠隔地から来る商人ほど中国商人に対して値引き交渉に同意する傾向が強かったことである。[143] そしてこうした無秩序に拍車をかけていたのが商人の詐欺行為だった。

トルセーヴィチは特に中国商人の詐欺行為について強調しており、例えば毛皮と皮革の染色技術に優れた中国人は、色目の薄い毛皮でも驚くほどの光沢に黒染めすることができたと述べている。[144] しかも黒染めされるのは主に一枚二、三ルーブル以下の粗悪なクロテンであった。[145] 中国商人は染色した毛皮を同国人に販売しただけでなく、目の肥えたシベリア住民以外のヨーロッパ・ロシア商人に対しても、良質の毛皮であると嘘をついて販売した。このためロシアでは一七六五年三月三〇日の勅令で「黒・白以外の色とりどりに染色された毛皮をけして着用しないこと、商人はそのようなものをいかなる形であれロシアに輸入しないよう」に禁止せねばならなかった。[146]

トルセーヴィチが挙げる中国商人の詐欺行為は以下のように実に多彩である。①銀器と称して真鍮製品を売る、②キタイカを売るときに広げて確認をさせず、布で包んだ薪を売る、③ジャコウ腺に麝香を混ぜて売る、④金に混ぜ物をする、⑤商品購入用の秤、販売用の秤（いずれも目方をごまかしたもの）、正しい秤の三種類を使い分ける、⑥食料品は籠売りし、目方を量らせず、底に石を入れて重くする、⑦ぼろ屑のアトラス（綿織物）、イラクサ糸の混じったゴリ、カムキや膠を塗った布を売る、⑧キニーネ、茶の偽物を売る、⑨豚皮で包んだ木製の「ハム」を売る、などである。以上のような羊頭狗肉型の詐欺行為は日常茶飯事だった。例えばあるロシア人が広東商人〔ママ〕に絹布はぎれの買い付けを委託した際、商品を検品したところ一枚が良質で、他はぼろ屑だった。これに対してこの広東商人は「旦那、これはあんたの嘘つき通訳のせいですよ、彼は私に、あんたがはぎれを調べないって言ったんですから」と悪びれた様子も見せず答えたという。[147]

常に自分の目で商品を確かめる中国商人は、「商品知識のない者は取引資格がない」として自らの詐欺行為を正当化した。しかしその一方で、ロシア商人も中国商人に対して日常的に詐欺行為を行っていたことが指摘されている。パラスによると、「様々な品質・大きさのオコジョは、重さを量って高く売られていた。その間、〔オコジョの〕足に鉛を縛りつけるという詐欺行為が行われていたことを中国人は知らなかった」。[148] そのため事実が発覚した後にはオコジョの量り売りをしなくなり、一枚二〇—六〇コペイカで小売販売するようになった。こうした詐欺行為が平然と行われたのも、毛皮に対する清国側の需要が高かったことの表れであり、ロシア産毛皮がキャフタで最も高く売れたからである。[149] トルセーヴィチは他にもビーヴァー腺に切った肉や脂を縫い付けたり、白ホッキョクギツネとマンガゼヤ産ウサギをすり替えたり、ウサギにホッキョクギツネの尻尾をつけて販売したりした例を挙げている。[150] しかしロシア側の文献記録では、ロシア商人よりも中国商人の詐欺行為が強調されている点は変わらない。

2　ロシアの商人ギルドと地域コンパニヤ

序章で説明したように、一七二一年のマギストラート設置の際にロシアにもギルド制度が導入されたが、当初は非常に緩やかな形態だった。しかし一七七五年五月二五日の法改正でロシアのギルド商人全体が激減し、中小商人が大部分を占めたイルクーツクの場合、その傾向が特に顕著だった。この法改正により、一七六〇年代に二七〇人いたイルクーツクの第一ギルド商人は一八世紀末にほとんどいなくなった。これに関し、イルクーツク市議会文書と商人ギルド局、全国人口調査史料を基に作成したデータを参照しよう。

巻末添付表2が示すように、第一ギルド商人は一七九一年から一七九三年までゼロ、貿易再開直後の一七九三年から一七九六年はニコライ・ムィリニコフの一家族に過ぎなかった[151]。従ってイルクーツク商人の大部分はキャフタ貿易の法的資格を持たないはずだが、ラジーシチェフが指摘するように、キャフタで商う彼らのほとんどが、第一ギルド商人と共同登録していた第三ギルド商人たちだった。キャフタ貿易の統制がうまくいかなかったのはこうしたイルクーツク商人ら地元小商人の参加と、ヨーロッパ・ロシア商人、シベリア商人の競合関係が混乱に拍車をかけたためである。

一八世紀のキャフタ貿易に参加していたのはどのような人々だったのか。それを示すのがコンパニヤという組織である。当時のキャフタ貿易従事者は、異なる商品を扱う六つの地域会社(コンパニヤ)に分かれていた。以下、ガゲメイステル、コルサク、トルセーヴィチが挙げる会社の分類を示す(表1-2)。

三者の区分方法にはそれぞれ若干の違いが見られるものの、構成はほぼ同じである。コンパニヤのうち興味深いのはカザンとヴォログダであり、これらの町は皮革工場があることで有名だった。カザンは古くから積極的に中国貿易に参加し、一七二六年にはカザン商人五八名が秘密裏にウルガ(庫倫)へ行こうとしたという記録がある[152]。なめし皮はキャフタでも需要があり、トボリスク、チュメニ、トムスク、イルクーツクなどのシベリア諸都市でも製造処理を行っていた[153]。

ここで言うコンパニヤとは通常の会社とは全く異なる集団である。これらは共同資本や株を所有しているわけではなく、第一節で触れた毛皮会社のような組織でもない。これらは同じ地域・品目で区別され、一緒にキャフタへ出張旅行を行う地縁関係者ということを除き、何ら結びつきがなかった。従ってコンパニヤは「会社」よりも緩やかな「同郷団体」に近く、提携関係も互助関係もない名目上のグループである。これらの地域グループによるキャフタの取引は「個人的利益が全体的利益の上位にあり」、「高度に無秩序」だったと指摘されている[154]。

表 1-2　キャフタ貿易に参加する地域会社

ガゲメイステルの分類[1]		コルサクの分類[2]		トルセーヴィチの分類[3]	
会社	取り扱い品目	会社	取り扱い品目	会社	取り扱い品目
モスクワ	ラシャ，綿ビロード，ガラス紅玉(マルジャン)，ビーヴァー，カワウソ，外国・ロシア製品	モスクワ	ラシャ，別珍，珊瑚，ビーヴァー，カワウソ，外国・ロシアの国境商品	モスクワ	外国商品，ビーヴァー，カワウソ，ラシャ，別珍，セイウチ
トゥーラ	キッド毛皮(メルルーシカ)，ネコ皮	トゥーラ	キッド毛皮，ネコ，鉄鋼製品	トゥーラ	キッド毛皮，ネコその他
アルハンゲリスク	キツネ足，フィンランド産キツネ，ロシア産カワウソ，ホッキョクギツネ，モスクワ商品	アルザマス・ヴォログダ	キツネ足，フィンランド産キツネ，ロシア産カワウソ，ホッキョクギツネ，モスクワ商品	アルハンゲリスク・ヴォログダ	ロシア産毛皮(キツネ足，キツネ，ホッキョクギツネ，カワウソ)，モスクワ商品
ヴォログダ		トボリスク	ロシア革，キッド毛皮，リス，クロテン，シベリア産キツネ，ホッキョクギツネ，シューバ(コート)	カザン	ロシア革，なめし皮
トボリスク	キツネ，リス，キッド毛皮，ロシア革(ユフチ)*	イルクーツク		トボリスク	シベリア産毛皮，ロシア革
イルクーツク		カザン	ロシア革，雄ヤギなどの皮革製品	イルクーツク	

注＊：ロシア革はロシア製の牛革。ロシア固有の製造法で作られ耐久性があり，17 世紀までヨーロッパに技術が伝わっていなかった。

出典：1) Ю. А. Гагемейстер, *Статистическое обозрение Сибири. Ч. II.* С. 593; 2) А. К. Корсак, *Историко-статискическое обозрение торговых сношений России с Китаем.* С. 94; 3) Х. И. Трусевич, *Посольския и торговыя сношения России с Китаем.* С. 245.

またほとんどの会社において毛皮が主要商品であり、キャフタを訪れるヨーロッパ・ロシア商人たちはイルクーツク県内の村落やブリャート人ウルス(共同体)をまわって毛皮や皮革製品を買い占めたため、地元商人の反発が根強かった。毛皮商品のあるところ、各地域の商人たちが互いに入り乱れて競合した。彼らは当時急速に形成されつつあった国内の河川商業網を活用し、ヤクーツク、イルクーツク、エニセイスク、トゥルハンスク、イルビート、マカリエフ(後のニジニー・ノヴゴロド)などの各定期市と首都のペテルブルク、モスクワを旅して商品を買い付け、中国商品を販売した[155]。

その他の参加者には富裕なブリャート人もいた。特に磚茶の消費者だった彼らは自分たちの毛皮と中国商品を交換した。しかし多くのブリャート人は毛皮や家畜・酪農製品をロシア商人に販売し、それと交換に中国商品を購入していた。キャフタにおけるブリャート人は正式な仲介商人ではなく、主に輸送労働者、倉庫の番人、密貿易業者の役割を果たした。[156]

以上の事実からキャフタ貿易に参加するロシア商人の構造がほぼ明らかである。一八世紀末の貿易参加者はロシア人(および改宗タタール人を多数含むと推測されるカザン商人)が中心であり、地元イルクーツクの貧しい第三ギルド商人から、ヨーロッパ・ロシアの富裕な第一ギルド商人まで、地域も利害関係もばらばらな人々から構成された。彼らを統制するため、一七六八年にはキャフタで商うロシア商人の「規則」が作成された。その内容は①全ての商人が参加できること、②全員が直接キャフタに行かず、セレンギンスクに集まること、③全商人から商品量・価格申告書を集めるため三、四人の責任者(ディレクトル)、または仲買人(マクレール)を選ぶようにすること、④中国商人との交渉にはこの仲買人だけが加わるようにすること、ロシア商人に(価格遵守のため)商品価格の半額を罰金として課し、取引追放の警告を与えた上で規定価格による商品取引を行わせること、⑤富裕商人は多量の商品を持ち込むことで他者の商いを妨害してはならない、商品は全部を一遍にキャフタへ持ち込まず、半分はセレンギンスクに残すこと、などであった。しかしこれらの規則は死文として全く遵守されなかったという。[157]

これに対し、中国商人たちは常に組織的に行動した。これには単なる商慣習の違いだけではなく、国家的な統制が影響していた。統制の拠点となったのがマイマチェンのジャルグチ(注59参照)邸であった。アレクセイ・マルトスは一八二三年にジャルグチのボ・ロエを訪問した際の印象を書き残しており、それによると邸宅は塀で囲まれた非常に質素な建物で、内部は食堂兼書斎部屋の大半をソファが占拠しているようなこじんまりした造りだったらしい。[158] 一方、マイマチェンの商人は山西省、もしくは張家口の出身者が多かったと言われている。彼らはフーズィと呼ばれる会社を形成して例外的独占権を付与される代わりに、厳しい規則を課され、ジャルグチが

これを監督していた。(159)

吉田金一氏は「ロシアと清の貿易について」の中で乾隆二四年(一七五九年)の取り締まり規則について触れているが、その詳しい内容については説明していない。(160)この規則が清朝政府が公布したどの文書に当たるか不明だが、ロシア語に翻訳されたものが現存するので、これを参照する。モスクワのロシア国立古代文書館(РГАДА)に保管されているバスニン寄贈文書には、(161)一八二三年イルクーツクに持ち込まれた清朝政府訓令一七項目のロシア語訳がある(162)(巻末添付文書史料1)。

内容をまとめると以下のようになる。①キャフタで商う中国商人は全員、ロシア商人の需要を探る義務があり、毎晩集会を開いて情報を共有すること、②清からの商品搬入比率を一定に保ち、徐々に減らしていくこと、③清国内で必要な商品の需要を見込んで不足商品の購入意思をロシア商人に伝えること、④ロシア商人が商品を通常よりも多く持ち込んだ場合は即座に取引を停止し、もう必要ないと宣告すること、そうすれば商品価格が下がるだろう、⑤ロシア人に対し丁重に振舞い、国事について知るよう心がけること、これを報告する者は賞与する、⑥清の商業に関するいかなる情報もロシア人に漏らさず、友好を装い、絹、茶、紙の出来が悪いとか、他の外国人が毛皮商品を持ち込んだと話し、商人仲間とジャルグチはロシア人の好奇心を満足させるような答えを考えること、⑦ロシア商品を購入したいという欲求を示さないこと、全体の利益は個人の利益に優先する、⑧全体集会でロシア人からの情報を隠す者は、発覚後三日間逮捕拘禁する、⑨ジャルグチの院票(163)に違反して輸出する者は六日間逮捕拘禁する、⑩中国商人のうち全体で決定した商品比率に違反して余剰を持ち込んだ者は取引の順番を遅らせる、⑪ロシア人と喧嘩する者はいかなる理由であれ一〇日間逮捕監禁する、⑫清国内のロシア商品の価格動向などをロシア人に明かす者は初犯六日間の逮捕拘禁と一カ月間の取引禁止、二度目は一二日間の拘禁、二カ月間の取引禁止、三度目はキャフタ滞在権を剝奪し、他の者に取引を委任する、⑬ジャルグチの院票の秘密を漏らす者は五〇回棒たたきの上キャフタから追放する、⑭国事について(情報を)漏らす者は斬首刑とする、⑮ロシア人の前で商品購入意欲を示す者は戒告処分にし、ロシア人のところへの出入りを三日間禁じる、⑯⑮を実行して商品をロシア人に引き渡せば、同商品の一〇倍を罰金に課して全体のものとする、初犯は取引の半月禁止、二度目は一カ月禁止、三度目はキャフタから追放する、⑰全体の調和を乱さないため、キャフタに初めて来る者は一年間ロシア人との直接取引を禁じる。

以上の史料が示すように、清朝政府はジャルグチと商人が共謀して有利な取引を行うよう、詳細かつ厳格な規則を定めていた。しかも必要な商品があれば、それを必要な「ふり」をすることまで許可し、ロシア商人が実際に商品を持ち込んで来たら価格を下げさせるために取引を停止するよう指示しているのである。しかし上記の訓令が何年に発行されたのか等の情報は、中国語の原文史料がロシア側に残っていないため、判断が難しい。

清の訓令についてはトルセーヴィチも同じくバスニン文書からの引用として一五項目を取り上げている(164)。この内容は巻末添付文書史料1とほぼ似通っているので、トルセーヴィチの文献のみに記載されている項目を以下に参照する。例えば、⑪中国商人は可能な限りロシア語を知っている義務があり、ロシア人に中国語の勉強を勧めないようにすること。これについてトルセーヴィチは一八世紀末にロシア人が全く中国語を知らなかった事実を指摘し、中国人がロシア人について「怠け者で商売のことを分かっていない」と言っていたと付け加えている。ただし中国語を知るロシア商人が全くいなかったわけではない。イルクーツク商人フョードル・シチェゴーリンのように、一七七〇年代キャフタ貿易に従事して中国語を習得し、一七九〇年代シェリホフに近しい手代となって清の商慣行や行政などに精通する人物もいた(165)。またアレクセイ・マルトスの記述にもあるように、使節として北京に赴任した者の中には中国語に堪能な者が何人かいたという(166)。一九世紀初頭キャフタを訪れたイルクーツク商人の妻エカテリーナ・アヴデーエヴァ＝ポレヴァヤ(167)は、キャフタの商人たちが子弟に中国語を学ばせているという伝聞を記録している(168)。しかし訓令の中でロシア人に中国語を勧めないよう命じている事実から、少なくとも一八世紀キャフタのロシア商人はほとんどが中国語をできなかったと推測される。

この他にトルセーヴィチの文献のみだけに記載される項目としては⑫ロシア人たちを酒宴に呼び、ロシア人のところに出入りしてロシアの国事について知ること、⑭ロシア人に借金しないこと、⑮贅沢品は一切購入しないこと、などがある。アヴデーエヴァ゠ポレヴァヤの回想にも、「キャフタに住んでいると、私たちは非常に朝早く起きなければならなかった。なぜなら朝日が差し込むと中国人たちはマイマチン〔ママ〕を出て知り合い全員の家へ出かけるからだ。全ての家にその必要があるわけではないにもかかわらず、それでも彼らはやってきて座り込み、おしゃべりし、タバコを吸う」という記述があり、中国商人が訓令通りに動いていた様子が分かる。(169)

二つの訓令を比較すると、それぞれ同じ「バスニン文書」でありながら、文言にいくつかの異同が見られる。特に後半部分に違いがあるということは、原文となる清の訓令がそもそも全く異なる二種類の文書だった可能性が高い。しかし内容が酷似している点から考察すると、訓令は公布された年によってそのつど新たに改訂が加えられたのではないかと推測される。この点は今後中国側の研究が必要だろう。

これら規定の厳格さもさることながら、驚くべきは中国商人がそれらを遵守した点である。(170)ロシア側は訓令原文がイルクーツクに持ち込まれる以前からその存在を知っていた。一八〇二年にイルクーツク県知事はペテルブルクへの報告書の中で次のように述べている。「時には五〇〇人もの商売人たちが、中国語でフーズィという会社に分かれ、それぞれ最良の商人から選出された長を有しており、毎日評定をし、そこでザルグチェイ〔ママ〕の許可を得て商品価格を決定するだけでなく、様々な策略を練っている。例えば、中国人が必要とする商品は要求しなかったり、ときどき全く不要な商品の需要を知らせたりする。これは共謀して噂を広めることでロシア商人たちを混乱させ、貿易収支を自分たちに有利にするためである(171)」。訓令の全貌を理解していない段階でも、ロシア側はジャルグチ邸がマイマチェンの貿易戦略拠点として機能していることを知っていた。

こうした状況に鑑み、ロシア政府は商人の結束を強めようとしたが、一八世紀の諸改革はうまくいかなかった。結束の固い中国商人はロシア側が決めた商品価格を守らず、ロシア商人が価格の引き下げに応じるまでは取引を行おうとしなかった。パラスによると、ヨーロッパ・ロシアの遠隔地からキャフタにやってくる商人ほどできるだけ早く商品を売り捌くことを望み、そのために中国商人に譲歩して値下げに応じてしまう状況があったという。[172]こうした利害の不一致が、ロシア商人の結束をますます弱める結果になった。

以上の様相が変化してくるのがキャフタ貿易の転換期となる一九世紀以降である。次項ではロシア政府が定めたコンパニオン制度とロシア商人の組織が、キャフタ貿易においてどのような役割を果たしたのか検討する。

3　一八〇〇年の規則とコンパニオン制度

キャフタ貿易が再開された一七九二年、ロシア政府はキャフタ貿易の秩序を回復するため新たな会社を創設し、商人自身による規則を定めた。[173]新会社は①モスクワ会社、②トゥーラ会社（クールスク商人・ヴォロネジ商人を含む）、③ヴォログダ会社、④トボリスク会社、⑤イルクーツク会社、⑥ヴェルフネウジンスク会社という構成であり、特に大きな変更は行われてない。ただし最後のヴェルフネウジンスク会社だけがザバイカリエ商人の組織で、この地域の商人階層の勃興を認めることができる。

新会社創設に伴い、ロシア政府は年間規約を守るよう定め、中国商人にロシア商品が買い叩かれて値崩れしないようにしようとした。さらに関税手形の振込制度を改め、一七九四年九月三日よりキャフタで商う商人全てが地元で納税するか、モスクワ、ペテルブルク、トボリスク、イルクーツクに送金することを許可する法律が施行された。イルクーツクでこれが許可されたのは、ここに県税務署（カジョンナヤ・パラータ）が存在し、送金が可能だったからである。これはシベリア商人に有利に作用した。彼らはヨーロッパ・ロシア商人と異なり、キャフタで年間に二、三回の取引が可能だったからである。[174]

こうした法的措置にもかかわらず、各種の混乱は続いた。一七九二年キャフタ貿易再開直後にモスクワ商人レシェトニコフが商品を大量に販売し、商品価格の下落を招く事態となった[175]。また他のロシア商人も従来と変わらず、販売を急ぐあまりに不利な取引を行っている、との役人報告が提出された[176]。トルセーヴィチは、一七九二—一七九三年にプロトポポフとゴリコフのカムチャツカ商品(毛皮商品)が中国商人に丸一年間無視され、その結果安値で買い叩かれた事実を挙げている[177]。このため彼は新規則施行の成果はほとんどなかったと結論している。

一方、一七九三年にイルクーツク商人ミハイル・シチェゴーリンはシベリア商人、ヨーロッパ商人と共同会社を作り、キャラバンを組んで直接北京に赴きたいとの請願書をロシア政府に提出した。これはキャフタ貿易が清国側に依存している現状に不満を覚えるロシア商人の自発的請願だったが、外交関係悪化を懸念するロシア政府により却下された[178]。

こうした大商人による売買の先走りや個人の勝手な行動を防ぐため、政府は一八〇〇年三月一五日の勅令で一九項目からなる「キャフタ税関および商人が中国貿易で遵守すべき規則」を定めた。第三項には次のように書かれている。「ロシア商人は個人的利益を得るため自らの意思で全商人が規定した価格よりもはるかに安価に自分の商品と中国商品を交換しており、まさにそれによって貿易全体に害悪を及ぼしている。逆に中国人には莫大な利益をもたらしており、同地の貿易にとって破滅的な職権乱用を永久阻止するため、次のように厳命する——今後、全コンパニオンはキャフタの商人全体集会でロシア・中国商品の相互交換価格を規定すること、そしてロシア商品が従来価格を下回ったり中国商品が上回ったりすることがないよう監視するだけでなく、この商品価格規定が次第にロシア商人へなお一層の利益をもたらすよう、あらゆる保護を行うこと[179]」。この条項からはロシア商人の結束を促そうと苦心する政府の意図がうかがえる。

この法令ではさらに、①各六会社からメンバーの委任を受けるコンパニオン(監督者)を一人ずつ選び、規則を遵守させること(第二、三項)、②コンパニオンたちはトロイツコサウスク税関における検品で、ロシア商品を等級づけ、価格評価表を作成すること(第四項)、③取引開始前に持ち込まれたロシア商品・中国商品の価格を決定すること（第五項）、④コンパニオンによる規定価格の据え置きが不可能な場合、二番目の価格を設定すること（第六項）、⑤ロシア商品、中国商品が持ち込まれたら税関で検品して台帳に記載し、検品票を渡し、これらの商品が信用できるものであるようにすること（第一一項）、⑥ロシア商人が公定価格に従って取引しない場合、初犯は五〇ルーブル、二度目は一〇〇ルーブルの罰金を課し、三度目はキャフタから追放すること（第七項）、⑦ロシア国籍のブリャート人、周辺住民が国境交易を行う場合はキャフタ税関の許可を得ること、そして彼らを監督すること（第九項）、⑧選ばれたコンパニオンはこれらの規則遵守を監督すること（第一三項）などが定められた。[180] これに伴い新関税規定によって関税額が大幅に引き下げられ、綿織物ではなく茶を評価単位とすること、軍服用ラシャを免税輸出することなどが規定された。[181]

コンパニオンという言葉はいわゆるビジネス・パートナーに類する商業用語だが、コンパニヤと同じくロシアにおける実態を反映している言葉ではないため、非常に訳しづらい。吉田金一氏は「組合員」と訳しているが、各コンパニヤから選出されてキャフタ貿易の商品価格や取引の統制を委任されている責任者であるから、組合員よりもむしろ管理監督者に近い立場と考えられ、ここでは監督者と訳しておく。

政府はコンパニオン制度を通じてロシア商人の統制を行おうとし、以上の規則に加えて新税率表を定め、輸出品税率を引き下げて毛織物（ラシャ）などを免税輸出できるようにした。さらに輸入品目の変化に対応し、それまで商品価格の評価単位となっていた綿織物に代わり、輸入が拡大し始めた茶を評価単位とすることを定めた。[182] このように、政府は輸出関税の引き下げを茶の輸入関税引き上げによって補おうとした。

こうしたなか、一八〇〇年六月一二日にイルクーツク軍政知事Б・Б・レツァノ（第三章第三節1参照）宛てに送られた匿名の手紙には、中国との取引を有利にするためとして以下の意見が提案されていた。すなわち、①コンパニオン制度を維持し、その知識を生かして商品価格を設定し、コンパニオンによる価格維持を強制すること、②イルクーツクに市立学校を設立して商業クラスを設置し、若者に事務教育を施すべきこと、③商人が集まり、中国人の目を避けるためのホールもしくは取引所を建設し、相互に意見交換をできるようにすること、④キャフタに運ばれる余剰商品を知り、商品在庫や破産を避けるため、キャフタで取引する商人全てに貸し付ける互助銀行をイルクーツクに設立すること。(183)

第一点については、ロシア商人の商倫理という文化的問題があり、手紙の主もコンパニオンの強制以外に具体的な対策を提示していない。第二点は、同時代におけるロシア商人の低い識字率、会計事務能力の不足という深刻な問題を示しており、これも一朝一夕に解決できるものではなかった。(184)第三点、第四点は、ロシア商人も中国商人のように貿易対策を練るための集会を行うべきと提案している。例えば一八〇〇年一〇月二九日にキャフタ税関監督官ピョートル・ドミートリエヴィチ・ヴォニファチエフはマイマチェンにおける中国商人との取引に関する報告書を提出し、次のように述べている。「私は中国人との取引でロシア商人の誰がどんな商品を求めたのか注意を払うようになり、〔これにより〕彼らの秘密が明らかとなった。ほとんど全員が中国人から茶を求めており、そのため彼らはあらかじめ中国人にそのことを示唆し、古い料金表に基づいて当該年の納税を行おうとし、それによって皆が利益を上げようとしていると私は結論した。マイマチン〔ママ〕への茶の搬入は日に日に増え、一一月一日までに同地に運ばれた両方の種類〔白毫茶と緑茶を指す―訳註〕は一万五〇〇〇箱を数えた。(185)このような膨大な茶の割合から、私はわが国の商人たちに対し、中国人たちともっと適正な価格で取引して〔それらを〕入手すべきだとほのめかそうとした」(186)。ヴォニファチエフは一八〇〇年規則や罰金のことを考慮して商人の価格操作を税関に申告せず、見て見ぬふりをしたが、ロシア商人の価格規則違反はかなり目に余るものだったらしい。急激な茶の需要拡大の中で、ロシア商人たちは茶が欲しいことを開けっぴろげに中国商人に明かし、それが結果的に不利な取引につながった。

これらの史料は、キャフタ貿易においてロシア商人同士の連携が取れていなかったことを示している。では法令は全く効果がなかったのだろうか。ある史料には、コンパニオンの統制強化が規則に縛られるコンパニオン同士の対立という問題をもたらしたとして不満が述べられている。一八〇一年、商業顧問ミハイル・ブルダーコフとドミートレイ・ムィリニコフはキャフタ貿易におけるコンパニオンの対立について次のように報告している。「私たちは、キャフタにおける様々な商品の取引が選出されたコンパニオンによって圧迫されていることを報告しました。特に、ロシアからの商品の多くは南京木綿、すなわちキタイカとの交換だけを許されており、他の商品を中国人に有利になるように取引することは禁じられているため、もしキタイカの搬入が減っても、他の商品と交換することが禁止されています。つまり商人たちは翌年まで待つか、資金的損害を蒙りながらもキタイカと交換しなければならないのです。しかし、誰がどのような商品を交換したいと思うにせよ、商売の目的は失敗や損失がないようにすることであり、商売人が搬入した商品を中国国境に持ち出して利益を上げさえすればいいのです……」[187]。さらに規則を遵守しているコンパニオンたちは、商品価格決定のためだけに交換すべき商品を商人に指図し、「税関で納税済みの検印が押された商品にもかかわらず」商人全員が税関における証明を終了するまでキャフタから商品を出そうとしない、と訴えた[188]。

当時コンパニオンとなったのはどのような商人たちだったのか。一八〇二年の史料には、カルモゴロヴォ(ホルモゴールィ)商人ドミートレイ・ソローキン、カルーガ商人ヴァシリー・ネヴェジン、ヴォログダ商人アレクサンドル・スームキン、ヴェリコウスチュグ商人アレクセイ・ニスコフスキー、ロシア・アメリカ会社支配人ウヴァル・シーズィフ、キャフタ商人アレクサンドル・コジンの名が記されている。このうちウヴァル・シーズィフはイルクーツク第三ギルド商人である。この中には当時キャフタ貿易の最重要参加者だったはずのモスクワ商人が含まれていないが、彼らの多くが当時キャフタで大規模な取引を行う有力商人だったようである[189]。

コンパニオン制度の弊害を防ぐため、役人の中にはロシア商人のコンパニヤから会社を設立すべきとの意見もあった。一八〇五年一月二七日、八等官クリフツォフは「キャフタ貿易の後退」[190]と、ロシア商人が手形取引を行っているために商品販売を急ぐ傾向にあること、中国商人の厳格なフーズィ組織の優位と価格の固定化、中国商品への需要に関する情報不足、中国から銀が流入しなくなったこと、ロシア商人内部の合意の欠如と秘密主義を挙げ、これらを根拠にロシア商人の会社組織を作るべきとの意見書を提出した。[191] これに対する政府の見解は極めて慎重であった。回答文書は「コンパニオンによる商品価格設定は商人の自由取引を阻害しており、会社設立が貿易を振興するかもしれない」として好意的評価を与えているが、会社設立がシベリア商人の不満を引き起こすかもしれず、またシベリア商人はキャフタ貿易のみを行っているため、政府の考える厳格な措置が抑圧の形を取りやすい、さらにこの会社が売却されるような事態になれば困るなどの理由を挙げ、クリフツォフ案を却下した。[192] ここでも政府はコンパニオン制度以外の有効な対策を打ち出すことができなかった。

このように、一八〇〇年規則は一見何の解決にも役立っていないように見えるが、この結果少なくとも各地域会社の構造転換が生じた。ガゲメイステルはこの法令以後、従来地域性の強い独自商品を取り扱っていた各地域会社が、他会社の商品も買い付けるようになり、アルハンゲリスク会社、ヴォログダ会社、トゥーラ会社の取引が減少したという。これらは取引の仕組みを転換できずに淘汰されていった。そのため、法令で定めた六コンパニオンに代わり、直接キャフタで取引する第一ギルド商人から四人を選出すればよいことになった。[193] しかしトルセーヴィチは一八〇〇年規則の目的であるコンパニオンの監督機能強化、商品価格の安定化について「貿易の無秩序を救うことはできなかった」とする否定的評価を下している。[194] また一八〇一年にモスクワ商人フョードル・イヴァノヴィチ・シェメリンがヴァシーレイ・ジガリョフを通じて提出した意見書には、キャフタにおけるロシア商人の無統制が収まらず、商人による統制は無理ではないかとの率直な意見が述べられている。[195]

コンパニオン制度に対する否定的材料がある一方で、ノスコフは一八〇〇年規則に高い評価を与えている。彼によると、法改正でロシア商人も規則を遵守するようになり、ロシア側に利益をもたらしたという。例えば中国でロシア商品をうまく捌くことができたある年には、中国商人がその取引を時機に適ったものと判断した。ロシア商人はこれを利用してロシア商品の価格を高く設定し、規則を遵守したおかげで茶が安価に提供され、商人と消費者に利益を還元した。その後同商品の需要が減少すると、ロシア商人は規則に従って価格を下げ、その価格で取引できない場合は翌年まで在庫として残し、茶の取引を減らしてロシアでの価格を引き上げた、という。つまり、取引が順調な場合は収入を増やし、不調な場合はロシア国内における茶の価格に上乗せすることで、キャフタ貿易におけるロシア商人の足並みを揃えることができた、としているのである[196]。

ノスコフが指摘するように、ロシア商人が結束して商品価格を操作できる状態になったとしても、茶の急速な輸入拡大はロシアの輸入超過を招き、不足分を現物で決済することが難しくなった。このためロシア側はドイツ・ポーランド製のラシャや国産綿織物製品の輸出を奨励しつつ、金銀輸出を許可し、超過分を決済するようになった[197]。この点については第四章で改めて論じる。

以上を要約すると、一八〇〇年規則発行直後にはコンパニオンの監督下でキャフタ貿易の混乱が続いたが、それまでのロシアの輸出超過状態は茶貿易を軸とする輸入超過状態へ転換し、中国商品への依存度が強まった。清朝政府が意図した「ロシア商人を中国商品に依存させる」計画はある程度達成されたと言える。しかし商品価格の設定においてはロシア商人側も徐々にまとまりを見せるようになった。こうした背景の中で、地元商人としてキャフタ貿易に参加するイルクーツク商人たちは激しい競合関係にさらされ、彼らの出自・構造も影響を受けていった。

（1） П. И. Пежемский, В. А. Кротов, *Иркутская летопись. 1652–1856 г.*, *Труды Восточно-Сибирского Отдела Императорскаго Русскаго Географическаго Общества. №5.* С. 4. ノヴォシビルスクの研究者Д・Я・レズンは、「ジャチー島」の名称がブリャート語起源ではなく、ロシア語起源であることを根拠として、この土地にコサックが入った時期は一六五二年よりもはるか以前だったのではないかと考察している。「ジャチー(дьячий)」の語源はロシア語の名詞「ジャコン(дьякон)＝書記」の形容詞形である。Д. Я. Резун, По поводу даты основания Иркутска. *Земля Иркутская. №1.* 1994. С. 4-5.

（2）О. Н. Вилков, К истории города Иркутска в XVIII в., *Известия сибирского отделения Академии Наук СССР. Серия общественных наук.* 1973. №1. Вып.1. С. 80. なお、イルクーツクが「市(ゴーロド)」に昇格したのは一六八六年である。И. В. Щеглов, *Хронологический перечень важнейших данных из истории Сибири.* С. 94.(シチェグロフ『シベリヤ年代史』一八二頁)

（3）Ф. А. Кудрявцев, *История бурят-монгольского народа от XVII в. до 60-х годов XIX в., Очерки.* С. 40–51.(クドリヤフツェフ『ブリヤート蒙古民族史』七二—九二頁)モンゴル・タタールによるルーシ支配の時期、ルーシ諸侯を通じてロシア人から徴収された貢納の名称がヤサクである。当時ロシア人からの徴税は主に毛皮で行われており、後年、シベリアに進出したロシア人たちも地元のアジア系先住民からクロテン、キツネ、ビーヴァーなどの毛皮獣を徴収し、同じくこれをヤサクと称した。日本では一般に毛皮税と訳されている。ロシアではヤサクを徴収された先住民をヤサク民(ヤサーチヌイ)と総称した。В. Даль, *Толковый словарь живого великорусского языка.* Т. 4. М., 1994. С. 680.

（4）П. Н. Колотилов, Несколько данных о г. Иркутске и его торговле в 1761 году. *Труды Иркутской ученой Архивной комиссии.* Иркутск. 1913. С. 15–18; А. А. Панов, *Банк сиропитательного дома Елизаветы Медведниковой в Иркутске.* Т. I. М., 1892. С. 2–3.

（5）*Иркутск. Материалы для истории города XVII и XVIII столетий.* М., 1883. С. 30–58; А. А. Кизеветтер, *Посадская община в России XVIII ст.* С. 88–90; О. Н. Вилков, К истории города Иркутска в XVIII в., С. 80.

（6）Л. С. Рафиенко, Ответы сибирских городов на анкету комиссии о коммерции как исторический источник. *Археография и источниковедение Сибири.* Новосибирск. 1975. С. 19.

（7）本書ではヨーロッパ・ロシア商人、シベリア商人という名称を地理的に区別するために便宜上用いている。ロシアの研究者はヨーロッパ・ロシアの商人を指す場合、通常「ロシア商人」と呼んで「シベリア商人」と区別しており、「ヨーロッパ・ロシア商人」という言い方は用いない。しかし本書では「ヨーロッパ・ロシア」と「シベリア」の地域差が重要な論点であるので、「ロシア商人」という場合はロシア帝国全土の商人を、「ヨーロッパ・ロシア商人」という場合はウラル以西の大ロシア、小ロシア(現ウクライナ)地域の商人を意味する言葉として用いることとする。

（8）Н. Л. Рубинштейн, Внешняя торговля России и русское купечество во второй половине XVIII в., *Исторические записки.* Т. 54. 1955. С. 353.

（9）Г. Ф. Миллер, *Описание о торгах сибирских.* С. 37.

(10) 劉建生・豊若非著、高宇訳「山西商人と清露貿易」九八頁。

(11) И. В. Щеглов, *Хронологический перечень важнейших данных из истории Сибири*. С. 42, 48, 75.（シチェグロフ『シベリヤ年代史』六四、八〇、一三六頁）；吉田金一『ロシアの東方進出とネルチンスク条約』一二七―一三二頁。

(12) 吉田金一『ロシアの東方進出とネルチンスク条約』五五―八四頁。

(13) И. В. Щеглов, *Хронологический перечень важнейших данных из истории Сибири*. С. 93-94.（シチェグロフ『シベリヤ年代史』一八一―一八三頁）；吉田金一『ロシアの東方進出とネルチンスク条約』一九二―二〇六、二一一―二一三頁。

(14) И. В. Щеглов, *Хронологический перечень важнейших данных из истории Сибири*. С. 95.（シチェグロフ『シベリヤ年代史』一八三―一八四頁）；吉田金一『ロシアの東方進出とネルチンスク条約』二二四―二七二頁。

(15) カーエン『露支交渉史序説』四〇―四四頁（原著、G. Cahen, *Histoire des relations de la Russie avec la Chine sous Pierre le Grand (1689-1730)*）；澁谷浩一「キャフタ条約以前のロシアの北京貿易」六五―九七頁。以上の中では澁谷浩一氏の論文がキャフタ条約成立以前の北京貿易の経緯について最も詳細に論じている。

(16) 吉田金一「ロシアと清の貿易について」三九―五〇頁。

(17) カーエン『露支交渉史序説』六八頁、吉田金一『近代露清関係史』一二〇―一二二頁、澁谷浩一「キャフタ条約以前のロシアの北京貿易」七八―七九頁。

(18) 柳澤明「キャフタ條約以前の外モンゴル―ロシア國境地帯」一―一五頁、同「キャフタ条約への道程」三〇頁。

(19) カーエン『露支交渉史序説』一〇〇―一一一頁、柳澤明「キャフタ条約への道程」三〇―四二頁。ランゲはロシア語でラング Ланг と表記されるが、ここでは慣例表記に従う。

(20) 澁谷浩一「露清関係とローレンツ・ランゲ」一九九―二三四頁。

(21) 1727г. Октября 21. Кяхтинский договор о политических и экономических взаимоотношениях между Российской и Цинской империями. С. Л. Тихвинский (отв. ред.), *Русско-китайские отношения в XVIII веке. Т. 3. 1727-1729*. М., 1990. С. 187-192.

(22) 吉田金一「ロシアと清の貿易について」四六頁。

(23) 一七六二―一七六八年に生じたキャフタ貿易の停止期間を指している。

(24) Е. П. Силин, *Кяхта в XVIII веке. Из истории русско-китайской торговли*. С. 67.

(25) Е. П. Силин, *Кяхта в XVIII веке. Из истории русско-китайской торговли*. С. 95.
(26) C. M. Foust, *Muscovite and Mandarin: Russia's Trade with China and Its Setting, 1727-1805*. pp. 342-343.
(27) Х. И. Трусевич, *Посольския и торговыя сношения России с Китаем*. С. 253-260.
(28) *ПСЗ. Т. 14*. №10486. Гл. XII; А. К. Корсак, *Историко-статискическое обозрение торговых сношений России с Китаем*. С. 64; В. П. Шахеров, И. И. Козлов, Н. И. Гаврилова, В. С. Антонов, *Таможенное дело в Восточной Сибири и Забайкалье*. Иркутск. 1999. С. 36.
(29) *ПСЗ. Т. 13*. №10212; А. К. Корсак, *Историко-статискическое обозрение торговых сношений России с Китаем*. С. 63.
(30) *ПСЗ. Т. 45. книга тарифов*; А. К. Корсак, Там же.
(31) 吉田金一「ロシアと清の貿易について」四六頁。
(32) 吉田金一「ロシアと清の貿易について」四五―四六、四九頁。ただし初期のキャフタ貿易はロシア側が輸出超過傾向にあったため、吉田氏は代価の不足分を金・銀で決済したとしている。取引商品の中で金・銀細工も見られることから、こうした商品が決済のための貨幣代わりに使われたとも考えられる。
(33) *Труды статистическаго отделения департамента таможенных сборов. Статистическия сведения о торговле России с Китаем*. С. 6. 原典では七六・四%と記載されているが、吉田金一氏は計算による正しい数値を七八・八%と指摘している。吉田金一「ロシアと清の貿易について」四九頁。
(34) А. К. Корсак, *Историко-статискическое обозрение торговых сношений России с Китаем*. С. 84; Х. И. Трусевич, *Посольския и торговыя сношения России с Китаем*. С. 272-275.
(35) Х. И. Трусевич, *Посольския и торговыя сношения России с Китаем*. С. 182-183; Н. М. Ядринцев, *Культурное и промышленное состояние Сибири*. СПб., 1884. С. 15-16.
(36) テンの毛皮を商品として取引する際、通常四〇枚（ソーロク）の毛皮を一束にまとめ、これを取引単位として発送した。
(37) V. N. Berkh, Translated by Dmitri Krenov, Edited by Richard Pierce. *A Chronological History of the Discovery of the Aleutian Islands: or, The Exploits of Russian Merchants With a Supplement of Historical Data on the Fur Trade*. The Limestone Press. Kingston, Ontario. pp. 1-6, 98-99; А. В. Гринев, Р. В. Макарова, Промысловое освоение Алеутских о-вов русскими промышленниками（1743-1783). Н. Н. Болховитинов（отв. ред.), *История Русской*

Америки. Т. 1. М., 1997. С. 69-70.

(38) 北太平洋地域の毛皮事業についてはロシアで多数の文献が刊行されているが、包括的な情報については以下を参照。V. N. Berkh, *A Chronological History of the Discovery of the Aleutian Islands*...; Р. В. Макарова, *Русские на Тихом океане во второй половине XVIII в.*, М., 1968; Н. Н. Болховитинов (отв. ред.), *История Русской Америки. Т. 1-3.* М., 1997-1999. また、各狩猟船派遣事業のデータについては拙論「エカテリーナ二世期におけるキャフタ貿易中断とロシア毛皮貿易」『社会経済史学』第七一巻第一号、二〇〇五年五月、三八―三九頁、拙著『ロシアの拡大と毛皮交易』八五―八九頁にも記載しているので併せて参照のこと。

(39) ネジンは現ウクライナ共和国チェルニゴフ州の町。ここにはギリシャ人の特権商人たちが居住し、トルコとの仲介貿易を行って毛皮を運んでいた。V. Kardasis, *Diaspora Merchants in the Black Sea. The Greeks in Southern Russia, 1775-1861.* Lexington Books. Lanham, Boulder, New York, Oxford. 2001. pp. 14-16.

(40) А. В. Гринев, Р. В. Макарова, Промысловое освоение Алеутских о-вов русскими промышленниками. С. 72.

(41) Р. В. Макарова, Экспедиции русских промышленных людей в Тихом Океане в XVIII веке. *Вопросы географии, история географических знании. Сб. 17.* М., 1950. С. 23-42.

(42) П. А. Словцов, *Историческое обозрение Сибири. Книга вторая. С 1742-1823 год.* СПб., 1886. С. 75-76; П. И. Пежемский, В. А. Кротов, *Иркутская летопись. 1652-1856 г.*, С. 72.

(43) *Краткая энциклопедия по истории купечества и коммерции Сибири. Т. 4. Кн. 3*. С. 68.

(44) *Краткая энциклопедия по истории купечества и коммерции Сибири. Т. 1. Кн. 1*. С. 149.

(45) *Краткая энциклопедия по истории купечества и коммерции Сибири. Т. 1. Кн. 1.* С. 121-123.

(46) ベルフの著書の英訳本巻末添付表ではこの時期の毛皮業者プロコピー・プロトジヤコノフをイルクーツク商人と誤植しているが、実際はヤクーツク商人の誤りである。V. N. Berkh, *A Chronological History of the Discovery of the Aleutian Islands*... pp. 47, 102, 121.

(47) В. П. Шахеров, *Торгово-промышленное освоение Юго-Восточной Сибири в конце XVIII-первой трети XIX вв.*, С. 275.

(48) V. N. Berkh, *A Chronological History of the Discovery of the Aleutian Islands*... p. 55.

(49) И. В. Щеглов, *Хронологический перечень важнейших данных из истории Сибири.* С. 153.（シチェグロフ

『シベリヤ年代史』三〇五頁）：吉田金一「ロシアと清の貿易について」四八頁。

(50) В. П. Шахеров, И. И. Козлов, Н. И. Гаврилова, В. С. Антонов, *Таможенное дело в Восточной Сибири и Забайкалье*. С. 37.

(51) ピョートル一世の皇女エリザヴェータ・ペトロヴナは一七四一年にクーデターで幼帝イヴァン六世（在位一七四〇—一七四一年）とその母アンナ・レオポリドヴナ（摂政一七四〇—一七四一年、イヴァン五世の皇女エカテリーナとメクレンベルク公カール・レオポルドの間に生まれた公女）を廃し、即位した。従って即位から一六年を経た使節派遣要請は、ロシアが清との外交交渉の糸口を求める口実に過ぎなかったと考えられる。

(52) 吉田金一『近代露清関係史』一六七—一六八頁。

(53) 吉田金一『近代露清関係史』一六九—一七一頁。

(54) 当時トルグートの領域はロシアに属するとして、トルグート人はロシア臣民と見なされていた。

(55) Е. П. Силин, *Кяхта в XVIII веке. Из истории русско-китайской торговли*. С. 84.

(56) 吉田金一『近代露清関係史』一七一—一七五頁。

(57) Е. П. Силин, *Кяхта в XVIII веке. Из истории русско-китайской торговли*. С. 95.

(58) Д. И. Успенский, Из истории русских сношений с народами Востока. (Русско-китайския недоразумения). *Русская Мысль. Книга XI*. М., 1904. С. 85; Е. П. Силин, *Кяхта в XVIII веке. Из истории русско-китайской торговли*. С. 96-97.

(59) ジャルグチはモンゴル語の官位を示す名称。庫倫弁事大臣の管轄下にあり、中国語ではマイマチェン長官のことを「恰克図弁事司官」と記載している。主な仕事はマイマチェンにやってくる中国商人の出入りと取引の監督であり、任期は三年であった。この地位には清の高官が派遣されてきたが、素行問題で罷免される者が多かったという。一九世紀に入ると中国商人の賄賂で非常に実入りの良い地位と見なされるようになり、しばしば売官対象となった。吉田金一『近代露清関係史』一三六頁、榎本武揚『西比利亜日記』大連：南満洲鐵道總裁室弘報課、一九三九年、一三〇—一三一頁、Е. П. Силин, *Кяхта в XVIII веке. Из истории русско-китайской торговли*. С. 105; 四日市康博「ジャルグチとビチクチに関する一考察——モンゴル帝国時代の行政官」『早稲田大学史学科　史観』第一四七号、二〇〇二年九月、三三—五二頁。

(60) Д. И. Успенский, Из истории русских сношений с народами Востока. С. 86.

(61) 大黄（レーヴェン、ルバーブ）は当時ヨーロッパで薬品として珍重され、ロシアにとっても重要な中継交易商品だった。このため一般の商人が自由に商える商品ではなく、基本的には行政の委託を受けた商人たちが取引していた。一七八八年一二月二日ミハイル・シチェゴーリンがイルクーツク市議会に提出した書類によれば、イルクーツクでは市が選出した商人により大黄の管理を行っていた。ГАИО. Ф. 70. Оп. 1. Д. 1103. Л. 1-4.

(62) 吉田金一『近代露清関係史』一七八頁。

(63) 吉田金一『近代露清関係史』一七六—一七七頁。

(64) 吉田金一『近代露清関係史』一七八—一七九頁。

(65) Е. П. Силин, *Кяхта в XVIII веке. Из истории русско-китайской торговли.* С. 84.

(66) Е. П. Силин, *Кяхта в XVIII веке. Из истории русско-китайской торговли.* С. 98. しかしこの点については今後外交史のさらなる分析が必要であろう。ロシアにおける露清関係の外交文書は現在もなお刊行が続いているが、一八世紀に関しては一七二九年まで、すなわちキャフタ条約締結の時期までしか刊行されておらず、一次史料の参照が難しい。С. Л. Тихвинский (отв. ред.), *Русско-китайские отношения в XVIII веке. Т. 1-3.* М., 1978-2006. (Т. 1: 1700-1725; Т. 2: 1725-1727; Т. 3: 1727-1729) より詳しい分析のためには今後ロシア側の資料整理が待たれる。

(67) В. К. Андриевич, *Исторический очерк Сибири. Т. IV. Период Екатерининскаго времени.* СПб., 1887. С. 206.

(68) Ф. А. Кудрявцев, Е. П. Силин, *Иркутск. Очерки по истории города.* С. 53-54.

(69) А. Н. Радищев, Письмо о китайском торге (1792 г.), *Полное собрание сочинений. Т. 2.* Изд. М. И. Акифиева. СПб., 1907. С. 45-102. ラジーシチェフ(一七四九—一八〇二年)はライプツィヒ留学の経験もあるロシアの官僚貴族。一七七七年から商業参議会に勤務し、サンクト・ペテルブルク税関長も務めた。著作も多く、一七九〇年に自費出版した『ペテルブルクからモスクワへの旅』の中で農奴制に疑問を呈し、エカテリーナ二世から死刑宣告を命じられたことでも知られる。しかし当時の慣例により死刑は取り消され、地位および貴族の称号剝奪、一〇年間のシベリア流刑に減刑されて、アンガラ河畔のイリムスクへ送られた。この「中国貿易に関する手紙」を書いたのはキャフタ貿易が再開された一七九二年のことで、かつての上司アレクサンドル・ロマノヴィチ・ヴォロンツォフ(一七四一—一八〇五年)に宛てた報告書兼書簡である。ヴォロンツォフはウィーン代理公使(在任一七六一—一七六二年)、イギリス全権大臣(在任一七六二—一七六四年)、オランダ全権大臣(在任一七六四—一七六八年)などの外交官職を歴任しており、その後商業参議会長官、商業委員会委員(在任一七七三—一七九四年)も務め、保護貿易政策を推進した人物である。ヴォロンツォフはラジーシチェフと公私共に親しい関係だったが、「中国貿易に関する手紙」はヴォロンツォフが露清貿易を考える上での一つの判断材料となったと推測される。またシベリア流刑といっても、同地の生活が官僚勤務を伴うものであったことは手紙の記述からもうかがえる。ラジーシチェフはかつての元老院勤務やペテルブルク税関長の経験を基に、イギリス、フランス、ドイツの重商主義政策の成功例と欠点について触れつつ、毛皮を主軸とするロシアとヨーロッパ間の貿易に関する意見を述べている。

(70) Е. П. Приказчикова, «А. Н. Радищев», *История русской экономической мысль. Т. I. Ч. I.* М., 1995. С. 670–674. プリカスチコヴァは、ラジーシチェフの蔵書にアダム・スミスの『国富論』があったことを根拠に、彼が最新のイギリス経済思想に触れていた可能性があると主張している。このほかラジーシチェフの思想に関しては、ロシアの教育現場でもソ連崩壊後に革命史観を排した見直し作業が行われているようである。

(71) A. Kahan, *The plow, the hammer, and the knout. An Economic History of Eighteenth-Century Russia.* The University of Chicago Press. Chicago and London, 1985. pp. 197–210. 同書は一八世紀ロシア経済史に関する最もまとまった研究であり、第三章ではロシアの外国貿易、特に英露貿易に関する詳しい分析を行っている。ただしロシア側データに関してはソ連時代のロシア語文献に大きく依拠しており、古文書史料をほとんど用いていない。また同書は著者カハン没後に刊行された遺稿集であることから、残念ながらその後の検討は行われていない。カハン以後の英露貿易史研究は、H. H. Kaplan. *Russian Overseas Commerce with Great Britain. During the Reign of Catherine II.* American Philosophical Society. Independence Square, Philadelphia. 1995 がイギリスの公文書史料を活用しており詳しい。カハン、カプランの研究に関する日本側の評価は以下を参照。鈴木健夫「イギリス産業革命と英露貿易——最近の研究動向から」『早稲田大学現代政治経済研究所叢書2「最初の工業国家」を見る目』早稲田大学現代政治経済研究所、一九八七年、一四五—一七八頁。また近年の英露貿易研究としては、以下が政治・経済・外交の総合的な視点から詳細な検討を行っている。武田元有「一八世紀におけるバルト海貿易とロシア南下政策——一七三四年英露通商条約の経済的・政治的意義」『鳥取大学大学教育総合センター紀要』第一号、二〇〇四年一二月、七—六八頁、同「エカチェリーナ二世時代におけるバルト海貿易と北方体制——一七六六年英露通商条約の経済的・政治的意義」『鳥取大学大学教育総合センター紀要』第四号、二〇〇七年一二月、一—七〇頁。

(72) ファンザは滑らかなタフタ(琥珀織)の一種だが、洗濯でき、非常に丈夫な生地であるため刺し縫いに使われた。この生地から布団やキルティングのスカート、男性用、女性用のスカートが作られる。ダバは様々な種類の綿織物を指すが、特に青い染物のことであった。貧困階層はこれを男女用のシャツ(ルバーシカ)、スカート、テラグレイカ(古風なサラファンに似た長袖婦人服)、裏地に使ったという。Е. Авдеева-Полевая, Записки и замечания о Сибири. *Записки иркутских*

жителей. Иркутск. 1990. С. 53. キタイカは中国から運ばれた絹織物・綿織物両方を指す用語として用いられる。関税台帳では一般的な綿織物のことをナンキンと記載している場合もある。

(73) А. Н. Радищев, Письмо о китайском торге (1792 г.), С. 73-74.

(74) カンファ канфа はアトラス атлас（絹織物）の一種で、大きく丈夫な生地。Е. Авдеева-Полевая, Там же. カムキは花模様の絹のダマスク織で、ゴリはカムキの一種。

(75) А. Н. Радищев, Письмо о китайском торге (1792 г.), С. 84, 87.

(76) *Труды статистическаго отделения департамента таможенных сборов. Статистическия сведения о торговле России с Китаем*. С. 7.

(77) А. К. Корсак, *Историко-статистическое обозрение торговых сношений России с Китаем*. С. 293 では茶の年平均輸入量を二万三一六九プードとしており、関税徴収局発行の数値と異なっている。一プードはロシアの計量単位で一六・三八キロに相当し、この数値が正しければ年平均輸入量は三七万九五〇八キロ、コルサクの記録を取るならば四七万五〇二〇キロとなる。

(78) 磚茶はロシア語で「キルピーチヌィ・チャイ」、英語で「ブリック・ティー」であり、共に「レンガ茶」を意味する。これは茶を発酵させて圧縮し、レンガのように四角に固めたもので、ブリャート人らのモンゴル系先住民が好んだ。これに対し、一般のロシア人は一八世紀より白毫茶と呼ばれる葉茶（リーフ・ティー）を需要するようになった。R・E・F・スミスとD・クリスチャンの研究によると、磚茶の淹れ方は独特で、同時代のモンゴル人やカルムィク人たちは磚茶板を削ったものをミルクの中に入れ、ときにはバターと少量の穀類を加えて沸騰させ、スプーンで飲んだという。このほかに塩を加えて飲む方法もあり、現在知られている一般的な茶の飲み方とはかなり異なっていた。詳しくはR・E・F・スミス、D・クリスチャン著、鈴木健夫・豊川浩一・斎藤君子・田辺三千広訳『パンと塩――ロシア食生活の社会経済史』平凡社、一九九九年、三一五―三四〇頁を参照。同書はトルセーヴィチ、コルサクの文献に多くを依拠しているが、著者独自の分析でサモワールをはじめとする喫茶文化がイギリス、オランダ経由でロシアに入ってきた過程を検討しており、興味深い。キャフタにおける磚茶取引とイルクーツク商人の関係については第四章第二節1で詳しく説明する。

(79) А. Н. Радищев, Письмо о китайском торге (1792 г.), С. 87-88.

(80) ただしこの点についても、シベリア先住民の飲み物が磚茶から薬草（トラヴァー、一種のハーブ茶）へと変わり、彼らの健康や生活習慣にとってはむしろ良い結果をもたらしたとラジーシチェフは結論づけている。

(81) A. Kahan, *The plow, the hammer, and the knout*. p. 197.
(82) А. Н. Радищев, Письмо о китайском торге (1792 г.), С. 47-48, 51, 58, 75-77, 81-82.
(83) H. H. Kaplan, *Russian Overseas Commerce with Great Britain. During the Reign of Catherine II*. pp. 248-252.
(84) 同データはA. Kahan, *The plow, the hammer, and the knout*. p. 247記載の貿易総額と、А. К. Корсак, *Историко-статическое обозрение торговых сношений России с Китаем*. С. 73, 93記載のキャフタ貿易総額から算出した。一七九二年のキャフタ貿易高が少ないのは、年度途中で再開されたためである。
(85) ただし白海貿易拠点のアルハンゲリスクと取引高がほぼ同じという点から見ると、キャフタ貿易がロシアにとって取るに足りないというラジーシチェフの意見は極論であろう。
(86) А. Н. Радищев, Письмо о китайском торге (1792 г.), С. 87-88.
(87) Х. И. Трусевич, *Посольския и торговыя сношения России с Китаем*. С. 272-277.
(88) この点に関してはトルセーヴィチのデータで明らかであるが、詳しくは以下を参照。拙論「エカテリーナ二世期におけるキャフタ貿易中断とロシア毛皮貿易」二五―四七頁、拙著『ロシアの拡大と毛皮交易』一〇一―一〇六頁。
(89) Х. И. Трусевич, *Посольския и торговыя сношения России с Китаем*. С. 290-293.
(90) V. N. Berkh, *A Chronological History of the Discovery of the Aleutian Islands*... pp. 102-110; Х. И. Трусевич, *Посольския и торговыя сношения России с Китаем*. С. 272-277.
(91) Х. И. Трусевич, *Посольския и торговыя сношения России с Китаем*. С. 276-277.
(92) これはカムチャツカ半島で発見されたラッコをロシア人がビーヴァーと勘違いしたためである。そのうえベーリング探検隊に同行したゲオルグ・ヴィルヘルム・シュテラーによってラッコが新種の動物であることが指摘された後も、ロシアの関税台帳では「カムチャツカ・ビーヴァー(カムチャツキエ・ボブルィ камчатские бобры)」という名称がそのまま使用された。
(93) V. N. Berkh, Ibid; Х. И. Трусевич, *Посольския и торговыя сношения России с Китаем*. С. 278-279.
(94) V. N. Berkh, Ibid; Х. И. Трусевич, *Посольския и торговыя сношения России с Китаем*. С. 272-275.
(95) А. Н. Радищев, Письмо о китайском торге (1792 г.), С. 98-99.
(96) Ф. А. Кудрявцев, Е. П. Силин, *Иркутск. Очерки по истории города*. С. 53-54.
(97) А. Н. Радищев, Письмо о китайском торге (1792 г.), С. 74-75.

(98) А. К. Корсак, *Историко-статискическое обозрение торговых сношений России с Китаем.* С. 73.

(99) Ф. А. Кудрявцев, Е. П. Силин, Там же.

(100) Р. В. Макарова, Экспедиции русских промышленных людей в Тихом Океане в XVIII веке. С. 24-26.

(101) А. Н. Радищев, Письмо о китайском торге (1792 г.), С. 66. イルクーツク商人ギルドの構成については第三章で説明する。

(102) ГАИО. Ф. 70. Оп. 1. Д. 1108. Л. 1-2.

(103) А. Н. Радищев, Письмо о китайском торге (1792 г.), С. 66, 75.

(104) V. N. Berkh, *A Chronological History of the Discovery of the Aleutian Islands*... pp. 62-63.

(105) V. N. Berkh, *A Chronological History of the Discovery of the Aleutian Islands*... pp. 102-110; Н. Н. Болховитинов (отв. ред.), *История Русской Америки. Т. 1.* С. 452; 拙論「エカテリーナ二世期におけるキャフタ貿易中断とロシア毛皮貿易」三八―三九、四五頁、拙著『ロシアの拡大と毛皮交易』八九頁。

(106) 1786г., не ранее августа. Наставление Г. И. Шелихова приказчику Ф. А. Выхоцеву. А. И. Андреев (ред.), *Русские открытия в Тихом океане и Северной Америке в XVIII-XIX веках.* М-Л., 1944. С. 59. 同文書はシェリホフが手代のヴィホツェフに書き送った指示書であり、彼の貿易構想が詳細に述べられている。イルクーツク総督、シベリア総督を務めた人物のリストは以下にまとめられている。Сибирские генерал-губернаторы. *Иркутская старина. №2.* Иркутск. 1994. С. 24.

(107) А. Ю. Петров, Л. М. Троицкая, Освоение постоянных поселений на Северо-Западе Америки. Деятельность Г. И. Шелихова и Н. А. Шелиховых. *История Русской Америки. Т. 1.* С. 133.

(108) 1787г. Ноября 30. Рапорт И. В. Якоби Екатерине II о деятельности Северо-восточной американской компании на острове Тихого океана и необходимости оказания ей поддержки. Т. С. Федорова (отв. сост.), *Русские экспедиции по изучению северной части Тихого океана во второй половине XVIII в., Сборник документов.* М., 1989. С. 246-247.

(109) А. Ю. Петров, Л. М. Троицкая, Освоение постоянных поселений на Северо-Западе Америки. С. 136.

(110) 北東会社はシベリアからアメリカ沿岸、プレッテチェンスカヤ会社はリシイ諸島、プリブィロフ諸島、ウナラシカ会社はウナラシカ島、北アメリカ会社はアラスカ北部を拠点とした。П. А. Тихменев, *Историческое обозрение образо-*

вания Российско-американской компании и действий ея до настоящаго времени. Ч. I. СПб., 1861. С. 31–32, 45; А. Ю. Петров, Л. М. Троицкая, Освоение постоянных поселений на Северо-Западе Америки. С. 140.

(111) Е. П. Силин, *Кяхта в XVIII веке. Из истории русско-китайской торговли*. С. 170.

(112) V. N. Berkh, *A Chronological History of the Discovery of the Aleutian Islands*... pp. 106-107.

(113) П. А. Тихменев, *Историческое обозрение образования Российско-американской компании*... Ч. I. С. 61–64; С. Б. Окунь. *Российско-американская компания*. М.-Л., 1939. С. 36–37. またロシア・アメリカ会社成立過程については拙著『ロシアの拡大と毛皮交易』第四章「ロシア・アメリカ会社の設立」も参照のこと。

(114) П. А. Тихменев, *Историческое обозрение образования Российско-американской компании*... Ч. I. С. 61–64; С. Б. Окунь. *Российско-американская компания*. С. 36–37. これらの主張はシェリホヴァらの手紙の記述に基づくものであり、あくまでシェリホフ家の視点や立場を分析した結果である。

(115) А. Ю. Петров, Образование Российско-американской компании (1795–1799). С. 327. またロシア・アメリカ会社成立過程については拙著『ロシアの拡大と毛皮交易』第四章「ロシア・アメリカ会社の設立」も参照のこと。

(116) シェリホヴァの出自についてはシートニコフが手紙、全国人口調査史料を基に考察しているが、シベリア出身ということ以外はっきりしたことは分かっていない。しかしシェリホフとの結婚前に富裕な未亡人であったという噂については、年齢照合の結果否定されている。Л. А. Ситников, *Григорий Шелихов*. Иркутск. 1990. С. 62.

(117) ポレヴォイはゴリコフと同じくクールスク市における有力商人家系の出身だが、両者に直接の血縁関係はない。ポレヴォイは両親が早世して孤児同然となったため、祖母が彼に商売を仕込んでくれるようゴリコフに頼み、引き取られたという（巻末添付図1-1参照）。

(118) А. Ю. Петров, Образование Российско-американской компании (1795–1799). С. 323.

(119) デミドフ家はニキータ・デミドヴィチ・アントゥフィエフ（一六五六－一七二五年）を始祖とするウラル、アルタイ地方の鉄鋼業者。シェリホフと取引があり、ナタリヤ・シェリホヴァとも親交があったと見られるニキータ・ニキートヴィチ・デミドフはデミドフ家第三世代に当たる。Б. Б. Кафенгауз, *История Хозяйства Демидовых в XVIII–XIX вв.*, Т. I. М.-Л., 1947. С. 167, 173, 191–192, 198, 208–210, 253, 263; А. В. Семенова (отв. ред.), *История предпринимательства в России. Книга I*. С. 258, 272, 292.

(120) 当時ゴリコフはシベリアにおける酒の請負業を行っており、事業がうまくいかないために国庫への債務が膨らんでいた。

А. Ю. Петров, Образование Российско-американской компании (1795–1799). С. 325.

(121) П. А. Тихменев, *Историческое обозрение образования Российско-американской компании... Ч. 1.* С. 48–49, 61; 岡野恵美子「設立時のロシア・アメリカ会社」『群馬県立女子大学紀要』第一五号、一九九四年三月、七六頁。

(122) А. Ю. Петров, Образование Российско-американской компании (1795–1799). С. 328.

(123) *Краткая энциклопедия по истории купечества и коммерции Сибири. Т. 3. Кн. 1.* С. 153–154.

(124) シェリホフの職権乱用に対抗するため、一七九三年三月一七日にゴリコフはシェリホフと会社株の分割契約を結んだ。これにより、支社である北東アメリカ会社七〇株、プレッテチェンスカヤ会社三〇株、ウナラシカ会社一〇・五株がゴリコフのものとされた。しかしシェリホフの持ち株は北東アメリカ会社八四株、プレッテチェンスカヤ会社三〇株、ウナラシカ会社一〇・五株となっており、明らかにシェリホフに有利な配分であった。А. Ю. Петров, Л. М. Троицкая, Освоение постоянных поселений на Северо-Западе Америки. С. 144–148.

(125) А. Ю. Петров, Образование Российско-американской компании (1795–1799). С. 329–333.

(126) レザノフはシェリホフが亡くなる直前に長女のアンナ・グリゴリエヴナ(一七八〇―一八〇二年)と結婚した。

(127) С. Б. Окунь, *Российско-американская компания.* С. 23–24; А. Ю. Петров, Образование Российско-американской компании (1795–1799). С. 342.

(128) П. А. Тихменев, *Историческое обозрение образования Российско-американской компании... Ч. 1.* Приложение. С. 21–23.

(129) А. А. Преображенский, О составе акционеров Российско-американской компании в начале XIX в., *Исторические записки. Т. 67.* 1960. С. 286–298.

(130) ブルダーコフはシェリホフの次女アヴドチヤ・グリゴリエヴナ(一七八三―一八一七年)と結婚した。

(131) Е. П. Силин, *Кяхта в XVIII веке. Из истории русско-китайской торговли.* С. 99.

(132) *Краткая энциклопедия по истории купечества и коммерции Сибири. Т. 2. Кн. 2.* С. 170.

(133) Г. Ф. Миллер, *Описание о торгах сибирских.* С. 41.

(134) А. Мартос, *Письма о Восточной Сибири.* М., 1827. С. 267–268.

(135) А. Мартос, *Письма о Восточной Сибири.* С. 268–269.

(136) 吉田金一「ロシアと清の貿易について」四二頁。

(137) П. С. Паллас, В. Зуев (перевел), *Путешествие по разным провинциям Российскаго Государства. Часть третья. половина первая. 1772 и 1773 годов.* СПб., 1788. С. 182-184.（原典、P. S. Pallas, *Reise durch verschiedene Provinzen des Russischen Reichs. T. 1-3.* St. Petersburg. 1771-1801）

(138) C. M. Foust, *Muscovite and Mandarin: Russia's Trade with China and Its Setting, 1727-1805*. p. 345.

(139) П. С. Паллас, *Путешествие по разным провинциям Российскаго Государства. Часть третья. половина первая...* С. 215; Е. П. Силин, *Кяхта в XVIII веке. Из истории русско-китайской торговли.* С. 122.

(140) В. П. Шахеров, И. И. Козлов, Н. И. Гаврилова, В. С. Антонов, *Таможенное дело в Восточной Сибири и Забайкалье.* С. 36-37; 土肥恒之「第二章　十八世紀のロシア帝国」『世界歴史大系　ロシア史2』六五―六六頁。

(141) Е. П. Силин, *Кяхта в XVIII веке. Из истории русско-китайской торговли.* С. 94. 都市自治組織のマギストラート、市会については序章第二節2を、イルクーツクの自治組織については第三章第一節2を参照。

(142) В. К. Андриевич, *Исторический очерк Сибири. Т. IV.* С. 195.

(143) П. С. Паллас, *Путешествие по разным провинциям Российскаго Государства. Часть третья. половина первая...* С. 184.

(144) Х. И. Трусевич, *Посольския и торговыя сношения России с Китаем.* С. 230-231; Е. П. Силин, *Кяхта в XVIII веке. Из истории русско-китайской торговли.* С. 108.

(145) М. Д. Чулков, *Историческое описание российской коммерции при всех портах и границах от древних времен до ныне настоящаго... Т. 3. Кн. I.* М., 1785. С. 140; Е. П. Силин, *Кяхта в XVIII веке. Из истории русско-китайской торговли.* С. 122.

(146) М. Д. Чулков, *Историческое описание российской коммерции при всех портах и границах от древних времен до ныне настоящаго... Т. 3. Кн. I.* С. 345-346; Е. П. Силин, *Кяхта в XVIII веке. Из истории русско-китайской торговли.* С. 122. クロテンの場合、ロシアでは黒いもの、色目の濃いものが高く評価された。毛皮の白いクロテンもあったが、これは人気がなかったという。М. Д. Чулков, *Историческое описание российской коммерции при всех портах и границах от древних времен до ныне настоящаго... Т. 3. Кн. I.* С. 140.

(147) Х. И. Трусевич, *Посольския и торговыя сношения России с Китаем.* С. 231-232.

(148) П. С. Паллас, *Путешествие по разным провинциям Российскаго Государства. Часть третья. половина*

первая... С. 189.

(149) ファウストは比較例として、最高級毛皮がカムチャツカで一〇—一五ルーブル、イルクーツクで三〇—四〇ルーブル、キャフタで一七七〇年代一〇〇—一四〇ルーブルであったとしているが、比較する毛皮品目を特定していないので、基準がはっきりしない。C. M. Foust, *Muscovite and Mandarin: Russia's Trade with China and Its Setting, 1727–1805*. p. 351. 北太平洋産毛皮が船の積み上げ港であるカムチャツカ、オホーツクよりもキャフタではるかに高く売れたのは確かだが、価格差がどの程度だったのかについては各品目価格を検証する必要があるだろう。

(150) Х. И. Трусевич, *Посольския и торговыя сношения России с Китаем*. С. 233.

(151) ГАИО. Ф. 70. Оп. 1. Д. 44, 45, 46, 52; ГАИО. Ф. 308. Оп. 1. Д. 12, 18, 21, 26.

(152) Х. И. Трусевич, *Посольския и торговыя сношения России с Китаем*. С. 244.

(153) А. К. Корсак, *Историко-статискичеcкое обозрение торговых сношений России с Китаем*. С. 93; C. M. Foust, *Muscovite and Mandarin: Russia's Trade with China and Its Setting, 1727–1805*. p. 351.

(154) А. К. Корсак, *Историко-статискичеcкое обозрение торговых сношений России с Китаем*. С. 95; Х. И. Трусевич, *Посольския и торговыя сношения России с Китаем*. С. 238.

(155) 拙論「イルクーツク定期市とシベリアの商品流通——一七九二〜一八三九年の史料を中心に」深澤克己編著『近代ヨーロッパの探究⑨ 国際商業』ミネルヴァ書房、二〇〇二年、一七八頁。

(156) Е. П. Силин, *Кяхта в XVIII веке. Из истории русско-китайской торговли*. С. 164-165.

(157) Х. И. Трусевич, *Посольския и торговыя сношения России с Китаем*. С. 239.

(158) А. Мартос, *Письма о Восточной Сибири*. С. 282–283.

(159) Х. И. Трусевич, *Посольския и торговыя сношения России с Китаем*. С. 246; И. А. Носков, *Кяхта*. С. 2; Е. П. Силин, *Кяхта в XVIII веке. Из истории русско-китайской торговли*. С. 114. 二〇〇八年三月七日に開催された東北大学アジア研究センターシンポジウム「帝国の貿易」において、劉建生氏、高宇氏より「フーズィ」が中国語の鋪子(pu zi)を指すのではないか、とご指摘を頂いた。トルセーヴィチもこのフーズィをコンパニヤ(会社)と呼んでおり、鋪子が代理店組織を示すことからほぼ間違いないであろう。キャフタにおける山西商人の商組織の詳細については以下を参照。劉建生・豊若非著、高宇訳「山西商人と清露貿易」九七—一四〇頁。

(160) 吉田金一「ロシアと清の貿易について」四六頁。

(161) バスニン家は初代マクシムが一八世紀初頭にヴェリーキー・ウスチュグからイリムスクへ移住し、二代目チモフェイが一七八九年よりイルクーツク商人となった。三代目ニコライ、ドミートレイ、ピョートル兄弟は一八一四年よりキャフタ商人兼イルクーツク商人となり、茶貿易で大きな成功を収めた。*Краткая энциклопедия по истории купечества и коммерции Сибири. Т. 1. Кн. 1.* С. 88-93.（ただしズブリー、スヌィトコ、ファチヤノフらはバスニン家の出自をホルモゴールィ(同じく北ドヴィナ川沿いの町)としている。Е. С. Зубрий, Л. Н. Снытко, А. Д. Фатьянов (авторы вступ. статей), *Сибирский портрет XVIII-начала XX века.* СПб., 1994. С. 137）同家はキャフタ貿易に関する膨大な史料を所有しており、モスクワ移住後にそれらを古文書館に寄贈した。現在バスニン文書の所蔵が確認されるのはモスクワのロシア国立古代文書館РГАДА、同じく国立歴史博物館手稿史料課ОПИ ГИМである。また、四代目ヴァシーレイはモスクワ移住後にトロイツコサウスク長官スィチェフスキーの記録である、*Историческая записка о Китайской границе, составленная советником Троицко-савского пограничного правления Сычевским в 1846 году.* М., 1875の出版助成をしている。

(162) РГАДА. Ф. 183. Оп. 1. Д. 32. Л. 1-5об.

(163) 原史料ではビレット(билет)とのみ記載されているが、これはキャフタ貿易を管理していた清朝政府の機関である理藩院発行の貿易許可証と推測される。吉田金一氏はこれを「院票」としており、劉建生・豊若非氏は「信票」としている。これを持たなければキャフタで取引することは許されなかった。吉田金一「ロシアと清の貿易について」四六頁、劉建生・豊若非著、高宇訳「山西商人と露清貿易」一〇七—一〇九頁。

(164) Х. И. Трусевич, *Посольския и торговыя сношения России с Китаем.* С. 239-241.

(165) В. П. Шахеров, Реформатор из Иркутска.（Жизнь и взгляды иркутского купца Федора Щегорина), *Земля Иркутская. №1.* Иркутск. 1994. С. 9-11.（*Города Восточной Сибири в XVIII-первой половине XIX вв.*, С. 188-190); РГИА. Ф. 13. Оп. 2. Д. 205. Л. 1а-15; *Краткая энциклопедия по истории купечества и коммерции Сибири. Т. 4. Кн.* 3. С. 88-93. シチェゴーリンは一七九四年に書記として北京使節団に同行し、そこに二年間滞在した。帰国後は中国語知識を活かし、儒教に基づく清の政治制度や社会構造を独自に分析し、ロシア政府に採用してもらえるよう請願したが、実現しないままペテルブルクで亡くなったという。

(166) А. Мартос. *Письма о Восточной Сибири.* С. 282.

(167) エカテリーナ・アヴデーエヴァ＝ポレヴァヤは第二節4で触れたアレクセイ・ポレヴォイの娘。彼女の弟には『モスクワ報知（モスコフスキー・テレグラフ）』創刊者のニコライ・アレクセーヴィチ・ポレヴォイがいる（巻末添付図1-1参照）。

(168) Е. Авдеева-Полевая, Записки и замечания о Сибири. С. 50–51. シベリアにおける初の公的外国語教育機関は一七二五年掌院アントニーの請願によってイルクーツクのヴォズネセンスキー修道院内に開かれたモンゴル語学校と中国語学校である。しかし教会の外国語学校はその後振るわなかった。一七九〇年イルクーツク国民学校にモンゴル語、中国語・満州語のクラスが設けられ、それぞれモンゴル語クラスに生徒三二人、中国語・満州語クラスに生徒二七人が学んだという。しかしこのクラスも運営困難を理由に一七九四年閉鎖されている。その後キャフタに中国語学校が開設されたのは一八三二年、授業開始は一八三五年だが、一九世紀末には存在しなかったという。В. П. Сукачев, *Иркутск. Его место и значение в истории и культурном развитии Восточной Сибири.* М., 1891. С. 217–218; И. В. Щеглов, *Хронологический перечень важнейших данных из истории Сибири.* С. 201, 309.（シチェグロフ『シベリヤ年代史』四〇三、六〇九頁）

(169) Е. Авдеева-Полевая, Записки и замечания о Сибири. С. 51.

(170) ボリス・ボリソヴィチ・レツァノ、もしくはアレクセイ・イヴァノヴィチ・トルストイのことか（第三章第三節1参照）。

(171) Д. И. Успенский. Из истории русских сношений с народами Востока. С. 60.

(172) П. С. Паллас. *Путешествие по разным провинциям Российскаго Государства. Часть третья. половина первая...* С. 184.

(173) Х. И. Трусевич, *Посольския и торговыя сношения России с Китаем.* С. 245.

(174) Е. П. Силин, *Кяхта в XVIII веке. Из истории русско-китайской торговли.* С. 94–95; В. К. Андриевич, *Исторический очерк Сибири.* Т. IV. С. 195; 吉田金一「ロシアと清の貿易について」四九―五〇頁。

(175) Е. П. Силин, *Кяхта в XVIII веке. Из истории русско-китайской торговли.* С. 98–99.

(176) РГИА. Ф. 13. Оп. 2. Д. 124. Л. 3–8об.

(177) Х. И. Трусевич, *Посольския и торговыя сношения России с Китаем.* С. 241.

(178) В. П. Шахеров, Реформатор из Иркутска. С. 10. (*Города Восточной Сибири в XVIII – первой половине XIX вв.,* С. 188–189)

(179) РГИА. Ф. 13. Оп. 2. Д. 228. Л. 6об.–7.

(180) РГИА. Ф. 13. Оп. 2. Д. 228. Л. 6–20; Ю. А. Гагемейстер, *Статистическое обозрение Сибири.* Ч. II. С. 594–

595; Х. И. Трусевич, *Посольския и торговыя сношения России с Китаем*. С. 245–246.

(181) А. К. Корсак, *Историко-статистическое обозрение торговых сношений России с Китаем*. С. 100–104.

(182) 吉田金一「ロシアと清の貿易について」五〇—五三頁。

(183) РГИА. Ф. 13. Оп. 2. Д. 217. Л. 8об.–11.

(184) バスニン文書に含まれる、イルクーツク商人チモフェイ・バスニンから息子たち宛ての手紙では商品購入・販売商品価格に関して簡単に触れているが、筆跡は殴り書きに近く、整理されたものではない。他の書付書類も同様で、彼らの会計事務能力の低さは明らかである。ОПИ ГИМ. Ф. 469. Д. 1. Л. 18–38об.

(185) 茶を梱包する「箱(メスト)」は商品の書付でしばしば計量単位として用いられている。一般に一箱の重量は二プード≒三二・七八キロとされるが、記録によって変動があり、あくまで近似値である。仮に一箱三二・七八キロとして計算すると、一万五〇〇〇箱の重量は五〇〇トン弱であり、この年にキャフタを通過した茶の量がいかに膨大であったかが分かる。

(186) РГИА. Ф. 13. Оп. 2. Д. 378. Л. 1а.–3об.

(187) РГИА. Ф. 13. Оп. 2. Д. 464. Л. 16.

(188) РГИА. Ф. 13. Оп. 2. Д. 464. Л. 2. ミハイル・ミハイロヴィチ・ブルダーコフ、ドミートレイ・ニコラエヴィチ・ムィリニコフは第二節4で説明したように共にロシア・アメリカ会社支配人であり、貿易の不首尾は会社にとっての死活問題だった。

(189) イルクーツク交易所の記録からは、彼らが同年大量の商品を商っていた様子が分かる。通過商品全一万一一二一台のうち、ドミートレイ・ソローキンの商品が荷馬車八五四台(このうちキャフタ向け商品五三三台、ネヴェジンと共同のロシア向け商品三一四台)、アレクンサンドル・スームキンは三六四台(うちキャフタ向け四七台)、ロシア・アメリカ会社は一〇〇五台(このうちキャフタ関連商品五七三台)であった。交易所記録では馬車(ヴォーザ)一台分の貨物量を二〇プード≒三二七・六キロとして計算している。ГАИО. Ф. 70. Оп. 1. Д. 1356. Л. 1об.–10об., 16об.

(190) 一八〇三年の輸出総額が前年の四四九万一〇〇〇ルーブルから三八一万九〇〇〇ルーブルに減少したことを指すと推測される(第二章図2-3参照)。しかし一八〇四年には四七五万四〇〇〇ルーブルと再び増加しており、キャフタ貿易額はこの時期増減を繰り返していた。

(191) РГИА. Ф. 13. Оп. 2. Д. 998. Л. 6.

(192) РГИА. Ф. 13. Оп. 2. Д. 998. Л. 15–16.

(193) Ю. А. Гагемейстер, *Статистическое обозрение Сибири*. Ч. II. С. 595.

(194) Х. И. Трусевич, *Посольския и торговыя сношения России с Китаем*. С. 246.

(195) РГИА. Ф. 13. Оп. 2. Д. 376. Л. 1а-3об.

(196) И. А. Носков. *Кяхта*. С. 3-4. ただしノスコフはこれが何年のことなのか明示していない。この点を確認するには時系列と価格変動を整理する必要がある。

(197) 吉田金一『近代露清関係史』一九二頁。

第二章　イルクーツク商人の中継交易網

第一章で概観したように、一七九二年に再開されたキャフタ貿易は流通市場におけるロシア商人の商組織の弱点を露呈させた。ロシア政府は一八世紀後半から商業振興のために自由貿易政策を取り、ギルド制度の改正によって商人身分の強化と地位向上を図ったが、ロシア商人は大規模貿易の経験が歴史的に浅く、国内取引においても地縁・血縁を軸とする経営組織、すなわち家族を経営単位とする伝統的取引形態が主流であった。また貿易を保護しようとする政府の政策に反し、官僚組織の職権乱用体質が顕著であり、特に中央から遠く離れた東シベリアでは行政に携わる役人の教育レベル、倫理の低下が問題となっていた。地元の役人は徴税請負に関わる商人らとの贈収賄に陥りやすく、政府は自由貿易を実現しつつキャフタ貿易の統制も図るという困難な問題に直面した。それにもかかわらず、一九世紀を通じてキャフタ貿易が成長した背景には、地元商人であるイルクーツク商人たちの中継交易ネットワークの形成と、キャフタ貿易における取引品目の急激な変化があった。本章ではイルクーツクを通過した商品とこれを取引した商人の構成を具体的に検討し、イルクーツク商人の中継交易網の特色について考察する。

一　アンガラ川・バイカル湖輸送とレナ水系

一八世紀から一九世紀前半におけるヨーロッパ・ロシア地域の交通では主に河川が利用され、特に複雑な河川網が入り組んでいるシベリアにおいては格好の輸送手段であった。キャフタ貿易とイルクーツクの商品流通を支えたのもこうした河川交通であり、ヨーロッパ・ロシア地域における流通網の形成とも密接な関係にあった。イルクーツクの河川輸送網は主に三方向に分類することができる。まず西方向にはアンガラ川を通じてエニセイ川、オビ川へ往来が可能であり、ヨーロッパ・ロシア地域の流通と結びついていた。また南方向にはアンガラ川を遡行してバイカル湖を航行し、セレンガ川経由でキャフタに辿り着く交通路が伸びていた。さらに東方向にはまず陸路を使い、レナ水系に入ってヤクーツクへ、ヤクーツクからは陸路でオホーツクへと向かうことができた。こうしたイルクーツクの輸送網は一八世紀ロシア全土を結んでいた輸送ルートにそのまま重なっている（図2-1参照）。シベリアでは河川交通と連水陸路[1]による輸送手段が早くから利用されていたものの、アンガラ川の遡行には「シャーマンの早瀬」と呼ばれる危険な急流水域を航行しなければならなかった。それにもかかわらず街道整備の遅れなどから、アンガラ川は最も安価な輸送手段として一八世紀に広く利用された。イルクーツクの地元商品輸送に関わった商人の中でも、特に有名であったのは第一章でも触れたミハイロ・ヴァシリエヴィチ・シビリャコフとその兄弟ニコライ、ピョートル・イヴァノヴィチ・アヴデーエフ、ニコライ・プロコピエヴィチ・ムィリニコフ、ステパン・フョードロヴィチ・ドゥドロフスキーらである。

アンガラ川がエニセイ川に注ぐ交差地点として重要であるため、エニセイスクは一八世紀後半に主要商品集積地として繁栄した[2]。バスニン文書には、イルクーツク商人チモフェイ・マクシモヴィチ・バスニン（一七一六―一七九七年。巻末添付図1-2参照）自筆の手記がある。その記述によると、彼はイリムスク要塞に居住していた頃に家業を手伝ってアンガラ川の輸送に従事するようになった。そしてエニセイスクからイルクーツクへの商品をドシチャニク（木造平底船）で二〇〇〇ヴェルスト以上も輸送し、その対価として単価七ルーブルを稼いだ。彼はこの活動によって様々な商人と関係を構築することに成功し、なかでもイルクーツク商人アンドレイ・ペトロヴィチ・シーズィフ（?—一七八三年）とは、互いに事業利益を分割し合うほど信頼されていたという。(3) 従ってバスニン家がイルクーツクにおける商売の基礎を築いたのは、イルクーツク・エニセイスク間の商品輸送に従事したことによるものだった。

チモフェイ・バスニンが手記に記しているように、アンガラ川輸送は早瀬があるため非常に不便だった。アンガラ川はバイカル湖から流れ出ている河川であり、イルクーツクからエニセイスクへは船を下航させていく。しかしエニセイスクからイルクーツクへは流れに逆らって遡行するため、船が四散してしまうことがあり、岸伝いに馬や人力で船を曳航していかなければならなかった。同時代人のH・B・セミフスキーは、このような困難にもかかわらず一世紀にわたってアンガラ川とエニセイスクの河川輸送が行われたことに率直な驚きを示している。(4) 特にアンガラ川からイリム川へ注ぐ早瀬は流れが早くて事実上航行不可能と考えられていた。(5) それにもかかわらずこのルートが使われ続けた理由は、マカリエフ定期市（後に移転してニジェゴロド定期市）、イルビート定期市に商品を輸送するためにはこの河川ルートしかなく、街道が整備されていなかったためである。しかしセミフスキーによると、このルートが使われたのは一七七〇年代頃までであった。なぜなら一七七二年までにトムスク—アチンスク—クラスノヤルスク—カンスク間をつなぐモスクワ街道（モスコフスキー・トラクト）が敷設され、陸上輸送が可能となったからである。(6) これ以後、一八〇四年頃までのアンガラ川輸送は、エニセイスクからの船がイルクーツク定期市への商品を積載してたまに訪れる程度になった。(7) イルクーツク商人ピョートル・アヴデーエフも、貨物輸送問題に関する審問において、彼らにとっては凍結した「冬道」を利用する馬車輸送の方がヨー

主要幹線交通路
チュコトカ
半島
アナディル
アナディル川
レナ川
ペトロパヴロフスク・
カムチャツキー
オホーツク
ヴィリュイスク
ヤクーツク
ニャヤ・ツングースカ川
オホーツク海
オリョクミンスク
オリョクマ川
レナ川
ガラ川
セイスク
ヴィチム川
アルバジン
（雅克薩）
ゼーヤ川
スノヤルスク
ヴェルホ
レンスク
バイカル湖
カチュグ
アムール川
（黒竜江）
ネルチンスク
アルグン川
イルクーツク
ヴェルフネウジンスク
ツルハイトゥ
嫩江
セレンギンスク
トロイツコサウスク
キャフタ
買売城
松花江
庫倫（ウルガ）
ハルハ部
清

東商業拠点と河川交通

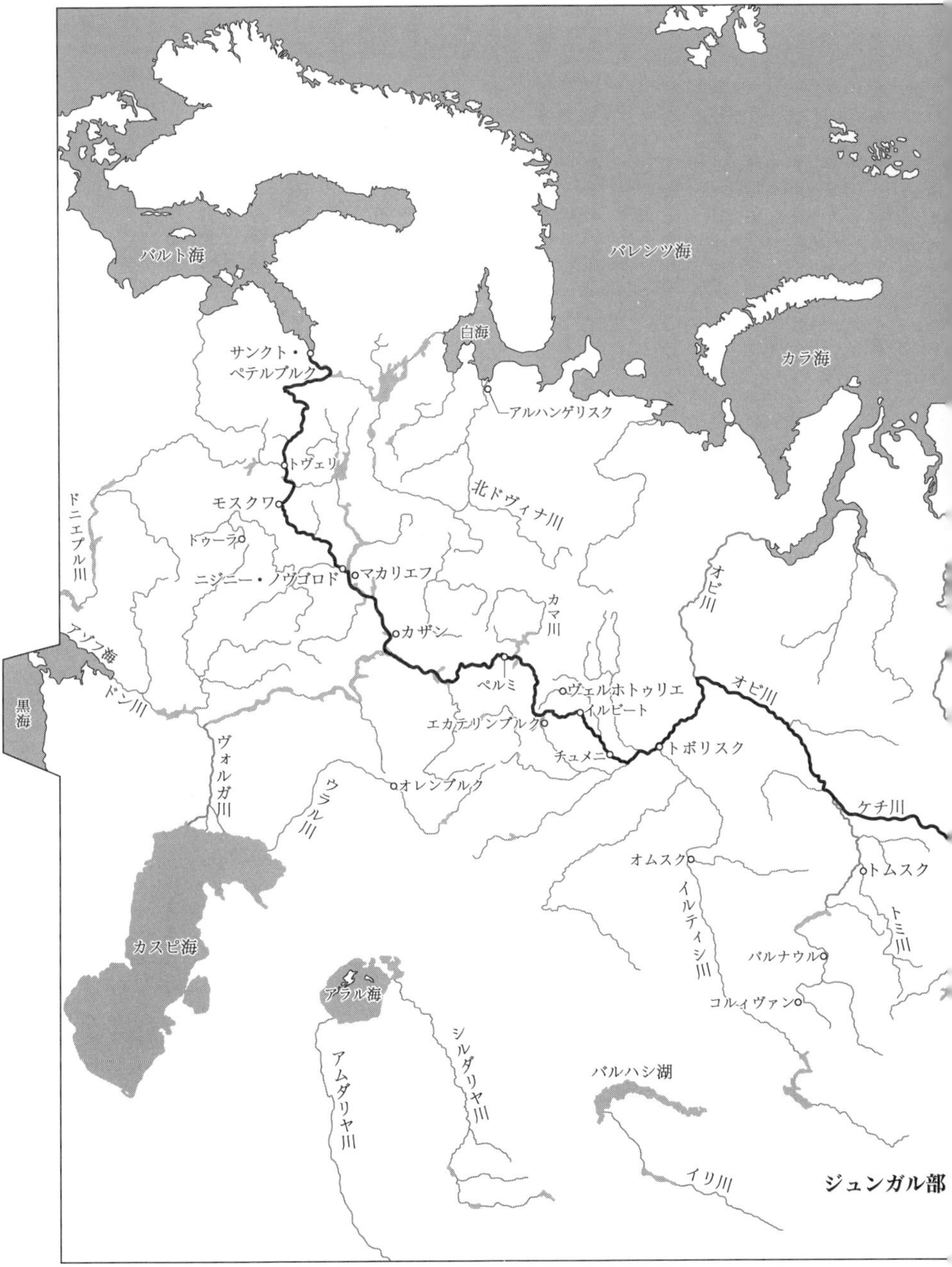
バルト海
バレンツ海
白海
カラ海
サンクト・ペテルブルク
アルハンゲリスク
トヴェリ
モスクワ
北ドヴィナ川
ドニエプル川
トゥーラ
ニジニー・ノヴゴロド
マカリエフ
オビ川
カマ川
カザン
アゾフ海
ペルミ
ヴェルホトゥリエ
イルビート
エカテリンブルク
黒海
ドン川
ヴォルガ川
チュメニ
トボリスク
ウラル川
オレンブルク
ケチ川
オムスク
トムスク
イルティシ川
トミ川
バルナウル
カスピ海
アラル海
コルィヴァン
シルダリヤ川
アムダリヤ川
バルハシ湖
イリ川
ジュンガル部

図 2-1　18 世紀ロシ

ロッパ・ロシアへの最速かつ便利な輸送手段であると証言している。[8] 陸上輸送は河川輸送よりもコストがかかったにもかかわらず、街道の整備と共に彼らは馬車輸送へとシフトしていった。このため一九世紀にかけてイルクーツク以西の河川交通拠点はエニセイスクではなくなり、トムスクが主要拠点となっていった。[9] 事実、この時期におけるエニセイスク商人・町人の商品馬車は少なく、エニセイスク―イルクーツク―キャフタ間に限定されていた(巻末添付表3-1)。これは上記の輸送手段の変化によるものであり、エニセイスクの重要性が低下して遠距離輸送の中継地ではなくなり、地元商人にしか利用されなくなったことを示している。また非常に興味深いことに、一九世紀初頭にイルクーツクからトムスク経由で運ばれた商品のうち、八〇〇万―一二〇〇万ルーブル相当の「中国商品」が河川交通で運ばれ、「ロシアに緊急に必要な商品」一五〇〇万ルーブル相当が馬車によって運ばれたという。これは茶・綿織物製品を中心とする中国商品が一年サイクルで流通していたためであり、それ以外の必需商品は輸送コストがかかっても時間を節約して馬車輸送されたということである。これは一九世紀に商品品目別の輸送手段の使い分けが行われていたことを示している。

このように、西シベリア、ヨーロッパ・ロシア方面への輸送手段は馬車が中心となっていったが、一九世紀初頭のイルクーツク商人にとって最も重要なアンガラ川―バイカル湖―キャフタのルートは河川交通であった。イルクーツクからキャフタへの商品は通常アンガラ川からニコリスカヤ埠頭まで曳航船(沿岸用小型帆船「カルバス」)で行き、ここで商品を別の船に積み替え、バイカル湖を航行して対岸のセレンガ河口へ至り、この川を遡行してペトロパヴロフスク要塞へ到着すると、ここから荷物を馬車に積み替えてキャフタに行くのが一般的であった。一八〇八年にはキャフタからセレンガ川までの陸上輸送に駅馬車を利用することが許可され、通常は利用を制限されていた商人にも輸送手段が確保された。[10] このバイカル湖・河川輸送に中心的役割を果たしたのが、合同アメリカ会社、ロシア・アメリカ会社の株主でもあったドゥドロフキー家とシビリャコフ家であった。[11] 特に第二ギルド商人ステパン・ドゥドロフスキーと弟のイヴァンは、一八世紀末にエニセイスク商人のクヴァキン家、イルクーツク商人ミハイロ・イヴァノヴィチ・サヴァテーエフらと共同で船舶業を行っていた。一八〇〇年からドゥドロフスキー兄弟は独立してバイカル湖―アンガラ川―エニセイ川輸送を行い、キャフタとシベリアを結ぶ河川輸送業に従事した。[12] ドゥドロフスキー家はトレスキンによって流刑された後に没落してしまうが、その後同じく第二ギルド商人であるイヴァン・イヴァノヴィチ・シガーエフがバイカル湖輸送に参入するようになった。現在国立イルクーツク州文書館に残っている一八二七年の記録によると、シガーエフは四隻の船を所有し、同年五月一五日から九月にかけて、モスクワ、トゥーラ、カザン、トボリスクの第一ギルド商人が扱う茶や、イルクーツクの第二、第三ギルド商人が扱う塩漬オームリなどを運んでいた。[13][14] これはシガーエフがキャフタ貿易商品を中心とする遠隔地輸送だけでなく、地元商品の短距離輸送にも従事していたことを示している。

ドゥドロフスキーらのバイカル湖輸送はどのように行われていたのか。サンクト・ペテルブルクのロシア国立歴史文書館には、バイカル湖における船の遭難に関する報告書が残されており、当時のバイカル湖輸送の規模について断片的に知ることができる。例えば一八〇一年バイカル湖で四隻の船が遭難し、積載商品が浸水する被害にあった。[15] 船主はイルクーツク商人イヴァン・ドゥドロフスキーとフョードル・ドゥドロフスキー、[16] カルギンのアルテリ労働者、ヴェルフネウジンスク町人イヴァン・ポスペロフであり、積荷合計が四二〇二箱とあることから、一隻当たり平均一〇〇〇箱ほどの荷を積んでいたと推測される。[17] イヴァン・ドゥドロフスキーの船にはイルクーツク商人ピョートル・ミチューリンの茶とキタイカ、モスクワ商人フョードル・コジェヴニコフのキタイカなどが積まれていた。このうちピョートル・ミチューリンの茶箱五二五箱（このうち白毫茶三四九箱、緑茶一七六箱）、キタイカなどの綿織物一二四箱がほとんど浸水したようである。史料のデータの大部分が消えているため詳細は分からないが、積荷全体のうち一六〇一箱、すなわち約四割が浸水し、被害が甚大だったことが読み取れる。当時のイルクーツク県知事レツァノは、トボリスクのガヴリール・ペトロヴィチ・ガガーリン総督宛て文書の中で、「ドシチャニクと呼ばれる私有船はバイカル湖輸送には不便」であり、遭難事故に鑑みて「翌年春まで商人の貨物を船で運ぶことを禁止」し、「橇、荷馬車を利用させる」措置を下すと報告している。[18] しかしバイカル湖の湖面凍結期間は一二月半ばから四月末頃までであり、[19] この時期以外にバイカル湖を迂回する陸路の輸送は極めて不便であった。

一八〇七年一一月、今度は七隻の船が嵐にあい、五隻の船が破損する事故が起こった。これについて総督ペステリは「ほとんどがイルクーツク商人であるキャフタの商売人たちがこの事故で蒙った損失は浸水した茶、氷砂糖、ダバ、キタイカであり、地元の計算によると四万九〇〇〇ルーブルに上る」と報告している。[20] つまり、船一隻当たりに積まれた商品の平均価値は九八〇〇ルーブル相当だった。このときの被害がいかに甚大であったか分かる。事故の原因についてペステリは、「取引の時間を節約しようとし、そのためにあらゆる危険を冒す商人自身の責任で起こっている」と判断し、彼らに警告を発するよう促した。

商品輸送を急がせていた商人の輸送方法にも問題はあったが、最大の原因はバイカル湖の強風という自然条件、そしてこうした自然条件に対応できないドシチャニクの構造上の欠陥にあった。一八二四年一月五日にバイカル湖を訪れたアレクセイ・マルトスによると、その少し前に国有船ゴロヴニン号が強風で転覆する事故があった。この国有船は地元商船よりもはるかにしっかりした構造であったにもかかわらず、災害を避けることができなかった。マルトスはバイカル湖を往来する船について次のように説明している。「地元商人の船は通常一本マストであり、帆も一枚布で作られている。経験上、それらは逆風が吹いても方向を変えられないことが分かる。これらの船は一万プード(=一六三・八トン—訳註)以上の貨物を積載する。国有輸送船三隻が湖を航行しており、それらは二本マストである」「様々な取引以外に、イルクーツク商人はバイカル湖とエニセイスクに向けてアンガラ川を輸送する貨物用船舶を所有している。それらはリストヴェニシュヌィ岬からポソリスキー修道院の湾内、セレンガ川、バルグジン川、アンガラ川上流まで航行し、オリホン島、クルトゥクの自然境界線と、いくつかの沿岸拠点に寄航する。こうした船は一本マストで竜骨もない場合があり、その構造上バイカル湖でしばしば吹き付ける逆方向からの突風に対し、地元狩猟船が強風に耐えうるほどには、しっかりできていない。狩猟業者の船は、通常アンガラ川が全く凍らないニコリスカヤ埠頭で越冬する。残念なことに、イルクーツク市民の誰一人として湖の限られた航行境界域を出ようとする者はいないし、ペテルブルクからクロンシタット、アストラハンからニジニー・ノヴゴロドまでのヴォルガ川流域、世界中の国々の航行経験によって快適に活用されている汽船を建造しようとはしないのである」(21)。

マルトスの記述から、当時バイカル湖を航行する商船が積載量一六〇トン級の比較的大きな船であったこと、それにもかかわらず商船構造が非常に単純であり、ヨーロッパ・ロシア地域において航行する船舶と比べ遅れていたこと、そのために遭難事故が絶えなかったが、イルクーツク商人自身がバイカル湖のドシチャニク輸送をやめようとしなかった事実が分かる。イルクーツク周辺で汽船経営が行われるようになるのは、金鉱業に成功したトラペズニコフ家がヴィチム沿岸会社を設立する一八五〇年代以降のことであり(巻末添付図1-15c参照)、一九世紀末になってようやくアレクサンドル・ミハイロヴィチ・シビリャコフがシベリアにおける近代的船舶業の実現を目指して北極海沿岸への河川輸送開発構想を計画した(22)。

次にレナ川輸送についてだが、これは専らヤクーツク地域への食料・物資補給と、同地からの北太平洋産毛皮の輸送に活用された。通常イルクーツクからヤクーツク方面に物資を運ぶには、まず陸路で二二九ヴェルスト離れたカチュグ埠頭まで馬車輸送を行い、ここでドシチャニクに商品を積み替えてレナ川を下航した(23)。後述のイルクーツク交易所通過馬車に「ヤクーツク街道経由」と記録されているものがあるのは、イルクーツク―カチュグ間の陸上輸送があったためである。B・K・アンドリエヴィチによると、全長四二三三ヴェルストに及ぶレナ川は浅瀬であるため大量の貨物を積載して航行することが困難で、せいぜいカチュグとウスチ・クト要塞、イリム川間だけが輸送可能であったという。つまりレナ川では限られた分量の貨物をいくつかの船に分割して少しずつ輸送しなければならなかった。しかしB・H・ボリシャコフの指摘によると、レナ川流域では河川輸送と馬車輸送が競合しておらず、人口過疎のために陸上輸送よりも河川交通の発達が促された。[24] 同氏の研究によると、一八—一九世紀の世紀間にレナ水系で輸送された毛皮を中心とする商品は三〇〇万ルーブル相当、中国商品五〇万ルーブル、ヨーロッパ・ロシア商品一〇万ルーブル、シベリア商品五万ルーブル、食料品一〇万プードで、合計四〇〇万ルーブル相当だったという。[25] この数値を見る限り、輸送の中心は毛皮と食料品であったことが分かる。

このように人口希薄なレナ川流域の流通では定期市が重要な役割を果たし、特に五月にカチュグ村で行われる「レナ浮送定期市」にはイルクーツクからの商品を積んだ多くの馬車が到着し、商品を積み込むために空っぽのカルバス(小型船の一種)を引きずってやってきたという。[26] 特にイルクーツク県庁は、定期市の期間外にロシア商人とヤサク民が毛皮を直接取引することを禁じていたため、ヤクーツク定期市にはイルクーツクのみならず、ヨーロッパ・ロシア地域や、シベリア諸都市から毛皮を求める多くの商人たちが集まり、この過程でイルクーツク商人が定期市をコントロールするようになった。[27] こうした諸条件から、カチュグ埠頭ではドシチャニクと並んでバルカと呼ばれる小型船舶が建造された。[28] イルクーツク商人はこれらのレナ浮送定期市、ヤクーツク定期市の商品流通を掌握するようになるが、同地域の船舶輸送に関しては目立った比重を占めなかった。

以上のように、イルクーツクの商品輸送は河川交通を中心に西シベリア・ヨーロッパ方面、キャフタ方面、ヤクーツク方面の三方向に開かれていた。イルクーツク商人の主だった家系は特にアンガラ川・バイカル湖の輸送業に従事する一方、ヤクーツク方面の輸送業には参加していなかった。従って輸送業だけを見ると彼らの活動範囲は非常に限定的に見えるが、彼らは東シベリア地域全体に商品を供給することで地元流通を掌握していた。これを示すのが次節で紹介するイルクーツク交易所通過記録である。

二　イルクーツク交易所通過記録

1　商品品目の構成

イルクーツクを通過した商品とキャフタ貿易で取引された商品の内容は大きく重なっていた。これはキャフタ貿易用にヨーロッパ・ロシアから運ばれるロシア商品と、キャフタで購入されてヨーロッパ・ロシア、シベリア各地へ運ばれる中国商品が、必ずイルクーツクを通過したからである。同様に、キャフタ貿易に従事した商人とイルクーツク交易所を通過した商品の荷主構成もほぼ同じであった。ここではまずイルクーツク交易所とキャフタ交易所を通過した商品、そしてこれを取引した商人の構成を概観し、イルクーツク商人と他都市商人[29]によるキャフタ貿易の流通の変動を検討していく。

一九世紀初頭のイルクーツクにおいて重要な流通拠点となったのがイルクーツク商人交易所である。交易所（ゴスチンヌィ・ドヴォル、マーケットとも訳される）は、ロシアに古くからある商品の保管倉庫兼取引所であり、通常一階～二階建ての長方形、または正方形の構造をしたシンプルな造りの建物であった。イルクーツクではアンガラ河岸通りの船着場裏手に商人資金で建設された商人交易所が存在していた。図2-2に示したイルクーツク交易所は、一七七五年に焼失後一七七七年に再建されたもので、石造二階建てで中庭を囲むロの字型正方形をし、一階部分が九六区画、二階部分が八二区画、合計一七八区画から構成された[30]。この図面では周囲の四角で囲んでいる部分が一階部分を、その内側が二階部分を表している。中央には一七九〇年にイルクーツク市長であったイリヤ・シーズィフの署名がある。

交易所記録によると、キャフタ貿易停止期間における交易所の区画占有率はあまり高くない。一七九〇年に一

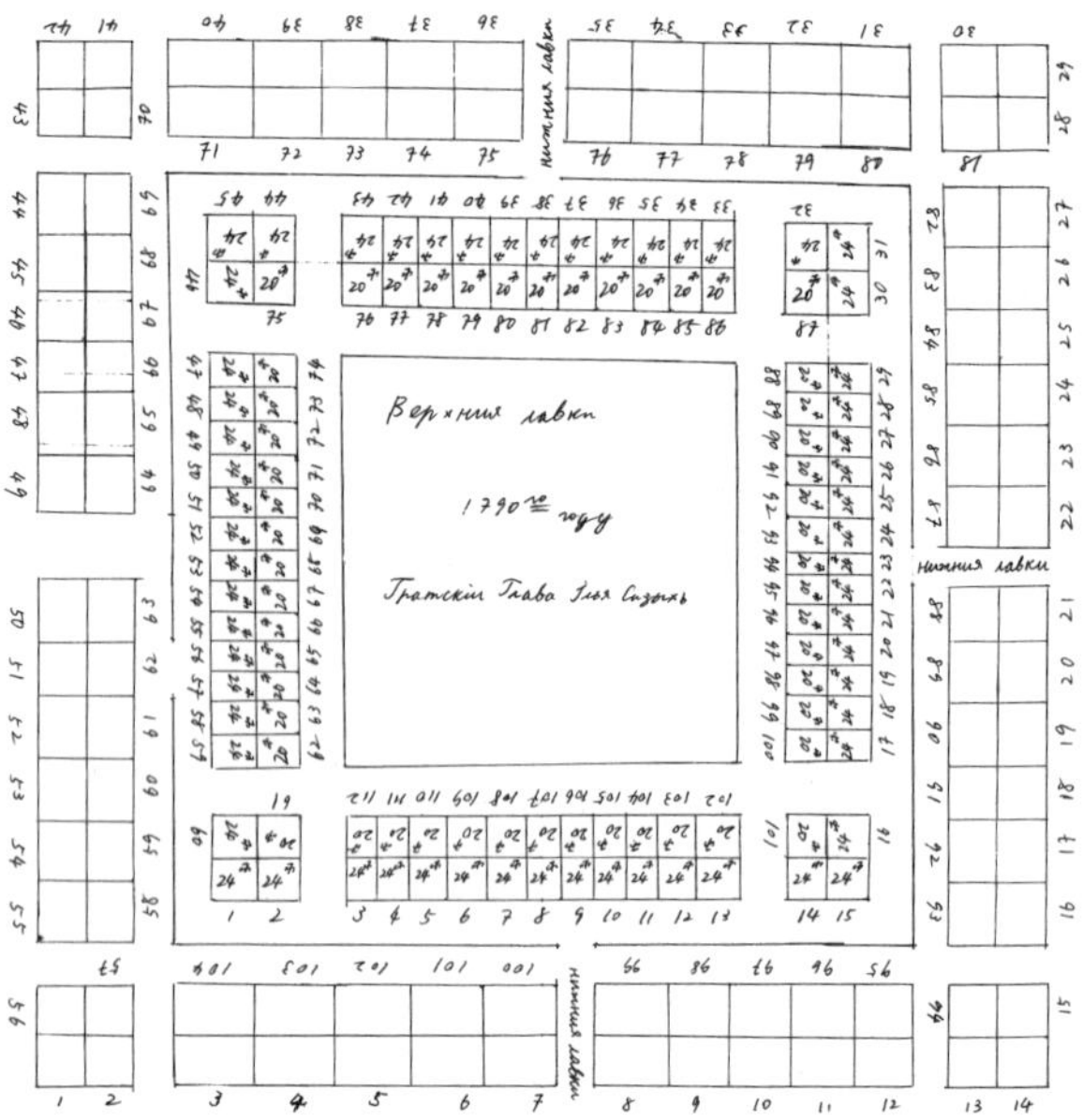

Верхния лавки
нижния лавки

図 2-2　交易所の内部配置

出典：ГАИО. Ф. 70. Оп. 1. Д. 1128. Л. 36（筆者による模写）

階部分が四七区画、二階部分が一八区画、一七九一年にそれぞれ三八区画、二区画、一七九二年にそれぞれ二八区画、二区画が使用され、いずれも区画数の半分以下である(31)。このうちイルクーツク商人ではない他都市商人による利用数は一七九〇年に一階部分が九区画、二階部分が七区画、一七九一年にそれぞれ四区画、二区画、一七九二年に二階部分が一区画であり、占有率が極めて低かった。これはキャフタ貿易停止によってイルクーツクにおける商品保管・取引の必要性がなくなったことを示しており、特に他都市商人の撤退が目立っている。交易所使用料は最も安い区画で二階部分の二〇ルーブル（年間）、最も高い区画が一階部分の一六二ルーブルと様々であり、月別に借りることも可能であった。ラジーシチェフの証言では、この時期イルクーツクを通過した荷馬車の数はキャフタ貿易が行われていた時期の一万台を大きく割り込んでおり(32)、交易所の利用率は当然低くならざるをえなかった。しかし一七九三年を境にキャフタ貿易再開による商業回復の兆しが見えてくる。同年イルクーツク交易所では一〇人の他都市商人が一八店舗を利用し(33)、一七九八年になるとイルクーツク商人、他都市商人を合わせて五八五店舗が利用された(34)。

イルクーツク市議会文書には商人の中から選出された交易所長による書付記録として『交易所長台帳（クニー

ガ・ゴスチノドヴォールヌィム・スタロスタム）』があり、一八〇二年以前にイルクーツク交易所を通過した商品品目が記録されている。[35] ただし記録されているのは商品価格表のみで、それぞれの商品がどれだけの量扱われていたのかは不明である。取引品目はイルクーツクの研究者クドリャフツェフが参照している一七八四年の商品一覧表からほぼ変化していない。[36] 参考のため主な品目内訳を以下に挙げる。①ヨーロッパ・ロシア製のろうそく、松脂、鏡、銅・鉄製品、金銀製品、雲母、筆記用品、塗料、にかわ、モスクワの粗毛糸・タフタ・亜麻布・色木綿、サージ、粗製ラシャ、手袋、帽子、靴下、ロシア革、ガラス製品、チェルカスク産煙草、鉄砲、②ドイツ製梳毛糸・タフタ・ビロード、オランダ・スペイン製ラシャ、白粉、イギリス製かみそり、プロイセン製茶器、ドイツの針・アニス（香辛料）、フランス産プルーン、ワイン、蒸留酒を中心とする西ヨーロッパ商品、③ツァーリグラード（コンスタンチノープル）の干ぶどう、米、イチジク、ナッツ類などの西アジア商品、④毛皮、ロシア革、牛皮、鉛をはじめとするシベリア産品、⑤中国製の綿織物製品、絹製品、磚茶、白毫茶、緑茶、白砂糖・氷砂糖。以上の商品のうち③の米についてミュラーはペルシア産と指摘しており、西アジア地域から穀物・乾物が入ってきていたことが分かる。[37] また④の毛皮商品はレナ川・アンガラ川流域のリスとオコジョ、クズリ、狼、ウサギ、ケナガイタチ、熊、キツネ、オホーツク地域のビーヴァー（カムチャツカ・ビーヴァーのこと）、オットセイなどである。

ここで一九世紀前半のキャフタ貿易主要品目に関するグラフを参照し、イルクーツク交易所台帳と比較してみよう。一九世紀以後のキャフタ貿易額は一八一二年前後と一八一六年前後に極端な落ち込みを示しているが、一八四〇年頃まで全体的に増加傾向であった（図2-3）。一八一二年の落ち込みは明らかにナポレオンのモスクワ侵攻による影響で、一八一六年の場合は政府による禁止的貿易関税政策によるものであった。つまり、この時期のキャフタ貿易の輸出入低下はロシアとヨーロッパ諸国との外交関係に大きく影響されている。[38]

とはいえ、一八一七年以後の輸出入増加と共にステープル（主要）商品も少しずつ変化していった。ロシアから

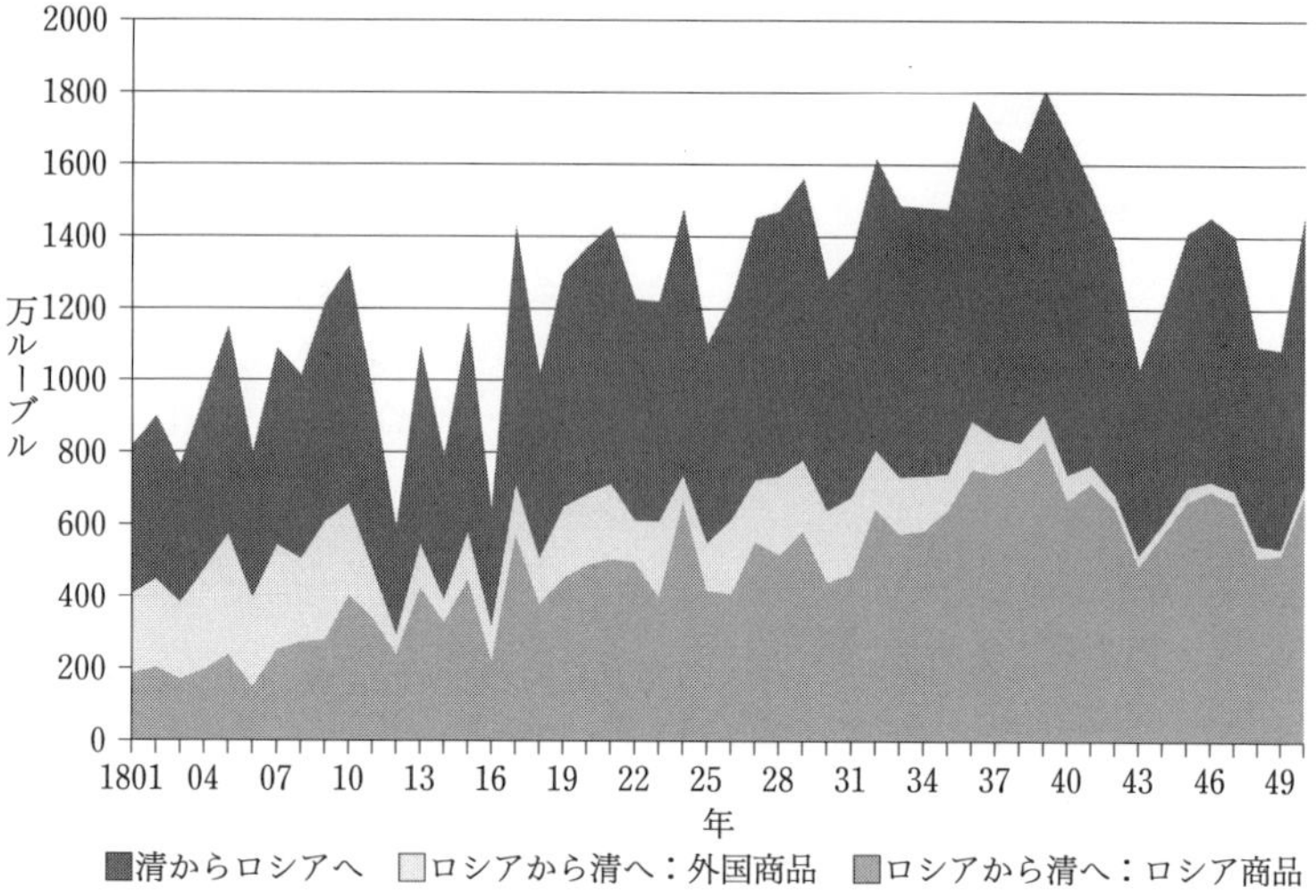
2000
1800
1600
1400
1200
1000
800
600
400
200
0
万ルーブル
1801 04 07 10 13 16 19 22 25 28 31 34 37 40 43 46 49
年
清からロシアへ
ロシアから清へ：外国商品
ロシアから清へ：ロシア商品

図 2-3　キャフタの輸出入額累計

出典：*Труды статистическаго отделения департамента таможенных сборов. Статистическия сведения о торговле России с Китаем.* С. 8.

の主要輸出品目は一八二〇年代まで毛皮、ロシア革、その他の皮革であった(図2-4)。特に毛皮は第一章で触れたようにシベリア産、北太平洋産が中心であった。しかし徐々に毛皮の比重は減り、他の商品輸出割合が増えてくる。一八〇七年のキャフタの関税台帳には輸出品目としてロシア製の鉄、金・銀製品、ヨーロッパ製品が記載されており、特にロシア製の鏡は中国人にも人気があったらしい[39]。しかし輸出額全体の中で特に目立ってくるのはラシャ(毛織物)、綿織物などの工業製品である。ラシャ輸出増加の契機となったのは一八〇〇年法令による免税許可である。しかしこの頃輸出されていたラシャはほとんどがイギリス製、ブレスラウ製などの外国産で、ロシア製の割合は少なく、あくまで中継輸出であった。この傾向は一八三〇年代まで変わらない。ただし、一八一六年にロシア政府は外国製ラシャにも高関税をかけて中継輸出を制限した一方、一八一七年にプロイセンとの条約でシレジエン製ラシャへの低率関税措置を定めたため、一八一八―一八二六年はこれが首位となった。清へのラシャ輸出全体が飛躍

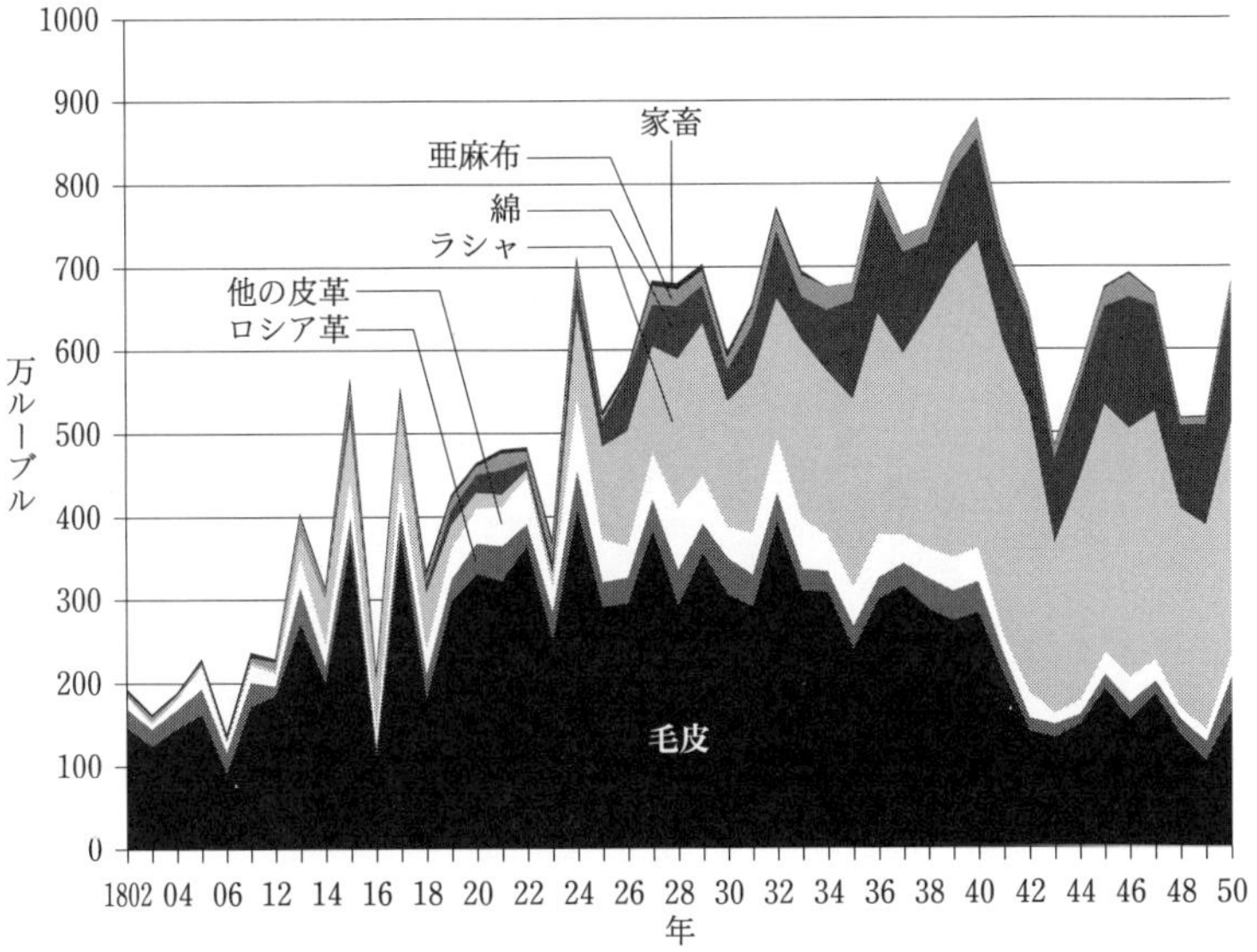
1000
900
800
700
600
500
400
300
200
100
0
万ルーブル
家畜
亜麻布
綿
ラシャ
他の皮革
ロシア革
毛皮
1802 04 06 12 14 16 18 20 22 24 26 28 30 32 34 36 38 40 42 44 46 48 50
年

図 2-4　ロシアから清に輸出された主要品目累計

出典：図 2-3 に同じ。

的に伸びるのは一八二四年以後であり、一八二五年からは関税を優遇されたポーランド製が中継輸出の中心となる。しかし一八三〇年にポーランド反乱が起こったことからポーランド製ラシャは輸出品目から消え、一八三二年以後はロシア製ラシャの輸出が伸び、主軸商品となっていった。[40]

一方、綿織物製品の輸出はラシャよりも遅れて増加した。初期にはイギリス製綿ビロードなどが中継輸出されたものの、輸出量はわずかであった。しかし一八二〇年代に輸出額が増え、特に一八二四年頃からロシア製、外国製共に増加が顕著になる。一八三三年にはロシア製綿織物が外国製を抜いて逆転し、以後ロシア製綿織物の輸出が中心となる。[41] これも保護関税政策の影響によるものである。

輸入品目ではそれまでの中国製綿織物に代わって茶が爆発的に増えた。当初清からの主要輸入品目であった綿織物、絹製品はロシア市場全体の需要に応えるものではなく、消費者は主にシベリアの地元周辺住民であった。しかしそれすらもロシ

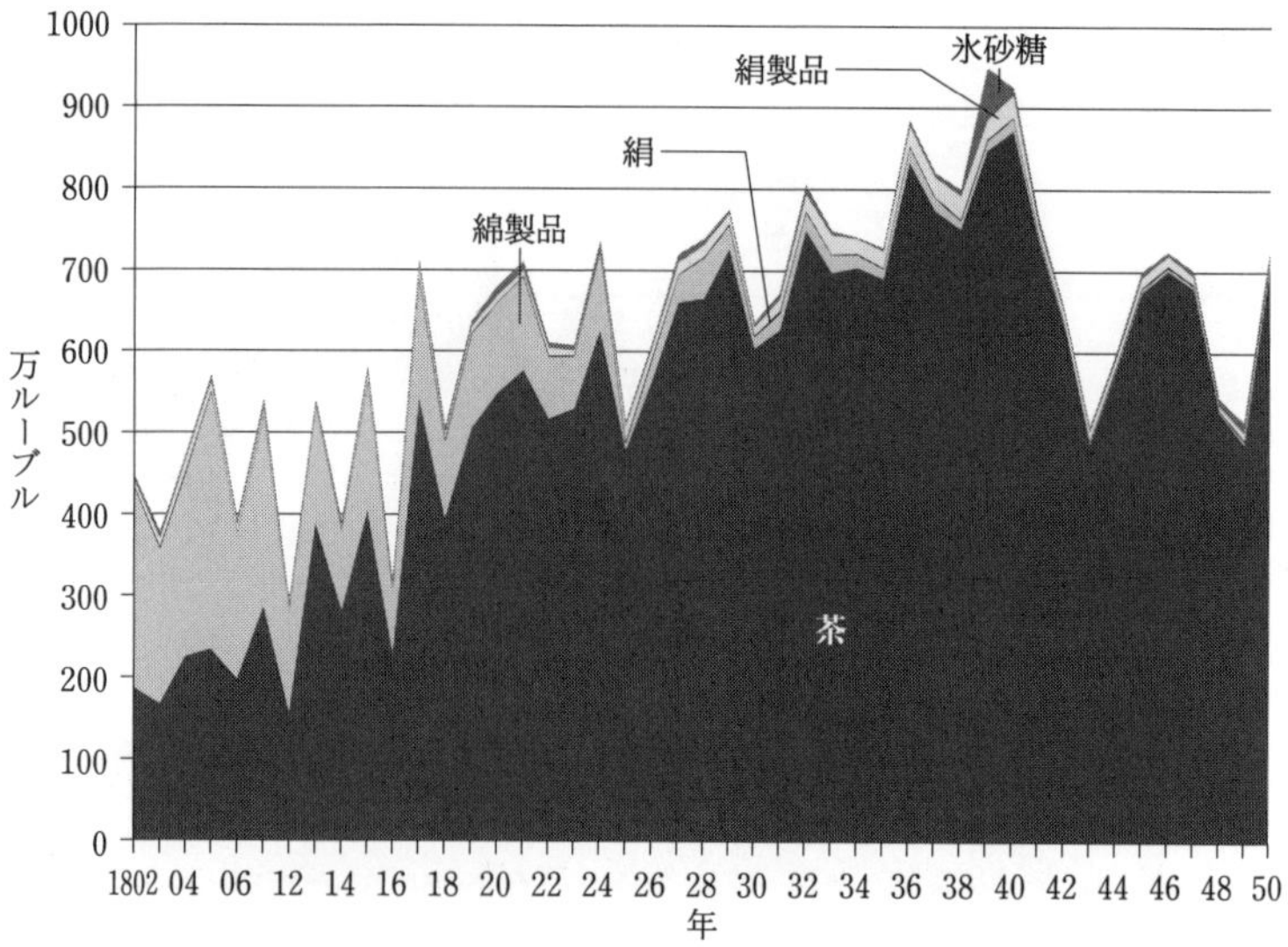
1000
900
800
700
600
500
400
300
200
100
0
万ルーブル
氷砂糖
絹製品
絹
綿製品
茶
1802 04 06 12 14 16 18 20 22 24 26 28 30 32 34 36 38 40 42 44 46 48 50
年

図 2-5　清からロシアに輸入された主要品目累計

出典：*Труды статистическаго отделения департамента таможенных сборов. Статистическия сведения о торговле России с Китаем*. С. 9.

アの毛皮輸出額を超えるものではなく、実態はロシアの輸出超過状態であった。ところが一八世紀末頃からロシア人がイギリス、オランダ経由で喫茶の慣習を受け入れ、ロシア全土に茶の需要が増えたことで、輸入される茶の種類も先住民向けの磚茶中心からロシア人愛好者向けの葉茶中心にシフトした。綿織物の輸入額は一八〇五年頃まで茶と拮抗しているが、翌年には茶が綿織物を抜き、まもなく輸入の圧倒的大部分を占めるステープル商品となった。

以上のようにイルクーツク交易所を通過した東西の多様な商品はヨーロッパ・ロシア地域、シベリアの各地から集まった商人たちによって運ばれたものであり、キャフタ貿易の輸出入品目と密接な関係にあった。商人たちの活動範囲はユーラシア大陸の東西にわたる広大な地域に広がっており、イルクーツク交易所の商品にも反映された。

2　交易所商品の流通とイルクーツク商人・町人の取引傾向

交易所記録のうち、一八〇二―一八二三年にはここを通過した馬車の荷主と、輸送の方向に関するデータが残されている。巻末添付表3-1に示した統計によれば、イルクーツク交易所を通過した荷馬車の合計数は一八〇二年の一万一一二一台から徐々に増加傾向を示し、一八一〇年には一万八六六九台に達した。しかしその後通過台数は一八一三年に大きく落ち込み、一八一五年、一八二三年には一万二〇〇〇台以上の規模で安定している。これはキャフタ貿易の減少時期と符合する。ここで一八一八年にイルクーツクの三つの街道門を通過した商人馬車数を比較すると、アンガラ川からの窓口であるモスクワ門が一万五二七〇台、バイカル湖に向けてザバイカリエ方向の窓口となるザモルスコイ門が六四四九台、ヤクーツク街道への窓口となるヤクーツク門は一万二八〇五台であり、合計で三万四五二四台であった。[42] 一八一八年の交易所通過記録が残っていないため正確な比較は難しいが、一八一五年と一八二三年の交易所通過馬車台数の平均値一万二六八六台から推測すると、この時期のイルクーツク流通に占める交易所の比重は約三分の一程度であったと考えられる。

ところで、この馬車台数から商品の量はどの程度と判断できるだろうか。[43] 一八〇三年の記録では馬車一台当たりの商品積載量を二〇プード（＝三二七・六キログラム）と計算しており、この基準に従えば一八〇二年三六四三・二トン、一八〇三年三七一〇・七トン、一八〇四年三三二三トン、一八〇五年四六九六・五トン、一八〇九年五七五四・三トン、一八一〇年六一一六トン、一八一三年三八六九・三トン、一八一五年四一九二トン、一八二三年四一一九・九トンと計算される。[44]

これら膨大な商品の内訳は記録が別々になっており、各荷主がどんな商品を扱っていたのかは分かっていない。その代わり荷主と馬車の出荷方向については全て記録されている。ラジーシチェフはキャフタ貿易を「イルクー

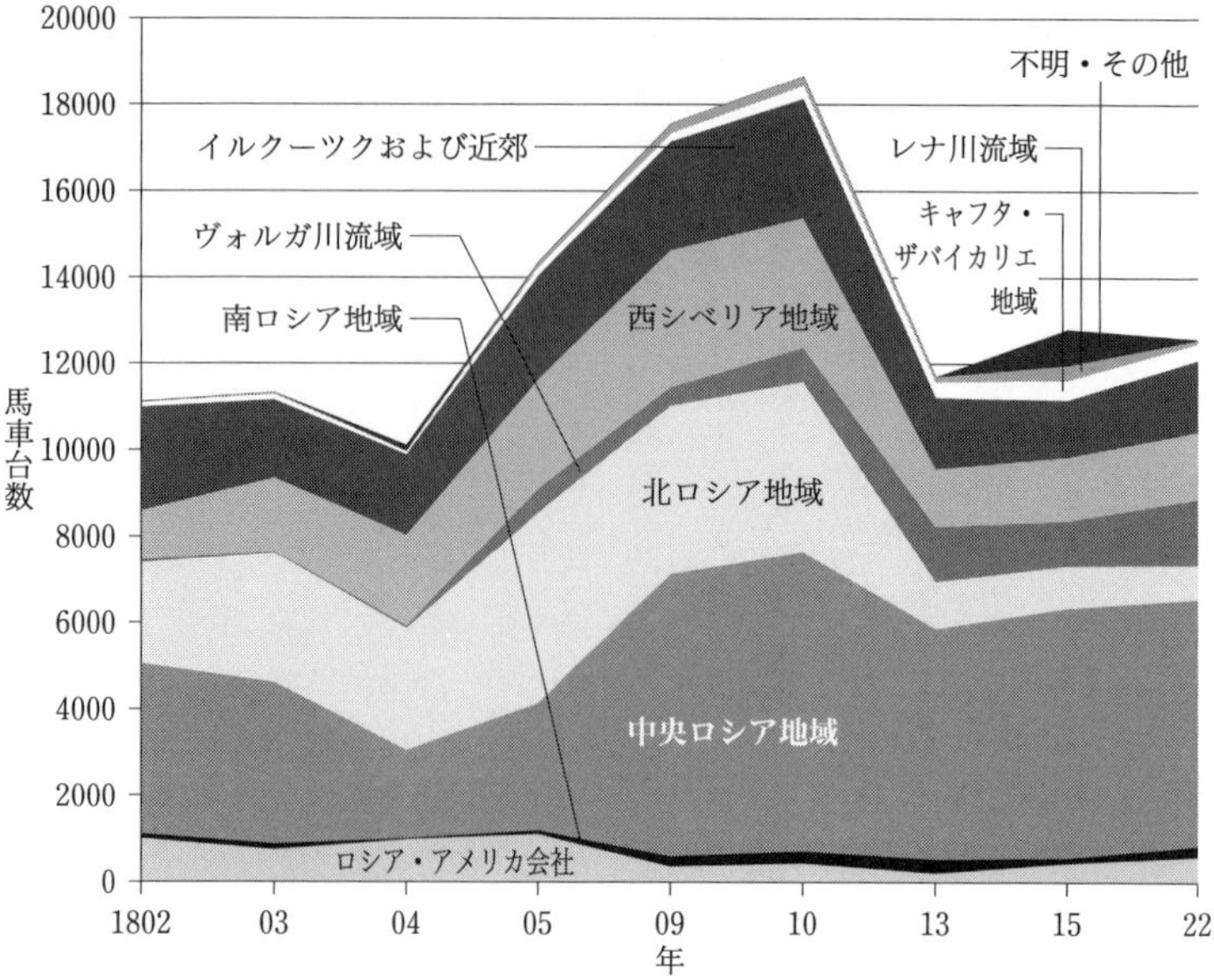

20000
18000
16000
14000
12000
10000
8000
6000
4000
2000
0
馬車台数
不明・その他
イルクーツクおよび近郊
レナ川流域
キャフタ・ザバイカリエ地域
ヴォルガ川流域
南ロシア地域
西シベリア地域
北ロシア地域
中央ロシア地域
ロシア・アメリカ会社
1802
03
04
05
09
10
13
15
22
年

図 2-6　イルクーツク交易所通過馬車の荷主および出身地域別内訳

注：ヴォルガ川流域はカザン，マルムィシ，アルスコエなど旧カザン・ハン国，アストラハン・ハン国領域に，ニジニー・ノヴゴロドなどのヴォルガ沿岸諸都市は中央ロシアに分類した。

出典：巻末添付表 3-1 より作成。

ツク商人にとってのみ有益な貿易」と位置づけ、ロシア流通全体から見て重要とは見なさなかった。しかしイルクーツク交易所の稼働率はキャフタ貿易の取引と密接な関係にあり、同貿易に参加するロシア商人、シベリア商人の商品を積んだ馬車が交易所を通過していった。

全体の構成をつかむため、巻末添付表3-1の地域・身分別内訳データを基礎に、イルクーツク交易所を通過した馬車の荷主を地域別に分類する（図2-6）。グラフが示すように、荷主の中で常に大きな比重を占めているのは中央ロシア地域の商人たちである。北ロシア地域も一八一〇年頃まで大きな比重を占めているが、一八一三年以後はかなり減少している。一八〇四年と一八一三年の全体的な減少はそれぞれ前年のキャフタ貿易減少が影響していると推測されるが、どちらの年もキャフタ貿易額そのものは回復している（図2-3）。これはナポレオンのモスクワ侵攻による打撃と推測されるが、全体的比重から見てむしろ中央ロシア地域の重要性が増している点が興味深い。これらのグループの中で、地元イルクーツク商人を中心とするイルクーツク県グループも一定の割合を占めている。しかし一八〇二年に全体数の二〇％を占めていたイルクーツク商人は、その後他地域の商人に押される形で若干比重が減少し、一五％前後で推移している。これには交易所を通過した馬車数の増加以外の要因が考えられる。例えば一八〇二年の場合、他都市商人であるカルーガ第一ギルド商人フョードル・レシェトニコフが「イルクーツク商人」として記載され、その荷馬車八二台分が計上されている。同じく一八〇三年にクールスク第一ギルド商人ピョートル・フローポニン(これはキャフタ関税記録に記載されているフラーポニンと推測される)がキャフタに運んだ馬車一〇一台と、一八一〇年にタラ第二ギルド商人ステパン・ネルピンがヤクーツク街道経由で運んできた馬車四〇台が、イルクーツク商人のものとして記録されている。[45]これらを荷主が本来所属している地域のものとして計上するならば、それぞれの年にイルクーツク商人が占める割合は若干減少する。しかしこれはイルクーツク商人に限ったことではなく、他地域の商人たちも同じく本拠地以外の地域の商人として記録されているケースが散見され、商人自身が本来の登録地から別の地域にギルド登録していることも十分考えられる。このように通過記録上の商人の構成を知ることは非常に複雑な作業であるため、ここでは各商人の本拠地を推測して再計算することはせず、交易所記録に記載されている地域名に依拠して分析することとした。

次に同じく巻末添付表3-1のデータを基に、イルクーツクを通過した馬車の方向・商品別内訳を参照する(図2-7)。方向別内訳は毎年変動が激しいが、その中でもヨーロッパ・ロシア方向とキャフタ・ザバイカリエ方向の往来は常に一定の比重を占めている。また図2-6と比較してみると、一八一三年に全体的減少が見られるものの、ヨーロッパ・ロシア方向の商品の比重は一八一〇年以来全く変わっておらず、中央ロシア地域の商人とロシア商品は重要な位置を占めたままである。それとは逆に、キャフタ・ザバイカリエ方向の商品の比重低下が顕

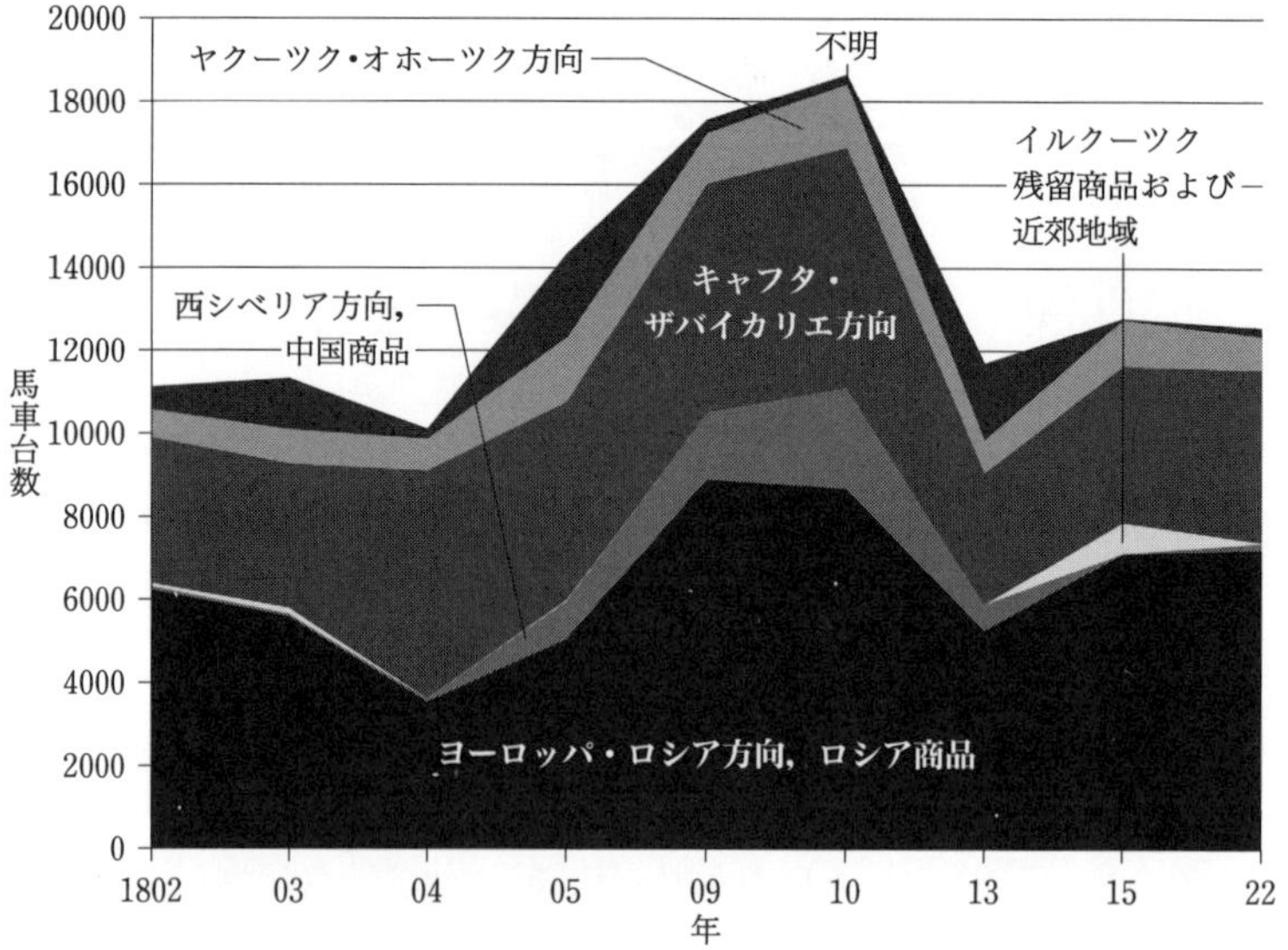

20000
18000
16000
14000
12000
10000
8000
6000
4000
2000
0
馬車台数
1802
03
04
05
09
10
13
15
22
年
ヤクーツク・オホーツク方向
不明
イルクーツク
残留商品および
近郊地域
キャフタ・
ザバイカリエ方向
西シベリア方向,
中国商品
ヨーロッパ・ロシア方向，ロシア商品

図 2-7　イルクーツク交易所通過馬車の方向・商品別内訳

注：1805年の中国商品を積んだカザンへの馬車は，便宜上西シベリア方向に分類した。

出典：巻末添付表3-1より作成。

著だ。西シベリア方向の往来は非常に少なく、同地域の商人が占めている比重に比べはるかに重要性は低くなっている。これは西シベリア地域の商人たちが地元交易よりもむしろヨーロッパ・ロシアとキャフタ間の取引に従事したためである。

以上の概要を踏まえた上で、イルクーツク商人・町人のデータを検証しよう。巻末添付表3-2のデータを基に、彼らが商品を運んだ荷馬車の方向別内訳をグラフ化する(図2-8)。この中で最も多いのはヤクーツク・オホーツク方向の往来であり、続いてヨーロッパ・ロシア方向、キャフタ・ザバイカリエ方向が占めている。一方で西シベリア方向の往来はあまり見られない。一八〇四年のヨーロッパ・ロシア方向の集計にはロシア商品も含まれているが、全体から見れば大きな比重とは言えない。ラジーシチェフが指摘したように、キャフタ貿易停止時期にイルクーツク商人のヨーロッパ・ロシアへの往来が増加したとはいっても、彼らは地元の東シ

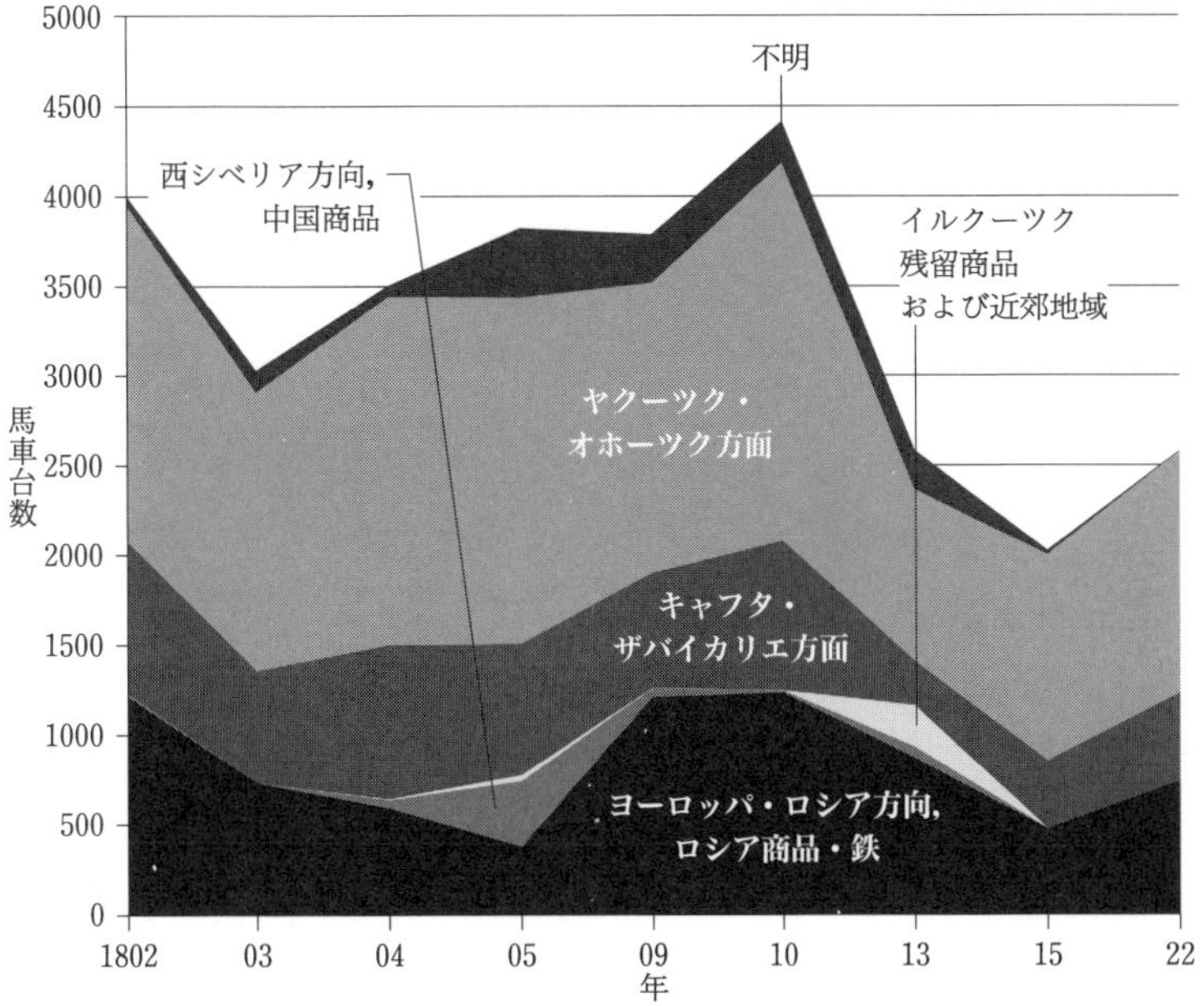
不明
西シベリア方向，
中国商品
イルクーツク
残留商品
および近郊地域
ヤクーツク・
オホーツク方面
キャフタ・
ザバイカリエ方面
ヨーロッパ・ロシア方向，
ロシア商品・鉄
馬車台数
年
5000
4500
4000
3500
3000
2500
2000
1500
1000
500
0
1802
03
04
05
09
10
13
15
22

図 2-8　イルクーツク商人・町人の通過馬車方向・商品別内訳

注：カザンは西シベリア方向，カチュグはイルクーツク近郊に計上した。
出典：巻末添付表 3-2 より作成。

ベリア周辺を主な活動範囲としていた様子がうかがえる。全体的減少傾向は一八一三年から一八一五年まで続いており、特にヨーロッパ・ロシア方向の往来が大きく減少している。これは第四章で指摘するように、イルクーツク県知事トレスキンによる商人の流刑・追放が影響しているものと推測される。

さらにこれら荷主のギルド構成を分析すると、一八〇二―一八〇四年に通過馬車の大部分を占めたのが第二ギルドと第三ギルドであり、一八〇五年以後に第一ギルドの比重が増加したことが分かる。巻末添付表2、4に詳細を示したが、イルクーツクの第一ギルド商人は一八〇三年時点でニコライ・プロコピエヴィチ・ムィリニコフとピョートル・ドミートリエヴィチ・ミチューリンの二家族しかいない。このうち交易所記録に名前が見えるのはムィリニコフだけである。活躍が目立つのはむしろ第二ギルド商人たちで、ピョートル・アヴデーエフ、グリゴレイ・バジェーノフ、ニコライ・バスニン、ステパン・ドゥドロフスキー、フョードル・メドヴェードニコフ、アンドレイ・イヴァノヴィチ・サヴァテーエフとミハイロの兄弟、ミハイロ・シビリャコフ、ピョートル・ソルダートフ、セミョン・スタルツォフ、ピョートル・トラペズニコフ、ニコライ・チュパロフとその甥プロコペイらの名前が見える（巻末添付表3-2）。この時期のイルクーツクでは特に第二ギルド商人が中心となってキャフタ貿易を行う傾向があった。しかし一八〇五年以後、イルクーツク商人に占める第二ギルドの比重が低下し、第一ギルドの比重が増加する。例えば一八〇四年に第一ギルド商人が扱っている馬車はニコライ・ムィリニコフの五一台しか見られなかったが、翌年には第一ギルド全体の馬車合計が五六二台へと、飛躍的に増加した。さらに一八〇五年のデータではピョートル・ヤコヴレヴィチ・ソルダートフが、一八〇八年のデータではピョートル・イヴァノヴィチ・アヴデーエフ、グリゴレイ・サヴォヴィチ・バジェーノフ、ロギン・フョードロヴィチ・メドヴェードニコフ、アンドレイ・イヴァノヴィチ・サヴァテーエフ、ドミートレイ・セミョノヴィチ・スタルツォフ、ピョートル・ドミートリエヴィチ・トラペズニコフらが第一ギルドへ移動し、イルクーツク交易所における取引の主体は第二ギルド商人から第一ギルド商人へと移った。これは第四章でも考察するが、一八〇七年の勅令でキャフタ貿易を第一ギルド商人に限定し、法規制が厳格化されたことが大きな原因となっている。(46)

イルクーツク商人に比べ、町人・同業組合員の比重は常に低く、彼らは主にヤクーツク、ザバイカリエ方向に商品を出荷していた。しかしこれらイルクーツク町人の多くは、かつて商人ギルドに登録していた「元商人」、もしくはその後商人ギルドに登録する「将来の」商人たちだった。当初ギルド商人としてイルクーツク交易所を通過した町人にはイヴァン・ザイツェフ、イヴァン・カラウーロフ、オシプ・カティーシチェフツェフ、先述のプロコペイ・チュパロフがおり、町人から後に商人ギルドに登録している人物にはパーヴェル・ブルダチェフ、ガヴリーロ・ミローノフ、ニコライ・ミャスニコフ、ピョートル・ポポフ、イヴァン・スームキンがいる。彼らは主に商人の息子、または親戚として商売に参加していた人々であり、町人というよりもギルド商人の家族構成員と見なすことができる（巻末添付表4）。一七七五年以後のギルド法改正は貧しい商売人たちを町人身分に移動させた。彼らの違いは資本金があるか、ないかでしかないが、その一方で一部の富裕層を除き流動性が激しかった。

他にイルクーツク県内で活動する商人としては特にキャフタ商人、セレンギンスク商人、ヴェルフネウジンスク商人といったザバイカリエ地域の商人、レナ水系のヤクーツク商人などが見られる。しかし彼らの多くが通過させる馬車は年間一、二台程度であり、町人、農民も加わって主に地元近郊への商品供給を行っていた。その中でキャフタ商人、ヴェルフネウジンスク商人がキャフタ貿易の商品を扱い、ヤクーツク商人がヤクーツク方面の商品を扱うという形で、ローカルな商品流通を担っていた

3　イルクーツク県外の商人の取引傾向

続いて、交易所記録からイルクーツク県外の商人の流通傾向を分析してみよう。

イルクーツク商人とは別に、一九世紀初頭に重要な位置を占めたのがロシア・アメリカ会社であり、ニコライ・ムィリニコフ、ミハイロ・シビリャコフらが株主であったことはすでに述べた。しかしイルクーツク交易所のデータを分析すると、非常に奇妙な事実が浮かび上がる。図2-9から分かるように、一八〇五年以前の同社の馬車はキャフタ・ザバイカリエ方向とヨーロッパ・ロシア方向がほぼ拮抗していた。しかし一八〇九年には全体数が激減し、キャフタ・ザバイカリエ方向の馬車がほとんどなくなった。その後馬車の数は一八一〇年に一時回復傾向を示すが、一八一三年には再び落ち込んでいる。ナポレオン侵攻の影響ももちろんあるが、この継続的減少にはロシア・アメリカ会社自体の経営問題がある。まず同社は世界周航と遣日使節の派遣により、一八〇七年までに深刻な経営危機を経験した(47)。その後経営危機を脱出できたのはウルップ島に一〇年以上居住して猟をし

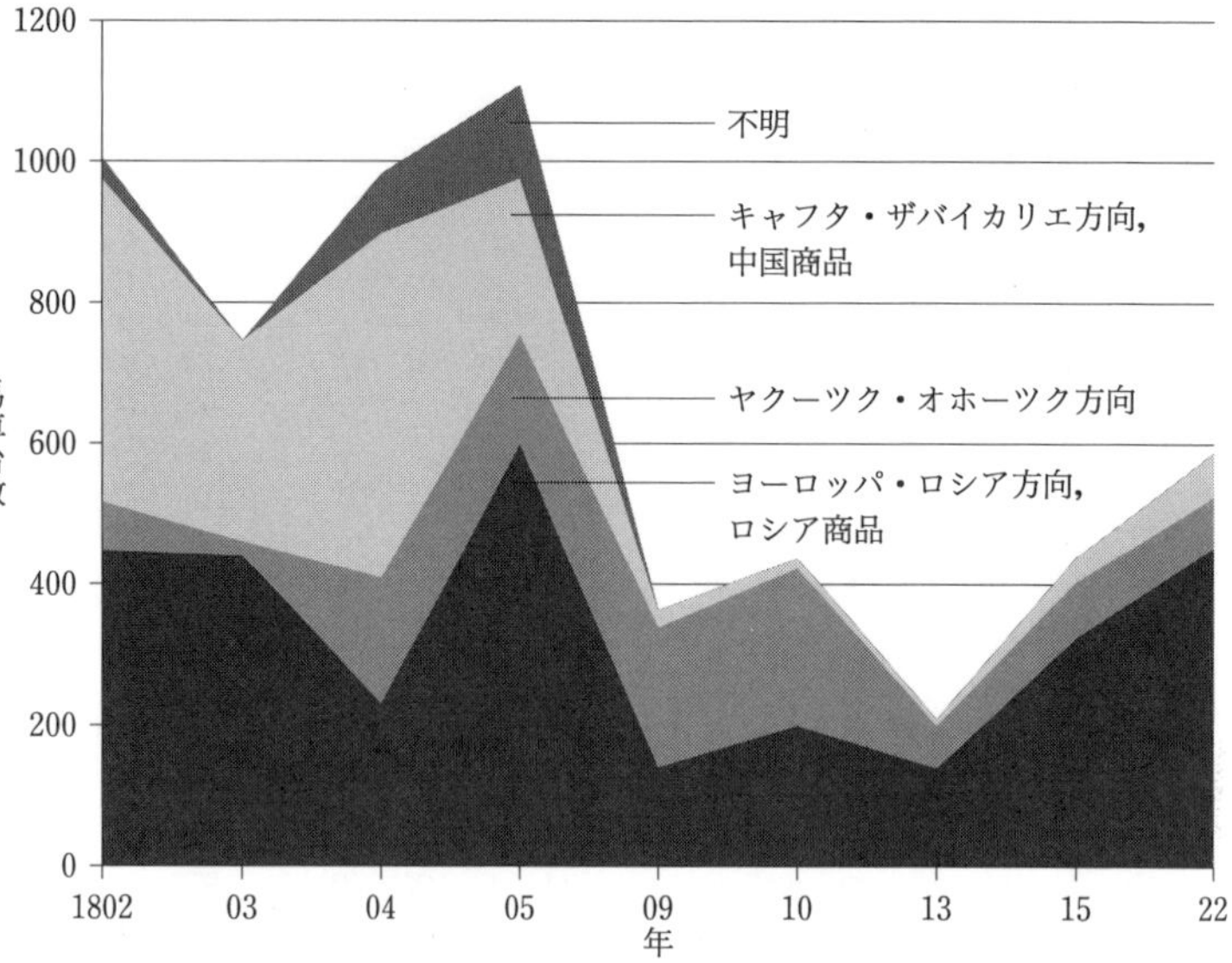

1200
1000
800
600
400
200
0
馬車台数
不明
キャフタ・ザバイカリエ方向,
中国商品
ヤクーツク・オホーツク方向
ヨーロッパ・ロシア方向,
ロシア商品
1802
03
04
05
09
10
13
15
22
年

図 2-9　ロシア・アメリカ会社の通過馬車方向・商品別内訳

注：中国商品はキャフタ・ザバイカリエ方向，ロシア商品をヨーロッパ・ロシア方向に計上した。
出典：巻末添付表 3-1 より作成。

ていたアルテリの一団が大量の毛皮を伴ってカムチャツカに帰還したおかげであり、危機打開のためにこれらの毛皮を速やかに売却する必要があった。またロシア政府はレザノフの遣日使節を派遣した際、清朝政府に広東貿易の許可を働きかけて失敗しており、ロシア・アメリカ会社が毛皮商品を清に売却できる販路は事実上キャフタに限られることが確定した。同社は経営危機を乗り切った後もラッコを中心とする大量の毛皮をオホーツクに運び込んでおり、販売する毛皮は大量にあった。[48] だがその一方、ロシア領アメリカ総支配人のアレクサンドル・アンドレーヴィチ・バラーノフは広東貿易への参入を諦めておらず、一八〇九年からアメリカ合衆国のアスター社と委託販売契約を結んだ。[49] この関係は一八一二年の英米戦争でジョン・ジェイコブ・アスターがコロンビア河口のアストリア砦（戦後ジョージ砦と改称）を放棄したことを契機として破棄されるが、[50] その後ロシア・アメリカ会社はボストン船に毛皮を転売してアラスカ植

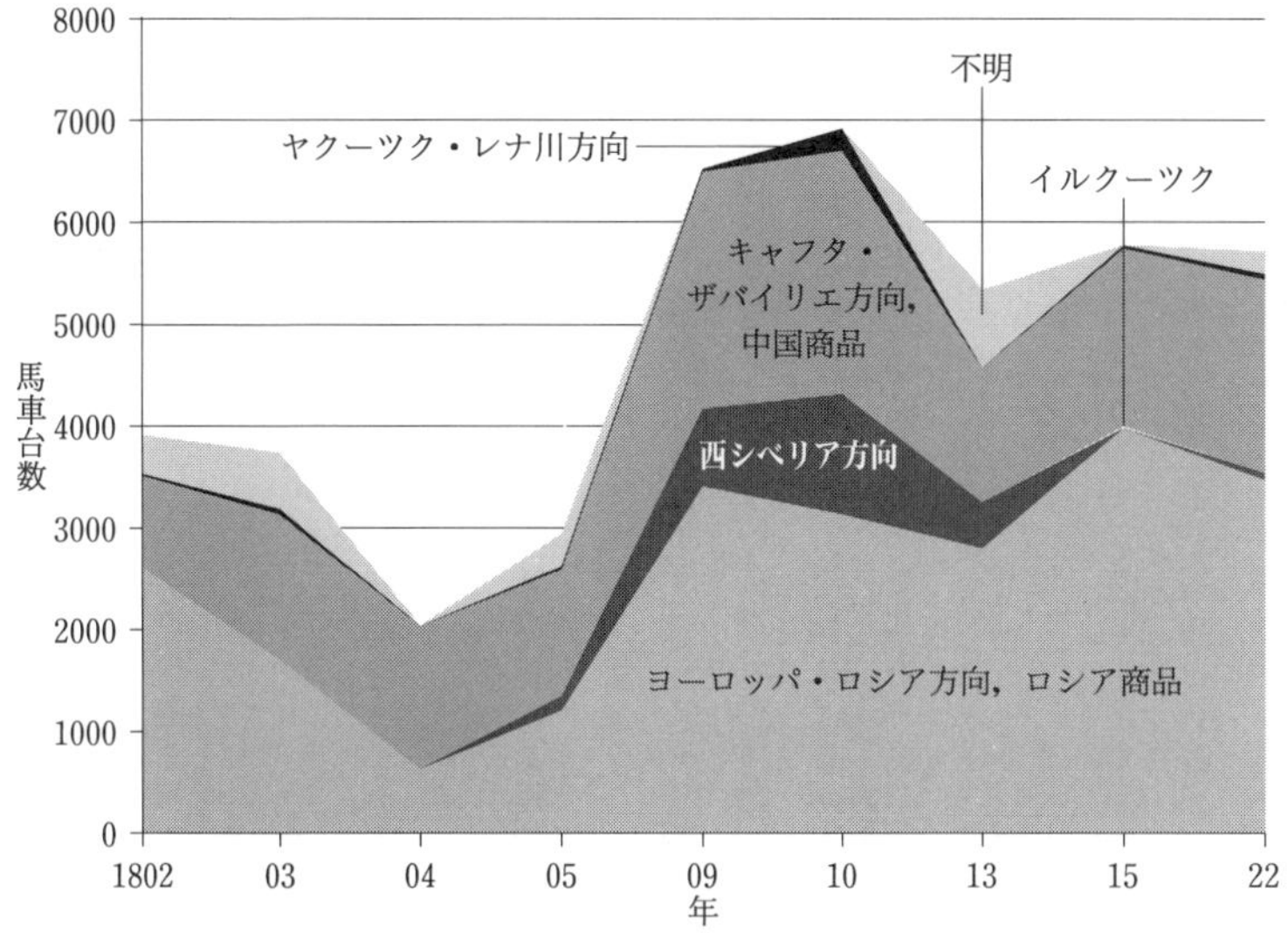
8000
7000
6000
5000
4000
3000
2000
1000
0
馬車台数
1802
03
04
05
09
10
13
15
22
年
不明
ヤクーツク・レナ川方向
イルクーツク
キャフタ・
ザバイリエ方向，
中国商品
西シベリア方向
ヨーロッパ・ロシア方向，ロシア商品

図 2-10　中央ロシア商人・町人・農民の通過馬車方向・商品別内訳

注：ロシア商品はヨーロッパ・ロシア方向，中国商品はキャフタ・ザバイカリエ方向に計上した。
出典：巻末添付表 3-1 より作成。

民地の物資補給を行う方向に転換した。従って一八〇九―一八一三年の馬車数激減は同社の毛皮販売ルートの変化を示していると考えられる。しかしこの時期にはヤクーツク・オホーツク方向の馬車が一定の比重を占めており、同地域からヨーロッパ・ロシア方向に直接毛皮を運ぶようになったとも考えられる。

次に、イルクーツク県外の商人で最大の比重を占めた中央ロシア地域を見てみよう（図 2-10）。中央ロシア地域の特徴で目につくのは、数値が大きいことのほかに、一八〇四―一八〇五年における馬車台数の減少が著しいことだ。これは全体的傾向と同じく一八〇三年のキャフタ貿易減少の影響によるものと考えられるが、その一方で一八一三年の数値は一八一〇年と比較してもあまり低下していない。しかも全体的にヨーロッパ・ロシア方向とロシア商品が圧倒的な比重を占めており、彼らの取引が東シベリアへの物資供給を中心としていたことを示している。キャフタ貿易以外に一八〇四―一八〇五年の減少を招いた要因は、一八〇三年までモスクワ商人、カルーガ商人として記載されていたドミートレイ・ソローキンが翌年ホルモゴールィ商人に登録したことである。ホルモゴールィ商人は一八一〇年まで北ロシア商人中最大の比重を占めているが、実はこれは全てソローキン一人が扱っている商品である。ホルモゴールィ商人としての彼の身分は暫定的なものだったと見られる。しかしモスクワ商人は中央ロシア地域の中で最も大きな比重を占めており、ソローキンが抜けた後もキャフタ貿易に参加する新たなモスクワ商人家系としてニコライ・アゲーエフ、アンドレイ・コルジンキン、ネヴェジン、ボロディン、A・クマニンらが登場し、彼らの商品を積んだ馬車が再び増加に転じた。彼らの馬車はヨーロッパ・ロシアとエニセイスク、キャフタ間の商品輸送を中心としており、ヤクーツク方面への馬車は少ない。[51][52]

中央ロシア全体のデータとほぼ同じ増減傾向を示しているのがヴォログダ商人である。ヴォログダ商人もモスクワ商人に続いて常に大きな比重を占め、一八〇五年以前は五％前後、それ以後は一〇％を超えている。方向別内訳で見ると、彼らの活動範囲はモスクワ商人と同じくヨーロッパ・ロシア方向が中心であり、これにキャフタ方向が続く。エニセイスクへの商品運搬は一八〇九—一八一三年のわずかな時期しか見られない。またペテルブルク商人は一八二二年になって出てくるが、これはキャフタ貿易参加者の変化と関係しているようである。キャフタ貿易にペテルブルク商人が現れるのは一八一九年以降であり、商人チャプリンの一家系のみだった。[53]

この地域のもう一つの特徴は、イリイノ農民、ヴャズニキ農民（ヴャズニコフツィ）らが含まれていることである。当時イルクーツク近郊地域、ザバイカリエ地域からも農民が家畜などの農産物を運んでいたが、東シベリアの人口を養うにはヨーロッパ・ロシアからも食料物資を運ぶ必要があり、これにヨーロッパ・ロシアの商業農民も参加した。ただし彼らが扱う商品の中には本も混じっており、食料だけを扱っていたわけではなかった。交易所通過馬車の中で彼らが占める比重は非常に小さいものの、東シベリアへの物資供給が多様な形で行われていたことを示している。[54]

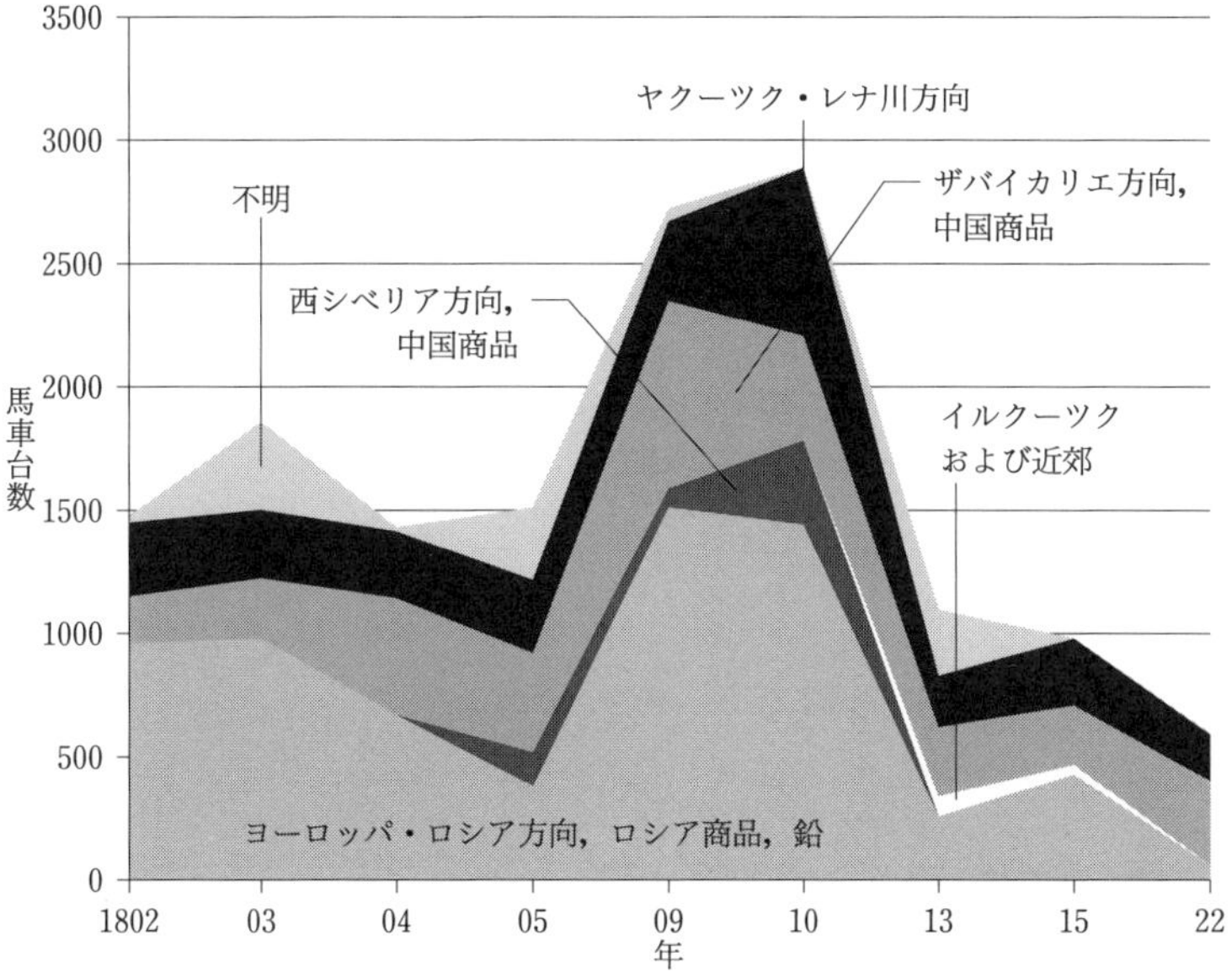

3500
3000
2500
2000
1500
1000
500
0
馬車台数
1802
03
04
05
09
10
13
15
22
年
ヤクーツク・レナ川方向
ザバイカリエ方向，
中国商品
不明
西シベリア方向，
中国商品
イルクーツク
および近郊
ヨーロッパ・ロシア方向，ロシア商品，鉛

図2-11　北ロシア商人・町人の通過馬車方向・商品別内訳

注：カザン，イルビート向けの中国商品は西シベリア方向に計上した。
出典：巻末添付表3-1より作成。

中央ロシア地域、西シベリア地域に続いて大きな比重を占めたのが北ロシア地域の商人・町人である（図2-11）。エカテリーナ・アヴデーエヴァ＝ポレヴァヤ、アファナシー・シチャーポフが指摘するように、これらの諸都市の人々は一八世紀の毛皮産業全盛期にイルクーツクへ流入し、イルクーツク商人の源流を形成した。従ってこれらの地域はイルクーツク商人と地縁的結びつきが非常に強かったと推測される[55]。ヴォログダ、ヴェルホヴァジエ、トチマ、ヴェリコウスチュグ、ソリヴィチェゴツク、ヴィチェグダ、ヤレンスク、ラリスク、ホルモゴールィはそれぞれ北ドヴィナ川、ヴィチェグダ川によってアルハンゲリスク貿易との結びつきがあり、河川商業交通の要衝でもあった。彼らの場合もヨーロッパ・ロシア方向、キャフタ・ザバイカリエ方向が大きな比重を占めているが、一八一三年の打撃以後減少傾向を示しており、中央ロシア地域とは異なって次第に撤退した様子が分かる。

この地域の諸都市の取引規模は変動が激しく、先述のドミートレイ・ソローキンが活躍したホルモゴールィが最大の比重を占めた。ホルモゴールィ商人に登録していた事実から、彼がアルハンゲリスク貿易に従事した可能性が高いが、一八一三年、一八一五年に商人ネヴェジンと共同でモスクワ商人に再登録しており、このため同年以後ホルモゴールィ商人の馬車が記録から消えた。このように、商人個人のギルド登録地の変更が各地域の取引規模にも大きく影響している。ホルモゴールィに続くのがヴェリコウスチュグ商人で、一人の商人ではなく複数の商人が参加してヤクーツク、キャフタ、ヨーロッパ・ロシアを均等に結ぶ取引構造を持った。トチマ商人もこれと同様である。一方ソリヴィチェゴツク商人はヤクーツク、ザバイカリエ方向の商品輸送がある年と、カザン、エニセイスク方向の商品輸送がある年がばらばらに分布しているが、これは商品のほとんどがヴァシーレイ・ピヤンコフ一人の手に集中してしまっているためである。(56) ここでは彼個人の取引活動が馬車数の変動に直接影響している。

またクールスク商人とルィリスク商人はロシア・アメリカ会社成立以前からイヴァン・ゴリコフ、グリゴリー・シェリホフらを通じて毛皮交易のネットワークを形成し、ロシアとキャフタをつなぐ商品輸送に従事したが、取引規模は不安定であった。

西シベリア地域は常に安定した比重を占め、主にヨーロッパ・ロシアとキャフタを結ぶ流通に従事した（図2-12）。興味深いことにヤクーツク方向の馬車はほとんど計上されておらず、同地域との取引は活発ではない。ヤクーツク方向の馬車にはマンモスの骨の積載記録が見られるが、これは象牙の代用品として取引されたと推測される。西シベリア地域で最大の比重を占めたのがトボリスク商人である。トボリスク商人は一八〇四年、一八一三年の減少時期を経験しつつも、すぐに数値を回復している。このほかにトムスク商人、タラ商人もヨーロッパ・ロシア方向とキャフタ・ザバイカリエ方向の取引を中心としている。ただしトムスク商人の場合はこの二方向の取引を行いつつ、地元への商品運搬も若干行っている。初期のトムスク商人ではタタール系商人アミール・

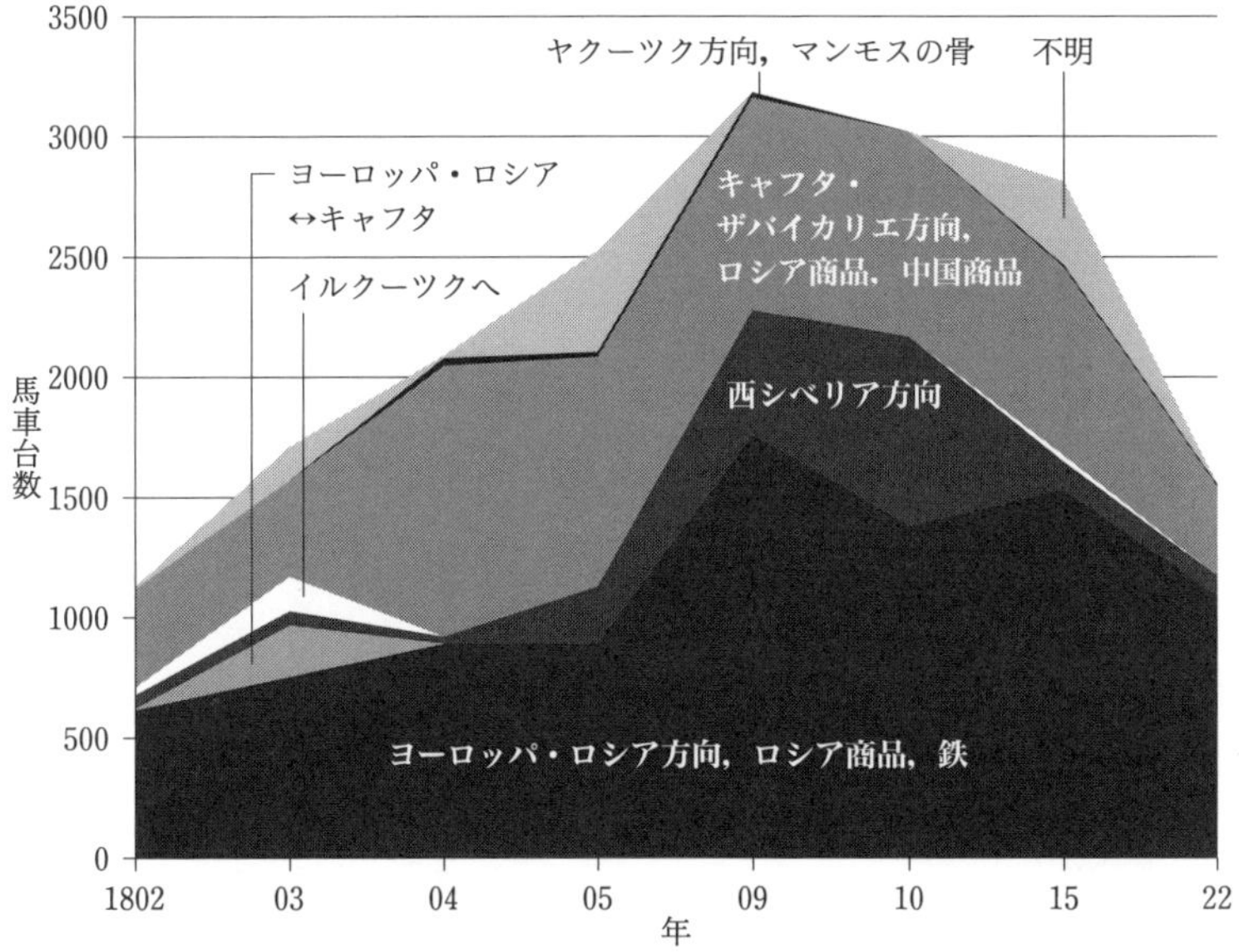
3500
3000
2500
2000
1500
1000
500
0
馬車台数
1802
03
04
05
09
10
15
22
年
ヤクーツク方向，マンモスの骨
不明
ヨーロッパ・ロシア
↔キャフタ
イルクーツクへ
キャフタ・
ザバイカリエ方向，
ロシア商品，中国商品
西シベリア方向
ヨーロッパ・ロシア方向，ロシア商品，鉄

図 2-12　西シベリア商人・農民の通過馬車方向別・商品別内訳

出典：巻末添付表 3-1 より作成。

イヴァノヴィチ・ウチュガノフ（またはウテガノフ、一八〇九年にイルクーツク商人に登録、巻末添付表 4 参照）、クリム・カシモフ、ムサ・アパナエフ（後にモスクワ商人に登録）の活躍が目立っており、彼らはキャフタ貿易にも従事していた。ウチュガノフは後年イルクーツク商人の中で唯一のイスラム教徒となり、長期間第二ギルド商人として活躍した。またカシモフ、アパナエフもタタール系の名前と見られ、トムスク商人の中で非ロシア人の存在が目立つ。

一方、エニセイスク商人、クラスノヤルスク商人などはイルクーツクで目立った役割を果たさなかった。彼らの商品は地元とイルクーツクの間を結ぶ極めて限られた流通しかなく、規模も一八〇九年と一八一〇年を除いてそれほど大きくない。

トムスクと同じくタタール系と思われる商人が多い地域はヴォルガ川流域のカザン、アルスコエ、マルムィシである。カザンは一八世紀半ばにロシア商人、タタール商人が共に活動する富裕商業都市として知られており[57]、イルクーツク交易所を通過する馬車の荷主としてステパン・ママエフ、ユスープ・キタエフ、ナジル・バエジートフ、アブドゥラ・ウタムィシェフ(またはウチャムィシェフ)、バジル・アイトフなど、キャフタ関税台帳記録に記載されているのとほぼ同じ名前が見られる。[58] ギリシャ人ではアスナシェフの名前がある。

このほかのグループとしては南ロシア、ザバイカリエ地域がある。南ロシアのネジン・ギリシャ人は小規模ながらヤクーツク、キャフタの取引を中心に行っていた。一方オデッサは一七九一年にロシア領となった港湾都市で、イルクーツク交易所記録に登場するのは一八二二年であり、その役割は後発的なものであった。一方ザバイカリエ地域の場合は小規模で、同地域を中心とするローカル交易に従事する傾向があった。

以上のように、交易所通過記録はイルクーツク商人以外に中央ロシア、北ロシア、西シベリア地域の商人・町人・農民の馬車がイルクーツクを通過し、彼らが競合関係にあったことを示している。こうした状況はキャフタ貿易の成長によるものであり、同貿易がイルクーツク商人にとってのみ必要だと断定したラジーシチェフの指摘は適切とは言えないだろう。

ここで挙げたイルクーツク交易所の数値は流通構造を知る上で重要な指標だが、すでに指摘したように同市を通過した商品全体の量を示してはいない。例えば、一八二八年にイルクーツク市を通過した馬車の合計は約四万二九二七台あり、このうちヨーロッパ・ロシアからは六〇五三台、同地域向けには一万八二二〇台、ヤクーツク・オホーツク・カムチャツカ向けには一七六〇台、キャフタ向けには三五〇〇台、同地からは九一二一台、他の諸都市向けは四〇〇〇台だった。[59] つまりイルクーツク交易所を通過した馬車数は全体数から見てもはるかに少なかったと推測される。一八二四年一月にイルクーツクを訪れたマルトスは、旅行記の中でイルクーツク交易所について次のように記述している。[60]

「交易所では毎年一五〇万ルーブル余の商品が消費される。しかしここではほとんどの店舗が閉鎖されている。というのもその一部は積載商品や空き店舗で占められているからであり、何か商品を手に入れようとすると、巨大な建物を二、三間通り過ぎ、一つ二つの店舗が店開きしているのを見つける程度なのだ。このがらんどう、一階と二階の無数のドアが大きな錠で閉ざされている様子を見ると、敵が来るぞという噂を恐れる市民たちが店閉まいし、迫り来る兵士のなすがままにして自分の財産と命を守ろうとする光景を想像せずにはいられない」

この記述は交易所の役割が一八二〇年代半ばに失われ始めた様子を明示している。同じく一八二七年夏にイルクーツクを訪れたアレクサンドロフは、同じく交易所について次のように記している。[61]

「大交易所の広場では毎日ロシア商品・中国商品の積み替えが行われ、この積み替え作業によってのみ、当時県知事の建物で飾られたすばらしい広場が活気づいた。いわゆる小バザールには夜明けから夜遅くまで動きが最も活発で、せかせかした人々が多かった。ここではロシアのことわざに言うように、〝鳥の乳を除いて〟[62]ありとあらゆるものが売られていた」

一八二七年にはイルクーツクの取引中心地が交易所からバザールや市場へ移っており、取引形態も従来の大規模卸売取引から小売取引へと変化しつつあった。一方、交易所は通過商品の単なる積み替え場所、もしくは倉庫として使用されるようになっていた。一八一三年に交易所を通過した馬車の減少とその後の停滞は、以上のようなイルクーツクの流通変化が影響していると考えられる。

このように、膨大な商品がイルクーツクを通過してヨーロッパ・ロシア、キャフタ、ヤクーツクの三方向に向かい、イルクーツク商人と共に様々な地域の商人たちが取引に参加した様子が分かる。

4　イルクーツクの流通構造と他都市商人の規制

キャフタ貿易およびイルクーツク交易所に参加する商人の多様性は地元商人との衝突を招いた。ここでイルクーツクにおける他都市商人の法的位置・権利を確認しておく。先に触れたように、一般的な意味の他都市商人は単なる来訪商人である。よその都市に商用で出張でき、旅券を発行されている彼らは通常第一ギルド、第二ギルド商人であり、前者は外国・国内の卸売・小売取引、後者は国内の卸売・小売取引を許された。彼らの一部はキャフタ貿易の中継地としてイルクーツクを通過し、所属都市のマギストラートの許可を得て他都市商人としてイルクーツク市団に登録した。マギストラート史料にはこれに関する皇帝宛て報告書がある。[63]しかし大部分はこうした法的な手続きを経ず、イルクーツク市団にも所属していなかったため、一般的な意味での来訪商人に過ぎなかった。すでに概観したように、イルクーツクにはキャフタからの中国商品だけでなく、ヨーロッパ商品、ロシア商品も流入した。特にヨーロッパ製、ヨーロッパ・ロシア製の工業製品、食料品はイルクーツクの地元住民にとっても生活必需品だった。一方で、一八世紀にヨーロッパ・ロシア地域へ商用で出かける機会の少なかったイルクーツク商人の多くは、これら他都市商人から上記の商品を購入せざるをえなかった。こうした取引構造の中で、イルクーツクの地元商人は他都市商人をキャフタ貿易、特に毛皮交易における競争者と見なし、様々な法的規制を試みた。

一七六七年にイルクーツク第一ギルド商人イヴァン・ヴォロシロフ、フョードル・シーゾイ、フョードル・サヴェリエフら二八人がイルクーツク県マギストラート[64]に対して「他都市商人が地元市民に小売販売する事態が生じている我慢ならない違反」を報告し、これを防止する条例の整備を提案した。彼らによると、他都市商人は小売販売が禁止されているにもかかわらず交易所から商品を持ち出し、個人宅でそれらを様々な「階層の人々、多くは女性」に小売販売していた。[65] このためイルクーツク商人の要望により、マギストラートは他都市商人の小売販売を禁じる厳しい法令を導入し、交易所に監視人二名を選出することが定められた。

イルクーツク商人が他都市商人を規制しようとした最大の理由は毛皮交易であった。一七六八年にエカテリーナ二世の立法委員会[66]でイルクーツク商人代表となったアレクセイ・アファナシエヴィチ・シビリャコフ(小アレクセイ、一七三三―一七七二年、巻末添付図1-14a参照)が提出した要望書では、「中国国境に運び込まれる毛皮およびロシア商品と、交換した中国商品の関税削減」、キャフタにおける中国人と「イルクーツク県産の毛皮商品・その他の商品を」取引する独占権をイルクーツク商人に与えてくれるよう政府に求めた。[67] シビリャコフの主張によると、ヨーロッパ・ロシア商人は「その港〔キャフタのこと―訳註〕や国境地点近くで、シベリア諸県および大ロシアから運んできた様々な毛皮、その他の商品を極めて自由に取引している」のに対し、イルクーツク商人たちが貿易に参加できる場所はキャフタだけだからである。第一章第一節3でも触れたが、キャフタにおける毛皮輸出解禁以前には、イルクーツク商人イヴァン・ビチェヴィンのように毛皮をヨーロッパ・ロシア商人に販売し、その利益で彼らからラシャを購入して清に輸出することが通常行われていた。[68] このためヨーロッパ・ロシア商人との毛皮取引は手続き上やむをえなかった。しかし毛皮輸出解禁以後、ヨーロッパ・ロシア商人が工業製品と毛皮の両方を手に入れてキャフタ貿易に参入したことは、イルクーツク県内でしか活動しない商人たちにとって地元利益の侵害と映った。

イルクーツク商人の主張は他地域の商人の要望書と比較しても極端なものとは言えない。同じくエカテリーナ立法委員会に派遣されたエニセイスク商人選出のサモイロフ議員は、他都市商人がエニセイ、トゥルハンスク地域で商取引を行っていることで彼らの「パン」を奪っていると不満を訴えた。彼は特に、アンガラ川を所有船で航行して商品を輸送することをイルクーツク商人に禁止されており、自分たちがイルクーツク・エニセイスク間の航行を独占できるよう要望している。[69] 立法委員会の要望書の内容から、各地域の商人たちが流通を巡って利権争奪戦を行っていた様子が浮かび上がってくる。

他都市商人とイルクーツク商人の関係を見た場合、非常に重要な商業システムとして定期市を挙げることができる。人口希薄な東シベリアにおいて、商人が遠隔地輸送に果たした役割は大きく、彼らは郡市や農村部に直接出かけて食料品や日用品を供給した。しかし一八世紀半ばに地元商人以外の他都市商人が小売販売することは禁じられていた。ところがヨーロッパ商品、ロシア商品を運んでくる他都市商人が小売販売をできなくなったことで、地元への物資供給が妨げられる結果となった。この状況を見て、イルクーツク県知事К・Л・フォン・フラウエンドルフ(在任一七六五―一七六七年、第三章第三節1参照)が開催しようとしたのが定期市であった。イルクーツク定期市はここを訪れる商人、すなわち他都市商人の商取引を規制する一方で、彼らの小売取引を保護することを目的としていた。フラウエンドルフはキャフタ貿易停止時期の一七六六年、他都市商人の小売販売が禁じられているためにセレンギンスク連隊と地元移住民たちが衣服を「安価に購入することができない」と陳情し、ネルチンスクでも同様の問題が持ち上がっていた事実を報告している。さらにイルクーツク商人が遠隔諸都市に商用旅行に出かけたりせず、全ての商品を他都市商人から購入している現状を見て、もしキャフタ貿易が再開されれば商人たちはキャフタに殺到して通常の取引を行わなくなるだろうし、そうなれば県内の物資供給にとって大損害になると判断した。こうした経緯から彼は春・秋二回の定期市設置を決定した(70)。イルクーツク商人が毛皮以外の商品をヨーロッパ・ロシア商人から購入しているにもかかわらず、後者の小売取引を禁じるのは実態に合わなかったからである。しかしイルクーツク県マギストラートは定期市開催に抵抗し、フラウエンドルフの任期中には開催されなかった。フラウエンドルフの後任А・И・ブリル(在任一七六七―一七七六年、第三章第三節1参照)は一七六八年イルクーツクとウジンスクの二箇所で定期市を開くことを正式決定した。開催期間は一一月一五日から一月一日、三月一五日から五月一日とし、この期間に限り、他都市商人全員が小売販売すること、中国商品を除くロシア商品、ヨーロッパ商品を自由に取引することを許可し、地元先住民との直接毛皮取引もこの期間に限定して許可した。その一方、定期市期間以外はどのような形であれ小売販売をしてはならないと命じた。[71] しかし実際に最初の定期市が開催されたのは一七七五年であった。[72] イルクーツク定期市は地元商人の抵抗によって開催が遅れたものの、同定期市は一九世紀前半にヤクーツク定期市と並ぶイルクーツク県の主要定期市となった。一八三九年の内務省記録によると、同年の定期市に集まった商人はブハラ人、タタール人を含めると三二一人であり、運び込まれた商品は一五四万六〇七六ルーブル、このうち売上高は六一万五五〇五ルーブルに上ったという。[73]

イルクーツク商人は毛皮交易を中心とする地元の利益を守るため県政・市政レベルで働きかけを行った。しかしエカテリーナ立法委員会でA・A・シビリャコフが提出したキャフタ貿易独占権を求める要望書は政府に受け入れられず、他都市商人のキャフタ貿易参加を止めることは事実上不可能だった。この結果、第二節3で示したように、中央ロシア、北ロシア、西シベリアを中心とする多様な地域の他都市商人たちの商品がイルクーツク交易所を通過し、キャフタ貿易においても大きな比重を占めた。しかしイルクーツク商人は他都市商人が定期市以外の場でヤサク民と毛皮を直接取引することを禁止し、毛皮の購入手段を規制しようとした。通常イルクーツク商人はリスなどの毛皮商品を買い付けるため九月から周辺地域に出かけ、トゥンカ、バルグジン、イリムスク、ニジネウジンスク、ヴェルフネウジンスクに代理人を派遣する者もいた。一一月になると彼らは商品を伴って往来し始め、トゥンカ、カメンカ、バラガンスクからはブリャート人たちも毛皮商品を持って往来した。なかでもブリャートの公(クニャスキ)は大規模な商品群をイルクーツクに運び込み、イルクーツク商人はブリャート人が滞在している市内のアパートにリスなどの商品を下見に出かけた。一方小規模の商品群は橇で市内に運ばれ、売り手が各家庭を直接回ってリス、熊、テン、狼、キツネの毛皮や麝香を持ち込んだという。[74] こうした毛皮交易の仕組みにより、一八二二年にキャフタで輸出された毛皮の八〇%がイルクーツク商人によって運ばれたものであった。[75] 地元におけるイルクーツク商人の優位性は毛皮商品の流通を押さえることで成り立っていたと言える。しかし他都市商人の参入はイルクーツク商人にとってその後も大きな問題であり続けた。

ここで、イルクーツク交易所通過記録に見られる荷主のうち、他都市商人の顔ぶれを概観してみよう。巻末添付表3-3のリストには一八〇五年の通過馬車の荷主のうちイルクーツク市団に他都市商人として正式登録していない商人、なおかつロシア・アメリカ会社・町人・農民を除く人々を記載している。この中には親子・兄弟・親戚と推測される商人や、後にイルクーツク商人となる人々も複数含まれている。各商人の血縁関係（親子兄弟叔父甥など）・資本関係による重複を考慮しないならば、その延べ人数は九一人に上る。ヴェルフネウジンスクなど、ザバイカリエ地域の他都市商人たちは取り扱う荷馬車数が少ない「小規模業者」であり、これに町人や農民も含めるとその数はさらに増える。彼らはあくまでイルクーツク交易所を通過する商品の荷主であり、定期市開催時期にだけ自由取引する限り、地元市団に正式登録する必要性はなかった。

これに対し、同年イルクーツク県マギストラートの許可で地元市団に他都市商人として正式登録された人々を見ると、第一ギルド商人二名、第二ギルド商人一〇名、計一二名しかいない（巻末添付表3-4）。その前後の年を比較しても、イルクーツク市団に登録されている他都市商人は中央ロシア、北ロシアの一部の商人家系が中心となっており、ほぼ同様の人数である。このデータから漏れている他都市商人が存在する可能性もあるが、いずれにしても交易所に記載されている他都市商人の数と比較して圧倒的に少ない。

それでは市団に正式登録されることで彼らの取引に何らかの影響はあったのだろうか。イルクーツク交易所史料と他都市商人のデータを比較検討していくと、市団に正式登録されている他都市商人が必ずしも交易所に大量の商品を運んでいないことが分かる。同じく一八〇五年の例で見ると、モスクワ商人パーヴェル・ベルスコイが馬車六台、ヴォログダ商人アレクサンドル・スームキンは四四一台、トチマ商人アレクセイ・グリゴリエヴィチ・ホロジロフは一一六台、ヴェリコウスチュグ商人ヴァシリー・クリムシンは一五台、ヴァシリー・ムルギンは三五台、ソリヴィチェゴツク商人ヴァシーレイ・ピヤンコフは五〇台、ステパン・ピヤンコフは三〇三台、ヤレンスク商人ピョートル・ポポフは六六台となっている。しかしトチマ商人ネラートフ、ヴェリコウスチュグ商人プロコペイ・バシンに至ってはゼロだった。

一方、市団に登録されていない他都市商人の馬車は、モスクワ商人ピョートル・コジェヴニコフ四二六台、ホルモゴールィ商人ドミートレイ・ソローキン二八九台、クールスク商人ピョートル・フローポニン六七二台、カルーガ商人イヴァン・ジュジン三五二台、オシプ・ポルトノフ二二七台、ヴォロネジ商人ニコライ・コロメンチン一八〇台、トボリスク商人グリゴリー・ピロージニコフ一九一台（ステパン・ピレンコフとの共同分含む）、ピョートル・セリヴァノフ二三六台、イヴァン・シルコフ一八九台、タラ商人イヴァン・ネルピン六四九台、トムスク商人ミハイロ・ムィリニコフ三二六台であり、市団に正式登録されている他都市商人たちよりもはるかに多いことが分かる。しかもこれらの商人たちの名前はキャフタ税関に記録されている商人たちの名前とほとんど一致している（巻末添付表6参照）。

同様に、他の年度に市団に登録されている他都市商人の商品規模が、登録されていない他都市商人の商品規模を必ずしも上回っているわけではない。つまり、市団への登録は彼らの商業利益に直結していない。しかしたとえ他都市商人の側に市団登録による取引の違いがなかったとしても、イルクーツク商人の利益にとっては大きな違いがあったと見られる。一七九六年一月三日、イルクーツク交易所長ミハイロ・ニキーフォロヴィチ・オプレルコフ（一七五二―一七九六年、巻末添付図1-13、巻末添付表4参照）は、先述のソリヴィチェゴツク商人ヴァシーレイ・ピヤンコフが定期市期間を過ぎても在庫商品を売り捌けずに小売取引を続けているとして、彼がイルクーツクで商取引することを禁じた[76]。一八一四年には、イルクーツク交易所に他都市商人を立ち入らせないことに関する指示書が出され、この中で他都市商人の取引を定期市期間に限定する規則を再確認し、店舗販売した商品は全てマギストラートに届け出させること、賄賂を防止することなどの一〇項目を定めた[77]。しかし交易所記録が示すように、一八一五年に同交易所を通過したイルクーツク商人の馬車が大幅に減少しているのに対し、全体の通過馬車は一八一三年よりもむしろ増加しており（図2-6、図2-8）、この措置はあまり効果がなかったようである。

その後一八一七年には他都市商人が商品を違法に取引したとして、イルクーツク市マギストラートが他都市商人の商品差し押さえ命令を出す事態となった[78]。当時のマギストラート職員トラペズニコフ、デフテフ、サラマトフら[79]はこの決定に従い、他都市商人の商品を扱っていたイルクーツク商人息子ポポフ、商人プロトジヤコノフ、町人チョールヌィフから罰金二五ルーブルずつ、ズーボフから五〇ルーブルを徴収し、当時交易所責任者であったヴェクシンに対して監視を強化するよう命じた[80]。しかし歴史家B・И・ヴァギンによると、当時イルクーツク市議会と対立していた県庁がマギストラート命令を取り消し、職員を裁判にかけて他都市商人の商品を交易所に保管するよう命じたという[81]。この件は後にニカノール(ニコノール)・トラペズニコフによって控訴され、新シベリア総督ミハイル・ミハイロヴィチ・スペランスキー(在任一八一九―一八二一年)によって元老院へ送られた[82]。シャシコフは当時イルクーツク商人が商取引を「独占している状態」だったことを指摘し、この差し押さえ事件について「イルクーツク・マギストラートは他都市商人が運び込んだ商品を、まるで彼らにはよその町で販売権がないかのように没収した」と論評している[83]。この場合の他都市商人とは、イルクーツク市団に登録をしていない一般的な他都市商人を指していると推測される。イルクーツク市マギストラートから見れば、他都市商人の代理人として活動する地元商人が同時に存在する状況では、利益独占のために強硬手段を取る必要があったということだろう。これらの事例から、イルクーツク商人が他都市商人の取引に神経を尖らせていたこと、両者の利害対立の様子が見て取れる。

以上のように、他都市商人がイルクーツク市団に登録することの利益は、定期市期間以外の時期に毛皮を中心とする商品を自由に小売取引できることだったと考えられ、それはイルクーツク商人による毛皮交易独占のための条例に基づいていた。しかし市団に正式登録していない他都市商人たちはこうした条例を遵守せず、毛皮の違法小売取引を続けていた。さらに他都市商人であっても、手代契約を結べばイルクーツクの地元商人・町人による代理取引が十分可能であり、市団に正式登録することがあまり重要な意味を持たなかったと考えられる。また一八〇五年の事例からもうかがえるように、市団に登録されていない他都市商人の大部分がキャフタ貿易参加者であったという現実があり、イルクーツク商人たちは毛皮流通ルートを掌握していたにもかかわらず、他都市商人の取引参入に神経質にならざるをえなかった。交易所記録が示すようにイルクーツクの流通がキャフタ貿易によって東西に開かれていた一方で、イルクーツク商人の経営は利益独占を目的に閉鎖的な傾向が見られた。

三　イルクーツク商人の社会的流動性

1　イルクーツク商人ギルドの構成と他地域からの流入

一八世紀から一九世紀におけるイルクーツク商人と他都市商人の競合は激しかったが、一方でイルクーツク商人ギルドへ流入する他都市商人も多く見られた。元来イルクーツク市は東シベリアの新興都市であり、他の地域からの人口流入によって拡大した町である。その中で、一八世紀にイルクーツク商人の人材を補充したのは主に北ロシア出身者であることが、多くの文献で指摘されている。またイルクーツク商人の構成は一七七五年の法改正以後特に流動性が高く、シャヘロフの計算によると、一八世紀末から一九世紀三〇年代にかけてほぼ六〇%の家系が入れ替わった。(84) しかしこの時期イルクーツク商人に流入した人々を分析すると、その中には北ロシア諸都市出身者以外の多様な地域の人々が含まれていることが分かる。これには一八世紀後半に最盛期を迎えた北太平洋地域の毛皮事業と、キャフタ貿易に伴う東シベリア商人の増加が大きく影響している。

ここで、イルクーツク商人自身が具体的にどのような出自であるのか、ギルドのデータ表を基に分析してみる。史料として活用するのは、巻末添付表2でも扱ったイルクーツク市議会文書、商人ギルド局の台帳、全国人口調査の商人に関する記録である。これらの史料のうち、イルクーツク市議会文書と商人ギルド局の史料はほぼ同じものだが、全体的に市議会文書から漏れている商人データが複数見られる。先に触れたように、ギルドの申告時期は一二月一日から一月一日、記載日は一月八日前後であることが多く、この時期よりも遅れて登録した場合、年度途中の登録と見なされたためであろう。(85) 市議会文書にはこのような年度途中の登録者がほとんど記載されておらず、その一方で商人ギルド局のリストにはこうした人々も漏れなく記載されている。ただし年度によっては市議会文書の史料しか残されていないものもあり、その場合同様の理由でデータから漏れている商人が存在する可能性がある。また全国人口調査(レヴィージヤ)(86) の場合、対象とする期間において一八一五年と一八三四年のものが残されているが、これは前回の人口調査時に記載された商人の家族(未亡人、ギルド脱退者、娘のみの家族も含む)を引き続き記載しているため、正確なギルド登録者数を確認する上では参照できない。一八一五年に関しては市議会文書、ギルド局史料が残されており問題ないが、一八三四年に関しては全国人口調査記録しかないため、ギルド構成員数データとしては使えない。これら史料の性格から、イルクーツク商人ギルドのデータは不完全なものであることを断っておく。

最初にイルクーツク商人本人の出自をデータ化して提示する(巻末添付表5-1)。市議会文書やギルド局の台帳には、当該年度に新規登録した商人の出自が明記されているため、比較的出自を辿りやすい。巻末添付表5-1が示すように、彼らの出自で圧倒的多数を占めているのはイルクーツク商人、もしくはその息子・兄弟などの親族である。たとえ本人はイルクーツク町人から登録していても、過去に親がイルクーツク商人として登録されていたり、同じく登録されている叔父の下で養育されていたりするケースが見られ、商人家系に属する者であることがほとんどある。一七七五年の法令以後、ロシアにおいて商人身分であり続けることは難しくなり、商人であるか否かは、資本申告をしたか否かの違いでしかなくなった。従って、ある時点で町人身分であっても、かつてイルクーツク商人の息子・兄弟であれば、「商人家系のカテゴリーに属する」家と見なしうる。こうしたイル

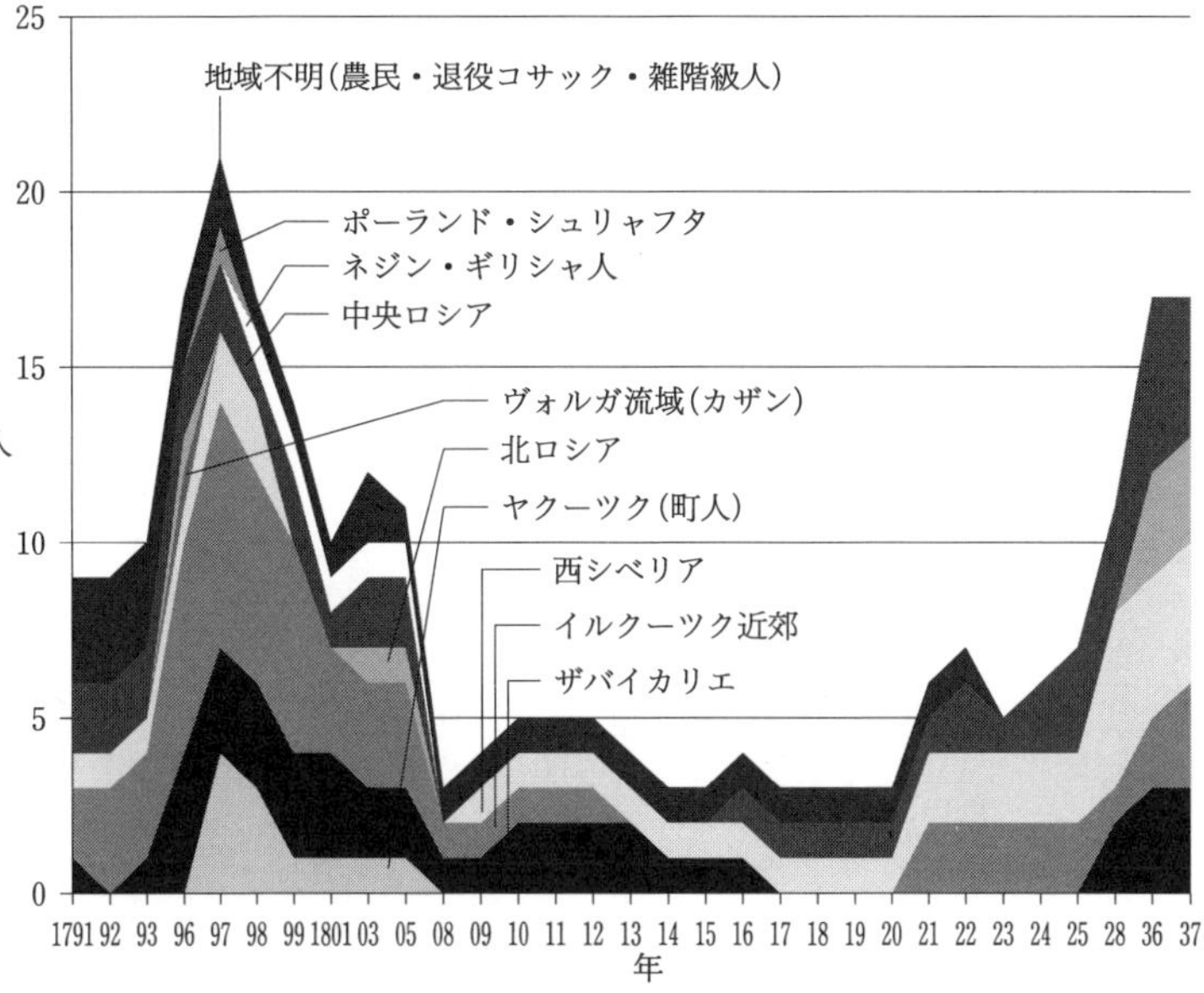
25
20
15
10
5
0
人
地域不明(農民・退役コサック・雑階級人)
ポーランド・シュリャフタ
ネジン・ギリシャ人
中央ロシア
ヴォルガ流域(カザン)
北ロシア
ヤクーツク(町人)
西シベリア
イルクーツク近郊
ザバイカリエ
1791 92 93 96 97 98 99 1801 03 05 08 09 10 11 12 13 14 15 16 17 18 19 20 21 22 23 24 25 28 36 37
年

図 2-13　イルクーツク商人の出自別内訳(本人：古参イルクーツク商人・住人，不明者を除く)

出典：巻末添付表 5-1 より作成。

クーツク商人の家族、もしくはその家系出身の町人、一般のイルクーツク町人出身者など、地元住民だけでイルクーツク商人の出自の大半を構成していた。

さらにイルクーツクの古参住民を除く市外からの流入者について地域別にグラフ化してみると、いくつかの傾向が見えてくる(図2-13)。外部からの流入が増加する時期は大きく分けて一七九六―一七九八年、一八〇三年、一八二八―一八三六年の三つである。これをイルクーツク商人ギルド数全体の変化と比較すると、ギルドの家族数・人数が急増した時期は一七九六年、一八〇五年、一八二八年であり、ほぼ時期が重なっている(巻末添付表2、図4-3、第四章第一節3参照)。つまり、ギルド数が増加した時期に市外からの流入も同じく増加している。ただし一八〇三年に市外からの流入が増加する時期と、一八〇五年にギルド家族数全体が急増する時期がずれているのは、一八〇五年にイルクーツク住民のギルド登録数が市外からの流入を上回って増加したためと考えられる。

これらの増加を引き起こした主な原因は制度上の変化である。まず、一七九二年にキャフタ貿易が再開され、これにより中国人との毛皮取引が再び活発化した。この二年後、一七九四年のギルド法改正により、各ギルドの最低申告資本額が引き上げられたにもかかわらず、イルクーツク商人の家族数は増え続け、一八〇五年にピークに達した。こうした変化は明らかにキャフタ貿易の活発化によるものである。その後ロシア政府はキャフタ貿易統制策の一環として一八〇七年に勅令を出し、従来黙認されていた第二ギルド、第三ギルドの取引を厳しく禁止した。[87] 一八世紀以来、キャフタ貿易は第一ギルド商人に限定され、本来第二ギルドと第三ギルドにはキャフタ貿易を行う法的資格がなかった。にもかかわらず、イルクーツク商人にはヤコフ・プロターソフ、ステパン・キセリョフ、ニコライ・ムィリニコフなどの毛皮業者が多く、[88] 地元業者にとって必要な取引であるという認識から、第二ギルド、第三ギルド商人が密貿易をしたり、第一ギルド商人に依存したりする形で取引を続けていた。これが公式に禁じられたことで、一八〇八年の第三ギルド減少につながったと見られる。

その後イルクーツク商人の急激な減少が一八一三年に起こる。その主な要因は第四章で後述するイルクーツク行政と市団の政治的衝突だった。一八〇六年にシベリア総督となったИ・Б・ペステリは部下のН・И・トレスキンをイルクーツク県知事として現地に送り込み、イルクーツク商人の勢力を押さえつける政策を取った(第四章第一節1参照)。この結果一八〇九年にイルクーツク商人の中の最有力毛皮業者ニコライ・ムィリニコフが流刑されたのを皮切りに、多数の商人たちがザバイカリエ地域などに流刑された。

さらに同時期における毛皮輸出の低下、茶貿易の台頭により、毛皮交易で成長してきたイルクーツク商人の取引に陰りが見え始める。有力毛皮業者であり、ロシア・アメリカ会社創設にも関わっていたムィリニコフ家、ドゥドロフスキー家、キセリョフ家が没落し、一八一三—一八二五年にかけてイルクーツク商人全体が衰退傾向となったため、他都市からの流入も減少したと考えられる。これはトレスキン事件の痛手から回復するのに時間がかかったためであろう。イルクーツク商人のギルド数が再び増加に転じるのはシベリアにおける金鉱業勃興の影響が見られる一八二〇年代末のことである。事実一八二八年以後はトムスク、トボリスクの西シベリア出身者が、その後まもなく北ロシア、中央ロシア出身者が加わってくる。つまり、一七九六年の流入者と一八二八年の流入者では、明らかに目的も出自も異なっている。

出身地域ごとの流入傾向を検討すると、一七九〇年代―一八〇五年頃までイルクーツク周辺のアンガラ川、クレンガ川流域などの近郊地域出身者が比較的多い。つまりイルクーツク商人の構成自体、非常にローカルな性格を持っていた。イルクーツク県内で見ると、同じく毛皮取引を行うため移動してきた商人として、ヤクーツク町人出身のイヴァン・ヴァシリエヴィチ・ボルシャコフ、アレクセイ・ウートキン、ダニーロ・シャポシニコフ、ドミートレイ・シュービンがいる。彼らはいずれも一七九〇年代にイルクーツク第三ギルドに登録し、その後まもなく地元町人身分として登録した。レナ川上流のキレンスクは一八世紀から狩猟業の盛んな地域として知られていたが、住民は農民・同業組合員が多く、毛皮を商う資格を持つ商人は少なかった。キレンスク商人ヴァシーレイ・イヴァノヴィチ・クズネツォフは数少ない商人の一人で、一七九六年からイルクーツク第三ギルドとして活動している。

またザバイカリエ地域出身のグループには、一七九一年にイルクーツク第三ギルドとして登録したネルチンスク近郊のスレーチェンスク商人イヴァン・イヴァノヴィチ・フラーモフ、一七九六年に登録したヴェルフネウジンスク商人出身のイヴァン・ペトロヴィチ・シガーエフ（第二節で触れたバイカル湖輸送業者の父。巻末添付表4参照）がいる。ザバイカリエからは彼らのような商人出身者だけではなく、町人・農民身分出身者も見られる。例えば一七九三年にマンズール郷農民フョードル・イヴァノヴィチ・ココーリンが、一七九六年にその弟ニキーフォルがイルクーツク第三ギルドに登録した。フョードル・ココーリンは事業を通じてイルクーツク商人フョードル・フョードロヴィチ・キセリョフの娘ペラゲヤと結婚し、一八一四年にキレンスク商人へ移動したが、その後ペラゲヤ・フョードロヴナは息子たちと共にイルクーツク商人として再登録している(巻末添付表4、巻末添付図1-8参照)。

その後しばらくザバイカリエ地域からの流入が途絶えるが、一八二〇年代末になると、今度はキャフタからの登録が見られるようになる。キャフタ商人グリゴレイ・ペトロヴィチ・グラニンの場合、一八二六年にイルクーツク第三ギルドに登録し、一八三〇年に亡くなっている。同じくキャフタ商人のアレクサンドル・ペトロヴィチ・セリヴァノフは一八二七年にイルクーツク第三ギルドになり、その後一八三八年にトボリスク第三ギルドへ登録した。キャフタは人工交易地であり、長い間居住村落としての活用が規制されていたため、一八一四年にバスニン家がキャフタに登録を移すまでは第一ギルド商人が存在しなかった。しかし一八一〇年代にイルクーツク第三ギルド商人イヴァン・アレクセーヴィチ・エレゾフの息子アレクセイ、フョードル・ミハイロヴィチ・エレゾフの息子ヴァシーレイ、マトヴェイ・オシポヴィチ・イグームノフがキャフタ商人として登録し、成長が見られるようになる。セリヴァノフがキャフタからイルクーツク商人として登録したことは、同地における商人階層の成長を示している。

西シベリア商人からの流入数は一八二〇年代まで少ないが、その後流入者の多様化と共に増加している。トムスク商人ヤコフ・ヤコヴレヴィチ・プロターソフは一七九八年までイルクーツク第二・第三ギルドとして登録し、コルィヴァン商人マルコ・アレクセーヴィチ・ヴェルホトゥーロフは一七九七年にイルクーツク第三ギルドとして登録した。バルナウル商人アンドレヤン・アファナシエヴィチ・トレチャコフは一八一〇年代にシベリアの徴税代理人だったトゥルハンスク商人ペレドフシチコフの代理人として活動したのち、一八二〇年代末にイルクーツク商人に登録した。(89) トボリスク第一ギルド商人エフィム・アンドレーヴィチ・クズネツォフは徴税代理人としてすでに一八一〇年代からイルクーツクに居住し、(90) 一八二二年にイルクーツク第一ギルドに正式登録した。エフィム・クズネツォフは当初イルクーツク商人にとって他都市の人間であり、事業においてもトラペズニコフ家と長いあいだ係争があった。しかしクズネツォフがトラペズニコフに二〇万ルーブル支払い、それをきっかけとしてイルクーツク商人との関係が改善したという[91]。エフィム・クズネツォフと全く異なる家系のトボリスク町人イヴァン・ヴァシリエヴィチ・クズネツォフは一八二七年に第三ギルドとして登録している。

北ロシア諸都市の出身者としては一七九六年にイルクーツク商人への登録が見られるラリスク商人イヴァン・フョードロヴィチ・チェバエフスコイ、一八三八年に登録しているトチマ商人ヤコフ・アンドレーヴィチ・ジェレイシチコフがおり、彼らは他都市商人としての登録期間を経ずに最初からイルクーツク商人として登録している。北ロシア出身者でイルクーツク市団における他都市商人登録を経てイルクーツク商人へ登録した例はヴェリコウスチュグ商人出身のイヴァン・プロコピエヴィチ・バシン、ピョートル・ブルダーコフ[92]の息子アレクセイの二名だけである。一八世紀末から一九世紀初頭にかけて、イルクーツク商人に占める北ロシア出身者の比重はそれほど大きくない。

中央ロシア出身者ではトゥーラ商人ヴァシーレイ・ドゥシャコフ、クールスク商人イヴァン・バウシェフ、ヴォログダ商人グリゴレイ・シェルギンがいる。その後ルィリスク商人シードル・アンドレーヴィチ・シェリホフとアレクサンドル・ヴァシリエヴィチ・シェリホフが入ってくるが、彼らはグリゴリー・シェリホフの縁戚であり、ロシア・アメリカ会社の業務に関連してイルクーツクに移住してきたらしい。また一八三二年にはモスクワ商人息子イヴァン・ミハイロヴィチ・ボロディンなどが入ってくる。

農業と製造業が未発達なイルクーツクでは来訪農民たちが家畜・毛皮・食料品の販売を行い、小規模ながら商人の市場と競合関係にあった。その事例としてニジネウジンスク農民出身のサーヴァ・クズネツォフ（一七九七年登録）、ウラジーミル県農民出身のパーヴェル・パヴロヴィチ・アブラーモフ（一八〇五年登録）、同じくウラジーミル県ヴャズニキ農民出身のパーヴェル・エメリヤノフ（一八〇一年登録）、アブラム・ダニーロヴィチ・ボブコフ（一八二二年登録）の名が見られる。彼らの多くは小商人であるためか、イルクーツク商人としての登録は短期間であり、すぐにギルド台帳から消えている。しかしボブコフは断続的に一二年間イルクーツク第三ギルドとして登録した後、一八三四年にトムスク商人に登録している。また北ロシアのソリヴィチェゴツクにあるヴィチェグダ管区農民セミョン・キリロヴィチ・ミハイロフの名は一八〇三年、一八〇五年に見られる。

少数ではあるが、異民族出身者も存在した。モンゴル人のヤサク民であったセミョン・ポポフは一七九九年までイルクーツク第三ギルドとして登録した。本章第二節4でも触れたように、当時のブリャート人はイルクーツクにリスなどの毛皮を持ち込んで取引を行っていた[93]。彼らの中にはヤサク民であり、なおかつ富裕商人だった者もおり、冬季のイルクーツクで仲介人・仲買人として働くブリャート人が多かった[94]。またトムスク・タタールであったアミール・イヴァノヴィチ・ウチュガノフは一八〇二―一八二二年にヴェルフネウジンスク、キャフタを拠点とする商いに従事し、ヤクーツク方面との取引にも関わっていた[95]。またカザン町人ステパン・ニキーフォロヴィチ・ママエフが一七九六年にイルクーツク第二ギルドとして登録しているが、ママエフはその後すぐにカザンに拠点を戻しており、他都市商人のまま市団にも登録せず、一八〇五年までイルクーツク交易所で商品を扱っている[96]。ネジン・ギリシャ人では一七九八―一八〇五年に第二ギルド商人として登録したピョートル・アルテノフがいる。

以上のように、イルクーツク商人の出自における他都市出身者の比重は比較的大きかったが、なかでもイルクーツク近郊出身者が圧倒的多数を占めていた。他都市商人の流入が多いことは彼らの構造が開放的であったことを示す証左であるが、その一方で、ヨーロッパ・ロシア地域、特に北ロシアの出身者が一八二〇年代末まで少ないということは、彼らに対するイルクーツク商人の閉鎖性をも示しており、「イルクーツク商人に北ロシア出身者が多い」という先行研究の指摘と矛盾している。そもそも文献でイルクーツク商人の中の「北ロシア出身者」とは一体誰を指しているのか、これを知るには本人の出自だけではなく、一世代前、二世代前の出自について分析する必要がある。

2　一世代前・二世代前の出自から見た古参商人家系

イルクーツク商人ギルド登録者の一世代前、二世代前の出自を分析するにはギルド台帳だけでは不十分であるため、『簡略シベリア商人・商業史事典』のデータを活用した。[97] 一世代前の場合、ある人物の出自をどう判断するのか難しい問題がある。例えばヴェルフネウジンスク商人からイルクーツク商人に登録した場合、出自をヴェルフネウジンスク商人と見なすのか、イルクーツク商人と見なすのか、分類が困難である。このため巻末添付表5-2では最初の身分と最終的な身分の両方を併記し、同じイルクーツク商人であっても、親の代からの古参商人であるのか、よそから移住してイルクーツク商人となったのかなどの違いをそのまま残して集計した。また、商人未亡人に関しては、例えばマリヤ・ミハイロヴナ・ズーボヴァのように、商人ミハイロ・ムィリニコフの娘であることが判明しているものは「イルクーツク商人娘」として集計した。しかしほとんどの場合が出自不明者である。

本人の出自に関する情報と比較して、一世代前の出自は分からないケースが多く、データは不完全である。しかし集計の結果、判明しているデータ範囲では先代からのイルクーツク商人、または元イルクーツク商人の家族といった、古参商人家系が最も多いことが分かった。その数は先述のギルド家族数の増減とほぼ同じサイクルで変動しているが、彼らだけで年度によっては三分の一以上を占めており、最重要の位置を占めている（巻末添付表5-2参照）。

ここで古参イルクーツク商人・住民を除外した一世代前の出自を参照してみる（図2-14）。ここでもギルド家族数の増減傾向は本人の出自の増減傾向と酷似しているが、一七九一年から一八一〇年頃まで比較的緩やかなカーブを描いて安定しており、一七九八年から一八〇五年の時期は一〇家族を超えている。その一方、一八一四年、

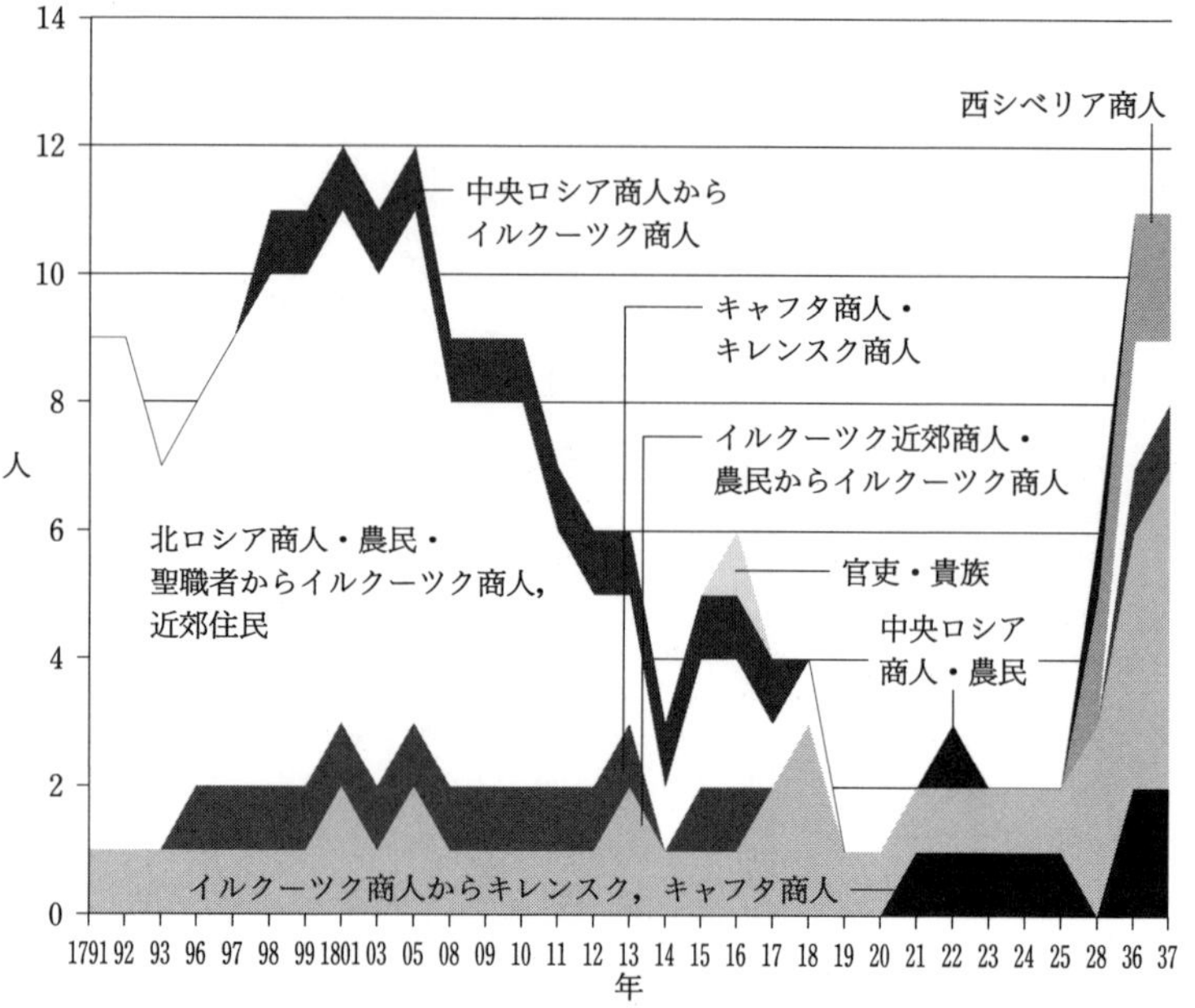
14
12
10
8
6
4
2
0
人
西シベリア商人
中央ロシア商人から
イルクーツク商人
キャフタ商人・
キレンスク商人
イルクーツク近郊商人・
農民からイルクーツク商人
北ロシア商人・農民・
聖職者からイルクーツク商人,
近郊住民
官吏・貴族
中央ロシア
商人・農民
イルクーツク商人からキレンスク，キャフタ商人
1791 92 93 96 97 98 99 1801 03 05 08 09 10 11 12 13 14 15 16 17 18 19 20 21 22 23 24 25 28 36 37
年

図 2-14　イルクーツク商人の出自(1 世代前：イルクーツク古参商人・住民除く)

出典：巻末添付表 5-2 より作成。

一八一九年の時期に激減が目立つ。その後一八二八年になると再び増加傾向になる。時期による変動が大きいにもかかわらず、その中でも圧倒的比重を占めているのが北ロシア商人・農民・聖職者出身でイルクーツク商人および近郊地域に登録した人々である。上記の地域は主にヤレンスク、ソリヴィチェゴツク、ウスチュグ、ヴァガの四都市である。これら諸都市は北ドヴィナ川沿いに点在する河川商業都市で、イルクーツク商人の出身地として指摘されているだけではなく、キャフタ貿易に従事するヨーロッパ・ロシア商人の中でも多数を占める。またイルクーツク近郊からの流入は常時あり、一八三六年以後に若干増えている。

これら市外からの流入者を具体的に検証すると、以下のようにほぼ同じ商人家系が占めていることが分かる(カッコ内はその子である本人がイルクーツク商人に登録している年)。

①　ヤレンスク商人からイルクーツク商人

②　ヴァシリー・ドミートリエヴィチ・オボルチン（一八〇三—一八〇九、一八一一—一八一三、一八一五—一八一八年）

③　ソリヴィチェゴツク商工地区民からイルクーツク商人　ステパン・ヤコヴレヴィチ・ドゥドロフスキー（一七九一—一七九三、一七九八、一八一〇年）

④　ソリヴィチェゴツク農民からイルクーツク商人　ステパン・ステパノヴィチ・ルィチャゴフ（一七九一—一八一六年）、ピョートル・ブルダーコフ（一八一〇年）

⑤　ウスチュグ商人　プロコペイ・バシン（一八三六—一八三七年）

⑥　ウスチュグ商人からイルクーツク商人　ピョートル・グリゴリエヴィチ・カバコフ（一七九九—一八〇九年）

⑦　ウスチュグ下級聖職者息子からイルクーツク商人　ヤコフ・イグナチエフ（一七九一—一七九三、一七九八、一八一〇年）

⑧　ウスチュグ農民からイルクーツク商人　アファナセイ・シビリャコフ（一七九一—一七九三、一七九八、一八一〇年）、ドミートリー・アヴェルキエヴィチ・ニキーチン（一七九一—一七九二、一七九七、一七九九—一八〇九、一八一一年）、セミョン・ザシチーヒン（一七九一—一七九二、一七九六—一七九七、一七九九—一八〇五年）、ヨヴ・ヴァシリエヴィチ・ルサノフ（一七九六—一七九七、一七九九、一八〇三、一八〇八—一八〇九、一八一一—一八一二、一八三六—一八三七年）、トロフィム・トラペズニコフ（一七九八、一八一〇年）、イヴァン・ザベリンスコイ（一七九八、一八一〇年）

⑧　ヴァガ市ヴェリスキー地区国有地農民からイルクーツク商人　オシプ・メドヴェードニコフ（一七九一—一八〇五、一八一〇年）

⑨　ヴェリコウスチュグからイリムスク移住　マクシム・バスニン（一七九一—一七九九年）

以上の中で比較的多様な家系が含まれているのはウスチュグ、つまりヴェリコウスチュグ農民出身者であり、一世代前にイルクーツク市外から流入して来た人々の中で一定の比重を占めている。しかしこれらの北ロシア出身者は一八一〇年頃から大きく減少し、ペステリ・トレスキン時代以後、一八一九年から一八二八年にはゼロになっている。彼らのうちウスチュグ農民ヨヴ・ヴァシリエヴィチ・ルサノフの場合、一八一三年に彼の息子ヤコフ・エヴレーヴィチ・ルサノフがイルクーツク商人から町人に移動し、一八三六年にその兄弟でかつて共同資本に属していたエゴールがイルクーツク商人として復活しており、同家系内における商人としての浮沈がデータに現れている。もう一人、ウスチュグ商人プロコペイ・バシンの場合は、一八〇五—一八一六年にイルクーツクで他都市商人として市団に正式登録されていた人物であり(巻末添付表3-4)、その息子イヴァンも一八一四—一八二二年に父親と重複する形で他都市商人として登録し、一八三四年にようやくイルクーツク商人として新規登録している。つまりウスチュグ出身者は継続的にイルクーツクで取引に従事していた人々の家系である。

一八一九—一八二五年は市外出身者の家系そのものが減少しているが、一八三六年以後は北ロシア出身者の他に中央ロシア出身者、西シベリア出身者の名前が見られ、出自地域が分散化してくる。ドミートレイ・セミョノヴィチ・シリャーエフとその兄弟セミョンの場合は、一八一四年に父のセミョン・フョードロヴィチが亡くなった後一八一九年までキレンスク商人として活動していた。彼らはキレンスクでの毛皮取引に従事した後イルクーツク・ギルドに再び戻ってきた出戻りのケースである(巻末添付表4参照)。この移動はおそらくトレスキン時代における被害を避ける目的もあったと推測される。

このように、一世代前の出自を分析すると、イルクーツク市外からの主な流入者として北ロシア出身者の存在が浮かび上がってくる。こうした傾向は二世代前の出自を見るとより明確になる(巻末添付表5-3、図2-15)。ただし二世代前については出自不明者が圧倒的多数となるため、あくまでも現時点で判明している範囲のデータであることを留意しなければならない。例えば一世代前にウスチュグ農民からイルクーツク商人に登録したアファナ

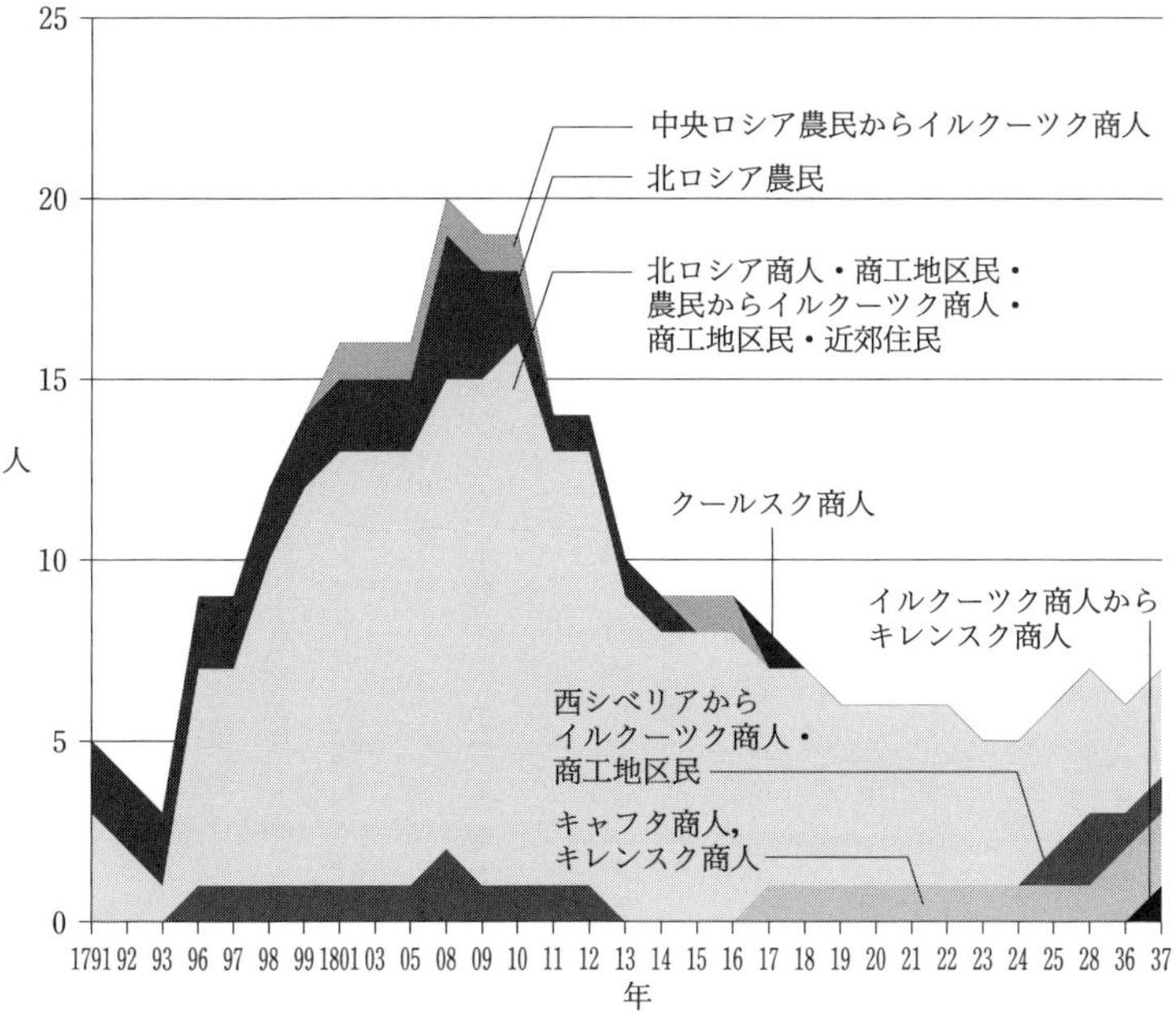

25
20
15
10
5
0
人
中央ロシア農民からイルクーツク商人
北ロシア農民
北ロシア商人・商工地区民・
農民からイルクーツク商人・
商工地区民・近郊住民
クールスク商人
イルクーツク商人から
キレンスク商人
西シベリアから
イルクーツク商人・
商工地区民
キャフタ商人，
キレンスク商人
1791 92 93 96 97 98 99 1801 03 05 08 09 10 11 12 13 14 15 16 17 18 19 20 21 22 23 24 25 28 36 37
年

図 2-15　イルクーツク商人の出自（2 世代前：イルクーツク古参商人・住民除く）

出典：巻末添付表 5-3 より作成。

セイ・シビリャコフの場合、その父がウスチュグ農民である可能性は極めて高いが、先行研究ではそこまで辿ることができない。こうしたケースが多々含まれることを考慮の上で巻末添付表５-３を参照すると、やはりここでもイルクーツク商人関係者、地元住民・商工地区民などが大きな比重を占めていることが分かる。しかし、この世代で他地域からイルクーツク商人に登録した人々の数も一七九六年以後増加傾向であり、一八一〇年には一七人に上っている。二世代前の他地域出身者数は一世代前と同じく一八一三年以後減少傾向だが、前者のもう一つの特徴は一八二八年以後も数があまり増えていないということである（図２-15）。これは一世代前の他地域出身者が一八二八年から増加傾向である事実から見ると奇妙である。これらのデータから推測されることは、一八二八年以後の他地域出身者は本人もしくは一世代前までの比較的新しい時期にイルクーツク商人として登録した人々であり、地元の古参商人と見なされる家系よりも後からイルクーツクに移住してきたグループの可能性が高いということである。

二世代前のデータでも、やはり最大の比重を占めているのは北ロシア出身者であり、その家系を検証してみると、一世代前の北ロシア出身者とほぼ全く同じであることが分かる。しかも彼らは一八一三年以降の減少時期においても一定の数を占めており、イルクーツクの最古参家系の中でも中核をなしていると見なすことができる。

これら北ロシア出身者の名前は以下の通りである。

① ヤレンスク商人からイルクーツク商人　ヴァシリー・ドミートリエヴィチ・オボルチン（一八三六―一八三七年）

② ソリヴィチェゴツク商工地区民からイルクーツク商人　ステパン・ヤコヴレヴィチ・ドゥドロフスキー（一七九六―一八一二年）

③ ソリヴィチェゴツク農民からイルクーツク商人　ステパン・ステパノヴィチ・ルィチャゴフ（一七九一―一八二八年）、ピョートル・ブルダーコフ（一七九九―一八一〇年）

④ ウスチュグ下級聖職者息子からイルクーツク商人　ヤコフ・イグナチエフ（一七九六―一八二八年）

⑤ ウスチュグ農民からイルクーツク商人　アファナセイ・シビリャコフ（一七九六―一八一六年）、トロフィム・トラペズニコフ（一七九一―一七九二、一七九六―一八一六年）、イヴァン・ザベリンスコイ（一七九八―一八一八年）、セミョン・ザシチーヒン（一八〇八―一八一二年）

⑥ ヴァガ市ヴェリスキー地区国有地農民からイルクーツク商人　オシプ・メドヴェードニコフ（一八〇八―一八三七年）

⑦ ウスチュグ農民からイルクーツク商工地区民　アニカ・ラストルグーエフ（一七九一、一七九八―一八〇三、一八〇八―一八一〇年）

⑧　ウスチュグ農民？　ニキータ・ムィリニコフ（一七九一―一八一四年）
⑨　ヴァガ市ヴェルホヴァジエ地区ニキフォロヴァ村国有地農民　イヴァン・ブレチャロフ（一七九一―一七九三年）
⑩　ヴェリコウスチュグからイリムスク移住　マクシム・バスニン（一八〇一―一八一三年）

上記のうち、傍線を引いているのが一世代前にも名前が出てきた家系である。つまり彼らは息子の代、孫の代においても継続してイルクーツク商人として登録しており、一七世紀末から一八世紀初頭の比較的早い時期にイルクーツクへ移住し、代々商業を営んできた家系である。ただしウスチュグ農民と推測されるニキータ・ムィリニコフの場合、一世代前のリストに名前が出てこないため、息子の代はイルクーツク商人として活動しておらず、孫の代に商人となったと推測される。位置関係を把握するため、イルクーツク商人本人、一世代前、二世代前全ての出自に見られる都市を図2-16に示しておいた。

以上のように、北ロシア出身者たちはイルクーツク市が成立した最初期に移住し、イルクーツク商人家系の中で比較的長い間命脈を保った人々であった。特にシビリャコフ家、トラペズニコフ家、ドゥドロフスキー家、ルィチャゴフ家、メドヴェードニコフ家はイルクーツクの有力商人家系であった。多くの文献でイルクーツク商人の出自を北ロシア出身者と言う場合、このように古い時期にイルクーツクへ移住した古参住人のことを特に指していると考えられる。例外はマクシム・バスニンで、彼は北ロシア出身者でありつつ、最初にイリムスクへ移住しており、イルクーツクの「古参住民」とは見なされていない。このことが、第四章で後述するように、茶貿易で成功したバスニン家とイルクーツク商人の関係に影響することになる。

チュコトカ
半島
アナディル川
レナ川
ヤクーツク
ニャヤ・ツングースカ川
オホーツク海
オリョクマ川
レナ川
ヴィチム川
ンガラ川
ウスチ・
イリムスク
キレンスク
ゼーヤ川
ヴェルホ
レンスク
バイカル湖
アムール川
(黒竜江)
バラガンスク
カチュグ
スレーチェンスク
イルクーツク
ヴェルフネウジンスク
嫩江
キャフタ
松花江

本人から2世代前までの出自)

バルト海
バレンツ海
白海
カラ海
ヴェリスク
ヴェルホヴァジエ
北ドヴィナ川
トヴェリ
ヴォログダ
ソリヴィチェゴツク
ネジン
モスクワ
スーズダリ
トチマ
ヤレンスク
ドニエプル川
ルィリスク
カルーガ
シューヤ
ラリスク
トゥーラ
ヴャズニキ
ヴェリーキー・ウスチュグ
クールスク
ウラジーミル
(ヴェリコウスチュグ)
オビ川
アゾフ海
カザン
カマ川
黒海
ドン川
オビ川
ヴォルガ川
トボリスク
ウラル川
ケチ川
トムスク
イルティシ川
トミ川
カスピ海
バルナウル
アラル海
コルィヴァン
シルダリヤ川
アムダリヤ川
バルハシ湖
イリ川

図 2-16　イルクーツク商人の出

以上のように、イルクーツク商人の中核グループはイルクーツク草創期に北ロシアから移住してきた人々で構成され、「古参イルクーツク商人」の中でも重要な位置を占めた。彼らは他都市商人への小売禁止に見られるように、毛皮交易の利益独占を目的とする強固な閉鎖性を示していたが、その一方で新たな流入者を通じて地縁関係を保ち、一八二〇年代末以降にはヨーロッパ・ロシアの多様な地域から新たな商人家系を受け入れた。

3　ロシア帝国内の人口移動要因

こうした人々の移動の誘因となったのはどのような事柄だろうか。これにはいくつか考えられるが、一七世紀末から一八世紀初頭の移動の要因となったのは明らかに一六八九年のネルチンスク条約締結と、一七二八年のキャフタ条約締結による、露清貿易の本格的始動である。第一章で説明したように、すでに一六五〇年代にネルチンスクが、一七世紀後半にはイルティシ川流域がロシア人と中国人の民間毛皮交易拠点となっており、正式な貿易関係の樹立は貿易参加者を増加させる大きな誘因となった。しかしそれだけでは、なぜ他の地域ではなく特に北ロシアからの移住が促される結果になったのか説明できない。その理由を考える手がかりとして、一八世紀以前におけるロシアの毛皮流通ルートを挙げることができる。

一六世紀初頭から一七世紀初頭のペルミ、ペチョラ川流域は良質の毛皮を産出したが、これらの毛皮は当初先住民の手でヴィチェグダ川沿いのソリヴィチェゴツクに運ばれ、ロシア商品、ヨーロッパ商品、鉄などと交換されていた。その後先住民からこれらの毛皮の入手先情報を聞き出し、ウラル山脈を横断してマンガセヤ、オブドリヤ方面に進出したのがソリヴィチェゴツクを拠点としていたアニカ・ストロガノフ（一四九八－一五七〇年）である。ストロガノフ家の成功はこの地域における毛皮卸売業、製塩業、鉄鉱業に負うところが大きい。その事業はオランダ人の代理人オリヴィエ・ブリューネルを通じて海外にまで広がり、ムールマンスク、コラでイギリス人に大量の毛皮を販売した事実が知られている。[98] さらに彼の息子たちが引き継いだペルミの領地経営はエルマークによるシビル・ハン国遠征の経済的基盤となった。こうしたソリヴィチェゴツクをはじめとする北ロシア諸都市は一七世紀の毛皮交易ルートにおいて重要な位置を占めていた。また一方で、一六九三年に露清貿易調査のために北京へ派遣されたロシア使節イズブラント＝イデスは、ヨーロッパ・ロシア地域の旅行ルートとして、モスクワからヴォログダ、トチマ、ヴェリコウスチュグ、ソリヴィチェゴツクを経由してカマ川に到達している。[99] つまり、国営キャラバンの旅行ルートとして当時は北ロシア地域を経由して中国へ赴いた。このように、一八世紀以前の北ロシア諸都市の流通は北ドヴィナ川によってアルハンゲリスク貿易とつながっているだけでなく、毛皮交易および露清貿易とも密接な関係にあった。このためこの地域の人々がキャフタ貿易の利益に関心を持って移住したと推測される。

しかし彼らをキャフタに引き付けた経済的要因と並んで、彼らが北ロシア地域を出なければならなかったもう一つ別の要因があったと考えられる。一八世紀にピョートル一世はロシアのヨーロッパ化を目標に大規模な近代化政策を行ったが、商工業の育成にも非常に熱心であり、サンクト・ペテルブルク港の建設と首都移転を断行した。彼はペテルブルクをバルト海への窓口とし、ロシアの主要貿易港に育てるため、一七一〇年に職人を、一七一七年に富裕商人を強制移住させた。さらにペテルブルクとロシア北西部の流通を円滑に行うため大規模な運河建設事業に着手し、一七一九—一七三〇年にペテルブルクからネヴァ川、ラドガ湖、ヴォルホフ川、イリメニ湖を結ぶ運河が建設された。その後一七三〇年代にはイリメニ湖からムスタ川、トヴェルツァ川を結ぶヴィシネヴォロツキー運河が完成し、これによりバルト海とヴォルガ水系の広大な地域を水路で結ぶことが可能となった。[100] これが図2-1で示したペテルブルクとモスクワ間を結ぶ主要幹線交通路である。その一方、政府は北方戦争で一七一三年にロシアの主要輸出品である皮革の大部分をペテルブルク港から輸出させるなどの強制措置を行い、スウェーデン経由で商品が輸送されるルートを断とうとした。その結果一七二〇年代にアルハンゲリスク港はロシアの主要輸出港の地位をペテルブルクに奪われた。

このようなペテルブルクの成長と流通構造の変化はアルハンゲリスク貿易を軸として北ドヴィナ川流域に形成されていた商品の輸送・雇用関係を破壊した。アルハンゲリスクを通じて皮革・毛皮輸出の恩恵に与かっていた北ロシアの農民、狩猟業者、輸送業者たちは活躍の場を求めてシベリアの毛皮事業へと目を向けた。すでに第一章第二節4でイルクーツク商人の毛皮事業について触れたが、一七四五年のエメリヤン・バソフの狩猟探検成功を契機に北太平洋における毛皮事業に従事した狩猟船出資者たちにはラリスク商人、トチマ商人、ソリヴィチェゴツク商人、シューヤ商人が多く含まれており、中には親子・兄弟・親戚が何世代かにわたって毛皮事業を行っていると推測されるケースもある。(101)

以上のことから、一六八九年、一七二〇年代、一七四五年以後の時期をそれぞれ契機として、北ロシアからイルクーツクへの移住が起こり、商人家系の中核を形成したと想定される。

一方、比重は低いものの、中央ロシア地域からの流入についてもいくつかの要因が考えられる。最大の要因はやはり北太平洋の毛皮事業であり、狩猟船の出資者としてモスクワ商人、ヤロスラヴリ商人、トゥーラ商人、ヴォログダ商人の活躍が見られる。イルクーツク商人の出自に占める中央ロシア出身者の数は少なく、特に重要な位置は占めていないが、クールスク、ルィリスクからの流入についてはゴリコフ・シェリホフ会社との関係が推測される。同地域は中央ロシアの南端に位置し、ペルシア貿易やオレンブルクにおけるブハラ人交易を通じて毛皮取引を行う者が多かった。その彼らを北太平洋の毛皮事業に駆り立てた大きな要因としては第一次露土戦争(一七六八年)、プガチョフの乱(一七七三年)が指摘されている。プガチョフの乱はカスピ海からヴォルガ水系一帯が反乱の場となり、ペルシアとの交易を行う船などが掠奪された。アレクセイ・ポレヴォイの息子ニコライは、これらの戦乱によって取引に支障をきたしたため故郷を去る者が多く、彼らの家もその例に漏れずシベリアにやってきたと証言している(巻末添付図1-1参照)。(102) 事実、アレクセイ・ポレヴォイの兄弟たちはそれぞれプガチョフの乱、アメリカにおける毛皮事業、ペルシアの暴動で死亡している。

またクールスク、ルィリスクの近隣であるネジンはギリシャの特権商人が多く居住し、トルコとの仲介貿易を通じて東方に毛皮を運んでいた。こうした地域の人々は多くが手代、狩猟業者としてシベリアに移動したと推測されるが、そのうち商売に成功した人々の中からイルクーツク商人として登録する者が現れたということであろう。

しかし一八二〇年代末以後におけるイルクーツク市外からの商人の流入は従来の毛皮交易の利益だけでなく、キャフタ貿易の成長と取引品目の変化によって引き付けられた人々を多く含んでいたと考えられる。この点については第四章でさらに詳しく分析する。

（1）ロシア語でヴォーロクと言う。隣接する河川同士の間に存在する陸上輸送路を示す地理用語。

（2）В. Н. Большаков, О судоходстве Восточной Сибири в конце XVIII вв., *Проблемы генезиса и развития капиталистических отношений в Сибири.* Барнаул. 1990. С. 7.

（3）ОПИ ГИМ Ф. 469. Оп. 1. Д. 2. Л. 2об.-5об. 一ヴェルスト≒一・〇六七キロメートルであり、一キロにほぼ等しい。エニセイスクからバイカル湖に至るアンガラ川の全長は一八七二ヴェルストであり、二〇〇〇ヴェルストというのは彼が従事した輸送ルートから見てほぼ片道の距離に相当する。В. К. Андриевич, *Исторический очерк Сибири. Т. IV.* С. 198.

（4）Н. В. Семивский, *Новейшие, любопытные и достоверные повествования о Восточной Сибири.* СПб., 1817. прибавления С. 65; Ф. А. Кудрявцев, Е. П. Силин, *Иркутск. Очерки по истории города.* С. 57.

（5）В. К. Андриевич, Там же.

（6）В. В. Воробьев, *Города южной части Восточной Сибири (историко-географические очерки).* Иркутск. 1959. С. 33.

（7）*СГРГ*, С. 802.

(8) *Краткая энциклопедия по истории купечества и коммерции Сибири. Т. 1. Кн. 1.* С. 17–18. ピョートル・イヴァノヴィチ・アヴデーエフの息子ピョートル・ペトロヴィチは第一章第三節2で触れたエカテリーナ・アヴデーエヴァ＝ポレヴァヤの夫（巻末添付図1-1参照）。

(9) В. Н. Большаков, О судоходстве Восточной Сибири в конце XVIII вв., С. 8-9.

(10) РГИА. Ф. 13. Оп. 1. Д. 414. Л. 1б.–5.

(11) С. С. Шашков, Сибирское общество в начале XIX в., *Дело.* 1879. №1. С. 67.

(12) *Краткая энциклопедия по истории купечества и коммерции Сибири. Т. 1. Кн. 2.* С. 136–137.

(13) オームリはバイカル湖で獲れる淡水魚で、イルクーツク住民の一般的食料品。

(14) ГАИО. Ф. 70. Оп. 1. Д. 2531–Л. 50об.–52.

(15) РГИА. Ф. 13. Оп. 2. Д. 387. Л. 5-6об. ただし同史料は保存状況が悪く、破損がひどいため、データの一部しか読み取れない。

(16) イヴァン・フョードロヴィチ・ドゥドロフスキーと弟のフョードルと思われる。巻末添付図1-6を参照。

(17) 商品記録の単位である箱（ヤーシチク）は通常二一・五プードと計算される。従って、これらの船の積載量は少なくとも二一〇〇―二六〇〇プード（≒三四―四二・六トン）相当と推測される。

(18) РГИА. Ф. 13. Оп. 2. Д. 468. Л. 1–об.

(19) РГАДА. Ф. 183. Оп. 1. Д. 12. Л. 1об.–2. これはロシア暦による凍結期間であり、西暦よりも一三日遅れていることから、現在の暦に換算すると一二月末から五月初め頃となる。冬の凍結期間はバイカル湖の氷の上を馬車輸送することが一般的だった。

(20) РГИА. Ф. 13. Оп. 1. Д. 370. Л. 1б.–об., 3.

(21) А. Мартос, *Письма о Восточной Сибири.* С. 136–137, 157–158.

(22) А. М. Сибиряков, *О путях сообщения и морских сношениях ея с другими странами.* СПб., 1907.

(23) В. К. Андриевич, *Исторический очерк Сибири. Т. IV.* С. 198, 199.

(24) В. Н. Большаков, О судоходстве Восточной Сибири в конце XVIII вв., С. 4

(25) В. Н. Большаков, О судоходстве Восточной Сибири в конце XVIII вв., С. 6.

(26) В. В. Воробьев, *Города южной части Восточной Сибири...* С. 54–55.

(27) О. Н. Вилков, Якутская ярмарка в XVII-начале XX в., *Гуманитарные науки в Сибири.* 1999. №2. С. 9–11.

(28) В. Н. Большаков, О судоходстве Восточной Сибири в конце XVIII вв., С. 4.

(29) 一八世紀から一九世紀前半におけるロシアのギルド制度の中で、他都市商人(イノゴロードヌィ・クペツ)という用語は、一般的にギルドの所属がある都市に在住し、商用で別の都市に出張している単なる来訪商人のことを指す。ギルド登録されていない、文字通り「他都市の」商人という意味である。この場合、他都市商人は特に法的な意味を持たない。しかし自分が活動する別の都市の市団においてギルド登録の手続きを踏めば、彼はその市団の構成員と見なされる。自分の所属と異なる他都市に登録するには、単に規定の税金を市に納めるだけではなく、地元市団の集会における「承認」を経てマギストラートにより正式登録することが必要だった。従って、法的な意味で他都市商人であるということは、登録地における取引を市団から正式に認められているということであった。通常一般的な意味の他都市商人も、法的な意味の他都市商人も、マギストラートなどの記録では一括して他都市商人と記載されているため、一見その違いはないように見える。しかしイルクーツクで問題であったのは、一般的な意味の他都市商人の多くが、法的な意味で他都市商人としてギルド登録していないという点であり、イルクーツク商人が地元商人の利益を優先するために一般的な意味の他都市商人による毛皮小売取引を禁止したことから、しばしば衝突が起こった。従って、本書では単に他地域の商人という意味で他都市商人という言葉を用いることもあるが、法的な意味で使用する場合はあらかじめ説明を入れることとする。

(30) В. К. Андриевич, *Исторический очерк Сибири.* Т. IV. С. 175; ГАИО. Ф. 70. Оп. 1. Д. 1128. Л. 36. 区画数と店舗数は一致しているわけではない。一八〇〇年前後には一つの区画で複数の商人、もしくは代理人が店舗を分け合っているのが普通であった。シチェカトフは『ロシア地理事典』の中で、イルクーツクの石造交易所における店舗数を二二四と記している。*СГРГ.* С. 800. また商人交易所の他に町人専用の町人交易所も存在した。

(31) ГАИО. Ф. 70. Оп. 1. Д. 1128. Л. 3–9, 37–44, 73–79, 88об.–92.

(32) А. Н. Радищев, Письмо о китайском торге (1792 г.), С. 66.

(33) ГАИО. Ф. 70. Оп. 1. Д. 1158. Л. 49–об. ただしこの年のイルクーツク商人の交易所利用に関する情報は記載されていない。

(34) ГАИО. Ф. 70. Оп. 1. Д. 1202. Л. 56–57.

(35) ГАИО. Ф. 70. Оп. 1. Д. 45. Л. 565–567об.; Д. 46. Л. 111–116об.; Д. 47. Л. 705–712, 714–720, 722–728, 738об.–751об.; Д. 48. Л. 240–276об.; Д. 50. Л. 644–659.

(36) Ф. А. Кудрявцев, Е. П. Силин, *Иркутск. Очерки по истории города*. С. 50–51.

(37) Г. Ф. Миллер, *Описание о торгах сибирских*. С. 64

(38) А. К. Корсак, *Историко-статискическое обозрение торговых сношений России с Китаем*. С. 113–116.

(39) РГАДА. Ф. 183. Д. 84. Л. 2-9.

(40) А. К. Корсак, *Историко-статискическое обозрение торговых сношений России с Китаем*. С. 100–104, 113–116, 215–219; 吉田金一「ロシアと清の貿易について」五五—五八頁。

(41) А. К. Корсак, *Историко-статискическое обозрение торговых сношений России с Китаем*. С. 175–176; 吉田金一「ロシアと清の貿易について」五六—五九頁。

(42) ГАИО. Ф. 70. Оп. 1. Д. 2002. Л. 1об.-14об.; Д. 2004. Л. 1-4об.; Д. 2005. Л. 1об.-17.

(43) ГАИО. Ф. 70. Оп. 1. Д. 1356. Л. 16об.-17.

(44) ただし同じ一八〇三年の史料によると、船で運搬されてきた商品四二〇〇プードを「馬車二四五台分」と計算しており、この数値に従えば馬車一台当たりの積載量は一七・一プード≒二八〇・八キログラムとなる。従ってこのデータはあくまで近似値に過ぎない。ГАИО. Ф. 70. Оп. 1. Д. 1356. Л. 16.

(45) ГАИО. Ф. 70. Оп. 1. Д. 1356. Л. 1об.-10об., 11об.-22.; Д. 1641. Л. 1об.-34об.

(46) ГАИО. Ф. 70. Оп. 1. Д. 1913. Л. 1（巻末添付史料3参照）; В. П. Шахеров, *Торгово-промышленное освоение Юго-Восточной Сибири в конце XVIII-первой трети XIX вв.*, С. 70; В. П. Шахеров, И. И. Козлов, Н. И. Гаврилова, В. С. Антонов, *Таможенное дело в Восточной Сибири и Забайкалье*. С. 38.

(47) А. В. Гринев, Российские колонии на Аляске. *История Русской Америки. Т. II*. М., 1999. С. 117.

(48) V. N. Berkh, *A Chronological History of the Discovery of the Aleutian Islands*... pp. 110-113.

(49) Письмо А. А. Баранова. Дж. Дж. Астору. Новоархангельск, 27 июля/8 фвгуста 1810г., Н. Н. Башкина и др. (сост.), *Россия и США: становление отношений 1765–1815*. М., 1980. С. 429–430.

(50) ロシア領アメリカの領域であるアメリカ北西沿岸周辺に出没していたアメリカ合衆国商船のこと。通常ボストン港から来ている船が多かったため、彼らのことをボストン人、その船をボストン船と呼んだ。ボストン船は一八三〇年代までゴールデン・ラウンドと呼ばれる世界一周ルートを使い、毛皮を広東で、中国商品をアメリカ合衆国で販売する独自の商業網を作り上げた。

(51) ホルモゴールィはイヴァン四世時代、アルハンゲリスク港が築かれる以前にイギリス人との貿易が最初に行われた港として知られる。

(52) 史料ではコルモゴルスキー・クペツ（Колмогорский купец）となっており、表記の異動と推測される。またエニセイスク北部にコルモゴロヴォ Колмогорово という町が存在しているが、ソローキンの登録地の変遷から見て、ホルモゴールィでほぼ間違いないであろう。

(53) ГАИО. Ф. 70. Оп. 1. Д. 2274. Л. 1–14об.; РГАДА. Ф. 183. Оп. 1. Д. 84а. Л. 156–157об.

(54) 序章第二節3でも簡単に触れたが、一八世紀ロシアにおいて自分の農業生産物を取引する「商業農民（トルゴーヴィエ・クリスチャーネ）」はギルド商人と競合関係にあり、国内流通において大きな位置を占めた。その代表がウラジーミル県ヴャズニキ村の農民集団であり、この土地からの商売人はヴャズニコフツィ（ヴャズニキ者）と呼ばれ、ロシア中央諸県からシベリアへ工業製品、布、本といった商品を運搬したことで知られた。*Краткая энциклопедия по истории купечества и коммерции Сибири. Т. 1. Кн. 2.* С. 53-54. 彼らは遠隔地であるにもかかわらず、自己の商品を伴ってイルクーツクへ往来した。ただし商業農民という言葉は身分や権利を指す用語ではなく、あくまで「商売にも従事している農民」という社会グループを指す俗称である。イルクーツク商人の出自におけるウラジーミル県、ヴャズニキ農民出身者については本章第三節参照。

(55) Е. Авдеева-Полевая, Записки и замечания о Сибири. *Записки иркутских жителей.* С. 55; А. П. Щапов, Сибирское общество до Сперанского. *Собрание сочений. Т. 3.* СПб., 1908. С. 651.

(56) ГАИО. Ф. 70. Оп. 1. Д. 1356. Л. 1об.–22; Д. 94. Л. 1–15об.; Д. 1443. Л. 1об.–25об.; Д. 1535. Л. 1об.–23; Д. 1641. Л. 1об.–34об.; Д. 1682. Л. 1–18; Д. 1803. Л. 1–17; Д. 2274. Л. 1–14об.

(57) Г. Ф. Миллер, *Описание о торгах сибирских.* С. 7.

(58) ГАИО. Ф. 70. Оп. 1. Д. 94. Л. 1–15об.; Д. 1356. Л. 1об.–22; Д. 1443. Л. 1об.–25об.

(59) Иркутск в статистическом отношении, *Сын отечества.* 1833. Т. 35. №20. С. 319; В. В. Воробьев, *Города южной части Восточной Сибири...* С. 52.

(60) А. Мартос, *Письма о Восточной Сибири.* С. 156.

(61) М. А. Александров, Воздушный тарантас или воспоминания о поездках по Восточной Сибири. Иркутск. (Лето 1827-го года). *Сборник историко-статистических сведений о Сибири и сопредельных ей странах. Т. 1.*

Вып. 1. СПб., 1875. С. 15.

(62) 「〔この世に存在しない〕鳥の乳以外」、つまり「この世に存在するありとあらゆるもの全て」を意味するロシア語の慣用句。アレクサンドロフの記録は、イルクーツク交易所前広場に多様な商品が集まっていた様子を生き生きと描写している。

(63) ГАИО. Ф. 70. Д. 1158. 同史料の Л. 7-8об. には、一七九三年一月一日にトチマ商人ピョートル・アレクセーヴィチ・ネラートフとアンドレヤン・アンドレーヴィチ・クズネツォフが登録許可をイルクーツク市マギストラートに請願しているが、ギルドの申告は一二月一日から一月一日に行われるものであり、彼らは提出が遅れた、よって、登録を許可できないとした例が記載されている。このようにマギストラートが許可しなければ、他都市商人が市団に登録することはできなかった。

(64) イルクーツクの行政組織については第三章第一節2を参照。

(65) Ф. А. Кудрявцев, Е. П. Силин, *Иркутск. Очерки по истории города.* С. 63.

(66) 一七六六年一二月の布告により招集された委員会で、元老院、参議院、郡・市の代表、国有地農民などが招かれた大規模なものであったが、最終的に具体的な成果は出なかった。田中陽兒・倉持俊一・和田春樹編『世界歴史大系　ロシア史2』七三―七四頁。立法委員会のイルクーツク県代表は都市民五名、移住者一名、異教徒二名の計八名であり、この中にシビリャコフも含まれていた。シベリアからの立法委員会参加者の構成、氏名、要望書などに関する情報は以下のゴロヴァチェフの文献にまとめられている。П. Головачев, *Сибирь в Екатерининской коммиссии. Этюд по истории XVIII века.* М., 1889. С. 13.

(67) Ф. А. Кудрявцев, Е. П. Силин, *Иркутск. Очерки по истории города.* С. 54-55.

(68) *Краткая энциклопедия по истории купечества и коммерции Сибири. Т. 1. Кн. 1.* С. 121-123.

(69) С. С. Шашков, Сибирское общество в начале XIX в., С. 72-76.

(70) В. К. Андриевич, *Исторический очерк Сибири. Т. IV*. С. 192-193.

(71) Ф. А. Кудрявцев, Е. П. Силин, *Иркутск. Очерки по истории города.* С. 63; А. В. Черных, *Ярмарки Иркутской губернии.* Иркутск. 1926. С. 1-2.

(72) П. И. Пежемский, В. А. Кротов, *Иркутская летопись. 1652-1856 г.*, С. 103.

(73) Извлечение из отчета Иркутскаго гражданского губернатора за 1839 г., *Журнал МВД.* 1840. №10. С. 3.

(74) Е. Авдеева-Полевая, Записки и замечания о Сибири. С. 16-17.

(75) В. П. Шахеров, И. И. Козлов, Н. И. Гаврилова, В. С. Антонов, *Таможенное дело в Восточной Сибири и*

Забайкалье. С. 41.

（76）ГАИО. Ф. 70. Оп. 1. Д. 1199. Л. 1–об.

（77）ГАИО. Ф. 70. Оп. 1. Д. 1714. Л. 16–20об.

（78）ГАИО. Ф. 70. Оп. 1. Д. 1908. Л. 28–29об.

（79）第一ギルド商人ニコライ・ペトロヴィチ・トラペズニコフ、第三ギルド商人マクシム・イヴァノヴィチ・デフテフ、ピョートル・ニコラエヴィチ・サラマトフのことか。

（80）これらの記録にはイルクーツク商人・町人の姓しか書かれておらず、実際に違反を犯した他都市商人の名前も記載されていないため、誰を指しているのかはっきりしない。イルクーツク商人息子ポポフとは、商人未亡人で第三ギルドのアクリーナ・ステパノヴナ・ポポヴァの息子たちの一人を指していると推測される。またプロトジヤコノフとはフョードル・アンドレーヴィチ・プロトジヤコノフのことであろう（巻末添付表4参照）。

（81）В. И. Вагин, *Историческия сведения о деятельности графа М. М. Сперанскаго в Сибири с 1819 по 1822 год. Т. 1.* СПб., 1872. С. 322. ヴァギンの言う「対立」とは、言うまでもなくイルクーツク県知事トレスキンとイルクーツク商人の衝突のことである。これについては第四章参照。

（82）元老院採決は一八二四年七月一七日で、マギストラート命令から実に七年もかかったことになる。

（83）С. С. Шашков, Там же. セラフィム・セラフィモヴィチ・シャシコフ（一八四一—一八八二年）はイルクーツクの聖職者を父に、商人家系であるドミートレイ・ミハイロヴィチ・シビリャコフの娘セラフィマを母としている（巻末添付図1-14b参照）。彼の祖父ドミートレイは町人だったが、シビリャコフ家の親戚として、商人家系にまつわる様々な逸話を記録に残している。

（84）В. П. Шахеров, Экономико-правовые аспекты классово-сословной структуры сибирского города в период позднего феодализма. *Экономическая политика царизма в Сибири в XIX–начале XX века.* Иркутск. 1984. С. 7.

（85）一般にロシア国内で商業が活発なシーズンは一一月から二月の冬季である。特にシベリアの場合、春と秋は雪解け、雨による泥濘期間に当たり、馬車輸送が著しく困難になった。さらにイルビート定期市、ニジェゴロド定期市など、東シベリア、西シベリア、ヨーロッパ・ロシア地域の定期市への輸送関係、毛皮、穀物の集散時期の関係などから、冬季の取引が最も活発となった。

(86) レヴィージャはピョートル一世時代に導入された制度。徴税と徴兵を目的として始められたため、当初は男性担税民のみ調査されていたが、後に女性のデータも捕捉するようになった。しかし税金は全国人口調査の記録に従って徴収され、なおかつ調査記録が十数年サイクルで更新されたため、すでに亡くなっている男子構成員も「死せる魂」として記録に残り、人頭税が課された。商人の場合人頭税を免除され、市議会・ギルド局の各年記録があるためレヴィージャの更新はあまり影響がなかった。ただし市議会・ギルド局のギルド台帳の場合、家族構成員の年齢は数年おきにしか更新されなかった。こうした記載の違いから、レヴィージャは家族構成員の正確な年齢、生没年、女性構成員を知る際の重要な史料となっている。

(87) ГАИО. Ф. 70. Оп. 1. Д. 1913. Л. 1(巻末添付文書史料3参照); В. П. Шахеров, *Торгово-промышленное освоение Юго-Восточной Сибири в конце XVIII–первой трети XIX вв.*, С. 70; В. П. Шахеров, И. И. Козлов, Н. И. Гаврилова, В. С. Антонов, *Таможенное дело в Восточной Сибири и Забайкалье*. С. 38.

(88) 巻末添付表4に示したように、ヤコフ・プロターソフは一七九三年まで第二ギルド、ステパン・フョードロヴィチ・キセリョフは一七九二—一八〇一年、一八〇八年に第二ギルド、ニコライ・ムィリニコフも一七九三年まで第二ギルドであり、規定に従うならば彼らにキャフタ貿易の資格はないはずであった。イルクーツクの有力商人である彼らでさえ、当時はキャフタ貿易に必要な法的基準を満たしていなかった。

(89) ペレドフシチコフはその後トレスキンによる商人弾圧事件の渦中の人物となる。詳しくは第四章第一節2参照。

(90) С. С. Шашков, Сибирское общество в начале XIX в., С. 105–106. 彼は第四章で触れるトレスキンの取り巻きの一人だった人物である。

(91) А. Ковалева, Иркутский благотворитель. *Земля Иркутская*. №5. Иркутск. 1996. С. 25.

(92) ロシア・アメリカ会社支配人ピョートル・マトヴェーヴィチ・ブルダーコフのことと推測される。

(93) Е. Авдеева-Полевая, Записки и замечания о Сибири. С. 16–17. このほか、母方が改宗ブリャート人である歴史家アファナシー・シチャーポフは、イルクーツク県のブリャート人とロシア人の関係について次のように評している。「ブリャート人たちはずっとロシア人との商取引を二つの敵対する氏族間の競争のように見ていた。このため長いこと彼らはグループを組んだり、組合単位で商いをしたりしてロシア人の村、とりわけイルクーツク市へ出かけた」。А. П. Щапов, Эгоистические инстинкты в ленской народной общине бурятской улусной, оседло-инородческой и русско-крестьянской. *Собрание сочинений. Дополнительный том к изданию 1905–1908 гг.*, Иркутск. 1937. С. 233–234. ただしシチャーポフの論文は情緒的表現が多く、歴史学の文献としては扱いに注意を要する。シチャーポフの以上の主張に対し、ソ連時代の歴史家クドリャフツェフはロシア人とブリャート人の友好関係の方を強調している。Ф. А. Кудрявцев, *История бурят-монгольского народа от XVII в. до 60-х годов XIX в., Очерки.* С. 104–106.（邦訳、クドリャフツェフ『ブリヤート蒙古民族史』一八一―一八六頁）クドリャフツェフは徹底した古文書史料調査による実証研究を試みているが、ソ連史学の確立期に当たる晩年の研究ではシベリア史に発展段階史観、階級闘争史観を当てはめて説明する傾向が強く、こちらも今後史料の見直し、歴史の読み替えが必要であろう。

（94）Е. Авдеева-Полевая, Записки и замечания о Сибири. С. 21.

（95）ГАИО. Ф. 70. Оп. 1. Д. 2074. Л. 8об. ウチュガノフを除くイルクーツク商人はすべてがロシア正教徒であり、また分離派（ラスコーリニキ、古儀式派〔スタロオブリャッツィ〕とも呼ばれる。アレクセイ・ミハイロヴィチ帝時代の典礼改革により生じたロシア正教異端派の一つ）などが含まれていなかった点が大きな特徴である。ただしザバイカリエ地域には分離派教徒の集落が存在し、П・Т・バスニンの手記には彼の手代として働いていた分離派教徒ロガチョフのことが記述されている。П. П. Баснин, Из прошлаго Сибири. Мученики и мучители. Публикация П. Т. Баснина. *Исторический вестник.* 1902. ноябрь. С. 550.

（96）ГАИО. Ф. 70. Оп. 1. Д. 1443. Л. 1об.–25об.

（97）*Краткая энциклопедия по истории купечества и коммерции Сибири. Т. 1–4.* Новосибирск. 1994–1999. 同事典のデータは一次史料と比較して誤記や矛盾する記述を多々含んでいるが、シベリア商人に関する膨大な地誌研究成果をまとめている点では現在最も有益な手引書である。

（98）Raymond H. Fisher, *The Russian Fur Trade 1550–1700.* pp. 23–24

（99）吉田金一『近代露清関係史』一一二―一一三頁。

（100）Э. Г. Истомина, *Водные пути России во второй половине XVIII–начале XIX века.* С. 132–133; A. Kahan, *The plow, the hammer, and the knout.* pp. 247–248.

（101）V. N. Berkh, *A Chronological History of the Discovery of the Aleutian Islands...* pp. 98–107.

（102）Н. Полевой, *Очерки русской литературы. Сочинение Николая Полевого. Ч. 1.* СПб., 1839. С. XXV.

第三章　イルクーツク商人と地元行政の関係

東シベリアの新興都市イルクーツクにおける行政の整備には多くの困難が生じた。その理由として、第一にシベリアにおける土地貴族の不在、第二に官僚そのものの人材不足と質の問題、第三に首都から遠隔地域であることによる腐敗の構造を挙げることができる。しかしこうした諸条件は一方でイルクーツクにおける商人階層の優位性をもたらし、彼らの社会的役割と地位は、ヨーロッパ・ロシア地域におけるそれと比べるとはるかに重要なものとなった。北京貿易とキャフタ貿易の開始による人口増加の中で、イルクーツクにはヨーロッパ・ロシアと全く異なる気質・慣習・風土が醸成されていき、その蓄積が一九世紀第1四半期におけるシベリア総督ペステリ、イルクーツク県知事トレスキンと商人団の衝突となって現れた。トレスキン事件を理解するには、それ以前にイルクーツクにおいて形成された行政と商人の関係を構造的に理解する必要がある。特に一八世紀半ばに起こったクルィロフ事件は当時のシベリア行政が抱えていた矛盾と問題点の縮図であり、これにより多くのイルクーツク商人が物理的被害を蒙ることになった。本章ではその過程を分析することで、イルクーツク社会において商人が果たした義務と役割、行政との力関係について検討し、これらの諸関係が商人の経営に及ぼした影響について考察していく。

一　シベリアの制度改革とイルクーツク行政の整備――クルィロフ事件以前を中心に

1　地方長官区から副知事区への変遷

第一章で述べたように、イルクーツクは一六五二年にアンガラ川の中州に位置するジャチー島に建設された冬営地を出発点とし、一六六一年にこれが同川右岸に移されて「要塞」となった。イルクーツク要塞建設の目的は、エニセイスク・コサックによるブリャート人からのヤサク徴収であり、エニセイスク市の補佐的な役割を担っていた。このためイルクーツクの古い区画は二つの塔（バーシニャ。見張り所）を角に、もう一つの塔を木造の柵（パリサード）に配し、先住民の襲撃に備えていた（図3-1）。その後イルクーツク行政官の地位はシベリア支配の強化と共に徐々に格上げされており、ガゲメイステルはイルクーツクの行政組織と行政官の地位の変化を五つの時期に区分している（表3-1参照）。

一六五二―一六六一年の財務官、一六六一―一六八二年の委員という地位が示すように、初期のイルクーツク行政官の役割は専ら徴税であった。しかしその後地方長官職が置かれたことからも分かるように、イルクーツク行政官の役割は先住ブリャート人からヤサクを徴収して周辺地域を統括しつつ、彼らの反乱や襲撃に備えて軍事的職務を遂行することが中心となった(1)。初期の頃、彼らはシベリア庁の直属であった。特にネルチンスク条約締結時にはザバイカリエ地方のネルチンスクが対清外交における重要拠点であり、イルクーツクは東シベリアの小規模集落に過ぎなかった。しかしその後ピョートル一世が地方行政改革を開始し、一七〇八年ロシアに県制度が導入されると、シベリア庁は廃止されてシベリア県（シビルスカヤ・グベルニヤ）が創設され、その領域はトボリスク地方（トボリスカヤ・プロヴィンツィヤ）とイルクーツク地方（イルクーツカヤ・プロヴィンツィヤ）の二行政区に分割された。これにはトボリスク、エニセイスク、チュメニ、トムスク、イルクーツクなど二六の都市が含まれ、イルクーツク長官はトボリスクに設けられたシベリア県知事の配下となった。しかし一七一九年に起こったシベリア県知事ガガーリンの汚職収賄事件により、シベリア県は三地方に分割され、各地方に副知事が置かれることになった。ただしイルクーツクにようやく副知事が置かれたのは、シベリア庁復活の翌年、一七三一年のことである。これらの諸改革は行政官の綱紀粛正を目的としていたが、彼らの職権乱用体質は相変わらずであった。さらに一七五八年から起こったクルィロフ事件は、イルクーツク副知事が行政官として全く機能していない事実を露呈した。これらの事件を背景として政府はさらなる行政改革を目指し、一七六四年に異民族の王国である「シベリア王国」を創設すると、その領域をシベリア県とイルクーツク県(イルクーツクカヤ・グベルニヤ)に分割し、イルクーツク副知事を県知事に格上げした。[2]

図3-1　イルクーツク要塞のセルギエフスキー塔(レベジンスキー画：石版，1929年)

出典：Б. Лебединский, *Иркутский острог. Краткий исторический иллюстрированный очерк.* Иркутск. 1929.

それではイルクーツ

表3-1　イルクーツク行政の変化

年	行政組織	統率の主体，もしくは行政官
1652-1661年	イルクーツク冬営地	財務官(カジョンヌィ・プリカーシチク)
1661-1682年	イルクーツク要塞	委員(コミッサール)
1682-1731年	イルクーツク市	地方長官(ヴォエヴォーダ)
1731-1764年	イルクーツク市	副知事(ヴィッツェ・グベルナートル)
1764-1783年	イルクーツク市	県知事(グベルナートル)
1783-1797年	イルクーツク総督府(ナメースニチェストヴォ)	総督(ナメースニク)

出典：Ю. А. Гагемейстер, *Статистическое обозрение Сибири. Ч. II.* С. 172; И. В. Щеглов, *Хронологический перечень важнейших данных из истории Сибири.* С. 78, 191-195, 206-207 (シチェグロフ『シベリヤ年代史』148-149, 384-385, 387-392, 411-414頁)

ク行政官たちは地元でどのような政策を行っていたのであろうか。結論から言えば、彼らは中央からの遠隔性を利用し、しばしば暴政を行った。ここではイルクーツク行政改革の一つの分岐点となったクルィロフ事件以前を中心に、行政官が引き起こした職権乱用事件について、イルクーツク年代記などの記述を基に整理する。年代記によると、一六九五年イヴァン・ガガーリン公爵(在任一六九二―一六九五年)の後任としてイルクーツク長官となったアファナシー・サヴェリエフ(在任一六九五―一六九九年)は部下の給与を取り上げて着服するなど、強欲な行政官であったと記録されている。その後イルクーツク長官となったラヴレンチー・ラキーチン(在任一七一四―一七一六年、一七一七―一七一八年)は、一七一七年に北京貿易から帰還する商人ミハイロ・グシャートニコフのキャラバンを出迎えるためザバイカリエ地方に出かけ、そこで「トボリスク知事(シベリア県知事のこと―訳注)マトヴェイ・ガガーリンからの指示」と称して彼らから金銀や中国商品を掠奪した。(3) 第一章第一節2で説明したように、この時期の北京貿易は清朝政府による受け入れ停止が決定事項となり、ロシア政府に申し入れが行われていた。その後ガガーリンはペテルブルクに召還され、絞首刑に処された。(4)

地方長官時代のイルクーツク行政については、年代記の記述が少ないため詳しいことは分からない。しかしイルクーツク行政官の暴虐事件に関する記述が特に多くなるのはキャフタ貿易の開始後、一七三一年イルクーツク長官が副知事に格上げされて大きな権限を持つようになってからである。この格上げは結果的に行政官の暴虐行為を増幅させることになった。初代副知事に任命されたのは五等官（スタツキー・ソヴェートニク）[5]のアレクセイ・ジョロボフ（在任一七三二—一七三三年）[6]である。彼は目に余る職権乱用を行ったとされており、政府はすぐに後任者を派遣した。後任のスィチンは一七三三年一月五日にイルクーツクに到着したが、速やかに交替・着任することができなかった。スィチン到着時、ジョロボフはザバイカリエに出張中で、副知事邸からは全ての家具が運び出されており、スィチンは最初の晩を床に寝て過ごさねばならなかったという。まもなく帰還したジョロボフから数々の侮辱を受けたスィチンは、「憤りのあまり」同年二月二日に亡くなった。年代記には詳細が書かれていないが、ジョロボフは最初からスィチンの追い出しを狙っていたと推測される。この事件を受け、貴族イヴァン・リトヴィンツェフ、書記官タターリノフ、コサック長リソフスキーらが他の貴族・小貴族と共にジョロボフの追放を謀り、その後任にスィチンの幼い息子を据えてセレンギンスク勤務のブフゴリッツ大尉を後見人にしようと計画した。イルクーツク主教[7]の死去に伴い主教管区監督官を兼ねていたパイシーもこれに協力し、修道院の聖職者たちに対し、スィチンの息子を後任にする任命書への署名を強要した。ところがこの事実を知ったジョロボフは聖職者たちを集め、タターリノフが作成した請願書を地方事務局に返還するよう求める文書に署名させた。さらにトボリスク総督に対しては、リトヴィンツェフらが集会を行って陰謀を計画していると報告した。ジョロボフの味方についたのは当時ブルゴミストルであったマクシム・ミャスニコフ（一七〇二—一七五六年）[8]ら一部のイルクーツク商人であり、彼らに自分の留任請願書へ署名させた。こうした素早い行動が効を奏し、トボリスクのシベリア県知事は調査官兼副知事に任命されたアレクセイ・ミハイロヴィチ・スハレフ（在任一七三三—一七三四年）の到着までジョロボフがその職務を遂行することを許可した。その間、ジョロボフはタターリノフとリトヴィンツェフを公開鞭打ち刑にしたり、イルクーツク商人の中で留任請願書への署名を拒否した者たちへの「復讐」を画策したりした。しかし一〇月にスハレフがイルクーツクに到着し、一年以上にわたる調査を行うと、一七三四年にペテルブルクから派遣されてきたプーシチンがジョロボフ、スィチン息子、リトヴィンツェフらを連行して同地へ帰還した。この結果、一七三六年七月一日にジョロボフはペテルブルクで斬首刑に処された。[9]

ジョロボフ、スハレフの後任アンドレイ・グリゴリエヴィチ・プレシチェーエフ(在任一七三四―一七三七年)も同じく汚職行政官として知られる。イルクーツク年代記は彼について次のように語る。「事務仕事に暗く、強欲で、商工業者たちの贈り物が少ないと彼らを鞭(プレーチとクヌート)で打ち、役所の勤務者を圧迫した。自分の支持者たちを饗応し、酩酊するまで様々な酒を飲ませることを常に好んだ」。[10]しかしプレシチェーエフに関する驚くべきエピソードは、イルクーツク主教インノケンチー・ネルノヴィチ(インノケンチー二世)との争いである。インノケンチーはかなり気性の激しい人物だったらしく、両者は敵対関係だった。記録によると、あるとき徴税請負人グラズノフ宅でプレシチェーエフに侮辱されたインノケンチーが船で逃げ出し、市の対岸にあるヴォズネセンスキー修道院に辿り着いたことがあった。それが後世、修道院のあるアンガラ川左岸と、副知事邸のある右岸から、両者が大砲で砲撃し合ったという伝承として残った。これは単なる風説であって史実ではないが、当時のイルクーツク主教と行政官の関係をよく象徴している。[11]プレシチェーエフの後任アレクセイ・ユリエヴィチ・ビビコフ(在任一七三七―一七三八年)もまた同様に、インノケンチーと敵対関係であった。

しかしビビコフの後任者ローレンツ・ランゲ(在任一七三九―一七五二年)[12]、その次にキャフタから転任したイヴァン・イヴァノヴィチ・ヴリフ(在任一七五三―一七六五年)は、全く別の理由からイルクーツク行政を混乱させた。両者とも無欲かつ善良な人物として知られ、住民にも部下にも愛想の良い人物だったため、地元住民の間では彼らに関する良い印象だけが残った。問題は彼らがイルクーツク行政に無関心な態度を取り、義務を放棄して「ことなかれ主義」だったことである。彼らの在任期間中、イルクーツク行政を掌握したのは書記官グリゴリー・ベレゾフスキーとイヴァン・イヴァノフという人物である。ランゲ在任中の行政についてはイルクーツク年代記に次のように記録されている。「〔ランゲは〕その後数人の部下たち、特に書記ベレゾフスキーにすっかり任せきりになって何もしなくなり、まもなく業務上様々な混乱が生じた。何人かの住民は鞭打たれ、他の場所に流刑された。貧者は袖の下を払うことができぬために圧政を耐え忍び、金持ちは贈り物のおかげで常に正しく、お上の慈悲を享受した。盗み、掠奪、とりわけブリャート人による家畜泥棒が増え、探索はされなかった。泥棒は何度も捕まったにもかかわらず、犯人は分からなかった。国庫の徴収は放置され、賃料は値切られ、請負業は高値で与えられた[13]」。

以上の記述が示すように、副知事が公正に行うべき行政の監督を行わず、行政が一部の役人の恣意と賄賂によって左右される状態となったため、副知事は単なるお飾りになってしまった。しかも彼らの前任者の時期よりもイルクーツクの治安が悪化したということは、すでに行政による統制力が全く機能しなくなったことを示している。一七五八年にペテルブルクから査察官クルィロフが派遣されてきたのは、イルクーツク行政が「善良な副知事」ヴリフの下で混乱に陥っている時期であった。後述するように、クルィロフ事件でその標的となったのはイルクーツク商人、とりわけ自治組織マギストラートに選出された市長たちであり、事件収拾に動いたのは教会と地元住民であった。そこで次節では当時のイルクーツクの自治組織の役割とその機能について概観する。

2　自治組織の整備と商人の勤務

序章で説明したように、ピョートル改革期における急激な近代化は都市行政においても試みられ、ヨーロッパ的な自治制度がロシアの諸都市に導入された。こうした制度改革はヨーロッパ・ロシア地域に留まらず、シベリアにおいても断行された。

すでに触れたように一七〇〇年から一七二二年までのイルクーツクの人口の伸びは大きく、毛皮交易、キャフタ貿易の利益を求める人々がヨーロッパ・ロシア地域からこの地域に流入した。このため一七二一年の制度改正でヨーロッパ・ロシアの諸都市にマギストラート制度が導入されると、一七二二年にトボリスク市マギストラートが設けられ、その管轄下にイルクーツク市会が設けられた[14]。このときブルゴミストルに選出されたのはミハイロ・スホイ、セミョン・グラニンの二人であり[15]、市参事会員は商人プロコピー・ヴェルホフツェフ、イヴァン・トルマチョフ、サーヴァ・コトフの三人であった[16]。同年には貴族地方裁判所も設けられ、徐々に自治組織の整備が行われた。イルクーツク年代記によると、一七二三年のマギストラート構成員には一七二二年市会構成員に選出されたメンバーがそのまま残ったという。しかしその翌年にイルクーツク市会が廃止され、イルクーツク市マギストラートが正式に設けられた。ただしこのときプレジデントは選出されなかったようである。しかしЛ・C・ラフィエンコのデータによると、その後トボリスクをはじめとするシベリアの主要都市ではブルゴミストルの上にプレジデントが選出されており、イルクーツクでも同様の手続きが取られるようになった[17]。

参考のため、ラフィエンコが調査したイルクーツク県マギストラート（後述）構成員を以下に挙げる（表3-2）。

この表が示すように、イルクーツク県マギストラートに選出されたのは多くが富裕商人たちであり、一七五九—一七六〇年を除いてトボリスクと同じくプレジデントが選出されていたことが分かる。例えばミハイロ・グラズノフは絹工場所有者で、中央ロシア地域に毛皮を輸送していたことで知られる。イヴァン・ヴォロシロフはキャフタにおける毛皮交易と大規模製塩業に従事していた。例外は一七六四—一七六六年に選出されたステファン・サモイロフ、レフ・トルネフで、彼らはどのような出自の人物かほとんど分からない。この時期にマギストラート構成員の数が激減しているのは、クルィロフ事件によって旧来のイルクーツク富裕商人層が没落したためと推測される。県マギストラートの主な役割は人頭税徴収であり、政府は選出された富裕商人に責任を持たせることで、税収を確保しようとした[18]。そしてさらに重要な点は、この自治組織の仕事があくまで国家への奉仕（勤務）を目的とし、無給で行われたことである。本来富裕商人ほど商取引のため遠隔地へ出張（オトルーチカ）することが多いが、マギストラート職員に選出されると定期的に会合を開かねばならず、三年にわたって市内に拘束

表3-2　イルクーツク県マギストラートの構成

期間	地位	名前	身分
1744-1745年	プレジデント	M. グラズノフ	第1ギルド，資本15000ルーブル
	ブルゴミストル	マクシム・ミャスニコフ	第1ギルド
	ブルゴミストル	イヴァン・ペストフスキー	不明
	参事会員	イヴァン・エレゾフ	第1ギルド，資本3000ルーブル
	参事会員	Ф. トルチャニノフ	不明
1748-1750年	プレジデント	M. グラズノフ	第1ギルド
	ブルゴミストル	マクシム・ミャスニコフ	商人(ギルド不明)
	ブルゴミストル	ニコライ・ブレチャロフ	第1ギルド，資本23000ルーブル
	参事会員	イヴァン・エレゾフ	第1ギルド
	参事会員	ピョートル・ラザレフ	不明
1755-1757年	プレジデント	M. グラズノフ(1756年まで)	第1ギルド
	ブルゴミストル	イヴァン・ヴォロシロフ	第1ギルド，資本10000ルーブル
	ブルゴミストル	ニコライ・ブレチャロフ	第1ギルド
	参事会員	イヴァン・シェバシェフ	不明
	参事会員	ヴァシリー・エレゾフ	第1ギルド，資本2000ルーブル
1759-1760年	ブルゴミストル	イヴァン・ヴォロシロフ	第1ギルド
	ブルゴミストル	ニコライ・ブレチャロフ	不明
	参事会員	ヴェルホフツェフ	不明
	参事会員	ヴァシリー・エレゾフ	第1ギルド
	参事会員	グラズノフ	不明
1764-1766年	プレジデント	ステファン・サモイロフ	不明
	ブルゴミストル	レフ・トルネフ	不明
	参事会員	ミハイル・リャザンツェフ	不明

出典：Л. С. Рафиенко, Социальный состав сибирских магистратов в 40-80-х гг. XVIII в., С. 91-93.

されることは重い負担であった。

現実に、自治組織としてのイルクーツク県マギストラートがうまく機能していなかったことはジョロボフ事件の経緯を見ても明らかである。ブルゴミストルのミャスニコフはジョロボフに協力し、行政に対するマギストラートの自立性を保ちえなかった。しかし問題はそれだけではない。同じくブルゴミストルであるヴォロシロフの場合は一七四六―一七五〇年に酒税・事務税の徴税請負人となり、毎年三万ルーブルの利益を上げていた。法律により、徴税代理人がヤサク民の居住地域に入って毛皮を交換することは禁じられていたにもかかわらず、ヴォロシロフはヴェルフネヴィリュイスキー冬営地、スレドネヴィリュイスキー冬営地[19]で商売をし、住民に金貸しをすることにより「たった一ルーブルでリス五〇枚、オコジョ二〇枚」を購入していたという[20]。またヤクーツクでは彼の代理人が公定価格よりはるかに高値で商品を販売しているという噂がイルクーツク役場に届いた。この調査のためザモシチコフ准尉が指揮する調査班が派遣されたが、後になってこのザモシチコフはヴァシリー・ヴォロシロフ(イヴァン・ヴォロシロフの弟[21])の親戚で、先述のイルクーツク書記官グリゴリー・ベレゾフスキーの友人であることが発覚した[22]。つまり、マギストラート職員であるヴォロシロフと役人であるベレゾフスキーは最初から癒着関係にあり、このためマギストラートは自治組織としての役割を果たすよりも、むしろイルクーツクにおける職権乱用の温床として機能していた。

制度的枠組みから見た場合、イルクーツクでは商人が多いため自治組織の維持がまだ可能だったが、周辺の小規模都市では市会選出者を確保することさえ困難だった。一七二八年、全国のマギストラート廃止に伴い、イルクーツク市マギストラートも一旦廃止され、再び市会組織に戻った。これにより、イルクーツク市会はイルクーツク役場の管轄下に入ることになった[23]。その後一七四三年に全国の諸都市で市マギストラートが復活し、イルクーツクにも再び設けられた。しかし東シベリアの小規模諸都市全てにおいて市マギストラートを維持することはやはり不可能と判明した。このため一七四五年には市会組織を残してイルクーツク県マギストラートが設置された。これはイルクーツク県諸都市（イルクーツク、イリムスク、バラガンスク、ヴェルフネウジンスク、セレンギンスク）の各市会を統括するために設けられた組織であり、イルクーツクの市マギストラートが復活したものではなかった。これらの諸都市ではもともとブルゴミストル、市参事会員に選出される商人身分の絶対数が不足し、マギストラートを維持できないために市会組織のみが存在していたが、それらの自治機能を維持するため、イルクーツク市において県マギストラートが統括を任された。このほかにも、商人たちには商人長老（クペーチェスキー・スターロスタ）、交易所長（スターロスタ・ゴスチンノヴォ・ドヴォラ）など、様々な自治職を務める義務があった。

イルクーツク市マギストラートが復活するのは、「都市への恵与状」公布の前年、一七八四年に県マギストラートが廃止され、市会が市マギストラートに改組されたときである。さらにイルクーツクの町人身分は市マギストラート事務が発行する指示文書の書き方を教えるため、子弟を差し出す義務があった。これは当時のマギストラート職員で読み書きのできる人材を確保するのが困難だったからである。イルクーツク市議会は「都市への恵与状」の公布から遅れて一七八七年に開設され、初代市長としてミハイロ・シビリャコフが選出された[24]。

このようにイルクーツクの自治組織は政府の都市制度改変による修正を受けつつ、めまぐるしく変化した。政府は都市におけるヨーロッパ的な自治組織の創出を求め、富裕商人たちにその責任を委ねようとした。特にエカテリーナ二世の改革はロシアにおける第三身分の創出を目的としていた。しかしロシアに自治を根付かせるには商工業階層の成長と都市の繁栄が基盤として必要であり、そのような歴史的条件が整っていないなかで自治組織を軌道に乗せるためには時間を要した。特に一八世紀前半のイルクーツク市住民は一部の富裕商人を除くとほとんどが中小商人の集まりであり、市会、マギストラート職員となるのは限られた富裕商人だけであった。中間層が薄いイルクーツクの住民構成から見て、彼らは行政官から自立性を保つだけの力はなく、また住民の利益を必ずしも代表する存在ではなかった。その一方で彼らは役人との癒着関係に陥りやすく、しばしば職権乱用の温床ともなった。しかしその状況に変化が見られ始めるのが一八世紀半ばのクルィロフ事件以後の時期である。

二　クルィロフ事件の経緯

1　市の酒請負業と査察官の派遣

ロシアにおける酒の醸造・販売は国家の管轄下にあり、酒請負業者には資力のある富裕商人が選ばれ、政府に一定額を支払うことで専売特権を与えられた[25]。イルクーツクの場合は市会およびマギストラートが酒の販売を請け負い、ブルゴミストル、参事会員たちがその業務に従事していた。しかしこの請負業を巡っては、イルクーツク県マギストラートによる利益着服が疑われ、一七五八年にペテルブルクから八等文官ピョートル・ニキーフォロヴィチ・クルィロフが派遣されてきた。第一節で述べたように、同時期のイルクーツク行政は副知事ヴリフの下で混乱し、書記官ベレゾフスキーが役場業務を牛耳っていた。このため富裕商人である県マギストラート職員たちがベレゾフスキーらに便宜を図ってもらい、酒請負業に関する目こぼしが行われていた可能性が十分ある。クルィロフ事件は酒の専売制度における貴族と商人の競合関係、辺境地イルクーツクの物資供給に関連する商人の汚職、シベリア統治制度の矛盾、イルクーツク行政の混乱、キャフタ貿易に従事する富裕商人の存在など、いくつかの要素が重なって起きた異常な事件であった。この事件については様々な文献で「恐ろしいクルィロフ時代[26]」として記録されているが、その経緯は非常に複雑であるため、年代記などの記録を中心に時系列順に見ていくことにしよう。

一七五六年元老院局長(オーベル・プロクロール・セナータ)であったアレクサンドル・イヴァノヴィチ・グレ

ボフ[27]は、イルクーツク県に酒を一ヴェドロ当たり一ルーブル四二コペイカで納入する請負契約をシベリア県庁と結び、これにより年間五万七五八五ルーブルの収入を得る見込みであった。ところがイルクーツク商人側はこれに対して提示価格による支払いを拒否し、一ヴェドロ当たり一ルーブル以上では契約に同意しないと返答した。グレボフは同年に代理人として商人エヴレイノフを派遣し、イルクーツク県内の醸造権を貴族身分に限定する一七五五年九月一九日の法令を根拠として、同地における貴族身分以外の酒造を禁じた[28]。だが副知事ヴリフは、イルクーツク県内遠隔地の醸造工場を他の身分の者たちにも与えていることを理由に、グレボフの命令を執行できないと報告した。当時イルクーツク県内では森林地域に建てられたバラックで私的な酒醸造業が行われていた。この報告を受けたグレボフは、イルクーツクで酒の販売に関連して職権乱用が行われていると元老院に申し立て、一七五八年一月一三日元老院事務局より査察官としてクルィロフを派遣することを決定した[29]。

クルィロフ派遣の直前、グレボフはイルクーツクのマギストラート職員宛てに次のような非難の手紙を書いている。「私はあなた方の奇妙な事業とおかしな行動に驚かずにはいられません。これは清廉潔白な国の人間にはありえないことです[30]」。文面の清廉潔白という表現とは裏腹に、グレボフは自己の既得権益を当然と考え、専売による利益を独占しようとした。このため彼はイルクーツク県における酒請負業の競走相手として商人たちが障害となることに苛立ちを示した。法律的には酒の密造と価格操作は重大な違反であり、従来のやり方を改めようとしないイルクーツク県マギストラートと、その状況を黙認してグレボフの指示に従わない副知事ヴリフは共犯者と見なされた。こうした経緯から、ヴリフもクルィロフ事件の被害者として巻き込まれることになった。

イルクーツクに到着したクルィロフは、当初役場の役人や地元住民の目に清廉潔白で善良な人物と映った。イルクーツク年代記にはこの時期の彼の様子について次のように記述されている。「彼の行動全てが善良な魂を示し、あらゆる身分の人々、とりわけ商人に対する愛想の良さに、彼らは贈り物で感謝の気持ちを表した。彼はその贈り物が多いか少ないかにかかわらず全てを受け取り、皆を満足させた」。ここで言う「善良な官吏」とは、言い換えれば商人の醸造業に対して厳しい査察をしない人物に見えた、ということであろう。しかし年代記の記述は、その直後にクルィロフの本性が現れたことを伝えている。「こうした全てのことを通じ、彼は誰がどのような暮らし向きか、金持ちか貧乏人か、などを把握した。カシタク〔森の中の私有バラック〕の所有者たちは酒を醸造・販売し、全てが通常通りに過ぎていった。ところが半年もたたないうちに、クルィロフは性格を豹変させ、様々な悪事、とりわけ醸造施設を経営している商人に対する残虐行為に没頭した」[31]。

まずクルィロフは県マギストラート、県庁の両方で一七二九―一七五八年の酒税関連書類を差し押さえ、マギストラート職員を逮捕・交替させ、申し開きの手段を封じた。書類調査の結果、酒造関連の報告が虚偽であると判断すると、クルィロフはブルゴミストルのニコライ・ブレチャロフ、参事会員のセミョン・ヴェルホフツェフを呼び出し、書類に関する回答を求め、彼らを恫喝して盗難罪で告発した。ブレチャロフらは、書類の下書きが県マギストラートにあるはずだから、すぐに取りに行って文書を作成すると答えた。するとクルィロフは新旧のマギストラート職員を鉄枷につなぎ、厳重な監視をつけるよう命じた。その上で彼らと他の商人たちに建物、商品などの資産リストを書かせ、彼らが泥棒であると公表するよう命じた。これが終わると、クルィロフはマギストラートの裁判所に彼らを集め、請負金を盗んで隠匿したと認めるよう説得した。ところが商人側は誰一人罪を自白しようとしなかった。このとき怒り狂ったクルィロフは被告人たちに飛びかかって殴打したり、壁に押さえつけたりし、鞭打ちを命じたという。イルクーツク年代記によると、「ブルゴミストルのブレチャロフは後者〔鞭打ち―訳注〕の拷問に耐え切れず、恫喝の恐怖と良心の呵責に苛まれ、酒造には一ヴェドロ当たり五〇―六〇コペイカの費用がかかったところを一ルーブルに見せかけ、差額を自分たちで山分けしたと、不公平ながら証言せねばならなかった」[32]。ブレチャロフの証言に力を得たクルィロフはさらに残りの者たちを恫喝し、自白しない者をさらに鞭打った。この拷問でミハイロ・グラズノフ、マクシム・グラズノフ、ヴァシリー・ヴォロシロフが自白した。しかしそれ以外の者たちは頑強に自白を拒んだ[33]。

以上の経緯を見ると、グレボフは拷問によって自白を強要することで、マギストラート職員の職権乱用の実態を暴くことに成功したように見える。こうしたクルィロフの査察とペテルブルクにおける元老院の働きかけによって、グレボフはイルクーツク県内における酒請負業の競争者を全て排除し、一七五八年には向こう七年間、年間で五万八〇〇〇ルーブルの酒請負権を獲得することに成功した。[34]

しかしここで問題であるのは、クルィロフの「残虐行為」がマギストラート職員の自白を引き出した後も終了しなかったことである。彼は自白を拒んだイルクーツク商人に加え、事件に全く関わりのない地元住民に対しても、査察の権限から外れた掠奪行為を開始した。

2　クルィロフ事件における地元住民の被害

クルィロフは再び拷問を開始し、イルクーツク商人たちが自分の命令全てに従うように仕向けた。しかもその過程で、一七五九年一二月一三日にイルクーツクの富裕毛皮業者イヴァン・ビチェヴィンが拷問死した。[35] クルィロフはビチェヴィンの拷問現場に自ら足を運び、彼が命じた一二回の鞭打ちを免除する代わりに、三万ルーブル支払うよう強要したという。さらにクルィロフはビチェヴィンを含むイルクーツク商人数十人から総額一五万五〇〇〇ルーブル相当の金や資産を没収し、それらを自ら着服したり、売り飛ばしたりした。ある記録では被害総額が三〇万ルーブルに上ると言われており、また別の記録によれば、イルクーツク市民の物品を売り払って国庫に入った額が九万三一二〇ルーブル、クルィロフに追随した商人たちの懐に入った額が八一四二ルーブル、計一〇万一二六二ルーブル、そのほかに「クルィロフ委員会」が被害者から追徴した金額が三七八〇ルーブル余り、さらに酒の販売代金として徴収した額が七万ルーブルとされている。このように、クルィロフが掠奪・破壊した物品の被害額は判明しているだけでも相当の額に上った。[36] 彼は死亡したビチェヴィンの資産から真珠、銀などの高価な品を取り上げ、自分のお気に入りの者たちに与えた。このときビチェヴィンから取り上げられた資産は、記録されている三万ルーブルに加え、売り払った品が二万二〇〇〇ルーブル余りだったという。ビチェヴィンの資産に関しては毛皮事業の記録以外にはっきりしたことは分からないが、伝承によると金貨、銀貨を樽詰めにして所有し、銅貨は壁に備え付けられた隠し倉庫の樽に保管していた、とされている。[37]

富裕毛皮業者ビチェヴィンの死亡と財産没収の衝撃は他のイルクーツク商人たちを震え上がらせた。有力商人家系の一つ、シビリャコフ家の小アレクセイ（巻末添付図1-14a参照）はクルィロフの残虐さを恐れ、妻子を残してイルクーツクを出奔した。これを知ったクルィロフは、アレクセイが自分を告発するためペテルブルクに出発したのではないかと考え、彼の妻と兄弟を呼び出すと、妻を鉄枷につなぎ、アレクセイがどこに消えたか自白するまで兄弟を鞭打った。さらに自らアレクセイの家を捜索し、部下をヴェルホトゥリエなどに派遣して行方を捜索させた。だがアレクセイがどこに隠れたのかは最後まで判明せず、彼はクルィロフ事件収束後にようやくイルクーツクに戻ってきたという。[38]

またイルクーツク商人たちの自白後、クルィロフは商人ヴァシリー・ヤコヴレヴィチ・エレゾフ（一七三〇―一七六二年。一七五九―一七六〇年にイルクーツク・県マギストラートの参事会員）をペテルブルクに派遣し、グレボフに対して酒の販売費用を隠匿した事実について謝罪させ、慈悲を乞うよう強要した。その際、クルィロフはエレゾフの出張費用と称して三万ルーブルをイルクーツク商人から強制的に徴収した。[39]

またクルィロフはイルクーツクで商人イヴァン・アファナシエヴィチ・ミャスニコフ（一七三八―？年）[40]宅を滞在先にし、ここを「小さな要塞」にしていたという。彼はイルクーツクの地元兵士が滞在先の警護をすることを拒否し、自費でセレンギンスクから兵士を召集して警護させた。彼は滞在中ミャスニコフ家の人々を召使い扱いし、同家を絶望的な状況に追い込んだという。クルィロフはイルクーツクに自分の農奴たちも連れてきており、彼と召使いの滞在費用一切をミャスニコフに支払わなかった。ミャスニコフの年老いた母親ヴェーラは何度も脅され、殴打された。さらにクルィロフはミャスニコフの妻ダリヤも暴行し、誘惑した挙句、誘いに応じなかったとして夫であるミャスニコフに彼女の処罰を命じた。[41] クルィロフの一連の行動は、「ポストイ(宿営)」と呼ばれる農村地域における軍への民家無償供出義務を想起させる。

こうしたクルィロフの掠奪・乱暴行為に対し、イルクーツク行政は全く機能しなかった。上述のミャスニコフ邸の向かいにはヴォロシロフ邸があり、クルィロフはイヴァン・ヴォロシロフに命じて娘のプラスコヴィヤを自分のところに寄こすよう強要した。父親のイヴァンは副知事ヴリフにこの事実を訴えたものの、ヴリフは「クルィロフは元老院から派遣されてきているから、彼が地元行政に従う義務はない」と答え、抗議する姿勢を全く示さなかったという。[42] ヴリフの答えはイルクーツク行政がクルィロフの暴虐行為に対する介入を拒絶したということを示している。クルィロフはさらに増長し、ヴリフを追放して自分が副知事に就任しようと画策した。一七六〇年四月、イルクーツク商人ヴァシリー・ザイツェフ宅にクルィロフ、ヴリフ以下多くの役人が客として招かれていたときのこと、クルィロフはヴリフの県政が弱腰であり、国庫が横領されていると非難した。これに対してヴリフは自己弁護しつつ、クルィロフの行為と委託された査察結果について指摘した(この点について年代記には内容がはっきり書かれていないが、ヴリフはクルィロフの暴虐行為を婉曲に指摘したのであろう)。しかしこれに怒ったクルィロフはヴリフを激しく侮辱し、彼を逮捕して自ら副知事になると宣言した。[43] そしてヴリフを更迭してクルィロフを副知事にするよう請願する内容の嘆願書を作成し、地元住民に署名させてペテルブルクへ送った。[44]

査察官であるクルィロフが政府の任命ではなく、独断によって副知事になろうとした事実も異様であるが、驚くべきはイルクーツク行政が彼の増長を全く防げなかったことである。クルィロフが自前の警護団を作り上げてイルクーツク行政に手出しをさせないよう威嚇していたこともこうした事態に至った理由の一つかもしれないが、彼の行為が黙認されている事実を見る限り、ジョロボフ事件、ことなかれ主義のランゲ、ヴリフの統治時代を経ても、イルクーツク行政の不安定な構図は全く変わっていなかったと言わざるをえない。書記官ベレゾフスキーによる県政掌握という職権乱用の構図を放置したことは、クルィロフの査察行動をエスカレートさせ、結果的に地元商人に甚大な被害を与え、富裕層を没落させることになった。

しかしクルィロフが副知事になろうと画策するに至って、イルクーツク社会は彼の追放に動いた。これに協力したのが、かつてイルクーツク行政と敵対関係にあった教会である。

3 キャフタ貿易への影響

この時期のイルクーツク主教はソフロニー(在任一七五四—一七七一年)[45]である。ソフロニーはイルクーツク主教就任以前にサンクト・ペテルブルクのアレクサンドル・ネフスキー修道院長を務めており、中央とのパイプを持つ人物だった。地元住民がソフロニーにクルィロフの乱脈行為を訴えた際、ソフロニーは住民を守るためにクルィロフに対する諫言を行った。しかしクルィロフは聞く耳を持たず、暴虐行為を繰り返した。このため住民たちはソフロニーに対し、女帝エリザヴェータ・ペトロヴナ宛てに自筆の特別報告書を作成してくれるよう要請した。ソフロニーの文書は、県庁および地元住民が作成した嘆願書と共にペテルブルクに発送するため密かに準備された。しかしクルィロフの副知事任命を請願する嘆願書を携えた使者はすでにイルクーツクを出発しており、ソフロニーの報告書と住民の嘆願書をエリザヴェータ・ペトロヴナに確実に送り届ける必要があった。急使として選ばれたのはコニュホフ軍曹という人物である。

コニュホフは一七六〇年八月にイルクーツクを出発し、途中トボリスクでクルィロフの使者に追いついた。年代記によると、コニュホフはこの使者の親しい知人であったため、数日間そこに逗留して休息するよう彼を説得し、酩酊させて眠り込んだところを出し抜いて、先にペテルブルクへ到着したという。コニュホフは到着したその足で府主教の元に行き、女帝への速やかな報告を要請した。これが効を奏し、クルィロフの逮捕・拘束とモスクワ送致の命令書が出され、コニュホフはこれを携えて同年一一月八日にイルクーツクへ帰還した。

命令書を受け取ったヴリフは陪席判事フョードロフ、ヴラディキン、書記官ブルセンツォフ、コサック二五人を引き連れ、真夜中にクルィロフのいるミャスニコフ邸へ向かった。このときの経緯はイルクーツク年代記に詳しいが、ここでは割愛する。役人ブルセンツォフが逮捕状を読み上げると、クルィロフは武器を取り上げられ拘束された状態で、自分は指示に従って国家に奉仕しただけであり、むしろ賞与に値するはずだ、逮捕される謂れはないと主張した。こうした反駁にもかかわらず彼は逮捕され、厳重な監視下に置かれた。その後クルィロフは拘束状態のままイルクーツクに留置されたが、一七六一年五月二九日の勅令により取調べが打ち切られ、元老院にクルィロフ裁判のための特別委員会が設けられた後、同年一一月二〇日にモスクワに送致された。(46)

図 3-2　イルクーツク主教ソフロニー(イルクーツク美術館蔵)

出典：*Сибирский порторет XVIII–начала XX века.* СПб., 1994.

しかしその後のクルィロフについては、ジョロボフらの前例とは異なり厳しい処分が下されなかったと見られる。女帝エリザヴェータが厳罰に処すよう命じたにもかかわらず、グレボフが影響力を行使し、調査を引き延ばしたからである。さらに一七六一年エリザヴェータ女帝崩御によりピョートル三世(在位一七六一—一七六二年)が即位し、それに伴いグレボフは検事総長(ゲネラル・プロクロル)に任命された。このためクルィロフ事件はそのまま忘れ去られるかに見えた。その翌年ピョートル三世が廃位され、エカテリーナ二世が即位すると、グレボフはイルクーツク商人の代理人たちから受け取った金の一部を返却し、彼らが元老院に和解調停の請願書を提出するよう画策した。しかしエカテリーナはクルィロフ事件に関心を示し、一七六二年一二月四日の勅令で元老院に解決を命じた。そこで一七六四年初めに元老院が事件の報告書を提出すると、エカテリーナは一七六四年二月三日の勅令でグレボフとクルィロフに対し元老院が許してきた不公正を非難し、グレボフから検事総長その他の地位を剝奪し、事件に関与させないよう命じた。[47] クルィロフに関しては、死刑に値するとしたものの、その代わりイルクーツクでの鞭打ちと永久徒刑が命じられた。[48]

だがクルィロフに対する処分は結局下されなかったようである。イルクーツク年代記には、「クルィロフにどのような決定が下されたのか、彼がどこでどのように生涯を終えたのか不明である。ただ、エカテリーナ女帝がクルィロフ裁判のときに元老院に臨席したことが知られているのみである」と書かれている。[49] 一方、あるイルクーツク住民がペテルブルクに出かけた際、偶然通りを「平和そうにぶらぶらと歩いている」クルィロフを見かけたという。[50] いずれにしても、その後の彼の消息について詳しいことは分かっていない。エカテリーナ二世が自ら臨席して裁判が進められたにもかかわらず、当事者に厳罰が下されなかったことは一見奇妙に見えるが、事件の責任者はあくまでグレボフであり、クルィロフはその手先として利用されただけと判断されたのかもしれない。

以上の経緯が示すように、クルィロフ事件は地方における中央政府高官の職権乱用という根深い問題を背景として生じた疑獄事件であり、その衝撃はエカテリーナ二世も審理に深い関心を寄せるほどであった。その後一七六四年にシベリア王国が創設され、イルクーツク行政官を副知事から県知事に昇格させたことは、シベリア行政の綱紀粛正を図る制度改革の一環として捉えることができる。政府は行政官の格上げと権限強化によって、シベリアにおける職権乱用の悪循環に対処しようとした。

ここで本書の分析対象である、イルクーツク商人の経営に対する影響に目を向けてみよう。クルィロフ事件の結果、イルクーツク住民は大きな被害を蒙った。事件では第一ギルド商人イヴァン・ヴォロシロフが一万二〇〇〇ルーブル、ミハイロ・グラズノフとマクシム・グラズノフがそれぞれ一万五〇〇〇ルーブル、ヴァシリー・ヴォロシロフが四八〇〇ルーブルもの資産を没収された。[51]これによりビチェヴィン、グラズノフ、ブレチャロフらの第一ギルド商人が破産した。またニキーフォル・トラペズニコフ没後、しばらくイルクーツク商人による毛皮事業が行われなかったことも確かである（第一章および巻末添付表1参照）。しかし、ここで注意しなければならないのは、イルクーツク商人の毛皮事業の停滞の背景として、一七六一年のキャフタ貿易停止、事業費用増大によるヨーロッパ・ロシア商人の優位性、毛皮事業会社の再編といういくつかの要因が存在しているということである。つまり、クルィロフ事件だけがイルクーツク商人の経営に打撃を与えた唯一の原因とは言えない。事実、ニキーフォル・トラペズニコフ破産の主な原因は所有船三隻の難破であって、クルィロフ事件とは直接関係ない。[52]また同じく損害を蒙ったヴォロシロフ家の場合、イヴァンとヴァシリーの兄弟はクルィロフ事件後も事業を継続しており、一七六八年時点でヤクーツクに少なくとも四〇〇〇―五〇〇〇プードの塩を請負納入した事実が記録されている。[53]またヴァシリーの孫であるアファナセイ・フョードロヴィチ・ヴォロシロフは一九世紀初頭にイルクーツク商人ギルドに登録しており、ヴォロシロフ家が商人家系として途絶えたわけではない（巻末添付表4参照）。第二章第三節3「一世代前・二世代前の出自から見た古参商人」でも指摘したように、クルィロフ事件の災禍を生き残ったイルクーツク商人家系はいくつも存在した。その中にはシビリャコフ家のように二〇世紀初頭まで命脈を保った商人家系も含まれている。

クルィロフ事件が多数の富裕商人を破産させた異常な事件であることは間違いない。しかしその被害はイルクーツク商人の経営を阻害した複数要因の一つであって、この事件だけを強調するのは公正ではない。むしろ、注目されるのは事件後にイルクーツク商人の勢力が強化され、彼らによる行政官更迭が慣習化していったという地元社会の変化である。事件によって物質的な被害を蒙った一方、イルクーツク商人団および市団の結束が萌芽し始めたという意味で、クルィロフ事件はイルクーツク社会の一つの分岐点と見なすことができる。

三　一八世紀後半における行政権力と自治組織の関係

1　密告・嘆願による行政官の更迭

クルィロフ事件後のイルクーツク行政と地元商人の関係について、ヴァギンが収集した史料集『シベリアにおけるM・M・スペランスキー伯爵の活動に関する歴史情報』の中に、しばしば引用される同時代の役人ニコライ・ペトロヴィチ・ブラートフの証言がある。「彼（県知事トレスキン―第四章参照）以前の地元商人はあまりにも力が強く、五、六人の県知事たちが――良いか悪いかは分からないが――彼らの嘆願によって交代させられた」[54]。クルィロフ事件ではイルクーツク行政と教会、地元住民が互いに手を結んで官僚の逮捕・更迭に成功し、彼らの嘆願書が中央政府に対して影響力を持ちうるということが証明された。そのため地元商人はこの経験を踏襲し、対立する行政官たちに関して嘆願書を通じて政府に密告することで、イルクーツク行政を牛耳ることに成功した。しかし上記の「五、六人の県知事たちが彼らの嘆願によって交代させられた」という言葉はどの程度正しいのだろうか。嘆願が実際に行われた時期を検討すると、クルィロフ事件以後しばらくの間はイルクーツクにおける行政官更迭の動きが影を潜め、平穏が保たれていたように見える。しかし地元商人が事件の痛手から立ち直り、毛皮事業とキャフタ貿易によってある程度勢力を回復してくる時期に、嘆願の動きが再び本格化してくる。以下、行政官とイルクーツク商人との間に具体的にどのような衝突があったのか、検討していく。

イルクーツク初代県知事となったのはカルル・リヴォヴィチ・フォン・フラウエンドルフ[55]（在任一七六五―一七六

七年)である。彼はイルクーツクの都市整備が遅れていることに注目し、これを改善しようとした。事実、当時のイルクーツクは都市計画に基づく整備事業が全く行われておらず、民家が野放図に配置されていた。ある家は厠が街路にはみ出し、また家の門に巨大な庇をつけているものもあり、窓のつけ方も統一性がなく無秩序だった。民家の多くが菜園を所有しており、なかでもビール醸造のためのホップ栽培が盛んであった。街路も狭く曲がりくねっており、道路も全く舗装されておらず、春から夏にかけて通ることもできないほど泥濘と水溜りがひどかった。(56) このためフラウエンドルフは整備事業に着手したが、まもなくその努力は無駄だと諦めた。何より、フラウエンドルフ自身が一七六七年に亡くなったため、イルクーツク商人との対立は顕在化しなかった。(57)

フラウンエドルフの後任となったアダム・イヴァノヴィチ・ブリル(在任一七六七―一七七六年)はフラウエンドルフが開催を計画した定期市を導入し、比較的有益な政策を行ったが、やはり都市整備事業のために家庭内菜園のホップ畑を禁止したり、清掃していない街路に厳しい罰金を課したりするなどの措置を試みた。しかし一一年間にわたる長期在任期間中、ブリルとイルクーツク市団の対立は顕在化しなかった。問題が起こってくるのはブリルの後任者フョードル・グレボヴィチ・ネムツォフ(在任一七七六―一七七九年)の頃である。彼は毛皮業者を含む商人たちへの職権乱用行為で、激しい反発を受けた。彼の場合、都市整備事業における違反者の鞭打ちなど生易しい方であったという。(58) しかしネムツォフに対する告発が行われたのは彼の後任フランツ・ニコラエヴィチ・クリチカ(在任一七七九―一七八三年)の在任中であった。クリチカを通じて政府に届けられた商人の訴状によると、ネムツォフは「……金が不足しているときや、その他の個人的理由のために、莫大な額の現金・商品を」グリゴリー・シェリホフから受け取ったという。ここで言う商品とはもちろん毛皮のことである。さらにネムツォフはヤクーツク商人レベジェフ＝ラストチキンから自分の執事の給与一〇〇〇ルーブルを徴収し、ネムツォフを取り巻く役人であるチトーフ少尉、レニャコフ中尉、ポヴァリーシン准尉らが賄賂を要求し、国の命令とは関係ない厳しい徴発を行った。

ただしネムツォフはこれらの職権乱用が原因でイルクーツク県知事を罷免されたわけではなく、その後トボリスク県知事に転任している。『ロシア領アメリカ史』共同執筆者А・Ю・ペトロフとЛ・М・トロイツカヤは、ネムツォフに対する真剣な告発が行われ、数百ページにわたる告発文書に商人の訴えが書き連ねられていることを紹介している。この告発によりエカテリーナ二世はネムツォフの調査を命じ、一七七九年一〇月八日、九日に本人からの事情聴取が行われた。ネムツォフはポヴァリーシンが行った職権乱用行為として、「ツングース(エヴェンキ―訳注)の公を死亡するまで鞭打った罪」だけを認め、拘束された。その後ポヴァリーシンは「シェリホフが貴族である自分を侮辱した」としてネムツォフに訴えたが、シェリホフにとって幸いなことに、この件に関する請願は許可されなかった。商人の告発に対し、ネムツォフは実質的な「密告者」がいない点(この場合文書があくまで行政報告書であって、嘆願書ではないことを指していると思われる)を説明し、イルクーツク商人が市検事ブルツォフをそそのかして訴えを起こしたこと、自分がブルツォフとの間に良好な関係を築けなかったことが訴えを起こされた原因だと弁明した。元老院はネムツォフの説明に納得し、審議は終了した。[59] この結果について、事件を分析したペトロフ、トロツカヤは、商人たち(この場合毛皮業者)がその後「高貴な」役人たちと議論しないことを選び、彼らの好意を得ることに専念したと指摘している。少なくともイルクーツク商人の場合、この状態が初代イルクーツク総督イヴァン・ヴァルフォロメーヴィチ・ヤコビ(在任一七八三―一七八九年)の時期まで続いた。特にクリチカの行政は平穏を保ち、「善意と分別によって、イルクーツク市民の心に長く輝かしい記憶として残った」[60]と記録されている。

その後シベリア行政官の職権乱用を防ぐため、一七八二年にトボリスク総督府が、一七八三年にイルクーツク総督府が設けられ、イルクーツク市に県知事と総督の両方が駐在することになった。グリゴリー・シェリホフと親しい友人関係にあり、その毛皮事業構想を支持したイルクーツク総督ヤコビは、中央から多くの役人を伴ってイルクーツクに赴任し、地元行政の整備に尽力した。特に彼の時代にはゴリコフ・シェリホフ会社によって北太平洋地域における毛皮事業会社の統合が進み、イルクーツクがその拠点となった。またフィンランド系スウェーデン人キリル・ラクスマンをはじめとする一流の学者がイルクーツクを訪れ、キャフタ貿易の成長と相乗効果をもたらし、「シベリアのパリ」と呼ばれる隆盛を見せ始めた。[61] 一七八五年には再びキャフタ貿易が停止されるという打撃もあったが、第一章で説明したようにこの時期トムスク商人ヤコフ・プロターソフがイルクーツク商人ギルドに登録し、ステパン・フョードロヴィチ・キセリョフも含めたイルクーツク商人による毛皮事業が再開しており、ゴリコフ・シェリホフ会社の毛皮事業との提携関係が築かれつつあった。つまりヤコビ時代のイルクーツク商人は毛皮事業とキャフタ貿易を軸にクルィロフ事件の痛手から立ち直り、繁栄を謳歌し始めていた。

しかしイルクーツクにおけるヤコビの振舞いについては、豪奢で享楽的な生活を送っていたことが指摘されており、「シベリアのサトラップ（暴吏）」もしくは「シバリト（古代ギリシャの享楽の町シバリスの住民）」にたとえる評価もある。[62] 事実、イルクーツク商人たちはヤコビの行政に不満を抱き、「このような掠奪者との唯一の闘争手段として訴訟と密告を行った」。これは一七八五年にニコライ・プロコピエヴィチ・ムィリニコフが総督ヤコビからの圧力について訴える嘆願書をエカテリーナ二世に送ったことを指している。[63] しかしエカテリーナ二世はこの嘆願書について次のように書いた。「『シベリアのヤコビ事件』と題する数千枚の調書を読んだが、それによって私たちは告げ口、いいかげんな噂、誹謗中傷以外の何ものをも見出すことができなかった」。エカテリーナはムィリニコフの訴えの大部分が取るに足りないものと受け取ったようだが、この嘆願の結果ヤコビは裁判にかけられた。それにもかかわらず、彼は弁明手段を駆使して事件を混乱させ、密告に関する調査を難航させた。ヤコビがイルクーツク総督を罷免されたのはムィリニコフの嘆願から四年後のことである。

制度上の問題を考察すると、ヤコビに関する嘆願が行われた一七八五年は「都市への恵与状」が発布された年であり、市団と市議会が法制化された事実を指摘することができる。イルクーツク市議会が正式に設置されたのは一七八七年であるが、初代市長はミハイロ・シビリャコフであり、イルクーツク市団の取りまとめが従来よりも容易になっただろうことは十分考えられる。

ヤコビの次にイルクーツク総督となったのはイタリア系軍人のボリス・ボリソヴィチ・レツァノ（在任一七九五—一八〇二年）であるが、彼は一七九八年の総督制度廃止に伴いフリストフォル・アンドレーヴィチ・フォン・トレイデン（在任一七九七—一七九八年）の後任としてイルクーツク軍政知事となった。この間、軍政知事と共にイルクーツク県知事も並存しており、イラリオン・チモフェーヴィチ・ナーゲリ（在任一七九一—一七九七年）に続いてピョートル・ヤコヴレヴィチ・アルシェネフスキー（在任一七九八年九月五日—二五日）、アレクセイ・イヴァノヴィチ・トルストイ（在任一七九八年九月二五日—一八〇〇年）らが同職を務めた。しかし一八〇三年に再び総督制度が復活すると軍政知事が廃止され、ニコライ・ペトロヴィチ・レベジェフ（在任一八〇〇—一八〇三年）が最後のイルクーツク軍政知事となった。新たなシベリア総督にはイヴァン・オシポヴィチ・セリフォントフ（在任一八〇三—一八〇六年）が任命された。レツァノからセリフォントフまでの間、イルクーツク商人ミハイロ・ヴァシリエヴィチ・シビリャコフ、ニコライ・プロコピエヴィチ・ムィリニコフが主導する市団からの嘆願書が相次いで政府に送られた(64)。特にレツァノとの対立は利権問題も絡んで複雑化した。

シベリアの歴史家シャシコフによると、レツァノは誠実だが気性の激しい人物で、同じく気性の荒いミハイロ・シビリャコフと衝突して一歩も譲らなかったという。事件の発端となったのは穀物販売に関する件である。イルクーツク商人は農民から穀物を購入し、極端な価格引き上げ操作を行った。しかしレツァノは軍に食料を供給し、住民に小麦粉を安価に販売するため、穀物を国庫で買い上げた。レツァノの措置に対してシビリャコフの仲間ムィリニコフとドゥドロフスキーが自分の代理人を農村に派遣し、国庫より高値で穀物を買い取り、さらに農民に手付金を渡して篭絡することで、国庫への穀物販売をやめさせた。こうして彼らは穀物価格を当初の八〇コペイカから二ルーブル、三ルーブルと引き上げていった。この頃イルクーツク県知事トルストイがレツァノに対して反抗的になってきており、さらにちょうどこのとき全国人口調査のためイルクーツクを訪れていたセリフォントフをこの件で味方につけた。商人たちは穀物のみならず肉の取引に関しても同様の価格操作を行っていた。レツァノは当初肉の公定価格を一プード当たり一ルーブル二〇コペイカと定め、精肉業者たちもこれに一旦同意したが、後日になって彼らはこの公定価格を拒否した。激怒したレツァノは精肉業者たちを鞭打ち、買付人から肉、小麦粉を没収した。彼はこうした物価統制策を通じてイルクーツク商人と敵対関係になった。またレツァノが取り組んだ市の衛生改善政策にも住民が猛反発した。非常に興味深いことに、善政を試みたはずのレツァノの治世には「県内が悪党、貧者で一杯となり、盗み、殺人、強盗が始まった」と証言されている。(66)このように、レツァノの場合は市生活の改善を図ろうとする行動全てが裏目に出る結果となり、敵対者となったシビリャコフらは建設事業に絡む公金横領、鞭打ちによる手工業者への処罰などの罪でレツァノを告発し、皇帝に密告書を送った。(67)

しかし元老院がレツァノに関するシビリャコフの嘆願書を審査した結果、レツァノに職権乱用の証拠は認められなかった。(68)レツァノの交代に際して本当にシビリャコフらの密告が寄与したのか、はっきりしたことは分からないが、少なくともシビリャコフが密告の手を緩めなかったことは確かである。シャシコフは次のように記述している。「これら告発が全て正しいとしても、この場合の密告はきれいなやり方にはほど遠かった。なぜならシビリャコフと彼の同類たちは常に県知事を告発したことと全く同じことをしていたからだ」。(69)つまり、イルクーツク商人たちは毛皮交易、穀物・塩・肉の請負業などに関連して、自己の利益を守るために汚い手段にも手を染めており、その結果、清廉潔白なレツァノと真っ向から衝突する形となった。

シベリア総督に就任したセリフォントフの場合、ロシア政府がシベリアにおける行政官の職権乱用を防止し、綱紀粛正を図ろうとしたため、より大きな権限を与えられた。彼がシベリアに赴任した際には「全ての者が平伏し、沈黙した」と伝えられている。しかし彼は政府が期待する強力な総督権力を実行することはできなかった。彼の在任中、その寵臣や愛人、総督府の官僚ヴァクリンといった取り巻きが権力を握り、賄賂・職権乱用の横行状態は全く変わらなかった。セリフォントフがシベリア総督を解任された直接の契機は、一八〇五年にイルクーツクを訪れた遣中使節ゴロフキン伯爵に対し、イルクーツク県知事アレクセイ・ミハイロヴィチ・コルニーロフ(在任一八〇五―一八〇六年)がイルクーツクの現状をつぶさに伝えたことであるという。この結果セリフォントフは解任と同時に首都へ来ることを禁じられた。[70]

一方で、イルクーツク市団は県知事や総督ではなく、シビリャコフ、ムィリニコフらを支持した。それはいったいなぜなのだろうか。

2 シビリャコフ家とイルクーツク市団

イルクーツクでは一七八四年に県マギストラートが廃止され、市会が市マギストラートに改組されて自治組織が運営されていたが、一七八七年一月一日にイルクーツク市議会が設置され、以後市マギストラートと市議会が並立することになった。[71] すでに市議会開設の前に職員が選出されており、初代市長には前述の第一ギルド商人ミハイロ・ヴァシリエヴィチ・シビリャコフ(巻末添付図1-14a参照)、市議会議員その他の職には商人ピョートル・ポポフ、アンドレイ・サヴァテーエフ、ドミートレイ・プリャーエフ、グリゴリー・トルスコフ、ピョートル・クズネツォフ、アレクセイ・フェレフェロフ、ミハイロ・ロジオノフ、ピョートル・ロストルグーエフ、イヴァン・マースレンニコフ、ラヴレンチー・イシュトキンが就任した。

イルクーツク市議会の構成は他のロシア諸都市と同じく、事実上商人が中心であった。市議会市長については第四章のトレスキン事件とも関連してくるため、表3-3に選出者リストを掲載しておく。

リストを概観して分かるように、市長職を務めた商人の身分は初期の第三ギルドから第二ギルド、第一ギルドへと徐々に変化している。これは第一章で指摘したように、イルクーツク商人の富裕層がギルド法の改正によっ

表 3-3　イルクーツク市議会の市長

年	名前	身分
1787-1789 (1790？)	ミハイロ・ヴァシリエヴィチ・シビリャコフ	第1ギルド[1] 第3ギルド商人ヴァシーレイ・アファナシエヴィチ・シビリャコフ息子
1790-1792 (1793？)	イリヤ・アンドレーヴィチ・シーズィフ	第2ギルド商人アンドレイ・ペトロヴィチ・シーズィフ息子
1793-1795 (1796？)	ミハイロ・ヴァシリエヴィチ・シビリャコフ	第3ギルド商人ヴァシリー・アファナシエヴィチ・シビリャコフ息子
1796-1798	グリゴレイ・サヴォヴィチ・バジェーノフ	第2ギルド商人
1799-1801 (1802？)	ピョートル・イヴァノヴィチ・アヴデーエフ	第2ギルド商人
1802-1805	ドミートレイ・アンドレーヴィチ・シーズィフ	第2ギルド商人
1805-1808	ドミートレイ・ニコラエヴィチ・ムィリニコフ(1806年没により交代) ステパン・フョードロヴィチ・ドゥドロフスキー	第1ギルド商人ニコライ・プロコピエヴィチ・ムィリニコフ息子 第2ギルド商人
1808-1814	ミハイロ・イヴァノヴィチ・サヴァテーエフ	第1ギルド商人アンドレイ・イヴァノヴィチ・サヴァテーエフ兄弟[2]
1814-1817	プロコペイ・フョードロヴィチ・メドヴェードニコフ	第1ギルド商人
1817-1825	クセノフォント・ミハイロヴィチ・シビリャコフ	第1ギルド商人

注1) ギルド台帳によると，この時期ミハイロ・ヴァシリエヴィチ・シビリャコフはまだ独立しておらず，父親のヴァシーレイも第3ギルド商人と記録されている。
注2) 1812年独立して第2ギルドに登録。
出典：Иркутские городские головы. *Иркутская старина. №2.* Иркутск. 1994. С. 25; http://mus.irk.ru/museum/article.php?article.119; П. И. Пежемский, В. А. Кротов, *Иркутская летопись. 1652–1856 г.,* С. 116.

て第一ギルドに登録するようになったからである(巻末添付表2参照)。しかしここで重要となるのはその顔ぶれである。ミハイロ・シビリャコフは一八〇八年に第一ギルドに登録しており(巻末添付表4参照)、名実共にイルクーツクの富裕商人であった。彼は上記の市長職だけではなく、一七七九―一七八〇年に県マギストラートのプレジデントも務めた。さらに一八〇五年市長となったドミートレイ・ニコラエヴィチ・ムィリニコフはミハイロ・シビリャコフの息子クセノフォントの岳父であり、その後任となったステパン・フョードロヴィチ・ドゥドロフスキーの息子オシプはニコライ・プロコピエヴィチ・ムィリニコフの娘エカテリーナと結婚していた(巻末添付図1-6、1-12、1-14b参照)。これらイルクーツク商人の富裕層は事実上ムィリニコフ家、シビリャコフ家を中心とする親族関係にあった。さらに彼らの事業面を見ると、第一章で触れた合同アメリカ会社において、ムィリニコフとドゥドロフスキーがそれぞれ株主となっており、ロシア・アメリカ会社の株主にはシビリャコフ家も加わって非常に密接な関係にあった。[72]

以上のように、イルクーツク市議会の運営主導権を握っていたのがシビリャコフ家、ムィリニコフ家、ドゥドロフスキー家であり、その中でも密告嘆願書の作成によってイルクーツク市団の主導者と見なされたのがシビリャコフ家である。

クルィロフ事件で姿を消した先述の小アレクセイ・アファナシエヴィチ・シビリャコフの場合、一七六六年のエカテリーナ立法委員会招集の際、イルクーツク商人の代表に選ばれて要望書を作成した。シビリャコフ家の人々はイルクーツクで「法律に明るい人物」として知られており、嘆願文書の作成方法もよく知っていたらしい。クルィロフがアレクセイの失踪と嘆願を非常に恐れた背景には、彼を含めたイルクーツク商人が「密告屋、訴訟好き(ヤーベドニク)」として有名だったという事実がある。[73]

密告の浸透はアレクセイ・ミハイロヴィチ帝時代、一六四九年に『会議法典(ソボールノエ・ウロジェーニエ)』で導入された「スローヴォ・イ・ジェーロ(告発と処罰)」制度に負うところが大きい。これは君主・国家への犯罪を告発するための制度で、ピョートル一世時代に広く普及した。[74] 当時から商人は訴訟好きとして知られ、「法律」をよく知る人間はシベリア住民に一目置かれたようである。ソ連時代の歴史家A・И・クプリヤーノフは一九世紀前半のシベリア住民に関し、シチューキンのエッセイから次の例を引用している。ミハイル・ミハイロヴィチ・スペランスキーがシベリア総督に就任する以前のトムスクの古参住民の間では、「多くの者にとっての仕事といえば専ら、県マギストラートの橋の近くに行って、誰がどんな侮辱をされたか、誰が誰を陥れたかとか、つまらぬことを聞くことだった。これでも不満だと、密告好きは役場に張りついて立ち聞きし、質問する人々と議論した……密告は当時賢く、有益で、賞賛される仕事と考えられた」。また一九世紀半ばのイルクーツクに関するシチューキンの記述によると、「ここには家々をまわり、何か調査するものがないか尋ねて歩く人々がいるという。よく考えてみなさい、何か見つからないか？　これらの人たちは実務家（デリツィ）と呼ばれている。告げ口や密告をすると、彼らはもう自分の敵を破滅させたと想像して、自分の態度を誇りにするのだ。イルクーツク在住の実務家たちは友人や知り合いに告げ口を書き写したものや、自分の請願書を珍しいニュースであるかのように送ってくる[75]」。

シベリア住民の「訴訟」については裁判史料の精査が必要となるため、ここでは評価を控える。しかし、ミハイロ・ヴァシリエヴィチ・シビリャコフが「訴訟好き」「密告屋」として恐れられており、たびたび嘆願を行ったことは事実である。彼個人は非常に凶暴な人物として知られ、しばしば周囲の者に暴行したエピソードが残っている。その息子クセノフォント・ミハイロヴィチ・シビリャコフも船員の殺害容疑（保釈金で釈放されたが）をはじめ、同様の暴虐行為で知られていた。彼らの人格的問題は密告と一見無関係に見えるが、実はこうした強権的性格こそがイルクーツク市団の体質に根深く関わっている。ヴァギンは次のように指摘している。「自分たちの階層の中で不穏当かつ不品行な人々、とりわけ商人シビリャコフによって様々な違法事業活動に引きずり込まれたイルクーツク市団（イルクーツコエ・グラツコエ・オプシチェストヴォ）の行動と、シビリャコフの犯罪は、何度も法廷と政府を煩わせた。しかし彼は悔い改めたという確認書と（裁判への）召還によって、現在も無慈悲な事業活動を続けている。彼の陰謀で隠蔽された事件以外で、知られている事件の数は全く理解を超えている。しかしそれらは現実にあったことで、彼はただ自分に有利な偶然のおかげで、処罰を免れたに過ぎない[76]」。

つまり、シビリャコフの事業に絡む汚職行為にはイルクーツク市団の人々も深く関わっており、両者は共犯関係にあった。ミハイロ・ヴァシリエヴィチ・シビリャコフが行った犯罪行為については、一八〇八年シベリア総督ペステリから皇帝アレクサンドル一世への奏上文が残されているため、その概略を以下に挙げておく。[77]

①醸造業事務所の奉公人メドヴェードニコフが町人ヤチメネフに殺害された件について、〔シビリャコフが〕旧県マギストラートに務めていた一七七八年から一七八〇年にかけて、取調べを行わなかったかどで告発された。

②シビリャコフが市長だった一七八七年から一七九〇年、食料納入業者（プロヴィアント・メイステル）のフリプコフと六等官プチャーチンが国庫に損害を与える買い付けを行った事件に関与した。

③一七八七年に商人シチェゴーリンと共に国庫を欺き、大黄粉と大黄片を購入した。[78]

④一七九三年に国庫債務者であるドミートリー・シビリャコフを匿った件により裁判にかけられた。

⑤同シビリャコフがイルクーツク商人ロゴフから手形金を徴収する件に関与し、ミハイロ・シビリャコフが手形で虚偽の徴収をした。

⑥区警察署長パーシチェンコフが職務遂行する際に行った侮辱に対し、裁判にかけられた。

⑦イルクーツク税務署命令に対して悪口雑言を放ち、裁判にかけられた。

⑧元老院命令に違反したとして指摘される悪事は、全体的にイルクーツク市団と一緒に行った行為であり、元工場主シビリャコフが四〇〇〇ルーブルを納入しなかった件について、以後このようなことがないよう、厳重に念を押した。

⑨商人・町人が運営する船舶業に関し、市議会名義で行われた違法上申書に対し、罰金二〇〇ルーブルを課した。

⑩勅令を実行しなかった罪で、イルクーツク市警察において市長職を解かれた。

⑪自宅の亜麻製作所と農奴購入に関し、虚偽の許可を政府から得た上、それを実行せず、結果すべて取りやめた。その上、他の市民税、公共税逃れをした。

⑫直接的功績からではなく、陰謀によって市団の承諾を得ずに名誉市民に登録された。

以上の事実から浮かび上がってくるのは、辺境地の汚職に町ぐるみで関与し、それを取り仕切る「顔役」の姿である。奏上文に記載されている大黄は、第一章で触れたようにロシアが清からヨーロッパへ中継輸出していた商品で、国家の専売品だった。これを違法に入手するため、市団ぐるみの操作が行われた。またこのほかにマギストラート、市議会が行った恣意的操作としては、農民の生産物販売者から罰金を徴収したり、町人がアンガラ川とバイカル湖を渡航することを禁じて輸送手段を封じたり、徴税代理人、納入業者、請負人が取引を独占できるように便宜を図ったりしたことが挙げられ、それらは富裕商人の利益となるように行われた。[79] 後述するシベリア総督ペステリはアレクサンドル一世に対し、こう主張した。「商人〔ミハイロ―訳注〕シビリャコフは術策と政府に対して見せた悪事によって市団に甚大な影響を与えており、そのうちの数名は彼と親戚関係であったり、様々な借りがあったりして、多数が意見を一つにして害悪をなす傾向があります。彼が最近長官〔イルクーツク県知事トレスキン―訳注〕に対して行った確信的行為への先入観から、多くの者が彼をある種のリーダーか庇護者のように考えています」。このためシビリャコフは常に市団の有力者であり、長官に服従しようとせず、彼の不品行を知る市団も彼を市長に選出することをやめようとはしないのである、と。[80]

これらの史料が示すように、シビリャコフ家はイルクーツクにおける自治組織の強力なリーダーであり、市団にとっては恐怖の対象でもあった。しかしそれと同時に、密告嘆願行為によって行政から自分たちを庇ってくれる庇護者でもあった。こうした状況でイルクーツク住民がシビリャコフ家を支持したのは当然だろう。政府はシベリア行政における役人の職権乱用体質を改めようと綱紀粛正を図り、行政官の昇格を行うことで問題に対処しようとした。しかしその一方で市団の汚職体質が実行犯と責任の所在を曖昧にし、レツァノをはじめとする行政官との衝突要因になったと考えられる。しかし、ロシア政府はさらなる行政改革の実行者としてペステリをシベリア総督に任命し、イルクーツク県知事トレスキンを派遣した。第四章ではこの両者とイルクーツク市団の衝突が、イルクーツク商人の構成にどのような影響を及ぼしたのか、キャフタ貿易との関係も含めて分析する。

（1）ヴォエヴォーダは序章で説明したように、一般に地方長官と訳される。しかしイルクーツクのヴォエヴォーダは単なる統治者ではなく、シベリアにおける軍事的役割を担っており、「軍政官」に近い。

（2）И. В. Щеглов, *Хронологический перечень важнейших данных из истории Сибири*. С. 176.（シチェグロフ『シベリヤ年代史』三五二頁）

（3）П. И. Пежемский, В. А. Кротов, *Иркутская летопись. 1652–1856 г.*, С. 7, 14.

（4）И. В. Щеглов, *Хронологический перечень важнейших данных из истории Сибири*. С. 120.（シチェグロフ『シベリヤ年代史』二三六頁）

（5）少将相当の地位。ピョートル一世の改革によって導入された官等表（ターベリ・ランガ）に基づくものである。

（6）イルクーツク年代記ではイヴァン・ジョロボフとなっているが、イルクーツク市博物館のＨＰではアレクセイ・イヴァノヴィチ・ジョロヴォフと記載されている。П. И. Пежемский, В. А. Кротов, *Иркутская летопись. 1652–1856 г.*, С. 43; http://mus.irk.ru/museum/article.php?article.119

（7）イルクーツクには一七〇六年に副主教管区（ヴィカリアツトヴォ）が設置され、一七二七年に主教管区（エパルヒヤ）となった。初代主教となったのが小ロシア出身のインノケンチー・クリチツキーである。彼は一七二一年にペレヤスラヴリ主教となり、同年イルクーツクへの転任と北京のイズマイロフ使節団の元への派遣を命じられた。ところがその頃すでにイズマイロフは北京を去っており、インノケンチーの入国は許可されなかった。このため彼は一七二五年までセレンギンスクに滞在し、そこからイルクーツクに赴いた後、一七二七年ラグジンスキーと共に清へ向かうべくセレンギンスクに派遣された。ところが清朝政府はインノケンチーが高位の僧侶であることを理由に入国を拒否した。帰還を余儀なくされたインノケンチーは、そのままイルクーツク主教に叙任された。本文中のイルクーツク主教とは、このインノケンチーのことである。彼は一七三一年一一月二七日に永眠し、一七六四年その遺骸が不朽体として発見され、聖人として祭られた。И. В. Щеглов, *Хронологический перечень важнейших данных из истории Сибири*. С. 107, 124–125.（シチェグロフ『シベリヤ年代史』二〇八、二四五—二四七頁）

（8）　一七三〇年代コサック息子からイルクーツク商工地区民に登録。一七四〇年代第一ギルドとなり、市長に二期選出された。*Краткая энциклопедия по истории купечества и коммерции Сибири. Т. 3. Кн. 1.* С. 158.

（9）　В. П. Сукачев, *Иркутск. Его место и значение в истории и культурном развитии Восточной Сибири.* С. 5-7; П. И. Пежемский, В. А. Кротов, *Иркутская летопись. 1652–1856 г.*, С. 43, 45-47. シベリア県知事ガガーリン、イルクーツク長官ラキーチン、副知事ジョロボフの汚職事件とその処分は当時のシベリア行政の職権乱用体質がいかに根深いものであったかを示している。問題は任命される行政官の質ではなく、構造的なシステムにあったのであり、このためロシア政府は綱紀粛正を図ろうと様々な制度改革を試みた。

（10）　П. И. Пежемский, В. А. Кротов, *Иркутская летопись. 1652–1856 г.*, С. 50.

（11）　В. П. Сукачев, *Иркутск. Его место и значение в истории и культурном развитии Восточной Сибири.* С. 7-8.

（12）　このランゲは第一章で触れたイズマイロフ使節団随行員として北京を訪問した経験のあるスウェーデン人である。イズマイロフの通商条約交渉は清朝政府から拒否されたものの、一七二一年三月に彼が北京を退去した際、ランゲを北京駐在ロシア領事として残すことは認められた。ランゲは初代ロシア領事として独立の領事館を開設しようと奮闘したが、あくまでも朝貢使節として扱おうとする清朝政府の対応により、食料調達やロシア本国との通信を制限され、一七二二年五月に追放命令を受けた。同年七月に中国を出たランゲは、セレンギンスクに留まり、キャフタ条約成立までロシア政府と清朝政府の交渉を仲介するためのパイプ役として働いた。吉田金一『近代露清関係史』一二六―一三二頁。

（13）　П. И. Пежемский, В. А. Кротов, *Иркутская летопись. 1652–1856 г.*, С. 54; В. П. Сукачев, *Иркутск. Его место и значение в истории и культурном развитии Восточной Сибири.* С. 8-9.

（14）　И. В. Щеглов, *Хронологический перечень важнейших данных из истории Сибири.* С. 120.（シチェグロフ『シベリヤ年代史』二三六頁）

（15）　ここでは年代史、史料の記述に従い、ブルミストルではなくブルゴミストルと表記しておく。

（16）　П. И. Пежемский, В. А. Кротов, *Иркутская летопись. 1652–1856 г.*, С. 21, 25.

（17）　Л. С. Рафиенко, Социальный состав сибирских магистратов в 40–80-х гг. XVIII в., *Известия сибирского отделения Академии Наук СССР. Серия общественных наук.* 1967. №1. Вып. 1. С. 90.

（18）　Л. С. Рафиенко, Социальный состав сибирских магистратов в 40–80-х гг. XVIII в., С. 90–91.

(19) いずれもレナ川に注ぐヴィリュイ川沿いの冬営地。

(20) 参考までにシベリア、キャフタにおける輸出毛皮の価格を挙げると、一七五〇年代のリスの価格は一〇〇〇枚当たり三〇—六五ルーブル、オコジョは四〇枚当たり三—五ルーブルと記録されている。従って、リス五〇枚の公定価格は一五—三二・五コペイカ、オコジョ二〇枚は一ルーブル五〇コペイカから二ルーブル五〇コペイカと計算される。価格幅は毛皮の品質により異なるが、もしキャフタにおいてこれらを最高値で販売することができたのであれば、ヴォロシロフは仕入れ値一ルーブル当たり一ルーブル八二・五コペイカの利益を上げることが可能だったと推計される。Х. И. Трусевич, *Посольския и торговыя сношения России с Китаем.* С. 290–293.

(21) ヴォロシロフ家は一七三〇年代にトヴェリからシベリア流刑となったマクシム・ヴォロシロフ(一六八一—一七四六年)を始祖とするイルクーツクの商人家系。彼は息子イヴァン(一七一三—?年)、ヴァシリー(一七一四—?年)、娘ヴェーラ(一七一七—?年)と共に一七三二年イルクーツク商工地区民となり、同家は一七四〇年代から一七六〇年代にかけて商人身分であった。*Краткая энциклопедия по истории купечества и коммерции Сибири. Т. 1. Кн. 2.* С. 42–44.

(22) Л. С. Рафиенко, Социальный состав сибирских магистратов в 40–80-х гг. XVIII в., С. 94.

(23) このときブルゴミストルに選出されたのはトリフォン・ブレチャロフである。П. И. Пежемский, В. А. Кротов, *Иркутская летопись. 1652–1856 г.*, С. 36; Ф. А. Кудрявцев, Г. А. Вендрих, *Иркутск. Очерки по истории города.* С. 55.

(24) Ф. А. Кудрявцев, Г. А. Вендрих, *Иркутск. Очерки по истории города.* С. 55–56.

(25) 酒請負業者は政府から酒醸造と販売独占権を与えられる代わりに、国庫に売り上げや酒を納入する義務があった。このため醸造業で損失を蒙った年には、国庫に納める酒、販売代金を自己資本で穴埋めする必要があり、かなりの資本力が必要とされた。またこの権利は富裕商人だけでなく貴族にも認められており、両者は競合関係にあった。松木栄三編訳『ピョートル前夜のロシア』一四二頁。

(26) В. П. Сукачев, *Иркутск. Его место и значение в истории и культурном развитии Восточной Сибири.* С. 11.

(27) グレボフの出自についてははっきりしたことは分かっていないが、三十代の若さで一七五五年に元老院局長にまで昇進した背景として、第一章で触れたエリザヴェータ・ペトロヴナ時代の高官ピョートル・イヴァノヴィチ・シュヴァーロフ伯爵(一七一一—一七六二年)との関係が指摘されている。グレボフは元老院局長となった翌年、シュヴァーロフの助力でエカテリーナ一世の姪マリヤ・シモノヴナ・チョグロコヴァと結婚し、宮廷内における地位を着々と固めた。その一方で商工業活動にも熱心であり、一七五七年にバルト海沿岸のエストラント、リーフラントからスウェーデンへの穀物四〇〇〇ラストの輸送を請負い、亜麻種の輸出権を獲得した。一七五九年にはモスクワ商人ミハイル・アブラモヴィチ・エヴレイノフと契約を結び、アルハンゲリスク、オネガから亜麻種六万六一五ルーブルを輸出する許可を与えている。このほかにも多くの商人たちと契約を結んでおり、イルクーツク県の醸造業はグレボフにとって自ら経営する巨大請負業の一つであった。*Большая биографическая энциклопедия.*（以下 *ББЭ*）http://dic.academic.ru/ Александр Иванович Глебов の項目参照。

(28) ヴェドロはロシアの飲料単位。一ヴェドロ≒一二・三リットル。

(29) *ББЭ*. http://dic.academic.ru/ Петр Никифорович Крылов 参照。

(30) П. И. Пежемский, В. А. Кротов, *Иркутская летопись. 1652–1856 г.*, С. 82; В. П. Сукачев, *Иркутск. Его место и значение в истории и культурном развитии Восточной Сибири.* С. 10.

(31) П. И. Пежемский, В. А. Кротов, *Иркутская летопись. 1652–1856 г.*, С. 77–78.

(32) ヴォロシロフは第一節で触れた一七四六－一七五〇年における酒税の徴税請負人である。

(33) П. И. Пежемский, В. А. Кротов, Там же.

(34) *ББЭ*. http://dic.academic.ru/ Петр Никифорович Крылов 参照。

(35) В. П. Сукачев, *Иркутск. Его место и значение в истории и культурном развитии Восточной Сибири.* С. 10–11. ビチェヴィンの毛皮事業については「第一章第一節3　北太平洋におけるイルクーツク商人の毛皮事業」参照。

(36) Е. П. Силин, *Кяхта в XVIII веке. Из истории русско-китайской торговли.* С. 161. 第一章で触れたように、一七六〇年代イルクーツク商人によるキャフタ貿易への投資額が一一万五七〇〇ルーブルであったことからも、被害額の大きさが分かるだろう。Л. С. Рафиенко, Ответы сибирских городов на анкету комиссии о коммерции как исторический источник. С. 19.

(37) イルクーツク年代記作者は、事件から一〇〇年後のイルクーツクにも被害者の子孫が居住していることから、地元に関心のある記録として資産を没収された人々の名前と没収額のリストを掲載している。この事件以後、ビチェヴィン、グラズノフ、ブレチャロフの名がイルクーツク商人の記録から消え、再度商人として現れることはなかった。П. И. Пежемский, В. А. Кротов, *Иркутская летопись. 1652–1856 г.*, С. 79, 84–85, 87–89.

(38) アレクセイ・シビリャコフが没収された額は年代記に一〇四〇ルーブルと記録されている。П. И. Пежемский, В. А. Кротов, *Иркутская летопись. 1652–1856 г.*, С. 79, 88.

(39) П. И. Пежемский, В. А. Кротов, *Иркутская летопись. 1652–1856 г.*, С. 85.

(40) 父のアファナシーは雑階級人(ラズノチンツィ。都市の商工業身分、農民などの既成身分に当てはまらない中間層)からイルクーツク商工地区民に登録した。イヴァンは一七五〇年代に独立し、資本三〇〇〇ルーブルの第一ギルドであった。第一節で触れた市長マクシム・ミャスニコフとは別の商人家系に属している。*Краткая энциклопедия по истории купечества и коммерции Сибири. Т. 3. Кн. 1.* С. 156.

(41) П. И. Пежемский, В. А. Кротов, *Иркутская летопись. 1652–1856 г.*, С. 79-80.

(42) *Краткая энциклопедия по истории купечества и коммерции Сибири. Т. 1. Кн. 2.* С. 44. ヴォロシロフがクルィロフに無理難題を強要された背景には、同家がカシタク(酒醸造所)を所有していたという問題があり、プラスコヴィヤを呼び出す際にもこのことが口実に使われた。

(43) П. И. Пежемский, В. А. Кротов, *Иркутская летопись. 1652–1856 г.*, С. 86.

(44) П. И. Пежемский, В. А. Кротов, *Иркутская летопись. 1652–1856 г.*, С. 80.

(45) またはソフロニー・クリスタレフスキー。第三代イルクーツク主教。一七四七年に第二代イルクーツク主教インノケンチー・ネルノヴィチが亡くなると、しばらくの間イルクーツク主教は不在であった。エリザヴェータ・ペトロヴナの勅令により、ソフロニーがイルクーツク主教に任命されたのは一七五四年のことである。ソフロニーはカムチャツカも含めたイルクーツク主教管区監督区域全体の改善に尽力したことで知られる。*ББЭ.* http://dic.academic.ru/ Софроний Кристал-левский 参照。

(46) П. И. Пежемский, В. А. Кротов, *Иркутская летопись. 1652–1856 г.*, С. 80-81.

(47) グレボフの後任となったのはエカテリーナ二世の側近として知られるアレクサンドル・アレクセーヴィチ・ヴャゼムスキーであった。クルィロフ事件は東シベリアの辺境で起こったローカルな事件であったが、この件は事実上グレボフを破滅させる結果になった。*ББЭ.* http://dic.academic.ru/ Александр Иванович Глебов の項目参照。

(48) *ББЭ.* http://dic.academic.ru/ Петр Никифорович Крылов 参照。

(49) П. И. Пежемский, В. А. Кротов, *Иркутская летопись. 1652–1856 г.*, С. 82.

(50) В. П. Сукачев, *Иркутск. Его место и значение в истории и культурном развитии Восточной Сибири.*

С. 11.

(51) П. И. Пежемский, В. А. Кротов, *Иркутская летопись. 1652–1856 г.*, С. 87–89.

(52) 奇妙なことに、イルクーツク年代記に記載されているクルィロフが没収した商人資産リストには、「ニキーフォル・トラペズニコフ」の名は載っていない。その代わり「ニキータ・トラペズニコフ」の名があり、彼が取り上げられた金額はわずか六〇ルーブルとなっている。仮にこれがニキーフォルの誤植だとしても(古文書記録ではニキータ、ニコライ、ニキーフォルなど同じアルファベットで始まる名前の混同が稀に見られる)、彼の毛皮事業の規模から見てそれほど大きな損害とは言えないだろう。П. И. Пежемский, В. А. Кротов, *Иркутская летопись. 1652–1856 г.*, С. 88.

(53) *Краткая энциклопедия по истории купечества и коммерции Сибири. Т. 1. Кн.* 2. С. 43.

(54) В. И. Вагин, *Историческия сведения о деятельности графа М. М. Сперанскаго в Сибири с 1819 по 1822 год. Т. 1.* С. 573; В. П. Сукачев, *Иркутск. Его место и значение в истории и культурном развитии Восточной Сибири.* С. 23.

(55) Иркутские губернаторы [1765–1895]. *Иркутская старина. №2.* Иркутск. 1994. С. 30.

(56) イルクーツクの地盤整備のため、イルクーツク交易所を通過する馬車には「砂利税」が課されていた。砂利は水はけの悪い土地に敷きつめられ、地面の泥濘を防ぐために用いられた。このような政策はピョートル一世が沼地の多いフィンランド湾岸にサンクト・ペテルブルクを建設した際にも行われた。

(57) П. И. Пежемский, В. А. Кротов, *Иркутская летопись. 1652–1856 г.*, С. 95–96; В. П. Сукачев, *Иркутск. Его место и значение в истории и культурном развитии Восточной Сибири.* С. 13–14.

(58) В. П. Сукачев, *Иркутск. Его место и значение в истории и культурном развитии Восточной Сибири.* С. 14.

(59) А. Ю. Петров, Л. М. Троицкая, Освоение постоянных поселений на Северо-Западе Америки. Деятельность Г. И. и Н. А. Шелиховых. *История Русской Америки. Т. 1.* С. 114–115.

(60) В. П. Сукачев, *Иркутск. Его место и значение в истории и культурном развитии Восточной Сибири.* С. 15.

(61) В. П. Сукачев, *Иркутск. Его место и значение в истории и культурном развитии Восточной Сибири.* С. 15. キリル・ラクスマンは日本人漂流民大黒屋光太夫らの日本送還のため尽力した人物としても知られる。一七九二年

に遣日使節として長崎に派遣されたアダム・ラクスマンは彼の息子である。光太夫とラクスマンの関係については以下の研究を参照。木崎良平『光太夫とラクスマン——幕末日露交渉史の一側面』刀水歴史全書30、一九九二年。

(62) В. П. Сукачев, *Иркутск. Его место и значение в истории и культурном развитии Восточной Сибири.* С. 22; И. В. Щеглов, *Хронологический перечень важнейших данных из истории Сибири.* С. 193.（シチェグロフ『シベリヤ年代史』三八七頁）

(63) *Краткая энциклопедия по истории купечества и коммерции Сибири. Т. 3. Кн. 1.* С. 154.

(64) С. С. Шашков, Сибирское общество в начале XIX в., С. 83-86.

(65) プードは穀物などの計量単位。一プード≒一六・三八キログラム。

(66) В. П. Сукачев, *Иркутск. Его место и значение в истории и культурном развитии Восточной Сибири.* С. 22.

(67) С. С. Шашков, Там же.

(68) В. И. Вагин, *Историческия сведения о деятельности графа М. М. Сперанскаго в Сибири с 1819 по 1822 год. Т. 1.* С. 17.

(69) С. С. Шашков, Сибирское общество в начале XIX в., С. 86.

(70) И. В. Щеглов, *Хронологический перечень важнейших данных из истории Сибири.* С. 218-219.（シチェグロフ『シベリヤ年代史』四三四—四三六頁）

(71) П. И. Пежемский, В. А. Кротов, *Иркутская летопись. 1652-1856 г.*, С. 116; Ф. А. Кудрявцев, Г. А. Вендрих, *Иркутск. Очерки по истории города.* С. 56.

(72) 拙著『ロシアの拡大と毛皮交易』一二八—一三一頁。特に図20-2を参照。

(73) С. С. Шашков, Там же.

(74) イルクーツク長官ジョロボフの命令で鞭打たれたリトヴィンツェフが、彼に向かって叫んだ言葉がこの「スローヴォ・イ・ジェーロ!」であった。

(75) Н. С. Щукин, Поездка в Якутск. *Записки иркутских жителей.* Иркутск. 1990. С. 226; А. И. Куприянов, Правовая культура горожан Сибири первой половины XIX в., *Общественно-политическая мысль и культура сибиряков в XVII-первой половине XIX века.* Новосибирск. 1990. С. 83-84. クプリヤーノフの論文はシベリアの

法整備と住民の権利意識について論じたものだが、社会運動や社会思想に関連づけて説明しようとしているため、参照には注意が必要である。

（76） В. И. Вагин, *Историческия сведения о деятельности графа М. М. Сперанскаго в Сибири с 1819 по 1822 год*. Т. 1. С. 544.

（77） В. И. Вагин, *Историческия сведения о деятельности графа М. М. Сперанскаго в Сибири с 1819 по 1822 год*. Т. 1. С. 544-546.

（78） ミハイロ・シビリャコフ息子のドミートレイのことか。

（79） В. П. Сукачев, *Иркутск. Его место и значение в истории и культурном развитии Восточной Сибири*. С. 20.

（80） В. И. Вагин, *Историческия сведения о деятельности графа М. М. Сперанскаго в Сибири с 1819 по 1822 год*. Т. 1. С. 545.

第四章　一九世紀におけるイルクーツク行政とキャフタ貿易の変化

イルクーツクを取り巻く流通システムは一九世紀に入って激変した。毛皮と中国商品の交換から始まったキャフタ貿易は一八世紀においては極めてローカルな性格を持ち、ラジーシチェフのようにこれをイルクーツク商人にのみ必要な貿易と見なす者もいた。しかし一七九二年の貿易再開以降その環境は一変する。ロシアの輸入品目が絹・綿製品から茶へと変わったことで、キャフタ貿易はロシアのアジア貿易において最重要の地位を占めた。さらにロシアの主要輸出品目であった毛皮は清の需要が減少し、ロシア・外国産のラシャと綿製品が大きな割合を占めるようになる。こうした取引品目の変化が流通構造に影響し、地元イルクーツク商人とヨーロッパ・ロシア商人の競争に拍車をかけた。一方でこのような変化が起こったのは専制的行政官として知られるシベリア総督ペステリとイルクーツク県知事トレスキンの時代に重なっている。

第四章ではイルクーツク商人の家系・構成に影響を与えた行政の圧力と、キャフタ貿易の取引品目変化について個別に検証し、彼らの経営に本質的な変化をもたらした要因について考察する。

一　トレスキン時代のイルクーツク商人

1　シベリア総督府設置と行政権の強化

第三章では東シベリア、とりわけイルクーツク行政が持つ様々な問題点と、シビリャコフ家、ムィリニコフ家をはじめとする有力イルクーツク商人が自己の利益と市団の利益を代表して行政官更迭の嘆願を行うようになった経緯を説明した。これに対し、中央政府はシベリアの行政改革を行うべく、行政区画の変更、行政官の昇格など様々な方法で対処したが、これらは必ずしも有効に機能せず、イルクーツク商人の勢力が増すなかで決定的な対策とはならなかった。一八〇三年には総督制を復活し、セリフォントフをシベリア総督、イルクーツクをシベリア総督府とした。しかしセリフォントフは「意思の弱い統治者」であったためにその重責を果たせず、総督周辺の役人、身内の新たな職権乱用を増やしただけだったと記録されている。[1]

こうしたなか、一八〇六年に三等官・元老院顧問イヴァン・ボリソヴィチ・ペステリ(一七六五―一八四三年、在任一八〇六―一八一九年)がシベリア総督に、中央郵政局職員ニコライ・イヴァノヴィチ・トレスキン(在任一八〇六―一八一九年)がイルクーツク県知事に任命された。ザクセン出身のロシア官僚であったペステリはルーテル派の峻厳な人物として知られており、シベリア総督任命以前にはペテルブルク中央郵政局長を務めていた。彼の庇護者となったのはアレクサンドル一世の寵臣で、「アラクチェーエフシチナ」と呼ばれる厳しい反動政策の担い手であったアレクセイ・アンドレーヴィチ・アラクチェーエフである。アラクチェーエフの後ろ盾により、ペステリはシベリアにおける強い行政権力を握った。[2]

ペステリのシベリア統治について、地元の考古学者・旅行家であるヤドリンツェフは次のように整理している。

「ペステリの統治は過去の全ての総括であり、専制と圧力を統治手段に用いようとする最後の試みであった。前任者たちの過ちをよく理解したペステリは、在任中第一の仕事として、シベリアに自己の権力を確立すること、権力を長期間維持することに力を注ぎ、それに成功してスペランスキー任命までの一四年間統治し続けた。彼は前任者から引き継いだ全権に依拠しながら、新しい権力をも行使し、在任中既存のシステムを極端なまでに発展させた。彼はその統治を不平の根絶と嘆願のあらゆる可能性をつぶすことから始めた。悪辣で利己主義的な彼は、その信念により、あらゆる長官権力を守り、あらゆる支配権を確立することを目標とした。社会は無言の服従状態に包まれねばならなかった(3)」。

つまり、ペステリはそれまでのシベリア行政について、前任者の権力が確立されなかったために様々な問題が生じ、商人の密告嘆願が横行したと判断した。この混乱を防ぐために彼が取った手段はシベリア総督、イルクーツク県知事の専制権力を強化することだった。このため「ペステリは補佐役に中央郵政局の役人トレスキンを選び、全てにおいて彼に絶大な信頼を寄せ、自分だけが持てる完全な自由と権力をトレスキンに与えた。トレスキンの方も、その立場で自分の考えによって行動した」。

ペステリは一八〇六年一〇月一日にイルクーツクに到着し、翌年八月一八日にトムスク県に向けて出発した後、ペテルブルクに帰還した。以後一八一九年まで彼は総督府のあるイルクーツクに駐在せず、ペテルブルクに留まって政府への説明役に専念した。これに対し、トレスキンはイルクーツクでペステリの意向を遂行する代理人であった。トレスキン崇拝者でヴェルフネウジンスク警察署長だったゲデンシトロムは次のように評している。「彼〔トレスキン―訳注〕は県が世襲領地〔ヴォッチナ〕であり、自分は現地の絶対的命令者、あるいは統治者であると考えた。領主の横暴でさえ、イルクーツク県におけるトレスキンの横暴ほど発展を遂げたことはロシアでかつて一度もなかった。彼と比肩しうるのは、屯田村におけるアラクチェーエフの横暴と細かい干渉だけであろう(4)」。

アラクチェーエフの屯田村とは、アレクサンドル一世が軍隊を国有地に定着させるため導入した屯田兵制度

（ヴォエンヌィエ・ポセレニヤ）のことである。アレクサンドルは自給自足による軍隊の維持で財政負担を減らすことができると考えたが、その結果は厳しい軍事教練と規律の強化によって農民の不満と反乱を引き起こしただけであった。このため屯田兵制度はアラクチェーエフシチナの悪政を代表するものとされている。(5) トレスキンはこのアラクチェーエフが庇護するペステリ直属の部下であり、彼の治世そのものが専制権力の延長線上にあった。

ただし第三章で指摘したように、イルクーツク市団が富裕商人と深く結びついた職権乱用体質であったことは十分考慮する必要がある。ペステリ、トレスキンはイルクーツク商人の権力構造に真っ向から立ち向かったという側面があり、これを評価する意見もある。またトレスキンはイルクーツク商人全てを弾圧したわけではなく、癒着関係にあったり、庇護したりした商人もいた。その基準は必ずしも明確ではなく、単に自身にとって都合の良い敵味方で判断していたようにも見える。従って、トレスキン事件を行政対商人の二項対立関係で捉えることは事件の構造を単純化してしまう。本節では彼らとイルクーツク商人の間にどのような衝突が起こったのか、またイルクーツク商人の構成にどのような影響を与えたのか、具体的に検討していくことにする。

2　イルクーツク商人の流刑と市団の反応

トレスキンが赴任してきた頃のイルクーツク商人の反応については第三章でも紹介したブラートフの証言がある。「トレスキンがやってきたとき、商人たちは最初彼がどんな人物なのかを確認しようとした。――善い人物なら結構だが、まずい人物なら交代させることもできる、と」(6)。トレスキンは赴任早々、行政官に対する地元商人の強硬な態度に直面した。これについては同時代のイルクーツク役人イヴァン・チモフェーヴィチ・カラシニコフの次のような証言がある。「今世紀〔一九世紀―訳註〕初頭の一〇年間、トレスキンが赴任するまで、独立不羈の性格は特にイルクーツクの貴族を構成する商人身分の中に現れた。その中に分離派が一人もいなかったのは注

図4-1　ニコライ・イヴァノヴィチ・トレスキン（作者不明）

出典：*Сибирский порторет XVIII-начала XX века.*

目に値するだろう。彼らはみな髭を剃り、燕尾服を着ていた(7)。彼らの誇り高さはしばしば傲慢さへと行き過ぎることがあった。よく言われるように、その主な人々は偉い役人の前で帽子を脱ぐということもなかった。その傲慢さを正当化するわけではないが、商人の独立不羈の性質が良い面を持っていたと言わざるをえない。貧しく物言わぬ役人の他に貴族がいない社会では、昔の辺鄙な田舎においてありふれていた横暴と無法に対するある種の砦を商人団だけが構成していた。もし抑圧が我慢の限界に達したら、商人たちはお上に嘆願書を持ち込んだ。その嘆願書はしばしば尊重すべきものとして認められた。残念ながら、彼らはいつも政府の注意をひいたわけではなかったが、その成功は商人の傲慢さをますます増長させた。トレスキン治世の初期の頃でさえ、それがやむことはなかった。私はこんな場面を覚えている。背が高く威張ったタイプの商人がトレスキン臨席の集会にやってきて、お辞儀をして頭を下げると、今度は皆が立ち上がって返礼をするまで彼は背筋を伸ばさなかった……。トレスキンは同様の態度を我慢していたが、その間に後述する恐ろしい攻撃を用意していた(8)」。

前述のブラートフは、トレスキンが「専制的な人物」であることを認めつつ、イルクーツク商人団の力があまりにも強かったことがトレスキンを極端な手段に走らせる結果になったのであり、そういう時代だったのだ、と同情的評価を与えている。当時のロシア全体の雰囲気として「権力とは恐れを抱かせるものである」という共通認識があり、より専制的な権力を行使する役人が強い行政官と考えられた。その意味でセリフォントフはシビリャコフらに総督不適格と見なされた。

トレスキンの強権的態度に対するイルクーツク市団の不満は様々であるが、商人にとって特に問題であったのは市議会の決定に彼が介入したことである。一八〇七年、イルクーツク市団は市長候補に第二ギルド商人アンドレイ・イヴァノヴィチ・サヴァテーエフの弟ミハイロと、ミハイロ・ヴァシリエヴィチ・シビリャコフの二人を選定した。[9] 第三章表3-3に示したように、シビリャコフは一七八七―一七八九年と一七九三―一七九五年の二期市長を務めており、市長職を三期務めることは違法であった。それにもかかわらず、イルクーツク市団は最終的にシビリャコフを市長に再選出した。これについてクプリヤーノフは、イルクーツク市団が法律を知らなかったわけではなく、役人の職権乱用に対抗できる人物としてシビリャコフを選出したと指摘している。[10] つまり、トレスキンとの対立が深まっているこの時期だからこそあえてシビリャコフを選出したのだという。しかしトレスキンはこの決定に不服を示し、シビリャコフの選出を取り消して再選挙を行うよう命令した。市団はこれに抗議して半数が再選挙を断固拒否したが、表面上は県知事命令に従うとの名目で、反対者を除く残りの「取るに足らぬ」商人たちがサヴァテーエフに投票した。この結果新市長にはサヴァテーエフが就任したが、今度は市議会と市マギストラートが「ブハラ人の大黄と交換する毛皮商品の査察に商人を参加させよ」という県知事命令を拒否した。こうしてトレスキンと市団の溝はますます深まっていった。[11]

一八〇八年にシビリャコフを中心とするイルクーツク市団は、トレスキンの専横に不満を訴える最初の嘆願書をペテルブルクのペステリ総督へ送った。先に説明したようにペステリはシベリアにおける総督権力の強化を目的としていたが、この時点で市団はトレスキンとペステリの関係をよく認識していなかったようである。嘆願書は「穀物の強制買い上げ、高価格による穀物の市内販売、農民の娘を植民者と強制結婚させたこと、慈善目的で寄付された資金の運用に対する無責任、質の低い酒の販売、市団を動揺させたこと」など一二項目についてトレスキンを告発した。[12]

ところが嘆願書を持ってイルクーツクを出発したペトゥーホフは、事前にトレスキンから知らせを受けてペステリが派遣した警察官によって捕らえられ、アルハンゲリスクへ送致された。嘆願書はその場で取り上げられ、おそらくはペステリが押収して握りつぶしたと推測される。[13] さらに第三章で紹介したペステリの一八〇八年三月三一日付け奏上文が示すように、彼はトレスキンに関する市団の嘆願書の正当性を損なおうとし、商人ミハイロ・シビリャコフがイルクーツク市団を違法事業に関わらせていると述べ、シビリャコフの「犯罪」を列挙した。[14] さらにペステリは都市条例三七条と一七〇条に基づき、イルクーツク県マギストラートおよび市議会に対する見せしめとして罰金を課すこと、シビリャコフは「明らかなる騒擾と、無益な自己の強欲を行ったことにより」名誉称号を剝奪すること、ムィリニコフも同様にし、イルクーツク県の郡市へ流刑することを皇帝に請願した。同文書はしばらく奏上を保留され、ようやく報告書を見たアレクサンドル一世は「シビリャコフを裁判にかける」よう元老院に命じた。しかし実際には裁判は行われず、一八〇九年四月一三日に「シビリャコフとムィリニコフをイルクーツクから同県郡市へ遠ざける」執行命令が届いた。流刑地はトレスキンの裁量に任され、彼はミハイロ・シビリャコフをネルチンスクへ流刑し、労働者に登録すること、町人税を課して、密告を行わないよう監視をつけることを決定した。またニコライ・ムィリニコフも同様にバルグジンへ流刑することを決定した。[15]

一八〇九年シビリャコフとムィリニコフが流刑を宣告されたときの様子について、カラシニコフは次のように書いている。「ある朝突然、イルクーツク商人が頼りにする二人の大物、老齢かつ非常に名誉あるシビリャコフとムィリニコフが県庁に呼ばれた。自分たちに何か罪があるとも知らず、県長官が彼らに対して非常に慇懃でおどおどさえしているという嘆願書への良い知らせを期待しつつ、彼らは堂々とやってきた。ついに彼らは県庁の中に入り、そしてどうなったか？……そこで彼らを雷のように驚愕させたのは、彼らが社会の有害な構成員かつ行政に対する陰謀計画者であり、身分を剝奪しないまま裁判・審理なしで永久流刑に処すという県知事命令であった。シビリャコフはネルチンスクに、ムィリニコフはバルグジンへ送られた……。シビリャコフは鉄のよう運ばれていった……」[16]。同じくミハイロ・シビリャコフの弟ニコライはジガンスクへ送られ、ムィリニコフと縁戚関係にあったドゥドロフスキー家は「当局への明らかな不敬」を理由にザバイカリエ地域へ、オドゥエフスキー家の人々も同地へ流刑されたという[17]。

シビリャコフ家とムィリニコフ家はネルチンスク地域への塩納入と、ネルチンスク工場への鉛輸送を請け負っており、ムィリニコフはキャフタで毛皮と中国商品の取引に従事していた。このため、トレスキンは彼らを「本来極北の僻地に彼らを追放すべきだが……最も近い場所に流刑してやった」と報告した。しかし流刑地外への移動を禁じ、一八〇八年九月にシビリャコフが申請していたキャフタなどの諸都市へ移動するための一年旅券の発行を拒否し、彼が「このような申請をしないよう」宣告した[18]。

こうした対応により、シビリャコフとムィリニコフは密告をせずにトレスキンを通じて行動する決心をした。一八一一年二月シビリャコフは長男をペテルブルクに送り、さらにトレスキンを通じてペステリに手紙を出し、その中で彼らのことを「至仁なる御仁(ゴスダーリ)であり父」と呼んで、残された日々をイルクーツクの家族の元で過ごさせてほしいと請願し、密告はしないと約束した。しかしペステリはこの請願を取り合わなかった。ただ、ネルチンスクの製塩工場の監督に出張することは「必要性がある」との理由で許可し、イルクーツクへの帰省は許さなかった。また同年三月にムィリニコフが治療のためイルクーツクへ行く許可をトレスキンに求めたところ、ムィリニコフがいるバルグジンに医師を派遣するよう、ペステリから指示が出された。シビリャコフと縁のあった詩人デルジャーヴィン[19]はスペランスキー[20]宛ての手紙の中でシビリャコフを擁護し、彼が裁判なしで流刑された事実を訴えた。このためスペランスキーは皇帝への奏上が必要と判断してペステリに仔細を問いただしたが、ペステリはシビリャコフとムィリニコフの誹謗中傷だと強弁した。このようにシビリャコフの流刑を解除する運動は成功せず、彼は一八一四年に亡くなった。ペステリが彼の刑罰解除を元老院に報告したのは、その死亡通知が到着した後である。[21]

次に商人キセリョフの場合は、トゥルハンスク商人K・ペレドフシチコフの事件に巻き込まれた。ペレドフシチコフは流刑されたミハイロ・シビリャコフとも親しかった人物で、イルクーツク県における徴税代理権をバルナウル町人アンドレヤン・アファナシエヴィチ・トレチャコフ（後にイルクーツク第三ギルド商人に登録、巻末添付表4参照）に委任していた。[23] ところがトレチャコフはトレスキンと共謀して酒税徴収権をイルクーツク商人ピョートル・フョードロヴィチ・イヴァノフとザベリンに売却した。[24] しかしトレスキンの徴税権売却命令に対してペレドフシチコフは同意せず、裁判沙汰へ発展した。ペレドフシチコフはトレスキンがでっち上げた「当時普通の徴税代理人の行動――国庫の勘定ごまかし、ウォッカへの水混入、ウォッカ度数を上げるための硫酸塩混入」の罪により告発された。[25] またイルクーツク商人ピョートル・チモフェーヴィチ・バスニン（第一ギルド商人ニコライ・チモフェーヴィチ・バスニンの弟、当時は兄と共同資本。巻末添付表4、巻末添付図1-2参照）の手記には、キセリョフがペレドフシチコフの妻マリヤ・イヴァノヴナに同情し、事件解決のために奔走した様子が詳細に記されている。[26] キセリョフに関してはシビリャコフ、ムィリニコフらのような明快な告発理由を見つけられなかったため、トレスキンは彼を狂人に仕立て上げて精神病院送りにし、そこで行方不明にさせた。[27] さらにペレドフシチコフも裁判の結果徒刑判決を受け、これがイルクーツク市民の激しい反感を買った。

トレスキンがこれほど反感を買いながら強権を発動したのは、行政に対する地元商人の勢力を抑えるためであった。カラシニコフらの証言にあるように、当時のイルクーツク役人は勤務給与が低く、貧しい者が多かった。このためロシアの研究者A・B・レムニョフは、トレスキンの政策が結果的に役人の社会的地位を向上させたとして、評価している。[28] トレスキンはシビリャコフ、ムィリニコフ、ドゥドロフスキーらの有力イルクーツク商人たちを「パルチヤ（仲間）」と呼んで嫌った。すでに指摘したように、彼らは毛皮産業とキャフタ貿易の共同事業、姻戚関係によってイルクーツク市団と深くつながっており、彼らの排除は市団構造を根本から脅かすものであった。

しかしトレスキンと市団の関係は必ずしも対立という視点だけで理解されるものではない。一八二七年夏にイルクーツクを訪れたアレクサンドロフに対し、地元商人セミョン・セミョノヴィチ・ドゥドロフスキー[29]が次のように述べている。「トレスキンはシベリアに多くの善行を行いました。彼は家のないブリャート人たちを経験豊かな農民、平和な農村の主人、誠実な狩猟業者にさせようとしました。……諸々の政策によって、行政が依って立つところの商業の発展を促しました。トレスキンがその名をシベリアの年代記に刻みつけるであろう有益な事業の光を、彼の恣意的・非恣意的な罪と行動が永久に曇らせたのだとすれば、それは彼の命令を遂行した人々、つまり彼の協力者と、当時の混乱状況が、彼自身よりはるかに罪深かったのだと確信されるでしょう[30]」。この言葉が示す「トレスキンの命令を遂行した人々」の「罪深い行動」には、残酷な刑罰や拷問が含まれている。先述のバスニンの手記にはこう書かれている。「シベリア中にまたがる大規模な商売のため、祖父〔ピョートル・チモフェーヴィチ・バスニン―訳註〕は若い頃しばしば広大な地域の最辺境へ出かけた。彼が訪れたところではどこでも、限度を超えた信じがたい残酷さと結びついた職権乱用行為が見られた。シベリア史には、ずたずたに傷ついた人間の体に満足を覚える様々な郡警察署長、長官、同様の小権力者たちの名が血文字で記されている。公開鞭刑でさえ、ロスクートフ、ラズギリデーエフ、ヤンコフスキーといった残虐な人々の「体刑」ほど恐ろしいものではなかった[31]」。

一方でトレスキンに弾圧されず、恩恵を蒙った商人たちもいた。ピョートル・ヤコヴレヴィチ・ソルダートフの息子たちは国庫請負に関する職権乱用の罪で裁判にかけられ、ギルド身分剝奪・労働身分への登録移動という判決を受けたが、トレスキンは彼らの一人が国家より金のメダルを賞与された人物であること、職権乱用はずっと以前の出来事で、彼らは「この地〔イルクーツク―訳註〕特有のいかなる陰謀にも加担したことはなく、その点で模範的に振舞った」ことを理由に、ペステリに減刑を求めた。このときには何の問題も起きなかったが、その後ソルダートフ家の息子がシビリャコフらの仲間に加わったことを原因としてペステリに商取引権を剝奪されたと見られる。[32]このほかにトレスキンの取り巻きにはイルクーツク、キャフタ、オホーツク、カムチャツカで手広く商っていたネジン・ギリシャ人デメンチェイ・セミョノヴィチ・アスナシェフ、トボリスク第一ギルド商人で金鉱業者のエフィム・アンドレーヴィチ・クズネツォフ（一八二一年イルクーツク商人）がおり、特にクズネツォフはトレスキンの妻アンフィサ・フョードロヴナと親密な関係にあったことで知られ、これを利用して酒屋業を請け負っていた。[33]当時ロシア・アメリカ会社支社のカムチャツカ・コンパニヤ代表だったアレクセイ・ポレヴォイは、地元イルクーツク社会の相談役のようにトレスキンから頼りにされていた商人であり、「県知事（トレスキン―訳註）は気軽に彼のところにやってきて、彼がハラート（部屋着の一種―訳注）のままでいるよう求めた」という。[34]

以上に挙げた名前を見ると、トレスキンの恩恵を蒙っていたのは全体的に他都市商人が中心だったようである。上記に名前を挙げたトレスキン派の他都市商人の中で、イルクーツク市団に正式登録していたのはデメンチェイ・アスナシェフだけである（巻末添付表3‐4参照）。ポレヴォイに至っては、少なくともトレスキンの在任中にイルクーツク商人として地元ギルドに登録した形跡はない。[35]ソルダートフ家だけがイルクーツク商人であるが、彼らが当初弾圧を免れていた理由はシビリャコフらに加担しなかったからということに過ぎなかった。

イルクーツク市団では日増しに不満が高まり、市場、広場で農民、手工業者、小商人たちが論議した。ピョートル・バスニンの代理人でザバイカエリエ地域の分離派教徒だったイリヤ・ロガチョフは、持ち前の性格からイルクーツク市内の広場でトレスキンを公然と批判する演説を行い、区警察署長がこれをやめさせるようバスニンに要請した。バスニンはロガチョフに危険な批判をやめるよう説得したが、成功しなかった。彼らの間には主人と手代としての強い信頼関係があったにもかかわらず、話し合いの末、バスニンはロガチョフを首にした。その翌日ロガチョフはトレスキン派の役人ベリャフスキーの元に乗り込み、トレスキンを公然と中傷して逮捕された。その後ロガチョフはヤクーツク地方へ流刑され、その地で亡くなった。この件で嫌疑をかけられたバスニンはトレスキンの取り巻きに賄賂を渡すことで釈放されたという。[36]

ペステリがペテルブルクへの嘆願と郵便物を抑えていたにもかかわらず、その後もトレスキンに対する訴状は各地から送られた。ミハイロ・シビリャコフの息子クセフォントは、アレクサンドル一世の皇后エリザヴェータ・アレクセーヴナに嘆願書を送り、次のように慈悲を懇願している。「皇后陛下のお慈悲の御心と同じく、至仁なる皇帝陛下の侵すべからざる伴侶としての義務に基づき、抑圧者〔抑圧される者?―訳註〕と無実の罪で苦しむ者たちの声が誰にも届かぬときには、玉座を隔てて真実の核心を曇らせている幕をどうかお開けになり、彼らの庇護を怠りませぬよう[37]」。クセノフォント自身の暴虐行為にまつわる多くのエピソードとは裏腹に、嘆願書には皇后の同情を引こうとする言葉が書き連ねられている。

このように首都の貴顕宛ての嘆願も何度か試みられたが、政府の注意を最も喚起したのは一八一六年に先住民居住地域のトゥルハンスクで発生した大飢饉である。この地域における職権乱用はトゥルハンスクを次のような状態にした。「埋葬されない死人が山をなしており、その死人は恐ろしい有様である。これらの人々は飢饉と衰弱の結果死んだ。……私は真の精神的飢えと寒気を感じた。ウルス〔アジア系先住民の共同体―訳注〕に乗り込んでいくと、そこにはばらばらに天幕が立っているだけで、その中からうなり声を上げてホッキョクギツネが駆け出してくる。そのホッキョクギツネの鼻は血だらけである。それはキツネたちが人肉を食べているためだ。凍土地帯は全て凍り、死滅し、町〔トゥルハンスク〕と郷にはかろうじて生きているツングース人とオスチャク人がさまよっているだけである[38]」。

飢饉の情報はペテルブルクに届き、調査官カマエフが派遣された。その一方、一八一八年にコンスタンチン・ペトロヴィチ・トラペズニコフ[39]宅で嘆願書送付の密談が行われ、町人サラマトフをペテルブルクへ送ることが決まった。ペテルブルクに到着したサラマトフは皇帝への直訴に成功し、その際、ペステリの手から逃れるために自分を殺してほしい、と皇帝に懇願したというエピソードが残っている。

一八一九年三月二二日にペステリ、トレスキンが罷免され、ミハイル・ミハイロヴィチ・スペランスキー（在任一八一九―一八二二年）が新シベリア総督に任命された。(40) スペランスキー退任後、イルクーツクに東シベリア総督府が設けられ、アレクサンドル・ステパノヴィチ・ラヴィンスキー（在任一八二二―一八三三年）が総督に就任した。

3　トレスキン時代の影響

以上は帝政時代の研究書などが示す、イルクーツク商人と行政の関係である。こうした証言に基づき、先行研究ではトレスキンによるイルクーツク商人の弾圧と被害が強調されてきた。しかしこれらの研究は政治史の文脈で商人と行政の対立関係を描いており、トレスキン事件がイルクーツク商人の経営にどの程度の影響を及ぼしたのか、実態が分かりづらい。ここで再度ギルド数の変動データに戻って全体的傾向を検証しよう。

図 4-2　ミハイル・ミハイロヴィチ・スペランスキー（В. М. アンドレーヴィチ画）

出典：*Сибирский порторет XVIII‑начала XX века.*

イルクーツク商人のギルド数変化については、第一章でも簡単に触れた。ここではトレスキン事件の影響を明確にするため、巻末添付表2のイルクーツク商人のギルド別データを家族数、人数別にグラフ化したものを参照する（図4-3、図4-4）。このグラフに現れた変化と、交易所馬車数の変化などを比較しつつ、イルクーツク商人の構成への影響について分析していく。トレスキンの赴任は一八〇六年であるが、市長選への介入とシビリャ

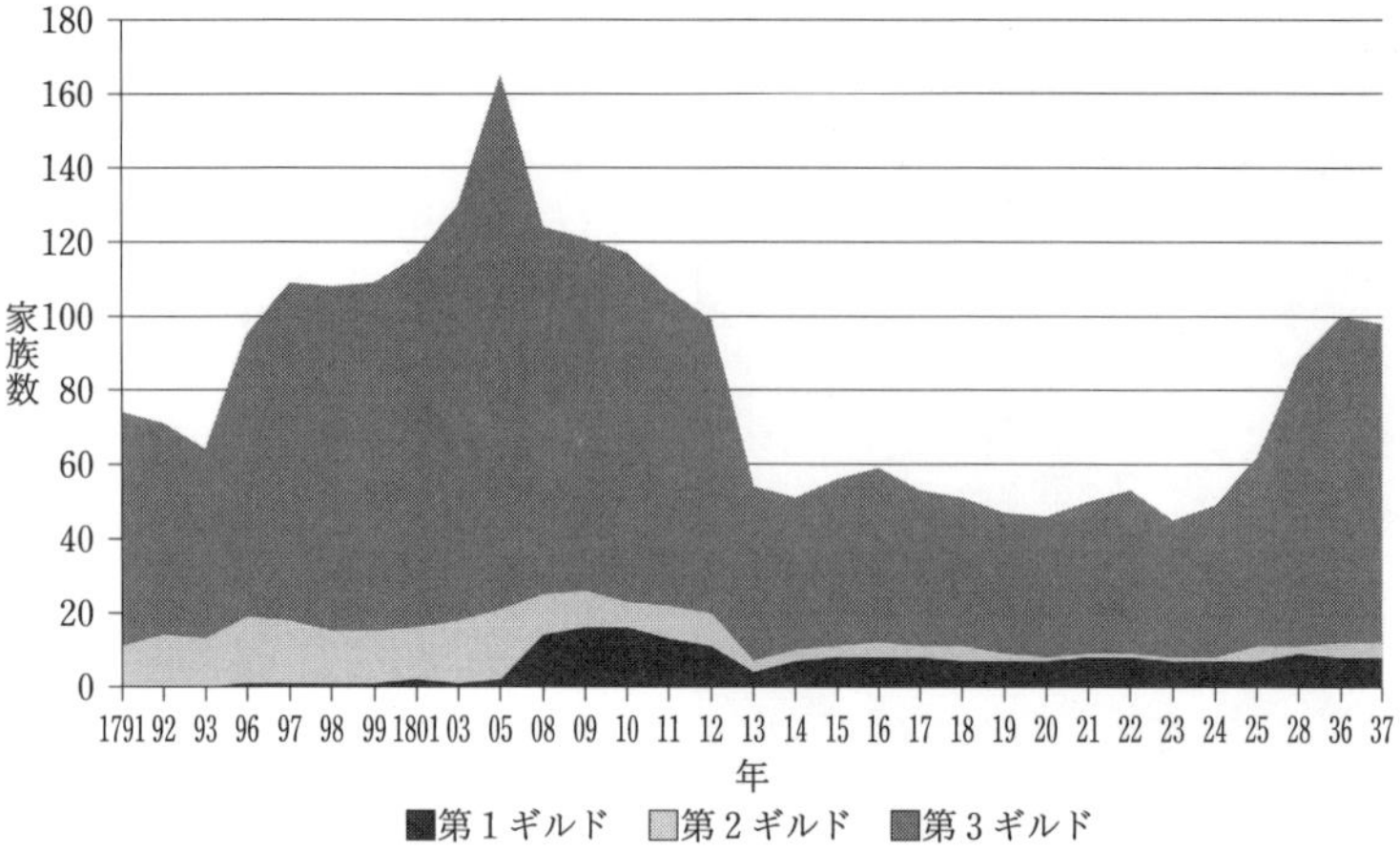
180
160
140
120
家族数
100
80
60
40
20
0
1791 92 93 96 97 98 99 1801 03 05 08 09 10 11 12 13 14 15 16 17 18 19 20 21 22 23 24 25 28 36 37
年
第1ギルド
第2ギルド
第3ギルド

図4-3　イルクーツク商人のギルド別家族累計

出典：巻末添付表2より作成。

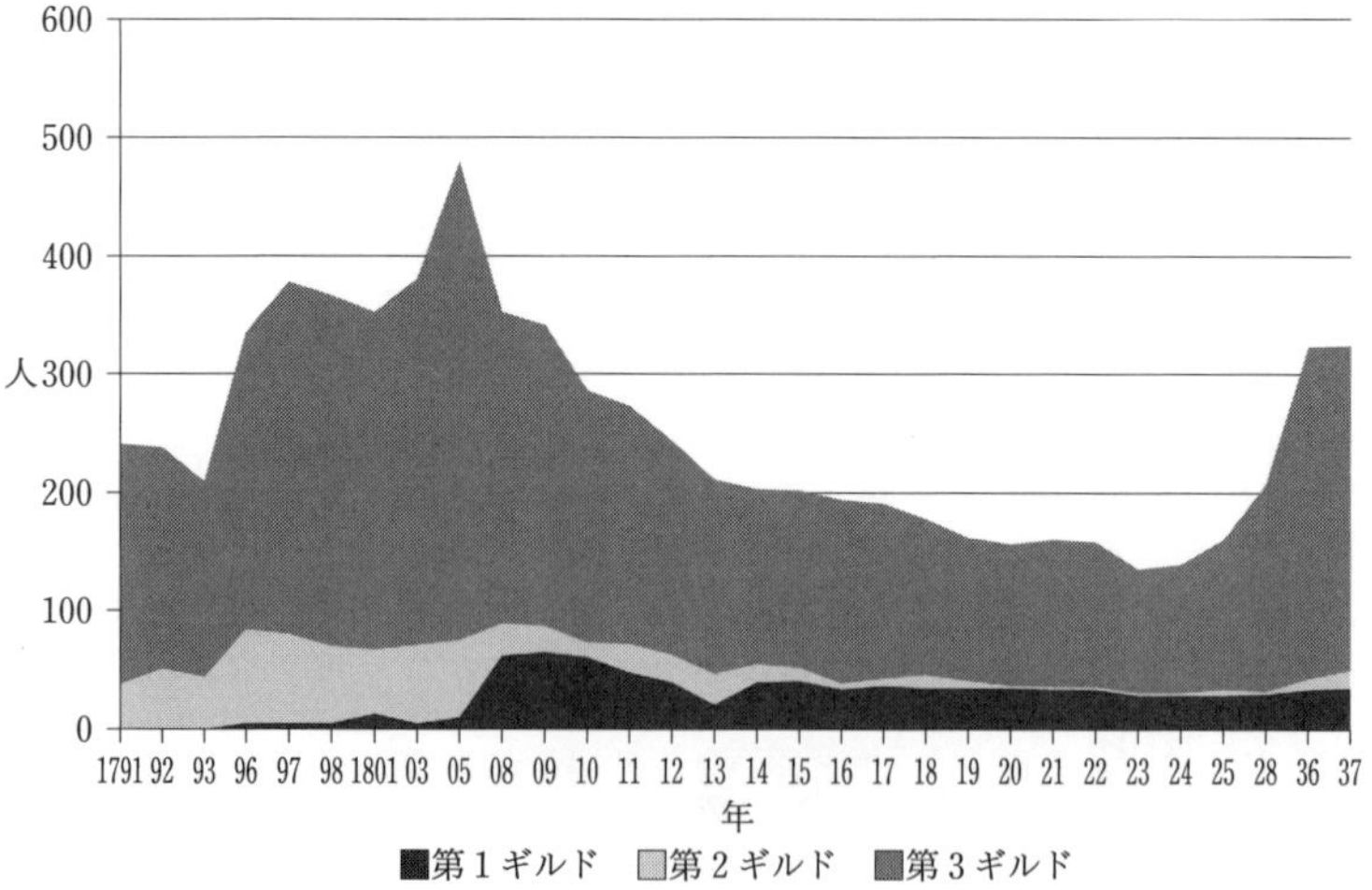
600
500
400
人
300
200
100
0
1791 92 93 96 97 98 1801 03 05 08 09 10 11 12 13 14 15 16 17 18 19 20 21 22 23 24 25 28 36 37
年
第1ギルド
第2ギルド
第3ギルド

図4-4　イルクーツク商人のギルド別人数累計

出典：巻末添付表2より作成。

コフの解任は一八〇七年、シビリャコフとムィリニコフがザバイカリエへ流刑されたのは一八〇九年であり、イルクーツク商人に対するトレスキンの「抑圧」が本格化するのもこの時期である。ギルド数の変化を具体的に見ると、最も急激な変化が起こったのが一八〇五年から一八〇八年のデータである。この時期ギルド家族数全体の減少とは別に、第一ギルドの家族数が四世帯から一六世帯に激増し、第二ギルド、第三ギルドの減少が目立っている。これには一八〇六年、一八〇七年のデータがないことも関係しているが、ギルド構成の変化は少なくともトレスキンの「抑圧」とは別の要因によるものである。第二章第二節2でも触れたように、一八〇七年にキャフタ貿易を第一ギルド商人のみに限定する条例が制定され、法規制が厳格化されたことが最大の原因である。このため、ピョートル・イヴァノヴィチ・アヴデーエフ、アンドレイ・イヴァノヴィチ・サヴァテーエフ、ロギン・フョードロヴィチ・メドヴェードニコフ、ミハイロ・ヴァシリエヴィチ・シビリャコフ、ピョートル・ドミートリエヴィチ・トラペズニコフをはじめとする旧第二ギルド商人やイヴァン・ステパノヴィチ・ルィチャゴフのような旧第三ギルド商人がキャフタ貿易の権利を求めて第一ギルドとして登録した。もう一つ興味深い点は、一八〇八年以後の第三ギルドの家族数の減少に比べて、人数減少の方がより激しいことである。これは同じ第三ギルド世帯の中から町人へ移動した構成員が少なからずいるためと推測される。

しかしギルド構成の変化に見られるイルクーツク商人の「富裕化」は一時的な現象だった。一八一二年に第一ギルドは一一家族、ギルド全体で九七家族だったのが、一八一三年に第一ギルド四家族、ギルド全体で六一家族へと激減した。つまり一八〇七年の条例に前後して一部商人の資本申告額が急増し、下部構造を占める第二・第三ギルドの激減が生じた後、一八一三年に第一ギルドを含むギルド全体の衰退が起こったことになる。特に一八一三年の第三ギルド家族数の激減に比べ、人数の減少が比較的緩やかであり、世帯内の平均構成人数の増加が顕著である。これは単に第一ギルド、第二ギルドから第三ギルドとして登録した家族がいるということだけではなく、第三ギルドの各家族構成員に新たに書き加えられた人々が増加した可能性が考えられる。この年はイルクーツクの商人ギルド全体が衰退傾向を示しているのと同時に、第三ギルドの家族数・世帯当たりの人数が増え、小商人化が顕著だった。この原因は市団とトレスキンの衝突よりもむしろ、キャフタ貿易の変化に求められる。一八一二―一八一三年におけるキャフタ貿易額を見ると(第二章第二節1図2-3)、一八一二年に輸出入が激減し、一八一三年に激増している。その最大の原因はナポレオンのモスクワ侵攻であり、キャフタ貿易への戦争の影響がイルクーツク第一ギルドの減少に関係していると推測される。しかしその前にまず第一ギルド商人の経営を見ていこう。

主な第一ギルド商人のうち、流刑された商人について見てみよう。ミハイロ・ヴァシリエヴィチ・シビリャコフはロシア・アメリカ会社の五〇株(二万ルーブル相当)を所有し、バイカル湖船舶業、ネルチンスク工場の鉛・銅の運搬と工場への食料供給を請け負っていた。彼の経営はこれらの請負業に負うところが大きい。その一方で、一九世紀初頭の古文書記録には、キャフタ貿易とシビリャコフ家の関連を証明する具体的数字は出てこない。[41] イルクーツク交易所では一八〇三年にイヴァン・ミハイロヴィチ・シビリャコフ(ミハイロ・ヴァシリエヴィチ息子)が扱ったザバイカリエ方向に向かう荷馬車四台が記録されているだけである(巻末添付表3-2)。またキャフタの関税記録にシビリャコフ家の名が登場するのは一八二〇年頃からである(巻末添付表6-4)。家長であるミハイロはネルチンスクに流刑されてから一八一四年に亡くなるまで第一ギルド商人であった(巻末添付表4)。このようなことが可能だったのは、「最も近い場所に流刑してやった」というトレスキン報告が示すように、ネルチンスクがシビリャコフの請負地域に属していたためである。前節で触れたように、トレスキンは一八〇八年にシビリャコフがキャフタ貿易用に申請した一年旅券を却下したが、一八一二年にシビリャコフがネルチンスク工場と工場局の集落を訪れ、製塩監督業務を行うことについてはペステリに相談した。[42] サンクト・ペテルブルクの金融省も、シビリャコフが製塩請負業のためネルチンスクから移動する必要性についてペステリに問い合わせ、ペステリはシビリャコフの移動そのものは拒否しつつ、「シビリャコフを製塩請負業から解雇することはできない」

と回答している。つまりペステリとトレスキンはシビリャコフをイルクーツクから追放しつつも、請負業の権利そのものは残した。

またシビリャコフ家が大家族であることも経営にとって有利だった。流刑された当時、ミハイロの家族は息子と孫を含め合計一一人がイルクーツク第一ギルドに登録されていた。ミハイロ自身はネルチンスクを動くことができなかったが、家族はミハイロに代わってイルクーツクを含む他の場所の事業を支えていた[43]。その間にシビリャコフの家族がミハイロのイルクーツク帰還許可を求めて奔走したのは前節で触れた通りである。しかし流刑中のミハイロは事業に何らかの支障をきたしたのか、一八一三年に第二ギルドとして登録し、没年に第一ギルドとして再登録している。彼の死後、シビリャコフ家は一八一六年までミハイロ名で第一ギルドに登録し、一八一七年から三男のクセノフォントが家長となって事業を継続した。ペステリとトレスキンが罷免されたのち、シビリャコフ家はキャフタ貿易に積極的に参加し、事業を拡大していった。巻末添付表4のシビリャコフ家のギルド登録の様子を見ると、資本の分割、代表の交替を繰り返しつつ、同家がうまく経営を維持した様子が見て取れる。

ニコライ・プロコピエヴィチ・ムィリニコフは一八世紀後半からイルクーツクの第一ギルド商人としてカムチャツカの狩猟業を行い、合同アメリカ会社、ロシア・アメリカ会社の設立・合併に関わったことで、同社の一三二株(一三万二〇〇〇ルーブル相当)を所有していた[44]。本書で使用しているデータでは一七九一―一七九三年に第二ギルド、一七九六年に第一ギルドとして登録しているが、実際にはそれ以前から豊富な資産を有するイルクーツクの最富裕商人の一人と見なされていた。彼の名はシビリャコフと異なり、イルクーツク交易所記録に頻繁に見受けられ、なかでもキャフタ貿易の商品を大量に扱っていた様子がうかがえる(巻末添付表3-2)。また一八〇九年にはキャフタ方向だけでなくヤクーツク方向の商品も扱っていた。しかし流刑によってムィリニコフ家の事業は徐々に傾いていった。家長のニコライが流刑された後、家族は一八一一年まで第一ギルドに留まったが、交易所記録に記載されている馬車は見られなくなり、一八一四年にギルドを離脱して町人として登録した(巻末添付表4）。ニコライの妻アクリーナ・アンドレーヴナは一八一六年に一時的に第三ギルドとして登録しているが、その後事業を回復するには至らなかった。この理由については親族が書いた書類が残されている。ニコライの息子ドミートレイの未亡人アンナ・ドミートリエヴナ[45]がイルクーツク役場に提出した書類[46]によると、ニコライのイルクーツクにおける事業は一八一〇年に孫のイヴァン・ドミートリエヴィチに完全委任され、全幅の信頼が寄せられていた。しかし、イヴァン以外の家族・親戚は資産を預けられるほど信頼されていなかった。ところがイヴァンが急死してしまい（一八一二年以前没か？）、ニコライがバルグジンに流刑されている状態では事業継続が困難になったようである[47]。ニコライの次男ヤコフはロシア・アメリカ会社支配人を務めたほどの人物だが一八〇二年に亡くなっており、三男ミハイロは当時一家を背負えるだけの力量はなかったらしい。つまり、ムィリニコフ家はこの時期のシビリャコフ家のような家族の結束と人材に恵まれなかった。このため三男ミハイロは一八一一年に財産の放棄と家業からの離脱を決めた。彼はトレスキン事件後の一八二四年に第三ギルドとして再登録しているが、第一ギルドとして復活することはなかった。

一八〇三年にムィリニコフと共同で商品を扱ったことがあるセミョン・スタルツォフは一八〇五年に亡くなっており、息子のドミートレイが翌年から第一ギルドとして登録している。しかし同家も徐々に事業が傾き、一八一二年に町人へ移動した。スタルツォフ家の場合、ムィリニコフ家の没落が事業に影響した可能性がある。

シビリャコフ家、ムィリニコフ家と同じく流刑されたドゥドロフスキー家の場合、ステパン・フョードロヴィチを中心にアンガラ川、バイカル湖の船舶業とキャフタ貿易事業を展開していたが、一八〇九年のステパンの死を境に家族全員が町人として登録した。ムィリニコフ家とドゥドロフスキー家は流刑によって事業を潰す結果となり、最も大きな被害を蒙った家系と言えるだろう。

しかしこれら第一ギルド家系をよく検証してみると、トレスキン事件の被害にもかかわらず、一八一三年以後に商人身分を離脱した家系は意外に少ない。巻末添付表4を基に、一八一二年時点で第一ギルドであり、一八一三年以後第二ギルド以下へ転落している他の商人家系を比較してみよう。グリゴレイ・サヴォヴィチ・バジェーノフの場合、一八一三年に第三ギルド、一八一四年に第二ギルドというように浮沈を繰り返しているが、本人が一八一四年に死亡しており、その後一八一七年に息子のイヴァンが第三ギルドとして登録している。このようにバジェーノフ家は第一ギルドから転落し、トレスキン事件が解決した後も細々と事業を続けている。ガヴリーロ・スピリドノヴィチ・ベロゴローヴィーの場合、一八一三年に一時的に第三ギルドに転落しているが、その後再び第一ギルドとして登録しており、転落は一時的なものだった。エルモライ・ヤコヴレヴィチ・ルィチャゴフの場合も同様で、一八一五年に第一ギルドとして再登録したが、一八一八年から一八二二年まで第三ギルドであった。彼の親戚イヴァン・ステパノヴィチ・ルィチャゴフに至っては、第三ギルドに登録したのは一八一三年だけで、翌年すぐに第一ギルドとして再登録しており、一八一七年以後は息子たちが事業を引き継いでいる。ミハイロ・ゲラシモヴィチ・ミャフコストゥーポフも同様である。このように事業を継続している家が大部分の中で、例外と思われるのがピョートル・ヤコヴレヴィチ・ソルダートフである。彼は「イルクーツク特有の陰謀（すなわち市団ぐるみの汚職）」に関わらなかったという理由でトレスキンに庇護されたが、その後息子の一人がシビリャコフ家の仲間に加わったために商取引権を剥奪された。このことが影響したのか、彼の家族は一八一六年以後町人身分に移動した。ただし息子のヤコフだけは一八一三年以後第三ギルドに登録し続けた。

一八一三年以後も第一ギルドとして経営を強固に維持したのはメドヴェードニコフ家であった。ロギン・フョードロヴィチ・メドヴェードニコフとプロコペイの兄弟は全く変わらず第一ギルド身分を維持した。特に一八一二年以前のキャフタ貿易、ヤクーツク方向の毛皮交易において莫大な資本金を蓄積し、それを利用して速やかな手形決済を保障し、周囲の尊敬を集めたという。ロギンは一八一四年に亡くなっているにもかかわらず、その息子イヴァンは叔父たちの後見を受け、事業を引き継いだ。イヴァンは母エリザヴェータ・ミハイロヴナの遺言に従ってその名を冠した孤児院を設立している。またロギンの弟プロコペイは伝統的ロシア商人タイプの厳格な倹約生活(同時代人の言葉で言えば、吝嗇)と独自の商売倫理によって資産を堅持し、息子たちに引き継いだことが知られている。[48]

同じくトラペズニコフ家については、ピョートル・ドミートリエヴィチ・トラペズニコフの息子コンスタンチンがトレスキン更迭の嘆願書作成に尽力した一方で、一八一三年の第一ギルド激減時も経営を堅持しており、ピョートルの没後は一八一七年に息子ニコライが第一ギルドとして資本を引き継いだ(巻末添付表4、巻末添付図1-15a)。メドヴェードニコフ家とトラペズニコフ家は別格として、第一ギルド身分から第二ギルド、第三ギルドへの転落後も事業を維持している、もしくは第一ギルドに復活しているのは、ほとんどが第二章で触れたイルクーツクの古参商人たちである。特にニコライ・ムィリニコフの死後にメドヴェードニコフ、シビリャコフ、バスニンがそれぞれ遺産監督・後見人となったことは、彼らの事業に豊富な資金を提供することになったと推測される。[49] つまり一八一三年の第一ギルド家族数の激減は、同ギルドを構成する家系から見ても一時的現象だったと見なすことができる。

図 4-5　エリザヴェータ・ミハイロヴナ・メドヴェードニコヴァ(イルクーツ商人クラスノゴロフ家出身，ロギン・フョードロヴィチ・メドヴェードニコフ妻：19 世紀前半に描かれた肖像画からの複製)。

出典：*Сибирский порторет XVIII-начала XX века.*

一八一二年のキャフタ貿易減少の原因となったナポレオンのモスクワ侵攻であるが、実はこれに対するイルクーツク商人の関心・危機感は意外に小さかったようだ。七月六日にフランス軍のモスクワ侵攻に関する勅令が出され、八月六日にその知らせがイルクーツクに届き、イルクーツクからも祖国防衛戦に志願する軍人・役人が多数いた。しかし戦費拠出金の呼びかけに対してイルクーツク市民も多数の寄付をしたにもかかわらず、商人層の反応は鈍かった。イルクーツクの歴史家В・И・ドゥーロフによると、「非常に特徴的だが、イルクーツク県内小諸都市の商人たちが喜んで軍に寄付したとすると、イルクーツク市の最富裕商人はこの集団に対して非常に冷静な態度だった。特に最も「有能な」イルクーツク商人たちは寄付金集めの集団をボイコットした」。笑い話として先述のムィリニコフの寄付金はわずか五ルーブルだったという事実が記録されている[50]。この事例を見ても、イルクーツク商人がナポレオンのモスクワ侵攻に危機感を持っていたとは言えないだろう。彼らはキャフタ貿易に対する戦争の影響そのものが一時的であることを見越していたのではないだろうか。

ところで一八一四年以後、ニコライ・チモフェーヴィチ・バスニンはイルクーツク第一ギルドを離脱し、キャフタ第一ギルドとして登録した。これはキャフタ貿易に専念するためトレスキンの災禍を逃れる目的があったとも考えられる。なぜならこの前後に他地域へ登録を移してしているイルクーツク商人が複数見受けられるからである。一八一四年にイリムスク商人に移動したステパン・ガヴリーロヴィチ・バラクシン、一八一四年にキャフタへ移住したヴァシーレイ・フョードロヴィチ・エレゾフ（一七八六―一八四八年）の息子イヴァンなどのケースが、イルクーツク商人ギルド減少の一因となって

図 4-6　ピョートル・ドミートリエヴィチ・トラペズニコフ（ピョートル・カルムィキン画）

出典：*Сибирский портрет XVIII–начала XX века.*

いる。しかしバスニン家の場合はイルクーツク他都市商人という立場に変わりつつも、居住地はイルクーツクに残しており、そのままキャフタ貿易、特に茶貿易事業に従事した。これについては本章第二節3で説明する。

このように、イルクーツク商人の中核である最古参の有力商人たちは経営を維持し、多くがトレスキン時代を乗り切っている。トレスキン事件でそれよりも重要な被害と考えられるのは、多くの商人が第三ギルド、もしくは町人へ転落して小商人化したことである。この身分移動はキャフタ貿易に参加できなくなることに直結した。これに対し、一八一七年一一月二九日のイルクーツク市議会で、キャフタ貿易を地元第三ギルド商人に許可してほしいという内容の報告書が提出された。同報告書は彼らを取り巻く商取引の状況について訴えている。「第一に、イルクーツク第三ギルド商人にキャフタ外国貿易を、もしくは少なくとも地元シベリアの毛皮商品・物産の取引を許可してくれるよう政府に求める。なぜならこの土地の異教徒〔イノヴェルツィ。ラマ教徒のブリャート人を指

図 4-7　ニコライ・ペトロヴィチ・トラペズニコフ(ピョートル・ドミートリエヴィチ息子。ニコライ・アレクサンドロヴィチ・ベストゥージェフ画)

注：作者のベストゥージェフはデカブリストの一人で逮捕後シベリアに流刑された。イルクーツク周辺に流刑されたデカブリストたちはイルクーツク商人の物質的・金銭的援助を受け，交流があったことで知られている。このため，デカブリストがスケッチしたイルクーツク商人とその家族の肖像画がいくつか残されている。ニコライ・ペトロヴィチ・トラペズニコフの肖像画はもう1点あり，ベストゥージェフのスケッチから作成されたものであるが，ベストゥージェフの原画は残っていない。

出典：*Сибирский порторет XVIII-начала XX века.*

すと推測される―訳註〕は自分で貿易を行っており、地元のギルドと市団はキャフタ以外のすべての港〔ポルト〕から遠隔地の県にあるため、我々の環境を支える最重要手段はキャフタ貿易だと考えるからである。また市団はロシアの諸定期市から遠く離れており、同様の障害によって他の取引手段を奪われているからである。第二に、第一・第二ギルド商人が与えられている諸権利のうち、法的手段を制限すること。と同時に、卸取引や詳細取引〔ポドローヴヌィ・トルグ〕以外は、第三ギルドに許可されている取引に影響しないように、第一・第二ギルドの小売取引を禁止し、詳細取引は小間物・小売取引と何が違うのか彼らに説明すること」。

本文中の「詳細取引」が何を示すのかはっきりしないが、巻末添付文書史料2の記述から、おそらくは店舗などにおける小売販売の一種と考えられる。さらに巻末添付文書史料3からも、第三ギルドは毛皮の小売取引を巡って自己の権利を守ろうとしていたことがうかがえる。このためイルクーツク市議会は一八〇七年のギルド数減少を挙げ、ギルドとギルド税増加のためには、キャフタ貿易の繁栄が必要と訴えた。[51]しかしイルクーツク県庁、すなわちトレスキンはギルド減少を十分な理由と見なさず、この請願を退けた。[52]

キャフタ貿易におけるイルクーツク商人の権利拡大に行政はあまり好意的ではなかったが、その一方で一八一四年に第三ギルド商人がキレンスク郡[53]で毛皮交易することを許可する条例を出している。[54]この経緯には東シベリア商人がイルクーツク市に集中していたこと、内陸毛皮産業の担い手であるキレンスク農民と買付商人の取引関係、交易における他都市商人と第三ギルドの法的扱いをめぐる諸問題があった。総督ペステリから内務大臣宛ての文書は次のように説明している。「よく知られるように、イルクーツク県キレンスク郡ではあらゆる狩猟業が盛んで、その買付けは五〇万から一〇〇万ルーブルにも上る。キレンスク郡で狩猟業を行っている農民からこの贅沢品を買い付けるのは、ほとんどがイルクーツクから来ている商人たちで、一部はキレンスク商人である。……市の条例によると、他都市に出かける第一ギルド、第二ギルド商人は、定期市に定められている期間だけ卸買付けと卸販売を許可され、小売取引は第三ギルド商人のみに許可されていて、それも地元の郡から離れた場所ではない。しかしキレンスク郡では現在までどんな定期市も定められていない。同郡が二〇〇〇ヴェルストにわたる極めて広大な土地で、住民が拡散していて少ないため、町やどこかの村落で定期市を定める可能性は提案されてない」。

つまり、キレンスクには自由販売を行うための定期市がなく、法律は第三ギルド商人が他都市・郡へ出かけて商品を買い付けることを禁じている。従ってイルクーツクの第三ギルド商人が定期市のないキレンスクに出かけて毛皮を買い付けている現状は違法であった。「イルクーツクの第一・第二ギルド商人は八家族であり、第三ギルド商人は五三家族である。各々では〔毛皮〕交易が中心で、最も入手できるのはキレンスク管区である。イルクーツク第三ギルド商人が〔毛皮〕獣を求めてキレンスク管区に出かけることを拒否すれば、八家族の利益を優先し、五三家族の商人を破滅させることになる。イルクーツク郡は〔毛皮〕獣が極めて少なく、後者の狩猟業を満たしていない」。さらにキレンスクの地元商人は第三ギルドが一〇家族ほどしかおらず、一〇〇万ルーブルに上る毛皮商品を買い付けるだけの資金力は望めなかった。ペステリはイルクーツク商人がキレンスクにおける「他都市商人」であるという事実を認めつつも、彼らがそこで毛皮を交易するのは極めて自然だと内務大臣に訴えた。

ペステリの要請に対し、マニュファクチュア・国内交易局は[55]「都市条例に定められた法の厳格な遵守が、狩猟業の衰退を招くかもしれず、それと共にこの地域の商人が破産する原因となるかもしれないと考えている。……つまりキレンスク郡に限定して交易のための若干の変更を許可する必要を求める」と返答し、都市条例は変更せずに、例外的措置としてイルクーツク第三ギルド商人がキレンスクで毛皮を小売取引することを許可した。この例が示すように、ペステリとトレスキンがイルクーツクで行った政策は必ずしも商人を圧迫しただけではなかった。しかし、市団に服従を強制したこと、市町選に介入したこと、有力商人を流刑にしたことは、イルクーツク市民の反発を買うのに十分であった。

以上の分析から、筆者はトレスキン事件の影響が主に社会的なものであり、経済的な影響とはいささか異なると考える。もちろんムィリニコフ家、ドゥドロフスキー家の没落という被害はあったが、その他の古参イルクーツク商人たちは多くが経営を維持し、商人家系として生き残った。むしろ問題は、キャフタ貿易との関係である。イルクーツク商人減少の直接のきっかけは一八〇七年の勅令であり、キャフタ貿易額の増減であった。従って、イルクーツク商人の構造変化を分析するには、一九世紀のキャフタ貿易に生じた変化についてさらに検討していく必要がある。

二　キャフタにおける茶貿易の拡大

1　磚茶から葉茶への転換と茶文化の受容

第二章第二節1で示したように、一九世紀のキャフタ貿易品目は輸出入共に激変した。特にロシアにおける茶の需要増大は、一時的にせよキャフタ貿易におけるロシア商人の競争と混乱を招いたほどである。一八世紀までは綿織物がキャフタにおける交換基準商品として用いられたほど、輸入品目の中で大きな比重を占めた。しかし一八〇六年以後茶の輸入が綿織物の輸入を上回るようになり、その比重は一八一五年に六九・八%、一八二〇年に八〇・二%と順調に増えた。この結果ロシアにとってのキャフタ貿易は事実上茶を輸入するための貿易へと変化した（第二章第二節1図2-5）。

こうした転換をもたらした最大要因は、イギリス経由でロシアに茶文化が流入したことであった。一八世紀のキャフタ周辺ではもともとブリャート人などモンゴル系の人々に喫茶の慣習があった。またキャフタを通じて中央アジアなどの地域へも茶が運ばれていった。しかし第一章で触れたように、これらアジア系先住民が好んだのはあくまで磚茶と呼ばれる固形茶葉であった。シリンは一七一九―一七二一年にロシアから北京へ旅行したスコットランド人医師ジョン・ベル[56]の旅行記を引用しており、それによるとブリャート人は茶を水出しし、ミルク、バター、塩少々、または時に小麦も加えて飲んでいたという。またセレンギンスクのブリャート人のところで塩と小麦粉、スメタナ（サワー・クリーム）、バターで煮出した茶を出されたこともあった。一七六八―一七七四年にエカテリーナ二世の命令でコーカサス、カスピ海以東を調査旅行したパラスもベルの証言を裏づけており、ブリャート人が湖（バイカル湖）の底から「フジル」と呼ばれる苦い塩を集め、これで茶を沸かし、非常に濃く煮出して飲んでいたと証言している[57]。

イルクーツク周辺のロシア人は磚茶に馴染みがなく、そもそもブリャート人たちが行っていた茶の淹れ方自体よく知らなかったらしい。このためキャフタ貿易で取引される磚茶は専らブリャート人が購入し、彼らはそのために有り金を使い果たした。一九世紀初頭のイルクーツクでも、磚茶を飲む光景はほとんど見られなかった。エカテリーナ・アヴデーエヴァ＝ポレヴァヤは、一八〇四年に夫のピョートル・ペトロヴィチ・アヴデーエフに同行してキャフタへ出かけた際、ザバイカリエ地域で初めてロシア人が磚茶を飲む光景を見た。「……ヴェルフネウジンスクに近づくと、私たちはある村に止宿し、大家族に会った。……家族全員が磚茶を飲んでいた。これは私が初めて見る光景だった。なぜならイルクーツクでは磚茶をめったに飲まないからだ。たぶん、磚茶とはどんなもので、どう飲むのか、多くの人は知らないのではないかと思う。これは中国人が大量にもたらし、タタール人、ブリャート人、ザバイカリエのロシア人たちに需要がある。……多くの女性たちはシャラと呼ばれる茶葉や出がらしまで食べる。磚茶はレンガのような形状をしており、長さ七ヴェルショク〔＝三一・一センチ―訳註〕、幅5ヴェルショク〔＝二二・二センチ〕、厚さ一ヴェルショク〔＝四・四五センチ〕である。この塊がレンガと呼ばれる。その葉は沸かすと普通の茶と全く同じであるが、ただ非常に大きい。しかし白毫茶の名称で知られる茶には葉しかないのに、磚茶は一枝が丸ごと入っているのだ。この茶を使わなければならない場合、欲しいだけの量の欠片を取る。鋳鉄製の容器をオーブンにかけ、湯が沸騰すると、茶を削り、それに入れる。さらに沸騰させてバター、塩、熱いミルクを少し入れる。これがよく煮詰まったらおたまで小さな木のカップに注ぎ、パン、シャンギ、ピローグ[58]をつけて飲む。磚茶は健康に良く、これに慣れてしまうと最高の白毫茶よりも好むようになるという。斎戒日には砕いた松の実を殻ごと、もしくは砕いた麻の実をミルクの代わりにして淹れる[59]」。

　エカテリーナの記述が正しければ、一九世紀初頭のザバイカリエ地方ではロシア人にも磚茶を飲む習慣が見られたらしい。しかし、キャフタ貿易における茶の輸入が爆発的に増加した背景には、こうしたローカル地域の磚茶需要ではなく、ロシア全土における茶葉（チャイヌィ・リスト、もしくはリーフ・ティー）の需要増大があった。上記の文章で磚茶と比較されている「白毫（はくごう）茶」とはペコー茶のことで、高級茶葉の一種である。

　角山栄氏はチョードリの統計を用い、イギリス東インド会社のアジア貿易において小さなシェアしか占めていなかった茶が、一七六〇年代にかけて増加の一途を辿った様子を分かりやすく描いている[60]。最初にヨーロッパに茶文化が流入したのは同じくアジア貿易を行っていた一七世紀のオランダだった。その後喫茶の慣習はポルトガルとオランダからイギリスの上流階層へと広まり、イギリスでは広東経由で東インド会社による茶の輸入が増大したため、銀の流出が大問題となった。

　ロシアに喫茶の習慣が定着したのは、こうしたヨーロッパにおける流行が入ってきたことによる。もともとロシア人が茶を知ったのは一六三八年、内モンゴルのアルティン・ハンの使節がミハイル・フョードロヴィチ帝（在位一六一三―一六四五年）に茶二〇〇袋を献上したのが最初とされる。その後モスクワ宮廷や上層で茶が消費されていたらしい。一六七四年には、オランダ人、ポルトガル人からアルハンゲリスク経由で輸入した茶がモスクワの市場で売られていた、との証言もある。キャフタ条約が締結される直前の時期には、ロシアの大街道沿いの富裕農民層にサモワールが定着し、その後茶が浸透していった。この頃のロシアも主にヨーロッパから茶を輸入しており、白毫茶を消費した。北京貿易で入ってきた茶は「賜物」としての扱いだった。一七七五―一七七七年にキャフタで輸入された茶の比重は磚茶を中心に平均一五・六%しかない[61]。一八世紀後半におけるロシアの最大貿易相手国はイギリスであり、その取引拠点がペテルブルクだったため、キャフタ貿易停止期間には同港における茶の輸入量が急増した[62]。

スミスとクリスチャンは、ロシアの茶文化を象徴する「サモワール(自動湯沸かし器)」が、実はロシア起源でもトルコ起源でもなく、一八世紀にヨーロッパ、それもデンマークかオランダで製作された湯沸かし器モデルを原型にしていると主張する[63]。いずれにしても現在ロシアの伝統文化と思われている喫茶の慣習は近代の産物であり、それほど古いものではない。しかし「アジア経由」ではなくあくまで「ヨーロッパ経由」で茶文化を取り入れたことが、ロシア人の間に「葉茶」の需要を拡大させた。つまり、ロシアは白海・バルト海貿易を通じて茶文化を取り入れたが、その定着後はキャフタ貿易を通じて茶を輸入した。

ロシアにおいて茶文化が定着したことで、キャフタ貿易における磚茶輸入は葉茶輸入へと大きく転換し、茶の輸入量を爆発的に増加させた。しかしキャフタの関税台帳をよく見てみると、こうした転換はすぐに起こったわけではなく、一九世紀初頭に葉茶の輸入増加と磚茶の輸入増加が同時に起こっており、その後次第に葉茶が優勢となった(巻末添付表6-1~6-6)。これは先述のザバイカリエ地方のロシア人や中央アジアにおける磚茶需要の増加によるものである。こうしたことからキャフタの輸入茶の種類は白毫茶、磚茶、珠蘭(ジュラン)と呼ばれる緑茶が中心となり、後に白毫茶が圧倒的大部分を占めた。また茶の輸入ルートはキャフタのみだったわけではなく、一九世紀前半にはペテルブルクの、一八七一年以降はオデッサの海上密輸ルートが強力な競争相手として現れてくる。そのため一九世紀半ばにはイルクーツク商人、キャフタ商人たちがキャフタ茶の利益を守ろうと、たびたび政府へ広東茶(広東から海路でペテルブルク、オデッサ経由で運ばれてくる茶のこと)に対する規制を請願するようになった[64]。こうした茶の輸入品目の変化はキャフタ貿易に従事する商人たちの経営にどう影響したのだろうか。

2　イルクーツク商人の輸入品目――綿織物と茶

ここでイルクーツク商人がキャフタで輸入した品目を分析していこう。

メドヴェードニコフ家に関しては、本章第一節3で触れたイヴァン・ロギノヴィチ・メドヴェードニコフによる孤児院設立記念冊子が残っており、その序文の中で彼の父ロギン・フョードロヴィチ・メドヴェードニコフが、一八一二年からキタイカ(南京木綿の一種)を有利に取引したことで頭角を現した、と記されている。[65] しかしギルドの登録状況を確認すると、ロギンは父フョードル・オシポヴィチ・メドヴェードニコフから資本を引き継いだ一八〇八年の時点ですでに第一ギルド商人であった。一方、イルクーツク交易所記録では、彼のキャフタ向け荷馬車は一八〇九年に一六台しかなかったのが、一八一〇年に一七一台に増加している(巻末添付表3-2)。一八一三年のデータではメドヴェードニコフ家(メドヴェードニコヴィ)と複数形で記載されていることから、ロギンとプロコペイ兄弟の共同事業と推測される。一八一五年以後にロギンの名が記されていないのは、彼が一八一四年に亡くなったためであろう。このように、ロギン・メドヴェードニコフの事業が軌道に乗ったのは一八一二年よりももっと早い時期、一八一〇年頃であったと推測される。しかし冊子で説明されている「キタイカ取引で頭角を現した」という記述は非常に信憑性がある。なぜならキャフタ関税台帳を分析すると、一八一〇年代にイルクーツク商人たちが多くのキタイカを取り扱っていた事実が分かるからである。このキタイカと茶の輸入バランスが、イルクーツク商人と他地域の商人の取引の特質として現れており、これを基に彼らへのキャフタ貿易の影響を推測することができる。

ここで改めてバスニン文書のキャフタ関税記録を各年別に参照してみよう。同史料は通年記録があまりなく、ほとんどが一年間のうち限られた時期のデータしか残っていない。このため各商人が扱った品目の全体量を知るには不十分だが、全般的傾向をつかむ手がかりにはなる。一八一三年九月一八日—一八一四年四月一〇日の統計によると、キャフタ貿易で大きな比重を占めたのはモスクワ商人、ヴォログダ商人、イルクーツク商人、トボリスク商人、カザン商人であった(巻末添付表6-1)。参加商人の名前と地域別構成はイルクーツク交易所史料のそれとほとんど重なっている。このうちイルクーツク商人が輸入した商品の比重を四捨五入すると、キタイカ一五・五%、白毫茶七・七%、緑茶九・六%、磚茶四・一%であり、キタイカに比べて茶の占める比重が若干少なかった。これに対し、モスクワ商人はキタイカ二四%、白毫茶二三・六%、緑茶三五・九%、磚茶二・五%であり、キタイカと茶の取引に占める比重は均等に高いが、磚茶の占める比重は非常に低いことが分かる。またヴォログダ商人の場合はキタイカ一五・五%、白毫茶二三・一%、緑茶一〇%、磚茶三二・八%となっており、白毫茶に比べて磚茶の比重が高くなっている。磚茶の輸入比重が特に高いのはヴェルフネウジンスク、セレンギンスク、キャフタのザバイカリエ商人で、全体輸入に占める彼らの比重は四七・三%にも上る。

これをキタイカの取引量から見ると別の傾向が見えてくる。同じ年の輸入量を多い順に並べると、イルクーツク商人メドヴェードニコフ家が八〇二三端(チュン)[66]、モスクワ商人アゲーエフ家が七七〇八端[67]、ヴォログダ商人コレーソフが七一一二端、モスクワ商人ネヴェジンとソローキンの共同事業が四九六〇端、イルクーツク商人トラペズニコフが四三三三端、ヴォログダ商人ヤーゴドニコフが四二一一端、トチマ商人シェルギンが三二六九端となっている。イルクーツク商人の中ではメドヴェードニコフ家とトラペズニコフのキタイカ取扱量が突出しており、ルィチャゴフ、ベロゴローヴィー、ミャフコストゥーポフを大きく引き離している。その一方で白毫茶に関してはヴォログダ商人コレーソフが五三六八箱、モスクワ商人アゲーエフ家が二九〇九箱、コルジンキンとロプコフが二二四七箱、マルムィシ商人ウチャムィシェフが一二九六箱、タラの女商人ネルピナが一二五〇箱、イルクーツク商人トラペズニコフが一二〇六箱の順となっており、ヨーロッパ・ロシア商人の取引量がシベリア商人のそれを圧倒している。しかもザバイカリエ商人の磚茶輸入量でさえ、ヨーロッパ・ロシア商人全体の白毫茶輸入量には遠く及んでいない。このように、一八一三―一八一四年のデータでは、イルクーツク商人メドヴェードニコフ家とトラペズニコフがキタイカを中心とする取引に従事し、モスクワ商人やヴォログダ商人は茶の取引量を大規模に増やしつつあったことが明らかである。以上のことから、茶の輸入量は磚茶に関する限りザバイカリエ商人が大きな比重を占めているが、白毫茶、緑茶に関しては、シベリア商人よりもヨーロッパ・ロシア商人の取引量が圧倒的に多いことが分かる。

一八一五年一〇月一日―一八一六年一〇月一日の統計と一八一六年一〇月一日―一八一七年六月一日の統計を比較してもほぼ同様の傾向を示している（巻末添付表6-2、6-3）。例外はロシア・アメリカ会社の数値で、一八一三―一八一四年にわずか二五一箱の白毫茶しか取り扱っていなかったのに比べ、一八一五―一八一六年にキタイカ四三七五端（四・九％）、白毫茶一二八五箱（二・六％）、一八一六―一八一七年にキタイカ一万二九六五端（一七・五％）、白毫茶三一八三箱（八・四％）と激しく変動している。これは一八〇九―一八一五年にかけてイルクーツク交易所を通過した同社の馬車数が増減したことと符合している（第二章第二節3図2-9）。

巻末添付表6-2の統計で注目すべき点は、単に取引量だけではなく、関税額が付記されていることである。これらの数値から、各地域の取引額の規模を推測することができる。政府刊行のキャフタ貿易関税統計によると、茶・綿織物の輸入合計額は一八一五年に五六〇万八五〇〇ルーブル、一八一六年に三〇四万三四〇〇ルーブルであり、この二年間の輸入額を平均すると四三二万五九五〇ルーブルと計算される。[68]これに対し、一八一五―一八一六年の関税額は六〇〇万九九九五ルーブル四一コペイカと記されており（巻末添付表6-2）、輸入額をはるかに上回る金額の関税が商人から徴収されていた。このうち、キタイカの出身地域別取引量がほぼ近いモスクワ商人とイルクーツク商人のデータを比較すると、興味深い事実が見えてくる。イルクーツク商人が支払った関税総額は二五万八二六四ルーブル四四コペイカ、モスクワ商人は一六七万一〇六五ルーブル六コペイカとなっており、後者は前者のほぼ六倍以上である。ここで両者が取引した茶の量を比較すると、イルクーツク商人は白毫茶一五五一箱(三・一%)、磚茶八九〇箱三三個(一三・四%)であり、モスクワ商人が白毫茶一万四六四七・五箱(二九・一%)、珠蘭二〇一箱(三四%)、磚茶九四四箱(一四・二%)である。これらを総合すると、関税額のほとんどが、白毫茶の取引によるものであることが分かる。すなわち、キャフタ貿易の交換機軸となった茶に高関税がかけられているのに対し、キタイカは比較的低率関税商品であったためにこのような格差が生じた。茶の関税率は一八〇〇年関税率を基に一八一二年に制定されたものであり、コルサクによると一フント(≒四〇九・五グラム)当たり最高級緑茶が六九銀ルーブル、普通緑茶が四四銀ルーブル、紅茶五五銀ルーブル、磚茶六銀ルーブルという格差が設けられ、一八四二年までこの関税率が続いた(69)。

以上の事実を踏まえて一八一五―一八一六年の史料を見ると、イルクーツク商人メドヴェードニコフ家はキタイカ九七一四・三端、白毫茶五九一箱、磚茶一〇三箱を取引して関税額は一〇万六二四〇ルーブル六八コペイカであり、トラペズニコフはキタイカ三八一一・二端、白毫茶五二七箱、磚茶四〇四箱二個、関税額八万四九五九ルーブル四八コペイカである。メドヴェードニコフ家はトラペズニコフよりはるかに膨大な量のキタイカを輸入しているが、同家が支払った関税額はトラペズニコフに比べてそれほど多くない。つまり、メドヴェードニコフ家が「キタイカの取引で成功した」という証言は、こうした価格・関税額の差を利用して有利な取引を行っていたことを指していると考えられる。一方、モスクワ商人アゲーエフ家はキタイカ七七九一・九端、白毫茶五九一七・五箱、珠蘭二箱、磚茶四六九箱、関税六六万六二八〇ルーブル八五コペイカであり、メドヴェードニコフよりも茶の取引量がはるかに大きかったことが莫大な関税額に反映されている。統計全体を見ても、関税額の大小は茶の取引量に大きく左右されている。こうした関税額格差により、この時期ヨーロッパ・ロシア商人がとりわけ白毫茶の取引に積極的で、イルクーツク商人を含むシベリア商人がキタイカと磚茶の取引に積極的になったと見られる。しかもヨーロッパ・ロシア商人の取引規模から、彼らは茶の高関税を支払っても十分元を取れる見込みがあったと推測される。キャフタ貿易の輸入品目は一八一五―一八一六年の時点で商人の参加地域別に住み分けがあり、イルクーツク商人の場合はキタイイカへの依存度が高かった。

一八一五―一八一六年に落ち込んでいたイルクーツク商人の白毫茶輸入は、一八一六―一八一七年以後増加に転じている。特に増加が著しいのは一八一九年一〇月一日―一八二〇年六月四日の時期である（巻末添付表6-4）。これは特にトラペズニコフが白毫茶の取引を拡大したためである。さらにそれまでキャフタ貿易に直接参加していなかったシビリャコフ家も参入し、イルクーツク商人はキタイイカ輸入中心から白毫茶の輸入に転換し始めた。また一八二〇年一〇月一日―一八二一年六月七日の統計を見ると、メドヴェードニコフ家、シビリャコフ家の扱う白毫茶がさらに増えており、茶貿易の重要度が増していったことが見て取れる（巻末添付表6-5）。また喫茶に欠かせない氷砂糖はイルクーツク商人とザバイカリエ商人が四五・七八％を占め、中国からの砂糖は主に東シベリア商人によって輸入されたことが分かる。これはおそらくイギリスからペテルブルク経由でヨーロッパ・ロシア地域にキューバ産の砂糖が輸入されたためと考えられる(70)。

このようにイルクーツク商人はヨーロッパ・ロシア商人よりも比較的遅れて茶貿易へ転換していった。しかもその時期はトレスキンの治世の終わりからスペランスキーの改革期に当たっている。しかし、イルクーツク商人の茶貿易を妨げたのは高関税であり、これにはヨーロッパ・ロシア商人も同様の不満を抱いていた。スペランスキーは総督在任中、キャフタ貿易に従事する商人たちから、茶貿易で生じる損失と負担の軽減を求める要望書を受け取った。彼らは税の分割払いと緑茶税の減税を求め、モスクワ商人コレーソフ、シャポシニコフ、フローポニン（巻末添付表6-4記載のフラーポニンのことと推測される）、ホロジロフ、チャプリンはキャフタ税の半額を一年間、残りの分を二年間猶予してもらえるよう政府に求めた(71)。スペランスキーは一八二二年七月一六日に上記のキャフタ貿易参加商人たちの要望書を元老院へ送付し、商人の損失について訴えたが、このときの要求は却下された。しかし一八二四年一月三〇日の勅令で、茶の輸入関税率を品質別配分にして実質減税を行うこと、一七九四年勅令により関税の支払い期限を再延長することを決定した。また政府はキャフタ茶の再輸出にも積極的になり、一八二六年に茶をロシア帝国外に再輸出する場合は商人から徴収した関税を還付すると定め、一八二七年にライプツィヒ、ハンブルク、アムステルダムなどのヨーロッパへの再輸出が行われた。(72)

茶貿易のもう一つの課題は取引増加による商品価格の値崩れだった。このためキャフタ貿易に従事する商人たちは商品を一度に大量に定期市へ発送しないようにするシステムを作り、互いに協力した。一八三二年の茶の発送時期に関する文書は、この問題でロシア商人に生じた混乱を示している(巻末添付文書史料4)。この文書によると、キャフタでの茶の交換は従来一月から五月に行われ、このとき交換された茶の半分がイルビート定期市、マカリエフ定期市、モスクワへと出荷された。残り半分はキャフタに在庫として保管され、八月、一〇月、一二月の三回に分けて出荷された。ところが一八三二年の秋は一〇月の時点で茶の交換が開始されたため、それまでの保管在庫と、新たに輸入された三万箱(‖六万プード‖九八二・八トン)がモスクワに向けて一斉に出荷された。この結果価格の大幅な下落が起こった。このためキャフタ貿易の参加商人たちは、従来通り一月より早い時期にキャフタで茶の取引をしないこと、商品量によって価格を変動させるのではなく、従来の価格を維持するよう政府に請願した。

3　茶貿易の繁栄とキャフタ商人の勃興

茶の取引高が増大したことで、キャフタ貿易に従事する商人たちは茶貿易の利益に基づいて行動するようになった。そうした商人家系の一つがバスニン家である。第二章第一節1で触れたように、バスニン家はチモフェイ・マクシモヴィチ・バスニンの代にイルクーツク―エニセイスク間のアンガラ川商品輸送に従事し、これを機縁にイルクーツクへ移住し、息子のヴァシーレイ、ニコライ、ドミートレイ、ピョートルと共にレナ川流域、ブラーツク方面の毛皮を取引して利益を得た。(73)つまり、彼らの経営の基礎は商品の河川輸送であった。一七九七年のチモフェイ没後、遺言によってヴァシーレイは家業から離れたが、ニコライ、ドミートレイ、ピョートルの兄弟は財産を分割することなく共同事業を続けた（巻末添付図1-2参照）。彼らは一八〇三年に第三ギルドから第二ギルドとして登録し、一八一〇年に第一ギルドとなった（巻末添付表4参照）。第四世代のパーヴェル・ペトロヴィチ・バスニンの手記によると、父ピョートルはペテルブルクへしばしば出張し、商業顧問、名誉商人の称号も得ていた人物だった[74]。一方兄のニコライは塩の請負業に従事し、一八〇二―一八〇四年に塩三〇〇〇プードを国庫に納入した[75]。このようにバスニン家はイルクーツクでも非常に裕福な商人として知られていたが、一八一四年にキャフタ貿易に従事すべく、イルクーツク第一ギルドから離脱し、キャフタ第一ギルドとして登録した。

ここでイルクーツク交易所記録を再度参照すると、ニコライ・バスニンの商品は一九世紀初頭に通過した荷馬車が一〇台前後に過ぎなかったが、一八一三年にはロシアへ四四台、キャフタへ八台、計五二台と、急増していることが分かる（巻末添付表3-2）。一八一〇年から一八一三年の間にバスニン家の事業はヤクーツクにおける毛皮交易からキャフタ貿易へと大きく転換し、これに成功した同家の事業は拡大していった。キャフタに登録を移した後にイルクーツク交易所を通過した彼の商品を見ると、一八一五年にロシアへ三〇台、キャフタへ八台、計三八台、一八二二年にロシアへ三一台、トムスクへ三台、キャフタへ五四台、ヴェルフネウジンスクへ二台、計九〇台が記録されている[76]。これをキャフタ税関記録と比較すると、一八一五―一八一六年に同家が取引したキタイカは六五一・一端、白毫茶五八九箱、磚茶

図4-8　ニコライ・チモフェーヴィチ・バスニン

出典：*Сибирский порторет XVIII–начала XX века.*

四三〇箱二個、関税七万六八八九ルーブル五一コペイカであり、トラペズニコフ、メドヴェードニコフ家に次ぐ取引量を誇った。バスニン家はその後キタイカと白毫茶の取引を中心にキャフタでの取引量を順調に伸ばした。

バスニン家の中でも第四世代のヴァシーレイ・ニコラエヴィチ(一八〇〇—一八七六年、巻末添付図1-2参照)は若い頃から父ニコライ・チモフェーヴィチの事業に積極的に参加した。アレクサンドロフは先述のイルクーツク商人セミョン・セミョノヴィチ・ドゥドロフスキー宅でヴァシーレイ・ニコラエヴィチ・バスニンと他の若いイルクーツク商人に会っている。ドゥドロフスキーはバスニンたちについて「あれこそはイルクーツク市民の中に生まれつつある新しい世代の代表です……重要な資本家の相続人として、彼らは商売を仕事としてではなく学問のように取り組み、商売を事実と実践に基づいて学んでいるのです。バスニンは自分の能力を全事業とキャフタ貿易の取引に注いで、ロシア人や中国人の商人たちから一目置かれています」と説明した(77)。

一八二〇年代のイルクーツクで、ヴァシーレイたちの世代に新しい経営哲学のようなものが萌芽しつつあった点は留意してしかるべきだろう。彼は高い教養と事業家としての能力からイルクーツクの行政官とも親しく、キャフタ貿易の改善についてしばしば相談していた。ある役人はヴァシーレイと東シベリア初代総督アレクサンドル・ステパノヴィチ・ラヴィンスキーの関係について次のように記している。「イルクーツクの貴族を構成していたのは第一ギルドの百万長者で、彼らはキャフタを通じて中国と取引をしていた。商人の等級付けは、よそと同じく資本金の大きさによった……例えば商人ヴァーシャ・バスニン〔ヴァシーレイ・バスニンのこと—訳註〕である。ラヴィンスキーは散歩に出かけるとき、私と同行した。「ほら、すぐそこだ、ヴァーシャ・バスニンのところに寄って行こう」。そこは大きな二階建ての石造りの家で、すばらしく清潔だった。取り次ぎを言いつけずに私たちがヴァーシャを書斎で見つけると、彼は豪華な中国製の絹のシャツを着、快適で大きなソファに座って最新の本を手に持っていた。ヴァーシャは当惑してそわそわし始めた。総督は彼が服を着るのを制した。ヴァーシャが呼び鈴を鳴らすと、銀のチョコレート入れが出てきた。〔彼は〕私たちの前でアルコールを沸かし、チョコレートを勧めた。ラヴィンスキーは彼にフロックコートを着るように命じ、私たち三人は散歩を続けた。ラヴィンスキーはヴァーシャの手をつかんで、キャフタ貿易を強化・改善する手段について真剣に語りあった……これがイルクーツク第一ギルド商人のタイプなのである(78)」。

しかしキャフタ貿易における成功とは裏腹に、バスニン家はイルクーツク商人から根強い反感を買っていた。その理由の一つは、バスニン家がイルクーツクに居住しながらキャフタ商人に登録して事業を行っていることにあった。一八一三年以後、ニコライ・チモフェーヴィチ・バスニンとその兄弟たちはイルクーツクで商会を開設する許可を願い出ているが、この問題は長い間未解決のまま持ち越された。一八二九年二月一八日、イルクーツク市議会ではバスニン兄弟にイルクーツク商会開設を許可するよう命じる県知事イヴァン・セミョノヴィチ・ゼルカレーエフ〔在任一八一九—一八二一年〕の指示書と県庁評議会記録について審議した。そして同議会は次のような問題点を挙げた。「一、商人バスニンとその兄弟はイルクーツクに居住しながらキャフタ第一ギルド商人であり、ここでは第三ギルドのゴスチ〔=他都市商人〕に過ぎない。二、彼はイルクーツク県庁評議会に従い、いかなる状態で商会を開くつもりなのか、市議会に文書を提出していない、また彼とその兄弟を当地に〔登録を〕移動させることについてはいかなる指示によってもまだ必要とされていない……(79)」。こうしてバスニンの商会開設はイルクーツク市議会によって拒否された。これに対し、二月二二日にバスニンが提出した書類では次のように主張されている。「亡き父、イルクーツク商人チモフェイ・マクシモフ・バスニン〔原文ママ〕は、その最期の時に資本その他の財産を私たちへ遺し、心を一つにし、資本を同じくして生活するよう遺言しました。このため彼の没後、私たちにとって大事な彼の意志を守り、相続した家で一緒に暮らし、第一ギルド商人名義で共に家族一体となり、それぞれ法律に則って取引を行いました。今や私たちは、一八〇七年一月一日勅令第四項と一八二七年一二月二一日七項に基づき、相続遺産を増やし、キャフタで申告した第一ギルドとしての資本金五万ルーブルにより、私たちの共同会社の下に商会を開設し、我ら三人が同じ取引権を享受しようと考えました……」。以上のように、バ

スニン家はイルクーツクでの商会設立の権利を求め続けた。(80)
一方、イルクーツク県知事イヴァン・ボグダノヴィチ・ツェイドレル(在任一八二一―一八三五年)は、一八二九年六月三日付け回答で次の条件付きで許可を与えた。「キャフタにおいて第一ギルドの共同資本を持つバスニン兄弟はイルクーツクで第三ギルドとして登録しており、同地で第一ギルドとして登録せずに商会を開く完全な権利を有しているが、地元商人同様に追加税を支払わなければならない。その後で、キャフタ第一ギルド商人バスニンがイルクーツク第一ギルド商人として登録をせずにイルクーツク商会を開くことを、市議会が許可するようにとの法令に署名する」。(81)しかし市議会は、「キャフタ第一ギルド商人バスニンはイルクーツクに居住しており、彼らが開設する商会に地元第一ギルド、第三ギルド商人同様の勤務義務と税を課すべきか、当惑している」と述べ、キャフタ商人であると同時に、イルクーツク商人と同じように活動しているバスニンの特殊な立場について、その法的解釈を含めて異議を示した。そして商会開設許可が下りないのは、「バスニンの商売への憎しみと抑圧」があるからだと示唆した。(82)

上記の経緯を見ても、市議会がバスニン家の商会開設を拒否した真の理由は形式的手続きの問題ではないだろう。これにはキャフタに足場を築いて茶貿易に成功したバスニン家とイルクーツク商人の競合関係が背景にあると推測される。さらに重要なことに、トラペズニコフ家、ムィリニコフ家、シビリャコフ家などと異なり、バスニン家は一八世紀末になって新規にイルクーツクへ流入してきたよそ者という意識がイルクーツク商人の間に根強かったことである。イルクーツク商人の中核をなしたのが一七世紀末から一八世紀前半に移住してきた家系であるという事実はすでに指摘したが(第二章第三節2)、彼らには毛皮交易に従事してきたという歴史的共通経験と、イルクーツク市団における連帯意識、新世代とは異なる伝統的ロシア商人の古い文化認識なども密接に関係していると推測される。しかもバスニン家は同時期にザバイカリエ商人として活動したことで、同地域の商人の台頭を代表し、イルクーツク商人の利益とぶつかった。

イルクーツクにおけるバスニン家の立場については、先述の総督ラヴィンスキーに対するクセノフォント・ミハイロヴィチ・シビリャコフの態度を参照すればよく分かる。トレスキンによって市長職再選を取り消されたミハイロ・ヴァシリエヴィチ・シビリャコフの息子クセノフォントは、一八二三年に市議会で三度目のイルクーツク市長に選出された。ミハイロ・シビリャコフの選出の件でも説明したが、市長の三選は法律違反であった。クセノフォントは選出を承知せず、市議会はその説得を総督ラヴィンスキーに頼んだ。市の集会所に出向いたラヴィンスキーは、そこでクセノフォントに対し「一市民として」市長になってくれるよう「お願い」した。ラヴィンスキーの話をフンフンと鼻を鳴らしながら聞いていたクセノフォントは、「お願い」を聞き終えるとこう答えた。「何言ってんだ、閣下殿、上がお願いして、お願いすりゃあ――みんな受けあうさ。家に帰れ――お前さんの首に気をつけるんだな！」。この場にいた商人リトヴィンツェフ[83]ははらはらしながら二人のやり取りを見ていたが、ラヴィンスキーはクセノフォントをなだめすかしてその場を去った。しかし残された人々が「さあ話し合おうじゃないか、総督御自らお前さんにお願いしたんだ」と言うと、クセノフォントは「なんの、言われたことをやろうじゃないか。まだ務める用意はあるさ」とすまして答えたという[84]。ラヴィンスキーがクセノフォントを恐れていたこと、クセノフォントの凶暴な性格を示すエピソードは他にもあり、トレスキン事件、東シベリア総督府の設置を経ても、シビリャコフ家を中心とするイルクーツク有力商人家系の支配と、市団の体質はほとんど変わらなかった。こうしたなか、茶貿易によって成功したキャフタ商人であり、総督ラヴィンスキーとも親しい「教養あるイルクーツク商人」のバスニン家が、古参イルクーツク商人からよそ者扱いされたのは当然の帰結でもあった。

バスニン家だけでなく、この時期キャフタで茶貿易に従事するザバイカリエ商人グループが勃興した。キャフタ関税台帳の数値が示すように、バスニン家がキャフタに登録を移動した一八一四年頃には、ヴェルフネウジンスク、セレンギンスク、キャフタを含めたザバイカリエ商人の輸入量は磚茶を除くと非常に少なかった（巻末添付

図4-9 アレクセイ・ペトロヴィチ・カンディンスキー(作者不明)

出典：*Сибирский порторет XVIII-начала XX века.*

表6-1)。これは一八一五—一八一六年、一八一六—一八一七年、一八一九—一八二〇年、一八二〇—一八二一年も同様である(巻末添付表6-2、6-3、6-4、6-5)。しかし一八二九年のデータは、ザバイカリエ商人のキタイカ取引が増加したことを示しており、イルクーツク商人を上回り始めた(巻末添付表6-6)。従来イルクーツクの近郊地区として地元の食料・物資供給に従事していたザバイカリエ商人たちは、磚茶貿易を足がかりに輸入を拡大させ、イルクーツク商人の強力なライバルとなった様子が見て取れる。また一八二九年のデータにはネルチンスク商人カンディンスキーの名が含まれている。カンディンスキー家にはいくつかの系統があり、キャフタ関税台帳に記載されているのは犯罪を犯してネルチンスク徒刑に処された元ヤクーツク商工地区民ピョートル・アレクセーヴィチ(一七三五—一七九六年)の系統と考えられる。彼の六人の息子たちのうち、フリサンフ(一七七四—一八六〇年代)がネルチンスク商人、アレクセイ(一七七九—一八四五年、図4-9)[85]がキャフタ商人であったことが分かっている。[86] 一八二九年のデータは彼らのうちのどちらかを示していると考えられる。カンディンスキー家はこうした取引を足がかりに、一九世紀後半にかけてザバイカリエ商人の中心的存在となっていった。

また一八二八年はイルクーツク商人への「よそ者」流入が再び増加する画期でもある(図2-13)。新たな流入者として目立つのはトムスク、バルナウル、トボリスク出身の商人で、この中には長い間イルクーツクで取引活動に従事していた第二ギルド商人アミール・イヴァノヴィチ・ウチュガノフ、トレスキンの取り巻きだった第一ギルド商人エフィム・アンドレーヴィチ・クズネツォフらが含まれている。さらに一八三六年には北ロシア商人、中央ロシア商人も増えており、茶貿易の繁栄によるイルクーツクの取引活発化が「よそ者」増加の背景にあると推測される。

このように、茶貿易の繁栄はヨーロッパ・ロシア商人の積極的参入とザバイカリエ商人の成長を促す一方で、再びイルクーツクに「よそ者」が流入する要因となった。

三　毛皮輸出の低下

1　ロシアの輸入超過と工業製品輸出

茶貿易の繁栄により、ロシアは対清貿易において輸出超過傾向から輸入超過傾向となった。清朝政府にとってはこれがロシアを「清商品に依存させる」結果となったことはすでに述べた通りである。しかしキャフタ貿易は表向きバーター取引であったため、貿易赤字分を埋めるには毛皮商品だけでは不十分となった。その上、満州貴族の毛皮需要にも陰りが見られるようになり、不足分を他の商品で埋め合わせなければならなかった。

ここで再び第二章第二節1で挙げた図2-4を参照しよう。一八二〇年代半ばまで、ロシアの主要輸出品目のうち、毛皮・皮革が圧倒的シェアを占めていた。もともとロシアではラシャの国内産業保護の観点から外国製ラシャに対する高関税政策が取られたが、一八一五年までのキャフタ貿易は外国製ラシャの輸出がロシア製ラシャの輸出を上まわっていた。一八一六—一八一七年には一時的にロシア製ラシャの輸出が外国製を上まわるが、一八一八一七年にシレジエン製ラシャの中継輸出に対して低率関税を課す条約をプロイセンと締結したため、一八一八

―一八二六年の間はプロイセン製ラシャが輸出の首位を占めた。その一方で、一八一五年にアレクサンドル一世がポーランド王を兼ねることとなり、同王国内の工業振興策を背景として一八二四年にポーランド製ラシャへの優遇政策が取られた。これにより、一八二七―一八三一年にはポーランド製ラシャの輸出が首位を占めた(87)。その後ロシア国内のラシャ生産が軌道に乗り、一八三三年以後キャフタ輸出において外国製ラシャを抜いたのはすでに述べた通りである。つまり一八〇〇―一八二〇年代の露清貿易の特徴は、ロシアにとって茶を輸入するための貿易であり、茶の支払いに足りない分を外国製の工業製品で埋め合わせる状態が続いた。このため工業製品は単なる中継輸出品でしかなく、ロシアの国内製造業に大きな影響を与えなかった。この意味でポーランド製ラシャの輸出が大きく伸びる一八二五―一八二六年は毛皮商品の役割が決定的に低下した転換点に当たる。その一方、ロシア製ラシャの輸出が外国製を抜いて首位となる一八三二年は、国産工業製品の中国輸出が本格化する転換点であった。

もう一つ、ラシャと並ぶ主要輸出品目に綿織物がある。キャフタにおけるロシアの綿織物輸出はラシャ輸出よりも遅れて始まったが、これはロシアの工業生産にとって重要な意味を持った。かつてキャフタからシベリア各地へ運ばれていた中国製綿織物の取引額は一八〇七年にピークに達し、一八二〇―一八二一年を境として急激に減少した(第二章図2-5)。各商人の綿織物取引量を見ると、先に挙げたモスクワ商人アゲーエフが一八二〇―一八二一年まで、同商人コレーソフは一八二九年、イルクーツク商人メドヴェードニコフ家が一八一九―一八二〇年頃まで突出した取引量を誇っている(巻末添付表6-1~6-6)。しかしその他の各商人の輸入規模はそれほど目立つものではない。一方で、ロシアから清への綿織物輸出は一八一二年に始まり、一八二〇年代まで皮革製品の輸出額よりも少なく、非常に小規模だったが、一八三五年には一〇〇万ルーブルを超える目立った規模になる(第二章図2-4)。

綿織物輸出の増加はロシア国内の繊維産業の勃興を背景としている。事実、綿織物輸出の内訳は一八三二年まで外国製品がロシア製品を上回っていたが、一八三三年にはこの数値が逆転し、以後ロシア製綿織物の輸出が急激に伸びていく[88]。ロシア国内の綿織物生産地として、コルサクはモスクワ県、ウラジーミル県のシューヤ郡、アレクサンドロフ郡、スーズダリ郡、コストロマ県のキネシェンスク郡、カザン県のツァレヴォコクシャイスク郡、ママディシ郡、カザン郡を挙げており、中央ロシア諸県が中心であった。またこれらの地域で綿織物生産が始まる以前にはペテルブルクの工場が中心であった。キャフタに輸出された綿織物の種類としては、最高級の綿ビロード、クスターリ(手工業)生産の一般的綿織物、製作所生産の更紗(捺染木綿)などがあった[89]。

清のような伝統的綿織物の生産地で、ロシア製綿織物が受け入れられたことは一見奇妙な現象にも見える。だがこれには単なる品質の問題のみならず、消費者の嗜好と流通手段が影響している。ロシア製綿織物の消費地は主に中国北部であり、すでに指摘したように、キャフタ貿易に従事した中国商人の多くが山西省張河口出身者であった。これはキャフタ貿易に従事するロシア商人が山西省地域の消費嗜好、取引方法を知ることが可能だったということを意味する。一九世紀初頭のロシア商人の商組織がキャフタにおける中国商人の固い結束に翻弄されたことは先述の通りだが、ロシア政府の様々な組織改善策を通じ、商人たちも次第にまとまりを見せるようになった。キャフタに綿織物を運んだロシア商人たちは中国人の服を仕立てるために必要な材料の品質、寸法(幅一六ヴェルショク≒七一センチ)といった情報を知り、これに合った商品をイルビート定期市、ニジェゴロド(ニジニー・ノヴゴロド)定期市で購入した[90]。しかし彼らは必ずしも定期市の場で初めて商品の品質を確認したわけではなく、綿ビロードの場合はモスクワ、リガにおける生産が中心であったため、あらかじめ同地の製造業者に商品を発注し、定期市で代金と引き換えに購入した。

このように、キャフタ貿易でロシア製綿織物の需要が高まった背景にはロシア商人のマーケティング努力と、消費者の嗜好に応えようとするモスクワ綿工業者の企業努力がある。この点について塩谷昌史氏は、一九世紀前半のアジア綿織物市場におけるロシアとイギリスの競合関係について指摘しており、両国の主な輸出先はペルシア、中央アジア、キャフタであったとする。特にイギリスは一九世紀初頭に綿ビロードをロシアからキャフタへ中継輸出しており、沿海部からも中国市場へ輸出を続けていた。ロシアは一八二二年に外国製綿織物への高関税政策を導入するが、その後もしばらくはイギリス製綿ビロードがその安価さゆえにキャフタ市場で優位を保った。しかし一八三三年にロシア製綿織物の輸出が外国製綿織物のそれを抜き、イギリス製綿ビロードを駆逐した。その最大の要因は、上記のロシア商人と綿工業者たちが中国市場の消費者の要求に適応した綿織物を生産したことだという。(91)

以上をまとめると、一八世紀までのキャフタ貿易はロシアにとって毛皮の輸出手段という側面が強かったが、一九世紀初頭には茶の輸入増大による貿易赤字分を埋めるため、外国製ラシャの中継輸出が促進された。しかし一八三〇年代以降はラシャ、綿織物を中心とするロシア製工業製品の輸出手段となり、初期工業化における重要性が増した。キャフタ商人И・A・ノスコフはキャフタ貿易によってロシア製品の品質が向上し、中国人の需要が増加したと指摘しており、「その結果ロシアでは中国向け製品を輸出する繊維工場が、数多く出現した」と述べている。(92)一九世紀前半におけるロシア綿工業の成長はキャフタ貿易に負うところが大きい。

しかしここで、キャフタ貿易に関わったヨーロッパ・ロシア商人とシベリア商人の競合関係を想起する必要がある。一八世紀に毛皮商品を主に扱っていたのはイルクーツク商人をはじめとするシベリア商人であったが、ヨーロッパ・ロシア商人は豊富な資金源を利用して奥地の先住民から毛皮を買い占めた。そして一九世紀に入ってロシア工業製品がキャフタの主要輸出品目となると、彼らは地理的位置関係を利用してその主要供給者となっていった。こうした輸出品目の変化が、両者の競合関係の性質に影響を与えることになった。

2　嘆願書から見たキャフタ貿易の構造

先述のロギン・メドヴェードニコフの弟プロコペイは当初ヤクーツクで毛皮取引を行い、キャフタ貿易に参加して莫大な利益を得た[93]。プロコペイの父フョードル・オシポヴィチ・メドヴェードニコフの事業推移を見ると、イルクーツク交易所を通過した彼の荷馬車は一八〇二年に二一二台、一八〇三年四六一台、一八〇四年三六四台、一八〇五年三九八台であり、比較的大規模に商品を扱っていたことが分かる。それでもフョードルは第一ギルドとしては登録せず、第二ギルドに留まった。だが一八〇八年以後、フョードルと長男ヴァシーレイが町人身分に移動し、三男の小ヴァシーレイ、四男ロギンが独立してそれぞれ第三ギルド、第一ギルドとして登録し、五男プロコペイは一八一〇年に兄ロギンの元から独立して第一ギルドとなった（巻末添付表4、巻末添付図1-10）。ロギンとプロコペイが第一ギルドに登録した最大の理由は、一八〇七年の勅令であろう。交易所記録を見る限り、兄弟の中で最も通過馬車の数が多かったのはロギンである。これに対し、兄の小ヴァシーレイは終生第三ギルドに留まった。一方、弟のプロコペイは第一ギルドとして登録していたものの、通過馬車の数が本格的に多くなるのは一八一五年頃である。その馬車が向かった方向を見ると、ヤクーツク、キャフタ、ロシアと非常に広範囲に取引を行っていた様子が分かる（巻末添付表3-2）[94]。プロコペイ・メドヴェードニコフは先に挙げたバスニン家と異なり、閉鎖的で非常に古いタイプのイルクーツク商人だった。

アレクサンドロフの旅行記には、彼がイルクーツク市街を散策した際に見かけたプロコペイ・メドヴェードニコフ邸の様子と、同家の事業について記されている。「……この格子の向こうには七〇〇万ルーブルの証券が保管されている。……私〔アレクセイ・ステパノヴィチ。アレクサンドロフの友人―訳註〕が一八一二年の戦争〔ナポレオンのモスクワ侵攻―訳注〕後に古老から聞いた話では、彼は毛皮を中国商品に、中国商品をロシア商品に、それからロシア商品を毛皮に交換して資金を得たそうだ。この取引は大規模に一〇年から一五年続き、いつも彼に五〇〇%の利益をもたらした。商売に必要だったのは、ただ力を尽くして手形の支払いを確実に保証することだけだった。彼は数年間ほとんど一人でヤクーツク地域の商売を行い、そこで商売が幸運にめぐまれたおかげで、機転の利く計算高い商売人は二年間で裕福になり、ビジネスの将来を永久に保障されたそうだ。……彼は聖書のきまりと古いロシアの迷信に従っている人間なのだ。彼は贅沢事にも、祝祭日にも、流行の子供たちの教育にさえも金を浪費したことはないし、浪費していない。そんなものは彼にとっては格子の向こうで生い茂るホウセンカのようなものだ。彼は子供たちが金を持ってさえいれば賢く尊敬されると言っている。……彼はときどき他のイルクーツクの金持ちのように、小商人に自分の商売への小額投機を勧めて善行を施している。たぶんそれが彼の資産を改善しているのだろう。たくさんいる彼の手代たちは正直な働き者で、独立した主人のようだ(95)」。

以上の記述から、プロコペイ・メドヴェードニコフがデータ上には表れていない莫大な取引を行っていた様子がうかがえる。しかしプロコペイの生活様式はイルクーツク商人の中でもあまりに極端な方であった。例えば彼の父フョードル・メドヴェードニコフは総督ヤコビらと並んで毎週公開の饗応や昼食会を開くほどもてなし好きだったことで知られ、プロコペイのように吝嗇であることがイルクーツク商人の特徴と断定することはできない(96)。しかしプロコペイの事業方法や考え方は、当時のイルクーツクにおける毛皮業者の一例を示している。彼はバスニン家のように子供たちにヨーロッパ的な「教養」と「教育」を施さず、質素な正教的暮らしを送っていた。二階の窓と鉄格子しかない石造りの家で一一人の子供たちと暮らすプロコペイの生活は、昔ながらのイルクーツク商人の伝統的生活様式を代表していた。また実直な手代を多数抱え、彼らが資金を蓄えるのを手助けしつつ自身の資産運用を行った点では、暴君的なシビリャコフ家とも一線を画していた。だがメドヴェードニコフ家の特徴から分かることは、バスニン家がその出自、生活様式、考え方、すべての点においてイルクーツク商人の中で異質な存在だったということである。

メドヴェードニコフ家に代表される古いタイプのイルクーツク商人は、多かれ少なかれ毛皮交易によって利益を得ていた。しかし一八〇七年の勅令によりイルクーツクの第二ギルド、第三ギルドはキャフタ貿易に参加して毛皮を中国商品と直接交換することができなくなった。このため彼らはキャフタ貿易で輸入された商品(茶、綿織物)を第一ギルドから購入する必要があった。だが法的には第一ギルドが卸販売・小売販売の両方を許可されているのに対し、第三ギルドは地元の小売販売しか許されていなかったため、他都市商人を含む第一ギルド商人の方が中国商品の小売販売価格を安く設定することができ、第三ギルド商人の不利益となった。[97] こうした状況を打開するため、一八一七年にイルクーツク商人の要望書が提出されたのである。しかしこれは却下され、第三ギルドのキャフタ貿易参加は一八五〇年代まで考慮されなかった。[98] 一八一八年にイルクーツク第三ギルドがキレンスクで毛皮を小売取引することを許可されたのはあくまで例外的措置である。

しかし前節で説明したように、一八二四年を契機としてキャフタ貿易における毛皮輸出が減少し、一八三二―一八三三年を境にロシア製工業製品の輸出が増加した。[99] 地元産毛皮を独占的に購入していたイルクーツク商人は従来の利権を奪われる形になり、特に第三ギルド商人の取引には不利となった。だが一方で、毛皮需要の低下と工業製品輸出の増加はイルクーツク第一ギルド商人に大きな影響を与えなかった。これはキャフタ関税台帳に記録されているメドヴェードニコフ家、トラペズニコフ家、シビリャコフ家などの取引規模からも明らかである。彼らはキャフタ貿易に参加するヨーロッパ・ロシア商人を通じて、またはイルビート定期市、ニジェゴロド定期市において、直接工業製品を入手することができた。しかしイルクーツク第二ギルド、第三ギルドは毛皮以外の商品を持たず、工業製品の入手が困難であり、競合できなかった。

一八一七年の要望書に続き、一八二七年に市長エフィム・クズネツォフ[100]は皇帝宛ての奏上文において、イルクーツク第二ギルドと第三ギルドの不利な状況を主張した(巻末添付文書史料5参照)。この要望書のユニークな点は、クズネツォフの主張の横に役人のコメントと思われる追記が鉛筆で書き加えられている点である。この史料からはイルクーツク商人の主張と行政の見解の違いが浮き彫りとなっている。クズネツォフによると、第一ギルド商人はキャフタ貿易とロシア国内取引の権利両方を利用して様々な商品を卸購入し、特にキャフタ輸出用および国内販売用に商品価格を操作しながら利益を得ることができるが、第二ギルド商人はロシアにおける国内取引用商品の購入に取引を制限され、第一ギルド商人によるキャフタ貿易のやり方にならって第二ギルドが商品価格を下げる場合には、利益が保証されないこともある。また、イルクーツク第一ギルド商人がロシア商品を購入する目的は中国人への販売だが、第二ギルド商人はそのような目的はなく、シベリアにおける商品転売は損失以外の何物でもない、と彼は主張する。

こうしたクズネツォフの意見に対し、行政側は「他都市商人もイルクーツク県内で中国商品を販売している」「まるでイルクーツク市民が農民に比べて信頼を得ていないかのように証言している（そんなはずはないだろう、というニュアンスが読み取れる―訳注）」「イルクーツク市民は不相応な利益を求めている」[101]などのコメントを書き込み、彼の意見が一方的であると指摘している。だがイルクーツクのギルド数データが示すように、イルクーツクでは一八一〇年から第二ギルドの数が減り続け、一八二〇年代前半にはアミール・ウチュガノフただ一人という状態が続いた（巻末添付表2、本章図4-3、4-4）。キャフタ貿易を中心とする東シベリアの流通構造においては、第二ギルドとして登録する必然性があまりなかったからである。[102]このため、イルクーツク商人の構造は事実上第一ギルドと第三ギルドの二極分化状態であった。

さらにクズネツォフは、イルクーツク第一ギルド商人に小売販売の権利が与えられているため、市内の小売販売で第三ギルドと競合し、第三ギルドは不利な立場である、特にイルクーツクの小売取引における主要品目は第一ギルド商人がもたらす中国商品であり、第一ギルドはそれらを第三ギルドの小売販売用に転売し、自身も店舗で小売販売していると主張する。つまり、第三ギルドは第一ギルドが商品を小売販売する際の価格で中国商品を仕入れ、必然的に第一ギルドよりも高値でそれらを小売販売した。このため中国商品の購入・販売は第三ギルドの利益と結びつかなかった。またクズネツォフは、ヨーロッパ・ロシアからの商品についてもヴャズニキ農民を中心とするウラジーミル県の来訪農民が安価な商品を持ち込むため、第三ギルド商人は不利な取引を強いられていると指摘する。農民が安価な商品を売っているのに、彼らはシベリアで何も購入しないという彼の主張に対し、余白に書き込まれたコメントは「ここで誰が毛皮製品を買うか教えていただきたい」と痛烈に皮肉っている[103]。第三ギルド商人が唯一の交換手段とした毛皮商品は、この時期ヨーロッパ・ロシアの商人・農民からロシア製・外国製の工業製品を入手する上で有益な商品ではなく、このような閉塞された取引環境が第三ギルドを圧迫していた。

クズネツォフはこうしたイルクーツク商人の状況に鑑み、地元第一ギルドの小売取引を禁止し、第二ギルドのキャフタ貿易参加を許可することによって第三ギルドの商取引を改善する措置を政府に求めた。彼の主張はイルクーツクにおける各ギルドの取引構造をよく示している。さらに毛皮貿易の衰退が第三ギルドの苦境に追い討ちをかけた。コルサクはこれについて次のように指摘している。「毛皮貿易の衰退は一八二〇年代の末から始まった。これはモスクワ商人が毛皮貿易の商人を犠牲にして、キャフタ貿易の環境を自分たちに有利に導き、工業製品の販売拡大に成功したからである[104]」。イルクーツク第三ギルドはキャフタ貿易参加を許されない代わりに、キレンスクにおける毛皮取引の優遇措置を受けたが、キャフタ貿易における毛皮商品の比重が低下したことで、彼らの利益も低下していった。こうしたキャフタ貿易の輸出品目の変化が第一ギルドと第三ギルドの格差を拡大した。

ところで一八二八年にイルクーツク第三ギルドは家族数、人数共に若干増加している（巻末添付表2、図4-3、4-4）。この数値から、一見イルクーツク第三ギルドの経済的状況が改善したかのように見える。しかしこれはキャフタ貿易の改善によるものではなく、第三ギルド証明書の購入価格が引き下げられ、町人身分の商業活動が制限されたことが原因であった[105]。すなわちキャフタ貿易と第三ギルドの本質的な関係は変わらなかった。

表4-1　キャフタで商う商人の構成

年	ヨーロッパ・ロシア商人		シベリア商人	
	数	取引高（百万ルーブル）	数	取引高（百万ルーブル）
1824	17	8.9	7	2.9
1828	19	7.2	14	3.3
1841	24	9.6	31	4.7
1851	22	4.7	55	7.1

出典：В. П. Шахеров, И. И. Козлов, Н. И. Гаврилова, В. С. Антонов, *Таможенное дело в Восточной Сибири и Забайкалье.* С. 41.

このように一九世紀前半におけるキャフタ貿易の取引制限と輸出入品目の変化は、イルクーツク商人の構造そのものに大きな影響を与えた。トレスキンの圧力によって、ムィリニコフ家、ドゥドロフスキー家など複数のイルクーツク古参有力商人家系が没落したことは事実であるが、その一方でシビリャコフ家は存続し、没落した第一ギルドの穴は同じ古参有力商人家系であるメドヴェードニコフ家、トラペズニコフ家、新興商人家系のバスニン家によって埋められた。これら新たな第一ギルド層が茶貿易によって繁栄し、ますます富裕化した一方で、毛皮貿易の衰退とロシア製・外国製工業製品の輸出は第三ギルドの取引を圧迫し、第一ギルドとの格差を広げていった。従ってイルクーツク商人の構造変化に本質的な影響を与えたのはあくまでキャフタ貿易の変化であり、ペステリ・トレスキン時代に起こった商人の没落は、市団内の特定の有力商人家系に限定されていたと言える。こうして一八三〇年代までに形成されたイルクーツクの富裕商人層は、後の金鉱業者を生み出す土壌となった。

もう一つ、キャフタ貿易に従事するヨーロッパ・ロシア商人と、シベリア商人の競合関係を示す興味深いデータがある（表4-1参照）。このデータを見ると、キャフタ貿易では一八二八年までヨーロッパ・ロシア商人が数においても取引高においても優勢であった。実はロシア製綿織物輸出が増加した時期に、モスクワ商人がニジェゴロド定期市からキャフタまでの商品流通に参入しようとしたが、シベリア商人の猛反発を受けて撤退した[106]。その後一八四一年のデータではシベリア商人が参加者人数においてヨーロッパ・ロシア商人を上回り、一八五一年には取引高においても上回った。つまり、一八四〇年代から一八五〇年代にかけて、ヨーロッパ・ロシア商人の取引の鈍化が見られるのである。これは一八四〇年のアヘン戦争や、キャフタ貿易の吸引力そのものが低下したことも要因と考えられるが（第二章図2-3）、一八五八年の天津条約締結で「広東茶」がサンクト・ペテルブルクに公式輸入される以前から、すでにキャフタ貿易ではシベリア商人の活躍が目立ち始めていた。毛皮交易の衰退とは別に、キャフタ貿易そのものの構造変化が一八四〇年代から進行していたと見られる。

（1） В. И. Вагин, *Историческия сведения о деятельности графа М. М. Сперанскаго в Сибири с 1819 по 1822 год. Т. 1.* С. 5-6; И. В. Щеглов, *Хронологический перечень важнейших данных из истории Сибири.* С. 218-219.（シチェグロフ『シベリヤ年代史』四三四―四三六頁）

（2） А. В. Ремнев, Проконсул Сибири. Иван Борисович Пестель. *Вопросы истории.* 1997. №2. С. 142. イヴァン・ボリソヴィチ・ペステリは後にデカブリストで南方結社の指導者となったパーヴェル・イヴァノヴィチ・ペステリの父としても知られる（A・G・マズーア著、武藤潔・山内正樹共訳『デカブリストの反乱――ロシア革命の序曲』光和堂、一九八三年、八六頁）。トレスキンがイルクーツク県知事に任命されたのは、ペステリが中央郵政局長経験者であったことと関係していると推測される。

（3） И. В. Щеглов, *Хронологический перечень важнейших данных из истории Сибири.* С. 224.（シチェグロフ『シベリヤ年代史』四四六頁）この部分はシチェグロフがヤドリンツェフの『植民地としてのシベリア』から引用している。Н. М. Ядринцев, *Сибирь как колония.* СПб., 1882. С. 307-313.

（4） И. В. Щеглов, Там же.（シチェグロフ、同書）

（5） しかしアレクサンドル一世時代の政治史に関する専門家山本俊朗氏は、アラクチェーエフをアレクサンドル一世の意向に「誠心誠意答えようとした専制の操り人形」と評している。川端香男里・佐藤経明・中村喜和・和田春樹・塩川伸明・栖原学・沼野充義監修『新版　ロシアを知る事典』平凡社、二〇〇四年、二四頁。

（6） В. И. Вагин, *Историческия сведения о деятельности графа М. М. Сперанскаго в Сибири с 1819 по 1822 год. Т. 1.* С. 572-573.

（7） ロシア正教では髭を切らずに伸ばす慣習があったが、ピョートル一世のヨーロッパ化政策によりこれが禁止され、都市部では徐々にすたれていった。その一方で農民や分離派教徒、農村部との地縁関係を持つ商人にはこの伝統的慣習が根強く残っていた。一九世紀初頭のイルクーツク商人の風俗にそうした旧習が見られなかったということは、彼らの精神文化がヨーロッパ・ロシア地域における新しい世代の商人と共通する部分を持ち始めていたことを示していると考えられる。

(8) И. Т. Калашников, Записки Иркутскаго жителя. *Русская старина*. СПб., 1905. №. 7. С. 200.

(9) この時期にはまだ独立しておらず、アンドレイと共同資本(巻末添付表4参照)。

(10) А. И. Куприянов, Правовая культура горожан Сибири первой половины XIX в., С. 92.

(11) В. И. Вагин, *Историческия сведения о деятельности графа М. М. Сперанскаго в Сибири с 1819 по 1822 год. Т. I.* С. 14-15.

(12) И. В. Щеглов, *Хронологический перечень важнейших данных из истории Сибири*. С. 243. (シチェグロフ『シベリヤ年代史』四八六頁)

(13) И. Т. Калашников, Записки Иркутскаго жителя. С. 221.

(14) В. И. Вагин, *Историческия сведения о деятельности графа М. М. Сперанскаго в Сибири с 1819 по 1822 год. Т. I.* С. 543-546.

(15) В. И. Вагин, *Историческия сведения о деятельности графа М. М. Сперанскаго в Сибири с 1819 по 1822 год. Т. I.* С. 15-17.

(16) И. Т. Калашников, Записки Иркутскаго жителя. С. 221.

(17) В. И. Вагин, *Историческия сведения о деятельности графа М. М. Сперанскаго в Сибири с 1819 по 1822 год. Т. I.* С. 573; П. П. Баснин, Из прошлаго Сибири. Мученики и мучители. Публикация П. Т. Баснина. С. 570; *Краткая энциклопедия по истории купечества и коммерции Сибири. Т. 4. Кн. I.* С. 48. ドゥドロフスキー家とオドゥエフスキー家については具体的な名前が出ていないため詳しいことは分からない。

(18) В. И. Вагин, *Историческия сведения о деятельности графа М. М. Сперанскаго в Сибири с 1819 по 1822 год. Т. I.* С. 16.

(19) 一八世紀後半ロシアを代表する詩人(一七四三―一八一六年)。シビリャコフは彼の熱烈なファンで、クロテンの毛皮を贈ったことがあり、デルジャーヴィンはその返礼に自分の肖像画を贈った。

(20) スペランスキーはクラーキン公爵の私設秘書となった後、一八〇一年に国事尚書となり、一八〇六年に内務大臣コチュベイの代理でアレクサンドル一世への報告を行ったことを契機に、皇帝側近となった。法律に明るい有能な人物としてアレクサンドル一世の信頼は篤かったが、聖職者家系の出身で貴族ではなかったことから周囲の反感も強く、一八一二年三月にペルミへ流刑された。これは一時的な左遷と言ってよいものであり、彼は一八一六年三月に流刑を解かれてペンザ県知事となった。しかしシビリャコフの請願とスペランスキーの流刑が重なったことは、首都とのパイプを失ったという意味でイルクーツク商人にとっても不運な偶然であった。山本俊明『アレクサンドル一世時代史の研究』七九―一一一頁。

(21) В. И. Вагин, *Историческия сведения о деятельности графа М. М. Сперанскаго в Сибири с 1819 по 1822 год. Т. 1.* С. 19–20.

(22) イルクーツクの商人家系にはキセリョフの名が複数系統見られるが、ここではキセリョフ家の誰を指しているのか、文献史料には明記されていない。巻末添付表4記載のキセリョフのうち、トレスキン在任中にギルドから名前が消えているのはステパン・フョードロヴィチ・キセリョフ、その甥のドミートレイ・イヴァノヴィチ・キセリョフの二名であり、おそらくそのどちらかと推測される。

(23) *Краткая энциклопедия по истории купечества и коммерции Сибири. Т. 4. Кн. 2.* С. 14–15. トレチャコフは一八〇〇年代からイルクーツク他都市商人として活動し、一八二七―一八二九年にイルクーツク第三ギルドであった。

(24) イヴァノフは当時第二ギルド商人だが、一八一二年に亡くなり、その後家族は町人に移動している。ザベリンはおそらくザベリンスコイのことを指していると思われるが、彼は一八一八年まで第三ギルド、第二ギルドに登録しており、トレスキンが罷免された一八一九年には町人に移動している。もともと第三ギルドで小商人に属していたザベリンスコイの浮沈は、トレスキンとの癒着によるところが大きかったようである。

(25) А. В. Ремнев, Проконсул Сибири. Иван Борисович Пестель. С. 144.

(26) П. П. Баснин, Из прошлаго Сибири. Мученики и мучители. С. 566–569. ピョートル・チモフェーヴィチ・バスニンの手記を刊行したのは、その孫に当たるピョートル・パヴロヴィチ・バスニンである。

(27) 精神病というのはもちろん嘘で、バスニンはそんなことはなかったと明言している。彼とその友人であった第一ギルド商人コンスタンチン・ペトロヴィチ・トラペズニコフはキセリョフの失踪を心配し、家族や親戚も行方を捜索したが、キセリョフは発見されなかった。当時病院視察官であったトレチャコフは、トレスキンの罷免後にキセリョフの失踪責任を問われて告発された。バスニンは手記の中でキセリョフが殺害された可能性を暗示している。П. П. Баснин, Там же.

(28) А. В. Ремнев, Там же.

(29) セミョン・セミョノヴィチ・ドゥドロフスキーはステパン・ヤコヴレヴィチ・ドゥドロフスキーと別系統のイルクーツク商人と推測されるが、ギルド史料にも、文献史料にも該当する商人の名前は見つからなかった。
(30) М. А. Александров, Воздушный тарантас или воспоминания о поездках по Восточной Сибири. С. 34.
(31) П. П. Баснин, Из прошлаго Сибири. Мученики и мучители. С. 562. 一七七五年のギルド法改正により、ギルド商人は法律上体刑を科されない権利があった。
(32) В. И. Вагин, *Историческия сведения о деятельности графа М. М. Сперанскаго в Сибири с 1819 по 1822 год. Т. 1.* С. 32. 金のメダルは当時のロシア商人たちが社会的名誉を得る手段として競って求めたものであり、何らかの社会的貢献、寄付を行ったことに対して授与された。従ってトレスキンがソルダートフの社会的地位を根拠に減刑を求めたことは不自然ではない。
(33) С. С. Шашков, Сибирское общество в начале XIX в., С. 105–106.
(34) Н. Полевой. *Очерки русской литературы. Сочинение Николая Полевого,* Ч. 1. С. XXIX.
(35) 本書でも活用している『簡略シベリア商人・商業史事典』には、ポレヴォイがクールスク商人ののちイルクーツク商人となったと記されている。しかしギルド台帳、市議会文書を調査した結果、当該期間にポレヴォイがイルクーツク商人としてギルドに登録している事実は見つからなかった。*Краткая энциклопедия по истории купечества и коммерции Сибири. Т. 1. Кн. 1.* С. 17–19.
(36) П. П. Баснин, Из прошлаго Сибири. Мученики и мучители. С. 550–552.
(37) В. И. Вагин, *Историческия сведения о деятельности графа М. М. Сперанскаго в Сибири с 1819 по 1822 год. Т. 1.* С. 547–548.
(38) П. П. Баснин, Из прошлаго Сибири. Мученики и мучители. С. 537; Ф. А. Кудрявцев, *История бурят-монгольского народа от XVII в. до 60-х годов XIX в.*, *Очерки.* С. 185–186.（クドリヤフツェフ『ブリヤート蒙古民族史』三二六—三二七頁）
(39) イルクーツク第一ギルド商人ニコライ・ペトロヴィチ・トラペズニコフの弟。
(40) И. В. Щеглов, *Хронологический перечень важнейших данных из истории Сибири.* С. 244.（シチェグロフ『シベリヤ年代史』四九五頁）
(41) ГАИО. Ф. 70. Оп. 1. Д. 1568. Л. 13–об.

(42) В. И. Вагин, *Историческия сведения о деятельности графа М. М. Сперанскаго в Сибири с 1819 по 1822 год. Т. 1.* С. 19–20.

(43) このような大家族による商人経営のあり方は当時のロシア商人にとって珍しいものではなかった。相続による資本分割が事業を縮小し、それによる事業失敗のリスクがあったこと、最も信頼できる手代は親族であるという事情があったからである。イルクーツクの有力商人ピョートル・ドミートリエヴィチ・トラペズニコフ(一七四七―一八一五年)は財産の分割・分散・事業の失敗を防ぐため、息子たちが共同で事業を行うよう遺言した。Е. А. Зуева, Трапезниковы—Сибирская купеческая династия. С. 18. ピョートルが亡くなったときのトラペズニコフ家の家族構成員は計一〇名であり、跡を継いだニコライの家族構成も全く変わらなかった(巻末添付表4、巻末添付図1-15 aを参照)。

(44) *Краткая энциклопедия по истории купечества и коммерции Сибири. Т. 3. Кн. 1.* С. 154.

(45) ロシア・アメリカ会社支配人(巻末添付図1-12)。

(46) イルクーツク商人ドミートレイ・オシポヴィチ・ミチューリン娘(巻末添付図1-12)。

(47) ГАИО. Ф. 70. Оп. 1. Д. 1582. Л. 1-3. イヴァン・ムィリニコフが事業の委任を受けたのは一八一〇年であり、その死後ムィリニコフ家の資本監督としてニコライ・チモフェーヴィチ・バスニン、プロコペイ・フョードロヴィチ・メドヴェードニコフ、アレクサンドル・ミハイロヴィチ・シビリャコフを指名する文書が書かれたのが一八一一年六月一日以降であるため、イヴァンは一八一〇年～一八一一年五月の間に亡くなったと推測される。

(48) *Краткая энциклопедия по истории купечества и коммерции Сибири. Т. 3. Кн. 1.* С. 95.

(49) ГАИО. Ф. 70. Оп. 1. Д. 1582. Л. 25–33.

(50) В. И. Дулов, Иркутская губерния в Отечественной войне 1812 г., *Вопросы истории и методики преподавания истории в школе.* Иркутск. 1966. С. 26–28.

(51) РГИА. Ф. 1264. Оп. 1. Д. 75. Л. 50–59.

(52) РГИА. Ф. 1264. Оп. 1. Д. 75. Л. 64.

(53) イルクーツク近郊、レナ上流域に位置する郡。郡市はキレンスク(図2-16参照)。

(54) РГИА. Ф. 18. Оп. 4. Д. 84. Л. 1-17, 18-19об.

(55) 内務省管轄の組織で、一八一七年に金融省に移管された。

(56) ベルは一七一四―一七四七年にロシアに勤務したお雇い外国人。

(57) Бель. *Белевы путешествия через Россию в разные азиатские земли. а именно в Исфаган, Дербент и Константинополь, Ч. 1.* СПб., 1776. С. 248; Е. П. Силин, *Кяхта в XVIII веке. Из истории русско-китайской торговли.* С. 166.

(58) いずれも小麦粉で作ったロシア菓子の一種。ピローグにはパイの意味もあるが、小型のパン状のものもある。

(59) Е. Авдеева-Полевая, Поездка в Кяхту. *Записки иркутских жителей.* С. 47-48.

(60) 角山栄『茶の世界史——緑茶の文化と紅茶の社会』中公新書、一九八〇年、四六—四八頁。

(61) А. П. Субботин, *Чай и чайная торговля в России и других государствах.* С. 189-193; Х. И. Трусевич, *Посольския и торговыя сношения России с Китаем.* С. 270-272; 吉田金一『ロシアの東方進出とネルチンスク条約』二四—二五頁。

(62) A. Kahan, *The plow, the hammer, and the knout.* p. 196.

(63) R・E・F・スミス、D・クリスチャン『パンと塩——ロシア食生活の社会経済史』三二八—三三七頁。

(64) РГАДА. Ф. 183. Оп. 1. Д. 30. Л. 1-4об.

(65) *Иркутский сиропитательный дом Елисаветы Медведниковой и учрежденный при нем банк. Часть I. Сиропитательный дом. 1838-1888 гг.*, Иркутск. 1888. С. 2.

(66) 中国の布の単位。

(67) 一八二〇—一八二一年にイルクーツクで他都市商人登録していたモスクワ商人と推測される(巻末添付表3-4)。

(68) *Труды статистическаго отделения департамента таможенных сборов. Статистическия сведения о торговле России с Китаем.* С. 8, 9.

(69) А. К. Корсак, *Историко-статискическое обозрение торговых сношений России с Китаем.* С. 148-149; 吉田金一「ロシアと清の貿易について」五九頁。

(70) A. Kahan, *The plow, the hammer, and the knout.* pp. 194-195, 197.

(71) В. И. Вагин, *Историческия сведения о деятельности графа М. М. Сперанскаго в Сибири с 1819 по 1822 год. Т. 1.* С. 332-333.

(72) А. К. Корсак, *Историко-статискическое обозрение торговых сношений России с Китаем.* С. 148-149; 吉田金一「ロシアと清の貿易について」五九頁。

（73）ОПИ ГИМ. Ф. 469. Оп. 1. Д. 1. Л. 25-38об.
（74）П. П. Баснин, Воспоминания о Сперанском. *Исторический вестник.* 1903. январь. С. 152.
（75）ГАИО. Ф. 70. Оп. 1. Д. 1324. Л. 107-109об.
（76）ГАИО. Ф. 70. Оп. 1. Д. 1803. Л. 1-17; Д. 2274. Л. 1-14об.
（77）М. А. Александров, Воздушный тарантас или воспоминания о поездках по Восточной Сибири. С. 42.
（78）Э.....ва. Очерки, разсказы и воспоминания. IV. Сперанский и Трескин в Иркутске. *Русская старина.* СПб. 1878. №11. С. 526.
（79）ОПИ ГИМ Ф. 469. Оп. 1. Д. 4. Л. 20-21об.
（80）ОПИ ГИМ Ф. 469. Оп. 1. Д. 4. Л. 30.
（81）ОПИ ГИМ Ф. 469. Оп. 1. Д. 4. Л. 34-35об.
（82）ОПИ ГИМ Ф. 469. Оп. 1. Д. 4. Л. 42-43об.
（83）原文では明記されていないが、リトヴィンツェフ家でこの時期にイルクーツク商人であったことなどから推測すると、第三ギルド商人エフドキム・アンドレーヴィチ・リトヴィンツェフを指していると考えられる（巻末添付表4参照）。
（84）В. И. Вагин, *Историческия сведения о деятельности графа М. М. Сперанскаго в Сибири с 1819 по 1822 год. Т. 1.* С. 576-577.
（85）アレクセイ・ペトロヴィチ・カンディンスキーはキャフタ商人・ネルチンスク商人、生没一七七九―一八四五年。彼は画家ヴァシリー・ヴァシリエヴィチ・カンディンスキー（一八六六―一九四四年）の先祖として知られる。Е. С. Зурий, Л. Н. Снытко, А. Д. Фатьянов, *Сибирский портрет. XIII-начала XX века.* С. 144.
（86）*Краткая энциклопедия по истории купечества и коммерции Сибири. Т. 2. Кн. 1.* С. 143-147.
（87）А. К. Корсак, *Историко-статистическое обозрение торговых сношений России с Китаем.* С. 113-116; 吉田金一「ロシアと清の貿易について」五六―五七頁。
（88）А. К. Корсак, *Историко-статискическое обозрение торговых сношений России с Китаем.* С. 128, 175-176, 201-202; 吉田金一「ロシアと清の貿易について」五八頁。
（89）А. К. Корсак, *Историко-статискическое обозрение торговых сношений России с Китаем.* С. 197-199.
（90）マカリエフ定期市は一八一七年七月からヴォルガ川とオカ川の合流地点であるニジニー・ノヴゴロドに移転され、以後このニジェゴロド定期市がロシア最大の定期市に成長した。

(91) 塩谷昌史「一九世紀前半のアジア綿織物市場におけるロシア製品の位置」『ロシア史研究』第七〇号、二〇〇二年五月、二二―二四頁。

(92) И. А. Носков, *Кяхта.* С. 4; И. А. Носков, *Кяхтинская торговля за последние восемь лет.* СПб., 1870. С. 3; 吉田金一「ロシアと清の貿易について」五九頁。イヴァン・アンドレーヴィチ・ノスコフ(一八一六―一八七六年)はタラ町人の出身で、一八四四年からキャフタ第一ギルドとなった。しかし金貨を密輸した商人マルコフの事件に関わり、一八五五年にキャフタでの商いを禁じられたため、セミパラチンスク第二ギルドに一時登録を移した。翌年にはキャフタ貿易を解禁され、同商人に復帰した。注で示した他にも、多数のキャフタ貿易関連書籍を執筆している。*Краткая энциклопедия по истории купечества и коммерции Сибири.* Т. 3. Кн. 2. С. 52–53.

(93) *Краткая энциклопедия по истории купечества и коммерции Сибири.* Т. 3. Кн. 1. С. 95–96.

(94) ただしプロコペイは兄ロギンと共同事業も行っていたと考えられ、父フョードルの引退後、しばらくはロギンが家業の中心的役割を果たしていたようである。しかしロギンが一八一四年に早世し、残されたロギンの子供たちは未成年だったため、彼らが成人するまでプロコペイがメドヴェードニコフ家の中心となった。

(95) М. А. Александров, Воздушный тарантас или воспоминания о поездках по Восточной Сибири. С. 16–18.

(96) В. П. Сукачев, *Иркутск. Его место и значение в истории и культурном развитии Восточной Сибири.* С. 16; *Краткая энциклопедия по истории купечества и коммерции Сибири.* Т. 3. Кн. 1. С. 94.

(97) ГАИО. Ф. 70. Оп. 1. Д. 1913. Л. 1–2об.

(98) Н. П. Матханова, Экономическая политика Н. Н. Муравьева-Амурского. *К истории предпринимательства в Сибири. (материалы всероссийской научной конференции. Новосибирск. 1995)*, Новосибирск. 1996. С. 32.

(99) РГИА. Ф. 18. Оп. 5. Д. 1287. Л. 9об.–15, 18-об.

(100) クズネツォフは一八二一年にイルクーツク第一ギルドとして登録し、一八二六―一八二九年にイルクーツク市長に選出された。キャフタ貿易に関する一八二七年奏上文を提出した後、クズネツォフは破産したが、その後金鉱を発見したことで再び第一ギルド商人となった。破産していた時期に、砂袋の中から砂金を見つけ出す作業に没頭していたクズネツォフの様子が目撃されている。Э....ва. Очерки, разсказы и воспоминания. IV. Сперанский и Трескин в Иркутске. С. 527–530.

(101) РГАДА. Ф. 183. Оп. 1. Д. 54. Л. 4об–5.

(102) 第二ギルドであり続けたウチュガノフの取引商品について見ると、イルクーツク交易所を通過した馬車のうちキャフタ関連が一八一〇年に一四台、一八一三年に一二台、一八一五年に三二台となっているが、一八二二年にはヴェルフネウジンスクへの馬車五一台であり、主にザバイカリエの地域間取引に従事していたと推測される(巻末添付表3-2)。ウチュガノフはその後一八二六―一八二八年の間に第三ギルドへ移動した(巻末添付表4)。

(103) РГАДА. Ф. 183. Оп. 1. Д. 54. Л. 5.

(104) А. К. Корсак, *Историко-статискическое обозрение торговых сношений России с Китаем.* С. 177.

(105) В. П. Шахеров, *Торгово-промышленное освоение Юго-Восточной Сибири в конце XVIII - первой трети XIX вв.*, С. 71.

(106) 塩谷昌史「一九世紀前半のアジア綿織物市場におけるロシア製品の位置」七一頁。

結　論

本書ではイルクーツク商人とキャフタ貿易の関係を中心に、その経営と構造の変化について考察してきた。一七世紀末から一八世紀には東シベリアおよび北太平洋の毛皮産業と露清貿易の利益がヨーロッパ・ロシア、とりわけ北ロシア地域からの移住者を引きつけ、イルクーツク商人の源流を形成した。イルクーツクに人口が集中した理由は、同地がキャフタ貿易を通じてレナ水系、ヨーロッパ・ロシア、ザバイカリエの三地域を結ぶ開かれた流通構造を持っていたからである。このためイルクーツク商人は東シベリア、北太平洋地域で毛皮事業を展開しつつ、入手した毛皮をキャフタで中国商品と交換し、さらに中国商品をイルクーツクにやってきたヨーロッパ・ロシア商人に売却し、これにより獲得した資金でさらに毛皮を手に入れるという商業パターンを形成していた。

しかしキャフタ貿易による利益は一七九二年の段階まで不安定だった。特にキャフタ貿易の停止期間には、ヨーロッパ・ロシア商人がシベリアで入手した毛皮を直接中央ロシア諸県とヨーロッパ諸国へ運び、イルクーツク商人には中継交易の利益が生じなかったからである。このためキャフタ貿易は地元商人が毛皮転売利益を獲得するための極めてローカルな意味を持った貿易として認識されており、イルクーツク商人も小商人が主体であった。さらに一七八五―一七九二年の貿易停止は、毛皮業者の事業提携を促し、ロシア・アメリカ会社の成立を準備した。一方で、キャフタ貿易は一七九二年に再開されて以来、停止されることは二度となくなり、この年が貿易安定化の重要な転換点をなした。

だがキャフタ貿易の再開と安定化は別の問題をもたらした。ヨーロッパ経由によるロシアへの茶文化流入を背景として一八世紀末のキャフタ貿易で生じた葉茶需要の急激な伸びは、ロシア商人の取引に一時的混乱を生じさせ、中国商人による毛皮商品の買い叩きを招いた。さらに茶貿易によってキャフタ貿易はローカルな性格の取引からロシアの市場全体に直結する極めて重要な貿易へと変貌し、中央ロシア諸県、北ロシア諸都市、シベリアのアジア系商人をはじめとする多様な地域の商人が参入しつつ、イルクーツク商人と激しく競合することになった。このためイルクーツク商人はキャフタ貿易の独占許可を政府に要望したが、この試みは成功しなかった。

キャフタ貿易の独占に失敗し、利益を失うことを恐れたイルクーツク商人は一八世紀後半から定期市の設置などによって他都市商人の取引を制限しようとした。当時のイルクーツク商人はヨーロッパ・ロシアの諸定期市へ出かけることが困難だったため、その活動範囲も取り扱える商品も限られており、利益を確保するために市議会を通じて閉鎖的な条例を施行した。しかし市場に関して一見閉鎖的に見えるイルクーツク商人の構造はその出自から見ると極めて流動的であり、よその地域から流入した商人を受け入れるという開放的構造をも持っていた。イルクーツク商人には常にヨーロッパ・ロシア、西シベリアなどの地域から新しい商人家系が流入し、彼らを通じてイルクーツクは中継交易を活発化させた。したがって、イルクーツク商人の構造自体が広範な地縁ネットワークを持ち、中継交易における重要な役割を担ったと言える。特に一七世紀末から一八世紀前半に移住したイルクーツクの古参有力商人家系を核とする第一ギルド商人はこの機能を強化し、河川交通と定期市をコントロールしながら成長していった。

このようにキャフタ貿易の再開と茶貿易の成長がイルクーツク商人の中継交易活動を活発化させたが、一八〇七年の勅令は第一ギルドの数を急増させ、第三ギルドの減少をもたらした。その後シベリア総督ペステリ、イルクーツク県知事トレスキンが行った市団への圧迫は複数のイルクーツク古参有力商人家系を没落させ、一八一三年に第一ギルド商人の激減を招いた。これは一八世紀から続く市団と行政の不和・癒着関係・腐敗構造の延長線上で生じた現象であった。しかし長期的に見れば、この減少は一時的なものに過ぎなかった。なぜなら行政が圧迫したのは主に行政官更迭のために密告嘆願を繰り返してきた有力商人家系であり、市団のリーダーだったからである。実際にはイルクーツク商人の中核となる古参グループ全てが排除されたわけではなく、彼らの事業経営や市団の体質そのものが変化するほど影響を受けたとは言いがたい。また没落した第一ギルド商人が抜けた跡をバスニン家のような別の商人家系が補充する一方で、シビリャコフ家のように流刑の身でありながら事業活動を継続した有力商人家系も存在した。これは流刑地が彼らの請負事業地域だったためで、その重要性から政府はシビリャコフらの請負権利を剝奪することができなかった。従来の先行研究においては、ペステリ・トレスキンの時代における行政対商人の社会的対立構造ばかりが強調される傾向があったが、イルクーツク商人のギルド構造そのものを見たとき、彼らは必ずしも社会的に弱い存在だったとは言えない。

流通の視点から見た場合、イルクーツク商人の構造にとってより重要な意味を持ったのは経済的要因、すなわちキャフタ貿易の輸出入品目の変化であった。一七九二年のキャフタ貿易再開と、一八〇七年の勅令による規制は、相反する結果をイルクーツク商人にもたらした。第一に、茶貿易の繁栄とロシア製・外国製工業製品の輸出増加がキャフタ貿易をロシアの国内市場と直結する取引に成長させ、これによってイルクーツクの有力第一ギルド商人は中継機能をますます強化し、成長していった。第二に、世界商品である茶の取引が拡大したことで、キャフタ貿易のグローバル性が増し、ヨーロッパ・ロシア商人とシベリア商人の競合を一層促した。第三に、毛皮輸出が減少したことによってその小売取引から利益を得ていた地元の第三ギルド商人がますますキャフタ貿易の利益から排除され、第一ギルドとの格差が広がった。つまり経済的に見れば、イルクーツク商人の構造変化をもたらしたのはキャフタ貿易とロシア市場の関係緊密化、取引品目の変化であり、一九世紀前半のロシアにおける対外貿易の成長という、より広い視座から捉えなおすことができる。その意味で、イルクーツク商人とキャフタ貿易の関係は同時代の東シベリア流通に限定されるべき課題ではなく、今後もロシアの史的経済構造変化を分析していく上で重要な事例であると考える。

あとがき

本書は二〇〇四年、一橋大学に提出した学位論文『イルクーツク商人とキャフタ国境貿易――一七九二～一八三〇年』に大幅に加筆・修正したものである。学位論文提出から本書が刊行されるまでにすでに六年近い歳月がたち、その間ロシアで新たに刊行された学術論文、文献や資料も数多い。また、学位論文提出時には入手できなかった一八世紀、一九世紀の貴重な文献を参照したり、他の研究者の方々に教えを請うたりする機会にも恵まれ、継続して発表した論文ではより個別的な課題について考察を重ねてきた。従って、本書は一次史料などに関して学位論文の内容を基礎としながらも、その上にさらに多くの追加情報を入れている。

学位論文の執筆に当たっては、二〇〇〇年から二〇〇二年にかけて、文部科学省アジア諸国等派遣奨学制度によりロシア科学アカデミー・ロシア史研究所（モスクワ）へ留学し、現地の文書館、図書館において史料収集を行った。本書で使用している一次史料のほとんどはこの時期に調査したものである。

今回加筆修正を行うに際し、タイトルを『イルクーツク商人とキャフタ貿易――帝政ロシアにおけるユーラシア商業』と改め、対象とする年代を一八世紀から一九世紀前半まで広げ、帝政期のユーラシア商業という視点から流通史全体を展望できるよう、考察を試みた。これは学位論文で分析した情報を単なる地域史研究の枠組みに留めるのではなく、近世・近代ロシア史全体から大局的に捉えなおし、従来の研究蓄積をより深く分析したいと考えたからである。特にキャフタ貿易に関しては、単なる内陸ローカル交易としてのみ捉えるのではなく、その取引品目である毛皮、茶が世界商品として持っていた意義についても広い視野で考察する必要があると考えた。これについては二年前に概説書として拙著『ロシアの拡大と毛皮交易――一六〜一九世紀シベリア・北太平洋の商人世界』(彩流社、二〇〇八年)を刊行し、世界商業・流通史の視点からロシアの毛皮交易の歴史を整理したつもりである。学位論文刊行に先だって同書のような概説書を執筆する作業は困難を伴うものだったが、筆者自身にとって商業史の視野を広げる上で大きな転機となった。今回はそうした成果も踏まえ、近世におけるロシア貿易全体の動向、ヨーロッパ諸国との取引関係にも目を配りながら、キャフタ貿易の歴史と、そこで活躍したイルクーツク商人の経営変化について考察を加えた。

各章の構成そのものは学位論文からほとんど変わっていないが、序章第二節と第三章のみが今回新たに書き下ろした部分である。これは学位論文の審査を担当された土肥恒之先生(現一橋大学名誉教授)より、「都市イルクーツクとその行政のあり方についての整理が欠けている」との御指摘を頂いたためである。本書ではイルクーツク商人の経営に影響を与えた重要な要素として「行政との衝突」「キャフタ貿易の変化」の二つを挙げているが、学位論文では商人と行政の関係について体系的に整理する章を設けなかった。このため、ロシア史、もしくはシベリア史についての基礎知識がない読者にとってはその説明が不十分となっている。そこで序章第二節ではロシアの地方行政と法の変遷を、第三章ではロシア行政におけるイルクーツク市の自治組織の位置について整理し、その中で商人が果たした役割について考察を加えることで、全体像が分かりやすくなるよう配慮した。

筆者はこれまで「国際商業史研究会」主催者の深沢克己教授をはじめ、会員の諸兄から様々な情報、刺激を頂いてきた。また昨年度より、東洋文化研究所の羽田正教授が研究代表者である平成二一年度科学研究費補助金・基盤研究S「ユーラシアの近代と新しい世界史叙述」に参加させて頂き、ユーラシア大陸全体から新たに世界史を捉えなおすための議論の場を御提供頂いている。本書の副題を「帝政ロシアのユーラシア商業」としたのも、この研究会で行った茶貿易に関する報告が下敷となっている。まだまだ考察が不十分な点はあるものの、本書がこれらの議論に一つの視点を提供する一助となれば幸いである。羽田先生はじめ科研参加者の方々には今後とも御批判、御指導を賜りたく、心より御願い申し上げる次第である。

本書で新たに追加した書誌情報等については、平成二〇年度科学研究費補助金・若手研究（スタートアップ）「ロシア領アメリカの経営と貿易統計」、平成二二年度同補助金・基盤研究C「ロシア・アメリカ会社の経営から見た帝政ロシアの商業ネットワーク」の成果を加えている。刊行に当たっては当初、所属先である北海道大学大学院文学研究科の研究叢書として刊行助成を申請し、出版の許可を頂いた。その際、本書の査読においては、北海道大学スラブ研究センターの松里公孝教授より非常に有益な御指摘を賜り、加筆・修正を行う上で大いに参考とさせて頂いた。その後、幸いにも平成二二年度北海道大学「学術成果刊行助成」に本書が採択となり、北海道大学出版会からの刊行が実現した。

本書刊行に当たっては、北海道大学文学研究科の千葉惠教授はじめ、諸先生方にたいへん御世話になった。この他にもお名前は挙げていないが、御指導御鞭撻を賜った先達の方たちは数多い。また刊行が決まった後、所属先が立命館大学文学部に変わったことから、諸事にとりまぎれ、校正の準備にもかなりの時間を費やしてしまった。特に北海道大学出版会の担当者である今中智佳子氏には、刊行期限ぎりぎりまで校正を待ってもらい、多大な御迷惑をおかけした。筆者のわがままな注文にも辛抱強く対応して下さった氏の寛容さには頭が下がるばかりである。改めて、本書に関わった全ての方たちに、この場を借りて心より感謝申し上げる。

二〇一〇年　京都にて

森 永 貴 子(もりなが たかこ)

熊本県出身。2004 年一橋大学社会学研究科博士後期課程修了。社会学博士。2007 年一橋大学経済研究所非常勤研究員，2007-2010 年北海道大学大学院文学研究科助教を経て，現在立命館大学文学部准教授，早稲田大学ロシア研究所客員研究員。専攻はロシア社会経済史。主著『ロシアの拡大と毛皮交易――16～19 世紀シベリア・北太平洋の商人世界』(彩流社，2008 年)

イルクーツク商人とキャフタ貿易
――帝政ロシアにおけるユーラシア商業

2010 年 10 月 15 日　第 1 刷発行

著 者　森 永 貴 子

発行者　吉 田 克 己

発行所　北海道大学出版会
札幌市北区北 9 条西 8 丁目 北海道大学構内(〒 060-0809)
Tel. 011(747)2308・Fax. 011(736)8605・http://www.hup.gr.jp

アイワード／石田製本

ISBN978-4-8329-6730-4

人名索引

あ　行

アイトフ，バジル(Базир Аитов)　144
アヴデーエヴァ＝ポレヴァヤ，エカテリーナ・アレクセーヴナ(Екатерина Алексеевна Авдеева-Полевая)　88, 89, 111, 141, 174, 250, 251
アヴデーエフ，ピョートル・イヴァノヴィチ(Петр Иванович Авдеев)　116, 117, 136, 211, 239
アヴデーエフ，ピョートル・ペトロヴィチ(Петр Петрович Авдеев)　174, 250
アクショーノフ，А.И.(Александр Иванович Аксенов)　4
アゲーエフ(Агеев)　254, 266
アゲーエフ，ニコライ(Николай Агеев)　140
アゲーエフ家(Агеевы)　256
アスター，ジョン・ジェイコブ(John Jacob Astor)　138
アスナシェフ(Аснашев)　144
アスナシェフ，デメンチェイ・セミョノヴィチ(Дементей Семенович Аснашев)　235
アパナエフ，ムサ(Муса Апанаев)　143
アブラーモフ，パーヴェル・パヴロヴィチ(Павел Павлович Абрамов)　159
アブリン，セイトクル(Сейткул Аблин)　43
アムルサナ(Амурсана)　59
アラクチェーエフ，アレクセイ・アンドレーヴィチ(Алексей Андреевич Аракчеев)　226-228, 275
アルシェネフスキー，ピョートル・ヤコヴレヴィチ(Петр Яковлевич Аршеневский)　208
アルティン・ハン(Алтын-хан)　251
アルテノフ，ピョートル(Петр Артенов)　160
アレクサンドル一世(Александр I)　16, 78, 214, 215, 226-228, 231, 236, 266, 275, 277
アレクサンドル二世(Александр II)　6, 21
アレクサンドロフ，マトヴェイ・アレクセーヴィチ(Матвей Алексеевич Александров)　145, 234, 260, 269
アレクセイ・ミハイロヴィチ(Алексей Михайлович)　23, 32, 181, 212
アントゥフィエフ，ニキータ・デミドヴィチ(Никита Демидович Антуфьев)　107
アントニー(Антоний)　112
アンドリエヴィチ，В.К.(Владимир Калистратович Андриевич)　123
アンナ・イヴァノヴナ(Анна Ивановна)　19
アンナ・レオポリドヴナ(Анна Леопольдовна)　101
イヴァノフ，イヴァン(Иван Иванов)　188
イヴァノフ，ピョートル・イヴァノヴィチ(Петр Иванович Иванов)　277
イヴァノフ，ピョートル・フョードロヴィチ(Петр Федорович Иванов)　76, 233
イヴァン四世(Иван IV)　35, 177
イヴァン五世(Иван V)　101
イヴァン六世(Иван VI)　101
イグナチエフ，ヤコフ(Яков Игнатьев)　163, 166
イグームノフ，マトヴェイ・オシポヴィチ(Матвей Осипович Игумнов)　158
イシュトキン，ラヴレンチー(Лаврентий Ишуткин)　210
イストプニコフ，Ф.(Ф. Истопников)　45, 46
イストミナ，Э.Г.(Энесса Георгиевна Истомина)　8
イズブラント＝イデス，エベルト(Эверт Избрант Идес, Evert Ysbrants Ides)　44, 171
イズマイロフ，レフ・ヴァシリエヴィチ(Лев Васильевич Измайлов)　46, 216, 217

インノケンチー・クリチツキー(Иннокентий Кульчицкий)　216
インノケンチー・ネルノヴィチ(Иннокентий Нерунович)　188, 220
ヴァギン，В. И. (Всеволод Иванович Вагин) 152, 179, 204, 213
ヴィホツェフ，Ф. А. (Ф. А. Выходцев) 106
ヴェクシン(Векшин)　152
ヴェルホトゥーロフ，マルコ・アレクセーヴィチ(Марко Алексеевич Верхотуров) 158
ヴェルホフツェフ，セミョン・プロコピエヴィチ(Семен Прокопьевич Верховцев) 191, 196
ヴェルホフツェフ，プロコピー(Прокопий Верховцев)　190
ヴェンドリフ，Г. А. (Герман Александрович Вендрих)　7
ヴォニファチエフ，ピョートル・ドミートリエヴィチ(Петр Дмитрьевич Вонифатьев) 93
ヴォロシロヴァ，プラスコヴィヤ・イヴァノヴナ(Прасковья Ивановна Ворошилова) 199, 220
ヴォロシロフ(Ворошилов)　218
ヴォロシロフ，アファナセイ・フョードロヴィチ(Афанасей Федорович Ворошилов) 203
ヴォロシロフ，イヴァン・マクシモヴィチ(Иван Максимович Ворошилов)　146, 190-192, 199, 203, 218, 220
ヴォロシロフ，ヴァシリー・マクシモヴィチ(Василий Максимович Ворошилов) 192, 196, 203, 218, 219
ヴォロシロフ，マクシム(Максим Ворошилов) 218
ヴォロシロフ家(Ворошиловы)　203, 218
ヴォロンツォフ，アレクサンドル・ロマノヴィチ(Александр Романович Воронцов) 71, 102, 103
ウシャコフ，О. В. (О. В. Ушаков)　5
ウタムィシェフ(ウチャムィシェフ)，アブドゥラ(Абудура Утамышев (Утямышев)) 144
ウチャムィシェフ(Утямышев)　254
ウチュガノフ(ウスチュガノフ，ウテガノフ)，アミール・イヴァノヴィチ(Амир Иванович Утеганов (Устюганов, Утеганов))　142, 160, 264, 272, 283
ウートキン，アレクセイ(Алексей Уткин) 157
ヴャゼムスキー，アレクサンドル・アレクセーヴィチ(Александр Алексеевич Вяземский)　220
ウラザイ(烏拉勒塞，またはウラルザイ)(Улалдзай)　60-62
ヴラジスラヴィチ＝ラグジンスキー，サーヴァ・ルキーチ(Савва Лукич Владиславич-Рагузинский)　47, 216
ヴリフ，イヴァン・イヴァノヴィチ(Иван Иванович Вульф)　188, 189, 194, 195, 199, 201
エヴレイノフ，ミハイル・アブラモヴィチ(Михайл Абрамович Евреинов)　195, 219
エカテリーナ・イヴァノヴナ(Екатерина Ивановна)　101
エカテリーナ一世(Екатерина I)　218
エカテリーナ二世(Екатерина II)　14, 15, 21, 24, 33, 49, 59, 65, 66, 71, 73, 102, 147, 193, 202, 206, 207, 250
エメリヤノフ，パーヴェル(Павел Емельянов) 159
エリザヴェータ・アレクセーヴナ(Елизавета Алексеевна)　236
エリザヴェータ・ペトロヴナ(Елизавета Петровна)　19, 49, 58, 101, 200, 201, 218, 220
エルマーク，(ヴァシリー?)・チモフェーヴィチ((Василий?) Тимофеевич Ермак)　6, 171
エレゾフ，アレクセイ・イヴァノヴィチ(Алексей Иванович Елезов)　158
エレゾフ，イヴァン(Иван Елезов)　191
エレゾフ，イヴァン・アレクセーヴィチ(Иван Алексеевич Елезов)　158
エレゾフ，イヴァン・ヴァシリエヴィチ(Иван Васильевич Елезов)　245
エレゾフ，ヴァシリー・ヤコヴレヴィチ

(Василий Яковлевич Елезов) 191, 198
エレゾフ，ヴァシーレイ・フョードロヴィチ (Василей Федорович Елезов) 158, 245
エレゾフ，フョードル・ミハイロヴィチ(Федор Михайлович Елезов) 158
オークン，С. Б. (Семен Бенцианович Окунь) 72
オコニシニコフ，マトヴェイ(Матвей Оконишников) 56
オスタニン，アレクセイ・フョードロヴィチ (Алексей Федорович Останин) 76
オゼロフ，Ю. В. (Юрий Владимирович Озеров) 5
オドゥエフスキー家(Одуевские) 232, 276
オプレルコフ，ミハイロ・ニキーフォロヴィチ (Михайло Никифорович Опрелков) 151
オボルチン，ヴァシリー・ドミートリエヴィチ (Василий Дмитрьевич Оболтин) 163, 166

か 行

カーエン，G. (G. Cahen) 9
ガガーリン，イヴァン・ペトロヴィチ(Иван Петрович Гагарин) 186
ガガーリン，ガヴリール・ペトロヴィチ (Гаврил Петрович Гагарин) 121
ガガーリン，マトヴェイ・ペトロヴィチ (Матвей Петрович Гагарин) 15, 33, 185, 186
ガゲメイステル，Ю. А. (Юрий Андреевич Гагемейстер) 7, 84, 85, 95, 184
カシモフ，クリム(Клим Касимов) 143
カティーシチェフツェフ，オシプ・グリゴリエヴィチ(Осип Григорьевич Катыщевцев) 136
カバコフ，ピョートル・グリゴリエヴィチ (Петр Григорьевич Кабаков) 163
カハン，A. (Arcadius Kahan) 65, 103
カプラン，H. H. (Herbert H. Kaplan) 103
カマエフ(Камаев) 236
カラウーロフ，イヴァン(Иван Караулов) 136
カラシニコフ，イヴァン・チモフェーヴィチ (Иван Тимофеевич Калашников) 228, 231, 233
カール・レオポルド(メクレンベルク公)(Karl Leopold von Mecklenburg-Schwerin) 101
ガンチムール，ピョートル(Петр Гантимур) 43, 44
カンディンスキー，アレクセイ・ペトロヴィチ (Алексей Петрович Кандинский) 264, 281
カンディンスキー，ヴァシリー・ヴァシリエヴィチ(Василий Васильевич Кандинский) 281
カンディンスキー，ピョートル・アレクセーヴィチ(Петр Алексеевич Кандинский) 264
カンディンスキー，フリサンフ・ペトロヴィチ (Хрисанф Петрович Кандинский) 264
カンディンスキー家(Кандинские) 264
キセリョフ(Киселев) 233, 277
キセリョフ，イヴァン・ミハイロヴィチ(Иван Михайлович Киселев) 76
キセリョフ，ステパン・フョードロヴィチ (Степан Федорович Киселев) 72, 74, 75, 156, 180, 207, 277
キセリョフ，ドミートレイ・イヴァノヴィチ (Дмитрей Иванович Киселев) 277
キセリョフ，フョードル・フョードロヴィチ (Федор Федорович Киселев) 56, 157
キセリョフ，ミハイル・フョードロヴィチ (Михайл Федорович Киселев) 56
キセリョフ家(Киселевы) 156
キタエフ，ユスープ(Юсуп Китаев) 144
クヴァキン家(Кувакины) 120
グシャートニコフ，ミハイロ(Михайло Гусятников) 186
クズネツォフ，アンドレヤン・アンドレーヴィチ(Андреян Андреевич Кузнецов) 178
クズネツォフ，イヴァン・ヴァシリエヴィチ (Иван Васильевич Кузнецов) 159
クズネツォフ，ヴァシーレイ・イヴァノヴィチ (Василей Иванович Кузнецов) 157
クズネツォフ，エフィム・アンドレーヴィチ (Ефим Андреевич Кузнецов) 158,

159, 235, 265, 271-273, 282
クズネツォフ，サーヴァ(Сава Кузнецов) 159
クズネツォフ，ピョートル(Петр Кузнецов) 210
クドリャフツェフ，Ф. А. (Федор Александрович Кудрявцев)　7, 127, 180, 181
クプリヤーノフ，А. И. (А. И. Куприянов) 212, 222, 230
クマニン，А. (А. Куманин)　140
クラーキン，アレクセイ・ボリソヴィチ(Алексей Борисович Кулакин)　276
クラスノゴロフ家(Красногоровы)　244
グラズノフ(Глазунов)　219
グラズノフ，マクシム・グリゴリエヴィチ(Максим Григорьевич Глазунов) 191, 196, 203
グラズノフ，ミハイロ・イヴァノヴィチ(Михайло Иванович Глазунов)　190, 191, 196, 203
グラニン，グリゴレイ・ペトロヴィチ(Григорей Петрович Гранин)　158
グラニン，セミョン(Семен Гранин)　190
クリスチャン，D. (David Christian)　252
クリチカ，フランツ・ニコラエヴィチ(Франц Николаевич Кличка)　205, 206
クリフツォフ(Кривцов)　94, 95
クリムシン，ヴァシリー(Василий Климшин) 150
クルィロフ，ピョートル・ニキーフォロヴィチ(Петр Никифорович Крылов)　56, 183-186, 189, 190, 194-204, 207, 212, 220, 221
グレボフ，アレクサンドル・イヴァノヴィチ(Александр Иванович Глебов)　194, 195, 197, 198, 201, 202, 218, 220
クロポトフ，イヴァン・イヴァノヴィチ(Иван Иванович Кропотов)　59, 60
グロムィコ，М. М. (Марина Михайловна Громыко)　3, 4, 26
ゲデンシトロム，マトヴェイ・マトヴェーヴィチ(Матвей Матвеевич Геденштром) 227
乾隆帝　58, 62
ココーリナ，ペラゲヤ・フョードロヴナ(キセリョフ家出身)(Кокорина Пелагея Федорова (урож. Кокорина))　157
ココーリン，ニキーフォル・イヴァノヴィチ(Никифор Иванович Кокорин)　157
ココーリン，フョードル・イヴァノヴィチ(Федор Иванович Кокорин)　157
コジェヴニコフ，ピョートル(Петр Кожевников)　151
コジェヴニコフ，フョードル(Федор Кожевников)　121
コズロヴァ，Н. В. (Наталия Вадимовна Козлова)　5
コチュベイ，ヴィクトル・パヴロヴィチ(Виктор Павлович Кочубей)　16, 276
コトシーヒン，グリゴリー・カルポヴィチ(Григорий Карпович Котошихин)　32
コトフ，サーヴァ(Савва Котов)　190
コニュホフ(Конюхов)　200, 201
コネーチヌィ，А. М. (А. М. Конечный)　5
コマロフ(Комаров)　74
コムレヴァ，Е. В. (Е. В. Комлева)　5
ゴリコフ，イヴァン・ラリオノヴィチ(Иван Ларионович Голиков)　56, 71, 73-76, 91, 107, 108, 142
ゴリコフ家(Голиковы)　74
コルサク，А. К. (Александр Казимирович Корсак)　9, 50, 51, 84, 85, 104, 256, 267, 273
コルジンキン(Корзинкин)　254
コルジンキン，アンドレイ(Андрей Корзинкин)　140
コルニーロフ，アレクセイ・ミハイロヴィチ(Алексей Михайлович Корнилов)　210
コレーソフ(Колесов)　254, 257, 266
ゴロヴィン，フョードル(Федор Головин) 44
ゴロフキン，ユーリー・アレクサンドロヴィチ(Юрий Александрович Головкин)　210
コロメンチン，ニコライ(Николай Коломентин)　151
ゴンチャロフ，Ю. М. (Юрий Михайлович Гончаров)　5

さ　行

ザイツェフ，イヴァン・ヴァシリエヴィチ

(Иван Васильевич Зайцев)　136
ザイツェフ，ヴァシリー・プロコピエヴィチ (Василий Прокопьевич Зайцев)　199
サヴァテーエフ，アンドレイ・イヴァノヴィチ (Андрей Иванович Саватеев)　136, 210, 230, 239, 276
サヴァテーエフ，ミハイロ・イヴァノヴィチ (Михайло Иванович Саватеев)　121, 136, 211, 230
サヴェリエフ，アファナシー・チモフェーヴィチ(Афанасий Тимофеевич Савельев)　186
サヴェリエフ，フョードル(Федор Савельев)　146
ザシチーヒン，セミョン(Семен Защихин)　163, 166
ザベリンスコイ，イヴァン・ヤコヴレヴィチ (Иван Яковлевич Заберинской)　163, 166, 277
サモイロフ，ステパン・アントノヴィチ (Степан Антонович Самойлов)　147
サモイロフ，ステファン(Стефан Самойлов)　190
ザモシチコフ(Замощиков)　192
サラマトフ(Саламатов)　152, 236
サラマトフ，ピョートル・ニコラエヴィチ (Петр Николаевич Саламатов)　179
シェメリン，フョードル・イヴァノヴィチ (Федор Иванович Шемелин)　95
シェリホヴァ，ナタリヤ・アレクセーヴナ (Наталья Алексеевна Шелихова)　72, 73, 75-78, 107
シェリホフ，アレクサンドル・ヴァシリエヴィチ(Александр Васильевич Шелихов)　159
シェリホフ，イヴァン・ペトロヴィチ(Иван Петрович Шелихов)　76
シェリホフ，ヴァシリー・イヴァノヴィチ (Василий Иванович Шелихов)　73, 76
シェリホフ，グリゴリー・イヴァノヴィチ (Григорий Иванович Шелихов)　56, 70-74, 88, 106-108, 142, 159, 205, 206
シェリホフ，シードル・アンドレーヴィチ (Сидор Андреевич Шелихов)　159
シェリホフ家(Шелиховы)　74, 75, 77, 78
シェルギン(Шергин)　254
シェルギン，グリゴレイ(Григорей Шергин) 159
ジェレイシチコフ，ヤコフ・アンドレーヴィチ (Яков Андреевич Желейщиков)　159
シェレン(Шелен)　59, 60
シガーエフ，イヴァン・イヴァノヴィチ(Иван Иванович Шигаев)　120, 121
シガーエフ，イヴァン・ペトロヴィチ(Иван Петрович Шигаев)　157
ジガリョフ，ヴァシーレイ(Василей Жигарев) 95
シーズィフ，アンドレイ・ペトロヴィチ (Андрей Петрович Сизых)　117
シーズィフ，イリヤ・アンドレーヴィチ(Илья Андреевич Сизых)　71, 125, 211
シーズィフ，ウヴァル(Увар Сизых)　94
シーズィフ，ドミートレイ・アンドレーヴィチ (Дмитрей Андреевич Сизых)　211
シーゾイ，フョードル(Федор Сизой)　146
シチェカトフ，А. М. (Афанасий Михайлович Щекатов)　7
シチェグロフ，И. В. (Иван Васильевич Щеглов)　33, 275
シチェゴーリン(Щегорин)　214
シチェゴーリン，フョードル(Федор Щегорин) 88, 111
シチェゴーリン，ミハイル(Михайл Щегорин) 91, 102
シチャーポフ，アファナシー・プロコピエヴィチ(Афанасий Прокопьевич Щапов) 141, 180
シチューキン，ニコライ・セミョノヴィチ (Николай Семенович Щукин)　212, 213
シチューキン，И. А. (И. А. Щукин)　5
シートニコフ，Л. А. (Леонид Александрович Ситников)　107
シビリャコフ(Сибиряков)　235, 257, 277
シビリャコフ，アファナセイ(Афанасей Сибиряков)　163-166
シビリャコフ，アレクサンドル・ミハイロヴィチ(Александр Михайлович Сибиряков) 123, 244, 279
シビリャコフ，アレクセイ(Алексей

Сибиряков)　69
シビリャコフ，イヴァン・ミハイロヴィチ（Иван Михайлович Сибиряков）　240
シビリャコフ，ヴァシーレイ・アファナシエヴィチ（Василей Афанасьевич Сибиряков）　211
シビリャコフ，クセノフォント・ミハイロヴィチ（Ксенофонт Михайлович Сибиряков）　211, 213, 236, 241, 263
シビリャコフ，小アレクセイ・アファナシエヴィチ（Алексей малой Афанасьевич Сибиряков）　147, 149, 198, 212
シビリャコフ，ドミートレイ・ミハイロヴィチ（Дмитрей Михайлович Сибиряков）　179, 220, 223
シビリャコフ，ニコライ・ヴァシリエヴィチ（Николай Васильевич Сибиряков）　116, 232
シビリャコフ，ミハイロ・ヴァシリエヴィチ（Михайло Васильевич Сибиряков）　71, 78, 116, 136, 137, 193, 207-211, 213-215, 223, 230-233, 236, 237, 239-241, 263, 276, 287
シビリャコフ家（Сибиряковы）　78, 120, 167, 179, 198, 203, 210, 212, 215, 226, 232, 239, 241-243, 257, 262, 263, 270, 271, 274, 287
シャシコヴァ，セラフィマ・ドミートリエヴナ（シビリャコフ家出身）（Серафима Дмитрьевна Шашкова (урож. Сибирякова)）　179
シャシコフ，セラフィム・セラフィモヴィチ（Серафим Серафимович Шашков）　152, 179, 208, 209
シャヘロフ，В. П. （Вадим Петрович Шахеров）　4, 5, 56, 153
シャポシニコフ（Шапошников）　257
シャポシニコフ，ダニーロ（Данило Шапошников）　157
シャラーポフ（Шарапов）　71
シュヴァーロフ，ピョートル・イヴァノヴィチ（Петр Иванович Шувалов）　49, 218
ジューコフ（Жуков）　54
ジュジン，イヴァン（Иван Зюзин）　151
シュテラー，ゲオルグ・ヴィルヘルム（Georg Wilhelm Steller）　105
シュービン，ドミートレイ（Дмитрей Шубин）　157
ジョージ三世（George III）　77
ジョロボフ，アレクセイ・イヴァノヴィチ（Алексей Иванович Жолобов）　187, 188, 192, 201, 222
ジョロボフ，イヴァン（Иван Жолобов）　199
シリャーエフ，セミョン・セミョノヴィチ（Семен Семенович Ширяев）　164
シリャーエフ，セミョン・フョードロヴィチ（Семен Федорович Ширяев）　164
シリャーエフ，ドミートレイ・セミョノヴィチ（Дмитрей Семенович Ширяев）　164
シリン，Е. П. （Е. П. Силин）　7, 48, 62, 63, 250
シルコフ，イヴァン（Иван Шилков）　151
スィチェフスキー（Сычевский）　111
スィチン，キリル（Кирил Сытин）　187
ズーエヴァ，Е. А. （Елена Александровна Зуева）　4, 5
スタルツォフ，セミョン・アレクセーヴィチ（Семен Алексеевич Старцов）　76, 136, 242
スタルツォフ，ドミートレイ・セミョノヴィチ（Дмитрей Семенович Старцов）　136, 242
スタルツォフ，フョードル・セミョノヴィチ（Федор Семенович Старцов）　136
スタルツォフ家（Старцовы）　242
ステパノフ，オヌフリー（Онуфрий Степанов）　43
ストロガノフ，アニカ（Аника Строганов）　170
ストロガノフ家（Строгановы）　6
スニギリョフ，イリヤ（Илья Снигирев）　55
スパファリー，ニコライ・ガヴリーロヴィチ（Николай Гаврилович Спафарий）　43
スハレフ，アレクセイ・ミハイロヴィチ（Алексей Михайлович Сухарев）　187, 188
スヒフ，エフィム・ニキーチノヴィチ（Ефим Никитинович Сухих）　76
スペランスキー，ミハイル・ミハイロヴィチ（Михаил Михайлович Сперанский）　16, 152, 212, 227, 232, 237, 257, 276, 277

スホイ，ミハイロ(Михайло Сухой)　190
ズーボヴァ，マリヤ・ミハイロヴナ(ムィリニコフ家出身)(Марья Михайловна Зубова (урож. Мыльникова))　77, 161
スボーチン，А. П. (Андрей Павлович Субботин)　9
ズーボフ(Зубов)　152
ズーボフ，プラトン(Платон Зубов)　73
ズーボフ，ラヴレンチー(ラヴレンチェイ)・イヴァノヴィチ(Лаврентий (Лаврентей) Иванович Зубов)　76, 77
スミス，アダム(Adam Smith)　103
スミス，R. E. F. (R. E. F. Smith)　252
スームキン，アレクサンドル(Александр Сумкин)　94, 113, 150
スームキン，イヴァン・グリゴリエヴィチ(Иван Григорьевич Сумкин)　136
スラトコフスキー，М. И. (Михаил Иосифович Сладковский)　9
セミフスキー，Н. В. (Н. В. Семивский)　117
セミョーノヴァ，А. В. (А. В. Семенова)　5
セリヴァノフ，アレクサンドル・ペトロヴィチ(Александр Петрович Селиванов)　158
セリヴァノフ，ピョートル(Петр Селиванов)　151
セリフォントフ，イヴァン・オシポヴィチ(Иван Осипович Селифонтов)　16, 208-210, 226, 229
ゼルカレーエフ，イヴァン・セミョノヴィチ(Иван Семенович Зеркалеев)　261
セレブレンニコフ，アンドレイ(Андрей Серебленников)　52
ソフロニー・クリスタレフスキー(Софроний Кристалевский)　200, 220
ソルダートフ，ピョートル・ヤコヴレヴィチ(Петр Яковлевич Солдатов)　136, 234, 243, 278
ソルダートフ，ヤコフ・ペトロヴィチ(Яков Петрович Солдатов)　243
ソルダートフ家(Солдатовы)　235
ソローキン(Сорокин)　254
ソローキン，ドミートレイ(Дмитрей Сорокин)　94, 113, 140, 142, 151, 177

た　行

大黒屋光太夫　221, 222
ダヴィドヴァ，マリヤ・イヴァノヴナ(ズーボフ家出身)(Мария Ивановна Давыдова (урож. Зубова))　77
ダヴィドフ，プロコピー(プロコペイ)・イヴァノヴィチ(Прокопий (Прокопей) Иванович Давыдов)　76, 77
タターリノフ(Татаринов)　187
チェバエフスコイ(Чебаевской)　54
チェバエフスコイ，イヴァン・フョードロヴィチ(Иван Федорович Чебаевской)　159
チェルニゴフスキー，ニキーフォル(Никифор Черниговский)　43
チフメニョーフ，П. А. (Петр Александрович Тихменев)　72
チャプリン(Чаплин)　140, 257
チュパロフ，ニコライ・セミョノヴィチ(Николай Семенович Чупалов)　136
チュパロフ，プロコペイ・セミョノヴィチ(Прокопей Семенович Чупалов)　136
チュルコフ，М. Д. (Михайл Дмитриевич Чулков)　7, 25
チョグロコヴァ，マリヤ・シモノヴナ(Марья Симоновна Чоглокова)　219
チョールヌィフ(Черных)　152
ツェイドレル，イヴァン・ボグダノヴィチ(Иван Богданович Цейдлер)　262
ティリン，ステファン(Стефан Тырин)　54
デフテフ(Дехтев)　152
デフテフ，マクシム・イヴァノヴィチ(Максим Иванович Дехтех)　179
デミドフ，ニキータ・ニキートヴィチ(Никита Никитович Демидов)　73, 107
デミドフ家(Демидвы)　107
デラロフ，エヴストラチー(エヴストラト)・イヴァノヴィチ(Евстратий (Евстрат) Иванович Деларов)　53, 74, 76
デルジャーヴィン，ガヴリール・ロマノヴィチ(Гаврил Романович Державин)　232, 276
ドゥシャコフ，ヴァシーレイ(Василей Душаков)　159

ドゥドロフスカヤ，エカテリーナ・ニコラエヴナ(ムィリニコフ家出身)(Екатерина Николаевна Дудровская (урож. Мыльникова)) 77, 212
ドゥドロフスキー(Дудровский) 208, 212, 233
ドゥドロフスキー，イヴァン・フョードロヴィチ(Иван Федорович Дудровский) 76, 120, 121, 174
ドゥドロフスキー，オシプ・ステパノヴィチ(Осип Степанович Дудровский) 77, 212
ドゥドロフスキー，ステパン・フョードロヴィチ(Степан Федорович Дудровский) 76, 77, 116, 120, 136, 211, 242
ドゥドロフスキー，ステパン・ヤコヴレヴィチ(Степан Яковлевич Дудровский) 163, 166, 278
ドゥドロフスキー，セミョン・セミョノヴィチ(Семен Семенович Дудровский) 234, 260, 278
ドゥドロフスキー，フョードル・イヴァノヴィチ(Федор Иванович Дудровский) 174
ドゥドロフスキー，フョードル・フョードロヴィチ(Федор Федорович Дудровский) 76, 121
ドゥドロフスキー家(Дудровские) 74, 120, 121, 156, 167, 212, 232, 242, 249, 274, 276
ドゥーロフ，В. И. (В. И. Дулов) 245
トラペズニコフ(Трапезников) 152, 254-257, 260
トラペズニコフ，コンスタンチン・ペトロヴィチ(Константин Петрович Трапезников) 236, 244-246, 277
トラペズニコフ，トロフィム(Трофим Трапезников) 160, 163
トラペズニコフ，ニカノール(ニコノール)・ペトロヴィチ(Никанор (Никонор) Петрович Трапезников) 152
トラペズニコフ，ニキータ(Никита Трапезников) 221
トラペズニコフ，ニキーフォル(Никифор Трапезников) 53-56, 203, 221
トラペズニコフ，ニコライ・ペトロヴィチ(Николай Петрович Трапезников) 179, 244, 246, 278, 279
トラペズニコフ，ピョートル・ドミートリエヴィチ(Петр Дмитрьевич Трапезников) 136, 239, 244-246, 279
トラペズニコフ家(Трапезниковы) 123, 158, 159, 167, 244, 262, 271, 274, 279
ドルゴポロフ(Долгополов) 61
トルスコフ，グリゴリー(Григорий Трусков) 210
トルストイ，アレクセイ・イヴァノヴィチ(Алексей Иванович Толстой) 112, 208
トルセーヴィチ，Х. И. (Х. И. Трусевич) 9, 51, 67, 68, 82-85, 88, 91, 95, 104, 105, 110
トルネフ，レフ(Лев Трунев) 190
トルブジン，アレクセイ(Алексей Толбузин) 43
トルマチョフ，イヴァン(Иван Толмачев) 190
トレスキナ，アンフィサ・フョードロヴナ(Анфиса Федоровна Трескина) 235
トレスキン，ニコライ・イヴァノヴィチ(Николай Иванович Трескин) 16, 78, 121, 135, 156, 164, 179, 180, 183, 210, 215, 216, 225-237, 239-248, 257, 263, 274, 275, 277, 278, 287
トレチャコフ，アンドレヤン・アファナシエヴィチ(Андреян Афанасьевич Третьяков) 158, 233, 277
トロイツカヤ，Л. М. (Л. М. Тройцкая) 206

な　行

ナーゲリ，イラリオン・チモフェーヴィチ(Илларион Тимофеевич Нагель) 208
ナポレオン(Napoleon Bonaparte) 127, 132, 137, 240, 244, 245, 269
ニキーチン，ドミートリー・アヴェルキエヴィチ(Дмитрий Аверкиевич Никитин) 163
ニキーフォロフ，イヴァン(Иван Никифоров) 54, 55
ニスコフスキー，アレクセイ(Алексей Нисковский) 94
ネヴェジン(Невежин) 113, 140, 142, 254

ネヴェジン，ヴァシリー(Василий Невежин)　94
ネステロフ(Нестеров)　33
ネムツォフ，フョードル・グレボヴィチ(Федор Глебович Немцов)　205, 206
ネラートフ(Нератов)　150
ネラートフ，ピョートル・アレクセーヴィチ(Петр Алексеевич Нератов)　178
ネルピナ(Нерпина)　254
ネルピン，イヴァン(Иван Нерпин)　151
ネルピン，ステパン(Степан Нерпин)　133, 136
ノスコフ，イヴァン・アンドレーヴィチ(Иван Андреевич Носков)　9, 95, 114, 268, 282

は　行

パイシー(Пайсий)　187
パーヴェル(Павел)　16, 77
バウシェフ，イヴァン(Иван Баушев)　159
バエジートフ，ナジル(Назир Баезитов)　144
バジェーノフ，イヴァン・グリゴリエヴィチ(Иван Григорьевич Баженов)　243
バジェーノフ，グリゴレイ・サヴォヴィチ(Григорей Саввович Баженов)　136, 211, 243
バジェーノフ家(Баженовы)　243
バシン，イヴァン・プロコピエヴィチ(Иван Прокопьевич Басин)　159, 164
バシン，プロコペイ(Прокопей Басин)　151, 163, 164
バスニン(Баснин)　87-89, 234, 260-262, 277
バスニン，ヴァシーレイ・チモフェーヴィチ(Василей Тимофеевич Баснин)　258, 259
バスニン，ヴァシーレイ・ニコラエヴィチ(Василей Николаевич Баснин)　111, 260, 261
バスニン，チモフェイ・マクシモヴィチ(Тимофей Максимович Баснин)　111, 113, 116, 117, 258, 259, 261
バスニン，ドミートレイ・チモフェーヴィチ(Дмитрей Тимофеевич Баснин)　111, 258, 259
バスニン，ニコライ・チモフェーヴィチ(Николай Тимофеевич Баснин)　111, 136, 233, 244, 245, 258-261, 279
バスニン，パーヴェル・ペトロヴィチ(Павел Петрович Баснин)　259
バスニン，ピョートル・チモフェーヴィチ(Петр Тимофеевич Баснин)　111, 181, 233-235, 258, 259, 277
バスニン，ピョートル・パヴロヴィチ(Петр Павлович Баснин)　277
バスニン，マクシム(Максим Баснин)　111, 163, 167
バスニン家(Баснины)　11, 111, 117, 158, 167, 246, 258-263, 268-270, 274, 287
バソフ，エメリヤン(Емельян Басов)　6, 52, 172
ハバロフ，エロフェイ(Ерофей Хабаров)　43
パホルコフ，アンドレイ(Андрей Пахолков)　71
バラクシン，ステパン・ガヴリーロヴィチ(Степан Гаврилович Балакшин)　245
パラス，ペーター・ジーモン(Петр Зимон Паллас, Peter Simon Pallas)　80, 82, 90, 250
バラーノフ，アレクサンドル・アンドレーヴィチ(Александр Андреевич Баранов)　138
バリン(Балин)　54
ビチェヴィン，イヴァン・ステパノヴィチ(Иван Степанович Бичевин)　55, 56, 147, 197, 198, 203, 219
ビビコフ，アレクセイ・ユリエヴィチ(Алексей Юрьевич Бибиков)　188
ピヤンコフ，ヴァシーレイ(Василей Пьянков)　142, 150, 151
ピヤンコフ，ステパン(Степан Пиянков)　150
ピョートル一世(Петр I)　12, 13, 17, 18, 23, 33-35, 47, 49, 57, 171, 180, 184, 189, 212, 221, 275
ピョートル三世(Петр III)　201, 202
ピレンコフ，ステパン(Степан Пиленков)　151
ピロージニコフ，グリゴリー(Григорий Пирожников)　151

ファウスト，C. M. (Clifford M. Foust)　9, 48, 81, 110
フェレフェロフ，アレクセイ(Алексей Фереферов)　210
フォン・トレイデン，フリストフォル・アンドレーヴィチ(Христфор Андреевич фон Трейден)　34, 208
フォン・フラウエンドルフ，カルル・リヴォヴィチ(Карл Львович Фон Фрауендорф)　148, 204, 205
プーシチン(Пущин)　188
ブフゴリツ(Бухгольц)　187
ブラチシェフ，ヴァシリー・フョードロヴィチ(Василий Федорович Братищев)　58
ブラートフ，ニコライ・ペトロヴィチ(Николай Петрович Булатов)　204, 228, 229
フラーモフ，イヴァン・イヴァノヴィチ(Иван Иванович Храмов)　157
プリカスチコヴァ，Е. П. (Е. П. Приказчикова)　103
プリャーエフ，ドミートレイ(Дмитрей Пуряев)　210
ブリューネル，オリヴィエ(Olivier Brunel)　170
ブリル，アダム・イヴァノヴィチ(Адам Иванович Бриль)　47, 148, 205
ブルダーコヴァ，アヴドチヤ・グリゴリエヴナ(シェリホフ家出身)(Авдотья Григорьевна Булдакова (урож. Шелихова))　76, 108
ブルダーコフ，アレクセイ・ペトロヴィチ(Алексей Петрович Булдаков)　159
ブルダーコフ，ピョートル・マトヴェーヴィチ(Петр Матвеевич Булдаков)　78, 159, 180
ブルダーコフ，ミハイル・マトヴェーヴィチ(Михайл Матвеевич Булдаков)　78, 94, 108
ブルダチェフ，パーヴェル・ペトロヴィチ(Павел Петрович Бурдачев)　136
ブルツォフ(Бурцов)　206
プレオブラジェンスキー，А. А. (Александр Александрович Преображенский)　78
プレシチェーエフ，アンドレイ・グリゴリエヴィチ(Андрей Григорьевич Плещеев)　188
ブレチャロフ(Бречалов)　219
ブレチャロフ，イヴァン(Иван Бречалов)　167
ブレチャロフ，トリフォン(Трифон Бречалов)　218
ブレチャロフ，ニコライ(Николай Бречалов)　55, 191, 196, 203
ブレニン，イヴァン(Иван Буренин)　55
プロターソフ，ヤコフ(Яков Протасов)　56, 70, 72, 180, 207
プロターソフ，ヤコフ・ヤコヴレヴィチ(Яков Яковлевич Протасов)　156, 158
プロトジヤコノフ(Протодьяконов)　152, 179
プロトジヤコノフ，フョードル・アンドレーヴィチ(Федор Андреевич Протодьяконов)　179
プロトジヤコノフ，プロコピー(Прокопий Протодьяконов)　100
プロトポポフ(Протопопов)　91
フローポニン(Хлопонин)　257
フローポニン，ピョートル(Петр Хлопонин)　133, 151
ペステリ，イヴァン・ボリソヴィチ(Иван Борисович Пестель)　16, 122, 156, 164, 183, 214, 215, 225-228, 230-232, 234-237, 240, 241, 247, 248, 274, 275, 286, 287
ペステリ，パーヴェル・イヴァノヴィチ(Павел Иванович Пестель)　275
ベストゥージェフ，ニコライ・アレクサンドロヴィチ(Николай Александрович Бестужев)　246
ベセージナ，О. Н. (О. Н. Беседина)　8
ペトゥーホフ(Петухов)　231
ペトロフ，А. Ю. (Александр Юрьевич Петров)　206
ベーリング，ヴィトゥス・ヨナセン(Vitus Jonassen Bering)　52
ベル，ジョン(John Bell, Джон Вель)　250, 279
ベルスコイ，パーヴェル(Павел Бельской)　150
ベルフ，ヴァシリー・ニコラエヴィチ(Василий Николаевич Берх)　53, 70

ベレゾフスキー，グリゴリー(Григорий Березовский)　188, 192, 194, 200
ペレドフシチコヴァ，マリヤ・イヴァノヴナ(Марья Ивановна Передовщикова)　233
ペレドフシチコフ，К.(К. Передовщиков)　158, 180, 233
ベロゴローヴィー(Белоголовый)　254
ベロゴローヴィー，ガヴリーロ・スピリドノヴィチ(Гаврило Спиридонович Белоголовый)　243
ポスペロフ，イヴァン(Иван Поспелов)　121
ポチョムキン(Потемкин)　71
ポハボフ，イヴァン(Иван Похабов)　40
ボブコフ，アブラム・ダニーロヴィチ(Абрам Дамирович Бобков)　159, 160
ポポヴァ，アクリーナ・ステパノヴナ(Акулина Степановна Попова)　179
ポポフ(Попов)　152, 179
ポポフ，セミョン(Семен Попов)　160
ポポフ，ピョートル(Петр Попов)　150, 210
ポポフ，ピョートル・イヴァノヴィチ(Петр Иванович Попов)　136
ボリシャコフ，В. Н.(В. Н. Большаков)　123
ボルシャコフ，イヴァン・ヴァシリエヴィチ(Иван Васильевич Болшаков)　157
ポルトノフ，オシプ(Осип Портнов)　151
ポレヴォイ，アレクセイ・エフセーヴィチ(Алексей Евсеевич Полевой)　73, 74, 107, 111, 172, 235, 278
ポレヴォイ，ニコライ・アレクセーヴィチ(Николай Алексеевич Полевой)　112, 172
ボ・ロエ(Бо-Лое)　86
ホロジロフ(Холодилов)　257
ホロジロフ，アレクセイ・グリゴリエヴィチ(Алексей Григорьевич Холодилов)　150
ホロジロフ，フョードル(Федор Холодилов)　54, 55
ボロディン(Бородин)　140
ボロディン，イヴァン・ミハイロヴィチ(Иван Михайлович Бородин)　159

ま　行

マカロヴァ，Р. В.(Раиса Всеволодовна Макарова)　52, 53
マースレンニコフ，イヴァン(Иван Масленников)　210
ママエフ，ステパン(Степан Мамаев)　144
ママエフ，ステパン・ニキーフォロヴィチ(Степан Никифорович Мамаев)　160
マルトス，アレクセイ(Алексей Мартос)　79, 86, 88, 122, 123, 144
ミチューリン，イヴァン(Иван Мичурин)　71
ミチューリン，ドミートレイ・オシポヴィチ(Дмитрей Осипович Мичурин)　279
ミチューリン，ピョートル・ドミートリエヴィチ(Петр Дмитрьевич Мичурин)　71, 76, 77, 121, 135
ミチューリン家(Мичурины)　74
ミハイル・フョードロヴィチ(Михайл Федорович)　251
ミハイロフ，セミョン・キリロヴィチ(Семен Кирилович Михаилов)　160
ミャスニコヴァ，ヴェーラ・マクシモヴナ(ヴォロシロフ家出身)(Вера Максимовна Мясникова (урож. Ворошилова))　198, 218
ミャスニコヴァ，ダリヤ・ニコラエヴナ(ブレチャロフ家出身)(Дарья Николаевна Мясникова(урож. Бречалова))　199
ミャスニコフ，アファナシー(Афанасий Мясников)　220
ミャスニコフ，イヴァン・アファナシエヴィチ(Иван Афанасьевич Мясников)　198, 199, 201, 220
ミャスニコフ，ニコライ(Николай Мясников (Месников))　136
ミャスニコフ，マクシム(Максим Мясников)　187, 191, 192, 220
ミャスニコフ家(Мясниковы)　198
ミャフコストゥーポフ(Мяхкостyпов)　254
ミャフコストゥーポフ，ミハイロ・ゲラシモヴィチ(Михаило Герасимович Мяхкостyпов)　243
ミュラー，ゲルハルト・フリードリヒ(Gerhard

Friedrich Müller)　6, 42, 52, 127
ミローノフ，Б. Н.（Борис Николаевич Миронов）　8
ミローノフ，ガヴリーロ・ミハイロヴィチ（Гаврило Михайлович Миронов）　136
ムィリニコヴァ，アクリーナ・アンドレーヴナ（Акулина Андреевна Мыльникова）　242
ムィリニコヴァ，アンナ・ドミートリエヴナ（ミチューリン家出身）（Анна Дмитрьевна Мыльникова (урож. Мичурина)）　77, 242
ムィリニコフ（Мыльников）　75, 208, 212
ムィリニコフ，イヴァン・ドミートリエヴィチ（Иван Дмитрьевич Мыльников）　242, 279
ムィリニコフ，ドミートレイ・ニコラエヴィチ（Дмитрей Николаевич Мыльников）　77, 78, 94, 211, 242
ムィリニコフ，ニキータ（Никита Мыльников）　167
ムィリニコフ，ニコライ・プロコピエヴィチ（Николай Прокопьевич Мыльников）　72, 74-78, 84, 116, 135-137, 156, 180, 207, 208, 210, 212, 231-233, 239, 241, 242, 244, 245
ムィリニコフ，ピョートル・プロコピエヴィチ（Петр Прокопьевич Мыльников）　76
ムィリニコフ，ミハイロ・アレクセーヴィチ（Михайло Алексеевич Мыльников）　151
ムィリニコフ，ミハイロ・ニコラエヴィチ（Михайло Николаевич Мыльников）　242
ムィリニコフ，ミハイロ・プロコピエヴィチ（Михаило Прокопьевич Мыльников）　161
ムィリニコフ，ヤコフ・ニコラエヴィチ（Яков Николаевич Мыльников）　78, 242
ムィリニコフ家（Мыльниковы）　77, 78, 156, 212, 226, 232, 241, 242, 249, 262, 274
ムルギン，ヴァシリー（Василий Мургин）　150
メドヴェードニコヴァ，エリザヴェータ・ミハイロヴナ（クラスノゴロフ家出身）（Елизавета Михайловна Медведникова (урож. Красногорова)）　243, 244
メドヴェードニコフ（Медведников）　214, 256
メドヴェードニコフ，イヴァン・ロギノヴィチ（Иван Логинович Медведников）　243, 253
メドヴェードニコフ，ヴァシーレイ・フョードロヴィチ（Василей Федорович Медведников）　269
メドヴェードニコフ，オシプ（Осип Медведников）　163, 166
メドヴェードニコフ，小ヴァシーレイ・フョードロヴィチ（Василей малой Федорович Медведников）　269
メドヴェードニコフ，フョードル・オシポヴィチ（Федор Осипович Медведников）　136, 253, 269, 270, 282
メドヴェードニコフ，プロコペイ・フョードロヴィチ（Прокопей Федорович Медведников）　211, 243, 244, 253, 269, 270, 279, 282
メドヴェードニコフ，ロギン・フョードロヴィチ（Логин Федорович Медведников）　239, 243, 244, 253, 269, 282
メドヴェードニコフ家（Медведниковы）　167, 243, 244, 253-257, 260, 266, 270, 271, 274, 282
メンシコフ，アレクサンドル・ダニーロヴィチ（Александр Данилович Меншиков）　13

や　行

ヤーゴドニコフ（Ягодников）　254
ヤコビ，イヴァン・ヴァルフォロメーヴィチ（Иван Варфоломеевич Якоби）　71, 206-208, 270
ヤコフツェフスキー，Я. Н.（Я. Н. Яковцевский）　3
ヤチメネフ（Ячменев）　214
ヤドリンツェフ，Н. М.（Николай Михайлович Ядринцев）　33, 226, 275
柳澤明　10, 46
ヤルィジキン，ピョートル（Петр Ярыжкин）　43
ユーゴフ，エメリヤン（Емельян Югов）　54,

56
吉田金一　9, 10, 45, 58, 62, 87, 92

ら行

ラヴィンスキー，アレクサンドル・ステパノヴィチ(Александр Степанович Лавинский)　237, 260, 261, 263
ラキーチン，ラヴレンチー・ロジオノヴィチ(Лаврентий Родионович Ракитин)　186
ラクスマン，アダム・キリロヴィチ(Адам Кирилович Лаксман)　63, 222
ラクスマン，キリル(Кирил Лаксман)　207, 221, 222
ラジーシチェフ，アレクサンドル・ニコラエヴィチ(Александр Николаевич Радищев)　63-70, 84, 102-105, 126, 131, 144, 225
ラズゴン，В. Н. (Виктор Николаевич Разгон)　5
ラストルグーエフ，アニカ(Аника Расторгуев)　166
ラフィエンコ，Л. С. (Людмила Сергеевна Рафиенко)　41, 190
ラリオノフ，エメリヤン・グリゴリエヴィチ(Емельян Григорьевич Ларионов)　74, 76
ランゲ，ローレンツ(Лоренц Ланг)　46, 188, 199, 217
リトヴィンツェフ(Литвинцев)　263
リトヴィンツェフ，アンドレイ・ペトロヴィチ(Андрей Петрович Литвинцев)　76
リトヴィンツェフ，イヴァン(Иван Литвинцев)　187, 188, 222
リトヴィンツェフ，エフドキム・アンドレーヴィチ(Евдоким Андреевич Литвинцев)　281
リトヴィンツェフ家(Литвинцевы)　281
隆科多　47
劉建生　31, 110, 111
ルィチャゴフ(Лычагов)　254
ルィチャゴフ，イヴァン・ステパノヴィチ(Иван Степанович Лычагов)　239, 243
ルィチャゴフ，エルモライ・ヤコヴレヴィチ(Ерморай Яковлевич Лычагов)　243
ルィチャゴフ，ステパン・ステパノヴィチ(Степан Степанович Лычагов)　163, 166
ルィチャゴフ家(Лычаговы)　167
ルィビンスコイ，イヴァン(Иван Рыбинской)　54
ルサノフ，エゴール・イェヴレーヴィチ(Егор Иевлеевич Русанов)　164
ルサノフ，ヤコフ・エヴレーヴィチ(Яков Евревич Русанов)　164
ルサノフ，ヨヴ・ヴァシリエヴィチ(Ев Васильевич Русанов)　163, 164
ルビンシュテイン，Н. Л. (Николай Леонидович Рубинштейн)　41
レザノヴァ，アンナ・グリゴリエヴナ(シェリホフ家出身)(Анна Григорьевна Резанова (урож. Шелихова))　76, 108
レザノフ，ニコライ・ペトロヴィチ(Николай Петрович Резанов)　77, 78, 108, 138
レシェトニコフ(Решетников)　91
レシェトニコフ，フョードル(Федор Решетников)　133
レズン，Д. Я. (Дмитрий Яковлевич Резун)　8
レツァノ，ボリス・ボリソヴィチ(Борис Борисович Леццано)　34, 92, 112, 121, 208, 209, 215
レベジェフ，ニコライ・ペトロヴィチ(Николай Петрович Лебедев)　208
レベジェフ＝ラストチキン，パーヴェル・セルゲーヴィチ(Павел Сергеевич Лебедев-Ласточкин)　56, 70, 72, 75, 205
レムニョフ，А. В. (А. В. Ремнев)　233
ロガチョフ，イリヤ(Илья Рогачев)　181, 235
ロギノフ，イヴァン(Иван Логинов)　44
ロジオノフ，ミハイロ(Михайло Родионов)　210
ロストルグーエフ，ピョートル(Петр Росторгуев)　210
ロプコフ(Лобков)　254

事 項 索 引

あ　行

アストラハン(Астрахан)　32, 123
アストリア(Astoria)　138
アゾフ(Азов)　13
アチンスク(Ачинск)　117
アッツ島(о. Атту)　54
アトラス(атлас)　104
アナディル(Анадырь)　55
アヘン戦争(Opium War)　274
アムステルダム(Amsterdam)　258
アムール川(р. Амур)　43, 58, 63
アラスカ(Аляска, Alaska)　52, 56, 77, 106
アリューシャン列島(Алеутские острова, Aleutian Islands)　54
アルグン川(р. Аргунь)　44, 46
アルザマス(Арзамас)　85
アルスコエ(Арское)　143
アルタイ(Алтай)　5, 107
アルバジン(ヤクサ[雅克薩])(Албазин)　43, 44
アルバジン戦争(Осада Албазина)　43
アルハンゲリスク(Архангельск)　52, 65, 67-69, 85, 95, 105, 141, 142, 171, 172, 177, 231, 251
アルハンゲロゴロド(Архангелогород)　13
アレクサンドル号(Александр)　73
アンガラ川(р. Ангара)　1, 40, 41, 102, 116, 117, 120-125, 131, 147, 157, 184, 188, 215, 242, 258
イギリス東インド会社(British East India Company)　251
イリイノ(Ильино)　140
イリム川(р. Илим)　117, 123
イリムスク(Илимск)　63, 102, 111, 117, 149, 163, 167, 193, 245
イリメニ湖(о. Ильмень)　171
イルクーツク商業会社(Иркутская коммерческая компания)　74, 75
イルクーツク年代記(Иркутская летопись)　33, 186-188, 190, 194-196, 199-202, 219-221
イルクート川(р. Иркут)　40
イルティシ川(р. Иртыш)　42, 170
イルビート(Ирбит)　69, 85, 117, 179, 258, 267, 271
インゲルマンラント(Ingermanland, Ингерманландия)　13
ヴァガ(Вага)　162, 163, 166, 167
ヴィシネヴォロツキー運河(Вышневолоцкие каналы)　171
ヴィチェグダ川(р. Вычегда)　141, 170
ヴィチム沿岸会社(Прибрежно-Витимское товарищество)　123
ヴィチム川(р. Витим)　54
ヴィリュイ川(р. Вилюй)　218
ヴェリーキー・ウスチュグ(ヴェリコウスチュグ，ウスチュグ)(Великий Устюг (Великоустюг, Устюг))　41, 52, 69, 78, 111, 141, 142, 150, 159, 162-167, 171
ヴェルフネウジンスク(Верхнеудинск)　90, 121, 137, 149, 150, 157, 160, 161, 193, 227, 250, 254, 259, 263, 269, 283
ヴェルホヴァジエ(Верховажье)　141
ヴェルホトゥリエ(Верхотулье)　45, 49, 58, 198
ヴォルガ川(р. Волга)　123, 143, 171, 172
ヴォルホフ川(р. Волхов)　171
ヴォログダ(Вологда)　52, 55, 56, 84, 85, 90, 94, 95, 140, 141, 150, 171, 172, 254, 255
ヴォロネジ(Воронеж)　90, 151
ウジンスク(Удинск)　44, 148
ウスチ・クト(Усть-Кут)　123
ウナラシカ会社(Уналашинская компания)　71, 106, 108
ウナラシカ島(Уналашка)　106
ヴャズニキ(Вязники)　140, 159, 177, 273

ヴャトカ(Вятка)　13
ウラジーミル(Владимир)　159, 177, 267, 273
烏梁海(ウリャンハイ，現在のトゥヴァ)(Тува)　46
ウルップ島(o. Уруп)　137
英米戦争(War of 1812)　138
エヴェンキ(ツングース)(Эвенки (Тунгус))　40, 45, 206, 236
エニセイ川(р. Енисей)　1, 40, 116, 121
エニセイスク(Енисейск)　15, 40, 41, 85, 116, 117, 120, 122, 140, 142, 143, 147, 177, 184, 185, 258
オイラート部(斡亦剌，瓦剌，カルムィク)(Ойрад (Калмык))　60, 64
オオヤマネコ(рысь, lynx)　68
オコジョ(アーミン，シロテン)(горностай, ermine)　68, 83, 127, 192, 218
オスチャク(Остяк)　236
オデッサ(Одесса)　144, 252
オビ川(р. Обь)　116
オブドリヤ(Обдория)　170
オホーツク(Охотск)　16, 41, 74, 110, 116, 127, 134, 138, 139, 144, 235
オリホン島(o. Ольхон)　122
オレンブルク(Оренбург)　172

か　行

下級地方裁判所(нижняя расправа)　19
カザン(Казань)　13, 32, 70, 84-86, 121, 134, 135, 142, 143, 160, 254, 267
カザン宮廷庁(Приказ казанского дворца)　32
カジヤク島(現コディアク島)(o. Кадьяк (Kodiak Island))　71
カスピ海(Каспийское море)　250
カチュグ(Качуг)　123, 124, 135
カピトン号(Капитон)　52
カマ川(р. Кама)　171
カムキ(камки)　64, 82, 104
カムチャツカ(Камчатка)　6, 52, 54, 55, 58, 69, 74, 105, 110, 138, 144, 235, 241
カメンカ(Каменка)　149
カルーガ(Калуга)　41, 133, 140, 151
カルギン(Каргин)　121
カルゴポリ(Каргополь)　52
カワウソ(выдра, otter)　68, 85
甘粛　61
カンスク(Канск)　117
広東　61
広東茶　252, 275
カンファ(Канфа)　64, 104
キエフ(Киев)　13
貴族集会(дворянское собрание)　14
貴族団(дворянское общество)　14
貴族地方裁判所(надворный суд)　19
貴族への恵与状(жалованная грамота дворянству)　14
キタイカ(китайка)　64, 82, 94, 104, 121, 122, 253-257
北ドヴィナ川(р. Сев. Двина)　6, 141, 171, 172
キプチャク・ハン国(金帳汗国)(Кипчакское ханство (Золотая Орда, Golden Horde))　36
キャフタ川(р. Кяхта)　47
キャフタ条約(Кяхтинский договор)　1
キレンスク(Киренск)　157, 164, 247, 248, 271, 273, 279
勤務者(служилые люди)　28
クズネツク(Кузнецк)　21
クズリ(росомаха, wolverine)　127
クラスノヤルスク(Красноярск)　117, 143
クリル会社(Курильская компания)　71, 74
クールスク(Курск)　52, 56, 90, 107, 133, 142, 151, 159, 172, 173, 278
クレンガ川(р. Куленга)　1, 40, 157
クロテン(соболь)　52, 67, 68, 82, 97, 109
庫倫(クーロン，別名ウルガ，現ウランバートル)(Урга, Улан-Батор)　45, 47, 58, 84, 101
クロンシタット(Кронштадт)　123
ケナガイタチ(хорёк)　127
合同アメリカ会社(Соединенная Американская Компания)　72, 75, 77, 212, 241
ゴスチ(гость)　21, 22, 34, 36, 44
ゴスチ組合(госинная сотня)　22
ゴスチ・スロジャーネ(гости сурожане)　22, 36
コストロマ(Кострома)　267

コマンドル諸島(Командорские острова, Komandor Islands)　54
コラ(Кола)　170
ゴリ(голи)　64, 82, 104
ゴリコフ・シェリホフ会社(компания Голиковых и Шелихова)　56, 70-75, 172, 206, 207
コルィヴァン(Колыван)　16, 158
コルィマ川(р. Колыма)　54
ゴールデン・ラウンド(Golden round)　176
ゴルビツァ川(р. Горбица)　44
コンスタンチノープル(イスタンブール)(Constantinople (Istanbul))　127

さ　行

ザクセン(Sachsen)　226
ザバイカリエ(Забайкалье)　1, 42, 44, 49, 131, 133, 134, 136, 137, 140-142, 144, 150, 156-158, 181, 184, 186, 232, 235, 239, 240, 250-252, 254, 255, 257, 262-265, 283, 285
サライ(Сарай)　36
サンクト・ペテルブルク(レニングラード)(Санкт-Петербург (Ленинград))　6, 8, 11, 13, 16, 19, 33, 53, 64-68, 78, 81, 85, 90, 102, 121, 123, 140, 171, 172, 186, 188, 189, 194, 197-200, 202, 221, 226, 227, 230, 232, 236, 240, 252, 257, 259, 267, 275
山西省　267
市会(ラトゥーシャ)(ратуша)　18, 19, 21, 35, 109, 190, 192, 193, 210
ジガンスク(Жиганск)　232
市議会(ゴロツカヤ・ドゥーマ)(Городская Дума)　20, 21, 25, 152-154, 180, 207, 210, 212, 214, 215, 230, 231, 246, 247, 261-263, 286
市議会議員(グラースヌィ)(гласный)　20, 210
市参事会員(ラトマン)(ратман)　18-21, 190, 193, 194
市集会(городкое собрание)　20
四川　61
ジダ川(р. Джида)　46
市団(ゴロツコエ・オプシチェストヴォ)(городское общество)　20, 146, 150-153, 156, 159, 203, 205, 207, 210, 212-216, 226, 228, 230, 231, 233-235, 247, 248, 262, 263, 274, 287
市長(ゴロツコイ・ゴロヴァー)(городской голова)　210, 215
シビル・ハン国(Сибирское ханство)　32, 171
シベリア王国(Сибирское царство)　15, 33, 185, 202
シベリア貴族(Сибирские дворяне)　15, 32, 33
シベリア庁(Сибирский приказ)　13, 15, 184, 185
ジヤチー島(о. Дьячий)　40, 184
ジャルグチ(断事官，ザルグチェイ)(Дзаргучей)　61, 86-89, 101
十字ギツネ(лисица крестовка)　68
シューヤ(Шуя)　52, 172
珠蘭(жулан)　252
ジュンガル部(Джунгар)　58-60
上級裁判所(верхняя расправа)　19
シレジエン(Schlesien)　128, 265
新疆　61
スコットランド(Scotland)　250
スタヴロポリ(Ставрополь)　21
スダク(スロジュ)(Sudak(Сурож))　36
ストレルカ(Стрелка)　60
スモレンスク(Смоленск)　13, 32
スレーチェンスク(Сретенск)　157
浙江　61
セミパラチンスク(Семипалатинск)　282
ゼムスキー庁(Земский приказ)　35
ゼーヤ川(р. Зея)　43
セレンガ川(р. Селенига)　1, 40, 42, 47, 116, 120, 122
セレンギンスク(Селенгинск)　44, 52, 60, 79, 86, 137, 148, 187, 193, 198, 216, 217, 250, 254, 263
全国人口調査(レヴィージヤ)(ревизия)　154, 180
宣誓役人(целовальник)　35
ソリヴィチェゴツク(Сольвычегодск)　6, 52, 141, 142, 150, 151, 160, 162, 163, 166, 170-172
ソリカムスク(Соликамск)　52

た　行

大黄(レーヴェン，ルバーブ)(ревень, rhubarb)　61, 101, 214, 215, 230
タタール(татар)　250
他都市商人(иногородный купец)　25, 146-153, 159, 164, 170, 175, 246, 248, 261, 271, 272, 277, 280, 286
ダバ(даба)　64, 103, 122
タラ(Тара)　21, 52, 133, 142, 151, 254, 282
磚茶(кирпичный чай, brick tea)　64, 104, 127, 130, 249-252, 254-256, 259, 263, 264
チチハル(斉斉哈爾)(Цицикар)　45, 47
地方長官(ヴォエヴォーダ)(воевода)　12-14, 18, 19, 31, 184, 216
チュコトカ(Чукотка)　55
チュメニ(Тюмень)　21, 84, 185
張家口(カルガン)(Калган)　47, 58
町人(メシチャニン)(мещанин)　24, 36
町人団(メシチャンスコエ・オプシチェストヴォ)(мещанское общество)　37
ツルハイトゥ(Цурхайту)　47, 48, 50, 57, 60
デカブリスト(Декабристы)　246, 275
テン(куница)　52, 99, 149
天津条約　275
トヴェリ(Тверь)　218
トヴェルツァ川(р. Тверца)　171
同業組合(ツンフト)(цунфт, цехи)　23, 25
トゥーラ(Тула)　41, 52, 85, 90, 95, 121, 159, 172
トゥリンスク(Туринск)　21
トゥルハンスク(Турханск)　85, 147, 158, 233, 236
トゥンカ(Тунка)　149
都市参事会(Главный магистрат)　18
都市自治法(Городовое Положение)　20
都市納税者審判所(сиротский суд)　19
都市への恵与状(жалованная грамота городам)　36, 193, 207
トチマ(Тотьма)　54, 55, 141, 142, 150, 159, 171, 172, 178, 254
トボリスク(Тобольск)　13, 15-17, 21, 33, 41, 42, 52, 55, 63, 64, 82, 84, 85, 90, 121, 142, 151, 157-159, 184-187, 190, 200, 206, 235, 254, 264
トムスク(Томск)　4, 5, 16, 21, 56, 64, 70, 84, 117, 120, 142, 143, 151, 157, 158, 160, 185, 206, 207, 212, 227, 259, 264
トルグート(торгут)　59, 62, 101
トロイツコサウスク(Троицкосавск)　60, 79, 91, 111
屯田兵制度(военные поселения)　227

な　行

ナルィム(Нарым)　52
ニジニー・ノヴゴロド(ニジェゴロド)(Нижний Новгород (Нижегород))　32, 85, 117, 123, 179, 267, 271, 274, 281
ニジニャヤ・ツングースカ川(р. Нижняя Тунгуска)　54
ニジネウジンスク(Нижнеудинск)　149, 159
ニジネカムチャツク(Нижнекамчатск)　52
ネヴァ川(р. Нева)　171
ネジン(Нежин)　52, 53, 100, 144, 160, 173, 235
ネルチンスク(Нерчинск)　1, 16, 42, 44-47, 49, 54, 58, 148, 157, 170, 184, 231, 232, 240, 241, 264, 281
嫩江　43

は　行

バイカル湖(о. Байкал)　1, 40, 42, 116, 117, 120-124, 131, 174, 215, 240, 242
白毫茶(байховый чай)　104, 127, 250-252, 254-257, 259, 260
白海(Белое море)　252
バラガンスク(Балаганск)　40, 149, 193
ハリコフ(Харьков)　52
バルグジン(Баргузин)　149, 231, 232, 242
バルグジン川(р. Баргузин)　122
バルト海(Балтийское море, Baltic Sea)　171, 252
バルナウル(Барнаул)　21, 158, 233, 264
ハルハ部(哈爾哈)(Халха)　44, 46
ハンブルク(Hamburg)　67, 258
ビーヴァー(бобрь, beaver)　68, 83, 85, 97, 105, 127
ファンザ(фанза)　64, 103
フェニックス号(Феникс)　73
プガチョフの乱(Пугачёвское восстание, Пугачёвский бунт)　14, 172, 173

ブハラ(Бухара)　33, 42, 149, 172, 230
ブーラ(布拉)(Бура)　47
ブラーツク(Братск)　258
プリブィロフ諸島(Прибыловские острова, Pribilof Islands)　106
ブリャート(бурят)　40, 60, 64, 85, 86, 92, 149, 160, 180, 181, 184, 189, 234, 246, 249, 250
ブルゴミストル(бургомистр)　20, 34, 187, 190, 192-194, 196, 217, 218
ブルミステルスカヤ・パラータ(Бурмистерская Палата)　18, 35
ブルミストル(бурмистр)　17-21, 34, 35, 217
プレジデント(президент)　18, 190, 211
プレッテチェンスカヤ会社(Предтеченская компания)　71, 106, 108
分離派(ラスコーリニキ)(раскольники)　181, 228, 235
ペチョラ川(р. Печера)　170
ペトロパヴロフスク・カムチャツキー(Петропавловск-Камчатский)　52
ベーリング島(о. Беринг)　52, 55
ペルミ(Пермь)　170, 171, 277
ペンザ(Пенза)　277
北東会社(北東アメリカ会社)(Северо-Восточная (Американская) компания)　71, 74, 108
北部会社(北アメリカ会社)(Северная (Американская) компания)　71, 73, 74, 106
ボストン(Boston)　138, 176
ホッキョクギツネ(песец)　52, 68, 83, 85, 236
ホルモゴールィ(Холмогоры)　94, 140-142, 151, 177

ま　行

マイマチェン(買売城)(Маймачин, Маймачен)　61, 79, 80, 86, 89, 93, 101
マカリエフ(Макарьев)　65, 69, 70, 85, 258, 281
マギストラート(магистрат)　15, 18-21, 24, 25, 35, 81, 83, 109, 146-148, 150-152, 178, 179, 189, 190, 192-197, 210-212, 214, 215, 230, 231
マグデブルク法(Magdeburger Recht)　17, 35
マルムィシ(Малмыш)　143, 254
マンガセヤ(Мангазея)　170
マンズール郷(Манзурская волость)　157
ムスタ川(р. Мста)　171
ムールマンスク(Мурманск)　170
メードヌィ島(現コッパー島)(о. Медный (Copper Island))　54
モスクワ(Москва)　13, 15, 17, 18, 22, 32-35, 41, 52, 54, 55, 81, 85, 87, 90, 95, 111, 121, 127, 133, 140, 142, 143, 150, 151, 159, 171, 172, 201, 240, 244, 245, 251, 254-258, 266, 267, 269, 273, 274, 280
モスクワ街道(Московский тракт)　117

や　行

ヤクーツク(Якутск)　16, 41, 52, 56, 70, 75, 85, 100, 116, 123, 124, 134, 136, 137, 139, 140, 142, 144, 145, 157, 160, 192, 203, 205, 235, 241, 243, 259, 264, 269
ヤクーツク街道(Якутский тракт)　123, 131, 133
ヤサク(ясак)　40, 43, 97, 149, 160, 184, 192
ヤレンスク(Яренск)　52, 141, 150, 162, 166
ヤロスラヴリ(Ярославль)　52, 54, 172

ら　行

ライプツィヒ(Leipzig)　258
ラシャ組合(суконная сотня)　22
ラッコ(калан, морская выдра, sea otter)　52, 68, 105, 138
ラドガ湖(о. Ладога)　171
ラリスク(Лальск)　54, 141, 159, 172
リガ(Рига, Riga)　35, 65, 267
リシイ諸島(現フォックス諸島)(Лисьи острова (Fox islands))　55, 106
リス(белка, squarrel)　68
立法委員会(Уложенная коммиссия)　147, 149
良心裁判所(совесный суд)　19, 20
ルィリスク(Рыльск)　56, 142, 159, 172, 173
レーヴァル(現タリン)(Ревель, Reval (Таллин, Tallinn))　35
レナ川(р. Лена)　1, 40, 123, 124, 157, 218, 258, 279, 285
六市議会議員議会(шестигласная дума)　21

参考史料・文献・論文

【古文書史料】

РГАДА—Российский Государственный Архив Древных Актов（ロシア国立古代文書館）

Ф. 183. Список пожертвованый Н. В. Басниным (Фонд Баснина)

ОПИ ГИМ—Отдел письменных источников Государственного Исторического Музея（国立歴史博物館手稿史料課）

Ф. 469. Фонд Баснина

РГИА—Российский Государственный Исторический Архив（ロシア国立歴史文書館）

Ф. 13. Департамент министра коммерции

Ф. 18. Департамент мануфактур и внутренней торговли

Ф. 1264. Первой сибирский комитет

Ф. 1265. Второй сибирский комитет

ГАИО—Государственный Архив Иркутской Области（国立イルクーツク州文書館）

Ф. 70. Оп. 1. Верховным делом Иркутской Городской Управы и Думы

Ф. 308. Оп. 1. Иркутское гильдейское управление

【ロシア語事典・法律書】

БСЭ — Шмидт О. Ю. (гл. ред.), *Большая советская энциклопедия*. М., 1926-1947.

ПСЗ — *Полное собрание законов Российской Империи. Т. 1-46*. СПб., 1830-1839.

СГРГ — Щекатов А. М., *Словарь географический Российского государства. Ч. 1-7*. М., 1801-1809.

ЭС. Брокгауз и Ефрон — Андреевский И. А. (ред.), *Энциклопедический словарь. Т. 1-82*. Изд. Брокгауз Ф. А., Ефрон И. А., СПб., 1890-1904.

Богуславский В. В., *Славянская энциклопедия XVII век. Т. 1-2*. М., 2004.

Зуев А. С., Резун Д. Я. (от. ред.), *Краткая энциклопедия по истории купечества и коммерции Сибири. Т. 1-4*. Новосибирск. 1994-1999.

Даль В., *Толковый словарь живого великорусского языка. Т. 1-4*. М., 1994.

Российское законодательство X-XX веков. Т. 5-6. М., 1987-1988.

Янин В. Л. (и др.), *Отечественная история: история России с древнейших времен до 1917 года: энциклопедия в пяти томах. Т. 1.* М., 1994.

【オンライン辞書】

ББЭ — Большая биографическая энциклопедия. http://dic.academic.ru/
上記の事典はオンラインのみで公開されているが，同サイトでは帝政時代から現在までのロシアの学術情報に関する主だった事典を検索・参照することができる。

【ロシア語史料・文献・論文】

1. 旅行記・回想記

Авдеева-Полевая Е., Записки и замечания о Сибири. *Записки иркутских жителей.* Иркутск. 1990. С. 3–124. (初出：*Записки и замечания о Сибири. С приложением старинных русских песен.* М., Тип. Н. Степанова. 1837. 156С; Воспоминсния об Иркутске. *Отечественные записки.* 1848. Т. 59. №8. С. 125–138; *Иркутск. Записки о старом и новом русском быте.* СПб., Типография Штаба военно-учебных заведений. 1842. С. 97–113)

Александров М. А., Воздушный тарантас. *Записки иркутских жителей.* Иркутск. 1990. С. 397–448. (初出：Воздушный тарантас или воспоминания о поездках по Восточной Сибири. Иркутск. (Лето 1827-го года). *Сборник историко-статистических сведений о Сибири и сопредельных ей странах. Т. 1. Вып. 1.* СПб., 1875)

Баснин П. П., Из прошлаго Сибири. Мученики и мучители. Публикация П. Т. Баснина. *Исторический вестник*. 1902. ноябрь. С. 532–574.

Баснин П. П., Воспоминания о Сперанском. *Исторический вестник.* 1903. январь. С. 153–173.

Баснин П. Т., Из записок деда. Таинственные люди и таинственные явление. *Исторический вестник.* 1904. июля. С. 52–79.

Бель. *Белевы путешествия через Россию в разные азиатские земли. а именно в Исфаган, Дербент и Константинополь. Ч. 1*. СПб., 1776.

Калашников И. Т., Записки иркутского жителя. *Записки иркутских жителей.* Иркутск. 1990. С. 255–396. (初出：Записки Иркутскаго жителя. *Русская старина.* СПб., 1905. №7. С. 187–251; №8. С. 384–409; № 9. С. 609–646)

Мартос А., *Письма о Восточной Сибири.* М., 1827.

Обручев В. А., Прикащичья выучка. *Отечественные записки.* 1882. №6. С. 385–426.

Паллас П. С., Зуев В. (перевел), *Путешествие по разным провинциям Российскаго Государства. Часть третья. половина первая. 1772 и 1773 годов.* СПб., 1788. (原典：P. S. Pallas, *Reise durch verschiedene Provinzen des Russischen Reichs. T. 1-3.* St. Petersburg. 1771-1801)

Полевой Н., *Очерки русской литературы. Сочинение Николая Полевого. Ч. I*. СПб., 1839.

2．シベリア史研究

Александров В. А., Ирбитская слобода в XVII в., *Вопросы истории Сибири. Вып. 11.* Томск. 1982. С. 5-10.

Андриевич В. К., *Исторический очерк Сибири. Т. IV. Период Екатерининскаго времени.* СПб., 1887.

Андриевич В. К., *Сибирь в царствование Императрицы Екатерины II (время с 1762 по 1769 год). Ч. II-я.* Одесса. 1889.

Белковец Л. П., К вопросу об оценке историографических взглядов Г. Ф. Миллера. *История СССР*. 1985. №4. С. 154-166.

Вагин В. И., *Историческия сведения о деятельности графа М. М. Сперанскаго в Сибири с 1819 по 1822 год. Т. 1-2*. СПб., 1872.

Вилков О. Н., К характеристике городов Востоной Сибири XVIII века. *Бахрушинские чтения 1971 г. Вып. 2. Из истории социально-экономического развития Сибири в XVII-нач. XX вв.*, Новосибирск. 1971. С. 36-49.

Вилков О. Н., К истории Енисейска, Илимска и Киренска в XVIII в., *История городов Сибири досоветского периода. (XVII-начало XX в.)*, Новосибирск. 1977. С. 196-214.

Вилков О. Н., *Очерки социально-экономического развития Сибири конца XVI-начала XVIII в.,* Новосибирск. 1990.

Вилков О. Н., Динамика численности, источники формирования и положение посадского населения Восточной Сибири 1719-1782 гг., *Демографические развития Сибири периода феодализма*. Новосибирск. 1991. С. 5-28.

Воробьев В. В., *Города южной части Восточной Сибири (историко-географические очерки).* Иркутск. 1959.

Гагемейстер Ю. А., *Статистическое обозрение Сибири. Ч. I-II*. СПб., 1854.

Головачев П., *Сибирь в Екатерининской коммиссии. Этюд по истории XVIII века.* М., 1889.

Головачев П. М., *Выписка из летописи о Крылове. Иркутское лихолетье 1758-1760 гг.*, М., 1904.

Горюшкин Л. М., Миненко Н. А., *Историография Сибири дооктябрьского*

периода (конец XVI‐начало XX в.), Новосибирск. 1984.
Громыко М. М., *Западная Сибирь в XVIII в.*, Новосибирск. 1965.
Дунаевский В. А., Отечественная война 1812 г. и Сибирь. *Вопросы истории.* 1983. №8. С. 98‐102.
Землеописание российской империи для всех состоянии. Часть V. СПб., 1810.
Зурий Е. С., Снытко Л. Н., Фатьянов А. Д. (авторы вступ. статей), *Сибирский порторет XVIII‐начала XX века.* СПб., 1994.
Кабузан В. М., Троицкий С. М., Численость и состав городского населения Сибири в 40‐80‐х годах XVIII в., *Освоение Сибири в эпоху феодализма (XVII‐XIX вв.)*, Новосибирск. 1968. С. 165‐177.
Каменский А. Б., Академик Г.‐Ф., Миллер и русская историческая наука XVIII века. *История СССР.* 1989. №1. С. 144‐159.
Карнилов К. А., *Прибавление к замечаниям о Сибири.* СПб., 1829.
Копылов А. Н., *Культура русского населения Сибири в XVII‐XVIII вв.*, Новосибирск. 1968.
Копылов А. Н., Землепроходцы XVII в. и изучение Сибири. *Освоение Сибири в эпоху феодализма (XVII‐XIX вв.),* Новосибирск. 1968. С. 20‐40.
Копылов А. Н., Управление и политика царизма в Сибири в период феодализма. *Итоги и задачи изучения истории Сибири досоветского периода.* Новосибирск. 1971. С. 102‐111.
Копылов А. Н., Декабристы и Сибирь. *Вопросы истории.* 1976. №4. С. 182‐184.
Копылов Д. И., *Обрабатывающая промышленность Западной Сибири в XVIII‐первой половине XIX вв. Автореферат диссертации на соискание ученой степени доктора исторических наук.* Новосибирск. 1974.
Копылов Д. И., Развитие городской и сельской промышленности Сибири в связи с ее колонизацией в XVIII в., *История городов Сибири досоветского периода. (XVII‐начало XX в.),* Новосибирск. 1977. С. 62‐80.
Коссова И. М., «Путешествие в Сибирь» и «Антидот», *Вопросы истории.* 1984. №1. С. 185‐189.
Кубалов Б., *Декабристы в Восточной Сибири.* Иркутск. 1925.
Кудрявцев Ф. А., *История бурят‐монгольского народа от XVII в. до 60‐х годов XIX в., Очерки.* М.‐Л., 1940. (邦訳：クドリヤフツェフ著，齋藤貢訳『ブリヤート蒙古民族史』紀元社，1943 年)
Куприянов А. И., Правовая культура горожан Сибири первой половины XIX в., *Общественно‐политическая мысль и культура сибиряков в XVII‐первой половине XIX века.* Новосибирск. 1990. С. 65‐106.

Латкин Н. В., *Енисейская губерния, Ея прошлое и настоящее*. СПб., 1892.

Маджаров А. С., *Афанасий Щапов*. Иркутск. 1992.

Материалы по истории управления Якутским краем в начале XIX века. *Труды Иркутской ученой Архивнй комиссии*. Иркутск. 1913. С. 19-45.

Матханова Н. П., История остатки генерал-губернатора Восточной Сибири В. Я. Руперта по материалам III отделения. *Сургут. Сибирь. Россия. Международная научно-практическая конференция, посвященная 400 летию города Сургута*. Екатеринбург. 1995. С. 201-209.

Матханова Н. П., Экономическая политика Н. Н. Муравьева-Амурского. *К истории предпринимательства в Сибири. (материалы всероссийской научной конференции. Новосибирск. 1995)*, Новосибирск. 1996. С. 29-34.

Миллер Г. Ф., *История Сибири. Т. 1-2*. Л-М., 1937-1941.

Миллер Г. Ф., *Описание о торгах сибирских*. СПб., 1756.

Миллер, Г. Ф., *Описание Сибирского Царства. Кн. 1*. СПб., 1750.

Миненко Н. А., *Историография Сибири*. Новосибирск. 1978.

Миненко Н. А., Новейшая советская историография о заселении Сибири русскими в эпоху феодализма. *Вопросы истории*. 1984. №7. С. 114-122.

Оглы Б. И., *Строительство городов Сибири*. Л., 1980.

Окладников А. П. (гл. ред.), *История Сибири. Т. 3*. Л., 1968.

Очерки русской литературы Сибири. Т. 1-2. Новосибирск. 1982.

Пестов И., *Записки об Енисейской губернии Восточной Сибири, 1831 года*. М., 1833.

Петляев Е. Д., Ревенные дела. *Исследователи и материалы старого Забайкалья. Очерки из истории культуры края*. Чита. 1954. С. 30-37.

Покровский Н. Н., О главных направлениях изучения источников по истории Сибири феодального периода в советском источниковедении. *Итоги и задачи изучения истории Сибири досоветского периода*. Новосибирск. 1971. С. 112-120.

Потанин Г. Н., Города Сибири. *Сибирь, ее современное состояние и ее нужды*. 1908. С. 234-259.

Преображенский А. А., Материалы по истории Сибири периода феодализма. *Вопросы истории*. 1967. №12. С. 161-170.

Ремнев А. В., Проконсул Сибири. Иван Борисович Пестель. *Вопросы истории*. 1997. №2. С. 141-149.

Ровинский П., Очерки Восточной Сибири, общая характеристика Восточной Сибири. *Древняя и Новая Россия. Иллюстрированный ежемесячный исторический сборник. Т. 1*. СПб. 1875. №1. С. 66-85.

Сафронов Ф. Г., *Город Якутск в XVII-начале XIX в.,* Якутск. 1957.
Семенова А. В., М. М. Сперанский и декабристы. *Исторические записки.* 1978. №102. С. 183-222.
Семивский Н. В., *Новейшие, любопытные и достоверные повествования о Восточной Сибири.* СПб., 1817.
Серафимович С., Очерки русских нравов в старинной Сибири. *Отечественныя записки. Т. 175.* СПб., 1867. С. 232-272.
Словцов П. А., *Историческое обозрение Сибири. Книга вторая. С 1742-1823 год.* СПб., 1886.
Смищенко Р. С., Русский федерализм А. П. Щапова. *Актуальные вопросы истории Сибири.* Барнаул. 1998. С. 154-156.
Тукалевский И. *Воспоминания И. Тукалевскаго.* СПб., 1854.
Шахеров В. П., Сибирь в жизни и творчестве декабриста В. И. Штейнгеля. *Города Восточной Сибири в XVIII-первой половине XIX вв., Очерки социально-экономической и культурной жизни.* Иркутск. 2001. С. 214-235. (初出：*Сибирь и декабристы.* Иркутск. 1981. Вып. 2. С. 56-77)
Шунков В. И., Основные проблемы изучения истории Сибири. *Вопросы истории.* 1960. №9. С. 3-17.
Шунков В. И., Некоторые проблемы истории Сибири. *Вопросы истории.* 1963. №10. С. 60-70.
Щапов А. П., Сибирское общество до Сперанского. *Собрание соченений. Т. 3.* СПб., 1908. С. 643-717.
Щапов А. П., Общая характеристика физического и психологического типа сибирского населения. *Собрание сочинений. Дополнительный том к изданию 1905-1908 гг.* Иркутск. 1937. С. 144-173. (初出：*Сборник историко-статистических сведений о Сибири и сопредельных ей странах. Т. 2.* СПб., 1876. С. 1-47. Отд. Пагинация)
Щапов А. П., Эгоистические инстинкты в ленской народной общине бурятской улусной, оседло-инородческой и русско-крестьянской. *Собрание сочинений. Дополнительный том к изданию 1905-1908 гг.,* Иркутск. 1937. С. 224-257. (初出：*Изв. Сиб. Отд. И. Р. Г. О-ва.* №5. Иркутск. 1872. С. 243-274)
Щеглов И. В., *Хронологический перечень важнейших данных из истории Сибири. 1032-1882 гг.,* Сургут. 1993. (初版：Иркутск. 1883；邦訳：イ・ウェ・シチェグロフ著，吉村柳里訳『シベリヤ年代史』日本公論社，1943年)
Элерт А. Х., Сибирские экспедиционные материалы Г.-Ф. Миллера и проблема точности ревизкой статистики. *История СССР.* 1989. №6. С. 22-35.
Ядринцев Н. М., *Сибирь как колония.* СПб., 1882.

Ядринцев Н. М., *Культурное и промышленное состояние Сибири*. СПб., 1884.

Ядринцев Н. М., Из «очерков общественной жизни на окраинах», *Литературное наследство Сибири. Т. 4*. Новосибирск. 1979. С. 132-138.

Ядринцев Н. М., Детство. *Литературное наследство Сибири. Т. 4*. Новосибирск. 1979. С. 253-265.

3. イルクーツク史研究

Беседина О. Н., Население и социальный аспект застройки Иркутска XIX в., *Демографическое развитие Сибири периода феодализма*. Новосибирск. 1991. С. 137-163.

Беседина О. Н., Памятники архитектуры г. Иркутска (XVIII-начало XX в.), *Памятники истории, культуры и градостроительства Сибири*. Новосибирск. 1991. С. 67-97.

Богашев В., Иркутск в статистическом отношении. *Сын отечества*. 1833. Т. 35. №20. С. 307-378.

Вагин В. И., Сороковые года в Иркутске. *Записки иркутских жителей*. Иркутск. 1990. С. 449-482. (初出：*Литературный сборник*. СПб., 1885. С. 249-280)

Ватин В. А., Восточная Сибирь в начале XIX века. *Сибирская летопись*. 1916 г., №11-12. Иркутск. С. 527-566.

Вилков О. Н., К истории города Иркутска в XVIII в., *Известия сибирского отделения Академии Наук СССР. Серия общественных наук*. 1973. №1. Вып. 1. С. 80-88.

Войтинский Вл. С., Горнштейн А. Я., *Еврей в Иркутске*. Иркутск. 1915.

Город Иркутск. *Сибирскии торгово-промышленный и справочный календарь на 1895 год. Год второй*. Томск. 1895. С. 158-215.

Дулов А. В., Памятники истории г. Иркутска (опыт статистического анализа), *Памятники истории, культуры и градостроительства Сибири*. Новосибирск. 1991. С. 57-67.

Дулов В. И., План города Иркутска 1768 г., *Записки иркутского областного краеведческого музея. К 300-летию Иркутска. Вып. 2*. Иркутск. 1961. С. 40-49.

Дулов В. И., Иркутская губерния в Отечественной войне 1812 г., *Вопросы истории и методики преподавания истории в школе*. Иркутск. 1966. С. 14-34.

Зинер Э. П., Город Иркутск в известиях западноевропейских путешественников и ученых XVIII в., *Записки иркутского областного краеведческого музея.*

К 300-летию Иркутска. Вып. 2. Иркутск. 1961. С. 50-54.
Извлечение из отчета Иркутскаго гражданского губернатора за 1839 г., *Журнал МВД*. 1840. №10. С. 3.
Иркутск. Материалы для истории города XVII и XVIII столетий. М., 1883.
Иркутск: Из прошлого в будущее. Иркутск. 1990.
Иркутская губерния. *Сибирскии торгово-промышленный и справочный календарь на 1898 год*. Томск. 1898. С. 240-254; *Сибирскии торгово-промышленный и справочный календарь на 1900 г.*, Томск. 1900. С. 160-165; *Сибирскии торгово-промышленный и справочный календарь на 1901 год*. Томск. 1901. С. 85-93; *Сибирский торгово-промышленный и справочный календарь на 1902 год*. Томск. 1902. С. 110-116; *Сибирскии торгово-промышленный и справочный календарь на 1904 год*. Томск. 1904. С. 208-215; *Сибирский торгово-промышленный и справочный календарь на 1907 год*. Томск. 1907. С. 63-91; *Сибирский торгово-промышленный и справочный календарь на 1910 год*. Томск. 1910. С. 44-63; *Сибирский торгово-промышленный и справочный календарь на 1911 год*. Томск. 1911. С. 323-343.
Иркутские городские головы. *Иркутская старина. №2*. Иркутск. 1994. С. 25.
Иркутские губернаторы [1765-1895]. *Иркутская старина. №2*. Иркутск. 1994. С. 30.
Иркутский сиропитательный дом Елисаветы Медведниковой и учрежденный при нем банк. Часть I. Сиропитательный дом. 1838-1888 гг., Иркутск. 1888.
Иркутское лихолетье 1758-1760 гг. ('Летопись о Крылове' и ея разбор), М., 1904.
Казаков Г. П., Донесение И. А. Нерпина. *Труды Иркутской ученой Архивной комиссии*. Иркутск. 1913. С. 45-59.
Ковалева А., Иркутский благотворитель. *Земля Иркутская. №5*. Иркутск. 1996. С. 25-29.
Колотилов П. Н., Несколько данных о г. Иркутске и его торговле в 1761 году. *Труды Иркутской ученой Архивной комиссии*. Иркутск. 1913. С. 15-18.
Коммерции советник Александр Константинович Трапезников. 23 августа 1821 года-4 июля 1895 года. М., 1897.
Кудрявцев Ф. А., Силин Е. П., *Иркутск. Очерки по истории города*. Иркутск. 1947.
Кудрявцев Ф. А., Вендрих Г. А., *Иркутск. Очерки по истории города*. Иркутск. 1958.
Кудрявцев Ф. А., Материалы по истории Восточной Сибири в конце XVIII и первой

половине XIX вв., *Иркутский архив (информационно-краеведческий сборник)*, Иркутск. 1961. С. 9–16.

Кудрявцев Ф. А., Вендрих Г. В., *Иркутск.* Иркутск. 1971.

Куприянов А. И., Правовая культура горожан Сибири первой половины XIX в., *Общественно-политическая мысль и культура сибиряков в XVII–первой половине XIX века.* Новосибирск. 1990. С. 81–101.

Ларионов Д. Д., *Губернский город Иркутск (Пожары 22-го и 24-го Июня 1879 г.),* Иркутск. 1880.

Линьков А., П. А. Пономарев. *Сибирский архив.* Иркутск. 1911. №1. С. 19–24.

Линьков А., Пожертвования в Отечественную войну в г. Иркутске. *Сибирский архив.* 1911. №2. С. 114–118.

Манассеин В. С., Книжные собрания г. Иркутска в XVIII и первой половине XIX столетия. *Из истории книги, библиотечного дела и библиографии.* Новосибирск. 1969. С. 114–168.

Мокеев Н., Иркутское Иерусалимское кладвище. *Сибирский архив.* Иркутск. 1912. №12. С. 927–938.

Мокеев Н., Памяти Иркутянина—Писателя С. С. Шашкова. *Сибирский архив.* Иркутск. 1913. №3. С. 145–153.

Панов А. А., *Банк сиропитательного дома Елизаветы Медведниковой в Иркутске. Т. 1.* М., 1892.

Пежемский П. И., Кротов В. А., *Иркутская летопись. 1652–1856 г., Труды Восточно-Сибирскаго Отдела Императорскаго Русскаго Географического Общества. №5.* Иркутск. 1911.

Пежемский П. И., Кротов В. А., составитель Романовъ Н. С., *Иркутская летопись. 1857–1880 г.*, Иркутск. 1914.

Первое столетие Иркутска. Сб. материалов для истории города с введением заключительной статьей П. М. Головачева. СПб., 1902.

Резун Д. Я., По поводу даты основания Иркутска. *Земля Иркутская. №1.* 1994. С. 4–5.

Сибирские генерал-губернаторы. *Иркутская старина. №2.* Иркутск. 1994. С. 24.

Собокарев П., Один из столпов Иркутска конца прошлаго столетия. *Сибирский архив.* Иркутск. 1913. №1. С. 45–48.

Сукачев В. П., *Иркутск. Его место и значение в истории и культурном развитии Восточной Сибири.* М., 1891.

Шашков С. С., Иркутский погром. В 1758–1760 г., *Исторические этюды. Т. 2.* СПб., 1872. С. 327–349.

Шашков С. С., Сибирское общество в начале XIX в., *Дело.* 1879. №1. С. 65–106.
Щукин Н., Крылов, следователь в Сибири. (Из иркутской хроники 1758–1761 года), *Луч. Учено-литературный сборник. Т. I.* 1866. Петербург. С. 186–201.
Щукин Н., Житье сибирское в давних преданиях и нынешних впечатлениях. *Записки иркутских жителей.* Иркутск. 1990. С. 125–254. 以下同論文の各初出年代：Быт крестьянина Восточной Сибири. С. 125–142.（初出 *Журнал МВД.* 1859. Ч. 34. №2）; Поездка в Якутск. С. 142–243.（初出：*Поездка в Якутск.* Типография Конрада Вингебера, 1833；再掲 Письма с берегов Лены. *Московкий телеграф.* 1829. Ч. 27. №12; Ч. 28. №14–15; Ч. 29. №20）; А. Бестужев-Марлинский в Якутске. С. 243–253.（初出：Постнов Ю. С., Н. В. Щукин и его очерк «Александр Бестюжев в Якутске», *Известия Сибирского отделения АН СССР. Сер. обществ. наук. Вып. 3*. Новосибирск. 1975）
Щуцкий М. М., Архивная заметка. О духовном завещании Трапезникова. *Труды Иркутской ученой архивнй комиссии. Вып. 2.* Иркутск. 1913. С. 59–76.
Щуцкий М. М., Материалы по истории г. Иркутска в XVIII в., *Труды Иркутской ученой архивнй комиссии. Вып. 2.* Иркутск. 1914. С. 109–187.
Щуцкий М. М., Из воспоминаний иркутских старцев. *Труды Иркутской ученой архивнй комиссии. Вып. 2.* Иркутск. 1914. С. 188–224.
Э.....ва. Очерки, разсказы и воспоминания. III. Бунт архиепископа Иринея. *Русская старина.* СПб., 1878. №9. С. 99–118.
Э.....ва. Очерки, разсказы и воспоминания. IV. Сперанский и Трескин в Иркутске. *Русская старина.* СПб., 1878. №11. С. 499–530.
Э.....ва. Очерки, разсказы и воспоминания. V. Жизнь и служба в Симбирске. 1834–1839 гг., *Русская старина.* СПб., 1878. №12. С. 631–704.

4. キャフタ貿易史研究

Вилков О. Н., К истории Кяхты в XVIII в., *Известия сибирского отделения Академии Наук СССР. Серия общественных наук.* 1972. №6. Вып. 2. С. 41–47.
Евдокимова С. В., Хозяйственная жизнь и население города Кяхты в XIX веке. *Кяхте—250 лет.* Улан-Удэ. 1978. С. 68–79.
Ким Н., *Из культурного прошлого Кяхты.* Байкал. 1990. №4. С. 137–144.
Корсак А. К., *Историко-статискическое обозрение торговых сношений России с Китаем.* Казань. 1857.
Носков И. А., *Кяхта.* Иркутск. 1861.
Носков И. А., *Кяхтинская торговля за последние восем лет.* СПб., 1870.
Осокин З. М., *На границе Монголии.* СПб., 1906. С. 58.

Радищев А. Н., Письмо о китайском торге (1792 г.), *Полное собрание сочинений. Т. 2.* Изд. М. И. Акифиева. СПб., 1907. С. 45-102. (*Полное собрание сочинений А. Н. Радищева.* под редакцией проф. К. К. Бороздина, И. И. Лашина и П. Е. Щеглова. Т. 2. 1907. 〔1909〕 С. 201-242)

Силин Е. П., *Кяхта в XVIII веке. Из истории русско-китайской торговли.* Иркутск. 1947.

Сладковский М. И., *История торгово-экономических отношений народов России с Китаем. (до 1917 г.)*, М., 1974.

Тихвинский С. Л. (отв. ред.), *Русско-китайские отношения в XVIII веке. Т. 1-3.* М., 1978-2006.

Труды статистическаго отделения департамента таможенных сборов. Статистическия сведения о торговле России с Китаем. СПб., 1909.

Трусевич Х. И., *Посольския и торговыя сношения России с Китаем. (до XIX века)*, М., 1882.

Успенский Д. И., Из истории русских сношений с народами Востока. (Русско-китайския недоразумения). *Русская Мысль. Книга XI*. Ноябрь. М., 1904. С. 75-96.

5. 商業・交易史・交通史研究

Александров В. А., Чистякова Е. А., К вопросу о таможенной политике в Сибири в период складывания всероссийского рынка (вторая половина XVII в.), *Вопросы истории.* 1959. №2. С. 132-143.

Архангельская И. Д., Из истории ярмарок в России. *Вопросы истории.* 2001. №11-12. С. 136-139.

Башкатова З. В., Торговля и промыслы г. Тары конца XVI-первой половины XVIII в. в отечественной историографии. *Историография городов Сибири конца XVI-начала XX в.,* Новосибирск. 1984. С. 35-60.

Боголепов М., К вопросу о сибирской торговле. *Сибирский наблюдатель.* Томск. 1902. Кн. 10. С. 114-120.

Богородицкая Н. А., Странички истории нижегородской ярмарки. *Вопросы истории.* 1979. №10. С. 179-183.

Большаков В. Н., Техническое перевооружение на речном транспорте Западной Сибири в XIX в., *Проблемы истории дореволюционной Сибири.* Томск. 1989. С. 70-82.

Большаков В. Н., О судоходстве Восточной Сибири в конце XVIII вв., *Проблемы генезиса и развития капиталистических отношений в Сибири.* Барнаул. 1990. С. 3-16.

Вилков О. Н., Бухарцы и их торговля Западной Сибири в XVII в., *Торговля городов Сибири конца XVI-начала XX в.*, Новосибирск. 1987. С. 171-214.
Вилков О. Н. (от. ред.), *Торговля городов Сибири конца XVI-начала XX в.*, Новосибирск. 1987.
Вилков О. Н., Якутская ярмарка в XVII-начале XX в., *Гуманитарные науки в Сибири.* 1999. №2. С. 9-12.
Гиндин И. Ф., К вопросу об экономической политике царского правительства в 60-80-х годах XIX века. *Вопросы истории.* 1959. №5. С. 63-82.
Дихтяр Г. А., *Внутренняя торговля в дореволюционной России.* М., 1960.
Ершов М. Ф., Эволюция ярмарочной торговли сибирского зауралья в первой половине XIX в., *Предпринимательство в Сибири.* Барнаул. 1994. С. 35-38.
Истомина Э. Г., *Водные пути России во второй половине XVIII-начале XIX века.* М., 1982.
Кашик О. И., Торговля в Восточной Сибири в XVII-начале XVIII вв. (по данным томоженных книг Нерчинска, Иркутска, Илимска), *Вопросы итории Сибири и Дальнего востока.* Новосибирск. 1961. С. 187-198.
Максимов А. А., Архитектура русских торговых рядов (XVIII-первой половины XIX в.), *История СССР.* 1972. №1. С. 220-227.
Миронов Б. Н., «Революция цен» в России в XVIII веке. *Вопросы истории.* 1971. №11. С. 49-60.
Миронов Б. Н., *Внутренний рынок России во второй половине XVIII-первой половине XIX в.,* Л., 1981.
Мячин А. Н., Аграшеников А. В., Блинов Н. М., Бобков В. Б., Шамахов В. А., Щумилов М. М., *Таможенное дело в России X-начало XX вв. (исторический очерк—документы. материалы),* СПб., 1995.
Новицкий К. П., Ярмарки и их роль во внешней торговле России в первой половине XIX века. *Московский институт народного хозяйства им. Г. В. Плеханова. Сборник научных работ. Вып. 4.* М., 1954. С. 104-124.
Преображенский А. А., Тихонов Ю. А., Итоги изучения начального этапа складывания всероссийского рынка (XVII в.), *Вопросы истории.* 1961. №4. С. 80-109.
Пронин В. И., Торговля Сибири с Европейской России в период домонополистического капитализма. *Проблемы истории дореволюционной Сибири.* Томск. 1989. С. 94-112.
Пронин В. И., Уровень хлебных цен в Сибири в XIX веке. *Сибирь в XVI-XX веках. Экономика. Общественно-политическая жизнь и культура.* Новосибирск. 1999. С. 95-107.

Рабцевич В. В., Торговое судопроизводство в Сибири начала XIX в., *Торговля городов Сибири конца XVI–начала XX в.*, Новосибирск. 1987. С. 125–134.

Разгон В. Н., Государственное регулирование хлебной торговли в Сибири во второй половине XIX в., *Предприниматели и предпринимательство в Сибири. Вып. 2.* Барнаул. 1997. С. 5–19.

Рафиенко Л. С., Ответы сибирских городов на анкету комиссии о коммерции как исторический источник. *Археография и источниковедение Сибири.* Новосибирск. 1975. С. 13–29.

Резун Д. Я., Беседина О. Н., *Городские ярмарки Сибири XVIII–первой половины XIX в.: Ярмарки Западной Сибири.* Новосибирск. 1992.

Резун Д. Я., Беседина О. Н., *Городские ярмарки Сибири XVIII–первой половины XIX в.: Ярмарки Восточной Сибири.* Новосибирск. 1993.

Резун Д. Я., Торговля и ремесло в топографических описаниях сибирских городов XVIII в., *Торговля городов Сибири конца XVI–начала XX в.*, Новосибирск. 1987. С. 50–67.

Репин Н. Н., К вопросу о роли торговли в освоении Сибири в XVII в., *Экономические и социальные проблемы истории Сибири.* Томск. 1984. С. 14–24.

Репин Н. Н., «Купцы-капиталисты» и внешняя торговля России в XVIII веке. *Купечество в России XV–середина XIX века, Сборник статей в честь профессора А. А. Преображенского.* М., 1997. С. 175–193.

Ровинский П., Очерки Восточной Сибири, общая характеристика Восточной Сибири. *Древняя и Новая Россия. Иллюстрированный ежемесячный исторический сборник. Т. 1.* СПб. 1875. №1. С. 66–85.

Рожкова М. К., К вопросу о значении ярмарок во внутренней торговле дореформенной России. (первая половина XIX в.), *Исторические записки.* 1955. Т. 54. С. 298–314.

Сибирская торговля в XIX–начале XX века. Библиографический указатель отечественной литературы. Томск. 1994.

Сибиряков А. М., *О путях сообщения и морских сношениях ея с другими странами.* СПб., 1907.

Скубневский В. А., Торговый центр Алтая. *Былое.* 1993. Май. №5. С. 8–9.

Субботин А. П., *Чай и чайная торговля в России и других государствах.* СПб., 1892.

Тарловская В. Р., Шанский Д. Н., К вопросу о понятии «Коммерции» в России XVIII века. *Торговля и предпринимательство в феодальной России.* М., 1994. С. 291–304.

Троицкий С. М., Из истории русского рубля. *Вопросы истории.* 1961. №1. С. 59–

75.
Хитров А., *К истории г. Ирбити и ирбитской ярмарки.* Ирбит. 1872.
Черных А. В., *Ярмарки Иркутской губернии.* Иркутск. 1926.
Чулков М. Д., *Историческое описание российской коммерции при всех портах и границах от древних времен до ныне настоящаго, и всех преимущественных узаконений по оной Государя Императора Петра Великаго и ныне благополучно царствующей Государыни Императрицы Екатерины Великия. Т. 1–7.* М., 1782–1788.
Шахеров В. П., *Торгово-промышленное освоение Юго-Восточной Сибири в конце XVIII–первой трети XIX вв., Диссертация на соискание ученой степени кандидата исторических наук*. Иркутск. 1981.
Шахеров В. П., Паруса над Байкалом. *Города Восточной Сибири в XVIII–первой половине XIX вв.,* С. 103–112. (初出 *Байкал.* 1980. №2. С. 154–157)
Шахеров В. П., Иркутская ярмарка. *Города Восточной Сибири в XVIII–первой половине XIX вв.,* С. 66–75. (初出 Гольдфарб С., Самоделкин В., Шахеров В., *Иркутская ярмарка. (очерки истории),* Иркутск. 1991. С. 11–21)
Шахеров В. П., Роль русско-китайской торговли в развитии сибирского предпринимательства (конец XVIII–первая половина XIX в.), *Города Восточной Сибири в XVIII–первой половине XIX вв.,* С. 75–88. (初出 *Взаимоотношения народов России, Сибири и стран Востока: история и современность.* Иркутск. 1996. С. 49–64)
Шахеров В. П., Торговая инфраструктура городов Иркутской губернии в конце XVIII–первой половине XIX в., *Города Восточной Сибири в XVIII–первой половине XIX вв.,* С. 45–66. (初出 *Сибирский город XVIII–начала XX веков*. Иркутск. 2000. Вып. 2. С. 4–17)
Шахеров В. П., Козлов И. И., Гаврилова Н. И., Антонов В. С., *Таможенное дело в Восточной Сибири и Забайкалье*. Иркутск. 1999.
Шпалтаков В. П., Среднеазиатские торговые люди в Сибири в XVIII–XIX вв., *Торговля городов Сибири конца XVI–начала XX в.,* Новосибирск. 1987. С. 215–224.
Шульга И. Г., К вопросу о развитии всероссийского рынка во второй половине XVIII века. *Вопросы истории*. 1958. №10. С. 35–45.
Щеглова Т. К., Ярмарочная торговля Алтайского округа в конце XIX–начале XX в., *Предприниматели и предпринимательство в Сибири. Вып. 2.* Барнаул. 1997. С. 109–131.
Юхт А. И., В. Н. Татищев и экономическое развитие России в первой половине XVIII века. *История СССР*. 1986. №3. С. 81–98.

Юхт А. И., Торговые компании в России в системе XVIII века. *Российское купечество от средних веков к новому времени. Тезисы докладов.* М., 1993. С. 49-52.

6. 商人・企業家史研究

Аксенов А. И., Положение и судьбы гостей в конце XVII-XVIII в., *Проблемы отечественной истории.* М., 1973. С. 66-87.

Аксенов А. И., Очерки истории генеалогии в России. *История и генеалогия.* М., 1977. С. 57-79.

Аксенов А. И., *Генеалогия московского купечества XVIII в., Из истории формирования русской буржуазии.* М., 1988.

Аксенов А. И., Генеалогия и уездные купеческие общества подмосковья XVIII в., *Генеалогия, источники, проблемы, методы исследования.* М. 1989. С. 47-50.

Аксенов А. И., Купеческий род и семейные судьбы. *Российское купечество от средних веков к новому времени. Тезисы докладов.* Москва. 1993. С. 102-104.

Антонов Д. Н., Антонова И. А., Метрические книги: время собирать камни. *Отечественные архивы.* 1996. №4. С. 15-28.

Белоножко Ю., П. Т. Баснин—Друг декабристов. *Байкал.* 1990. №6. С. 140-144.

Битюков А. Г., *Купечество Южного Зауралья в конце XVIII-XIX вв., Автореферат диссертации на соискание ученой степени кандидата исторических наук.* Курган. 1999.

Бойко В. П., К вопросу о социальной психологии крупной российской буржуазии второй половины XIX в. (по мемуарным источникам), *Из истории буржуазии в России.* Томск. 1982. С. 33-46.

Бойко В. П., Социально-экономические особенности Сибирской буржуазии второй половины XIX века. (По мемуарным источникам), *Вопросы истории дореволюционной Сибири.* Томск. 1983. С. 99-106.

Бойко В. П., *Крупная буржуазия Западной Сибири во второй половине XIX в. (1861-середина 1890-х гг.), Диссертации на соискание ученой степени кандидата исторических наук.* Томск. 1985. (*Автореферат диссертации на соискание ученой степени кандидата исторических наук.* Томск. 1986)

Бойко В. П., Роль кредитной системы в формировании крупной буржуазии Западной Сибири второй половины XIX в., *Проблемы истории дореволюционной Сибири.* Томск. 1989. С. 156-165.

Бойко В. П., Происхождение и состав томского купечества в конце XVIII-начале XIX века. *Российское купечество от средних веков к новому времени. Тезисы докладов.* М., 1993. С. 92-93.

Бойко В. П., Характерные черты деятельности томских купцов П. Ф. Шумилова и М. А. Мыльникова в конце XVIII-начале XIX в., *Предпринимательство в Сибири.* Барнаул. 1994. С. 17-22.

Бойко В. П., *Томское купечество в конце XVIII-XIX вв. Из истории формирования сибирской буржуазии.* Томск. 1996.

Болдина Е., Деловые бумаги *Былое.* 1993. январь. №1. С. 5.

Бруцкая Л. А., Соликамский купец И. С. Лапин и освоение богатств Русской Америки. *Российское купечество от средних веков к новому времени. Тезисы докладов.* М., 1993. С. 86-88.

Брянцев М. В., "Одворянивание" русского купечества и дворянство. *Менталитет и политическое развитие России. Тезисы докладов научной конференции. Москва. 29-31 октября 1996 г.*, М., 1996. С. 63-66.

Брянцев М. В., *Культура русского купечеста. Воспитание и образование.* Брянск. 1999.

Булгаков М. Б., О статистике численности купечества русских городов в предреформенный период. *Российское купечество от средних веков к новому времени. Тезисы докладов.* М., 1993. С. 61-63.

Булыгин Ю. С., Торгово-ремесленное население Барнаула во 2-й половине XVIII в., *Торговля городов Сибири конца XVI-начала XX в.*, Новосибирск. 1987. С. 115-124.

Волков М. Я., Купеческие кожевенные предприятия первой половины XVIII в., *История СССР.* 1966. №1. С. 138-151.

Воронцова Е. А., Культура предпринимательских ассоциаций в Сибири. *Предпринимательство в Сибири.* Барнаул. 1994. С. 109-113.

Гальских Е. В., Роль Нижегородской и Ирбитской ярмарок в обеспечеснии Сибири мануфактурой. Формы организации сбыта мануфактуры. *Предприниматели и предпринимательство в Сибири. Вып. 2.* Барнаул. 1997. С. 99-108.

Голикова Н. Б., *Привилегированные купеческие корпорации России XVI-первой четверти XVIII в., Т. 1.* М., 1998.

Гончаров Ю. М., Документы делопроизводства городских магистратур как источник по истории сибирской купеческой семьи конца XIX-начала XX века. *Источник. Метод. Компьюиер.* Барнаул. 1996. С. 59-72.

Гончаров Ю. М., Колдаков Д. В., База данных купеческих семей Томской губернии второй половины XIX-начала XX в., *Предприниматели и*

предпринимательство в Сибири. Вып. 2. Барнаул. 1997. С. 20-44.

Гончаров Ю. М., *Сибирская купечская семья второй половине XIX-начала XX в. (по материалам компьютерной базы данных купеческих семей Томской губернии), Автореферат диссертации на соискание ученой степени кандидата исторических наук.* Барнаул. 1997.

Гончаров Ю. М., Быт купечества Сибири второй половины XIX-начала XX в., *Гуманитарные науки в Сибири. №2.* 1999 г., С. 21-26.

Горбачев В. Т., Архитектура торговых зданий в купеческих городах Сибири. *Города Сибири (эпоха феодализма и капитализма),* Новосибирск. 1978. С. 271-284.

Города Подмосковья в истории росийского предпринимательства и культуры. (2я конференция), Серпухов. Декабрь. 1997. Доклады, сообщения, тезисы. Серпухов. 1997.

Города Подмосковья в истории росийского предпринимательства и культуры. (3я конференция), Серпухов. 3-4 Декабря. 1999г. Доклады, сообщения, тезисы. Серпухов. 1999.

Громыко М. М., К Характеристике социальной психологии сибирского купечества XVIII в., *Вопросы истории.* 1971. №3. С. 59-71.

Громыко М. М., Некоторые вопросы общественного сознания в изучении досоветской истории. *Итоги и задачи изучения истории Сибири досоветского периода.* Новосибирск. 1971. С. 121-132.

Громыко М. М., Сибирские купцы Корнильевы. *Известия сибирского отделения Академии Наук СССР. Серия обшественных наук.* 1972. №6. Вып. 2. С. 23-28.

Громыко М. М., Верхотурские купцы Походящины. *Вопросы истории Сибири досоветского периода. (Бахрушинские чтения. 1969),* Новосибирск. 1973. С. 137-149.

Громыко М. М., Г. М. Походяшин в дружеском ученом обществе Н. И. Новикова. *Города Сибири (Экономика, управление и культура города Сибири в досоветский период),* Новосибирск. 1974. С. 259-298.

Громыко М. М., Социально-экономические аспекты изучения генеалогии непривилегированных сословии феодальной Сибири. *История и генеалогия.* М., 1977. С. 197-236.

Демкин А. В., Русское купечество нового времени: малоизученные аспекты истории. *Российское купечество от средних веков к новому времени. Тезисы докладов.* М., 1993. С. 6-8.

Демкин А. В., Купеческие наказы 1767 г. в уложенную комиссию. *Купечество в*

России XV-середина XIX века. Сборник статей в честь профессора А. А. Преображенского. М., 1997. С. 219-231.

Должников В. А., М. А. Бакунин о социально-психологическом облике сибирского купечества (50-60-е гг. XIX в.), *Предпринимательство в Сибири.* Барнаул. 1994. С. 83-87.

Евсеева Т. А., Моральные традиции российского предпринимательства: история и современность. *Деловая Россиия: История и современность. Тезисы Второй Всероссийской заочной научной конференции.* СПб., 1996. С. 110-112.

Жиров А. А., К характеристике источниковой базы по генеалогии сибирских купеческих фамилий. *Известия русского генеалогического общества. Вып. 9.* СПб., 1998. С. 44-51.

Задорожная О. А., *Купечество Западной Сибири (конец XVIII-первая четверть XIX века), Автореферат диссертации на соискание ученой степени кандидата исторических наук.* Казань. 1995.

Зуева Е. А., "Книга записи городовых обывателей" города Тюмени 1797 г. как источник по истории сибирского купечества. *Материалы XXIII всесоюзной научной студенческой конференции "Студент и научно-технический прогресс." Итория.* Новосибирск. 1985. С. 34-37.

Зуева Е. А., Вопросы общественно-семейного быта сибирского купечества XVIII-середины XIX в. в работах советских исследователей. *Изучение Сибири в советскую эпоху. (Бахрушинские чтения 1987 г.),* Новосибирск. 1987. С. 142-148.

Зуева Е. А., Размеры и структурно-поколенный состав семьи тобольского купечества по данным третьей ревизии. *Материалы XXVI всесоюзной научной студенческой конференции "Студент и научно-технический прогресс." Итория.* Новосибирск. 1988. С. 24-28.

Зуева Е. А., Опека и попечительство у сибирского купечества в последней четверти XVIII-первой половине XIX в., *Социально-культурное развитие Сибири.* Новосибирск. 1991. С. 25-34.

Зуева Е. А., *Русская купеческая семья в Сибири конца XVIII-первой половины XIX в., Диссертация на соискание ученой степени кандидата исторических наук.* Новосибирск. 1992. (Новосибирск. 2007).

Зуева Е. А., *Русская купеческая семья в Сибири конца XVIII-первой половины XIX в., Автореферат диссертации на соискание ученой степени кандидата исторических наук.* Новосибирск. 1992.

Зуева Е. А., Купеческая семья и собственность: семейные разделы и наследование

в среде купцов-сибиряков в последней четверти XVIII–первой половине XIX века. *Российское купечество от средних веков к новому времени. Тезисы докладов.* Москва. 1993. С. 104–107.

Зуева Е. А., Трапезниковы—Сибирская купеческая династия. *К истории предпринимательства в Сибири. (материалы всероссийской научной конференции. Новосибирск. 1995),* Новосибирск. 1996. С. 17–22.

Иванов П., *Обозрение прав и обязанностей российского купечества и всего среднего сословия. Ч. 2*. М., 1826.

Иванов А. Г., Предпринимательство купечества уездных городов Среднего Поволжья в середине XVIII века. *Предпринимательство Поволжья: истоки, традиции, проблемы и тенденции развития.* Чебоксары. 1998. С. 5–31.

Кафенгауз Б. Б., *История Хозяйства Демидовых в XVIII–XIX вв., Т. 1.* М-Л., 1947.

Козлова Н. В., К вопросу о социально-политической характеристике русского купечества в XVIII в., *Вестник Московского университета. Серия 8. История.* 1987. №6. С. 47–55.

Козлова Н. В., Гильдейское купечество и некоторые особенности его консолидации в XVIII веке. *Российское купечество от средних веков к новому времени. Тезисы докладов.* Москва. 1993. С. 44–47.

Козлова Н. В., Гильдейское купечество в России и некоторые черты его самосознания в XVIII в., *Торговля и предпринимательство в феодальной России.* М., 1994. С. 214–251.

Козлова Н. В., Некоторые черты личного образа купца XVIII века. (К вопросу о менталитете российского купечества), *Менталитет и культура предпринимателей России XVII–XX вв.*, М., 1996. С. 43–57.

Козлова Н. В., Некоторые аспекты торговой деятельности в России в XVIII веке (Из истории разработки правовых документов), *Купечество в России XV–середина XIX века. Сборник статей в честь профессора А. А. Преображенского.* М., 1997. С. 194–218.

Козлова Н. В., *Российский абсолютизм и купечество в XVIII веке. (20-е–начало 60-х годов),* М., 1999.

Комлева Е. В., *Енисейское купечество: последняя половина XVIII–первая половина XIX века.* М., 2006

Конечный А. М. (сост.), *Петербургское купечество в XIX веке.* СПб., 2003.

Копцова Т. В., *Духовная культура купечества зауралья. (вторая половина XVIII–середина XIX в.),* Екатеринбург. 1998.

Куприянов А. И., Труд и богатство: Проблемы менталитета русского купечества

дореволюционной эпохи. *Российское купечество от средних веков к новому времени. Тезисы докладов.* М., 1993. С. 134-136.

Куприянов А. И., Представления о труде и богатстве русского купечества дореформенной эпохи. *Менталитет и культура предпринимателей России XVII-XX вв.,* М., 1996. С. 83-107.

Купцов И. В., Н. А. Алексеев—предприниматель, городской голова, меценат. *Деловая Россиия: История и современность. Тезисы Второй Всероссийской заочной научной конференции.* СПб., 1996. С. 35-38.

Кусова И. Г., *Рязанское купечество. Очерки истории XVI-начала XX века.* Рязань. 1996.

Лаверычев В. Я., *Крупная буржуазия в пореформенной России 1861-1900.* М., 1974.

Матвиевский П. Е., О роли Оренбурга в русско-индийской торогвле в XVIII в., *История СССР.* 1969. №3. С. 98-111.

Матханова Н. П., Сибирский купец Н. Н. Пестерев и его воспоминания. *Известия Сибирского Отделения Академии Наук СССР. История, Философия и Филология.* 1991. сентябрь-декабрь. Вып. 3. С. 22-27.

Миронов Б. Н., К вопросу о роли купечества во внешней торговле Петербурга и Архангельска во второй половине XVIII-начале XIX века. *История СССР.* 1973. №6. С. 129-140.

Миронов Б. Н., Социальная мобильность российского купечества в XVIII-начале XIX века. (опыт изучения), *Проблемы исторической демографии СССР.* Таллин. 1977. С. 207-217.

Нилова О. Е., Воздействие правительственной политики в сфере производства на сознание московских купцов (конец XVIII-первая четверть XIX века), *Менталитет и политическое развитие России. Тезисы докладов научной конференции. Москва, 29-31 октября 1996 г.,* М., 1996. С. 72-75.

Озеров Ю. В., *Курское купечество в середине XIX века.* Курск. 2001.

Петров Ю. А. (руководители проекта), *История предпринимательства в России. Книга 2. Вторая половина XIX-начало XX века.* М., 1999.

Преображенский А. А., Перхавко В. Б., *Купечество Руси IX-XVII века.* Екатеринбург. 1997.

Приданое А. А., Трапезниковой. *Сибирский архив.* Иркутск, 1912. №10. С. 813-819.

Рабинович Г. Х., Скубневский В. А., Буржуазия города Барнаула (1861-середина 90-х годов XIX в.), *Из истории Сибири. Вып. 1-й.* Томск. 1970. С. 70-107.

Рабинович Г. Х., Малоизученные источники по истории буржуазии в России.

(Некоторые вопросы методологии и методики исследования), *Методологические и историографические вопросы исторической науки.* Томск. 1972. С. 192-218.

Рабинович Г. Х., Из истории буржуазии города Томска (конец XIX в.-1914 г.), *Из истории Сибири. Вып. 6-й.* Томск. 1973. С. 133-166.

Рабинович Г. Х., *Крупная буржуазия и монополистический капитал в экономике Сибири конца XIX-начала XX вв.,* Томск. 1975.

Рабинович Г. Х., Крупная буржуазия Новониколаевска (Новосибирска) в период капитализма. *Из истории Алтая.* Томск. 1978. С. 68-94.

Разгон В. Н., Частное предпринимательство на Алтае в XVIII-первой половине XIX вв., *Предпринимательство на Алтае. XVIII в.-1920-е годы.* Барнаул. 1993. С. 11-30.

Разгон В. Н., *Менталитет сибирского купечества в XVIII-первой половине XIX в., Предпринимательство в Сибири.* Барнаул. 1994. С. 10-17.

Разгон В. Н., О некоторых социальных факторах первоначального накопления капитала и генезиса частного предпринимательства в Сибири в XVIII-первой половине XIX вв., *К истории предпринимательства в Сибири. (материалы всероссийской научной конференции. Новосибирск. 1995),* Новосибирск. 1996. С. 34-38.

Разгон В. Н., *Сибирское купечество в XVIII-первой половине XIX в.*, Барнаул. 1999.

Рубинштейн Н. Л., Внешняя торговля России и русское купечество во второй половине XVIII в., *Исторические записки. Т. 54.* 1955. С. 343-361.

Рутц М. Г., Торговое предпринимательство в городах Западной Сибири в первой половине XIX в., *Предпринимательство в Сибири.* Барнаул. 1994. С. 39-43.

Семенова А. В., Декабристы и купечество. (К проблеме "Дворянские революционеры и русская буржуазия"), *Город и горожане России XVIII-первой половине XIX в.*, М., 1991. С. 183-207.

Семенова А. В., Национально-православные традиции в менталитете купечества в период становления российского предпринимательства. *Купечество в России XV-середина XIX века.* М., 1997. С. 96-111.

Семенова А. В. (отв. ред.), Козлова Н. В., Преображенский А. А., Перхавко В. Б. (ред.), *История предпринимательства в России. Книга 1. От средневековья до середины XIX века.* М., 2000.

Ситников Л. А., *Григорий Шелихов.* Иркутск. 1990.

Скубневский В. А., Купеческая застройка Барнаула конца XIX-начала XX в., *Охрана и изучения культурного Алтая. Ч. II.* Барнвул. 1993. С. 263-267.

Скубневский В. А., Барнаул купеческий. *Алтай.* 1994. №4. С. 141-148.
Скубневский В. А., Заметки о духовном мире барнаурского купечества. *Образование и социальное развитие региона.* 1995. №2. С. 113-119.
Скубневский В. А., Дворянское предпринимательство на Алтае в пореформенный период. *Деловая Россиия: История и современность. Тезисы Второй Всероссийской заочной научной конференции.* СПб., 1996. С. 47-48.
Скубневский В. А., Купечество Сибири по материалам переписи 1897 г., *Предприниматели и предпринимательство в Сибири. Вып. 2.* Барнаул. 1997. С. 45-54.
Скубневский В. А., Купечество Алтая в конце XIX-начале XX в. (некоторые характеристики сословной группы), *Сибирь в XVI-XX веках. Экономика. Общественно-политическая жизнь и культура.* Новосибирск. 1999. С. 119-130.
Скубневский В. А., Старцев А. В., Гончаров Ю. М., *Купечество Алтая.* Барнаул. 2001.
Смирнова Ю. Б., Роль и место крупнейших ярославских купеческих фамилий в промышленном предпринимательстве (60-е-90-е годы XIX века), *Деловая Россиия: История и современность. Тезисы Второй Всероссийской заочной научной конференции.* СПб., 1996. С. 38-41.
Соболева Т. Н., Купцы и мещане колывано-воскресенского горного округа в 1797-1822 гг., *Палеография и миграционные процессы в Западной Сибири в древности и средневековье.* Барнаул. 1994. С. 176-179.
Старовер А., Мелоч иркутской купеческой старины. *Сибирский архив.* Иркутск. 1913. №4. С. 211-217.
Старцев А. В., Об источниках по истории пушного дела в Западной Сибири во второй полоине XIX-начале XX вв., *Вопросы историографии и источниковедения Сибири периода капитализма.* Томск. 1985. С. 64-74.
Старцев А. В., Торговля сибирской пушниной на ярмарках во второй половине XIX-начале XX вв., *Проблемы генезиса и развития капиталистических отношений в Сибири.* Барнаул. 1990. С. 51-66.
Старцев А. В., Прдпринимательство как социальный феномен. *Предпринимательство в Сибири.* Барнаул. 1994. С. 6-9.
Старцев А. В., Торговля предпринимателей Алтая с Монголией и Китаем во второй половине XIX-начале XIX. *Предпринимательство на Алтае. XVIII в. -1920-е годы.* Барнаул. 1993. С. 93-112.
Старцев А. В., Общественная и культурная деятельность предпринимателей Алтая. *Предпринимательство на Алтае. XVIII в. -1920-е годы.* Барнаул. 1993.

С. 113-128.

Сыроечковский В. Е., *Гости-сурожане. Известия государственной академии истории материальной культуры им. Н. Я. Марра. Вып. 127.* М.-Л., 1935.

Ушаков О. В., *Михаил Дмитриевич Бутин: предприниматель и меценат Забайкалья, 60-гг. XIX-начала XX в.,* Новосибирск. 2006.

Шахеров В. П., Для польз сообщества достаток истощая. *Города Восточной Сибири в XVIII-первой половине XIX вв.,* С. 147-168. (初出 *Земля Иркутская.* 1996. №5. С. 2-10)

Шахеров В. П., Семья Полевых как социокультурный феноменон предбуржуазной эпохи. *Города Восточной Сибири в XVIII-первой половине XIX вв.,* С. 200-203. (初出 *Вклад семьи Полевых в культуру России.* Иркутск. 1997. С. 31-34)

Шахеров В. П., Реформатор из Иркутска. (Жизнь и взгляды иркутского купца Федора Щегорина), *Города Восточной Сибири в XVIII-первой половине XIX вв.,* С. 187-200. (初出 *Земля Иркутская. №1.* Иркутск. 1994. Вып. 1. С. 9-14)

Шахеров В. П., Иркутское купечество и образование российско-Американской компании. *Города Восточной Сибири в XVIII-первой половине XIX вв.,* С. 168-186. (*Земля Иркутская.* 2000. №12. С. 2-7)

Шикло А. Е., Н. А. Полевой о купеческом звании в России. *Российское купечество от средних веков к новому времени. Тезисы докладов.* М., 1993. С. 139-140.

Шпалтаков В. П., Сибирская купеческая фирма Поповых в первой половине XIX в., *Из истории буржуазии в России.* Томск. 1982. С. 17-32.

Шпалтаков В. П., Купеческий капитал в Сибири в первой половине XIX в., *Экономические и социальные проблемы истории Сибири.* Томск. 1984. С. 58-72.

Шпалтаков В. П., Методологические проблемы исследования сибирского купеческого капитала. (первая половина XIX века), *Исторический опыт освоения Сибири. Вып. 1. Освоение Сибири с древнейших времен до октября 1917 года.* Новосибирск. 1986. С. 60-63.

Щацилло М. К., *Источники по социальной структуре российской буржуазии начала XX века. Автореферат диссертации на соискание ученой степени кандидата исторических наук.* М., 1986.

Щукин И. А., *История купечества Восточной Сибири в XIX веке: формирование и социальное положение. Диссертация на соискание ученой*

степени кандидата исторических наук. М., 2000.

Юрченко Н. Л., Влияние социально-экономических условий на режим воспроизводства (по ревизким сказкам московского купечества), *Проблемы взаймодействия социальной структуры и возпроизводства населения в России и СССР. (тезисы докладов сообщении XVI всесоюзной конференции по исторической демографии. Талин. 1988)*, М., 1988. С. 24-27.

Юхт А. И., Индийская колония в Астрахани. *Вопросы истории*. 1957. №3. С. 135-143.

Яковцевский В. Н., *Купеческий капитал в феодально-крепостнической России*. М., 1953. (邦訳：ヤコフツェフスキー著，石川郁男訳『封建農奴制ロシヤにおける商人資本』未来社，1956 年)

7. ロシア・アメリカ会社および毛皮事業研究

Алексеева Е. В., Русская Америка: Варварство или цивилизация? (Американская оценка деятельности русских к вопросу от Беринга пролива во второй половине XVIII-первой половине XIX в.), *Материалы XXVI всесоюзной научной студенческой конференции "Студент и научно-технический прогресс." Итория*. Новосибирск. 1988. С. 41-46.

Андреев А. И. (ред.), *Русские открытия в Тихом океане и Северной Америке в XVIII-XIX веках*. М.-Л., 1944.

Башкина Н. Н. и др. (сост.), *Россия и США: становление отношений 1765-1815*. М., 1980.

Берх В. Н., *Хронологическая история открытия Алеутских островов, или Подвиги росийского купечества. С присовокуплением исторического известия о меховой торговле*. СПб., 1823. (英訳：V. N. Berkh, Translated by Dmitri Krenov, Edited by Richard Pierce. *A Chronological History of the Discovery of the Aleutian Islands: or, The Exploits of Russian Merchants With a Supplement of Historical Data on the Fur Trade*. The Limestone Press. Kingston, Ontario)

Болховитинов Н. Н. (отв. ред.), *История Русской Америки. Т. 1-3*. М., 1997-1999.

Зорин А. В., Соперничество торгово-промысловых компаний в Русской Америке (1787-1797 гг.), *Вопросы истории*. 1998. №11-12. С. 151-156.

Колобицын Н. И., Записки прикащика Российско-Американской компании Н. И. Коробицина. 1795-1807 гг., *Русские открытия в Тихом океане и Северной Америке в XVIII-XIX вв. Сборник материалов*. М.-Л., 1944.

Макарова Р. В., Экспедиции русских промышленных людей в Тихом Океане в

XVIII веке. *Вопросы географии, история географических знании. Сб. 17.* М., 1950. С. 23-42.

Макарова Р. В., *Русские на Тихом океане во второй половине XVIII в.*, М., 1968.

Окунь С. Б., *Российско-американская компания*. М.-Л., 1939.

Петров А. Ю., *Образование Российско-Американской компании.* М., 2000.

Полиновская Е. А., Специфика сибирского направления в русско-американской торговле в конце XVIII-начале XIX века. *Бахрушинские чтения 1990 г. Проблемы истори Сибири: общее и особенное*. Новосибирск. 1990. С. 39-49.

Постнов Ю. С., Николай Полевой и его Сибирская повесть «Сохатый», *Освоение Сибири в эпоху феодализма (XVII-XIX вв.),* Новосибирск. 1968. С. 197-209.

Преображенский А. А., О составе акционеров Российско-американской компании в начале XIX в., *Исторические записки. Т. 67.* 1960. С. 286-298.

Тихменев П. А., *Историческое обозрение образования Российско-американской компании и действий ея до настоящаго времени. Ч. 1.* СПб., 1861.

Федорова Т. С. (отв. сост.), *Русские экспедиции по изучению северной части Тихого океана во второй половине XVIII в., Сборник документов.* М., 1989.

Шашков С. С., Российско-Американская компания. *Исторические этюды. Т. 2.* СПб., 1872. С. 293-325.

Эндаков Д. Н., О роли российско-американской компании в развитии русского мореплавания. *Вопросы истории*. 1979. №1. С. 168-169.

8. 社　会　史

Ерошкин Н. П., *Очерки истории государственных учреждений дореволюционной России*. М., 1960

Кабузан В. М., *Материалы ревизии как источник по истории населения России XVIII-первой половины XIX века. (1719-1858 гг.),* М., 1959.

Миненко Н. А., Городская семья Западной Сибири на рубеже XVII-XVIII вв., *История городов Сибири досоветского периода. (XVII-начало XX в.),* Новосибирск. 1977. С. 175-195.

Миронов Б. Н., Исповедные ведомости—источник о чиленности и социальной структуре православного населения России XVIII-первой половины XIX в., *Вспомогательные исторические дисциплины XX*. Ленинград. 1989. С.

102–117.
Миронов Б. Н., Новое видение истории России XVIII–первой половины XIX века. *Вопросы истории.* 2001. №11–12. С. 152–159.
Паршукова Н. П., Русская демократическая печать 40–79-х гг. XIX в. о сибирском купечестве. *Предпринимательство в Сибири.* Барнаул. 1994. С. 79–82.
Паршукова Н. П., Чиновничество как социальный тип в сибирских материалах русской демократической печати середины XIX в., *Актуальные вопросы истории Сибири.* Барнаул. 1998. С. 142–146.
Сметанин С. И., Маклерские и обывательские книги городов как источник по социально-экономической истории России (по материалам городов Урала 1800–1861 гг.), *Археографический ежегодник за 1967 год.* М., 1969. С. 149–177.
Сметанин С. И., Разложение сословий и формирование классовой структуры городского населения России в 1800–1861 гг., *Исторические записки. Т. 102.* 1978. С. 153–182.
Шепелев Л., Титулы. Мундиры. Ордена. *Былое.* 1993. февраль. №2. С. 5

9. 都市研究

Кизеветтер А. А., *Посадская община в России XVIII ст.,* М., 1903.
Клокман Ю. Р., *Социально-экономическая история русского города. Вторая половина XVIII в.,* М., 1969.
Лен К. В., Из истории введения городского самоуправления в Западной Сибири. *Образование и социальное развитие региона.* Барнаул. 1996. №1. С. 100–106.
Лен К. В., Злоупотревления должностных лиц городских самоуправлений Томской губернии (70–90-е гг. XIX в.), *Актуальные вопросы истории Сибири.* Барнаул. 1998. С. 133–137.
Миронов Б. Н., Американская буржуазная историография русского феодального города. *Вопросы истории.* 1984. №7. С. 29–42.
Миронов Б. Н., Русский город во второй половине XVIII–первой половине XIX века. *История СССР.* 1988. №5. С. 150–168.
Нардова В. А., *Городское Самоуправление в России в 60-х–начале 90-х годов XIX в., Правиьельственная политика.* Л., 1984.
Рабцевич В. В., Политика абсолютизма по отношению к городам Западной Сибири в 80-х годах XVIII- первой четверти XIX в., *Города Сибири (Экономика, управление и культура города Сибири в досоветский период),* Новосибирск. 1974. С. 186–187.

Рабцевич В. В., Социальный состав органов городского самоуправления Западной Сибири в 80-х годах XVIII-первой четверти XIX в., *История городов Сибири досоветского периода (XVII-начало XX в.),* Новосибирск. 1977. С. 80-96.

Рабцевич В. В., *Сибирский город в дореформенной системе управления.* Новосибирск. 1984.

Рабцевич В. В., Обывательские книги как источник изучения сибирского города. *Вопросы методологии истории, историографиии и источниковедения.* Томск. 1984. С. 121-122.

Рафиенко Л. С., Социальный состав сибирских магистратов в 40-80-х гг. XVIII в., *Известия сибирского отделения Академии Наук СССР. Серия общественных наук.* 1967. №1. Вып. 1. С. 89-97.

Рафиенко Л. С., Функции и деятельнось сибирских магистратов в 40-70-х гг. XVIII в., *Бахрушинские чтения 1966 г., Вып. 2. Сибирь периода феодализма и капитализма.* Новосибирск. 1968. С. 35-67.

Резун Д. Я., О составе источников сибирского городоведения XVIII-XIX вв. (1750-1844 гг.), *Источники по истории русского общественного сознания периода феодализма.* Новосибирск. 1986. С. 105-119.

Резун Д. Я., О составе источников сибирского городоведения XVIII-XIX вв. (1750-1844 гг.), *Источники по истории русского общественного сознания периода феодализма.* Новосибирск. 1986. С. 105-119.

Резун Д. Я., Васильевский Р. С., *Летопись сибирских городов.* Новосибирск. 1989.

Резун Д. Я., Городское население Тобольской губернии на рубеже XIX в., *Демографические развитие Сибири периода феодализма.* Новосибирск. 1991. С. 38-47.

Рындзюнский П. Г., Сослово-податная реформа 1775 г. и городское население. *Общество и государство феодальной России.* М., 1975. С. 86-95.

Рындзюнский П. Г., *Городское гражданство дореформенной России.* М., 1958.

Софронов Ф. Г., *Город Якутск в XVII-начале XIX веков.* Магнитгорск. 1977.

Шахеров В. П., Экономико-правовые аспекты классово-сословной структуры сибирского города в период позднего феодализма. *Экономическая политика царизма в Сибири в XIX-начале XX века.* Иркутск. 1984. С. 3-14. (*Города Восточной Сибири в XVIII-первой половине XX вв.,* Иркутск. 2001. С. 29-45)

Шахеров В. П., Становление городского управления и общества в Иркутске XVIII-начале XIX вв., *Города Восточной Сибири в XVIII-первой половине XIX*

вв., С. 119-147.
Шахеров В. П., Становление и развитие культурной жизни Иркутска в XVIII в., *Города Восточной Сибири в XVIII-первой половине XIX вв.*, С. 235-254.

10. 工業史研究

Букшпан П. Я., К истории шелкоткацкой промышленности России в 30-50-х годах XIX века. *Вопросы истории*. 1958. №9. С. 72-86.
Букшпан П. Я., Промышленность и тоговля России в первой половине XIX века. *Вопросы истории*. 1967. №4. С. 133-143.
Пезнер И. В., Суконная промышленность России на рубеже XVIII и XIX вв. и экономическая политика правительства. *Исторические записки. Т. 102.* 1978. С. 223-245.
Первые 10 лет существования иркутской казенной сукконной фабрики (1793-1802), *Очерки по истории российской промышленности, XVII, XVIII и начало XIX века.* М., 1947. С. 660-682.

11. 資本家・資本主義研究

Горбатюк В. Т., Ионкина Т. Д., Развитие капитализма в земледелии и разложение крестьянства на Украине во второй половине XIX века. *Вопросы истории.* 1956. №9. С. 110-119.
История русской экономической мысль. Т. 1. Ч. 1. М., 1995.
Карпенко З. Г., Некоторые особенности первоначального накопления капитала в Сибири. *Вопросы истории Сибири и Дальнего Востока.* Новосибирск. 1961. С. 119-128.
Колмаков Ю. П., *Крупная торгово-промышленная буржуазия Восточной Сибири в период монополистического капитализма. (1898-март 1917 гг.), Автореферат диссертации на соискание ученой степени кандидата исторических наук.* Иркутск. 1971.
Колмаков Ю. П., К проблеме формирования торгово-промышленной буржуазии Восточной Сибири в период империализма. *Очерки истории Сибири. Вып. 2.* Иркутск. 1971. С. 58-71.
Милов Л. В., О некоторых вопросах первоначального накопления и генезиса капитализма в России. *Вопросы истории.* 1969. №7. июль. С. 89-108.
Павленко Н. И., Спорные вопросы генезиса капитализма в России. *Вопросы истории.* 1966. №11. С. 81-102.
Переход от феодализма к капитализму в России. Материалы Всесоюзной дискуссии. М., 1969.

Сказкин С. Д., Чиситозвонов А. Н., Задачи изучения проблемы генезиса капитализма. *Вопросы истории.* 1959. №6. С. 38-46.

Скубневский В. А., Городское население Сибири по материалам переписи 1897 г., *Проблемы генезиса и развития капиталистических отношений в Сибири.* Барнаул. 1990. С. 98-119.

【欧語参考文献・論文(姓アルファベット順)】

Cahen G., *Histoire des relations de la Russie avec la Chine sous Pierre le Grand (1689-1730).* Paris. 1912. (邦訳：ガストン・カーエン著，東亜外交史研究会訳『露支交渉史序説』生活社，1941 年)

Fisher Raymond H., *The Russian Fur Trade 1550-1700.* University of California Press. Berkeley and Los Angels. 1943. (Kraus Reprint Co., Milwood, New York. 1974)

Foust C. M., *Muscovite and Mandarin: Russia's Trade with China and Its Settings, 1727-1805.* The University of North Carolina Press. Chapell Hill. 1969.

Kahan A., *The plow, the hammer, and the knout. An Economic History of Eighteenth-Century Russia.* The University of Chicago Press. Chicago and London, 1985.

Kaplan H. H., *Russian Overseas Commerce with Great Britain. During the Reign of Catherine II.* American Philosophical Society. Independence Square, Philadelphia. 1995.

Kardasis V., *Diaspora Merchants in the Black Sea. The Greeks in Southern Russia, 1775-1861.* Lexington Books. Lanham, Boulder, New York, Oxford. 2001.

Lensen G. A., *The Russian push toward Japan: Russo-Japanese relations, 1697-1875.* Princeton University Press. 1959.

Martin J., *Treasure of the land of darkness. The fur trade and its significance for medieval Russia.* Cambridge University Press. Cambridge, London, New York, New Rochell, Melbourne, Sydney. 1986.

【日本語参考文献・論文(姓 50 音順)】

榎本武揚『西比利亜日記』大連：南満洲鐵道總裁室弘報課，1939 年.

大橋與一『帝政ロシアのシベリア開発と東方進出過程』東海大学出版会，1974 年.

岡野恵美子「設立時のロシア・アメリカ会社」『群馬県立女子大学紀要』第 15 号，1994 年 3 月，pp. 73-88.

岡野恵美子「ロシア領アメリカにおけるロシア―アメリカ会社，1799-1802」『群馬県立女子大紀要』第 18 号，1997 年，pp. 53-70.

岡野恵美子「ロシア人の太平洋進出と政府の役割――ベーリング探検後から 1780 年代まで」『群馬県立女子大紀要』第 20 号，1999 年，pp. 73-93.
岡野恵美子「ロシア人の最初の世界周航(1803-1806 年)――計画から出発へ」『群馬県立女子大紀要』第 22 号，2001 年，pp. 43-63.
加藤九祚『西域・シベリア――タイガと草原の世界』中公文庫，1991 年.
加藤九祚『初めて世界一周した日本人』新潮新書，1993 年.
加藤博文「ロシアにおける考古学の形成(1)――ミューラーとロシアで最初の『考古学調査手引書』」『北方人文研究』創刊号第 1 号，2008 年，pp. 87-99.
川端香男里・佐藤経明・中村喜和・和田春樹・塩川伸明・栖原学・沼野充義監修『新版ロシアを知る事典』平凡社，2004 年.
木崎良平『光太夫とラクスマン――幕末日露交渉史の一側面』刀水歴史全書 30，1992 年.
木崎良平『仙台漂民とレザノフ――幕末日露交渉史の一側面 No. 2』刀水歴史全書 42，1997 年.
ドナルド・キーン著，芳賀徹訳『日本人の西洋発見』中央公論社，1968 年.（原著：Donald Keene. *The Japanese discovery of Europe: Honda Toshiaki and other discoverers, 1720-1798.* Stanford, Calif. Stanford University Press. 1954)
栗生沢猛夫「ゴスチ考」『スラヴ研究』第 32 号，北海道大学スラブ研究室，1985 年，pp. 1-25.
郡山良光『幕末日露関係史』国書刊行会，1980 年.
佐口透『ロシアとアジア草原』吉川弘文館，1966 年.
塩谷昌史「19 世紀前半のアジア綿織物市場におけるロシア製品の位置」『ロシア史研究』第 70 号，2002 年 5 月，pp. 16-29.
塩谷昌史「19 世紀前半のロシア貿易におけるアジア商人の役割――アジア向け綿織物輸出の観点より」『東北大学東北アジア研究センター叢書』第 13 号，2003 年，pp. 63-75.
塩谷昌史「キャフタを通じた中国茶のロシア向け輸出」塩谷昌史編『東北アジア研究シリーズ⑪　帝国の貿易　18〜19 世紀ユーラシアの流通とキャフタ』東北大学東北アジア研究センター，2009 年 2 月，pp. 51-62.
澁谷浩一「露清関係とローレンツ・ランゲ――キャフタ条約締結に向けて」『東洋学報』第 72 巻第 3・4 号，1991 年 3 月，pp. 29-64.
澁谷浩一「キャフタ条約以前のロシアの北京貿易――清側の受入れ体制を中心にして」『東洋学報』第 75 巻第 3・4 号，1994 年 3 月，pp. 65-97.
澁谷浩一「モスクワの露清関係史史料について」『満族史研究通信』第 8 号，1999 年 3 月，pp. 121-148.
澁谷浩一「イズマイロフ使節団と儀礼問題――康熙帝直筆の一件の理藩院書簡をめぐって」『茨城大学　人文学科論集』第 34 号，2000 年 10 月，pp. 27-37.
澁谷浩一「ロシア帝国外交文書館の中国関係文書について」『満族史研究』第 1 号，2002

年5月，pp. 92-112.
澁谷浩一「キャフタ条約締結過程の研究」『茨城大学　人文学科論集』第40号，2003年9月，pp. 57-75.
澁谷浩一「キャフタ条約の文書通信に関する条項について――条約締結後の清側によるロシア側書簡受領拒否問題をめぐって」『茨城大学　人文学科論集』第45号，2006年3月，pp. 33-56.
鈴木建夫「イギリス産業革命と英露貿易――最近の研究動向から」『早稲田大学現代政治経済研究叢書2「最初の工業国家」を見る目』早稲田大学現代政治経済研究所，1987年，pp. 145-178.
S. ズナメンスキー著，秋月俊幸訳『ロシア人の日本発見』北海道大学図書刊行会，1979年.（原著：С. Знаменский. *В поисках Японии; из истории русских географических открытий и мореходства в Тихом океане.* Благовещенск. 1929）
R. E. F. スミス，D. クリスチャン著，鈴木健夫・豊川浩一・斎藤君子・田辺三千広訳『パンと塩――ロシア食生活の社会経済史』平凡社，1999年.
武田元有「18世紀におけるバルト海貿易とロシア南下政策――1734年英露通商条約の経済的・政治的意義」『鳥取大学大学教育総合センター紀要』第1号，2004年12月，pp. 7-68.
武田元有「エカチェリーナ2世時代におけるバルト海貿易と北方体制――1766年英露通商条約の経済的・政治的意義」『鳥取大学大学教育総合センター紀要』第4号，2007年12月，pp. 1-70.
田中陽兒・倉持俊一・和田春樹編『世界歴史大系　ロシア史』1，2．山川出版社，1994-1995年.
角山栄『茶の世界史――緑茶の文化と紅茶の社会』中公新書，1980年.
トゥリシェン，今西春訳注，羽田明編訳『異域録　清朝使節のロシア旅行報告』東洋文庫445，平凡社，1985年.
中村喜和「ロシア民衆の宗教意識」『民衆文化』1990年8月，pp. 199-224.
西村三郎『毛皮と人間の歴史』紀伊國屋書店，2002年.
野見山温「キャフタ条約――特に満文条約文を中心とする明文批判的研究」『露清外交の研究』酒井書店，1977年，pp. 37-102.
羽田明「伊犂通商条約の締結とその意義」『和田博士古稀記念東洋史論叢』講談社，1961年，pp. 729-739.
エス・ヴェ・バフルーシン著，外務省調査部訳『スラヴ民族の東漸[復刻版]』新時代社，1971年.
E. ファインベルク著，小川政邦訳『ロシアと日本――その交流の歴史』新時代社，1973年.（原著：Файнберг Э. А., *Русско-японские отношения в 1697-1875 гг.*, М., 1960）

福島安正著，太田阿山編『福島将軍遺績』東亜協会，1941 年．
A. G. マズーア著，武藤潔・山内正樹共訳『デカブリストの反乱――ロシア革命の序曲』光和堂，1983 年．
松木栄三編訳『ピョートル前夜のロシア――亡命外交官コトシーヒンの手記』彩流社，2003 年．（原著：A. Барсков (ред.), *О России в царствование Алексея Михайловича, сочинение Григория Котошихина.* 4-е изд., СПб., 1906.）
森永貴子「帝政期におけるイルクーツク商人の商業的関心と地域活動の変遷――18～19 世紀のシベリア都市民」『ロシア史研究』第 62 号，1998 年 3 月，pp. 77-88.
森永貴子「イルクーツク定期市とシベリアの商品流通――1792～1839 年の史料を中心に」深澤克己編著『近代ヨーロッパの探究⑨　国際商業』ミネルヴァ書房，2002 年，pp. 171-199.
森永貴子「イルクーツク商人とキャフタ貿易――1792～1830 年」『21 世紀 COE プログラム「スラブ・ユーラシア学の構築」研究報告集 No. 3　ロシアの中のアジア／アジアの中のロシア(I)』北海道大学スラブ研究センター，2004 年 7 月，pp. 1-36.
森永貴子「ロシア最初の世界周航と毛皮貿易――アメリカ会社手代コロビーツィンの手記(1795～1807 年)」『一橋論叢』第 133 巻第 2 号，2005 年 2 月，pp. 146-168.
森永貴子「エカテリーナ 2 世期におけるキャフタ貿易中断とロシア毛皮貿易」『社会経済史学』第 71 巻第 1 号，2005 年 5 月，pp. 25-47.
森永貴子「18 世紀末における毛皮事業とキャフタ貿易――ロシア遣日使節の経済的背景」寺山恭輔編『東北アジア研究シリーズ⑦　開国以前の日露関係』東北大学東北アジア研究センター，2006 年 6 月，pp. 139-165.
森永貴子「毛皮事業と先住民交易――18 世紀～19 世紀前半のアメリカ北西沿岸部」土肥恒之編『地域の比較社会史――ヨーロッパとロシア』日本エディタースクール出版部，2007 年 10 月，pp. 367-399.
森永貴子『ロシアの拡大と毛皮交易』彩流社，2008 年．
森永貴子「キャフタ貿易に見る露清商人の組織と商慣行」塩谷昌史編『東北アジア研究シリーズ⑪　帝国の貿易　18～19 世紀ユーラシアの流通とキャフタ』東北大学東北アジア研究センター，2009 年 2 月，pp. 63-96.
柳澤明「イフ・フレー(庫倫)貿易について」『早稲田大學史學科　史観』第 115 号，1986 年 9 月，pp. 73-85.
柳澤明「キャフタ條約以前の外モンゴル―ロシア國境地帶」『東方学』第 77 号，1989 年 1 月，pp. 70-84.
柳澤明「「理藩院尚書アリンガの書簡」と，ジュンガル問題をめぐる清朝の対ロシア政策」『早稲田大学教育学部　学術研究(地理学・歴史学・社会科学)』第 23 号，1989 年 12 月，pp. 99-109.
柳澤明「キャフタ条約への道程――清の通商停止政策とイズマイロフ使節団」『東洋学報』第 69 巻第 1・2 号，1998 年 1 月，pp. 134-158.

柳澤明「1768年の「キャフタ條約追加條項」をめぐる清とロシアの交渉について」『東洋史研究』第62巻第3号，2003年12月，pp. 568-600.

柳澤明　研究動向「吉田金一先生の業績と露清関係史研究の現状」『内陸アジア史研究』第18号，2003年，pp. 79-86.

吉田俊則「シベリア植民初期のロシア人社会について」『ロシア史研究』第47号，1989年4月，pp. 39-55.

吉田俊則「17世紀ロシアの通商政策と商人身分――ロシア商人の集団嘆願書をめぐって」『ロシア史研究』第56号，1995年3月，pp. 39-48.

吉田金一「ロシアと清の貿易について」『東洋学報』第45巻第4号，1963年3月，pp. 39-86.

吉田金一『近代露清関係史』近藤出版社，1974年.

吉田金一「露中関係史をめぐる諸問題――スラドコフスキー著『露中商業経済関係史』を読んで」『東洋学報』第56巻，1975年3月，pp. 343-373.

吉田金一『ロシアの東方進出とネルチンスク条約』東洋文庫，1984年.

四日市康博「ジャルグチとビチクチに関する一考察――モンゴル帝国時代の行政官」『早稲田大学史学科　史観』第147号，2002年9月，pp. 33-52.

劉建生・豊若非著，高宇訳「山西商人と清露貿易」塩谷昌史編『東北アジア研究シリーズ⑪　帝国の貿易　18～19世紀ユーラシアの流通とキャフタ』東北大学東北アジア研究センター，2009年2月，pp. 97-138.

ロバノフ=ロストフスキー著，東亜近代史研究会訳『露西亜東方経略史』生活社，1942年.

巻末添付資料

巻末添付表

巻末添付表１　イルクーツク商人が北太平洋で行った毛皮業と獲得した毛皮の内訳

出発年	帰還年	船	船主	ヤサク	ラッコ	ラッコの尾	オットセイ	鯨骨・セイウチ牙	カワウソ	キツネ＊	積荷評価額（ルーブル）	事業地域※
1745	1746	カピトン	エメリヤン・バソフ，イルクーツク商人トラペズニコフ		1670	1780	1990			2240	112,220	コマンドル諸島
1745	1747	聖エフドキヤ	ラリスク商人チェバエフスコイ，イルクーツク商人トラペズニコフ		320						19,200	アリューシャン列島
1747※	1748	聖イオアン	トチマ商人フョードル・ホロジロフ，イルクーツク商人トラペズニコフ，バリン，ヤロスラヴリ商人ジューコフ		362	321				1481	23,024	ベーリング島
1747	1749	聖イオアン	モスクワ商人イヴァン・ルィビンスコイ，ヤロスラヴリ商人ステファン・ティリン，ニキーフォル・トラペズニコフ※		1040	860				2110	52,590	ベーリング島，近隣アリューシャン列島
1749※	1750	聖ピョートル	バソフ，ニキーフォル・トラペズニコフ		522	63	300			1080	39,376	メードヌィ島（現コッパー島）
1749※	1750※	聖ニコライ※	トラペズニコフ※								3,127 ※	ベーリング島
1750	1752	聖シメオンとアンナ（イオアン？）	商人ルィビンスコイ，ティリン，トラペズニコフ※		820	700	7010			1900	61,520	近隣アリューシャン列島。ベーリング島にて難破
1750	1752	聖ピョートル	ニキーフォル・トラペズニコフ									アッツ島にて難破
1749	1753	聖ニコライ※	イルクーツク商人ニキーフォル・トラペズニコフ		1920	1590					105,730	アリューシャン列島
1750※	1754	聖イオアン	イルクーツク商人エメリヤン・ユーゴフ		790	755	2222			7044	65,429	コマンドル諸島
1752	1755	聖ボリスとグレープ	イルクーツク商人ニキーフォル・トラペズニコフ		6		250	17（セイウチ牙）		1222	3,474	ベーリング島にて難破
1753※	1755	聖イオアン	商人トラペズニコフ，バリン		1644	1370				82	95,690	ベーリング島，アリューシャン列島アッツ島
1754	1757	聖ニコライ	商人トラペズニコフ		3117	2800	10	11（鯨骨）			189,268	アッツ島
1754※	1757	フィッシュ	商人トラペズニコフ	ラッコ 122	4573	2700					254,900	

出発年	帰還年	船	船主	ヤサク	ラッコ	ラッコの尾	オットセイ	鯨骨・セイウチ牙	カワウソ	キツネ*	積荷評価額(ルーブル)	事業地域※
1754	1758	聖ピョートル	カムチャツカ商人セミョン・クラシルニコフ，イルクーツク商人トラペズニコフ※		169					2149	14,438	コマンドル諸島。メードヌィ島にて難破
	1758	聖イオアン	商人バリン，ジューコフ，トラペズニコフ	ラッコ 5	1819	1710	840			720	109,355	
1756	1759	聖アンドリアンとナタリヤ	商人トラペズニコフ，バリン，ジューコフ	ラッコ 92	5360	3710				1813	317,541	近隣アリューシャン列島
1758	1762	聖ユリアン	モスクワ商人イヴァン・ニキーフォロフ，イルクーツク商人ニキーフォル・トラペズニコフ※	ラッコ 11 キツネ 26	1465	280		22 (セイウチ牙)		2560	130,450	リシイ諸島(現フォックス諸島)，ウムナク，ウナラシカ
1758※	1763※	聖ニコライ	商人トラペズニコフ		928	965					58,170	近隣アリューシャン列島
1760	1762	聖ガヴリール	イルクーツク商人ビチェヴィン(ベチェヴィン)	キツネ 2	914	390	1	23 (セイウチ牙)	18	448	52,570	アラスカ半島，リシイ諸島
1758	1763	聖ウラジーミル	トゥーラ商人セミョン・クラシルニコフとイルクーツク商人トラペズニコフ		1485	827					78,304	近隣アリューシャン列島，キスカ島
1758※	1763	聖イオアン・プレッテチャ※	商人チェバエフスコイ，トラペズニコフ	ラッコ 91	1766	510				109	104,218	アッツ島
	1766	聖ニコライ	商人トラペズニコフ		143					198	10,524	
1764※	1768	聖ピョートルとパーヴェル	商人トラペズニコフ		383	338	3370			1733	32,547	コマンドル諸島
1777	1781	聖ゾシマとサヴァチー※	イルクーツク商人ヤコフ・プロターソフ，フョードル・キセリョフ，ミハイル・キセリョフ		483	369	8160		1	1116	49,215	コマンドル諸島
1782	1786	聖ゾシマとサヴァチー	イルクーツク商人ヤコフ・プロターソフ		292	62	26500			150	86,970	アリューシャン列島，プリブィロフ諸島
1787	1791	聖ゾシマとサヴァチー	イルクーツク商人ヤコフ・プロターソフ		1420	1364	45500	75 (セイウチ牙)		4850	171,914	
1792	1797	聖ゾシマとサヴァチー	イルクーツク商人キセリョフ		88	78	11350		172	307	33,860	近隣アリューシャン列島

出発年	帰還年	船	船主	ヤサク	ラッコ	ラッコの尾	オットセイ	鯨骨・セイウチ牙	カワウソ	キツネ＊	積荷評価額（ルーブル）	事業地域※
1798	1803	聖ゾシマとサヴァチー	商人キセリョフ								不明	

＊1　ヤサクはラッコとキツネから徴収された。

＊2　キツネはクロアカギツネ，十字ギツネ，アカギツネ，ホッキョクギツネ含む。

出典：V. N. Berkh, *A Chronological History of the Discovery of the Aleutian Islands: or, The Exploits of Russian Merchants With a Supplemnet of Historical Data on the Fur Trade*. pp. 100-107.

※は *История Русской Америки. Т. 1.* С. 445-454 のデータを参照。

巻末添付表2　イルクーツク市における商人ギルド数の変化
(括弧外は家族数，括弧内は構成人数)

年	第1ギルド	第2ギルド	第3ギルド	合計
1791	0	11(38)	63(203)	74(241)
1792	0	14(51)	57(187)	71(238)
1793	0	13(44)	51(165)	64(209)
1796[1]	1(5)	18(79)	76(251)	95(335)
1797[2]	1(5)	17(75)	91(298)	109(378)
1798[3]	1(5)	14(65)	93(296)	107(365)
1799[4]	1	14	94	109
1801[5]	2(13)	14(54)	100(285)	116(352)
1803[6]	1(5)	17(66)	112(310)	130(381)
1805	2(10)	19(65)	144(404)	165(479)
1808[7]	14(62)	11(27)	99(263)	124(352)
1809[8]	16(65)	10(22)	95(254)	121(341)
1810[9]	16(61)	7(12)	94(213)	117(286)
1811[10]	13(48)	9(24)	85(201)	107(273)
1812[11]	11(40)	9(23)	79(181)	99(244)
1813[12]	4(21)	3(26)	47(164)	54(211)
1814[13]	7(40)	3(15)	41(148)	51(203)
1815[14]	8(41)	3(11)	45(150)	56(202)
1816[15]	8(34)	4(5)	47(155)	59(194)
1817	8(37)	3(6)	42(148)	53(191)
1818[16]	7(35)	4(11)	40(132)	51(178)
1819	7(35)	2(6)	38(121)	47(162)
1820	7(35)	1(2)	38(119)	46(154)
1821[17]	8(34)	1(2)	41(124)	50(160)
1822[18]	8(34)	1(2)	44(122)	53(164)
1823[19]	7(29)	1(2)	37(104)	45(135)
1824[20]	7(29)	1(2)	41(108)	49(139)
1825[21]	7(29)	4(5)	51(126)	62(160)
1828[22]	9(30)	2(2)	77(175)	88(207)
1836[23]	8(34)	4(9)	88(280)	100(323)
1837[24]	8(35)	4(15)	86(274)	98(324)

注：
1) 1796年末計上の第3ギルド2人，また1797年ギルド表に1796年末記載の2家族・3人が商人から町人へ移動の記録有り。

2) 第3ギルド，7家族追記。
3) 第2ギルド，他都市商人から1家族，第3ギルド，1家族追記。
4) データ欠落有り，ギルド構成員情報なし。
5) ギルド不明2人追記(第3ギルド？)
6) 第3ギルド家族数・構成人数，史料の計算が誤っているため修正。
7) イルクーツク市議会文書(ГАИО. Ф. 308. Оп. 1. Д. 70. Л. 2)ではガヴリーロ・ベロゴローヴィが第3ギルドから第1ギルドに移動と記載，しかし商人ギルド台帳(Ф. 70. Оп. 1. Д. 1484. Л. 8)では第3ギルドに記載。また，一方の史料にしか記載されていない家族も数として計上。ギルドの等級はギルド台帳に依拠。
8) 第3ギルド，ギルド台帳(ГАИО. Ф. 308. Оп. 1. Д. 72. Л. 1-14)記録のうち，第3ギルド2家族が市議会文書(Ф. 70. Оп. 1. Д. 1484. Л. 76-88об.)未記載。同じくデータはギルド台帳に依拠。
9) 史料，第3ギルド家族数の計算が誤っているため修正。
10) 史料1人計算不足，商人未亡人マルファ・ヴァシリエヴナ・ラストルグーエヴァを構成人数に計上(1828年以前の記録はほとんどが家族代表である商人未亡人を人数に含まない)。
11) ギルド台帳裏面に赤字で異なる記録を記載しているが，データは表面黒字記録依拠。
12) ギルド台帳裏面に赤字で異なる記録を記載しているが，データは表面黒字記録依拠。第2ギルド人数，第3ギルド家族数・人数誤記。
13) 商人ギルド台帳(ГАИО. Ф. 308. Оп. 1. Д. 112. Л. 1-10)記録のうち，年度途中に追加された第3ギルドの5家族16人がイルクーツク市議会文書(Ф. 70. Оп. 1. Д. 1708. Л. 2-12; Д. 1810, Л. 13об.-15об.)では未記載。また，Ф. 70. Оп. 1. Д. 1708. Л. 6об. 記載のピョートル・ヴァシリエヴィチ・トラペズニコフは他の2史料に未記載。
14) 市議会文書(ГАИО. Ф. 70. Оп. 1. Д. 1810. Л. 13об.-15об.)に記載されているシードル・アンドレーヴィチ・シェリホフ(第2ギルド)がギルド台帳(Ф. 308. Оп. 1. Д. 111. Л. 10)では資本未申告のため町人と記載，また1815年全国人口調査(ГАИО. Ф. 308. Оп. 1. Д. 301. Л. 1-15)にも未記載。その他2家族，全国人口調査では未記載。データはギルド台帳に依拠。
15) ミハイロ・ペトロヴィチ・オプレルコフが第3ギルドから第2ギルド移動のため，第2ギルド1家族1人追加。同じく年度初めに町人から第3ギルド移動により1家族3人追加。商人未亡人アクリーナ・アンドレーエヴナ・ムィリニコヴァ，第3ギルド人数に計上。1834年全国人口調査(ГАИО. Ф. 308. Оп. 1. Д. 308. Л. 26)に，アレクサンドル・アンドレーヴィチ・スヴェシニコフ(1家族1人)が1816年町人からイルクーツク・ギルド登録の記載(市議会文書，ギルド台帳記載なし)。
16) イルクーツク町人登録後第3ギルド移動の2家族3人追加。
17) 第1ギルド，ギルド台帳(ГАИО. Ф. 308. Оп. 1. Д. 185. Л. 1-10)記載のエフィム・アンドレーヴィチ・クズネツォフが市議会文書(Ф. 70. Оп. 1. Д. 2062. Л. 31-39; Д. 2074. Л. 6-7об.)未記載。第3ギルド，ギルド台帳で年度後半2家族4人追加記載(市議会文書未記載)。同じく2史料(Ф. 70. Оп. 1. Д. 2062. Л. 38; Ф. 308. Оп. 1. Д. 185. Л. 8)記載のニコライ・セミョノヴィチ・チュパロフ(1家族2人)が，市議会文書の1史料(ГАИО. Ф. 70. Оп. 1. Д. 2074. Л. 7об.)で孫イヴァン・ミハイロヴィチ・チュパロフ(1家族1人)と記載，データは前記2史料依拠。
18) 第3ギルド，3史料(ГАИО. Ф. 70. Оп. 1. Д. 2062. Л. 91об.; Д. 2217. Л. 13об.; Ф. 308. Оп. 1. Д. 199. Л. 7)記載のニコライ・セミョノヴィチ・チュパロフ(1家族2人)が，市議会文書の1史料(Ф. 70. Оп. 1. Д. 2074. Л. 16об.)で孫イヴァン・ミハイロヴィチ・チュパロフ(1家族1人)と記載，データは前記3史料依拠。また，これら史料未記載の3家族6人が，1834年全国人口調査(Ф. 308. Оп. 1. Д. 300. Л. 3, 9, 14)で1822年町人からギルド登録(第3ギルドと推定)と記載。
19) 市議会文書(ГАИО. Ф. 70. Оп. 1. Д. 2310. Л. 1-9об.)未記載のガヴリーロ・アレクセーヴィチ・ヴェクシン，1834年全国人口調査(Ф. 308. Оп. 1. Д. 308. Л. 4)で，1823年商人兄弟資本からギルド登録記載(第3ギルドと推定)，1家族1人追加。
20) ギルド台帳(ГАИО. Ф. 308. Оп. 1. Д. 219. Л. 1-8)記録の第3ギルドのうち，ルィリスク商人，イルクーツク町人から登録の5家族8人が市議会文書(Ф. 70. Оп. 1. Д. 2310. Л. 132-139)未記載。また，1834年全国人口調査(Ф. 308. Оп. 1. Д. 308. Л. 5)でヴァシーレイ・イヴァノヴィチ・ヴラソフが1824年イルクーツク同業組合員からギルド登録と記載(ギルド等級・人数不明)，第3ギルドに兄弟登録(計2人)と推定して算出。
21) 市議会文書(ГАИО. Ф. 70. Оп. 1. Д. 2310. Л. 258-265об.)未記載の第2ギルド1家族1人，第3ギルド13家族24人(家族構成，年齢，ギルド登録年代等より推計)が，1825年にそれぞれイルクーツク商人兄弟，町人，同業組合員，カルーガ商人からギルド登録したと，1834年全国人口調査(Ф. 308. Оп. 1. Д. 308. Л. 3, 4, 7, 12, 14, 17, 20, 25, 27, 28, 29, 32)で記載。

22) イルクーツク町人，トムスク商人からイルクーツク・ギルド登録の3家族3人(第3ギルドと推定)追加。
23) 史料のうち，第2ギルド人数1人不足(計算誤り)，第3ギルド5人不足(計算誤り)，また，9家族の代表である商人未亡人を全て人数に計上。
24) 第3ギルドのうち，10家族の代表である商人未亡人をデータに計上していない。
※1834年に関しては全国人口調査記録があるが，1815年全国人口調査でギルド登録者として記載され，その後当主の死亡により女性構成員しか残っていない家族など，明らかに該当年度の商人ギルド登録者ではないと考えられる家族もそのまま記載されている。従って，ギルドの範囲・数を特定することは困難であり，比較検討用の史料が必要である。このため，巻末のイルクーツク商人ギルドのグラフにはギルド登録者であることが明白なもののみ記載し，商人数は記載していない。

出典：
1791年：ГАИО. Ф. 70. Оп. 1. Д. 44. Л. 105-112.
1792年：ГАИО. Ф. 70. Оп. 1. Д. 45. Л. 51-61.
1793年：ГАИО. Ф. 70. Оп. 1. Д. 46. Л. 32-38об.
1796年：ГАИО. Ф. 308. Оп. 1. Д. 12. Л. 1-11.
1797年：ГАИО. Ф. 308. Оп. 1. Д. 18. Л. 1-10.
1798年：ГАИО. Ф. 308. Оп. 1. Д. 21. Л. 1-10.
1799年：ГАИО. Ф. 70. Оп. 1. Д. 52. Л. 55-59об., 66-71.(※最初のリスト欠落，ギルド構成員情報なし)
1801年：ГАИО. Ф. 308. Оп. 1. Д. 33. Л. 1-10.
1803年：ГАИО. Ф. 308. Оп. 1. Д. 41. Л. 1-12.
1805年：ГАИО. Ф. 308. Оп. 1. Д. 54. Л. 1-13.
1808年：ГАИО. Ф. 70. Оп. 1. Д. 1484. Л. 3-14; Ф. 308. Оп. 1. Д. 70. Л. 1-11.
1809年：ГАИО. Ф. 70. Оп. 1. Д. 1484. Л. 76-88об.; Ф. 308. Оп. 1. Д. 72. Л. 1-14.
1810年：ГАИО. Ф. 308. Оп. 1. Д. 80. Л. 1-16.
1811年：ГАИО. Ф. 308. Оп. 1. Д. 86. Л. 1-13.
1812年：ГАИО. Ф. 308. Оп. 1. Д. 97. Л. 1-14.
1813年：ГАИО. Ф. 308. Оп. 1. Д. 103. Л. 1-13.
1814年：ГАИО. Ф. 70. Оп. 1. Д. 1708. Л. 2-12; Д. 1810. Л. 13об.-15об.; Ф. 308. Оп. 1. Д. 112. Л. 1-10.
1815年：ГАИО. Ф. 70. Оп. 1. Д. 1810. Л. 13об.-15об.; Ф. 308. Оп. 1. Д. 111. Л. 1-10; Д. 301. Л. 1-15.
1816年：ГАИО. Ф. 70. Оп. 1. Д. 1810. Л. 13об.-15об.; Д. 2310. Л. 73; Ф. 308. Оп. 1. Д. 129. Л. 1-10.
1817年：ГАИО. Ф. 70. Оп. 1. Д. 1866. Л. 2-9.
1818年：ГАИО. Ф. 70. Оп. 1. Д. 1866. Л. 67-75; Д. 2310. Л. 74; Ф. 308. Оп. 1. Д. 148. Л. 1-10.
1819年：ГАИО. Ф. 70. Оп. 1. Д. 1866. Л. 130-139; Д. 2310. Л. 74об.
1820年：ГАИО. Ф. 70. Оп. 1. Д. 2062. Л. 1-10об.; Д. 2074. Л. 2-4.
1821年：ГАИО. Ф. 70. Оп. 1. Д. 2062. Л. 31-39; Д. 2074. Л. 6-7об.; Д. 2310. Л. 75.; Ф. 308. Оп. 1. Д. 185. Л. 1-10.
1822年：ГАИО. Ф. 70. Оп. 1. Д. 2062. Л. 86-94об.; Д. 2074. Л. 15-16об.; Д. 2217. Л. 8-16; Ф. 308. Оп. 1. Д. 199. Л. 1-9.
1823年：ГАИО. Ф. 70. Оп. 1. Д. 2310. Л. 1-9об.
1824年：ГАИО. Ф. 70. Оп. 1. Д. 2310. Л. 132-139; Ф. 308. Оп. 1. Д. 219. Л. 1-8.
1825年：ГАИО. Ф. 70. Оп. 1. Д. 2310. Л. 258-265об.
1828年：ГАИО. Ф. 70. Оп. 1. Д. 2505. Л. 744-752об.
1834年：ГАИО. Ф. 308. Оп. 1. Д. 300. Л. 1-34.
1836年：ГАИО. Ф. 308. Оп. 1. Д. 310. Л. 1-8об.
1837年：ГАИО. Ф. 308. Оп. 1. Д. 310. Л. 28-39.
Краткая энциклопедия по истории купечества и коммерции Сибири. Т. 1-4. Новосибирск. 1994-1999.

巻末添付表 3-1　1802-1822 年イルクーツ

地域・身分		1802 年		1803 年		1804 年	
		馬車	%	馬車	%	馬車	%
ロシア・アメリカ会社		1005	9.04	745	6.58	982	9
南ロシア	ネジン商人・ギリシャ人	111	1	138	1.22	27	0
	オデッサ商人	0	0	0	0	0	
中央ロシア	サンクト・ペテルブルク商人	0	0	0	0	0	
	モスクワ商人	1996	17.95	2583	22.8	571	5
	イリイノ町人・農民	2	0.02	15	0.13	12	0
	カルーガ商人	479	4.31	141	1.25	404	3
	トゥーラ商人	465	4.18	155	1.37	0	
	ルィリスク商人	0	0	0	0	0	
	クールスク商人	460	4.14	183	1.62	573	5
	ヴォロネジ商人	0	0	0	0	0	
	ヴャズニキ商人	0	0	0	0	34	0
	ヴャズニキ町人	0	0	0	0	0	
	ヴャズニキ農民	8	0.07	0	0	22	0
	ニジニー・ノヴゴロド商人	0	0	0	0	0	
	ヴォログダ商人	533	4.79	661	5.84	432	4
北ロシア	ヴェリスク商人	0	0	0	0	0	
	ヴェルホヴァジエ商人	24	0.22	25	0.22	70	0
	ヴェルホヴァジエ町人	0	0	27	0.24	0	
	トチマ商人	533	4.79	425	3.75	198	1
	トチマ町人	2	0.02	57	0.5	67	0
	ヴェリコウスチュグ商人	517	4.65	662	5.84	672	6.
	ヴェリコウスチュグ町人	44	0.4	39	0.34	29	0.
	ソリヴィチェゴツク商人	291	2.62	563	4.97	293	[illegible]
	ヴィチェグダ商人	0	0	0	0	0	
	ラリスク商人	0	0	0	0	0	
	ヤレンスク商人	66	0.59	60	0.53	101	
	ホルモゴールィ商人	854	7.68	1143	10.09	1389	13.
ヴォルガ川流域	カザン商人	33	0.3	25	0.22	58	0.
	アルスコエ商人	0	0	0	0	0	
	マルムィシ商人	0	0	0	0	0	
	カルムィク商人	52	0.47	0	0	0	
西シベリア	ヴェルホトゥリエ商人	0	0	0	0	0	
	エカテリンブルク商人	0	0	0	0	0	
	チュメニ商人	0	0	0	0	0	
	トボリスク商人	405	3.64	708	6.25	635	6.
	トボリスク農民	0	0	15	0.132	0	
	タラ商人	403	3.62	370	3.27	602	5.
	コルィヴァン商人	0	0	0	0	0	
	トムスク商人・タタール人	156	1.4	260	2.3	437	4.
	トムスク町人	0	0	20	0.18	0	
	トゥルハンスク商人	0	0	20	0.18	0	
	アチンスク町人	0	0	0	0	0	

易所を通過した馬車の内訳：地域・身分別

1805年		1809年		1810年		1813年		1815年		1822年	
馬車	%	馬車	%	馬車	%	馬車	%	馬車	%	馬車	%
1108	7.73	363	2.07	437	2.34	210	1.79	439	3.43	588	4.68
89	0.62	240	1.37	285	1.53	325	2.78	127	0.99	120	0.95
0	0	0	0	0	0	0	0	0	0	133	1.06
0	0	0	0	0	0	0	0	0	0	248	1.97
552	3.85	2955	16.82	3515	18.82	2677	22.86	3355	26.22	2026	16.11
0	0	0	0	0	0	0	0	0	0	0	0
608	4.24	1745	9.93	959	5.14	409	3.5	274	2.14	849	6.75
49	0.34	427	2.43	462	2.47	102	0.87	162	1.27	846	6.73
0	0	22	0.13	14	0.07	28	0.24	0	0	0	0
672	4.69	30	0.17	187	1	143	1.22	407	3.18	68	0.54
180	1.26	0	0	0	0	0	0	0	0	260	2.07
23	0.16	0	0	0	0	7	0.06	0	0	3	0.02
3	0.02	0	0	0	0	0	0	0	0	0	0
2	0.01	0	0	0	0	0	0	0	0	0	0
0	0	0	0	0	0	131	1.12	0	0	0	0
855	5.96	1346	7.66	1782	9.55	1841	15.72	1581	12.36	1415	11.25
0	0	0	0	0	0	67	0.57	0	0	0	0
99	0.69	0	0	0	0	19	0.16	0	0	224	1.78
0	0	0	0	0	0	0	0	0	0	0	0
227	1.58	631	3.59	348	1.86	306	2.61	370	2.89	242	1.92
31	0.22	0	0	0	0	0	0	0	0	0	0
635	4.43	1330	7.57	1498	8.02	244	2.08	317	2.48	217	1.73
18	0.13	0	0	0	0	0	0	0	0	0	0
421	2.94	642	3.66	920	4.93	355	3.03	200	1.56	104	0.83
0	0	59	0.34	76	0.41	17	0.15	6	0.05	0	0
0	0	0	0	46	0.25	34	0.29	0	0	2	0.02
79	0.55	60	0.34	0	0	53	0.45	87	0.68	0	0
2899	20.22	1181	6.72	1057	5.66	0	0	0	0	0	0
553	3.86	323	1.84	783	4.19	1239	10.58	1011	7.9	1421	11.3
0	0	38	0.22	0	0	0	0	0	0	119	0.95
0	0	64	0.36	0	0	42	0.36	41	0.32	0	0
0	0	0	0	0	0	0	0	0	0	0	0
0	0	5	0.03	0	0	0	0	0	0	0	0
68	0.47	32	0.18	7	0.04	0	0	0	0	0	0
0	0	0	0	0	0	0	0	0	0	40	0.32
802	5.59	1492	8.49	1310	7.02	558	4.76	815	6.37	1030	8.19
0	0	0	0	0	0	0	0	0	0	0	0
667	4.65	450	2.56	707	3.79	201	1.72	274	2.14	157	1.25
0	0	0	0	107	0.57	54	0.461	0	0	0	0
665	4.64	848	4.83	465	2.5	348	2.97	310	2.42	157	1.25
3	0.02	0	0	0	0	63	0.54	0	0	17	0.14
0	0	0	0	0	0	0	0	0	0	0	0
0	0	0	0	0	0	18	0.15	0	0	0	0

地域・身分		1802年		1803年		1804年	
		馬車	%	馬車	%	馬車	%
西シベリア	エニセイスク商人	55	0.5	165	1.46	135	1
	エニセイスク町人	80	0.72	121	1.07	162	
	クラスノヤルスク商人	28	0.25	26	0.23	116	1
	クラスノヤルスク町人	0	0	5	0.04	16	0
イルクーツクおよび近郊地域	ニジネウジンスク商人	0	0	0	0	0	
	バラガンスク商人	0	0	0	0	0	
	バラガンスク町人	0	0	0	0	3	0
	オヨク農民	0	0	0	0	3	0
	イルクーツク商人	2317	20.83	1778	15.7	1814	17
	イルクーツク町人・同業組合員	74	0.67	26	0.23	44	0.
	イルクーツク雑階級人	0	0	0	0	0	
ザバイカリエ地域	キャフタ商人	0	0	34	0.3	49	0
	キャフタ町人	0	0	0	0	0	
	セレンギンスク商人	9	0.08	7	0.06	23	0.
	セレンギンスク町人	18	0.16	20	0.18	0	
	ヴェルフネウジンスク商人	49	0.44	40	0.35	0	
	ヴェルフネウジンスク町人・農民	29	0.26	4	0.04	0	
	ウジンスク町人	0	0	5	0.04	0	
	バルグジン商人	0	0	7	0.06	2	
	バルグジン町人	6	0.05	0	0	0	
	ホリン・ブリャート商人	0	0	0	0	0	
	ネルチンスク商人	0	0	8	0.07	0	
ヤクーツク・レナ川流域	キレンスク商人	0	0	0	0	0	
	ヴィリュイスク商人	0	0	0	0	0	
	ヤクーツク商人	0	0	41	0.36	0	
不明・その他		17	0.15	0	0	138	1.
	馬車合計	11121	100	11327	100	10113	1

出典：
1802年，1803年：ГАИО. Ф. 70. Оп. 1. Д. 1356. Л. 1об.-10об., Л. 11об.-22.
1804年：ГАИО. Ф. 70. Оп. 1. Д. 94. Л. 1-15об.
1805年：ГАИО. Ф. 70. Оп. 1. Д. 1443. Л. 1об.-25об.
1809年：ГАИО. Ф. 70. Оп. 1. Д. 1535. Л. 1об.-23.
1810年：ГАИО. Ф. 70. Оп. 1. Д. 1641. Л. 1об.-34об.
1813年：ГАИО. Ф. 70. Оп. 1. Д. 1682. Л. 1-18.
1815年：ГАИО. Ф. 70. Оп. 1. Д. 1803. Л. 1-17.
1822年：ГАИО. Ф. 70. Оп. 1. Д. 2274. Л. 1-14об.
※原典史料記載の合計数の違いについては可能な限り修正した。

1805年		1809年		1810年		1813年		1815年		1822年	
馬車	%	馬車	%	馬車	%	馬車	%	馬車	%	馬車	%
203	1.42	332	1.89	422	2.26	90	0.77	65	0.51	136	1.08
83	0.58	0	0	0	0	0	0	9	0.07	6	0.05
32	0.22	24	0.14	0	0	0	0	0	0	12	0.1
2	0.01	0	0	0	0	7	0.06	0	0	0	0
0	0	0	0	1	0.01	0	0	0	0	0	0
0	0	0	0	5	0.03	0	0	0	0	0	0
0	0	0	0	0	0	0	0	0	0	0	0
0	0	0	0	0	0	0	0	0	0	0	0
2326	16.22	2510	14.29	2750	14.73	1630	13.92	1266	9.89	1607	12.78
77	0.54	0	0	0	0	9	0.08	31	0.24	50	0.4
0	0	0	0	0	0	0	0	20	0.16	0	0
12	0.08	137	0.78	19	0.1	152	1.3	162	1.27	145	1.15
0	0	0	0	0	0	0	0	0	0	7	0.06
0	0	0	0	26	0.14	28	0.24	50	0.39	0	0
36	0.25	0	0	0	0	0	0	0	0	0	0
86	0.6	50	0.29	248	1.33	176	1.5	215	1.68	225	1.79
17	0.12	0	0	0	0	0	0	29	0.23	0	0
0	0	0	0	0	0	0	0	0	0	0	0
10	0.07	3	0.02	3	0.02	13	0.11	0	0	0	0
0	0	0	0	0	0	0	0	0	0	5	0.04
0	0	0	0	7	0.04	0	0	0	0	0	0
33	0.23	0	0	0	0	0	0	0	0	0	0
2	0.01	9	0.05	17	0.09	7	0.06	8	0.06	0	0
0	0	0	0	0	0	0	0	78	0.61	0	0
99	0.69	217	1.24	206	1.1	108	0.92	257	2.01	84	0.67
10	0.07	0	0	0	0	0	0	830	6.49	13	0.1
14336	100	17565	100	18669	100	11811	100	12796	100	12576	100

巻末添付表 3-2　1802-1822 年イルクーツク交易所におけるイルクーツク商人・町人の荷馬車内訳

※身分に関して特に説明のないものは史料でイルクーツク商人・町人として記載されているもの。

商人名	年	ギルドおよび身分	商品量(馬車)	内訳
Авдеев, Петр ピョートル・アヴデーエフ	1802	第 2 ギルド	25	ロシアから 5 台，キャフタへ 20 台
	1803	同	19	ロシアへ 19 台
	1804	同	8	キャフタへ 8 台
	1805	同	51	イルビート定期市へ 19 台，キャフタへ 23 台，ヤクーツク街道経由 9 台
	1809	第 1 ギルド	39	キャフタへ 36 台，ヤクーツク街道経由 3 台
	1810	同	62	ロシアへ 42 台，キャフタへ 20 台
Артенов, Петр ピョートル・アルテノフ	1802	第 2 ギルド	5	キャフタへ 5 台
Бабушкин, Михайло ミハイロ・バーブシキン	1805	町人	14	ザバイカリエへ 14 台
Баженов, Григорей グリゴレイ・バジェーノフ	1802	第 2 ギルド	51	ロシアへ 16 台，ロシアから 9 台，キャフタから 26 台
	1803	同	4	ロシアから 4 台
	1809	第 1 ギルド	52	ロシアへ 32 台，キャフタへ 20 台
	1810	同	83	ロシアへ 67 台，キャフタへ 16 台
	1813	第 3 ギルド	3	バルグジンへ 3 台
Баландин, Николай ニコライ・バランジン	1804	第 2 ギルド	7	ヤクーツクへ 7 台
Баснин, Николай ニコライ・バスニン	1803	第 2 ギルド	10	ヤクーツクへ 10 台
	1804	同	7	不明 7 台
	1809	同	16	ヤクーツク街道経由 16 台
	1810	第 1 ギルド	4	ヤクーツク街道経由 4 台
	1813	同	52	ロシアへ 44 台，キャフタへ 8 台
Безников, Яков ヤコフ・ベズニコフ〔原文ママ〕	1804	イヴァン・ベズノシコフ(第 3 ギルド)息子・共同資本	18	不明 18 台
	1805	同	2	キャフタへ 2 台
Белоголовый, Гаврило ガヴリーロ・ベロゴローヴィー	1804	第 3 ギルド	3	中国商品 3 台
	1805	商人(ギルド不明)	49	ロシアから 49 台
	1809	第 1 ギルド	195	ロシアから 67 台，ロシアへ 67 台，キャフタへ 61 台
	1810	同	222	ロシアへ 68 台，キャフタへ 108 台，不明 46 台
	1813	第 3 ギルド	129	ロシアへ 12 台，キャフタへ 6 台，カチュグへ 27 台，不明 84 台
Белоголовый ベロゴローヴィー	1815	ガヴリーロ(第 1 ギルド)	154	ロシアから 70 台，ロシアへ 6 台，ヤクーツクへ 78 台
	1822	ガヴリーロ・スピリドノヴィチもしくはヴァシーレイ・スピリドノヴィチ(第 3 ギルド)	28	ヤクーツクへ 28 台
Березин, Петр ピョートル・ベレジン	1802	第 3 ギルド	49	ロシアへ 29 台，キャフタへ 4 台，キャフタから 16 台
	1804	同	32	ヤクーツクへ 11 台，中国商品 21 台

商人名	年	ギルドおよび身分	商品量(馬車)	内訳
Березин, Иван イヴァン・ベレジン	1803	第3ギルド	9	ヤクーツクへ9台
Березин, Илья イリヤ・ベレジン	1803	第3ギルド(イヴァン甥，イヴァンとは別事業)	4	キャフタへ4台
	1805	第3ギルド	45	キャフタへ45台
	1809	第1ギルド	20	ロシアへ15台，ヤクーツク街道経由5台
	1810	同	20	ロシアへ20台
Березин, Гаврило ガヴリーロ・ベレジン	1810	イリヤ・ガヴリーロヴィチ(第1ギルド)父・1800年没	4	ロシアへ4台
Березин, Григорей グリゴレイ・ベレジン	1805	ピョートル・アレクセーヴィチ(第3ギルド)息子，共同資本	2	バラガンスクへ2台
Брянцов (Брянской), Николай ニコライ・ブリャンツォフ(ブリャンスコイ)	1803	第3ギルド	4	ザバイカリエへ4台
	1810	同	18	キャフタへ16台，ヴェルフネウジンスクへ2台
	1815	同	5	ヴェルフネウジンスクへ5台
Брянской, Василей ヴァシーレイ・ブリャンスコイ	1805	ニコライ(第3ギルド)兄弟・共同資本	5	ザバイカリエへ5台
Брянской, Яков ヤコフ・ブリャンスコイ	1809	ニコライ(第3ギルド)兄弟・共同資本	28	キャフタへ24台，ザバイカリエへ4台
Брянской, Яков ヤコフ・ブリャンスコイ	1810	ヴァシーレイ(町人)兄弟・共同資本	8	キャフタへ8台
Булдаков, Михайло ミハイロ・ブルダーコフ	1809	アファナセイ(第3ギルド)息子・共同資本	1	ザバイカリエへ1台
Бурдачев, Павел パーヴェル・ブルダチェフ	1803	町人	3	ヤクーツクへ3台
	1805	ピョートル(第3ギルド)息子，共同資本	21	ヤクーツクへ21台
	1809	ギルド不明	3	ヤクーツク街道経由3台
	1810	ピョートル(ギルド不明・町人？)息子	21	ヤクーツク街道経由21台
Бутыгин, Андрей アンドレイ・ブティギン	1809	イヴァン(第2ギルド)息子・共同資本	31	ヤクーツク街道経由31台
Винтовкин, Василей ヴァシーレイ・ヴィントフキン	1802	第3ギルド	11	ヤクーツクへ11台
	1803	同	11	ヤクーツクへ11台
	1804	同	2	バラガンスクへ2台
Винтовкин, Иван イヴァン・ヴィントフキン	1804	ヴァシーレイ(第3ギルド)兄弟・共同資本	7	ヤクーツクへ7台
	1805	同	8	ヤクーツクへ8台
Давыдов, Прокопей プロコペイ・ダヴィドフ	1803	第3ギルド	8	キャフタへ8台

商人名	年	ギルドおよび身分	商品量(馬車)	内訳
Дехтев (Дектев), Максим マクシム・デフテフ(デクテフ)	1802	第3ギルド	21	キャフタへ8台，キャフタから13台
	1803	同	9	キャフタへ9台
	1804	第2ギルド	3	ロシア商品3台
	1810	第3ギルド	37	キャフタから34台，ヴェルフネウジンスクへ3台
	1822	同	1	ヴェルフネウジンスクへ1台
Донсков (Донской), Яков ヤコフ・ドンスコフ(ドンスコイ)	1809	第3ギルド	22	ロシアから15台，キャフタから7台
	1815	同	10	ロシアから10台
Дудоровской (Дудоровский), Степан ステパン・ドゥドロフスコイ(ドゥドロフスキー)	1802	第2ギルド	41	エニセイスクへ7台，キャフタへ20台，キャフタから14台
	1803	同	1	ロシアから1台
	1804	第3ギルド	62	ロシア商品14台，ロシア・キャフタ・モスクワへのロシア商品(=毛皮?)3台，鉄12台，キャフタ向け13台，中国商品20台
	1805	第2ギルド	23	キャフタへ21台，不明2台
	1809	同	8	キャフタへ8台
Дьяконов, Андрей アンドレイ・ジヤコノフ	1809	ギルド不明	49	ロシアから49台
Евдокимов エヴドキモフ	1822	町人(イリヤ・ペトロフ)	6	キャフタへ6台
Елезов, Иван イヴァン・エレゾフ	1802	第3ギルド	17	ヤクーツクへ17台
	1803	同	39	ヤクーツクへ39台
	1804	同	22	ロシア商品22台
	1805	同	21	ロシアへ21台
Елезов, Василей ヴァシーレイ・エレゾフ	1810	フョードル(第3ギルド・1808年没)息子・共同資本	46	キャフタへ46台
Забеленской, Иван イヴァン・ザベレンスコイ	1803	第3ギルド	3	キャフタへ3台
	1804	同	14	ロシア商品8台，ロシア・モスクワ・キャフタ向けロシア商品(=毛皮?)6台
Заицев, Иван イヴァン・ザイツェフ	1803	第3ギルド	14	ヤクーツクへ14
	1809	同	3	トゥンカへ3台
	1813	町人	2	ロシアへ2台
Затопляев, Иван イヴァン・ザトプリャエフ	1805	町人	1	ロシア商品1台
Зубов, Лаврентий ラヴレンチー・ズーボフ	1810	第3ギルド	35	ロシアから35台
Иванов, Петр ピョートル・イヴァノフ	1804	第3ギルド	4	ロシア商品4台
Игнатьев, Семен セミョン・イグナチエフ	1802	第3ギルド	2	キャフタへ2台
	1804	同	13	ロシア商品9台，中国商品4台
	1805	同	4	キャフタへ4台
	1810	同	14	キャフタへ14台
Игнатьев Аснашев イグナチエフ，アスナシェフ	1813	セミョン・イグナチエフ(イルクーツク第3ギルド)，アスナシェフ(ネジン商人)	10	不明10台

商人名	年	ギルドおよび身分	商品量(馬車)	内訳
Игумнов, Матвей マトヴェイ・イグームノフ	1809	第3ギルド	7	ロシアへ7台
Игумнов イグームノフ	1815	マトヴェイ・オシポヴィチ・イグームノフ(イルクーツク第3ギルド)	12	キャフタへ12台
Калмынин, Иван イヴァン・カルムィニン	1804	第3ギルド	40	ヤクーツクへ36台，不明4台
	1805	同	37	ヤクーツクへ37台
Караулов, Иван イヴァン・カラウーロフ	1802	町人	13	ヤクーツクへ13台
	1803	第3ギルド	26	ヤクーツクへ26台
	1804	同	22	ロシア商品3台，ヤクーツクへ17台，不明2台
	1805	同	23	ヤクーツクへ21台，ヤクーツク街道経由2台
Катышевцев, Осип オシプ・カティーシェフツェフ	1809	ギルド不明	22	ヤクーツク街道経由22台
	1810	ギルド不明・商人と記載(1801，1803年第3ギルド)	14	ヤクーツク街道経由14台
	1813	町人	2	ヤクーツク街道経由2台
Катышевцов カティーシェフツォフ	1822	町人	23	ヤクーツクへ23台
Киселев, Стефан ステファン・キセリョフ	1802	第3ギルド	38	ロシアから6台，キャフタへ19台，キャフタから13台
	1803	同	14	ヤクーツクへ3台，不明11台
Киселев, Дмитрей ドミートレイ・キセリョフ	1805	第3ギルド	11	不明11台
Климшин, Василей ヴァシーレイ・クリムシン	1802	第3ギルド	8	キャフタへ8台
	1803	同	3	キャフタへ3台
	1804	同	10	キャフタへ4台，中国商品6台
	1805	同	5	キャフタへ5台
	1809	同	37	キャフタへ37台
	1810	同	37	キャフタへ37台
	1813	町人	20	キャフタへ20台
	1815	第3ギルド	4	キャフタへ4台
Климшин, Андрей アンドレイ・クリムシン	1815	町人(第3ギルド商人ヴァシーレイ・クリムシン息子)	5	キャフタへ5台
Кокорин, Федор フョードル・ココーリン	1803	第3ギルド	12	ヤクーツクへ12台
Корелин, Павел パーヴェル・コレーリン	1802	グリゴレイ・ヴァシリエヴィチ(第3ギルド)兄弟	14	キャフタへ14台
Котельников, Петр ピョートル・コテリニコフ	1802	ヴァシーレイ・ヤコヴレヴィチ(第3ギルド)兄弟	6	キャフタへ6台
Котельников コテリニコフ	1822	町人	1	ヴェルフネウジンスクへ1台
Кузнецов, Яков ヤコフ・クズネツォフ	1802	町人	4	不明4台
	1805	同	21	ヴェルフネウジンスクへ7台，ザバイカリエへ14台

商人名	年	ギルドおよび身分	商品量(馬車)	内訳
Кузнецов, Степан ステパン・クズネツォフ	1805	町人	14	不明14台
Кузнецов クズネツォフ	1813	町人	3	ヴェルフネウジンスクへ3台
Кыскиев, Василей ヴァシーレイ・クィスキエフ?	1805	商人(ギルド不明)	3	ヤクーツクへ3台
Лентов, Иван イヴァン・レントフ	1813	町人	4	ロシアから4台
Литвинцов, Евдоким エフドキム・リトヴィンツォフ	1809	第3ギルド	64	ロシアから62台，ロシアへ2台
	1810	同	6	ヴェルフネウジンスクへ6台
	1813	同	23	ロシアから23台
	1815	同	18	ヤクーツクへ18台
Лычагов, Иван イヴァン・ルィチャゴフ	1802	第3ギルド	61	ロシアへ18台，エニセイスクから13台，キャフタへ15台，キャフタから15台
	1803	同	17	キャフタへ2台，不明15台
	1804	同	39	中国商品11台，不明28台
	1805	同	44	イルビート定期市へ35台，不明9台
	1809	第1ギルド	95	ロシアへ32台，エニセイスクへ43台，キャフタへ20台
	1810	同	74	ロシアへ30台，キャフタへ21台，不明23台
	1813	第3ギルド	21	ロシアへ21台
Лычагов, Ермолай エルモライ・ルィチャゴフ	1815	第1ギルド	10	キャフタへ10台
Лычагов, Григорий グリゴリー・ルィチャゴフ	1815	ギルド不明	3	キャフタへ3台
Лычагов ルィチャゴフ	1815	第1ギルド商人エルモライ・ヤコヴレヴィチもしくはイヴァン・ステパノヴィチ?	24	ロシアへ3台，キャフタへ21台
	1822	ギルド不明(第3ギルド商人エルモライ・ヤコヴレヴィチ，または第1ギルド商人アレクサンドル・イヴァノヴィチ)	52	ロシアへ41台，キャフタへ11台
Лычагов ルィチャゴフ	1822	町人	12	バイカル湖迂回道経由12台
Малышев, Григорей グリゴレイ・マルィシェフ	1802	第3ギルド	18	不明18台
	1803	同	13	キャフタへ7台，不明6台
	1804	第2ギルド	16	ロシア商品7台，中国商品9台
	1815	第3ギルド	3	キャフタへ3台
Медведников, Федор フョードル・メドヴェードニコフ	1802	第2ギルド	212	ロシアへ12台，ロシアから66台，ヤクーツクへ52台，キャフタへ52台，キャフタから29台，不明1台
	1803	同	461	ロシアへ80台，ロシアから144台，ヤクーツクへ12台，ヤクーツクから6台，キャフタへ32台，キャフタから104台，ロシア・キャフタから73台，不明10台
	1804	同	364	ロシア商品63台，ロシアから42台，キャフタへ10台，オホーツクから13台，中国商品236台

商人名	年	ギルドおよび身分	商品量(馬車)	内訳
Медведников, Федор フョードル・メドヴェードニコフ	1805	同	398	ロシアへ17台，キャフタから18台，イルビート・キャフタへ105台，トゥンカへ2台，キャフタへ56台，ヴェルホレンスクへ60台，ヤクーツクへ83台，不明57台
Медведников, Василей Федорович ヴァシーレイ・フョードロヴィチ・メドヴェードニコフ	1810	第3ギルド(ロギン，フョードル兄弟，独立資本)	37	ロシアへ37台
	1815	第3ギルド	50	ロシアから50台
Медведников, Логин Федорович ロギン・フョードロヴィチ・メドヴェードニコフ	1809	第1ギルド	560	ロシアへ267台，キャフタへ16台，ヤクーツク街道へ141台，不明136台
	1810	同	690	ロシアへ223台，トゥンカへ2台，キャフタへ171台，ヤクーツク街道経由159台，不明135台
Медведниковы メドヴェードニコフ家	1813	第1ギルド(ロギン・フョードロヴィチもしくはプロコペイ・フョードロヴィチ)	656	ロシアへ401台，キャフタへ74台，カチュグへ107台，不明74台
Медведников, Прокопей Федорович プロコペイ・フョードロヴィチ・メドヴェードニコフ	1809	第1ギルド商人ロギン・フョードロヴィチ兄弟・共同資本	51	キャフタへ38台，ヤクーツク街道経由13台
	1810	第1ギルド	33	ヤクーツク街道経由33台
	1815	同	124	ロシアへ74台，キャフタへ18台，ヤクーツクへ10台，不明22台
Медведников メドヴェードニコフ	1815	プロコペイ・フョードロヴィチもしくはイヴァン・ロギノヴィチ(第1ギルド)	311	ロシアへ134台，キャフタへ56台，キャフタから64台，ヤクーツクへ57台
	1822	同	574	ロシアへ303台，キャフタへ124台，ヤクーツクへ147台
Миронов, Гаврило ガヴリーロ・ミローノフ	1802	町人(1801年第3ギルド)	18	ヤクーツクへ18台
	1803	第3ギルド	18	ヤクーツクへ18台
	1804	同	14	ヤクーツクへ14台
Миронов, Иван イヴァン・ミローノフ	1805	ガヴリーロ(第3ギルド)息子・共同資本	9	オホーツクへ9台
Мичурин, Николай ニコライ・ミチューリン	1802	第3ギルド	356	ロシアへ231台，ロシアから20台，キャフタへ35台，キャフタから40台，不明30台
Мичурин ミチューリン	1822	第3ギルド	17	ロシアへ7台，キャフタへ10台
Мыльников, Николай ニコライ・ムィリニコフ	1803	第1ギルド	59	ロシアから20台，キャフタへ35台，キャフタから4台
	1804	同	51	キャフタへ24台，中国商品27台
	1805	同	131	ロシアへ46台，イルビート定期市へ24台，キャフタへ35台，不明26台
	1809	同	133	ロシアへ55台，キャフタへ64台，ヤクーツク街道経由14台
Мыльников, Николай Старцов, Семен ニコライ・ムィリニコフとセミョン・スタルツォフ	1803	第1ギルド，第2ギルド	36	ロシアから36台

商人名	年	ギルドおよび身分	商品量(馬車)	内訳
Мыльников, Дмитрей ドミートレイ・ムィリニコフ	1805	ニコライ(第1ギルド)息子・共同資本	8	ザバイカリエへ8台
Мыльников, Иван イヴァン・ムィリニコフ	1810	ニコライ・プロコピエヴィチ(第1ギルド)孫，ドミートレイ息子，共同資本	117	ロシアへ92台，キャフタへ21台，バルグジンへ4台
Мыльников, Петр ピョートル・ムィリニコフ	1802	第3ギルド	159	ロシアから42台，キャフタへ52台，キャフタから65台
	1803	同	22	ヤクーツクへ7台，キャフタへ15台
	1804	同	20	ロシア商品11台，キャフタへ9台
	1809	同	3	キャフタへ3台
Месников (Мясников), Семен セミョン・メスニコフ(ミャスニコフ)	1802	第3ギルド(1803年没)	9	ヤクーツクへ9台
Месников, Михайло ミハイロ・メスニコフ	1803	セミョン(第3ギルド)息子，共同資本	3	キャフタへ3台
	1810	第3ギルド	25	ヤクーツク街道経由25台
Месников, Петр ピョートル・メスニコフ	1805	第3ギルド(セミョン息子？)	8	ヤクーツクへ8台
Месников, Николай ニコライ・メスニコフ	1803	町人，セミョン・ミハイロヴィチ(第3ギルド)孫	1	ザバイカリエへ1台
	1804	第3ギルド	10	ロシア商品2台，キャフタへ8台
	1805	同	13	ヤクーツクへ11台，ヤクーツク街道経由2台
Месников, Алексей アレクセイ・メスニコフ	1802	セミョン・ミハイロヴィチ(第3ギルド)兄弟，共同資本	45	ロシアへ14台，ロシアから31台
	1803	同	109	ロシアへ28台，ロシアから63台，キャフタへ18台
	1804	第3ギルド	96	中国商品96台
	1815	同	12	キャフタへ12台
Мяхкоступов, Михайло ミハイロ・ミャフコストゥーポフ	1802	第3ギルド	57	ロシアへ57台
	1804	同	60	ロシア商品25台，中国商品35台
	1805	同	23	キャフタへ23台
	1809	第1ギルド	27	ロシアへ2台，キャフタへ25台
	1813	第3ギルド	8	ヴェルフネウジンスクへ8台
	1822	第1ギルド	41	キャフタへ41台
Наквасин ナクヴァシン	1822	町人	4	キャフタへ4台
Нерпин, Степан ステパン・ネルピン	1810	タラ第2ギルドだが，イルクーツク商人として記載	40	ヤクーツク街道経由40台
Нерпин, Степан ステパン・ネルピン	1805	町人	27	ヤクーツクへ27台
	1813	ギルド不明	4	ヤクーツク街道経由4台
	1815	第3ギルド	58	ヤクーツクへ58台
	1822	町人	2	ヤクーツクへ2台
Никитин ニキーチン	1813	グリゴレイ(第3ギルド)	4	ロシアへ1台，キャフタへ3台
	1815	同	23	ヤクーツクへ23台

商人名	年	ギルドおよび身分	商品量(馬車)	内訳
Никулин, Андреян アンドレヤン・ニクーリン	1802	町人	8	ヤクーツクへ8台
	1803	同	13	ヤクーツクへ13台
Одуевский (Адуевский), Иван イヴァン・オドゥエフスキー(アドゥエフスキー)	1804	第3ギルド	4	ヤクーツクへ4台
	1805	同	8	キャフタへ8台
Опрелков, Александр アレクサンドル・オプレルコフ	1802	第3ギルド	19	ロシアから19台
	1803	同	32	ロシアから32台
Опрелков オプレルコフ	1815	第3ギルド(イヴァン・アレクサンドロヴィチもしくはその家族)	7	ヤクーツクへ7台
	1822	同	56	ヤクーツクへ56台
Папулов, Иван イヴァン・パプーロフ	1804	第3ギルド	54	ロシア商品54台
Попов, Петр ピョートル・ポポフ	1802	町人(1798-1799年第3ギルド)	4	エニセイスクから4台
	1804	同	5	エニセイスクから5台
	1805	同	1	不明1台
	1810	同	10	エニセイスクへ10台
Прянишников, Петр ピョートル・プリャニシニコフ	1809	第3ギルド	8	キャフタへ8台
	1810	同	211	ロシアから194台，ロシアへ17台
Прянишников, Андреян アンドレヤン・プリャニシニコフ	1804	ピョートル・ヴァシリエヴィチ(第3ギルド)息子，共同資本	3	ヴェルフネウジンスクへ3台
Прянишников プリャニシニコフ	1815	ピョートル・ヴァシリエヴィチ(第3ギルド)	10	キャフタへ10台
Прянишников プリャニシニコフ	1822	第1ギルド(セミョン・ペトロヴィチ)	9	エニセイスクへ3台，キャフタへ6台
Резанцов, Федор フョードル・レザンツォフ	1805	第3ギルド	3	ヤクーツクへ3台
Решетников, Федор フョードル・レシェトニコフ	1802	カルーガ第1ギルドだがイルクーツク商人として記載(他都市商人)	82	ロシアへ82台
Росторгуев (Расторгуев), Степан ステパン・ロストルグーエフ(ラストルグーエフ)	1804	第3ギルド	23	ロシア商品8台，中国商品15台
Росторгуев (Расторгуев), Степан ステパン・ロストルグーエフ(ラストルグーエフ)	1805	町人だが商人として記載	39	イルビート定期市へ18台，キャフタから15台，キャフタへ3台，不明3台
	1809	第3ギルド	8	キャフタへ8台
Рыбин ルィビン	1813	チモフェイ・アンドレーヴィチ(第3ギルド)	62	トムスクから62台
Саватеев, Андрей アンドレイ・サヴァテーエフ	1802	第2ギルド	2	ロシアへ2台
	1803	同	7	キャフタへ7台
	1804	同	16	ロシア商品7台，中国商品9台

商人名	年	ギルドおよび身分	商品量(馬車)	内訳
Саватеев, Андрей アンドレイ・サヴァテーエフ	1805	同	7	キャフタへ 7 台
	1809	第 1 ギルド	95	ロシアへ 65 台，キャフタへ 30 台
	1810	同	34	ロシアへ 19 台，キャフタへ 15 台
Саватеев, Михайло ミハイロ・サヴァテーエフ	1802	アンドレイ・イヴァノヴィチ(第 2 ギルド)兄弟，共同資本	74	ロシアへ 74 台
	1803	同	14	キャフタへ 4 台，キャフタから 10 台
	1805	同	12	キャフタへ 12 台
	1809	同	53	ロシアから 53 台
	1810	同	35	ロシアへ 17 台，キャフタへ 18 台
Саватеев, Сивирьян シヴィリヤン・サヴァテーエフ	1810	第 3 ギルド	9	キャフタへ 9 台
Саватеев サヴァテーエフ	1822	アレクサンドル・アンドレーヴィチもしくはミハイロ・イヴァノヴィチ(第 3 ギルド)	6	キャフタへ 6 台
Савлин, Федор フョードル・サヴリン	1802	不明・イルクーツク商人として記載	10	ロシアから 10 台
Саламатов, Петр ピョートル・サラマトフ	1804	ニコライ(1796-1799 年第 3 ギルド)息子	7	ヤクーツクへ 7 台
	1815	同	1	キレンガへ 1 台
Себереков (Сибиряков), Михайло ミハイロ・セベレコフ(シビリャコフ)	1802	第 2 ギルド	11	ザバイカリエへ 11 台
Сибиряков, Иван イヴァン・シビリャコフ	1803	町人(第 2 ギルド商人ミハイロ・ヴァシリエヴィチ・シビリャコフ息子)	4	ザバイカリエへ 4 台
Сибиряков и Саватеев シビリャコフとサヴァテーエフ	1804	第 2 ギルド	3	キャフタへ 3 台
Сибиряков シビリャコフ	1822	第 1 ギルド(クセノフォント・ミハイロヴィチ)	349	ロシアへ 239，キャフタへ 91 台，ヤクーツクへ 19 台
Сизов, Илья イリヤ・シーゾフ	1802	オシプ(第 2 ギルド)父，同年没	29	ロシアへ 29 台
Сизов (Сизой, Сизых), Осип オシプ・シーゾフ(シーゾイ，シーズィフ)	1802	第 2 ギルド，父イリヤ没により交代	33	キャフタへ 33 台
	1803	同	15	キャフタへ 15 台
	1804	同	149	ロシア商品 127 台，中国商品 22 台
	1809	第 3 ギルド	3	ザバイカリエへ 3 台
	1810	同	12	バルグジンへ 12 台
Сизов, Дмитрей ドミートレイ・シーゾフ	1802	第 2 ギルド	48	ロシアから 48 台
Синицын シニーツィン	1813	ニキーフォル・フョードロヴィチ(第 3 ギルド)	12	ロシアから 12 台
	1815	同	43	ヤクーツクへ 43 台

商人名	年	ギルドおよび身分	商品量(馬車)	内訳
Синицын Баженов Агеев シニーツィンと バジェーノフ, アゲーエフ	1813	イルクーツク商人,モスクワ商人	52	ロシアから52台
Съмолев (Смолин?), Логин ロギン・スモレフ(スモーリン?)	1802	町人	3	ザバイカリエへ3台
Солдатов, Петр ピョートル・ソルダートフ	1802	第2ギルド	16	ヤクーツクへ10台,キャフタへ6台
	1802	同	410	ロシアへ35台,ロシアから199台,ヤクーツクへ10台,キャフタへ29台,キャフタから127台,ザバイカリエへ6台,ウジンスクから4台
	1803	同	205	ロシアへ31台,ロシアから114台,キャフタへ5台,キャフタから53台,不明2台
	1804	同	243	ロシア商品82台,ヤクーツクへ13台,中国商品146台,不明2台
	1805	第1ギルド	423	ロシアへ121台,イルビート定期市へ150台,バラガンスクへ3台,キャフタへ144台,ザバイカリエへ5台
	1809	同	176	ロシアから42台,ロシアへ45台,キャフタへ64台,ザバイカリエへ1台,ヤクーツク街道経由24台
	1810	同	186	ロシアへ85台,キャフタへ77台,ヤクーツク街道経由24台
	1813	第2ギルド	7	キャフタへ7台
Солдатов ソルダートフ	1813	商人	42	カチュグへ42台
Сальдатов (Солдатов), Архип アルヒープ・サルダートフ(ソルダートフ)	1803	町人	5	ザバイカリエへ5台
Софонов (Софронов), Прокопей プロコペイ・ソフォーノフ(ソフローノフ)	1810	第3ギルド(ニキーフォル・ソフローノフ息子)	2	ヤクーツク街道経由2台
Старцов, Семен セミョン・スタルツォフ	1802	第2ギルド	37	ロシアへ26台,キャフタから11台
	1804	同	34	ロシア商品13台,キャフタへ21台,
	1805	同	42	イルビート・キャフタへ33台,キャフタへ7台,ザバイカリエへ2台
Старцов, Дмитрей и Федор ドミートレイ,フョードル・スタルツォフ	1805	セミョン・アレクセーヴィチ(第2ギルド)甥・息子・共同資本	34	ロシアへ1台,キャフタへ10台,ヤクーツクへ20台,ヤクーツク街道経由3台
	1809	第1ギルド	93	ロシアへ27台,キャフタへ27台,ヤクーツク街道経由34台,不明5台
	1810	同	120	ロシアへ54台,キャフタへ9台,ヤクーツク街道経由33台,不明24台
Старцов, Федор フョードル・スタルツォフ	1805	セミョン・アレクセーヴィチ(第2ギルド)甥・共同資本	6	キャフタへ6台
	1809	ドミートレイ・セミョノヴィチ(第1ギルド)従兄弟・共同資本	21	ロシアへ15台,キャフタへ3台,ヤクーツク街道経由3台
	1810	同	21	キャフタへ21台

商人名	年	ギルドおよび身分	商品量(馬車)	内訳
Сумкин, Иван イヴァン・スームキン	1802	町人(後に第3ギルド)	2	レナ川流域へ2台
	1805	第3ギルド	4	キレンスクへ4台
	1809	同	4	ヤクーツク街道経由4台
	1810	同	3	ヤクーツク街道経由3台
	1813	同	4	カチュグへ4台
	1815	イヴァン・グリゴリエヴィチ(第3ギルド)	13	ヤクーツク街道経由3台，ヤクーツクへ10台
Сумкин スームキン	1822	第3ギルド(セミョン・イヴァノヴィチ)	45	ヤクーツクへ45台
Сухов (Сухих), Ефим エフィム・スホフ(スヒフ)	1802	第3ギルド	25	ロシアから8台，キャフタから17台
	1804	同	49	ロシア商品12台，ロシアへ34台，中国商品3台
	1805	同	217	ロシアへ18台，イルビート定期市へ77台，キャフタへ99台，不明23台
Сухов (Сухих), Петр ピョートル・スホフ(スヒフ)	1803	エフィム(第3ギルド)息子	21	ヤクーツクへ19台，不明2台
Сухих, Иван イヴァン・スヒフ	1805	第3ギルド	18	キャフタへ18台
	1809	同	37	ロシアへ25台，キャフタへ12台
	1810	同	7	ロシアへ7台
Тиунцов, Иван イヴァン・チウンツォフ	1803	アンドレイ・イヴァノヴィチ(第3ギルド)甥，共同資本	18	ヤクーツクへ6台，キャフタへ12台
	1805	同	10	キャフタへ10台
Тиунцов, Дмитрей ドミートレイ・チウンツォフ	1803	アンドレイ・イヴァノヴィチ(第3ギルド)甥，共同資本	33	ロシアへ33台
Трепезников (Трапезников), Петр ピョートル・トレペズニコフ(トラペズニコフ)	1802	第2ギルド	64	ロシアへ11台，レナから2台，キャフタへ11台，キャフタから40台
	1803	同	138	ロシアからイルクーツクへ8台，ヤクーツクへ19台，ヤクーツクからイルクーツクへ6台，キャフタへ16台，キャフタから89台
	1804	同	51	ロシア商品6台，中国商品45台
	1805	同	296	ロシアへ27台，バラガンスクへ3台，カザンへ42台，キャフタから38台，イルビート・キャフタへ65台，キャフタへ78台，不明43台
	1809	第1ギルド	346	ロシアへ160台，キャフタへ34台，ヤクーツク街道経由25台，不明127台
	1810	同	306	ロシアへ154台，キャフタへ97台，ヤクーツク街道経由55台
	1813	同	312	ロシアへ227台，キャフタへ56台，カチュグへ29台
	1815	同	3	キャフタへ3台
Трапезников トラペズニコフ	1813	商人	129	ロシアへ76台，キャフタへ19台，カチュグへ16台，不明18台
	1815	同	253	ロシアへ87台，キャフタへ31台，ウジンスクへ5台，キャフタから50台，ヤクーツクへ80台
	1822	第1ギルド(ニコライ・ペトロヴィチ)	355	ロシアへ153台，キャフタへ122台，ヤクーツクへ80台

商人名	年	ギルドおよび身分	商品量(馬車)	内訳
Трапезниковы トラペズニコフ家	1815	商人	78	ロシアへ 43 台，キャフタへ 35 台
Тропин, Дмитрей ドミートレイ・トロピン	1804	第 3 ギルド	5	ロシア商品 5 台
Туголков, Емельян エメリヤン・トゥゴルコフ	1804	第 3 ギルド	4	鉄 4 台
Тырков ティルコフ	1822	町人	2	キャフタへ 2 台
Утеганов (Утюганов), Амир アミール・ウテガノフ(ウチュガノフ)	1809	第 2 ギルド(トムスク・タタールから移動)	72	ザバイカリエへ 18 台，ザバイカリエから 54 台
	1810	第 2 ギルド	43	キャフタへ 14 台，ヴェルフネウジンスクへ 29 台
Утеганов (Утюганов), Амир アミール・ウテガノフ(ウチュガノフ)	1813	第 2 ギルド	33	キャフタへ 12 台，ヴェルフネウジンスクから 21 台
	1815	同	37	キャフタへ 32 台，ヴェルフネウジンスクへ 5 台
	1822	同	51	ヴェルフネウジンスクへ 51 台
Харинский, Тимофей チモフェイ・ハリンスキー	1809	ギルド不明(1797－1799 年第 3 ギルド)	7	エニセイスクから 7 台
Хлопонин, Петр ピョートル・フローポニン	1803	クールスク第 1 ギルド	101	キャフタへ 101 台
Хромцов フロムツォフ	1815	町人	26	キャフタへ 26 台
Черепанов, Петр ピョートル・チェレパノフ	1803	第 3 ギルド	23	キャフタからロシアへ 23 台
	1810	同	8	ヤクーツクから 8 台
Чупалов, Николай ニコライ・チュパロフ	1802	第 2 ギルド	117	ロシアへ 11 台，ロシアから 58 台，ヤクーツクへ 23 台，キャフタへ 17 台，キャフタから 8 台
	1803	同	17	キャフタへ 17 台
	1804	同	60	トボリスクから 40 台，ヤクーツクへ 2 台，中国商品 18 台
	1805	同	39	ロシアへ 35 台，ヤクーツクへ 4 台
	1809	第 3 ギルド	89	ロシアへ 89 台
	1810	同	58	ロシアへ 58 台
	1813	同	8	ヴェルフネウジンスクへ 8 台
Чупалов, Прокопей プロコペイ・チュパロフ	1802	第 2 ギルド(ニコライ・セミョノヴィチ甥，1801 年独立)	58	ヤクーツクへ 58 台
	1803	同	86	ヤクーツクへ 79 台，キャフタへ 7 台
	1804	同	81	ヴェルホレンスクへ 3 台，ヤクーツクへ 70 台，中国商品 8 台
	1805	町人(商人として記載)	82	キャフタへ 6 台，ヤクーツクへ 70 台，ヤクーツク街道経由 6 台
Шапошников, Данило ダニーロ・シャポシニコフ	1802	第 3 ギルド	52	ロシアへ 6 台，ロシアから 42 台，キャフタへ 4 台
	1803	同	15	ロシアへ 15 台
	1804	同	26	ロシア商品 14 台，中国商品 12 台
	1805	同	82	ロシアへ 45 台，イルクーツク残留 23 台，キャフタへ 14 台

商人名	年	ギルドおよび身分	商品量(馬車)	内訳
Шарыпов, Андреян アンドレヤン・シャルィポフ	1802	第3ギルド	25	キャフタへ25台
	1803	同	45	ロシアから40台，キャフタへ5台
	1804	同	4	ニジネウジンスクへ4台
	1805	同	41	ヤクーツクへ34台，不明7台
	1809	第1ギルド	26	ロシアへ18台，キャフタへ8台
Шельгин (Шергин?), Алексей アレクセイ・シェルギン	1802	町人	17	ヤクーツクへ14台，ザバイカリエへ3台
Шельгин, Федор フョードル・シェルギン	1803	ギルド不明	29	ヤクーツクへ20台，ザバイカリエへ9台
Шигаев シガーエフ	1822	第3ギルド(イヴァン・イヴァノヴィチ)	23	キャフタへ23台
Ширяев, Семен セミョン・シリャーエフ	1810	第3ギルド	19	ヤクーツクから19台
	1813	同	37	カチュグへ7台，不明30台
Ширяев, Дмитрей ドミートレイ・シリャーエフ	1809	セミョン・フョードロヴィチ(第3ギルド)息子，共同資本	2	ヤクーツク街道経由2台
	1810	同	3	ヤクーツク街道経由3台
Шмагив, Никифор ニキフォール・シマギフ	1803	ギルド不明	48	ロシアから48台
Шпыгин, Федор フョードル・シプィギン	1803	アレクセイ(第3ギルド)息子，共同資本	1	ザバイカリエへ1台
	1804	同	2	キャフタへ2台
	1805	同	4	ザバイカリエへ4台
	1809	第3ギルド	2	ヤクーツク街道経由2台
Шпыгин, Дмитрей ドミートレイ・シプィギン	1804	アレクセイ(第3ギルド)息子，共同資本	14	ヤクーツクへ14台
	1805	同	14	ヤクーツクへ14台
Шубарин, Степан ステパン・シュバリン	1803	フョードル(第3ギルド)息子，共同資本	2	ヤクーツクへ2台
Ябуров, Иван イヴァン・ヤブロフ	1802	町人	5	キャフタへ5台
?, Дмитрей ドミートレイ・?	1809	ギルド不明	2	キャフタへ2台

出典：巻末添付表3-1と同じ。

巻末添付表3-3　1805年イルクーツク交易所通過馬車の荷主（イルクーツク商人，他都市商人登録者除く）

中央ロシア	モスクワ商人	アンドレイ・ベレジン，パーヴェル・ベレジン，ヴァシリー・ジューコフ，ピョートル・コジェヴニコフ，イゾト・クジミチ・レンジ，ピョートル・パヴロフ，パーヴェル・セルスキー
	カルーガ商人	イヴァン・ジュジン，オシプ・ポルトノフ（1825年息子ドミートレイがイルクーツク第3ギルド），フェドセイ・レシェトニコフ
	トゥーラ商人	イヴァン・クラスノグラーゾフ
	ヴォロネジ商人	ニコライ・コロメンチン
	クールスク商人	ピョートル・フローポニン
	ネジン商人	デメンチェイ・セミョノヴィチ・アスナシェフ，パーヴェル・ベレジン
	ヴャズニキ商人	ミハイロ・アレクセーヴィチ・ファデーエフ
	ヴォログダ商人	ミハイロ・ザニン，ヤコフ・スペシニコフ，フョードル・ヤーゴドニコフ
北ロシア	ヴェルホヴァジエ商人	マクシム・ダヴィドフ，ニキーフォル・ゼンコフ，ヴァシリー・ペステリョフ，イヴァン・ユリンスキー
	トチマ商人	アレクセイ・クズネツォフ，フョードル・ポポフ，ヤコフ・トロピン，イヴァン・シェルギン，イヴァン・コルィチェフ，イヴァン・リャプキン
	ヴェリコウスチュグ商人	フョードル・コストロミーチン，イリヤ・クロプヒンスキー，アレクサンドル・グリャズヌーヒン，ピョートル・マトヴェーエフ，アレクサンドル・フェドセーエフ，フョードル・シェルギン
	ソリヴィチェゴツク商人	ニコライ・ムスクノフ，ステパン・ピヤンコフ，ヴァシーレイ・トクラコフ
	ヤレンスク商人	シーラ・エヴレフ
	ホルモゴールィ商人	ドミートレイ・ソローキン
西シベリア	カザン商人	ステパン・ママエフ，ムサ・アパナエフ，イヴァン・ラエフ
	エカテリンブルク商人	アレクセイ・バラジン，フョードル・コズロフ，フィリップ・コズロフ
	トボリスク商人	ステパン・ピレンコフ，グリゴリー・ピロージニコフ，イヴァン・ピヤンコフ，イヴァン・リャプニコフ，ミハイロ・セリヴァノフ，ピョートル・セリヴァノフ，イヴァン・シルコフ，アチシ・トゥリソフ
	タラ商人	イヴァン・ネルピン，イヴァン・ピャトコフ
	トムスク商人	コジマ・グビンスキー，グリゴレイ・ゼレンツォフ，アミール・イヴァノフ（1809年にイルクーツク第2ギルドとして登録したトムスク・タタール商人アミール・イヴァノヴィチ・ウチュガノフのことか？），カリム・カシモフ，ミハイロ・ムィリニコフ，ピョートル・シュミロフ
	エニセイスク商人	イヴァン・バルィシェフツォフ，ステパン・バシュロフ，マトヴェイ・コズィーツィン，ドミートレイ・カルマコフ，ラヴレンチェイ・マカロフ，イヴァン・ポポフ，トロフィム・プルートヴィ，イヴァン・サポージニコフ，アニシム・トルカチョフ，アレクセイ・トルストピャートフ，ヤコフ・タウスネフ，イリヤ・シャルィポフ，アレクセイ・チュレニン
	クラスノヤルスク商人	アレクセイ・ポポフ
ザバイカリエ	ヴェルフネウジンスク商人	サーヴァ・ポポフ，ヤコフ・ステルホフ，イヴァン・バイボロージン，エゴール・オシポフ，ヴァシリー・オシポフ，フョードル・グリゴリエフ，キリル・ホルシェヴニコフ
	ネルチンスク商人	イヴァン・エピファノフ
	バルグジン商人	フョードル・クズミン，イヴァン・トカレフ
	キャフタ商人	イヴァン・ゴロヴィン，ピョートル・チェルニャエフ，ヤコフ・スホメソフ
ヤクーツク	ヤクーツク商人	イヴァン・シロフ，イヴァン・エヴレーエフ

出典：ГАИО. Ф. 70. Оп. 1. Д. 1443. Л. 1об.-25об.

巻末添付表 3-4　イルクーツクで活動した他都市商人

■第1ギルド　▩第2ギルド　＝定期市参加　○交易所・定期市への参加

出自・身分	商人名	1790	1791	1793	1798	1805	1806	1807	1808	1809	1810	1811	1812	1813	1814	1815	1816	1817	1819	1820	1821	1822	1823	1823年春	1823年秋	1824年春	1824年秋	1825年春	備考
ネジン・ギリシャ人	Аснашев, Дементей Семенович デメンチェイ・セミョノヴィチ・アスナシェフ															■	■	■	○										
サンクト・ペテルブルク商人息子	Стягин, Дмитрей Игнатьевич ドミートレイ・イグナチエヴィチ・スチャーギン																							＝		＝			
モスクワ商人	братья Агеевы, Николай Ларионович и Петр Ларионович ニコライ・ラリオノヴィチ・アゲーエフ，ピョートル・ラリオノヴィチ・アゲーエフ兄弟																		■	■									
モスクワ商人	Агеевы и Осетров, Михайло アゲーエフとミハイロ・オショートロフ																		○	■	■								
モスクワ商人	Оксеновъ (Аксеновъ?), Козьма コジマ・オクショーノフ(アクショーノフ？)																	▩											
モスクワ商人	Белской, Павел パーヴェル・ベルスコイ					▩	▩																						
モスクワ第2ギルド	Бородин, Михайло Афанасьевич ミハイロ・アファナシエヴィチ・ボロディン																				▩		▩			＝		＝	息子イヴァン，1832年イルクーツク第3ギルド
モスクワ第2ギルド	Доброхотов, Карп Ильинч カルプ・イリイチ・ドブロホトフ																						▩	＝		＝	＝		
モスクワ第2ギルド	Ремезов, Николай ニコライ・レメゾフ																										＝		
ヴェズニキ(ヴァズニキ)第2ギルド息子	Кликов, Федор フョードル・クリコフ																										＝		
ヴェズニキ商業農民	Давыдов, Леонтей レオンチェイ・ダヴィドフ																							＝	＝	＝			
ヴェズニキ商業農民	Ксинофонтов (Ксенофонтов?), Иван イヴァン・クシノフォントフ(クセノフォントフ？)																											＝	

出自・身分	商人名	1790	1791	1793	1798	1805	1806	1807	1808	1809	1810	1811	1812	1813	1814	1815	1816	1817	1819	1820	1821	1822	1823	1823年春	1823年秋	1824年春	1824年秋	1825年春	備考
ヴェズニキ商業農民	Пакин, Иван イヴァン・パキン																											≡	
ルィリスク商人	Шелихов, Сидор シードル・シェリホフ									■	■	■	■	■	■														1816年イルクーツク第2ギルド
ヴォログダ商人	Сумкин スームキン					■	■	■																					
カルゴポリ商人	Баранов, Александр アレクサンドル・バラーノフ	■	○																										1790年北東会社(ロシア・アメリカ会社支店)ロシア領アメリカの経営代表
トチマ商人息子	Базанов, Иван イヴァン・バザーノフ																	■											
トチマ商人	Кузнецов, Иван Авысентьевич イヴァン・アヴィセンチエヴィチ・クズネツォフ			○	○																			≡			≡		
トチマ商人	Леньзинов, Иван イヴァン・レンジノフ				○																								
トチマ商人	Нератов, Осип オシプ・ネラートフ		■	○													■	■											
トチマ商人	Нератов, Иван Осипович イヴァン・オシポヴィチ・ネラートフ				○						■				■	■				■	■								
トチマ商人	Нератов, Алексей アレクセイ・ネラートフ			○																									
トチマ商人	Нератов, Иван Алексеевич イヴァン・アレクセーヴィチ・ネラートフ														■	■			○										
トチマ商人	Нератов ネラートフ					■																							ニコライ・ドミートリエヴィチ，1825年キャフタ第3ギルド
トチマ町人	Потемин, Иван イヴァン・ポチョーミン		○																										
トチマ商人	Протопопов, Федор フョードル・プロトポポフ			○																									

出自・身分	商人名	年 1790	1791	1793	1798	1805	1806	1807	1808	1809	1810	1811	1812	1813	1814	1815	1816	1817	1819	1820	1821	1822	1823	1823年春	1823年秋	1824年春	1824年秋	1825年春	備考
トチマ商人	Самыловский サムィロフスキー																							≡					
トチマ第3ギルド	Уланов, Иван Васильевич イヴァン・ヴァシリエヴィチ・ウラノフ																							≡	≡	≡		≡	
トチマ商人	Холодилов, Алексей Григорьевич アレクセイ・グリゴリエヴィチ・ホロジロフ				○	■	▒	■	■	■	■																		
トチマ商人	Холодилов, Федор Прокопьевич フョードル・プロコピエヴィチ・ホロジロフ			○													▒	▒	○	▒	▒	▒	▒						
トチマ商人	Чекалев チェカリョフ												▒																アウグセンチー・イヴァノヴィチ，1810年代ヤクーツク移住
トチマ商人	Щергин, Иван イヴァン・シチェルギン			○																									
ヴェリコウスチュグ商人	Басин, Прокопей プロコペイ・バシン				○	▒	▒	▒	▒	▒	▒	▒	▒	▒	▒	▒	▒												
ヴェリコウスチュグ商人	Басин, Иван Прокопьевич イヴァン・プロコピエヴィチ・バシン														▒	▒	▒	▒	○	▒	▒	▒							1841-1848年イルクーツク第3ギルド(ヤクーチヤの毛皮取引)
ヴェリコウスチュグ商人	Баушев, Семен セミョン・バウシェフ			○																									
ヴェリコウスチュグ商人	Булдаков, Иван Осипович イヴァン・オシポヴィチ・ブルダーコフ	▒	▒	○																						≡			
ヴェリコウスチュグ商人	Булдаковы, Михайл и Андрей ミハイル・ブルダーコフ，アンドレイ・ブルダーコフ				○										■														
ヴェリコウスチュグ商人	Булдаков ブルダーコフ					■	■	■	■	■	■	■	■												≡		≡		
ヴェリコウスチュグ第3ギルド	Булдакова, Любовь リュボフ・ブルダーコヴァ																											≡	
ヴェリコウスチュグ第1ギルド	Булдаков, Петр и Матвей ピョートル・ブルダーコフ，マトヴェイ・ブルダーコフ												▒																息子アレクセイ・ペトロヴィチ，1832年イルクーツク第3ギルド

出自・身分	商人名	年																											備考
		1790	1791	1793	1798	1805	1806	1807	1808	1809	1810	1811	1812	1813	1814	1815	1816	1817	1819	1820	1821	1822	1823	1823年春	1823年秋	1824年春	1824年秋	1825年春	
ヴェリコウスチュグ商人	Булдаков, Иван Петрович イヴァン・ペトロヴィチ・ブルダーコフ															■													
ヴェリコウスチュグ商人	Грязнухин, Александр Васильевич アレクサンドル・ヴァシリエヴィチ・グリャズヌーヒン																■	■	○	■	■		■			▤	▤		
ヴェリコウスチュグ商人(ソリヴィチェゴツク商人イヴァン・アダモフ手代)	Грязнухин, Иван イヴァン・グリャズヌーヒン																					■						▤	
ヴェリコウスチュグ商人	Климшин, Василий ヴァシリー・クリムシン					■	■																						
ヴェリコウスチュグ商人	Мургин, Василий ヴァシリー・ムルギン					■																							
ヴェリコウスチュグ商人	Саблин, Александр アレクサンドル・サブリン			○	○																								
ヴェリコウスチュグ商人	Сутягин (Сутегин), Николай ニコライ・スチャーギン(ステギン)																		○	■	■	■							
ヴェリコウスチュグ商人	Шилов, Василий ヴァシリー・シロフ				○																								
ラリスク商人	Максимов, Василий Афанасьевич ヴァシリー・アファナシエヴィチ・マクシモフ	■		○							■	■	■	■	■	■	■	■	○	■	■			▤					
ソリヴィチェゴツク	Губкин, Ерик エリク・グーブキン			○																									
ソリヴィチェゴツク	Жданов, Алексей Козьмич アレクセイ・コズミチ・ジダーノフ	■		○																									
ソリヴィチェゴツク	Жданов, Иван Андреевич イヴァン・アンドレーヴィチ・ジダーノフ						■	■	■	■	■	■	■																
ソリヴィチェゴツク	Мелентьев, Степан ステパン・メレンチエフ				○																								

出自・身分	商人名	年																											備考
		1790	1791	1793	1798	1805	1806	1807	1808	1809	1810	1811	1812	1813	1814	1815	1816	1817	1819	1820	1821	1822	1823	1823年春	1823年秋	1824年春	1824年秋	1825年春	
ソリヴィチェゴツク	Муксунов, Николай ニコライ・ムスクノフ				○																								
ソリヴィチェゴツク第3ギルド	Овчиников オフチニコフ																												
ソリヴィチェゴツク	Пенежинков ペネジンコフ																												
ソリヴィチェゴツク	Пьянков, Василей Иванович ヴァシーレイ・イヴァノヴィチ・ピヤンコフ																												
ソリヴィチェゴツク商人	Пьянков, Степан Иванович ステパン・イヴァノヴィチ・ピヤンコフ																												
ヤレンスク商人	Попов ポポフ																												
ソリカムスク商人	Лапин, Иван イヴァン・ラーピン				○																								
タラ・ブハラ人	Ширбинин, Ранбик ランビク・シルビニン																												
トボリスク商人	Пиленков, Николай ニコライ・ピレンコフ																												キャフタ貿易とニジェゴロド定期市に参加
トムスク商人息子	Баранов, Иван Филипович イヴァン・フィリポヴィチ・バラーノフ																		○										
トムスク第3ギルド	Воронин, Алексей アレクセイ・ヴォローニン																												
シャドリノ第1ギルド	Фетков, Федор Игнатьевич フョードル・イグナチエヴィチ・フェトコフ																												
エニセイスク商人	Тропин, Лаврентей ラヴレンチェイ・トロピン																												
エニセイスク町人	Скорников, Ефим エフィム・スコルニコフ																												1842年エニセイスク商人
キレンスク商人	Ширяев, Семен Семенович セミョン・セミョノヴィチ・シリャーエフ																												1821年イルクーツク第3ギルド

出自・身分	商人名	年																											備考
		1790	1791	1793	1798	1805	1806	1807	1808	1809	1810	1811	1812	1813	1814	1815	1816	1817	1819	1820	1821	1822	1823	1823年春	1823年秋	1824年春	1824年秋	1825年春	
キレンスク商人	Ширяев, Дмитрий Семенович ドミートリー・セミョノヴィチ・シリャーエフ																		○										1821年イルクーツク第3ギルド
?	Бобокин ボボキン																												
?	Гулов グーロフ					■	■																						
?	Мурза ムルザ																												

出典：
1790, 1791年：ГАИО. Ф. 70. Оп. 1. Д. 1126. Л. 1-об., 36, 195, 196.
1793年：ГАИО. Ф. 70. Оп. 1. Д. 1158. Л. 49-об.
1798年：ГАИО. Ф. 70. Оп. 1. Д. 1199. Л. 18-19.
1805年：ГАИО. Ф. 70. Оп. 1. Д. 1394. Л. 61-об.
1811, 1812, 1813年：ГАИО. Ф. 70. Оп. 1. Д. 1569. Л. 17-18.
1816年：ГАИО. Ф. 70. Оп. 1. Д. 1810. Л. 15-15об.
1817年：ГАИО. Ф. 70. Оп. 1. Д. 1975. Л. 18-об.
1819年：ГАИО. Ф. 70. Оп. 1. Д. 2019. Л. 22-23об.; РГИА. Ф. 18. Оп. 4. Д. 143. Л. 5об.-6.
1820, 1821, 1822年：ГАИО. Ф. 70. Оп. 1. Д. 2074. Л. 4-об., 8-об., 17.
1823, 1824, 1825年：ГАИО. Ф. 70. Оп. 1. Д. 2350. Л. 2об., 43об., 50, 59-об., 66.

巻末添付表4　イルクーツク・ギルド商人表(1791-1837年)

■第1ギルド　▒第2ギルド　░第3ギルド　➡資金・家系の流れ
＊年度途中のギルド登録・離脱，もしくは記録のないものがある年。

名前	出自	構成員	年 1791	1792	1793	1796	1797	1798	1799	1801	1803	1805	1808	1809	1810	1811	1812	1813	1814	1815	1816	1817	1818	1819	1820	1821	1822	1823	1824	1825	1828	1834	1836	1837	その後・備考
Абрамов, Павел Павлович パーヴェル・パヴロヴィチ・アブラーモフ	ウラジーミル県農民(※)	息子アレクサンドル，マトヴェイ																																	
Авдеев (Овдеев), Петр Иванович ピョートル・イヴァノヴィチ・アヴデーエフ(オヴデーエフ)	イルクーツク商人息子	(1796年-)息子ピョートル																																	ピョートル，1790-1792年市マギストラートのブルゴミストル，1799-1801年市長。同，息子ピョートル，ピョートル息子で孫のアンドレイ，1813年破産，町人。息子ピョートル妻カテリーナ，1816年第3ギルド
Авдеева, Катерина Алексеевна カテリーナ・アレクセーエヴナ・アヴデーエヴァ(ピョートル・ペトロヴィチ妻)	イルクーツク商人未亡人	息子アンドレイ，インノケンチェイ，ピョートル																																	息子アンドレイ，インノケンチェイ，ピョートル，1818年町人。1820年クールスク移住
Аксенов (Оксенов), Яков Васильевич ヤコフ・ヴァシリエヴィチ・アクショーノフ(オクショーノフ)	不明	1人																																	
Артенов, Петр ピョートル・アルテノフ	ネジン・ギリシャ人	(1803年)遠縁・養子イヴァン																																	養子イヴァン，1803年1月10日に登録削除。ピョートル，1808年町人

名前	出自	構成員	年 1791	1792	1793	1796	1797	1798	1799	1801	1803	1805	1808	1809	1810	1811	1812	1813	1814	1815	1816	1817	1818	1819	1820	1821	1822	1823	1824	1825	1828	1834	1836	1837	その後・備考
Бабушкин, Михайло Дмитрьевич ミハイロ・ドミートリエヴィチ・バーブシキン	不明	(1796年)息子フョードル登録																																	ミハイロ，1798年町人
Баженов, Григорей Савович グリゴレイ・サヴォヴィチ・バジェーノフ	イルクーツク商人	息子イヴァン，グリゴレイ(1783年没，-1793年)，ヴァシーレイ(1796年-，1813年没)。(1813年-)イヴァン息子で孫のヴァシーレイ，アンドレイ																																	グリゴレイ，1784-1786年イルクーツク市マギストラート顧問，1796-1802年イルクーツク市長，1814年没。息子イヴァン，1817年第3ギルド
Баженов, Иван Григорьевич イヴァン・グリゴリエヴィチ・バジェーノフ(グリゴレイ・サヴォヴィチ息子)	イルクーツク商人息子	息子ヴァシーレイ，アンドレイ，グリゴレイ																																	イヴァン，息子ヴァシーレイ，アンドレイ，グリゴレイ，1823年町人
Баженов (Базанов), Иван Филипович イヴァン・フィリポヴィチ・バジェーノフ(バザーノフ)	トムスク商人	1人																													*				1828年当初トムスク商人からイルクーツク・ギルド登録(1834年全国人口調査)
Байбородин, Иван Ильич イヴァン・イリイチ・バイボロディン	イルクーツク同業組合員	1人																																	イヴァン，息子インノケンチー，1813年町人
Бакуринской, Нестер Осипович ネステル・オシポヴィチ・バクリンスコイ	ポーランド・シュリャフタ	1人																																	ゴリコフ・シェリホフ会社およびロシア・アメリカ会社船勤務，1798年町人
Балакшин, Степан Гаврилович ステパン・ガヴリーロヴィチ・バラクシン	イルクーツク町人	(1796年-)息子アレクンサンドル，ドミートレイ。(1814年のみ)息子コンスタンチン																	*																ステパン，1813年没。同，息子アレクサンドル，コンスタンチン，1814年町人登録後，2月18日第3ギルド再登録，同年イリムスク商人

名前	出自	構成員	年																																その後・備考
			1791	1792	1793	1796	1797	1798	1799	1801	1803	1805	1808	1809	1810	1811	1812	1813	1814	1815	1816	1817	1818	1819	1820	1821	1822	1823	1824	1825	1828	1834	1836	1837	
Балакшин, Степан Пахомович ステパン・パホモヴィチ・バラクシン	イルクーツク町人	息子イリヤ																																	1798 年町人へ
Балакшин, Никифор ニキーフォル・バラクシン	イルクーツク商人	1人																																	
Барабанщиков, Петр ピョートル・バラバンシコフ	イルクーツク町人	息子イリヤ。イリヤ息子で孫のプロコペイ，マクシム，デメンチェイ																																	ピョートル，1796 年没。息子イリヤ，1798 年第 3 ギルド
Барабанщиков, Илья Петрович イリヤ・ペトロヴィチ・バラバンシコフ(ピョートル息子)	イルクーツク商人息子	父ピョートル(1796 年没，1810 年削除)。息子プロコペイ，マクシム，デメンチェイ																																	イリヤと息子プロコペイ，マクシム，デメンチェイ，マクシム息子で孫のドミートレイ，ニコライ，1813 年町人
Басин, Иван Прокопьевич イヴァン・プロコピエヴィチ・バシン	ヴェリコウスチュグ商人息子	息子プロコピー(1836 年)																																	1831 年ヴェリコウスチュグ商人息子からイルクーツク第 3 ギルド登録(1834 年全国人口調査)
Баснин, Тимофей Максимович チモフェイ・マクシモヴィチ・バスニン	イリムスク商人	息子ヴァシーレイ，ニコライ，ドミートレイ，ピョートル。(1796 年)ニコライ息子で孫のニコライ登録																																	チモフェイ，1789 年イリムスクからイルクーツク第 3 ギルド登録，1797 年没。息子ニコライ，1801 年第 3 ギルド
Баснин, Николай Тимофеевич ニコライ・チモフェーヴィチ・バスニン(チモフェイ息子)	イルクーツク商人息子	父チモフェイ(1797 年没)。兄ヴァシーレイ(1804 年没，1810 年町人)，弟ドミートレイ，ピョートル。ヴァシーレイ息子で甥のニコライ(1803-1809 年登録，1810 年町人)。(-1813 年なし)息子ニコライ																																	ニコライ，1803 年第 2 ギルド，1806 年第 1 ギルド，1807 年第 2 ギルド，1814 年キャフタ商人

名前	出自	構成員	年 1791	1792	1793	1796	1797	1798	1799	1801	1803	1805	1808	1809	1810	1811	1812	1813	1814	1815	1816	1817	1818	1819	1820	1821	1822	1823	1824	1825	1828	1834	1836	1837	その後・備考
Баушев, Иван イヴァン・バウシェフ	クールスク商人	庶子ピョートル	▓	▓	▓	▓	░																												イヴァン，1796年没。庶子ピョートル，1798年第3ギルド
Баушев, Петр ピョートル・バウシェフ（イヴァン養子）	イルクーツク商人息子	父イヴァン（1796年没）					→	░	░																										ピョートル，1801年町人
Бебякин, Семен セミョン・ベビャーキン	イルクーツク町人（※）	兄弟アンドレイ											░																						セミョン，兄弟アンドレイ，1809年町人
Безносиков, Иван Иванович イヴァン・イヴァノヴィチ・ベズノシコフ	イルクーツク町人	息子ヤコフ，ピョートル						░	░	░	░	░																							キャフタ商品の卸売に従事
Безруков, Василей Иванович ヴァシーレイ・イヴァノヴィチ・ベズルコフ	イルクーツク町人	息子フョードル，ヴァシーレイ（没），甥フョードル										░																							
Белоголовый (Белоголовых), Гаврило Спиридонович ガヴリーロ・スピリドノヴィチ・ベロゴローヴィー（ベロゴローヴィフ）	イルクーツク商人息子	兄弟ヴァシーレイ（1810年独立）。（1813年-）息子ニコライ。（1817年-）息子アレクサンドル，パーヴェル										░	░	■	■	■	■	░	■	■	■	■	■	■	■	■	░								1808年，第3ギルド記載と第1ギルド記載の両方有り。ガヴリーロ，1823年没。同，息子ニコライ，アレクサンドル，パーヴェル，同年町人
Белоголовый (Белоголовых), Василей Спиридонович ヴァシーレイ・スピリドノヴィチ・ベロゴローヴィー（ベロゴローヴィフ）（ガヴリーロ・スピリドノヴィチ兄弟）	商人兄弟	息子アンドレイ（1813年-）												→	░	░	░	░	░	░	░	░	░	░	░	░									ヴァシーレイ，1822年債務不履行により町人移動。妻カテリーナ，アンドレイ，同年第3ギルド

名前	出自	構成員	年 1791	1792	1793	1796	1797	1798	1799	1801	1803	1805	1808	1809	1810	1811	1812	1813	1814	1815	1816	1817	1818	1819	1820	1821	1822	1823	1824	1825	1828	1834	1836	1837	その後・備考
Белоголовая (Белоголовых), Катерина Ивановна カテリーナ・イヴァノヴナ・ベロゴローヴァヤ(ベロゴローヴィフ)(ヴァシーレイ・スピリドノヴィチ妻，アンドレイ・ヴァシリエヴィチ義母)	イルクーツク商人未亡人	息子アンドレイ																																	カテリーナ，1825年町人。息子アンドレイ，同年第3ギルド
Белоголовый (Белоголовых), Андрей Васильевич アンドレイ・ヴァシリエヴィチ・ベロゴローヴィー(ヴァシーレイ・スピリドノヴィチ息子)	イルクーツク商人息子	息子アンドレイ(1834年-)，ニコライ(1836年-)，アポロニー(アポロン，1837年-)																																	アンドレイ，1859年第1ギルド，1860年没。息子アンドレイ，アポロン，第1ギルド
Белозеров, Иван Михайлович イヴァン・ミハイロヴィチ・ベロゼロフ	イルクーツク町人	息子ヴァシーレイ，マトヴェイ，アファナセイ																																	イヴァン，1805年没。息子ヴァシーレイ，1808年第3ギルド
Белозеров, Василей Иванович ヴァシーレイ・イヴァノヴィチ・ベロゼロフ(イヴァン・ミハイロヴィチ息子)	イルクーツク商人息子	父イヴァン(1805年没，-1812年)。兄弟マトヴェイ，アファナセイ。(1814年-)息子ミハイロ																																	母フォクラ・ヤコヴレヴナ，1817年第3ギルド
Белозерова, Фекла Яковлевна フォクラ・ヤコヴレヴナ・ベロゼロヴァ(イヴァン・ミハイロヴィチ妻)	イルクーツク商人未亡人	息子ヴァシーレイ，マトヴェイ，アファナセイ。ヴァシーレイ息子で孫のミハイロ。マトヴェイ息子で孫のアンドレイ																																	息子マトヴェイ，1819年第3ギルド

名前	出自	構成員	年																																その後・備考
			1791	1792	1793	1796	1797	1798	1799	1801	1803	1805	1808	1809	1810	1811	1812	1813	1814	1815	1816	1817	1818	1819	1820	1821	1822	1823	1824	1825	1828	1834	1836	1837	
Белозеров, Матвей Иванович マトヴェイ・イヴァノヴィチ・ベロゼロフ(イヴァン・ミハイロヴィチ息子，ヴァシーレイ・イヴァノヴィチ弟)	イルクーツク商人息子	兄ヴァシーレイ，弟アファナセイ。ヴァシーレイ息子で甥のミハイロ。息子アンドレイ																					→	■	■	■	■								マトヴェイ，兄ヴァシーレイ，弟アファナセイ，甥ミハイロ，息子アンドレイ，1823年町人
Белозеров, Демид Михайлович デミド・ミハイロヴィチ・ベロゼロフ	イルクーツク町人	息子イヴァン，デミド											■	■	■	■	■	■	■ *	■	■														デミド，1813年没。デミド家族，1814年町人記載の後，2月18日第3ギルド登録。息子イヴァン，1817年第3ギルド
Белозеров, Иван Демидович イヴァン・デミドヴィチ・ベロゼロフ(デミド・ミハイロヴィチ息子)	イルクーツク商人息子	弟デミド																			→	■	■	■	■	■	■								イヴァン，1822年没。同，弟デミド，1823年町人
Белых, Яков ヤコフ・ベールィフ	イルクーツク町人	兄弟マクシム，息子イヴァン					■	■	■	■																									ヤコフ，1786年町人人頭税徴収責任者，1803年町人
Бережников, Иван イヴァン・ベレジニコフ	イルクーツク町人(※)(商人息子)	1人									■	■	■																						イヴァン，1794年第3ギルド，1809年町人
Березин, Николай Алексеевич ニコライ・アレクセーヴィチ・ベレジン	イルクーツク商人息子	兄弟イヴァン，ピョートル，ガヴリーロ。イヴァン息子フョードル，ピョートル	■	■																															兄イヴァン，1793年第3ギルド，ピョートル，1801年第3ギルド。弟ガヴリーロ，1796年第3ギルド

名前	出自	構成員	年																																その後・備考
			1791	1792	1793	1796	1797	1798	1799	1801	1803	1805	1808	1809	1810	1811	1812	1813	1814	1815	1816	1817	1818	1819	1820	1821	1822	1823	1824	1825	1828	1834	1836	1837	
Березин, Иван Алексеевич イヴァン・アレクセーヴィチ・ベレジン(ニコライ・アレクセーヴィチ兄)	イルクーツク商人兄弟(息子)	息子フョードル，ピョートル。弟ガヴリーロ(1800年没)。(1801-1803年，1805年独立)ガヴリーロ息子で甥のイリヤ，ヴァシーレイ																																	イヴァン，息子フョードル，ピョートル，1809年町人
Березин, Гаврило Алексеевич ガヴリーロ・アレクセーヴィチ・ベレジン(ニコライ・アレクセーヴィチ兄弟)	イルクーツク商人兄弟(息子)	兄イヴァンとその息子で甥のフョードル，ピョートル。息子イリヤ，ヴァシーレイ																																	ガヴリーロ，1800年没。息子イリヤ，1805年第3ギルド
Березин, Илья Гаврилович イリヤ・ガヴリーロヴィチ・ベレジン(ガヴリーロ・アレクセーヴィチ息子)	イルクーツク商人甥(息子)	父ガヴリーロ(1800年没)。兄弟ヴァシーレイ																																	イリヤ，父ガヴリーロ(没)，ヴァシーレイ，1812年町人
Березин, Василей Гаврилович ヴァシーレイ・ガヴリーロヴィチ・ベレジン(ガヴリーロ・アレクセーヴィチ息子)	イルクーツク町人(商人息子)	息子ヴァシーレイ(1834年-)，インノケンチー(1836年-)																												*					ヴァシーレイ，1825年イルクーツク町人から第3ギルド登録(1834年全国人口調査)
Березин, Петр Алексеевич ピョートル・アレクセーヴィチ・ベレジン(ニコライ・アレクセーヴィチ兄)	イルクーツク商人兄弟(息子)	息子グリゴレイ，パーヴェル(※1799年の構成不明)																																	息子パーヴェル，1809年イルクーツク町人。息子グリゴレイ，1809年バラガンスク町人

名前	出自	構成員	年																																その後・備考
			1791	1792	1793	1796	1797	1798	1799	1801	1803	1805	1808	1809	1810	1811	1812	1813	1814	1815	1816	1817	1818	1819	1820	1821	1822	1823	1824	1825	1828	1834	1836	1837	
Березин, Григорей Петрович グリゴレイ・ペトロヴィチ・ベレジン(ピョートル・アレクセーヴィチ息子)	ヤンジンスク農民	父ピョートル・アレクセーヴィチ没(1808年記載，1802年没)。弟パーヴェル(-1807年まで，1808年町人)																																	グリゴレイ，父ピョートル，1809年町人，同年バラガンスク町人。グリゴレイ息子イヴァン，1848年トムスク第3ギルド
Бесперстых (Безперстов), Василей Петрович ヴァシーレイ・ペトロヴィチ・ベスペルスティフ(ベスペルストフ)	イルクーツク町人(※)	息子イヴァン，アガファイル(1827年没，同年町人，1828年記載)，レオンチェイ(レオンチー，レフ)，ピョートル。(1836年-)故アガファイル息子で孫のレフ，アファナセイ																																	
Бобков, Абрам Данирович アブラム・ダニーロヴィチ・ボブコフ	ヴァズニキ国有地農民	1人																									*								1822年ヴァズニキ国有地農民からイルクーツク・ギルド登録(1834年全国人口調査)，1834年トムスク他都市商人，のち同第2ギルド
Болшаков, Иван Васильевич イヴァン・ヴァシリエヴィチ・ボルシャコフ	ヤクーツク町人	息子セミョン																																	1798年町人
Бородин, Иван Михайлович イヴァン・ミハイロヴィチ・ボロディン	モスクワ商人息子	1人																																	1832年モスクワ商人息子からイルクーツク・ギルド登録(1834年全国人口調査)
Бречалов, Григорей Николаевич グリゴレイ・ニコラエヴィチ・ブレチャロフ	イルクーツク商人息子	息子アレクセイ，小アレクセイ，イヴァン，エフィム，コンスタンチン																																	アレクセイ，1791年没。1797年息子小アレクセイがギルド登録

名前	出自	構成員	年																																その後・備考
			1791	1792	1793	1796	1797	1798	1799	1801	1803	1805	1808	1809	1810	1811	1812	1813	1814	1815	1816	1817	1818	1819	1820	1821	1822	1823	1824	1825	1828	1834	1836	1837	
Бречалов, Алексей Григорьевич (小)アレクセイ・グリゴリエヴィチ・ブレチャロフ(グリゴレイ・ニコラエヴィチ息子)	イルクーツク商人息子	兄アレクセイ(1805年以前没), イヴァン, エフィム																																		1801年母マリヤ・フョードロヴナ, アレクセイ, 兄弟アレクセイ, イヴァン, フィリップ町人。アレクセイ, 1807年町人
Брянской (Брянских), Филип フィリップ・ブリャンスコイ(ブリャンスキフ)	不明	息子ニコライ, アレクセイ(1791年のみ), ヴァシーレイ(1792年登録), ヤコフ。ニコライ息子ステパン																																		フィリップ, 1787年没
Брянской, Василей Филипович ヴァシーレイ・フィリポヴィチ・ブリャンスコイ(フィリップ息子)	イルクーツク商人息子	兄弟ニコライ, ヤコフ。ニコライ息子で甥のフィリップ, イポリート, ドミートレイ																																		ヴァシーレイと兄弟, 1797年町人。兄ニコライ, 1798年第3ギルド再登録
Брянской (Брянских), Николай Филипович ニコライ・フィリポヴィチ・ブリャンスコイ(ブリャンスキフ)(フィリップ息子, ヴァシーレイ・フィリポヴィチ兄弟)	イルクーツク商人兄弟(息子)	(-1809年, 1810年町人)兄弟ヴァシーレイ, ヤコフ。息子フィリップ, イポリート, ドミートレイ(1809年以前没, -1812年), フィラレート(1814-1834年)。フィリップ息子で孫のニコライ(1814年-), ヤコフ(1834年-)。(1834年-)イポリート息子で孫のインノケンチー, イポリート, 故フィラレート息子で孫のインノケンチー, ピョートル																																		孫ピョートル, 19世紀後半第1ギルド

名前	出自	構成員	年																																その後・備考
			1791	1792	1793	1796	1797	1798	1799	1801	1803	1805	1808	1809	1810	1811	1812	1813	1814	1815	1816	1817	1818	1819	1820	1821	1822	1823	1824	1825	1828	1834	1836	1837	
Брянской, Яков Филипович ヤコフ・フィリポヴィチ・ブリャンスコイ(フィリップ・ニコラエヴィチ息子)	イルクーツク町人(商人息子)	息子ピョートル，コジズマ，フョードル，アルセニエイ，ラヴル，アンドレヤン。ピョートル息子で孫のイヴァン，ラヴル，ドミートリー(ドミートレイ)，アルセニー																																	
Брянцев (Брянцов), Андрей アンドレイ・ブリャンツェフ(ブリャンツォフ)	不明	1人																																	1798年町人
Булдаков (Балдаков), Афанасей アファナセイ・ブルダーコフ(バルダコフ)	イルクーツク町人	息子ミハイロ																																	アファナセイ，ミハイロ，1811年町人
Булдаков (Балдаков), Михайло Афанасьевич ミハイロ・アファナシエヴィチ・ブルダーコフ(バルダコフ)	イルクーツク町人(商人息子)	息子アンドレヤン																																	1832年イルクーツク町人から第3ギルド登録(1834年全国人口調査)，1840年代第2ギルド
Булдаков, Василей Иванович ヴァシーレイ・イヴァノヴィチ・ブルダーコフ	イルクーツク町人(商人息子)	1人																																	1811年町人
Булдаков, Алексей Петрович アレクセイ・ペトロヴィチ・ブルダーコフ	ヴェリコウスチュグ商人	1人																															*			1832年ヴェリコウスチュグ商人からイルクーツク第3ギルド登録，1833年記載(1834年全国人口調査)

名前	出自	構成員	年																																その後・備考
			1791	1792	1793	1796	1797	1798	1799	1801	1803	1805	1808	1809	1810	1811	1812	1813	1814	1815	1816	1817	1818	1819	1820	1821	1822	1823	1824	1825	1828	1834	1836	1837	
Бурдачев, Петр Маркович ピョートル・マルコヴィチ・ブルダチェフ	イルクーツク町人(商人息子)	息子パーヴェル，パーヴェル息子で孫のセミョン																																	ピョートル，1758年キャフタ税関売店商品管理官(ラリョーシヌィ)，汚職容疑で鞭打ち刑
Бутыгин, Иван Матвеевич イヴァン・マトヴェーヴィチ・ブティギン	イルクーツク町人	息子アンドレイ																																	イヴァン，1809年没。息子アンドレイ，1812年第3ギルド
Бутыгин, Андрей Иванович アンドレイ・イヴァノヴィチ・ブティギン(イヴァン・マトヴェーヴィチ息子)	イルクーツク商人息子	父イヴァン																																	アンドレイ，1813年町人
Васенин, Гурий Ильич グリー・イリイチ・ヴァセニン	不明	息子イリヤ																																	グリー，1840-1843年キャフタ第3ギルド
Ведениктов (Веденников), Андрей Евсеевич アンドレイ・エフセーヴィチ・ヴェデニクトフ(ヴェデニコフ)	イルクーツク町人	息子アファナシー(アファナセイ)																																	1832年イルクーツク町人からギルド登録(1834年全国人口調査)
Векшин, Алексей アレクセイ・ヴェクシン	イルクーツク町人(※)	息子アレクサンドル，グリゴレイ，ガヴリーロ																																	アレクセイ，1809年没
Векшин, Александр Алексеевич アレクサンドル・アレクセーヴィチ・ヴェクシン(アレクセイ息子)	イルクーツク商人息子	兄弟グリゴレイ(1823年没，-1825年)，ガヴリーロ(1823年独立)，イヴァン(1828年独立)，フョードル(-1825年)																																	

名前	出自	構成員	年																																その後・備考
			1791	1792	1793	1796	1797	1798	1799	1801	1803	1805	1808	1809	1810	1811	1812	1813	1814	1815	1816	1817	1818	1819	1820	1821	1822	1823	1824	1825	1828	1834	1836	1837	
Векшин, Иван Алексеевич イヴァン・アレクセーヴィチ・ヴェクシン(アレクセイ息子，アレクサンドル兄弟)	イルクーツク商人兄弟(息子)	兄弟グリゴレイ(1823年没，1828年)，フョードル(-1836年，1837年独立)																																	1825年共同資本からイルクーツク・ギルド登録(1834年全国人口調査)
Векшин, Федор Алексеевич フョードル・アレクセーヴィチ・ヴェクシン(アレクセイ息子，アレクサンドル兄弟)	イルクーツク商人兄弟(息子)	1人																																	
Векшин, Гаврило Алексеевич ガヴリーロ・アレクセーヴィチ・ヴェクシン(アレクセイ息子，アレクサンドル兄弟)	イルクーツク商人兄弟(息子)	(1836年-)息子ミハイロ，ニキーフォル。(1837年)同アレクセイ																																	1823年イルクーツク商人兄弟からギルド登録(1834年全国人口調査)
Верхотуров, Марко (Марк) Алексеевич マルコ(マルク)・アレクセーヴィチ・ヴェルホトゥーロフ	コルィヴァン商人	1人																																	1808年町人？
Винтовкин, Степан Андреевич ステパン・アンドレーヴィチ・ヴィントフキン	イルクーツク商人息子	息子ヴァシーレイ，ピョートル，イヴァン																																	ステパン，1791年(1792年？)没。息子ヴァシーレイ，1796年第3ギルド
Винтовкин, Василей Степанович ヴァシーレイ・ステパノヴィチ・ヴィントフキン	イルクーツク商人息子	兄弟ピョートル(1802年没)，イヴァン																																	ヴァシーレイとその家族，1806年町人

名前	出自	構成員	年																																その後・備考
			1791	1792	1793	1796	1797	1798	1799	1801	1803	1805	1808	1809	1810	1811	1812	1813	1814	1815	1816	1817	1818	1819	1820	1821	1822	1823	1824	1825	1828	1834	1836	1837	
Власова, Фекла Лукина フョクラ・ルキナ・ヴラソヴァ	イルクーツク商人母	息子ヴァシーレイ(ヴァシリー)，ヤコフ，パーヴェル(-1828年)，イヴァン(-1828年)。(1836年-)ヤコフ息子で孫のパーヴェル，イヴァン，ピョートル，セミョン，パーヴェル息子で孫のニコライ，アレクサンドル(1837年-)，イヴァン息子で孫のルカ																																	ギルド残留
Власов, Василей Иванович ヴァシーレイ・イヴァノヴィチ・ヴラソフ(フョクラ・ルキナ息子)	イルクーツク同業組合員	兄弟ヤコフとその息子で甥のパーヴェル，イヴァン，ピョートル，セミョン。パーヴェル息子で甥のニコライ，アレクサンドル。イヴァン息子で甥のルカ。(※1824年の構成不明)																											*						1824年イルクーツク同業組合員からギルド登録(1834年全国人口調査)
Воронин, Петр ピョートル・ヴォローニン	イルクーツク町人	兄弟ネステル																																	ピョートル，兄弟ネステル，1809年町人
Ворошилов, Афанасей Федорович アファナセイ・フョードロヴィチ・ヴォロシロフ	イルクーツク町人(商人息子)	1人																																	1817年町人
Вязмин, Иван Михайлович イヴァン・ミハイロヴィチ・ヴャズミン	イルクーツク町人(商人息子)	息子ニコライ，イヴァン，ヴァシーレイ																																	イヴァン，1793年町人民警十人長選出，1811年没。息子ニコライ，イヴァン，ヴァシーレイ，イヴァン息子で孫のグレゴレイ，フョードル，1813年町人

名前	出自	構成員	年 1791	1792	1793	1796	1797	1798	1799	1801	1803	1805	1808	1809	1810	1811	1812	1813	1814	1815	1816	1817	1818	1819	1820	1821	1822	1823	1824	1825	1828	1834	1836	1837	その後・備考
Герасимов, Мокеи Герасимович モケイ・ゲラシモヴィチ・ゲラシモフ	イルクーツク町人	息子パーヴェル，イヴァン。(1834年-)息子ニカンドル，ガヴリーロ，ピョートル，パーヴェル息子で孫のアレクサンドル，パーヴェル，ヴァシリー(ヴァシーレイ)，ニカンドル。パーヴェル息子で孫のニコライ(1836年-)，ミハイロ(1837年-)																																	息子パーヴェル，1851年第1ギルド
Горнишных, Гаврило Сергеевич ガヴリーロ・セルゲーヴィチ・ゴルニーシニヌィフ	イルクーツク同業組合員	息子ミハイロ																																	ガヴリーロ，ミハイロ，1812年町人
Горновской, Семен セミョン・ゴルノフスコイ	イルクーツク町人	息子アレクサンドル，アサフ																																	町人へ
Гранин, Григорей Петрович グリゴレイ・ペトロヴィチ・グラニン	キャフタ商人	1人																																	1826年キャフタ商人からイルクーツク・ギルド登録(1834年全国人口調査)，1830年没
Давыдов, Иван Михайлович イヴァン・ミハイロヴィチ・ダヴィドフ	イルクーツク商人	息子プロコペイとその息子で孫のイヴァン，ステパン																																	イヴァン，1792年没。息子プロコペイ，1796年第3ギルド
Давыдов, Прокопей Иванович プロコペイ・イヴァノヴィチ・ダヴィドフ(イヴァン・ミハイロヴィチ息子)	イルクーツク商人息子	息子イヴァン(1800年没)，ステパン(-1801年)											*																						プロコペイ，1786年口頭裁判所に選出。プロコペイ，イヴァン(没)，1811年町人

名前	出自	構成員	年																																その後・備考
			1791	1792	1793	1796	1797	1798	1799	1801	1803	1805	1808	1809	1810	1811	1812	1813	1814	1815	1816	1817	1818	1819	1820	1821	1822	1823	1824	1825	1828	1834	1836	1837	
Данилогорских (Данирогородских), Николай Афанасьевич ニコライ・アファナシエヴィチ・ダニロゴルスキフ(ダニロゴロツキフ)	イルクーツク町人	息子ニコライ(1827年没，1828年-)。(1834年-)息子ステパン，ヴァシーレイ，ピョートル，プロコペイ。兄弟ミハイロ(1828年)，アファナセイ(1828年)，インノケンチェイ(インノケンチー，1828年-)																												*					1825年イルクーツク町人からギルド登録(1834年全国人口調査)。1836年妻マリヤ・プロコピエヴナ，第3ギルド
Данилогорских, Марья Прокопьевна マリヤ・プロコピエヴナ・ダニロゴルスキフ(ニコライ・アファナシエヴィチ妻)	イルクーツク商人未亡人	息子ステパン，ヴァシリー(ヴァシーレイ)，ピョートル，プロコピー(プロコペイ)																																	
Дехтех (Дектех), Максим Иванович マクシム・イヴァノヴィチ・デフテフ(デクテフ)	イルクーツク商人	兄弟セミョン(1783年没，-1793年)，イリヤ(1792年没，-1793年)																																	マクシム，1789-1791年市マギストラートのラトマン
Дехтех (Дектех), Дмитрей Григорьевич ドミートレイ・グリゴリエヴィチ・デフテフ(デクテフ)	イルクーツク町人	1人																												*					1825年イルクーツク町人からギルド登録(1834年全国人口調査)，1834年没
Донских (Донской), Яков Петрович ヤコフ・ペトロヴィチ・ドンスキフ(ドンスコイ)	イルクーツク町人	(1813年-)息子ヴァシーレイ(ヴァシリー)，アレクサンドル。(1817年-)息子ミハイロ(ミハイル)。アレクサンドル息子で孫のインノケンチー(1836年-)，同ピョートル																																	ドン・コサック出身シベリア流刑囚ステパン・ドンスキフ子孫，第4世代

名前	出自	構成員	年																																その後・備考
			1791	1792	1793	1796	1797	1798	1799	1801	1803	1805	1808	1809	1810	1811	1812	1813	1814	1815	1816	1817	1818	1819	1820	1821	1822	1823	1824	1825	1828	1834	1836	1837	
Дудоровской (Дудоровский), Федор Яковлевич フョードル・ヤコヴレヴィチ・ドゥドロフスコイ(ドゥドロフスキー)	イルクーツク商人息子	息子ステパン，イヴァン，フョードル，アファナセイ(1791年のみ)，イヴァン，ステパン息子ヨシフ(オシプ)																																	フョードル，1788年没。息子ステパン，イヴァン，1796年第2ギルド。同フョードル，1799年第3ギルド
Дудоровской, Степан Федорович ステパン・フョードロヴィチ・ドゥドロフスコイ(フョードル・ヤコヴレヴィチ息子)	イルクーツク商人息子	弟小イヴァン(1810年町人)，息子オシプ(1809年没)																																	ステパン，1805-1808年市長，1809年没。オシプ息子で孫のニコライ，フョードル，1813年町人
Дудоровской, Иван Федорович イヴァン・フョードロヴィチ・ドゥドロフスコイ(フョードル・ヤコヴレヴィチ息子，ステパン・フョードロヴィチ兄弟)	イルクーツク商人息子	弟フョードル(1798年独立)																																	イヴァン，1810年町人
Дудоровской, Федор Федорович フョードル・フョードロヴィチ・ドゥドロフスコイ(ステパン・フョードロヴィチ兄弟)	イルクーツク商人兄弟(息子)	1人																																	1798年資本申告なし，1799年第3ギルド，1810年没，1811年町人
Душаков, Василей ヴァシーレイ・ドゥシャコフ	トゥーラ商人	息子ミハイロ，ピョートル。(1796年)ミハイロ息子で孫のピョートル，ヴァシーレイ登録																																	ヴァシーレイ，1782年トゥーラ商人からイルクーツク・ギルド登録，1799年没。息子ミハイロ，1792-1792年市議会議員，ピョートル，1794年ギルド長。息子ミハイロ，1801年第3ギルド

名前	出自	構成員	年 1791	1792	1793	1796	1797	1798	1799	1801	1803	1805	1808	1809	1810	1811	1812	1813	1814	1815	1816	1817	1818	1819	1820	1821	1822	1823	1824	1825	1828	1834	1836	1837	その後・備考
Душаков, Михайло Васильевич ミハイロ・ヴァシリエヴィチ・ドゥシャコフ（ヴァシーレイ息子）	イルクーツク商人息子	父ヴァシーレイ（1799年没，-1812年）。兄弟ピョートル。息子ピョートル，ヴァシーレイ																																	ミハイロ，1817年町人
Душаков, Петр Васильевич ピョートル・ヴァシリエヴィチ・ドゥシャコフ（ミハイロ・ヴァシリエヴィチ兄弟）	イルクーツク商人兄弟（息子）	父ヴァシーレイ（1799年没）。兄弟ミハイロ，ミハイロ息子で甥のピョートル，ヴァシーレイ																																	息子ニコライ，1850年代第3ギルド
Евдокимов, Иван Васильевич イヴァン・ヴァシリエヴィチ・エフドキモフ	イルクーツク同業組合員	1人																																	1808年町人
Евдокимов, Илья Петрович イリヤ・ペトロヴィチ・エフドキモフ	不明	(1836年)息子インノケンチー																																	
Елезов, Василей Алексеевич ヴァシーレイ・アレクセーヴィチ・エレゾフ	イルクーツク町人（商人息子）	弟イヴァン																																	ヴァシーレイ，1797年弟イヴァンとともに第3ギルド，1799年町人
Елезов, Иван Алексеевич イヴァン・アレクセーヴィチ・エレゾフ（ヴァシーレイ・アレクセーヴィチ兄弟）	イルクーツク商人兄弟（息子）	兄弟ヴァシーレイ（1797年）。息子アレクセイ（1813年），アンドレイ（1815年-）																																	イヴァン，1816年没。息子アレクセイ，1817年町人
Елезов, Федор Михайлович フョードル・ミハイロヴィチ・エレゾフ	イルクーツク町人（商工地区民息子）	息子ヴァシーレイ																																	フョードル，1808年没。息子ヴァシーレイ，1812年まで父の名で第3ギルド，1813年独立

名前	出自	構成員	年																																その後・備考
			1791	1792	1793	1796	1797	1798	1799	1801	1803	1805	1808	1809	1810	1811	1812	1813	1814	1815	1816	1817	1818	1819	1820	1821	1822	1823	1824	1825	1828	1834	1836	1837	
Елезов, Василей Федорович ヴァシーレイ・フョードロヴィチ・エレゾフ(フョードル・ミハイロヴィチ息子)	イルクーツク商人息子	息子イヴァン																																	ヴァシーレイ，息子イヴァン，1814年キャフタ移住，1816年キャフタ第3ギルド
Емельянов, Павел パーヴェル・エメリヤノフ	ウラジーミル県農民	息子アレクサンドル，マトヴェイ																																	町人へ
Жгилев, Петр ピョートル・ジギリョフ	イルクーツク町人(※)	1人																																	1805年町人
Жгилев, Моисей Федорович モイセイ・フョードロヴィチ・ジギリョフ	イルクーツク町人(※)	1人																																	モイセイ，息子イヴァン，フョードル，1813年町人
Жгилев, Матвей マトヴェイ・ジギリョフ	不明	1人																																	
Желейщиков (Желещиков, Зелейщиков), Яков Андреевич ヤコフ・アンドレーヴィチ・ジェレイシチコフ(ジェレシチコフ，ゼレイシチコフ)	トチマ商人	息子イヴァン，パーヴェル，フィラレート。パーヴェル息子ヴァシーレイ(1834年)																																	ヤコフ，1833年トチマ商人からイルクーツク・ギルド登録(1834年全国人口調査)
Забелинской, Иван Яковлевич イヴァン・ヤコヴレヴィチ・ザベリンスコイ	イルクーツク町人	(1813年-)息子ヴァシーレイ，アレクセイ，コンスタンチン																																	イヴァン，息子ヴァシーレイ，アレクセイ，コンスタンチン，1819年町人
Заварин, Андрей アンドレイ・ザヴァリン	不明	1人																																	
Зайцев (Зайцов), Иван Васильевич イヴァン・ヴァシリエヴィチ・ザイツェフ(ザイツォフ)	イルクーツク商人息子	1人																																	イヴァン，1790-1792年市マギストラート顧問。同，息子アレクサンドル，1813年町人

名前	出自	構成員	年 1791	1792	1793	1796	1797	1798	1799	1801	1803	1805	1808	1809	1810	1811	1812	1813	1814	1815	1816	1817	1818	1819	1820	1821	1822	1823	1824	1825	1828	1834	1836	1837	その後・備考
Затопляев, Иван Осипович イヴァン・オシポヴィチ・ザトプリャエフ	イルクーツク町人	兄弟ピョートル。(1796年-)兄弟ドミートレイ登録		■	■	■	■	■	■																										1801年イヴァン，ピョートル，ドミートレイ町人
Защихин, Алексей Семенович アレクセイ・セミョノヴィチ・ザシチーヒン	イルクーツク商人息子	弟ミハイロ，ピョートル(1789年没)	■	■																															アレクセイ，1797年没。弟ミハイロ，1796年第3ギルド
Защихин, Михайло Семенович ミハイロ・セミョノヴィチ・ザシチーヒン(アレクセイ・セミョノヴィチ兄弟)	イルクーツク商人兄弟(商人息子)	兄アレクセイ(1797年没)。アレクセイ息子で甥のステパン，ドミートレイ				■	■	■	■	■	■	■																							ミハイロ，1788年イルクーツク地方役場長(スタロスタ)，1796-1798年市議会議員。甥ステパン，ドミートレイ，1808年第3ギルド
Защихин, Степан Алексеевич ステパン・アレクセーヴィチ・ザシチーヒン(アレクセイ・セミョノヴィチ息子，ミハイロ甥)	イルクーツク商人甥(息子)	父アレクセイ(1797年没)。弟ドミートレイ											■	■	■	■	■																		ステパン，ドミートレイ，1813年町人。母ヴァルヴァラ・フョードロヴナ，ステパン，ドミートレイ，1815年第3ギルド
Защихина, Варвара Федоровна ヴァルヴァラ・フョードロヴナ・ザシチーヒナ(アレクセイ・セミョノヴィチ妻，ステパン・アレクセーヴィチ母)	商人未亡人	(-1817年，1818年町人)息子ステパン，ドミートレイ																		■	■	■	■ *												ヴァルヴァラ，ステパン，ドミートレイ，1818年町人登録後，第3ギルド再登録。ヴァルヴァラ，1819年クラスノヤルスク商人
Звягин, Лев Степанович レフ・ステパノヴィチ・ズヴャーギン	イルクーツク町人	孫(1808年息子と記載)レオンチェイ，セルゲイ，ピョートル，マトヴェイ										■	■	■	■	■	■																		レフ，1810年没。レオンチェイ，セルゲイ，ピョートル，マトヴェイ，イヴァン，レオンチェイ息子ピョートル，1813年町人

名前	出自	構成員	年																																その後・備考
			1791	1792	1793	1796	1797	1798	1799	1801	1803	1805	1808	1809	1810	1811	1812	1813	1814	1815	1816	1817	1818	1819	1820	1821	1822	1823	1824	1825	1828	1834	1836	1837	
Зимин, Панфил Гаврилович パンフィール・ガヴリーロヴィチ・ジミン	イルクーツク町人(商人孫)	息子ミハイロ。(1834年-)息子チモフェイ，インノケンチー																									*								パンフィール，1822年イルクーツク町人からギルド登録(1834年全国人口調査)。息子ミハイロ，結婚後独立・第3ギルド。息子チモフェイ，1853年第3ギルド，のち第1ギルド
Зимин, Николай Федорович ニコライ・フョードロヴィチ・ジミン	イルクーツク町人(商人孫)	息子アレクサンドル，アンドレイ，フョードル																																	1834年イルクーツク町人からギルド登録(1834年全国人口調査)
Зубов, Иван Семенович イヴァン・セミョノヴィチ・ズーボフ	イルクーツク町人(商人息子)	息子ラヴレンチェイ							*																										イヴァン，1798(1797？)年没。息子ラヴレンチェイ，1801年第3ギルド
Зубов, Лаврентей Иванович ラヴレンチェイ・イヴァノヴィチ・ズーボフ(イヴァン・セミョノヴィチ息子)	イルクーツク商人息子	父イヴァン(1798(1797？)年没，-1812年)。(1815年-)息子ニコライ，イヴァン							*																*										ラヴレンチェイ，1788年町人長老，1813年町人，1822年没。妻マリヤ・ミハイロヴナ，1823年第3ギルド
Зубова, Марья Михайловна マリヤ・ミハイロヴナ・ズーボヴァ(ミハイロ・ムィリニコフ娘，ラヴレンチェイ・ズーボフ妻)	イルクーツク商人未亡人	夫ラヴレンチェイ(1822年没，1823年-)。息子ニコライ，イヴァン																																	息子ニコライ，1814年町人，1830-40年代第3ギルド。息子イヴァン，1829年没
Зубов, Николай Лаврентьевич ニコライ・ラヴレンチェヴィチ・ズーボフ(ラヴレンチェイ・イヴァノヴィチ息子)	イルクーツク商人息子	息子ヴァシーレイ，コンスタンチン																																	

名前	出自	構成員	年																																その後・備考
			1791	1792	1793	1796	1797	1798	1799	1801	1803	1805	1808	1809	1810	1811	1812	1813	1814	1815	1816	1817	1818	1819	1820	1821	1822	1823	1824	1825	1828	1834	1836	1837	
Зырянов, Дмитрей ドミートレイ・ズィリャーノフ	イルクーツク町人	息子ニコライ。ニコライ息子で孫のイヴァン，グリゴレイ																																	町人へ
Иванов, Петр Федорович ピョートル・フョードロヴィチ・イヴァノフ	不明	息子ヤコフ，パーヴェル																																	ピョートル，1812年没。ピョートル，息子ヤコフ，パーヴェル，ピョートル，ヤコフ息子で孫ピョートル，1813年町人
Иванов, Михайло Ерофеевич ミハイロ・エロフェーヴィチ・イヴァノフ	不明	1人																																	
Ивашевской, Петр Андреевич ピョートル・アンドレーヴィチ・イヴァシェフスコイ	イルクーツク町人(商人息子)	息子ニコライ，アンドレイ，ピョートル																																	ピョートル，息子ニコライ，アンドレイ，ピョートル，1813年町人
Игнатьев, Степан Яковлевич ステパン・ヤコヴレヴィチ・イグナチエフ	イルクーツク商人息子	息子グリゴレイ(1785年没)，セミョン，エゴール，ヴァシーレイ																																	息子エゴール，1796年第2ギルド，セミョン，1797年第3ギルド
Игнатьев, Егор Степанович エゴール・ステパノヴィチ・イグナチエフ(ステパン・ヤコヴレヴィチ息子)	イルクーツク商人息子	(1796年のみ)弟セミョン，ヴァシーレイ，プロコペイ。息子ステパン(-1805年)																																	エゴール，1788年口頭裁判所選出，1790年代初め市マギストラートのラトマン，1790年代末醸造工場価格査定役人，1807年ギルド登録，1808年町人

名前	出自	構成員	年 1791	1792	1793	1796	1797	1798	1799	1801	1803	1805	1808	1809	1810	1811	1812	1813	1814	1815	1816	1817	1818	1819	1820	1821	1822	1823	1824	1825	1828	1834	1836	1837	その後・備考
Игнатьев, Семен Степанович セミョン・ステパノヴィチ・イグナチエフ(ステパン・ヤコヴレヴィチ息子)	イルクーツク商人兄弟(息子)	兄弟エゴール(1798年分離)，ヴァシーレイ(1797年，翌年町人)，プロコペイ(-1798，1803-1812年，翌年町人)。エゴール息子で甥のステパン(1797年)。(1813年-)息子パーヴェル，アンドレイ					■	■		■	■	■	■	■	■	■	■	■	■	■	■	■	■	■	■	■	■	■	■	■	■				セミョン，1784年口頭裁判所選出
Игумнов, Матвей Осипович マトヴェイ・オシポヴィチ・イグームノフ	イルクーツク町人	息子イヴァン(1819年削除，町人)。(-1816年)息子ニコライ，フョードル。(1813年-)息子ステパン，ヴァシーレイ(1816年イヴァンと記載)，ガヴリーロ。(1834年)ステパン息子で孫のコンスタンチン，ニコライ，ヴァシーレイ息子で孫のアレクサンドル，ガヴリーロ息子で孫のマトヴェイ				■	■	■	■	■	■	■	■	■	■	■	■	■	■	■	■	■	■	■	■	■	■	■	■	■	■				マトヴェイ，1796-1798年イルクーツク市マギストラートのラトマン，1816年キャフタ商人，1828年没。息子ニコライ，1824年キャフタ商人，キャフタのブルゴミストル，1850年代キャフタ市長
Игумнов, Степан Матвеевич ステパン・マトヴェーヴィチ・イグームノフ	キャフタ商人(イルクーツク商人)息子	(1834年のみ)故父マトヴェイ，兄イヴァン，ニコライ，弟ヴァシーレイ，ガヴリーロ(1835年独立)。息子オシプ，コンスタンチン，ニコライ，セミョン(1836年-)																														■	■	■	ステパン，1852年頃までイルクーツク商人。弟ガヴリーロ，1835年キャフタ商人，のち第1ギルド，金鉱業者，1842-1845年キャフタ・ウスペンスカヤ教会長老，1844-1847年キャフタ・ラトゥーシャの市判事

名前	出自	構成員	年																																その後・備考
			1791	1792	1793	1796	1797	1798	1799	1801	1803	1805	1808	1809	1810	1811	1812	1813	1814	1815	1816	1817	1818	1819	1820	1821	1822	1823	1824	1825	1828	1834	1836	1837	
Исаев, Андрей Семенович アンドレイ・セミョノヴィチ・イサエフ	イルクーツク町人	息子イヴァン。(1796年-)イヴァン息子で孫のセミョン(翌年没)	■	■	■	■	■	■	■	■	■	■	■	■																					アンドレイ，1787-1789年，1793-1795年市議会議員，1810年没。同，息子イヴァン，孫セミョン(没)，同年町人
Кабаков, Иван Петрович イヴァン・ペトロヴィチ・カバコフ	イルクーツク町人(商人息子)	1人						■	■	■	■	■	■	■	■																				イヴァン，1810年没，1811年町人
Калмынин, Иван Андреянович イヴァン・アンドレヤノヴィチ・カルムィニン	イルクーツク町人	息子フョードル								■	■	■																							町人へ
Калмынин, Прокопей Петрович プロコペイ・ペトロヴィチ・カルムィニン	イルクーツク町人	兄弟イヴァン										■																							
Караулов, Иван イヴァン・カラウーロフ	不明	1人									■	■	■																						イヴァン，1809年没，同年町人
Караулов, Лев Семенович レフ・セミョノヴィチ・カラウーロフ	不明	1人																															■	■	レフ，1853年第2ギルド，1856年第1ギルド
Катыщевцев, Григорей Васильевич グリゴレイ・ヴァシリエヴィチ・カティーシチェフツェフ	イルクーツク商人息子	息子ピョートル，イヴァン，パーヴェル，ステパン，イヴァン(1792年-)。ピョートル息子で孫のミハイロ	■	■																															グリゴレイとその家族，1806年町人。息子パーヴェル，1806年第3ギルド
Катыщевцев, Павел Григорьевич パーヴェル・グリゴリエヴィチ・カティーシチェフツェフ(グリゴレイ・ヴァシリエヴィチ息子)	イルクーツク町人(商人息子)	1人											■	■																					パーヴェル，1806年第3ギルド，1810年町人

名前	出自	構成員	1791	1792	1793	1796	1797	1798	1799	1801	1803	1805	1808	1809	1810	1811	1812	1813	1814	1815	1816	1817	1818	1819	1820	1821	1822	1823	1824	1825	1828	1834	1836	1837	その後・備考
Катыщевцев, Осип Григорьевич オシプ・グリゴリエヴィチ・カティーシチェフツェフ	イルクーツク町人	1人																																	
Катыщевцев, Петр Осипович ピョートル・オシポヴィチ・カティーシチェフツェフ	イルクーツク町人	息子オシプ(1834年-)，ヴァシーレイ(ヴァシリー，1836年-)																												*					ピョートル，1825年イルクーツク町人からギルド登録(1834年全国人口調査)。1856-1859年イルクーツク市長
Катыщевцев, Михайло Онуфрьевич ミハイロ・オヌフリエヴィチ・カティーシチェフツェフ	不明	兄弟ピョートル，イヴァン，ニーラ																																	
Катыщевцев, Матвей マトヴェイ・カティーシチェフツェフ	不明	不明																																	
Квасников, Яков Наумович ヤコフ・ナウモヴィチ・クヴァスニコフ	イルクーツク町人(商人息子)	1人																																	ヤコフ，1813年町人
Киселев, Степан Федорович ステパン・フョードロヴィチ・キセリョフ	イルクーツク商人息子	兄弟マクシム(1796年没)。(1796年-)息子イヴァン，兄弟イヴァン息子で甥のドミートレイ(-1798年)																																	ステパン，1793-1795年市マギストラートのブルゴミストル。同，息子イヴァン，兄弟マクシム(没)，1810年町人。息子アファナセイ，1827年第3ギルド
Киселев, Афанасей Степанович アファナセイ・ステパノヴィチ・キセリョフ(ステパン・フョードロヴィチ息子)	イルクーツク町人(商人息子)	1人																																	アファナセイ，1827-1828年第3ギルド

名前	出自	構成員	年																																その後・備考
			1791	1792	1793	1796	1797	1798	1799	1801	1803	1805	1808	1809	1810	1811	1812	1813	1814	1815	1816	1817	1818	1819	1820	1821	1822	1823	1824	1825	1828	1834	1836	1837	
Киселев, Дмитрей Иванович ドミートレイ・イヴァノヴィチ・キセリョフ(ステパン・フョードロヴィチ甥)	イルクーツク商人甥	1人																																	1810年町人
Киселев, Иван Михайлович イヴァン・ミハイロヴィチ・キセリョフ(ミハイロ・フョードロヴィチ息子，ステパン・フョードロヴィチ従兄弟)	イルクーツク町人(商人息子)	1人																																	1800年町人
Киселев, Григорей Андреевич グリゴレイ・アンドレーヴィチ・キセリョフ(アンドレイ・フョードロヴィチ息子，ステパン・フョードロヴィチ親戚)	イルクーツク町人(商人息子)	兄弟イヴァン(没)。(1796年-)息子アンドレイ																																	グリゴレイ，兄弟故イヴァン，息子アンドレイ，1803年町人。息子アンドレイ，1822年第3ギルド
Киселев, Андрей Григорьевич アンドレイ・グリゴリエヴィチ・キセリョフ(グリゴレイ・アンドレーヴィチ息子)	イルクーツク町人(商人息子)	1人																							*								アンドレイ，1822年イルクーツク町人からギルド登録(1834年全国人口調査)，1828年町人，同年没
Киселев, Михайло Григорьевич ミハイロ・グリゴリエヴィチ・キセリョフ	イルクーツク町人	1人																												*					1828年当初町人からギルド登録
Киселев, Степан Ильинч ステパン・イリイチ・キセリョフ	不明	息子ステパン，イヴァン																																	

名前	出自	構成員	年 1791	1792	1793	1796	1797	1798	1799	1801	1803	1805	1808	1809	1810	1811	1812	1813	1814	1815	1816	1817	1818	1819	1820	1821	1822	1823	1824	1825	1828	1834	1836	1837	その後・備考
Климшин, Василей Семенович ヴァシーレイ・セミョノヴィチ・クリムシン	イルクーツク町人	息子アンドレイ。(1817年-)アンドレイ息子で孫のヴァシーレイ，アンドレイ											*																						ヴァシーレイ，1788年口頭裁判所選出，1798年ギルド長。同，息子アンドレイ，孫ヴァシーレイ，アンドレイ，1820年多額の債務不履行により町人。息子アンドレイ，1830年第3ギルド，のち町人。孫ヴァシーレイ，アンドレイ，1830年町人
Кокорин, Федор Иванович フョードル・イヴァノヴィチ・ココーリン	マンズール郷農民	弟ニキーフォル(1797-1805年，1800年没)。(1813年-)息子ニコライ，フョードル，ステパン，ニコライ																																	フョードル，1793-1795年市議会議員。同，息子ニコライ，フョードル，ステパン，ニコライ，1814年町人，同年キレンスク商人。妻ペラゲヤ，1827年，イルクーツク第3ギルド登録
Кокорин, Никифор Иванович ニキーフォル・イヴァノヴィチ・ココーリン(フョードル・イヴァノヴィチ兄弟)	マンズール郷農民	1人																																	ニキーフォル，1797年兄フョードルと共同資本，1800年没
Кокорина, Пелагея Федоровна ペラゲヤ・フョードロヴナ・ココーリナ(イルクーツク商人フョードル・キセリョフ娘，フョードル・イヴァノヴィチ妻)	イルクーツク町人(商人未亡人)	息子フョードル(-1828年，1832年没)，ステパン，ニコライ。フョードル息子で孫のアレクセイ，ドミートリー(ドミートレイ)，ピョートル，アレクサンドル(1834年-)																																	ペラゲヤ，1827年イルクーツク町人からギルド登録(1834年全国人口調査)

名前	出自	構成員	年																																その後・備考
			1791	1792	1793	1796	1797	1798	1799	1801	1803	1805	1808	1809	1810	1811	1812	1813	1814	1815	1816	1817	1818	1819	1820	1821	1822	1823	1824	1825	1828	1834	1836	1837	
Кокорин, Степан Федорович ステパン・フョードロヴィチ・ココーリン	マンズール郷農民	息子イヴァン，ステパン，アレクサンドル，ミハイロ																																	1830年，マンズール郷農民からイルクーツク・ギルド登録(1834年全国人口調査)
Колетов (?), Харлампей ハルラムペイ・コレートフ(？)	不明	息子アンドレイ(没)																																	
Кондратьев, Андрей Ларионович アンドレイ・ラリオノヴィチ・コンドラチエフ	イルクーツク商人息子	ラリオン，息子ヴァシーレイ																																	アンドレイ，1779-1780年県マギストラートのラトマン，1785年没。息子ヴァシーレイ，1796年第3ギルド
Кондратьев (Кондратов), Василей Андреевич ヴァシーレイ・アンドレーヴィチ・コンドラチエフ(コンドラトフ)(アンドレイ・ラリオノヴィチ息子)	イルクーツク町人(商人息子)	息子アンドレイ																																	ヴァシーレイ，1797年町人
Конютий, Николай Алексеевич ニコライ・アレクセーヴィチ・コニューチー	不明	1人																																	
Корелин, Василей Тимофеевич ヴァシーレイ・チモフェーヴィチ・コレーリン	イルクーツク商人	息子グリゴレイ，パーヴェル，セミョン，イヴァン																																	ヴァシーレイ，1790年没，1792年町人。妻アンナ・アンドレーエヴナの申告により，息子グリゴレイ，同年第3ギルド

名前	出自	構成員	年 1791	1792	1793	1796	1797	1798	1799	1801	1803	1805	1808	1809	1810	1811	1812	1813	1814	1815	1816	1817	1818	1819	1820	1821	1822	1823	1824	1825	1828	1834	1836	1837	その後・備考
Корелин, Григорей Васильевич グリゴレイ・ヴァシリエヴィチ・コレーリン（ヴァシーレイ・チモフェーヴィチ息子）	イルクーツク商人息子	兄弟パーヴェル，セミョン，イヴァン。(1796年-)息子パーヴェル																																	グリゴレイ，1791年口頭裁判所選出，1808年町人。1850年代息子アレクセイ第3ギルド，孫パーヴェル第1ギルド
Коротаев, Никифор ニキーフォル・コロタエフ	不明	息子ヴァシーレイ，レフ，イヴァン																																	1740-1750年代のイルクーツク商人ヤコフ・コロタエフの孫？
Коротанов, Иван イヴァン・コロタノフ	イルクーツク町人	1人				*																													1797年商人から町人移動の記録
Котельников (Котелников), Василей Яковлевич ヴァシーレイ・ヤコヴレヴィチ・コテリニコフ（コテルニコフ）	イルクーツク町人（商人息子）	兄弟ステパン，ピョートル，ドミートレイ，セミョン(1800年没)。息子エゴール。ステパン息子で孫のヴァシーレイ，セミョン，エヴグラフ											*																						ヴァシーレイ(1809年没)，兄弟ピョートル，ドミートレイ，セミョン(没)，息子エゴール，1810年町人。兄弟ステパン，1810年第3ギルド
Котельников (Котелников), Степан Яковлевич ステパン・ヤコヴレヴィチ・コテリニコフ（コテルニコフ）（ヴァシーレイ兄弟）	イルクーツク商人兄弟	(-1809年)兄弟ヴァシーレイ，セミョン，エヴグラフ，ピョートル，ドミートレイ，セミョン，ヴァシーレイ息子で甥のエゴール。(1810年-)息子ヴァシーレイ(-1812年)，セミョン，エヴグラフ，(1828年-)オシプ。(1834年-)セミョン息子で孫のニコライ，アレクセイ，パーヴェル，インノケンチー，エヴグラフ息子で孫のインノケンチー											*																	*					ステパン，息子ヴァシーレイ，セミョン，エヴグラフ，オシプ，1813年町人。1825年イルクーツク町人からギルド再登録(1834年全国人口調査)。息子セミョン，1836年第3ギルド

名前	出自	構成員	年																																その後・備考
			1791	1792	1793	1796	1797	1798	1799	1801	1803	1805	1808	1809	1810	1811	1812	1813	1814	1815	1816	1817	1818	1819	1820	1821	1822	1823	1824	1825	1828	1834	1836	1837	
Котельников (Котелников), Семен Степанович セミョン・ステパノヴィチ・コテリニコフ(コテルニコフ)(ステパン・ヤコヴレヴィチ息子)	イルクーツク商人息子	息子ニコライ，アレクサンドル，パーヴェル，インノケンチー。兄弟エヴグラフ，オシプ。エヴグラフ息子で甥のインノケンチー																																	息子ニコライ，アレクサンドル，インノケンチー，1850年代第3ギルド，1855年第2ギルド，1886年第1ギルド
Красноглазов, Семен セミョン・クラスノグラゾフ	イルクーツク商人	兄弟アンドレイ，フョードル																																	セミョン，1792年町人，1799年没
Красногоров, Андрей Иванович アンドレイ・イヴァノヴィチ・クラスノゴロフ	イルクーツク町人(商人息子)	兄弟クセノフォント																																	兄弟クセノフォント，1799年第3ギルド
Красногоров, Ксенофонт Иванович クセノフォント・イヴァノヴィチ・クラスノゴロフ(アンドレイ・イヴァノヴィチ兄弟)	イルクーツク商人兄弟(息子)	1人																																	1803年町人
Красногоров, Петр Михайлович ピョートル・ミハイロヴィチ・クラスノゴロフ	イルクーツク町人(商人甥？)	息子ニコライ																																	
Красногорова, Катерина Федоровна カテリーナ・フョードロヴナ・クラスノゴロヴァ(ピョートル・ミハイロヴィチ妻)	イルクーツク商人未亡人	息子ニコライ																																	
Кудрин, Борис Григорьевич ボリス・グリゴリエヴィチ・クドリン	不明	息子アンドレヤンとその息子で孫のニコライ，アンドレイ，アレクサンドル																																	

名前	出自	構成員	1791	1792	1793	1796	1797	1798	1799	1801	1803	1805	1808	1809	1810	1811	1812	1813	1814	1815	1816	1817	1818	1819	1820	1821	1822	1823	1824	1825	1828	1834	1836	1837	その後・備考
Кузнецов, Василей Иванович ヴァシーレイ・イヴァノヴィチ・クズネツォフ	キレンスク商人	息子ミハイロ				■	■	■	■	■	■	■																							ヴァシーレイ，1804年町人，1805年第3ギルド，1806年町人
Кузнецов, Василей Прокопьевич ヴァシーレイ・プロコピエヴィチ・クズネツォフ	イルクーツク町人	兄弟ピョートル(1810年町人)，アンドレイ(1809年以前没，1810年町人)。(1813年-)息子ニコライ，ドミートレイ。(1817年-)息子アレクセイ，イヴァン					■	■		■	■	■	■	■	■	■	■	■	■	■	■	■	■	■	■	■	■	■	■	■	■				ヴァシーレイ，1832年没。妻アヴドチヤ・ミハイロヴナ，息子たち，1834年第3ギルド
Кузнецова, Авдотья Михайловна アヴドチヤ・ミハイロヴナ・クズネツォヴァ(ヴァシーレイ・プロコピエヴィチ妻)	イルクーツク商人未亡人	息子ニコライ，ドミートリー(ドミートレイ)，アレクセイ，イヴァン。ニコライ息子で孫のヴァシリー																														■	■	■	
Кузнецов, Сава サーヴァ・クズネツォフ	ニジネウジンスク農民	1人					■																												1798年町人
Кузнецов, Никифор Прокопьевич ニキーフォル・プロコピエヴィチ・クズネツォフ	イルクーツク町人	息子ピョートル，マクシム(1803年のみ，1805年町人)。ピョートル息子で孫のニキーフォル，アレクサンドル									■	■																							ニキーフォル，1805年没。息子ピョートル，1808年第3ギルド
Кузнецов, Петр Никифорович ピョートル・ニキーフォロヴィチ・クズネツォフ(ニキーフォル・プロコピエヴィチ息子)	イルクーツク商人息子	父ニキーフォル(1805年没)。息子ニキーフォル，アレクサンドル											■	■	■	■	■																		ピョートル，息子ニキーフォル，アレクサンドル，1813年町人

名前	出自	構成員	年																																その後・備考
			1791	1792	1793	1796	1797	1798	1799	1801	1803	1805	1808	1809	1810	1811	1812	1813	1814	1815	1816	1817	1818	1819	1820	1821	1822	1823	1824	1825	1828	1834	1836	1837	
Кузнецов, Алексей Михайлович アレクセイ・ミハイロヴィチ・クズネツォフ(ニキーフォル・プロコピエヴィチ兄弟，グリゴリー・プロコピエヴィチ孫)	イルクーツク町人(商人息子)	息子アレクサンドル(1813年)，プロコペイ(プロコピー，1828年-)																																	1827年イルクーツク町人からギルド再登録(1834年全国人口調査)
Кузнецов, Алексей アレクセイ・クズネツォフ	イルクーツク町人	ヴァシーレイ，ミハイロ，コンスタンチン																																	
Кузнецов, Дмитрей Степанович ドミートレイ・ステパノヴィチ・クズネツォフ	イルクーツク町人	(1822年-)息子インノケンチェイ，セミョン																						*									ドミートレイ，息子ピョートル，1813年町人。ドミートレイ，息子インノケンチェイ，セミョン，1821年町人登録後第3ギルド。同，1824年町人登録後キャフタ商人。ドミートレイ没後，妻プラスコヴィヤ，1831年イルクーツク商人。息子セミョン，ニコライ，ドミートレイ，ヤコフ，1850年代第1ギルド
Кузнецов, Ефим Андреевич エフィム・アンドレーヴィチ・クズネツォフ	トボリスク第1ギルド	1人																						*									1821年トボリスク商人からイルクーツク・ギルド登録(1834年全国人口調査)。1826-1829，1832-1835年イルクーツク市長，金鉱業者，名誉市民

名前	出自	構成員	年 1791	1792	1793	1796	1797	1798	1799	1801	1803	1805	1808	1809	1810	1811	1812	1813	1814	1815	1816	1817	1818	1819	1820	1821	1822	1823	1824	1825	1828	1834	1836	1837	その後・備考
Кузнецов, Иван Васильевич イヴァン・ヴァシリエヴィチ・クズネツォフ	トボリスク町人	1人																													■	■	■	■	1827年トボリスク町人からギルド登録(1834年全国人口調査)
Кузнецов, Петр Алексеевич ピョートル・アレクセーヴィチ・クズネツォフ	不明	1人																															■	■	
Курсин, Афанасей Алексеевич アファナセイ・アレクセーヴィチ・クルシン	イルクーツク商人	兄弟ピョートルとその息子で甥のイヴァン。息子ドミートレイ	■	■	■																														アファナセイ，1796年兄弟ピョートルと共同資本
Курсин, Петр Алексеевич ピョートル・アレクセーヴィチ・クルシン(アファナセイ・アレクセーヴィチ兄弟)	イルクーツク商人兄弟	兄弟アファナセイ(-1809年，1810年町人)。息子イヴァン，パーヴェル，コンスタンチン，ピョートル				■	■	■	■	■	■	■	■	■	■	■	■																		ピョートル，1790-1792年市マギストラート顧問，1813年没。同，息子イヴァン，パーヴェル，コンスタンチン，ピョートル，イヴァン息子で孫のアレクサンドル，1813年町人
Кычин, Михайло Степанович ミハイロ・ステパノヴィチ・クィチン	イルクーツク町人(商人息子)	1人				■	■	■																											1799年町人(*)
Ланин, Василей Дмитрьевич ヴァシーレイ・ドミートリエヴィチ・ラーニン	イルクーツク町人(商人息子)	1人										■	■	■	■	■	■																		ヴァシーレイ，息子イヴァン，1813年町人
Ларионов, Петр Федрович ピョートル・フョードロヴィチ・ラリオノフ	イルクーツク町人	1人		■	■																														

名前	出自	構成員	年																																その後・備考
			1791	1792	1793	1796	1797	1798	1799	1801	1803	1805	1808	1809	1810	1811	1812	1813	1814	1815	1816	1817	1818	1819	1820	1821	1822	1823	1824	1825	1828	1834	1836	1837	
Ларионов, Емельян Григорьевич エメリヤン・グリゴリエヴィチ・ラリオノフ	イルクーツク商人	1人																																	エメリヤン，1782年警察勤務(ポリツェイスコエ・スルジェニエ)，1798年町人
Ларионов, Никита Дмитрьевич ニキータ・ドミートリエヴィチ・ラリオノフ	イリムスク農民	兄弟ステパン(1834年5月19日没)，ステパン息子で甥のフェオファン，フィリップ(双子の兄弟)																																	1834年イリムスク農民からイルクーツク第3ギルド
Ларионов, Феофан Степанович フェオファン・ステパノヴィチ・ラリオノフ(ニキータ・ドミートリエヴィチ甥)	イルクーツク商人甥	兄弟フィリップ，同息子で甥のアフィノゲン(1837年-)。息子ステパン(1837年-)																																	
Лебедев, Трофим Ульянович トロフィム・ウリヤノヴィチ・レベジェフ	シューヤ商人	息子ヤコフ，ニコライ																																	1842年第1ギルド，同年キャフタ商人
Литвинцев (Литвинцов), Андрей Петрович アンドレイ・ペトロヴィチ・リトヴィンツェフ(リトヴィンツォフ)	イルクーツク商人	(1796年)息子エフドキム，イヴァン登録																																	アンドレイ，息子エフドキム，イヴァン，1801年町人
Литвинцев (Литвинцов), Евдоким Андреевич エフドキム・アンドレーヴィチ・リトヴィンツェフ(リトヴィンツォフ)(アンドレイ・ペトロヴィチ息子)	イルクーツク商人息子	父アンドレイ(1808年以前没，-1812年)。兄弟イヴァン(1815年没，-1816年)，アンドレイ(1813-1825年，1828年独立)																																	エフドキム，1830年(1831年)町人

名前	出自	構成員	年																																その後・備考
			1791	1792	1793	1796	1797	1798	1799	1801	1803	1805	1808	1809	1810	1811	1812	1813	1814	1815	1816	1817	1818	1819	1820	1821	1822	1823	1824	1825	1828	1834	1836	1837	
Литвинцев (Литвинцов), Андрей Андреевич アンドレイ・アンドレーヴィチ・リトヴィンツェフ(リトヴィンツォフ(エフドキム・アンドレーヴィチ兄弟)	イルクーツク商人兄弟(息子)	1人																																	1833年(1832年)町人
Лиханов, Прокопей プロコペイ・リハノフ	不明	兄弟コジマ																																	1792年町人
Логиновской, Александр アレクサンドル・ロギノフスコイ		息子ヤコフ																																	1803年没
Логиновской, Яков Александрович ヤコフ・アレクサンドロヴィチ・ロギノフスコイ(アレクサンドル息子)	イルクーツク商人息子	父アレクサンドル(1803年没)																																	
Лопатин, Матвей Никифорович マトヴェイ・ニキーフォロヴィチ・ロパーチン	イルクーツク町人(※)(商人息子)	1人																																	1812年町人
Лычагов, Илья Яковлевич イリヤ・ヤコヴレヴィチ・ルィチャゴフ	イルクーツク商人息子	息子ヤコフ，イヴァン，イヴァン。弟エルモライ，グリゴレイ(1792年没)																																	イリヤ，1798年没。兄弟エルモライ，息子たち，1794年第2ギルド
Лычагов, Ермолай Яковлевич エルモライ・ヤコヴレヴィチ・ルィチャゴフ(イリヤ・ヤコヴレヴィチ弟)	イルクーツク商人兄弟(息子)	故兄イリヤの息子で甥のヤコフ(-1803年，1799年町人)，イヴァン(1806年町人)，イヴァン(1806年町人)，イリヤ(1799年町人)。故弟グリゴレイ息子で甥のアンドレイ(1810年町人)																																	エルモライ，1793-1795年市議会議員，1817-1819年刑事局(ウゴローヴナヤ・パラータ)顧問，1794年第2ギルド，1796年第3ギルド，1823年町人，1826年没

名前	出自	構成員	年																																その後・備考
			1791	1792	1793	1796	1797	1798	1799	1801	1803	1805	1808	1809	1810	1811	1812	1813	1814	1815	1816	1817	1818	1819	1820	1821	1822	1823	1824	1825	1828	1834	1836	1837	
Лычагов, Иван Степанович イヴァン・ステパノヴィチ・ルィチャゴフ	イルクーツク商人息子	息子フョードル，アレクサンドル，コンスタンチン。(1796年-)フョードル息子で孫のアレクセイ。(1813年-)アレクサンドル息子で孫のガヴリーロ																																	イヴァン，1787-1784年口頭裁判所顧問，1793-1795年市マギストラート顧問，1806年第2ギルド，1808年第1ギルド，1815年没。息子フョードル，1817年第1ギルド
Лычанов, Федор Иванович フョードル・イヴァノヴィチ・ルィチャゴフ(イヴァン・ステパノヴィチ息子)	イルクーツク商人息子	兄弟アレクサンドル，コンスタンチン。息子アレクセイ。アレクサンドル息子で甥のガヴリーロ																																	フョードル，1811-1813年市マギストラートのラトマン，1820年没。1821年兄弟アレクサンドルがギルド登録
Лычагов, Александр Иванович アレクサンドル・イヴァノヴィチ・ルィチャゴフ(イヴァン・ステパノヴィチ息子)	イルクーツク商人兄弟(息子)	兄弟フョードル(1820年没，1825年町人)，コンスタンチン(1826年町人)。故兄弟フョードル息子で甥のアレクセイ(1825年町人)。息子ガヴリーロ																																	アレクサンドル，息子ガヴリーロ，1831年イルクーツク町人
Лычагов, Алексей Степанович アレクセイ・ステパノヴィチ・ルィチャゴフ	イルクーツク商人息子	息子イヴァン，オシプ。イヴァン息子で孫のヴァシーレイ											*																						アレクセイ，息子オシプ，1810年町人。息子イヴァン，1800-1802年市マギストラートのラトマン
Лычагов, Иван Алексеевич イヴァン・アレクセーヴィチ・ルィチャゴフ(アレクセイ・ステパノヴィチ息子)	イルクーツク商人息子	息子ヴァシーレイ																																	イヴァン，息子ヴァシーレイ，オシプ，1813年町人

名前	出自	構成員	年																																その後・備考
			1791	1792	1793	1796	1797	1798	1799	1801	1803	1805	1808	1809	1810	1811	1812	1813	1814	1815	1816	1817	1818	1819	1820	1821	1822	1823	1824	1825	1828	1834	1836	1837	
Макаров, Иван イヴァン・マカロフ	イルクーツク商人息子	(1796年-)息子ヴァシーレイ																																	1806年町人
Малиновской, Николай Семенович ニコライ・セミョノヴィチ・マリノフスコイ	不明	1人																																	1797年町人
Малышев, Клим Яковлевич クリム・ヤコヴレヴィチ・マルィーシェフ	イルクーツク商人	(-1798年)息子イヴァン，イヴァン(1801年町人)，ステパン，ヤコフ。(1798年独立)兄弟イヴァンとその息子で甥のイヴァン(-1793年)，ピョートル，グリゴレイ																																	息子イヴァン，ギルド長。息子小イヴァン，1783年価格査定人。クリム，1800年没。息子イヴァン，1803年第3ギルド
Малышев, Иван Климович イヴァン・クリモヴィチ・マルィーシェフ(クリム・ヤコヴレヴィチ息子)	イルクーツク商人息子	兄弟ヤコフ																																	
Малышев, Иван Яковлевич イヴァン・ヤコヴレヴィチ・マルィーシェフ(クリム・ヤコヴレヴィチ兄弟)	イルクーツク商人兄弟	息子ピョートル，グリゴレイ																																	イヴァン，息子ピョートル，1803年町人。息子グリゴレイ，同年第3ギルド
Малышев, Григорей Иванович グリゴレイ・イヴァノヴィチ・マルィーシェフ(イヴァン・ヤコヴレヴィチ息子)	イルクーツク商人息子	1人																																	グリゴレイ，1817年没。1819年，妻アヴドチヤ・ステパノヴナがギルド登録申請，多額の債務不履行により，1820年町人

名前	出自	構成員	年																																その後・備考
			1791	1792	1793	1796	1797	1798	1799	1801	1803	1805	1808	1809	1810	1811	1812	1813	1814	1815	1816	1817	1818	1819	1820	1821	1822	1823	1824	1825	1828	1834	1836	1837	
Малышева, Авдотья Карповна アヴドチヤ・カルポヴナ・マルィーシェヴァ	不明	息子マトヴェイ，ミハイロ，マトヴェイ息子で孫のイリヤ																																	
Мамаев, Степан Никифорович ステパン・ニキーフォロヴィチ・ママエフ	カザン町人	1人																																	1797 年町人
Медведников, Федор Осипович フョードル・オシポヴィチ・メドヴェードニコフ	イルクーツク商人息子	息子ヴァシーレイ，小ヴァシーレイ，アンドレイ(-1793 年)，イヴァン(1798 年町人)，ロギン，プロコペイ																																	フョードル，1794 年第 2 ギルド，1790-1792 年市マギストラートのラトマン。同，ヴァシーレイ，1808 年町人
Медведников, Василей (малой) Федорович (小)ヴァシーレイ・フョードロヴィチ・メドヴェードニコフ(フョードル・オシポヴィチ息子)	イルクーツク商人息子	息子イヴァン(1813-1834 年)，ピョートル(1817-1834 年，1818 年没)，パーヴェル(1836 年-)																																	1830 年代第 3 ギルド
Медведников, Логин Федорович ロギン・フョードロヴィチ・メドヴェードニコフ(フョードル・オシポヴィチ息子)	イルクーツク商人息子	弟プロコペイ(1810 年独立)。(1813 年-)息子イヴァン																																	ロギン，1814 年没。1815 年息子イヴァン，ロギンを叔父ヴァシーレイとフィリップ・トラペズニコフが後見。イヴァン，1817 年第 1 ギルド
Медведников, Иван Логинович イヴァン・ロギノヴィチ・メドヴェードニコフ(ロギン・フョードロヴィチ息子)	イルクーツク商人息子	兄弟ロギン																																	イヴァン，商業顧問，金鉱業者，世襲名誉市民。弟ロギン，のち第 1 ギルド，世襲名誉市民

名前	出自	構成員	年																																その後・備考
			1791	1792	1793	1796	1797	1798	1799	1801	1803	1805	1808	1809	1810	1811	1812	1813	1814	1815	1816	1817	1818	1819	1820	1821	1822	1823	1824	1825	1828	1834	1836	1837	
Медведников, Прокопей Федорович プロコペイ・フョードロヴィチ・メドヴェードニコフ(ロギン・フョードロヴィチ弟)	イルクーツク商人兄弟(息子)	(1813年-)息子ヴァシーレイ(-1828年没)，ゲオルギー(エゴール？-1816年)，ガヴリーロ。(1817年-)息子エゴール(-1828年，1830年没)，パーヴェル。(1834年-)息子ピョートル，アレクセイ，ヴァシーレイ。(1837年-)ガヴリーロ息子で孫のアレクサンドル																																	プロコペイ，1814-1817年市長，1840年代まで第1ギルド，金鉱業者，名誉市民。息子ガヴリーロ，パーヴェル，1840-1850年代キャフタ貿易に従事。息子アレクセイ，第1ギルド，金鉱業者
Мелников, Василей Михайлович ヴァシーレイ・ミハイロヴィチ・メルニコフ	イルクーツク町人(※)	1人																																	1817年町人
Минеев, Федор Васильевич フョードル・ヴァシリエヴィチ・ミネーエフ	イルクーツク町人	兄弟ミハイロ，アンドレイ，ピョートル，プロコペイ(1809年以前没)																																	フョードル，1808年没。兄弟ミハイロ，アンドレイ，同年第3ギルド。フョードル，兄弟ピョートル，プロコペイ，1810年町人
Минеев, Михайло Васильевич ミハイロ・ヴァシリエヴィチ・ミネーエフ(フョードル・ヴァシリエヴィチ兄弟)	イルクーツク商人兄弟	1人																																	ミハイロ，1813年町人，1849年第3ギルド再登録，1859年第1ギルド，金鉱業者
Минеев, Андрей Васильевич アンドレイ・ヴァシリエヴィチ・ミネーエフ(フョードル・ヴァシリエヴィチ兄弟)	イルクーツク商人兄弟	1人																																	1811年町人

名前	出自	構成員	年																																その後・備考
			1791	1792	1793	1796	1797	1798	1799	1801	1803	1805	1808	1809	1810	1811	1812	1813	1814	1815	1816	1817	1818	1819	1820	1821	1822	1823	1824	1825	1828	1834	1836	1837	
Миронов, Гаврило Михайлович (?) ガヴリーロ・ミハイロヴィチ(?)・ミローノフ	イルクーツク町人	息子イヴァン，ヴァシーレイ																																	町人へ
Михайлов, Михайло Михайлович ミハイロ・ミハイロヴィチ・ミハイロフ	イルクーツク町人	息子イヴァン																																	ミハイロ，1796年没
Михайлов, Иван Михайлович イヴァン・ミハイロヴィチ・ミハイロフ(ミハイロ息子)	イルクーツク商人息子	父ミハイロ(1796年没)																																	イヴァン，1805年没。1811年イルクーツク第3ギルド商人フョードル・プロトジヤコノフとマクシム・オプレルコフの後見で資本申告。息子イリヤ，ウアル，フョードル，1813年町人
Михайлов, Семен Кирилович セミョン・キリロヴィチ・ミハイロフ	ソリヴィチェゴツク(ヴィチェグダ管区)農民	1人																																	町人へ
Михеев, Козма コズマ・ミヘーエフ	不明	息子イヴァン，コンスタンチン，ヴァシーレイ，アレクセイ																																	コズマ，1806年没。同年妻マトリョーナ・ミハイロヴナが資本申告
Мичурин, Дмитрей Осипович (Афанасьевич?) ドミートレイ・オシポヴィチ(アファナシエヴィチ?)・ミチューリン(ピョートル・ドミートリエヴィチ親戚)	ヴェルホレンスク商人	1人																																	1806年町人

名前	出自	構成員	年																																その後・備考
			1791	1792	1793	1796	1797	1798	1799	1801	1803	1805	1808	1809	1810	1811	1812	1813	1814	1815	1816	1817	1818	1819	1820	1821	1822	1823	1824	1825	1828	1834	1836	1837	
Мичурин, Петр Дмитрьевич ピョートル・ドミートリエヴィチ・ミチューリン	ヴェルホレンスク商人	弟イヴァン(1797年没)，ニコライ。(1798年-)息子ニコライ(1813年町人)，プロコペイ，イヴァン息子で甥のイヴァン，ニコライ(1810年没)，アンドレイ																																	ピョートル，1801年没。息子ニコライ，1813年町人から第3ギルド。妻タチヤナ・アンドレーヴナ，1819年第3ギルド
Мичурин, Иван Дмитрьевич イヴァン・ドミートリエヴィチ・ミチューリン(ピョートル・ドミートリエヴィチ弟)	ヴェルホレンスク商人	兄弟ピョートル，ニコライ。息子イヴァン，ニコライ，アンドレイ。ピョートル息子で甥のニコライ，プロコペイ																																	イヴァン，1797年没。息子イヴァン，1818年第3ギルド，同アンドレイ，1826年第3ギルド
Мичурин, Николай Дмитрьевич ニコライ・ドミートリエヴィチ・ミチューリン(ピョートル・ドミートリエヴィチ弟)	ヴェルホレンスク商人	兄ピョートル(1801年没)とその息子で甥のニコライ，プロコペイ。兄イヴァン(1797年没)と息子で甥のイヴァン，ニコライ，アンドレイ																																	ニコライ，1813年町人，1816年没
Мичурин, Николай Петрович ニコライ・ペトロヴィチ・ミチューリン(ピョートル・ドミートリエヴィチ息子)	イルクーツク商人息子	弟プロコペイ，ドミートレイ，レフ。(-1817年，翌年独立)イヴァン息子で従兄弟のイヴァン，アンドレイ																																	父ピョートル没後，イルクーツク商人フョードル・ルィチャゴフ，ヤコフ・サヴァテーエフが後見
Мичурин, Лев Петрович レフ・ペトロヴィチ・ミチューリン(ピョートル・ドミートリエヴィチ息子)	イルクーツク町人(商人息子)	兄ニコライ(1832年没，1834年)，プロコペイ(プロコピー)，ドミートリー(1832年没，1834年)。ニコライ息子で甥のインノケンチー，ドミートレイ																																	レフ，1840年代第1ギルド，1844-1847年イルクーツク市議会市長

名前	出自	構成員	年 1791	1792	1793	1796	1797	1798	1799	1801	1803	1805	1808	1809	1810	1811	1812	1813	1814	1815	1816	1817	1818	1819	1820	1821	1822	1823	1824	1825	1828	1834	1836	1837	その後・備考
Мичурина, Татьяна Андреевна タチヤナ・アンドレーヴナ・ミチューリナ(ピョートル・ドミートリエヴィチ妻，ニコライ・ペトロヴィチ母)	イルクーツク商人未亡人	息子ニコライ，プロコペイ，ドミートレイ，レフ																																	
Мичурина, Софья Алексеевна ソフィヤ・アレクセーヴナ・ミチューリナ(イヴァン・ドミートリエヴィチ妻，イヴァン・イヴァノヴィチ母)	イルクーツク商人未亡人	息子イヴァン，アンドレイ																																	
Мичурин, Иван Иванович イヴァン・イヴァノヴィチ・ミチューリン(イヴァン・ドミートリエヴィチ息子)	イルクーツク商人甥(息子)	弟アンドレイ(1818年)。息子インノケンチー(1836年-)																																	イヴァン，1824年ギルド長・交易所所長
Мичурин, Андрей Иванович アンドレイ・イヴァノヴィチ・ミチューリン(イヴァン・ドミートリエヴィチ息子)	イルクーツク商人息子	1人																																	アンドレイ，1826年第3ギルド
Могунов, Данило Алексеевич ダニーロ・アレクセーヴィチ・モグーノフ	イルクーツク町人(※)	1人										*	*																						1811年町人

名前	出自	構成員	年																																その後・備考
			1791	1792	1793	1796	1797	1798	1799	1801	1803	1805	1808	1809	1810	1811	1812	1813	1814	1815	1816	1817	1818	1819	1820	1821	1822	1823	1824	1825	1828	1834	1836	1837	
Мыльников, Николай Прокопьевич ニコライ・プロコピエヴィチ・ムィリニコフ	イルクーツク同業組合員	息子ドミートレイ(1806年没, -1812年), ヤコフ(1802年没, -1812年), ミハイロ。(1796-1812年)ドミートレイ息子で孫のイヴァン(-1812年以前没)。(1813年)ミハイロ息子で孫のニコライ, アレクサンドル, アンドレヤン																	*																ニコライ, 1784-1786年イルクーツク市長, 1814年1月31日町人からギルド再登録, 翌年没。同, 息子ミハイロとその息子で孫のニコライ, アレクサンドル, アンフィノゲン, 1815年町人。息子ドミートレイ, 1805-1806年イルクーツク市長。ニコライ妻アクリーナ, 1816年第3ギルド。息子ミハイロ, 1824年第3ギルド
Мыльникова, Акулина (Окулина) Андреевна アクリーナ(オクリーナ)・アンドレーヴナ・ムィリニコヴァ(ニコライ・プロコピエヴィチ2番目妻)	イルクーツク商人未亡人	1人																																	1834年第1ギルド?
Мыльников, Михайло Николаевич ミハイロ・ニコラエヴィチ・ムィリニコフ(ニコライ・プロコピエヴィチ息子)	イルクーツク町人(商人息子)	息子ニコライ(1826年没), アンフィノゲン(アフィノゲン)																									*						1824年イルクーツク町人からギルド登録(1834年全国人口調査)
Мыльников, Петр Прокопьевич ピョートル・プロコピエヴィチ・ムィリニコフ(ニコライ・プロコピエヴィチ兄)	イルクーツク町人(商人兄弟)	1人										*																					1784年町人民警選出, 1811年町人

名前	出自	構成員	年 1791	1792	1793	1796	1797	1798	1799	1801	1803	1805	1808	1809	1810	1811	1812	1813	1814	1815	1816	1817	1818	1819	1820	1821	1822	1823	1824	1825	1828	1834	1836	1837	その後・備考
Мыльников, Прокопий (Прокопей) Петрович プロコピー(プロコペイ)・ペトロヴィチ・ムィリニコフ (ピョートル・プロコピエヴィチ息子?)	不明	息子ピョートル, ニコライ, エゴール (1837年-)																																	
Мясников (Месников), Михайло ミハイロ・ミャスニコフ (メスニコフ)	雑階級人	息子セミョン, アレクセイ。セミョン息子で孫のミハイロ, フョードル, ピョートル, イヴァン																																	ミハイロ, 1783年没
Мясников (Месников), Алексей Михайлович アレクセイ・ミハイロヴィチ・ミャスニコフ (メスニコフ)(ミハイロ息子)	イルクーツク商人息子	(1796年)兄弟セミョンとその息子で甥のミハイロ, フョードル, ピョートル, イヴァン, パーヴェル, ミハイロ息子で甥のニコライ。(1813年-)息子ミハイロ, ピョートル																																	アレクセイ, 1796-1798年市マギストラートのブルゴミストル, 1811-1813年マギストラートのメンバー, 1814年没
Мясников (Месников), Петр Алексеевич ピョートル・アレクセーヴィチ・ミャスニコフ (メスニコフ)(アレクセイ・ミハイロヴィチ息子)	イルクーツク商人息子	兄弟ミハイロ																																	ピョートル, 兄弟ミハイロ, 多額の債務不履行により1820年町人
Мясников, Семен Михайлович セミョン・ミハイロヴィチ・ミャスニコフ(ミハイロ息子, アレクセイ・ミハイロヴィチ兄弟)	イルクーツク商人兄弟(息子)	兄弟アレクセイ。息子ミハイロ, フョードル, ピョートル, イヴァン, パーヴェル。ミハイロ息子で孫のニコライ																																	セミョン, 1803年没。兄弟アレクセイ, 息子フョードル, 1805年町人。息子ピョートル, 同年第3ギルド

名前	出自	構成員	年 1791	1792	1793	1796	1797	1798	1799	1801	1803	1805	1808	1809	1810	1811	1812	1813	1814	1815	1816	1817	1818	1819	1820	1821	1822	1823	1824	1825	1828	1834	1836	1837	その後・備考
Мясников (Месников), Петр Семенович ピョートル・セミョノヴィチ・ミャスニコフ(メスニコフ)(セミョン・ミハイロヴィチ息子)	イルクーツク商人息子	父セミョン(1803年没)。兄弟ミハイロ，イヴァン(1805年没)，パーヴェル。ミハイロ息子で甥のニコライ																																	兄弟ミハイロ，1809年ピョートルに代わりギルド登録
Мясников (Месников), Михайло Семенович ミハイロ・セミョノヴィチ・ミャスニコフ(メスノコフ)(セミョン・ミハイロヴィチ息子)	イルクーツク商人兄弟(息子)	父セミョン(1803年没)。兄弟ピョートル，イヴァン(1805年没)，パーヴェル。息子ニコライ																																	ミハイロ，1812年没。同，兄弟ピョートル，パーヴェル，息子ニコライ，ピョートル息子で甥のヤコフ，イヴァン息子で甥のピョートル，甥イヴァンの息子アレクサンドル，1814年町人
Мясников (Месников), Петр Ильич ピョートル・イリイチ・ミャスニコフ(メスニコフ)	イルクーツク町人(商人息子)	1人																																	ピョートル，1812年没。同，息子オシプ，アレクセイ，1813年町人
Мясников, Николай ニコライ・ミャスニコフ	不明	兄弟セミョン																																	
Мяхкоступов (Мехкоступов), Михайло Герасимович ミハイロ・ゲラシモヴィチ・ミャフコストゥーポフ(メフコストゥーポフ)	イルクーツク町人	1人																																	ミハイロ，1811-1813年市マギストラートのラトマン，1827年没。妻アンナ・イヴァノヴナ，1834年全国人口調査記載
Наквасин, Григорей Григорьевич グリゴレイ・グリゴリエヴィチ・ナクヴァシン	イルクーツク商人息子	兄弟プロホールとその息子で甥のプラトン。息子フョードル，ニキータ，イヴァン																																	

名前	出自	構成員	年																																その後・備考
			1791	1792	1793	1796	1797	1798	1799	1801	1803	1805	1808	1809	1810	1811	1812	1813	1814	1815	1816	1817	1818	1819	1820	1821	1822	1823	1824	1825	1828	1834	1836	1837	
Наквасин, Никита Григорьевич ニキータ・グリゴリエヴィチ・ナクヴァシン(グリゴレイ・グリゴリエヴィチ息子)	イルクーツク町人(商人息子)	息子ステパン，パーヴェル(1834年)，ミハイロ(1834年)																																	ニキータ，1835年キャフタ第3ギルド
Наквасин, Федор Григорьевич フョードル・グリゴリエヴィチ・ナクヴァシン(グリゴレイ・グリゴリエヴィチ息子)	イルクーツク町人(商人息子)	息子インノケンチー(1834年-)，ニコライ(1834年)																												*					フョードル，1825年イルクーツク町人からギルド登録(1834年全国人口調査)
Наквасин, Николай Григорьевич ニコライ・グリゴリエヴィチ・ナクヴァシン(グリゴレイ・グリゴリエヴィチ息子)	イルクーツク町人(商人息子)	1人																																	1826年イルクーツク町人からギルド登録(1834年全国人口調査)
Нечаев, Андрей Егорович アンドレイ・エゴロヴィチ・ネチャーエフ	イルクーツク同業組合員	息子セミョン																																	アンドレイ，セミョン，1810年町人
Нечаев, Степан Ильич ステパン・イリイチ・ネチャーエフ(アンドレイ・エゴロヴィチ親戚)	イルクーツク町人	息子アンドレイ(1815年没，1815-1816年)，ポルフィリー(1817-1825年)，ステパン(1834年-)，イヴァン(1834年-)，パンフィール(1817年没，1834年記載)																											*						1840年代までギルド登録
Никитин, Алексей Дмитрьевич アレクセイ・ドミートリエヴィチ・ニキーチン	イルクーツク町人	(-1792年)兄弟ドミートレイ。ドミートレイ息子で甥のフィリップ，アレクセイ(ヴァシーレイ?)，アレクセイ(1784年没)																																	兄弟ドミートレイ，1797年第3ギルド。アレクセイ，1801年町人から第3ギルド

名前	出自	構成員	1791	1792	1793	1796	1797	1798	1799	1801	1803	1805	1808	1809	1810	1811	1812	1813	1814	1815	1816	1817	1818	1819	1820	1821	1822	1823	1824	1825	1828	1834	1836	1837	その後・備考
Никитин, Дмитрей Дмитрьевич ドミートレイ・ドミートリエヴィチ・ニキーチン(アレクセイ・ドミートリエヴィチ兄弟)	イルクーツク町人(商人兄弟)	息子フィリップ，ヴァシーレイ					■	■	■	■	■	■	■	■	■	■																			ドミートレイ，息子フィリップ(没)，ヴァシーレイ，1812年町人
Никитин, Григорей Григорьевич グリゴレイ・グリゴリエヴィチ・ニキーチン	イルクーツク町人(※)(商人息子)	兄弟ヴァシーレイ(1810年町人)											■	■	■	■	■	■	■	■	■	■	■ *												グリゴレイ，1807年ギルド登録(＊)，1818年町人登録後第3ギルド再登録，同年オレクミンスク移住，1819年同商人
Никитин, Михайло Григорьевич ミハイロ・グリゴリエヴィチ・ニキーチン	不明	息子ガヴリーロ，ミハイロ，プロコピー(プロコペイ)，ステパン(1836年)，インノケンチー(1836年)。ガヴリーロ息子で孫のプロコペイ，ステパン，インノケンチー																															■	■	
Никулин, Борис ボリス・ニクーリン	イルクーツク町人	兄弟アレクセイ										■																							
Никулин, Андреян Гепасимович アンドレヤン・ゲラシモヴィチ・ニクーリン	イルクーツク町人(商人息子)	兄弟ステパン。息子アンドレヤン										■																							アンドレヤン，1806年町人。兄弟ステパン，1808年第3ギルド
Никулин, Степан Герасимович ステパン・ゲラシモヴィチ・ニクーリン(アンドレヤン・ゲラシモヴィチ兄弟)	イルクーツク商人兄弟(息子)	1人											■	■	■	■	■																		1812年ヤクーツク商人

名前	出自	構成員	年																																その後・備考
			1791	1792	1793	1796	1797	1798	1799	1801	1803	1805	1808	1809	1810	1811	1812	1813	1814	1815	1816	1817	1818	1819	1820	1821	1822	1823	1824	1825	1828	1834	1836	1837	
Оболтин, Петр Васильевич ピョートル・ヴァシリエヴィチ・オボルチン	イルクーツク町人（商人息子）	兄弟イヴァン（1809年代表，1810年以降分離）。（1813年-）息子イヴァン，パーヴェル，ピョートル（1816年没）																																	ピョートル，息子イヴァン，パーヴェル，ピョートル，1819年町人。息子イヴァン，1834年第3ギルド
Оболтин, Иван Васильевич イヴァン・ヴァシリエヴィチ・オボルチン（ピョートル・ヴァシリエヴィチ兄弟）	イルクーツク商人兄弟（息子）	（1809年）兄弟ピョートル																																	イヴァン，1811年以前没，同年町人
Оболтин, Иван Петрович イヴァン・ペトロヴィチ・オボルチン（ピョートル・ヴァシリエヴィチ息子）	イルクーツク町人（商人息子）	1人																																	1834年イルクーツク町人からギルド登録（1834年全国人口調査）
Оболтин, Алексей Иванович アレクセイ・イヴァノヴィチ・オボルチン	イルクーツク町人	息子イヴァン																																	1830年イルクーツク町人からギルド登録（1834年全国人口調査）
Обухов, Андрей アンドレイ・オブーホフ	イルクーツク同業組合員	息子ミハイロ，ピョートル（1784年没），イヴァン。ピョートル息子で孫のアントン																																	1840-50年代息子ピョートルがキャフタ第3ギルド
Огородников, Кирил Васильевич キリル・ヴァシリエヴィチ・オゴロドニコフ	バラガンスク第3ギルド商人	息子エヴラムピー																																	
Одуевской, Иван менцей （小）イヴァン・オドゥエフスコイ	イルクーツク町人	1人																																	1810年削除

名前	出自	構成員	年																																その後・備考
			1791	1792	1793	1796	1797	1798	1799	1801	1803	1805	1808	1809	1810	1811	1812	1813	1814	1815	1816	1817	1818	1819	1820	1821	1822	1823	1824	1825	1828	1834	1836	1837	
Опрелков (Апрелков), Александр Никифорович アレクサンドル・ニキーフォロヴィチ・オプレルコフ(アプレルコフ)	イルクーツク商人息子	息子ピョートル(-1796年以前没？)，イヴァン(1792年-)。(1796年-)ピョートル息子で孫のミハイロ。(1797年-)弟イヴァン(1804年没)とその息子で甥のマクシム																																	アレクサンドル，1784-1786年市マギストラートのブルゴミストル，1794-1797年市マギストラート顧問，1805年5月12日没。息子ミハイロ，イヴァン，1808年第3ギルド
Опрелков, Михайло Никифорович ミハイロ・ニキーフォロヴィチ・オプレルコフ(アレクサンドル・ニキーフォロヴィチ兄弟)	イルクーツク商人息子	弟イヴァン。息子セミョン。(1796年)息子ヴォロジーメル，イヴァン息子で甥のマクシム																																	ミハイロ，1796年没。息子セミョン，1797年第3ギルド
Опрелков, Семен Михайлович セミョン・ミハイロヴィチ・オプレルコフ(ミハイロ・ニキーフォロヴィチ息子)	イルクーツク商人息子	父ミハイロ(1796年没，-1801年)。弟ヴォロジーメル																																	セミョン，父ミハイロ(没)，弟ヴォロジーメル(ウラジーミル)，1805年町人
Опрелков (Апрелков), Михайло Петрович ミハイロ・ペトロヴィチ・オプレルコフ(アプレルコフ)(アレクサンドル・ニキーフォロヴィチ孫)	イルクーツク商人孫	(1818年-)息子アレクセイ，イヴァン。息子ピョートル(1834年-)，アレクセイ息子で孫のアレクサンドル(1836年-)																																	ミハイロ，1816年第3ギルドと第2ギルドの記録。ギルド残留
Опрелков (Апрелков), Иван Александрович イヴァン・アレクサンドロヴィチ・オプレルコフ(アプレルコフ)(アレクサンドル・ニキーフォロヴィチ息子)	イルクーツク商人息子	父アレクサンドル(1805年没，-1812年)。叔父イヴァン(1804年没，1810年町人)とその息子で従弟のマクシム(-1809年)，ニコライ(1813年-)，イヴァン(1817年-)																																	イヴァン，1823年没。同，息子ニコライ，イヴァン，1824年町人

名前	出自	構成員	年																																その後・備考
			1791	1792	1793	1796	1797	1798	1799	1801	1803	1805	1808	1809	1810	1811	1812	1813	1814	1815	1816	1817	1818	1819	1820	1821	1822	1823	1824	1825	1828	1834	1836	1837	
Опрелков (Апрелков), Максим Иванович マクシム・イヴァノヴィチ・オプレルコフ(アプレルコフ)(アレクサンドル・ニキーフォロヴィチ甥，イヴァン・アレクサンドロヴィチ従弟)	イルクーツク商人従弟	(1813年-)弟イオナ(イオン，1828年独立)。息子インノケンチー(1834年-)，イヴァン(1834年-)，ヤコフ(1837年-)																	*																マクシム，弟イオナ，1814年町人登録後，2月18日第3ギルドに記載。1840年代まで第3ギルド
Опрелков, Иона (Ионн) Иванович イオナ(イオン)・イヴァノヴィチ・オプレルコフ(アレクサンドル・ニキーフォロヴィチ甥，マクシム・イヴァノヴィチ弟)	イルクーツク商人兄弟	1人																																	ギルド残留
Останин, Федор Семенович フョードル・セミョノヴィチ・オスタニン	イルクーツク商人	息子アレクセイ，(1792年-)セミョン																																	息子アレクセイ，1796年第3ギルド
Останин, Алексей Федорович アレクセイ・フョードロヴィチ・オスタニン(フョードル・セミョノヴィチ息子)	イルクーツク商人息子	(-1805年)兄弟セミョンとその息子で甥のイヴァン，アレクセイ。(1828年-)息子ヴァシーレイ，イヴァン，ミハイロ，コンスタンチン																																	アレクセイ，1829年没。息子ヴァシーレイ1834年第3ギルド
Останин, Василей Алексеевич ヴァシーレイ・アレクセーヴィチ・オスタニン(アレクセイ・フョードロヴィチ息子)	イルクーツク商人息子	弟イヴァン(1830年没，1834年)，ミハイロ，コンスタンチン																																	ヴァシーレイ，1831年ギルド長，19世紀半ば第1ギルド，1862年国営テルミンスカヤ工場購入，金鉱業者
Очередин, Иван Степанович イヴァン・ステパノヴィチ・オチェレジン	イルクーツク同業組合員	1人																																	イヴァン，息子ミハイロ，1813年町人

名前	出自	構成員	年																																その後・備考
			1791	1792	1793	1796	1797	1798	1799	1801	1803	1805	1808	1809	1810	1811	1812	1813	1814	1815	1816	1817	1818	1819	1820	1821	1822	1823	1824	1825	1828	1834	1836	1837	
Очередин, Михайло Иванович ミハイロ・イヴァノヴィチ・オチェレジン(イヴァン・ステパノヴィチ息子)	イルクーツク町人(商人息子)	1人																																	
Папулов, Иван Львович イヴァン・リヴォヴィチ・パプーロフ	イルクーツク町人	息子ヴァシーレイ																		*															イヴァン，1814年没。同，息子ヴァシーレイ，1816年町人
Парилов, Федор Варламович フョードル・ヴァルラモヴィチ・パリロフ	イルクーツク町人	1人																																	1789年口頭裁判所選出，1806年町人
Пежемский, Григорей グリゴレイ・ページェムスキー	退役コサック	息子ヴァシーレイ																																	グリゴレイ，息子ヴァシーレイ，1802-1804年第3ギルド，1805年町人
Пежемский, Николай Николаевич ニコライ・ニコラエヴィチ・ページェムスキー	キレンスク商人	息子ステパン，アレクセイ，ニコライ																																	1830年キレンスク商人からイルクーツク・ギルド登録(1834年全国人口調査)
Перетолчин, Степан Иванович ステパン・イヴァノヴィチ・ペレトルチン	イルクーツク同業組合員	息子イヴァン。(1834年-)息子パーヴェル，ミハイロ，アレクサンドル																												*					1825年イルクーツク同業組合員からギルド登録(1834年全国人口調査)
Перетолчина, Любовь Ивановна リュボフ・イヴァノヴナ・ペレトルチナ(ステパン・イヴァノヴィチ妻)	イルクーツク商人未亡人	息子イヴァン，パーヴェル，ミハイロ，アレクサンドル。イヴァン息子で孫のステパン																																	
Перфильев, Емельян Григорьевич エメリヤン・グリゴリエヴィチ・ペルフィリエフ	不明	1人																																	1829年町人(*)

名前	出自	構成員	年																																その後・備考
			1791	1792	1793	1796	1797	1798	1799	1801	1803	1805	1808	1809	1810	1811	1812	1813	1814	1815	1816	1817	1818	1819	1820	1821	1822	1823	1824	1825	1828	1834	1836	1837	
Пестерев, Николай Васильевич ニコライ・ヴァシリエヴィチ・ペステレフ	ヴェルホヴァジエ商人	ニコライ																																	1831年ヴェルホヴァジエ商人からイルクーツク・ギルド登録(1834年全国人口調査)
Полевшиков, Андрей アンドレイ・ポレフシコフ	不明	息子グリゴレイ(1791年)，イリヤ，アンドレイ(1792年)																																	アンドレイ，1791年没
Пономарев, Алексей Константинович アレクセイ・コンスタンチノヴィチ・ポノマリョフ	不明	息子インノケンチー，ヴァシリー(ヴァシーレイ)，インノケンチー息子で孫のイヴァン																																	
Попов Яков ヤコフ・ポポフ	イルクーツク商人	(1796年-)息子アファナセイ，ピョートル																																	1798年町人
Попов, Степан Степанович ステパン・ステパノヴィチ・ポポフ	イルクーツク町人	息子イヴァン，マクシム，ステパン，アンドレイ。(1796年)息子ラヴレンチェイ，セミョン																																	ステパン，1796年没。息子イヴァン，1797年第3ギルド
Попов, Иван Степанович イヴァン・ステパノヴィチ・ポポフ(ステパン・ステパノヴィチ息子)	イルクーツク商人息子	父ステパン(1796年没)。(-1809年)兄弟マクシム，ステパン，アンドレイ，ラヴレンチェイ(1798年没)，セミョン(1796年没；1801-1811年死亡記載ないまま登録)																																	イヴァン，1801年ギルド長。同，息子アレクサンドル，ピョートル，インノケンチー，パーヴェル，1813年町人

名前	出自	構成員	年 1791	1792	1793	1796	1797	1798	1799	1801	1803	1805	1808	1809	1810	1811	1812	1813	1814	1815	1816	1817	1818	1819	1820	1821	1822	1823	1824	1825	1828	1834	1836	1837	その後・備考
Попов, Максим Степанович マクシム・ステパノヴィチ・ポポフ(イヴァン・ステパノヴィチ弟)	イルクーツク商人兄弟(息子)	兄弟ステパン，アンドレイ，ラヴレンチェイ，セミョン(1796年没)												→	■																				1810年，母アクリーナ・ステパノヴナ(ステパン・ステパノヴィチ妻)が息子たちの代わりに登録。翌年アクリーナ名義で第3ギルド
Попова, Акулина Степановна アクリーナ・ステパノヴナ・ポポヴァ(ステパン・ステパノヴィチ妻)	イルクーツク商人未亡人	息子マクシム，ステパン，アンドレイ，ラヴレンチェイ(1798年没)，セミョン(-1825年，1827年独立・第3ギルド，1828年町人)													→	■	■	■	■	■	■	■	■	■	■	■	■	■	■	■	■				息子ステパン，1836年第3ギルド
Попов, Степан Степанович ステパン・ステパノヴィチ・ポポフ(イヴァン・ステパノヴィチ弟)	イルクーツク商人息子	兄弟マクシム(-1836年6月6日没)，アンドレイ(1821年没，1834年)，セミョン(1828年町人)。息子ステパン(1834年)。アンドレイ息子で甥のアレクサンドル(1834年-)																													→	■	■	■	
Попов, Семен セミョン・ポポフ	モンゴル・ヤサク民	息子グリゴレイ				■	■	■	■																										1800年町人
Попов, Петр Иванович ピョートル・イヴァノヴィチ・ポポフ	イルクーツク町人	1人						■	■																										

名前	出自	構成員	年																																その後・備考
			1791	1792	1793	1796	1797	1798	1799	1801	1803	1805	1808	1809	1810	1811	1812	1813	1814	1815	1816	1817	1818	1819	1820	1821	1822	1823	1824	1825	1828	1834	1836	1837	
Портнов, Василий (Василей) Алексеевич ヴァシリー(ヴァシーレイ)・アレクセーヴィチ・ポルトノフ	不明	1人																																	
Портнов (Портной), Дмитрей Осипович ドミートレイ・オシポヴィチ・ポルトノフ(ポルトノイ)	カルーガ商人	兄弟ミハイロ(1834年)																											*					1825年カルーガ商人からイルクーツク・ギルド登録(1834年人口調査)
Портнова, Анна Федоровна アンナ・フョードロヴナ・ポルトノヴァ	不明	息子ミハイロ																																	
Потолов, Лев レフ・ポトロフ	不明	1人																																	
Протасов, Яков Яковлевич ヤコフ・ヤコヴレヴィチ・プロターソフ	トムスク商人	息子ヴァシーレイ(-1793年没)。遠縁フョードル(1791年, 翌年町人)																																	ヤコフ, 1798年没
Протасов, Козма コズマ・プロターソフ	イルクーツク町人	息子ピョートル(-1797年)。(1798年-)息子フョードル																																	コズマ, フョードル, 1801年資本申告なし, 1808年町人
Протников, Иван イヴァン・プロトニコフ	イルクーツク町人	息子セルゲイ																																	
Протодьяконов, Андрей アンドレイ・プロトジヤコノフ	イルクーツク町人	息子フョードル, イヴァン																																	1796年町人(*)息子フョードル, 1799年第3ギルド

名前	出自	構成員	年 1791	1792	1793	1796	1797	1798	1799	1801	1803	1805	1808	1809	1810	1811	1812	1813	1814	1815	1816	1817	1818	1819	1820	1821	1822	1823	1824	1825	1828	1834	1836	1837	その後・備考
Протодьяконов, Федор Андреевич フョードル・アンドレーヴィチ・プロトジヤコノフ(アンドレイ息子)	イルクーツク町人(商人息子)	父アンドレイ(1805-1809年，没，1810年町人)。息子ヴァシーレイ(1813年-)，パーヴェル(1813-1820，1824年-，イヴァンと同一人物？)，イヴァン(1821-1823年)，フョードル(1834年-)																																	フョードル，息子ヴァシーレイ，パーヴェル，1814年町人
Протопопов, Дмитрей Дмитрьевич ドミートレイ・ドミートリエヴィチ・プロトポポフ	不明	1人																																	
Пряничников, Петр Васильевич ピョートル・ヴァシリエヴィチ・プリャニシニコフ	イルクーツク町人	(-1820年)息子セミョン，アンドレヤン。(1808年-)兄弟イヴァン(1809年没，1810年削除，1813年町人)，小イヴァン(1810年独立)。(1813年-)セミョン息子で孫のピョートル，アフリカン(1812年没，-1816年)																																	ピョートル，1821年没(1820年没？：1834年全国人口調査)。息子セミョン，1822年第1ギルド
Пряничников, Иван Васильевич イヴァン・ヴァシリエヴィチ・プリャニシニコフ(ピョートル・ヴァシリエヴィチ兄弟)	イルクーツク町人(商人兄弟)	兄弟小イヴァン																																	イヴァン，小イヴァン，1808年兄弟ピョートルと共同で登録。小イヴァン，1810年第3ギルド

名前	出自	構成員	年																																その後・備考
			1791	1792	1793	1796	1797	1798	1799	1801	1803	1805	1808	1809	1810	1811	1812	1813	1814	1815	1816	1817	1818	1819	1820	1821	1822	1823	1824	1825	1828	1834	1836	1837	
Прянишников, Иван малой Васильевич (小)イヴァン・ヴァシリエヴィチ・プリャニシニコフ(ピョートル・ヴァシリエヴィチ兄弟)	イルクーツク商人兄弟	1人																																	1813年町人
Прянишников, Семен Петрович セミョン・ペトロヴィチ・プリャニシニコフ(ピョートル・ヴァシリエヴィチ息子)	イルクーツク商人息子	父ピョートル(1821年没)。兄弟アンドレヤン，息子ピョートル。(1834年)息子ラヴレンチー，ニコライ																																	セミョン，名誉市民(1834年全国人口調査)
Пуляев, Дмитрей ドミートレイ・プリャーエフ	農民	息子イヴァン																																	1798年町人
Пятчиков (Петчиков), Семен Родионович セミョン・ロジオノヴィチ・ピャッチコフ(ペッチコフ)	イルクーツク町人(※)	息子ピョートル，ヤコフ																																	セミョン，息子ピョートル，ヤコフ，1801年町人
Пятчиков, Иван イヴァン・ピャッチコフ	不明	息子ガヴリーロ(没)，ミハイロ，セミョン，アンドレイ																																	イヴァン1809年没。息子ガヴリーロ(没)，ミハイロ，セミョン，アンドレイ，同年町人
Ракитин, Петр Васильевич ピョートル・ヴァシリエヴィチ・ラキーチン	イルクーツク町人	1人																											*						1824年町人からイルクーツク・ギルド登録(1834年全国人口調査)，1840年代まで第3ギルド
Расторгуев (Росторгуев), Степан Петрович ステパン・ペトロヴィチ・ラストルグーエフ(ロストルグーエフ)	イルクーツク同業組合員	(1798年-)息子イヴァン，アンドレイ																																	ステパン，1791年同業組合員から第3ギルド，1811年町人。妻マルファ・ヴァシリエヴナ，息子イヴァン，アンドレイ，1811年第3ギルド

名前	出自	構成員	年																																その後・備考
			1791	1792	1793	1796	1797	1798	1799	1801	1803	1805	1808	1809	1810	1811	1812	1813	1814	1815	1816	1817	1818	1819	1820	1821	1822	1823	1824	1825	1828	1834	1836	1837	
Расторгуева, Марфа Васильевна マルファ・ヴァシリエヴナ・ラストルグーエヴァ(ステパン・ペトロヴィチ妻)	イルクーツク商人妻	息子イヴァン，アンドレイ																																	マルファ，息子イヴァン，アンドレイ，1813年町人
Резанцова, Анна Федровна アンナ・フョードロヴナ・レザンツォヴァ(ミハイロ・アレクセーヴィチ・レザンツォフ妻)	イルクーツク商人妻	(1792年)夫ミハイロ																																	町人へ。1797年夫ミハイロ・アレクセーヴィチ第2ギルド
Резанцов, Михайло Алексеевич ミハイロ・アレクセーヴィチ・レザンツォフ	イルクーツク町人	1人																																	1784-1786年市マギストラートのブルゴミストル，1807年町人
Резанцов, Петр Алексеевич ピョートル・アレクセーヴィチ・レザンツォフ	不明	息子フョードル，プロコペイ																																	ピョートル，1798年町人。1805年，息子フョードル第3ギルド，プロコペイ町人
Резанцов, Федор Петрович フョードル・ペトロヴィチ・レザンツォフ(ピョートル・アレクセーヴィチ息子)	イルクーツク町人(商人息子)	1人																																	1806年町人
Родионов, Петр Гаврилович ピョートル・ガヴリーロヴィチ・ロジオノフ	イルクーツク同業組合員	(-1798年)息子ヤキム，サモイロ。(1805年)兄弟ガヴリーロ																																	
Русанов, Яков Евревич ヤコフ・エヴレーヴィチ・ルサノフ	イルクーツク商人息子	(-1805年)兄弟ニキータ，ヴァシーレイ，ピョートル，エゴール，ニキータ息子で甥のアンドレイ																																	ヤコフ，息子ピョートル，1813年町人

名前	出自	構成員	年																																その後・備考
			1791	1792	1793	1796	1797	1798	1799	1801	1803	1805	1808	1809	1810	1811	1812	1813	1814	1815	1816	1817	1818	1819	1820	1821	1822	1823	1824	1825	1828	1834	1836	1837	
Русанов, Егор Иевлевич エゴール・イェヴレーヴィチ・ルサノフ(ヤコフ・エヴレーヴィチ兄弟)	イルクーツク商人兄弟(息子)	(1808-1809年)兄弟ヤコフ，ニキータ，ニキータ息子で甥のアンドレイ。(1836年-)息子インノケンチー，パーヴェル																																	エゴール，兄弟ニキータ，甥アンドレイ，1810年町人
Рыбин, Тимофей Андреевич チモフェイ・アンドレーヴィチ・ルィビン	イルクーツク町人	息子アンドレヤン(-1815年，1816年町人)，アンドレイ，ドミートレイ(1813年-)，アレクサンドル(1813年-)																																	チモフェイ，1816年没。息子アンドレイ，1817年第3ギルド
Рыбин, Андрей Тимофеевич アンドレイ・チモフェーヴィチ・ルィビン(チモフェイ・アンドレーヴィチ息子)	イルクーツク商人息子	兄弟ドミートレイ，アレクサンドル																																	アンドレイ，兄弟ドミートレイ，アレクサンドル，1818年町人
Сабашников, Никита Филипович ニキータ・フィリポヴィチ・サバシニコフ	イルクーツク町人	1人																																	1825年キャフタ第3ギルド
Саватеев, Иван イヴァン・サヴァテーエフ	イルクーツク商人	息子アンドレイ，ミハイロ。ミハイロ息子で孫のミハイロ。(1796年-)アンドレイ息子で孫のアレクサンドル，ミハイロ，イヴァン，ミハイロ息子で孫のアレクセイ登録																																	イヴァン，1796年没

名前	出自	構成員	年																																その後・備考
			1791	1792	1793	1796	1797	1798	1799	1801	1803	1805	1808	1809	1810	1811	1812	1813	1814	1815	1816	1817	1818	1819	1820	1821	1822	1823	1824	1825	1828	1834	1836	1837	
Саватеев, Андрей Иванович アンドレイ・イヴァノヴィチ・サヴァテーエフ(イヴァン息子)	イルクーツク商人息子	父イヴァン(1796年没)。(-1811年)兄弟ミハイロとその息子で甥のミハイロ，アレクセイ。息子アレクサンドル，ミハイロ，イヴァン																																	アンドレイ，1781-1784年イルクーツク市長，1799-1801年市マギストラートのブルゴミストル。同，息子アレクサンドル，ミハイロ，イヴァン，1813年町人。アレクサンドル，1821年第3ギルド
Саватеев, Александр Андреевич アレクサンドル・アンドレーヴィチ・サヴァテーエフ(アンドレイ・イヴァノヴィチ息子)	イルクーツク町人(商人息子)	1人																								*									1821年後半に第3ギルド登録，1824年町人
Саватеев, Михайло Иванович ミハイロ・イヴァノヴィチ・サヴァテーエフ(イヴァン息子，アンドレイ・イヴァノヴィチ兄弟)	イルクーツク商人息子	息子ミハイロ(1812年没)，アレクセイ(1820年没)。(1813年-)ミハイロ息子で孫のヴァシーレイ，ニコライ，ミハイロ(-1816年)，ドミートレイ																																	ミハイロ，1808-1814年イルクーツク市長，1831年没。孫ニコライ，1832年モスクワ商人。妻マレミヤナ・イヴァノヴナ，1834年第3ギルド
Саватеева, Маремьяна Ивановна マレミヤナ・イヴァノヴナ・サヴァテーエヴァ(ミハイロ・イヴァノヴィチ妻)	イルクーツク商人未亡人	孫ヴァシリー(ヴァシーレイ)，ドミートリー(ドミートレイ)																																	
Саватеев, Никонор ニコノール・サヴァテーエフ	不明	兄弟セヴィリヤン(セヴェリヤン)																																	

名前	出自	構成員	年																																その後・備考
			1791	1792	1793	1796	1797	1798	1799	1801	1803	1805	1808	1809	1810	1811	1812	1813	1814	1815	1816	1817	1818	1819	1820	1821	1822	1823	1824	1825	1828	1834	1836	1837	
Саватеев, Севириан (Севериан) セヴィリアン(セヴェリアン)・サヴァテーエフ(ニコノール兄弟)	イルクーツク商人兄弟	1人																																	1812年町人
Савинской, Василей ヴァシーレイ・サヴィンスコイ	イルクーツク町人	息子ステパン，エルモライ，セミョン																																	
Садовников, Иван イヴァン・サドヴニコフ	イルクーツク町人	1人																																	
Саламатов, Николай ニコライ・サラマトフ	イルクーツク町人	息子ピョートル，イヴァン，ルカ，グリゴレイ																																	ニコライ，1794年第3ギルド，1800年町人。息子ピョートル，1815年第3ギルド
Саламатов, Петр Николаевич ピョートル・ニコラエヴィチ・サラマトフ(ニコライ息子)	イルクーツク町人(商人息子)	(1834年-)息子ヴァシーレイ(ヴァシリー)																																	
Саламатов, Михайло ミハイロ・サラマトフ	イルクーツク町人	息子ヴァシーレイ，セルゲイ																																	1808年町人
Сапожников, Карп Карпович カルプ・カルポヴィチ・サポージニコフ	イルクーツク町人(※)	息子ピョートル，エゴール																																	1806年第3ギルド登録。カルプ，息子ピョートル，エゴール，エゴール息子で孫のヴァシーレイ，1813年町人。息子エゴール，1828年第3ギルド
Сапожников, Егор Карпович エゴール・カルポヴィチ・サポージニコフ(カルプ・カルポヴィチ息子)	イルクーツク町人(※)(商人息子)	息子ヴァシーレイ(ヴァシリー)，エゴール，ニキーフォル																																	エゴール，1829年没。妻ダリヤ・ニキーフォロヴナ，1834年第3ギルド

名前	出自	構成員	年																																その後・備考
			1791	1792	1793	1796	1797	1798	1799	1801	1803	1805	1808	1809	1810	1811	1812	1813	1814	1815	1816	1817	1818	1819	1820	1821	1822	1823	1824	1825	1828	1834	1836	1837	
Сапожникова, Дарья Никифоровна ダリヤ・ニキーフォロヴナ・サポージニコヴァ(エゴール・カルポヴィチ妻)	イルクーツク商人未亡人	息子ヴァシリー(ヴァシーレイ)，エゴール，ニキーフォル(1834年)																																	ダリヤ，1849年第2ギルド。息子ニキーフォル，1845年独立・第2ギルド
Сапунов, Иван イヴァン・サプーノフ	不明	1人																																	
Сахалтуев (?), Степан Иванович ステパン・イヴァノヴィチ・サハルトゥーエフ(?)	不明	息子アレクサンドル																																	
Сахаров, Никифор ニキーフォル・サハロフ	イルクーツク同業組合員	息子ニコライ，コンスタンチン，ニコライ，アレクセイ																																	息子コンスタンチン，1834年第3ギルド
Сахаров, Константин Никифорович コンスタンチン・ニキーフォロヴィチ・サハロ(ニキーフォル息子)	イルクーツク町人	1人																																	1834年イルクーツク町人からギルド登録(1834年全国人口調査)
Свешников, Александр Андреевич アレクサンドル・アンドレーヴィチ・スヴェシニコフ	イルクーツク町人	1人																		*															1816年イルクーツク町人からギルド登録(1834年全国人口調査)
Свиньин, Федор Федорович フョードル・フョードロヴィチ・スヴィニイン	イルクーツク町人	息子ミハイロ																																	町人へ
Селиванов, Александр Петрович アレクサンドル・ペトロヴィチ・セリヴァノフ	トボリスク商人息子からキャフタ商人	(-1836年)息子ピョートル																																	アレクサンドル，1827年キャフタ商人からイルクーツク・ギルド登録(1834年全国人口調査)，1838年トボリスク第3ギルド

名前	出自	構成員	年																																その後・備考
			1791	1792	1793	1796	1797	1798	1799	1801	1803	1805	1808	1809	1810	1811	1812	1813	1814	1815	1816	1817	1818	1819	1820	1821	1822	1823	1824	1825	1828	1834	1836	1837	
Сергеев, Алексей アレクセイ・セルゲーエフ	イルクーツク町人	兄弟ニコライ																																	町人へ
Сибиряков, Василей Афанасьевич ヴァシーレイ・アファナシエヴィチ・シビリャコフ	イルクーツク商人息子	息子ミハイロとその息子で孫のレフ，ヴァシーレイ，クセノフォン(クセノフォント)，ピョートル，イヴァン，アレクサンドル，アレクセイ，ドミートレイ。レフ息子でひ孫のフョードル。息子ニコライとその息子で孫のイヴァン																																	ヴァシーレイ，1790年没
Сибиряков, Михайло Васильевич ミハイロ・ヴァシリエヴィチ・シビリャコフ(ヴァシーレイ・アファナシエヴィチ息子)	イルクーツク商人息子	(-1798年)兄弟ニコライとその息子で甥のイヴァン。息子レフ(-1815年)，ヴァシーレイ，クセノフォント，ピョートル，イヴァン(-1813年)，アレクサンドル，アレクセイ(-1815年)，ドミートレイ。(-1815年)レフ息子で孫のフョードル，アンドレイ。(1813-1815年)息子ミハイロ，ニコライ，フョードル息子で孫のイヴァン。(1813年-)クセノフォント息子で孫のアンドレヤン，アレクサンドル息子で孫のニコライ																																	ミハイロ，1777-1780年イルクーツク県マギストラート顧問，1771，1796-1797年裁判所判事，1787-1789，1793-1796，1799-1801，1807-1810年イルクーツク市長，名誉市民，1814年没。息子アレクセイ，ミハイロ，ニコライ，1816年町人。同ドミートレイ，1818年町人

名前	出自	構成員	年																																その後・備考
			1791	1792	1793	1796	1797	1798	1799	1801	1803	1805	1808	1809	1810	1811	1812	1813	1814	1815	1816	1817	1818	1819	1820	1821	1822	1823	1824	1825	1828	1834	1836	1837	
Сибиряков, Николай Васильевич ニコライ・ヴァシリエヴィチ・シビリャコフ(ヴァシーレイ・アファナシエヴィチ息子)	イルクーツク商人息子	息子イヴァン(1801年)																																	1785年口頭裁判所に選出，のちジガンスク流刑
Сибиряков, Ксенофонт Михайлович クセノフォント・ミハイロヴィチ・シビリャコフ(ミハイロ・ヴァシリエヴィチ息子)	イルクーツク商人息子	兄弟ヴァシーレイ(-1818年，1820年独立)，ピョートル，アレクサンドル，ドミートレイ(1818年町人)。息子アンドレヤン。ヴァシーレイ息子で甥のミハイロ(-1818年)。アレクサンドル息子で甥のニコライ，ミハイロ																																	クセノフォント，商業顧問官，1817-1825年市長，1825年没。弟ピョートル，1826年ヴェルフネウジンスク商人。クセノフォント没後，妻ナタリヤ・ドミートリエヴナ，弟アレクサンドル，1828年それぞれ第1ギルド。養子アレクサンドル，1836年第3ギルド
Сибиряков, Александр Михайлович アレクサンドル・ミハイロヴィチ・シビリャコフ(ミハイロ・ヴァシリエヴィチ息子)	イルクーツク商人兄弟(息子)	(1819年)兄弟クセノフォント，ヴァシーレイ(1820年独立)，ピョートル，クセノフォント息子で甥のアンドレヤン，ヴァシーレイ息子で甥のミハイロ(1820年分離)。息子ニコライ，ミハイロ																																	アレクサンドル，息子ニコライ，ミハイロ，1830年イルクーツク町人
Сибиряков, Василей Михайлович ヴァシーレイ・ミハイロヴィチ・シビリャコフ(ミハイロ・ヴァシリエヴィチ息子)	イルクーツク商人兄弟(息子)	息子ミハイロ																																	ヴァシーレイ1821年没。同，ミハイロ，1822年町人

名前	出自	構成員	年 1791	1792	1793	1796	1797	1798	1799	1801	1803	1805	1808	1809	1810	1811	1812	1813	1814	1815	1816	1817	1818	1819	1820	1821	1822	1823	1824	1825	1828	1834	1836	1837	その後・備考
Сибирякова, Наталья Дмитрьевна ナタリヤ・ドミートリエヴナ・シビリャコヴァ(クセノフォント・ミハイロヴィチ・シビリャコフ妻，ドミートレイ・ニコラエヴィチ・ムィリニコフ娘)	イルクーツク商人未亡人	夫クセノフォント(1825年没)。息子アンドレヤン(1833年没)																																	ナタリヤ，のちモスクワ移住
Сибиряков, Александр Ксенофонтович アレクサンドル・クセノフォントヴィチ・シビリャコフ(クセノフォント・ミハイロヴィチ養子，洗礼カルムィク人)	カルムィク人(イルクーツク商人養子)	息子クセノフォント，アンドレヤン																																	アレクサンドル，バイカル湖船舶業，1849年第2ギルド，1864年世襲名誉市民
Сибиряков, Лев Михайлович レフ・ミハイロヴィチ・シビリャコフ(ミハイロ・ヴァシリエヴィチ息子)	イルクーツク商人息子	息子フョードル，アンドレイ。フョードル息子で孫のイヴァン。(1817年)アンドレイ息子で孫のレオンチェイ，フロレンチェイ																																	レフおよび家族，1818年町人。息子フョードル，1828年第3ギルド
Сибиряков, Федор Львович フョードル・リヴォヴィチ・シビリャコフ(レフ・ミハイロヴィチ息子)	イルクーツク町人(商人息子)	息子イヴァン。(1834年)息子インノケンチー，ニコライ，レフ																																	息子ニコライ，1849年イルクーツク第3ギルド，のちネルチンスク商人
Сибиряков, Петр ピョートル・シビリャコフ	イルクーツク商人	1人																																	町人へ
Сизых, Андрей Прокопьевич アンドレイ・プロコピエヴィチ・シーズィフ	不明	息子アンドレイ																																	アンドレイ，1788年没

名前	出自	構成員	年 1791	1792	1793	1796	1797	1798	1799	1801	1803	1805	1808	1809	1810	1811	1812	1813	1814	1815	1816	1817	1818	1819	1820	1821	1822	1823	1824	1825	1828	1834	1836	1837	その後・備考
Сизых, Андрей Петрович アンドレイ・ペトロヴィチ・シーズィフ	不明	息子イリヤ，ドミートレイ。イリヤ息子で孫のオシプ，アファナセイ。ドミートレイ息子で孫のステパン																																	アンドレイ，1783年没
Сизых, Илья Андреевич イリヤ・アンドレーヴィチ・シーズィフ（アンドレイ・ペトロヴィチ息子）	イルクーツク商人息子	(-1798年)兄弟ドミートレイとその息子で甥のステパン。息子オシプ，アファナセイ																																	イリヤ，1790-1793年イルクーツク市長，1802年没。息子オシプ，1803年第2ギルド
Сизых Осип Ильич オシプ・イリイチ・シーズィフ（イリヤ・アンドレーヴィチ息子）	イルクーツク商人息子	父イリヤ(1802年没)，兄弟アファナセイ												*		*																			オシプ，1813年バルグジン町人
Сизых, Афанасей Ильич アファナセイ・イリイチ・シーズィフ（イリヤ・アンドレーヴィチ息子）	イルクーツク商人兄弟(息子)	父イリヤ(1802年没)，兄弟オシプ(1808年)																																	1808年第1ギルドから第2ギルド。アファナセイ，故イリヤ，1811年町人
Сизых, Дмитрей Андреевич ドミートレイ・アンドレーヴィチ・シーズィフ（イリヤ・アンドレーヴィチ兄弟，1799年独立）	イルクーツク商人兄弟(息子)	息子ステパン(1808年以前没，-1812年)。(1813年-)息子ドミートレイ，ミハイロ，ステパン息子で孫のニコライ，ドミートレイ，アンドレイ。(1815年)息子アンドレイ，イヴァン																																	ドミートレイ，1802-05年イルクーツク市長，1816年没。後妻フェオクリスタ・イヴァノヴナ，1817年第3ギルド

名前	出自	構成員	年																																その後・備考
			1791	1792	1793	1796	1797	1798	1799	1801	1803	1805	1808	1809	1810	1811	1812	1813	1814	1815	1816	1817	1818	1819	1820	1821	1822	1823	1824	1825	1828	1834	1836	1837	
Сизова (Сизых), Феоклиста Ивановна フェオクリスタ・イヴァノヴナ・シーゾヴァ(シーズィフ)(ドミートレイ・アンドレーヴィチ妻)	イルクーツク商人未亡人	夫ドミートレイ(1816年没)。息子ドミートレイ(1834年削除)，ミハイロ(1834年削除)，アンドレイ，イヴァン。ステパン息子で孫のニコライ(1828年町人)，ドミートレイ，アンドレイ(1817年没)																																	
Сизых, Алексей アレクセイ・シーズィフ	不明	息子アレクセイ																																	アレクセイ，1808年町人。息子アレクセイ，1849年第3ギルド
Сизых, Касьян カシヤン・シーズィフ	イルクーツク商人	息子イヴァン，(1796年-)プロコペイ。(1796，1798年-)イヴァン息子で孫のニコライ																																	カシヤン，イヴァン(没)，プロコペイ，ニコライ，1809年町人
Сизых, Иван Федорович イヴァン・フョードロヴィチ・シーズィフ	不明	息子イヴァン																																	イヴァン，1787年没
Сизых, Иван Иванович イヴァン・イヴァノヴィチ・シーズィフ(イヴァン・フョードロヴィチ息子)	イルクーツク商人息子	息子イヴァン，セミョン，プロコペイ																																	1828年息子プロコペイ第3ギルド(1832年没)
Сизых, Семен Иванович セミョン・イヴァノヴィチ・シーズィフ(イヴァン・イヴァノヴィチ息子)	イルクーツク町人(商人息子)	息子ステパン，エゴール																		*															セミョン，1816年初め町人から第3ギルド登録，1820年多額の債務不履行により町人移動

名前	出自	構成員	年																																その後・備考
			1791	1792	1793	1796	1797	1798	1799	1801	1803	1805	1808	1809	1810	1811	1812	1813	1814	1815	1816	1817	1818	1819	1820	1821	1822	1823	1824	1825	1828	1834	1836	1837	
Сизых, Прокопей Иванович プロコペイ・イヴァノヴィチ・シーズィフ(イヴァン・イヴァノヴィチ息子)	イルクーツク町人(商人息子)	1人																													*				1828年当初町人からギルド登録，1832年没
Сизых, Гаврило Иванович ガヴリーロ・イヴァノヴィチ・シーズィフ	不明	1人																																	
Сизых, Увар (Уар) ウヴァル(ウアル)・シーズィフ	イルクーツク町人	息子フョードル(1805年以前没)																																	ウヴァル，1811年以前没，同年町人
Сизых, Александр Николаевич アレクサンドル・ニコラエヴィチ・シーズィフ	イルクーツク町人	息子アンドレイ，フョードル																																	
Синицын, Никифор Федорович ニキーフォル・フョードロヴィチ・シニーツィン	イルクーツク町人	息子ニコライ。(1813年-)息子イヴァン，ニコノール，フョードル，フョードル，アレクセイ，アンドレヤン，アレクセイ(1815年没)。(1815年)息子イヴァン																																	ニキーフォル，1817年破産，町人移動。妻ステパニーダ・イヴァノヴナ，1817年第3ギルド
Синицына, Степанида Ивановна ステパニーダ・イヴァノヴナ・シニーツィナ(ニキーフォル・フョードロヴィチ妻)	イルクーツク商人未亡人	息子ニコライ，イヴァン，ニキーフォル，フョードル，フョードル，アレクセイ，アンドレヤン，アレクセイ，イヴァン。ニコライ息子で孫のヴィケンチー																																	息子ニコライ，1818年第3ギルド

名前	出自	構成員	年																																その後・備考
			1791	1792	1793	1796	1797	1798	1799	1801	1803	1805	1808	1809	1810	1811	1812	1813	1814	1815	1816	1817	1818	1819	1820	1821	1822	1823	1824	1825	1828	1834	1836	1837	
Синицын, Николай Никифорович ニコライ・ニキーフォロヴィチ・シニーツィン(ニキーフォル・フョードロヴィチ息子)	イルクーツク商人息子	息子ヴィケンチー(1818年のみ，1819年分離独立)兄弟イヴァン，ニキーフォル，フョードル，フョードル，アレクセイ，アンドレヤン，イヴァン																																	ニコライ，息子ヴィケンチー，1821年町人
Синицын, Иван Никифорович イヴァン・ニキーフォロヴィチ・シニーツィン(ニキーフォル・フョードロヴィチ息子)	イルクーツク商人兄弟(息子)	兄弟ニキーフォル，フョードル(1828年没)，フョードル，アレクセイ(-1828年，1827年没)，アンドレヤン，イヴァン。息子ニキーフォル(1836年-)，フョードル(1837年-)。ニキーフォル息子で甥のニキーフォル(1834年-)，インノケンチー(1834年)。フョードル息子で甥のイヴァン(1837年-)																																	弟イヴァン，1847年からキレンスク居住，1860年代同第3ギルド
Сисин, Артемей アルチェメイ・シシン	イルクーツク町人	兄弟ニコライ																																	アルチェメイ，ニコライ，1810年町人
Ситников, Василей Иванович ヴァシーレイ・イヴァノヴィチ・シートニコフ	イルクーツク商人	1人																																	1784-1786年イルクーツク市マギストラートのブルゴミストル。ヴァシーレイ(没)，1812年町人
Слатин, Василей ヴァシーレイ・スラチン	不明	(1798年-)息子プロコペイ，イヴァン																																	
Слатин, Иван イヴァン・スラチン	イルクーツク町人	息子イヴァン，ピョートル，アレクセイ																																	

名前	出自	構成員	年 1791	1792	1793	1796	1797	1798	1799	1801	1803	1805	1808	1809	1810	1811	1812	1813	1814	1815	1816	1817	1818	1819	1820	1821	1822	1823	1824	1825	1828	1834	1836	1837	その後・備考
Смирных, Иван イヴァン・スミルヌィフ	不明	兄弟イヴァン，イリヤ																																	イヴァン，兄弟イヴァン，イリヤ，1810年町人
Смолин, Логин Егорович ロギン・エゴロヴィチ・スモーリン	イルクーツク町人	1人																																	1814年町人
Соколов, Осип Иванович オシプ・イヴァノヴィチ・ソコロフ	イルクーツク町人	息子アレクサンドル																																	1834年イルクーツク町人からギルド登録(1834年全国人口調査)
Солдатов (Салдатов), Петр Яковлевич ピョートル・ヤコヴレヴィチ・ソルダートフ(サルダートフ)	イルクーツク商人	息子ヤコフ(1813年独立)，コンスタンチン(1796年-)，ヴァシーレイ，アレクセイ(1814年没，-1815年)。(1813年-)コンスタンチン息子で孫のフョードル，イヴァン，ヴァシーレイ息子で孫のイヴァン，ピョートル																																	ピョートル，1786年イルクーツク市マギストラートのブルゴミストル。ピョートル家族，1816年町人。1834年孫のピョートル第3ギルド
Солдатов (Салдатов), Петр Васильевич ピョートル・ヴァシリエヴィチ・ソルダートフ(サルダートフ)(ピョートル・ヤコヴレヴィチ孫)	イルクーツク町人(商人息子)	1人																																	1834年商人息子からギルド登録(1834年全国人口調査)
Солдатов (Салдатов), Яков Петрович ヤコフ・ペトロヴィチ・ソルダートフ(サルダートフ)(ピョートル・ヤコヴレヴィチ息子)	イルクーツク商人息子	1人																																	

名前	出自	構成員	年																																その後・備考
			1791	1792	1793	1796	1797	1798	1799	1801	1803	1805	1808	1809	1810	1811	1812	1813	1814	1815	1816	1817	1818	1819	1820	1821	1822	1823	1824	1825	1828	1834	1836	1837	
Солдатова, Агрипина Петровна アグリピナ・ペトロヴナ・ソルダートヴァ	不明	息子ピョートル																																	
Солодянкин (Гулимовых), Василей ヴァシーレイ・ソロジャンキン(グリモヴィフ)	不明	息子ヤコフ，ドミートレイ，ヴァシーレイ，ニコライ																																	1797年町人
Софронов (Софонов), Никифор ニキーフォル・ソフローノフ(ソフォーノフ)	イルクーツク同業組合員	息子アンドレイ，クセノフォント，プロコペイ。アンドレイ息子で孫のイリヤ，ニキーフォル。クセノフォント息子で孫のポリカルプ																																	ニキーフォル，1798年没。同家族，同年町人。息子アンドレイ，1799年第3ギルド
Софронов (Софонов), Андрей Никифорович アンドレイ・ニキーフォロヴィチ・ソフローノフ(ソフォーノフ)(ニキーフォル息子)	イルクーツク町人(商人息子)	父ニキーフォル(1798年没，-1801年)。(-1801年)兄弟クセノフォント(1801年没)，プロコペイ，クセノフォント息子で甥のポリカルプ。息子イリヤ，ニキーフォル																																	アンドレイ，1802年(1803年？)没。兄弟プロコペイ，1803年第3ギルド。息子イリヤ，ニキーフォル，アンドレイ，パンテレイ，1813年町人
Софронов (Софонов), Прокопей Никифорович プロコペイ・ニキーフォロヴィチ・ソフローノフ(ソフォーノフ)(ニキーフォル息子)	イルクーツク商人兄弟	父ニキーフォル(1798年没，-1812年)。兄弟クセノフォント(1801年没)，アンドレイ(1802年没)。(-1811年)アンドレイ息子で甥のイリヤ，ニキーフォル，クセノフォント息子で甥のポリカルプ。(1814年-)息子ピョートル，プロコペイ																																	プロコペイ，息子ピョートル，プロコペイ，1817年町人

名前	出自	構成員	年																																その後・備考
			1791	1792	1793	1796	1797	1798	1799	1801	1803	1805	1808	1809	1810	1811	1812	1813	1814	1815	1816	1817	1818	1819	1820	1821	1822	1823	1824	1825	1828	1834	1836	1837	
Старцов, Петр Алексеевич ピョートル・アレクセーヴィチ・スタルツォフ	イルクーツク商人	兄弟セミョン。息子フョードル。セミョン息子で甥のドミートレイ																																	ピョートル，1791年没。兄弟セミョン，1796年第3ギルド
Старцов, Семен Алексеевич セミョン・アレクセーヴィチ・スタルツォフ（ピョートル・アレクセーヴィチ兄弟）	イルクーツク商人兄弟	息子ドミートレイ。兄弟ピョートル息子で甥のフョードル																																	セミョン，ロシア・アメリカ会社役員，1787-1789年市マギストラート顧問，1805年4月13日没。息子ドミートレイ，1808年第1ギルド
Старцов, Дмитрей Семенович ドミートレイ・セミョノヴィチ・スタルツォフ（セミョン・アレクセーヴィチ息子）	イルクーツク商人息子	父セミョン（1805年没）。兄弟フョードル（-1811年）															*																		ドミートレイ，1808-1810年市マギストラートのブルゴミストル。同，父セミョン（没），兄弟フョードル，1812年資本未申告により町人記載，同年ドミートレイのみ第3ギルド。ドミートレイ，兄弟フョードル，息子セミョン，1813年町人
Старцов, Федор Петрович フョードル・ペトロヴィチ・スタルツォフ（ピョートル・アレクセーヴィチ息子，セミョン・アレクセーヴィチ甥）	イルクーツク町人（商人息子）	1人																																	フョードル，息子ピョートル，1813年町人
Стрекаловской, Тарас Маркович タラス・マルコヴィチ・ストレカロフコイ	イルクーツク町人（商人息子）	(-1828年)兄弟キリロ（1832年没），パーヴェル（1834年町人），ヴァシーレイ。息子ピョートル（1834年-），インノケンチー（1837年）																											*						父マルコ，1806年第3ギルド。タラス，1825年イルクーツク町人からギルド登録（1834年全国人口調査）

名前	出自	構成員	年																																その後・備考
			1791	1792	1793	1796	1797	1798	1799	1801	1803	1805	1808	1809	1810	1811	1812	1813	1814	1815	1816	1817	1818	1819	1820	1821	1822	1823	1824	1825	1828	1834	1836	1837	
Сумкин, Иван Григорьевич イヴァン・グリゴリエヴィチ・スームキン	イルクーツク町人	息子ヤコフ，セミョン，ドミートレイ。(1815年)ヤコフ息子イヴァン																																	イヴァン，1816年没。息子ヤコフ，1817年第3ギルド
Сумкин, Яков Иванович ヤコフ・イヴァノヴィチ・スームキン(イヴァン・グリゴリエヴィチ息子)	イルクーツク商人息子	兄弟セミョン，ドミートレイ。息子イヴァン																																	ヤコフ，1821年(1820年?)没。同，息子イヴァン，同年町人。兄弟セミョン，同年第3ギルド
Сумкин, Семен Иванович セミョン・イヴァノヴィチ・スームキン(イヴァン・グリゴリエヴィチ息子)	イルクーツク商人兄弟(息子)	兄弟ドミートレイ(1828年独立)。(1834年-)息子インノケンチー，イヴァン，アンドレイ。同フョードル(1834年)																																	
Сумкин, Дмитрей Иванович ドミートレイ・イヴァノヴィチ・スームキン(イヴァン・グリゴリエヴィチ息子)	イルクーツク商人兄弟(息子)	(1834年-)息子ドミートリー(ドミートレイ)，インノケンチー																											*						ドミートレイ，1825年兄弟共同資本からギルド登録(1834年全国人口調査)
Сумкин, Иван Яковлевич イヴァン・ヤコヴレヴィチ・スームキン(ヤコフ・イヴァノヴィチ息子)	イルクーツク町人(商人息子)	1人																																	イヴァン，1836年イルクーツク町人から第3ギルド登録
Сухих, Ефим Никитинович エフィム・ニキーチノヴィチ・スヒフ	不明	息子ピョートル(1809年以前没)																																	エフィム，1787-1789年市マギストラート顧問。同，息子ピョートル，1810年町人

名前	出自	構成員	年																																その後・備考
			1791	1792	1793	1796	1797	1798	1799	1801	1803	1805	1808	1809	1810	1811	1812	1813	1814	1815	1816	1817	1818	1819	1820	1821	1822	1823	1824	1825	1828	1834	1836	1837	
Сухих, Иван Никитинович イヴァン・ニキーチノヴィチ・スヒフ	不明	息子グリゴレイ																																	イヴァン，息子グリゴレイ，1812年町人
Сычев, Иван イヴァン・スィチェフ	イルクーツク町人	息子ドミートレイ，ドミートレイ(-1799, 1805年)，ラヴル																																	1808年町人
Темников, Игнатей イグナチェイ・チョムニコフ	イルクーツク町人	息子イヴァン																																	町人へ
Тимофеев, Козма Прохорович コズマ・プロホロヴィチ・チモフェーエフ	イルクーツク町人	1人																																	コズマ，息子ドミートレイ，チモフェイ，1813年町人。ドミートレイ，1831年第3ギルド
Тимофеев, Дмитрей Козиминович ドミートレイ・コジミノヴィチ・チモフェーエフ(コズマ・プロホロヴィチ息子)	イルクーツク町人(商人息子)	息子ニコライ，ドミートレイ																																	1831年イルクーツク町人からギルド登録(1834年全国人口調査)
Тиунцов, Михайло Иванович ミハイロ・イヴァノヴィチ・チウンツォフ	イルクーツク商人	兄弟アンドレイ。息子ドミートレイ，イヴァン																																	兄弟アンドレイ，1796年第3ギルド
Тиунцов, Андрей Иванович アンドレイ・イヴァノヴィチ・チウンツォフ(ミハイロ・イヴァノヴィチ兄弟)	イルクーツク商人兄弟	兄弟ミハイロ息子で甥のドミートレイ(1804年没)，イヴァン																																	甥イヴァン，1808年第3ギルド
Тиунцов, Иван Михайлович イヴァン・ミハイロヴィチ・チウンツォフ(ミハイロ・イヴァノヴィチ息子)	イルクーツク商人息子	叔父アンドレイ(-1810年削除)，兄弟ドミートレイ(1804年没，1810年削除)																																	イヴァン，1812年町人

名前	出自	構成員	年 1791	1792	1793	1796	1797	1798	1799	1801	1803	1805	1808	1809	1810	1811	1812	1813	1814	1815	1816	1817	1818	1819	1820	1821	1822	1823	1824	1825	1828	1834	1836	1837	その後・備考
Тиунцов, Андрей Осипович アンドレイ・オシポヴィチ・チウンツォフ	イルクーツク町人	息子ミハイロ																																	アンドレイ，ミハイロ，1813年町人
Тиунцов, Михайло Андреевич ミハイロ・アンドレーヴィチ・チウンツォフ（アンドレイ・オシポヴィチ息子）	イルクーツク町人（商人息子）	1人																																	1828年町人
Токарев, Иван イヴァン・トカレフ	不明	息子ヴァシーレイ																																	
Токарев, Андрей Ильич アンドレイ・イリイチ・トカレフ	トチマ商人	息子アレクサンドル																																	1831年トチマ商人からイルクーツク・ギルド登録
Торлопов, Максим マクシム・トルロポフ	イルクーツク町人	(1805年-)息子ヤコフ																																	町人へ
Трапезников, Петр Дмитрьевич ピョートル・ドミートリエヴィチ・トラペズニコフ	イルクーツク町人（商人息子）	息子ニコライ，フィリップ，アンドレイ。(1796年-)息子ニコノール，コンスタンチン，ニコライ息子で孫のピョートル。(1813年-)ニコライ息子で孫のイヴァン，フィリップ息子で孫のアファナセイ，コンスタンチン。(1815年)フィリップ息子で孫のインノケンチー																																	ピョートル，1815年没。息子ニコライ，1817年第1ギルド

名前	出自	構成員	年																																その後・備考
			1791	1792	1793	1796	1797	1798	1799	1801	1803	1805	1808	1809	1810	1811	1812	1813	1814	1815	1816	1817	1818	1819	1820	1821	1822	1823	1824	1825	1828	1834	1836	1837	
Трапезников, Николай Петрович ニコライ・ペトロヴィチ・トラペズニコフ (ピョートル・ドミートリエヴィチ息子)	イルクーツク商人息子	弟フィリップ，アンドレイ(-1828年，1830年没)，ニコノール，コンスタンチン。息子ピョートル，イヴァン(1826年没，-1834年)，インノケンチー(1834年)。フィリップ息子で甥のアファナセイ，コンスタンチン，インノケンチェイ(インノケンチー)。(1834年-)コンスタンチン息子で甥のアレクサンドル。(1836年-)ピョートル息子で孫のニコライ，アファナセイ息子で甥のフィリップ，ニコノール息子で甥のインノケンチー																																	ニコライ，1816年キャフタ第1ギルド，1817年イルクーツク第1ギルド，1830年代金鉱業，世襲名誉市民
Трапезников, Петр Васильевич ピョートル・ヴァシリエヴィチ・トラペズニコフ	不明	息子セミョン，アンドレヤン。セミョン息子で孫のピョートル，アフリカン																	*																
Третьяков, Андреян Афанасьевич アンドレヤン・アファナシエヴィチ・トレチャコフ	バルナウル町人	アレクサンドル，イヴァン																																	ギルド残留
Тропин, Дмитрей Ларионович ドミートレイ・ラリオノヴィチ・トロピン	イルクーツク町人	(1814年-)息子ピョートル，イヴァン																																	ドミートレイ，1824年没
Трунев, Николай ニコライ・トルネフ	不明	1人																																	1811年町人

名前	出自	構成員	年																																その後・備考
			1791	1792	1793	1796	1797	1798	1799	1801	1803	1805	1808	1809	1810	1811	1812	1813	1814	1815	1816	1817	1818	1819	1820	1821	1822	1823	1824	1825	1828	1834	1836	1837	
Туголуков, Емельян エメリヤン・トゥゴルコフ	イルクーツク町人	息子ヴァシーレイ																																	1801年，1803年町人からイルクーツク商人登録と記載(1802年町人？)
Туголуков, Иван イヴァン・トゥゴルコフ	イルクーツク同業組合員	兄弟アンドレイ，アレクセイ																																	町人へ
Тупышев, Никита Васильевич ニキータ・ヴァシリエヴィチ・トゥプィシェフ	イルクーツク町人	息子ヴァシーレイ，ミハイロ，ガヴリーロ(1817年-)																	*																ニキータ，息子ヴァシーレイ，ミハイロ，1814年町人から第3ギルド再登録，1819年町人
Тюрюмин (Тюремин), Матвей Мартирьевич マトヴェイ・マルチリエヴィチ・チュリュミン(チュレミン)	不明	1人																																	
Тюрюмин, Мартирий Яковлевич マルチリー・ヤコヴレヴィチ・チュリュミン	イルクーツク町人	(1791年)兄弟ステパン。(1834年)息子ミハイロ，プロコピー，セミョン，マルチリー。セミョン息子で孫のマルチル																																	マルチリー，兄弟ステパン，1792年町人。マルチリー，1834年イルクーツク町人からギルド登録，同年没
Тюрюмина, Вера Николаевна ヴェーラ・ニコラエヴナ・チュリュミナ(マルチリー・ヤコヴレヴィチ妻)	イルクーツク商人未亡人	息子ミハイロ，プロコピー(プロコペイ)，マルチリー																																	
Тюрюмин, Степан Яковлевич ステパン・ヤコヴレヴィチ・チュリュミン(マルチリー・ヤコヴレヴィチ兄弟)	イルクーツク商人兄弟	1人																																	1813年町人，1827年没。妻タチヤナ・イヴァノヴナ，1828年第3ギルド

名前	出自	構成員	年 1791	1792	1793	1796	1797	1798	1799	1801	1803	1805	1808	1809	1810	1811	1812	1813	1814	1815	1816	1817	1818	1819	1820	1821	1822	1823	1824	1825	1828	1834	1836	1837	その後・備考
Тюрюмина, Татьяна Ивановна タチヤナ・イヴァノヴナ・チュリュミナ(ステパン・ヤコヴレヴィチ妻)	イルクーツク商人未亡人	夫ステパン(1827年没)																																	
Унжаков, Анисим Петрович アニシム・ペトロヴィチ・ウンジャコフ	イルクーツク同業組合員	1人																																	1834年イルクーツク同業組合員からギルド登録(1834年全国人口調査)。1836年ヴェルフネウジンスクへ移住
Уткин, Алексей アレクセイ・ウートキン	ヤクーツク町人	1人																																	1798年町人？
Утюганов (Устюганов, Утеганов), Амир Иванович アミール・イヴァノヴィチ・ウチュガノフ(ウスチュガノフ，ウテガノフ)	トムスク・タタール	息子ムフタル。(1834年)ムフタル息子で孫のグバイドゥル																																	アミール，1829年没
Федченко (Фидченков), Павел Алексеевич パーヴェル・アレクセーヴィチ・フェドチェンコ(フィドチェンコフ)	バルナウル商人	息子ニキータ(1834年-)，グリゴレイ(1836年-)																																	1831年バルナウル商人からイルクーツク・ギルド登録(1834年全国人口調査)，1860年代町人
Филипов, Василей ヴァシーレイ・フィリポフ	イルクーツク町人	息子ヴァシーレイ，アンドレイ																																	ヴァシーレイ，1799年没。息子ヴァシーレイ，1801年第3ギルド

名前	出自	構成員	年 1791	1792	1793	1796	1797	1798	1799	1801	1803	1805	1808	1809	1810	1811	1812	1813	1814	1815	1816	1817	1818	1819	1820	1821	1822	1823	1824	1825	1828	1834	1836	1837	その後・備考
Филипов, Василей Васильевич ヴァシーレイ・ヴァシリエヴィチ・フィリポフ(ヴァシーレイ息子)	イルクーツク商人息子	父ヴァシーレイ(1799年没，-1805年)。兄弟アンドレイ(-1805年)																												*					ヴァシーレイ，1825年イルクーツク町人からギルド登録(1834年全国人口調査)。母アクリーナ・セミョノヴナ，1820年第3ギルド，兄弟アンドレイ，1824年第3ギルド
Филипова, Акулина Семеновна アクリーナ・セミョノヴナ・フィリポヴァ(ヴァシーレイ妻，ヴァシーレイ・ヴァシリエヴィチ母)	イルクーツク商人未亡人	息子アンドレイ																																	息子アンドレイ，1824年第3ギルド
Филипов, Андрей Васильевич アンドレイ・ヴァシリエヴィチ・フィリポフ(ヴァシーレイ・ヴァシリエヴィチ兄弟)	イルクーツク商人息子	1人																																	1833年イルクーツク町人(1834年全国人口調査)
Фомини, Иван イヴァン・フォミン	イルクーツク同業組合員	1人																																	妻ナタリヤ・フョードロヴナ，1805年町人
Фомин, Матвей Иванович マトヴェイ・イヴァノヴィチ・フォミン	不明	息子ウアル																																	
Харинской (Харинских), Тимофей Иванович チモフェイ・イヴァノヴィチ・ハリンスコイ(ハリンスキフ)	イルクーツク同業組合員	息子アンドレイ，兄弟イヴァン息子で甥のピョートル，エゴール。兄弟フョードル息子で甥のエゴール																																	チモフェイ，1790-1792年市マギストラート顧問，1809年町人移動？

名前	出自	構成員	年 1791	1792	1793	1796	1797	1798	1799	1801	1803	1805	1808	1809	1810	1811	1812	1813	1814	1815	1816	1817	1818	1819	1820	1821	1822	1823	1824	1825	1828	1834	1836	1837	その後・備考
Харинских, Дмитрий Тимофеевич ドミートリー・チモフェーヴィチ・ハリンスキフ	イルクーツク町人(商人息子)	(1834年-)息子セミョン，パーヴェル																												*					1825年イルクーツク町人からギルド登録(1834年全国人口調査)
Хлебодаров, Илья Афанасьевич イリヤ・アファナシエヴィチ・フレボダロフ	イルクーツク町人	1人																										*						1829年町人
Храмов, Иван Иванович イヴァン・イヴァノヴィチ・フラーモフ	スレーチェンスク商人	息子ヴァシーレイ(-1798年)																																イヴァン，1802年町人，同年没
Чагин, Семен セミョン・チャギン	イルクーツク町人	息子フョードル，ピョートル																																町人へ
Чебаевской, Иван Федорович イヴァン・フョードロヴィチ・チェバエフスコイ	ラリスク町人	1人																																1797年町人
Чельский (Чельской), Илья イリヤ・チェリスキー(チェリスコイ)	不明	1人																																1790年没
Черепанов, Константин コンスタンチン・チェレパノフ	イルクーツク町人	兄弟ドミートレイ(1798年没)，ピョートル，フョードル																																コンスタンチン，兄弟ドミートレイ(故)，ピョートル，フョードル，1803年町人
Черепанов, Петр Зиновьевич ピョートル・ジノヴィエヴィチ・チェレパノフ	イルクーツク町人	甥ピョートル・ミハイロヴィチ(-1809年，1810年削除)，ミハイロ(-1803年)																																ピョートル，1812年3月6日キレンスク商人

名前	出自	構成員	年																																その後・備考
			1791	1792	1793	1796	1797	1798	1799	1801	1803	1805	1808	1809	1810	1811	1812	1813	1814	1815	1816	1817	1818	1819	1820	1821	1822	1823	1824	1825	1828	1834	1836	1837	
Черных, Алексей Андреянович アレクセイ・アンドレヤノヴィチ・チョールヌィフ	イルクーツク町人	父アンドレヤン(没)。兄弟イヴァン，ステパン																																	アレクセイ，父アンドレヤン(没)，兄弟イヴァン，ステパン，1810年町人
Чупалов (Чюпалов), Николай Семенович ニコライ・セミョノヴィチ・チュパロフ	雑階級人	兄弟セミョン(1790年没，-1793年)，イヴァン(1797年没，1810年町人)。息子ミハイロ(1810年没，-1812年)。セミョン息子で甥のプロコペイ(1803年独立)。(1813年-)ミハイロ息子で孫のイヴァン																								*	*								ニコライ，1818年没，孫イヴァン，1821年第3ギルド？ニコライ，イヴァン，1823年町人
Чупалов, Прокопей Семенович プロコペイ・セミョノヴィチ・チュパロフ(ニコライ・セミョノヴィチ甥)	イルクーツク商人息子	1人																																	プロコペイ，1808年町人。(息子セミョン，1831年第3ギルド？)
Чупалов, Иван Михайлович イヴァン・ミハイロヴィチ・チュパロフ(ニコライ・セミョノヴィチ孫)	イルクーツク商人孫	1人																								*	*								
Чупалов, Семен Прокопьевич セミョン・プロコピエヴィチ・チュパロフ	イルクーツク町人(商人息子？)	1人																																	1831年イルクーツク町人からギルド登録(1834年全国人口調査)
Чураков (Чюраков), Андрей Осипович アンドレイ・オシポヴィチ・チュラコフ	イルクーツク町人	兄弟ヤコフ(1808年以前没)，イヴァン(1809年以前没)																																	アンドレイ，兄弟ヤコフ，イヴァン，1809年町人

名前	出自	構成員	年																																その後・備考
			1791	1792	1793	1796	1797	1798	1799	1801	1803	1805	1808	1809	1810	1811	1812	1813	1814	1815	1816	1817	1818	1819	1820	1821	1822	1823	1824	1825	1828	1834	1836	1837	
Чурин (Чюрин), Яков Кондратьевич (Константьевич) ヤコフ・コンドラチエヴィチ(コンスタンチエヴィチ)・チュリン	イルクーツク町人	(-1805年)息子ピョートル，ヤコフ，グリゴレイ。(1834年-)息子アレクセイ，セミョン，オシプ，プラトン，ミハイロ，アレクサンドル，イヴァン。セミョン息子で孫のピョートル(1834年-)，コンスタンチン(1836年-)。息子パーヴェル(1837年)																																ヤコフ，1833年イルクーツク町人からギルド登録(1834年全国人口調査)。息子アレクセイ，1841年第3ギルド
Шалин, Михайло ミハイロ・シャリン	イルクーツク町人	兄弟ピョートル																																1792年町人
Шапошников, Данило ダニーロ・シャポシニコフ	ヤクーツク町人	1人																																1808年トゥーラ商人
Шарыпов, Василей ヴァシーレイ・シャルィポフ	イルクーツク商人	息子アンドレヤン(アレクサンドル?)。(1796年-)息子アンドレイ，ニコライ					*																											ヴァシーレイ，1797年9月15日町人，1802年没。息子アンドレヤン，1801年第3ギルド
Шарыпов, Андреян (Александр?) Васильевич アンドレヤン(アレクサンドル?)・ヴァシリエヴィチ・シャルィポフ(ヴァシーレイ息子)	イルクーツク町人(商人息子)	父ヴァシーレイ(1802年没)。(1801年-)兄弟アンドレイ，ニキータ																																父ヴァシーレイ，アンドレヤン，アンドレイ，ニキータ，1810年町人
Шебашев, Андрей アンドレイ・シェバシェフ	イルクーツク町人	兄弟アレクセイ																																1805年アンドレイに代わり兄弟アレクセイが登録
Шебашев, Алексей アレクセイ・シェバシェフ(アンドレイ兄弟)	イルクーツク商人兄弟	(1805年)兄弟アンドレイ																																アレクセイ，1810年町人

名前	出自	構成員	年																																その後・備考
			1791	1792	1793	1796	1797	1798	1799	1801	1803	1805	1808	1809	1810	1811	1812	1813	1814	1815	1816	1817	1818	1819	1820	1821	1822	1823	1824	1825	1828	1834	1836	1837	
Шелихов, Сидор Андреевич シードル・アンドレーヴィチ・シェリホフ	ルィリスク商人	1人																		*															1815年資本未申告により町人と記録。1828-1838年トロイツカヤ教会長老
Шелихов, Александров Васильевич アレクサンドル・ヴァシリエヴィチ・シェリホフ	ルィリスク商人	(1836年-)息子セルゲイ																											*						
Шергин, Григорей グリゴレイ・シェルギン	ヴォログダ商人(※)	1人																																	町人へ
Шестунов, Михайло ミハイロ・シェストゥーノフ	不明	息子イヴァン，ステパン，ミハイロ，フォードル(1793年没)。(1796年)イヴァン息子で孫のイヴァン，ステパン息子で孫のピョートル，アレクセイ，ミハイロ息子で孫のフォードル，プロコペイ																																	ミハイロ，1798年没
Шестунов, Степан Михайлович ステパン・ミハイロヴィチ・シェストゥーノフ(ミハイロ息子)	イルクーツク商人息子	息子ピョートル，アレクセイ																																	ステパン，1810年没。息子ピョートル，1812年第3ギルド
Шестунов, Петр Степанович ピョートル・ステパノヴィチ・シェストゥーノフ(ステパン・ミハイロヴィチ息子)	イルクーツク商人息子	父ステパン(1810年没，-1812年)。兄弟アレクセイ。(1813年)息子ステパン，ミハイロ																																	ピョートル，兄弟アレクセイ，息子ステパン，ミハイロ，1814年町人

名前	出自	構成員	年																																その後・備考
			1791	1792	1793	1796	1797	1798	1799	1801	1803	1805	1808	1809	1810	1811	1812	1813	1814	1815	1816	1817	1818	1819	1820	1821	1822	1823	1824	1825	1828	1834	1836	1837	
Шестунов, Михайло Михайлович ミハイロ・ミハイロヴィチ・シェストゥーノフ(ミハイロ息子)	イルクーツク商人息子	父ミハイロ(1798年没)。息子フョードル，プロコペイ																																	ミハイロ，1804年没。息子フョードル，プロコペイの後見人が資本申告(1812年商人ヤコフ・クヴァスニコフ，イヴァン・ルィチャゴフ)
Шестунов, Федор Михайлович フョードル・ミハイロヴィチ・シェストゥーノフ(ミハイロ・ミハイロヴィチ息子)	イルクーツク商人息子	兄弟プロコペイ																																	フョードル，兄弟プロコペイ，1814年町人。1827年第3ギルド再登録
Шестунова, Прасковья Степановна パラスコヴィヤ・ステパノヴナ・シェストゥーノヴァ(ミハイロ・ミハイロヴィチ妻，フョードル・ミハイロヴィチ母)	イルクーツク商人未亡人	息子フョードル，プロコペイ(プロコピー)。プロコピー息子で孫のミハイロ(1834年-)，ピョートル(1836年-)																																	息子フョードルへ
Шешукова, Акулина Николаевна アクリーナ・ニコラエヴナ・シェシュコヴァ	不明	息子イヴァン，プロコピー，ヴァシリー，イリヤ，ヴァシリー息子で孫のパーヴェル，アレクサンドル																																	息子ヴァシーレイ，翌年第3ギルド
Шешуков, Василей Иванович ヴァシーレイ・イヴァノヴィチ・シェシュコフ	不明	息子パーヴェル，アレクサンドル。兄弟イヴァン，プロコペイ，イリヤ																																	
Шигаев, Иван Петрович イヴァン・ペトロヴィチ・シガーエフ	カバン要塞ヴェルフネウジンスク商人	息子マトヴェイ，イヴァン。(1813年-)息子フョードル，ガヴリーロ，マトヴェイ息子で孫のイヴァン，プロコペイ																																	イヴァン，1814年没。息子マトヴェイ，1817年第3ギルド

名前	出自	構成員	年 1791	1792	1793	1796	1797	1798	1799	1801	1803	1805	1808	1809	1810	1811	1812	1813	1814	1815	1816	1817	1818	1819	1820	1821	1822	1823	1824	1825	1828	1834	1836	1837	その後・備考
Шигаев, Матвей Иванович マトヴェイ・イヴァノヴィチ・シガーエフ(イヴァン・ペトロヴィチ息子)	イルクーツク商人息子	弟イヴァン，フョードル，ガヴリーロ。息子イヴァン，プロコペイ																																	マトヴェイ，1816年没。弟イヴァン，1820年第3ギルド
Шигаев, Иван Иванович イヴァン・イヴァノヴィチ・シガーエフ(イヴァン・ペトロヴィチ息子)	イルクーツク商人兄弟(息子)	(1823年町人)兄マトヴェイ(1816年没)，弟フョードル，ガヴリーロ。マトヴェイ息子で甥のイヴァン，プロコペイ																																	
Шигаев, Иннокентий Дмитриевич インノケンチー・ドミートリエヴィチ・シガーエフ	不明	1人																																	
Ширшиков, Лаврентей ラヴレンチェイ・シルシコフ	不明	息子グリゴレイ，ミハイロ																																	
Ширяев, Сергей セルゲイ・シリャーエフ	イルクーツク町人	1人																																	
Ширяев, Семен Федорович セミョン・フョードロヴィチ・シリャーエフ	不明	息子ドミートレイ，アレクサンドル，セミョン。(-1814年なし)息子アレクセイ。(1813年-)息子イヴァン，ドミートレイ息子で孫のインノケンチェイ，アレクサンドル息子で孫のイヴァン																																	セミョン，1814年キレンスク商人，1819年没

名前	出自	構成員	年 1791	1792	1793	1796	1797	1798	1799	1801	1803	1805	1808	1809	1810	1811	1812	1813	1814	1815	1816	1817	1818	1819	1820	1821	1822	1823	1824	1825	1828	1834	1836	1837	その後・備考
Ширяев, Дмитрей Семенович ドミートレイ・セミョノヴィチ・シリャーエフ(セミョン・フョードロヴィチ息子)	キレンスク商人	父セミョン(1819年没)。息子インノケンチェイ(インノケンチー)																																	ドミートレイ，1833年没。息子インノケンチー，1834年イルクーツク町人，1837年第3ギルド
Ширяев, Иннокентий Дмитрьевич インノケンチー・ドミートリエヴィチ・シリャーエフ(ドミートレイ・セヴィノヴィチ息子)	イルクーツク商人息子	1人																																	
Ширяев, Семен Семенович セミョン・セミョノヴィチ・シリャーエフ(セミョン・フョードロヴィチ息子)	キレンスク商人	兄弟イヴァン(-1822年，1823年町人)																																	セミョン，1815-1817年キレンスク第2ギルト，1828年町人，同年バルグジン商人
Ширяев, Александр Семенович アレクサンドル・セミョノヴィチ・シリャーエフ(セミョン・フョードロヴィチ息子)	キレンスク商人	(1834年-)息子イヴァン，ニコライ，フョードル，アレクサンドル。(1836年-)息子セミョン																																	1832年キレンスク商人からイルクーツク・ギルド登録(1834年全国人口調査)
Шпыгин, Алексей アレクセイ・シプィギン	イルクーツク町人	息子フョードル，ドミートレイ，グリゴレイ，ヴァシーレイ																																	息子フョードル，1808年第3ギルド
Шпыгин, Федор Алексеевич フョードル・アレクセーヴィチ・シプィギン(アレクセイ息子)	イルクーツク商人息子	父アレクセイ(1809年没)。兄弟ドミートレイ，グリゴレイ，ヴァシーレイ																																	フョードル，父アレクセイ(没)，ドミートレイ，グリゴレイ，ヴァシーレイ，1812年町人
Шпыгина, Анисья Матвеевна アニシヤ・マトヴェーヴナ・シプィギナ	不明	息子ヴァシリー																																	

名前	出自	構成員	年																															その後・備考
			1791	1792	1793	1796	1797	1798	1799	1801	1803	1805	1808	1809	1810	1811	1812	1813	1814	1815	1816	1817	1818	1819	1820	1821	1822	1823	1824	1825	1828	1834	1836	1837	
Шубарин, Федор フョードル・シュバリン	不明	息子アファナセイ(-1801年)，ステパン。(1796-1801年)アファナセイ息子で孫のヤコフ，ドミートレイ																																	フョードル，1804年没。息子ステパン，1805年第3ギルド
Шубарин, Степан Федорович ステパン・フョードロヴィチ・シュバリン(フョードル息子)	イルクーツク商人息子	父フョードル(1804年没)																																	
Шубин, Дмитрей ドミートレイ・シュービン	ヤクーツク町人	兄弟イヴァン																																	1799年町人(＊)
Щегорин, Захар ザハル・シチェゴーリン	イルクーツク商人	兄弟ミハイロ																																	1798年町人
Щегорин, Федор Петрович フョードル・ペトロヴィチ・シチェゴーリン	イルクーツク商人	息子ミハイロ				＊																													ルィリスク商人グリゴリー・シェリホフ手代，1794年第8回遣中使節グリボフスキーに書記として同行，北京に3年滞在。1797年商人から町人移動の記録
Ягодин, Борис Андреевич ボリス・アンドレーヴィチ・ヤゴジン	イルクーツク同業組合員	息子ミハイロ，デミド																													＊					ボリス，1825年イルクーツク同業組合員からギルド登録(1834年全国人口調査)，1831年没
Ягодина, Александра Михайловна アレクサンドラ・ミハイロヴナ・ヤゴジナ(ボリス・アンドレーヴィチ妻)	イルクーツク商人未亡人	息子ミハイロ，デミド。ミハイロ息子で孫のドミートリー(ドミートレイ)，ヴァシーレイ(1837年)																																	

名前	出自	構成員	年																																その後・備考
			1791	1792	1793	1796	1797	1798	1799	1801	1803	1805	1808	1809	1810	1811	1812	1813	1814	1815	1816	1817	1818	1819	1820	1821	1822	1823	1824	1825	1828	1834	1836	1837	
Ярков, Николай Петрович ニコライ・ペトロヴィチ・ヤルコフ	イルクーツク町人(商人息子)	父ピョートル(没), 兄弟アンドレイ, ミハイロ																																	町人へ
Ярыгин, Александр アレクサンドル・ヤルィギン	イルクーツク町人	息子ピョートル, アレクサンドル																																	アレクサンドル, 息子ピョートル, アレクサンドル, 1812年町人

出典：
1791年：ГАИО. Ф. 70. Оп. 1. Д. 44. Л. 105–112.
1792年：ГАИО. Ф. 70. Оп. 1. Д. 45. Л. 51–61.
1793年：ГАИО. Ф. 70. Оп. 1. Д. 46. Л. 32–38об.
1796年：ГАИО. Ф. 308. Оп. 1. Д. 12. Л. 1–11.
1797年：ГАИО. Ф. 308. Оп. 1. Д. 18. Л. 1–10.
1798年：ГАИО. Ф. 308. Оп. 1. Д. 21. Л. 1–10.
1799年：ГАИО. Ф. 70. Оп. 1. Д. 52. Л. 55–59об., 66–71.(※最初のリスト欠落，ギルド構成員に関する情報なし)
1801年：ГАИО. Ф. 308. Оп. 1. Д. 33. Л. 1–10.
1803年：ГАИО. Ф. 308. Оп. 1. Д. 41. Л. 1–12.
1805年：ГАИО. Ф. 308. Оп. 1. Д. 54. Л. 1–13.
1808年：ГАИО. Ф. 70. Оп. 1. Д. 1484. Л. 3–14; Ф. 308. Оп. 1. Д. 70. Л. 1–11.
1809年：ГАИО. Ф. 70. Оп. 1. Д. 1484. Л. 76–88об.; Ф. 308. Оп. 1. Д. 72. Л. 1–14.
1810年：ГАИО. Ф. 308. Оп. 1. Д. 80. Л. 1–16.
1811年：ГАИО. Ф. 308. Оп. 1. Д. 86. Л. 1–13.
1812年：ГАИО. Ф. 308. Оп. 1. Д. 97. Л. 1–14.
1813年：ГАИО. Ф. 308. Оп. 1. Д. 103. Л. 1–13.
1814年：ГАИО. Ф. 70. Оп. 1. Д. 1708. Л. 2–12; Д. 1810. Л. 13об.–15об.; Ф. 308. Оп. 1. Д. 112. Л. 1–10.
1815年：ГАИО. Ф. 70. Оп. 1. Д. 1810. Л. 13об.–15об.; Ф. 308. Оп. 1. Д. 111. Л. 1–10; Д. 301. Л. 1–15.
1816年：ГАИО. Ф. 70. Оп. 1. Д. 1810. Л. 13об.–15об.; Д. 2310. Л. 73; Ф. 308. Оп. 1. Д. 129. Л. 1–10.
1817年：ГАИО. Ф. 70. Оп. 1. Д. 1866. Л. 2–9.
1818年：ГАИО. Ф. 70. Оп. 1. Д. 1866. Л. 67–75; Д. 2310. Л. 74; Ф. 308. Оп. 1. Д. 148. Л. 1–10.
1819年：ГАИО. Ф. 70. Оп. 1. Д. 1866. Л. 130–139; Д. 2310. Л. 74об.
1820年：ГАИО. Ф. 70. Оп. 1. Д. 2062. Л. 1–10об.; Д. 2074. Л. 2–4.
1821年：ГАИО. Ф. 70. Оп. 1. Д. 2062. Л. 31–39; Д. 2074. Л. 6–7об.; Д. 2310. Л. 75; Ф. 308. Оп. 1. Д. 185. Л. 1–10.

1822年：ГАИО. Ф. 70. Оп. 1. Д. 2062. Л. 86–94об.; Д. 2074. Л. 15–16об.; Д. 2217. Л. 8–16; Ф. 308. Оп. 1. Д. 199. Л. 1–9.
1823年：ГАИО. Ф. 70. Оп. 1. Д. 2310. Л. 1–9об.
1824年：ГАИО. Ф. 70. Оп. 1. Д. 2310. Л. 132–139; Ф. 308. Оп. 1. Д. 219. Л. 1–8.
1825年：ГАИО. Ф. 70. Оп. 1. Д. 2310. Л. 258–265об.
1828年：ГАИО. Ф. 70. Оп. 1. Д. 2505. Л. 744–752об.
1834年：ГАИО. Ф. 308. Оп. 1. Д. 300. Л. 1–34.
1836年：ГАИО. Ф. 308. Оп. 1. Д. 310. Л. 1–8об.
1837年：ГАИО. Ф. 308. Оп. 1. Д. 310. Л. 28–39.

Краткая энциклопедия по истории купечества и коммерции Сибири. Т. 1–4. Новосибирск. 1994–1999.

（※） В. П. Шахеров, *Торгово-промышленное освоение Юго-Восточной Сибири в конце XVIII–первой трети XIX вв.* Б）Список персоналий Иркутского купечества 90-х годов XVIII–первой трети XIX вв. С. 253–292 参照箇所。

※父称は現代表記を用いている。しかし史料では異なる表記になっており，例えば「グリゴレイ・サヴォヴィチ・バジェーノフ」は「グリゴレイ・サヴィン・バジェーノフ」と記録されている。名の表記は原則史料のままにしている。例えば「ドミートレイ」を現代表記の「ドミートリー」に変更せず，そのまま用いている。

表 5-1　イルク

年		1791	1792	1793	1796	1797	1798	1799	1801	1803	1805
ヤクーツク	ヤクーツク町人					4	3	1	1	1	1
ザバイカリエ地方	スレーチェンスク商人	1			1	1	1	1	1		
	キャフタ商人										
	キャフタ商人息子										
	トボリスク商人息子からキャフタ商人										
	ヴェルフネウジンスク商人				1	1	1	1	1	1	1
	マンズール郷農民			1	2	1	1	1	1	1	1
イルクーツク市	イルクーツク商人	18	17	20	13	12	8	7	6	5	5
	イルクーツク商人息子	19	18	12	23	26	29	28	31	33	38
	イルクーツク商人兄弟(息子)			1	3	4	5	7	9	9	10
	イルクーツク商人兄弟				3	3	4	4	5	4	6
	イルクーツク商人甥(息子)										1
	イルクーツク商人甥									1	1
	イルクーツク商人従兄弟										
	カルムィク人(イルクーツク商人養子)										
	イルクーツク商人妻	1	1	1	0						
	イルクーツク商人未亡人										
	イルクーツク商人母										
	イルクーツク町人(商人息子)	2	2	1	8	7	8	9	10	12	17
	イルクーツク町人(商人兄弟)				1	2	2	2	2	2	2
	イルクーツク町人(商人甥)										
	イルクーツク町人(商人孫)										
	イルクーツク町人(商工地区民息子)										
	イルクーツク町人(商人未亡人)										
	イルクーツク町人	10	12	8	12	20	24	25	31	36	51
	イルクーツク同業組合員	3	2	2	3	4	4	3	4	4	7
イルクーツク近郊	ヴェルホレンスク商人	1	2	2	2	2	2	2	2	2	2
	バラガンスク商人										
	ヤンジンスク農民				1	1	1	1			
	キレンスク商人				1	1	1	1	1	1	1
	イリムスク商人	1	1	1	1	1	1	1			
	ニジネウジンスク農民					1					
	モンゴル・ヤサク民				1	1	1	1			
西シベリア	コルィヴァン商人					1	1				
	トムスク商人	1	1	1	1	1	1				
	トムスク・タタール										
	バルナウル商人										
	バルナウル町人										
	トボリスク商人										
	トボリスク町人										
ヴォルガ流域	カザン町人				1						
北ロシア	ラリスク町人				1						
	ソリヴィチェゴツク農民									1	1
	ウスチュグ商人息子										
	ヴェルホヴァジエ商人										
	トチマ商人										

人の出自(本人)

1810	1811	1812	1813	1814	1815	1816	1817	1818	1819	1820	1821	1822	1823	1824	1825	1828	1836	1837
																1		
																	1	1
																1	1	1
1	1	1	1	1	1	1												
1	1	1	1														1	1
4	4	3	3	3	3	2	1	1		1	1	1	1	1	1			
34	32	32	20	18	19	20	23	23	22	19	17	17	12	12	14	15	14	15
9	7	7	4	5	5	5	4	10	6	7	8	7	7	7	9	11	9	9
8	7	6		1	1	1									1	2		
2	2	1																1
																	1	1
1	1	1	1	1	1	1	1	1	1	1	1	1	1	1	1	1	1	1
																	1	1
	1	1																
	1	1	2	1	2	3	6	4	4	5	5	6	7	6	5	8	7	9
																1	1	1
14	12	12	5	2	6	7	5		3	3	4	5	4	5	9	13	16	14
2	1																	
																	1	
												1				1	1	1
1	1	1																
																1	1	1
29	26	23	13	14	16	16	10	9	8	7	8	8	8	10	13	14	10	11
4	4	3	1	1										1	2	2	1	
1	1	1																
																		1
											2	2	2	2	2	1	2	2
																1	1	1
1	1	1	1	1	1	1	1	1	1	1	1	1	1	1	1	1		
																	1	1
																1		
											1	1	1	1	1	1	1	1
																1	1	1
																	1	1
																	1	1
																	1	1

年		1791	1792	1793	1796	1797	1798	1799	1801	1803	1805
中央ロシア	ヴォログダ商人							1		1	1
	ウラジーミル農民								1	1	1
	ウラジーミル農民(ヴャズニキ国有地農民)										
	シューヤ商人										
	モスクワ商人息子										
	カルーガ商人										
	トゥーラ商人	1	1	1	1	1	1	1			
	クールスク商人	1	1	1	1	1					
	ルィリスク商人										
南ロシア	ネジン・ギリシャ人						1	1	1	1	1
外国人	ポーランド・シュリャフタ					1					
地域不明	雑階級人	2	2	2	1	1	1	1	1	1	1
	退役コサック									1	
	農民	1	1	1	1	1					
不明		12	10	9	12	10	7	10	8	12	16
計		74	71	64	95	109	108	109	116	130	165

注：モンゴル・ヤサク民は便宜上イルクーツク近郊に分類した。
出典：巻末添付表4と同じ。

1810	1811	1812	1813	1814	1815	1816	1817	1818	1819	1820	1821	1822	1823	1824	1825	1828	1836	1837
												1				1		
																	1	
																	1	1
															1		1	1
						1	1	1	1	1	1	1	1	2	2	2	2	2
1	1	1	1	1	1	1	1	1	1	1	1	1						
4	3	3	1	2												8	19	16
117	107	99	54	51	56	59	53	51	47	46	50	53	45	49	62	88	100	98

巻末添付表 5-2　イル

年		1791	1792	1793	1796	1797	1798	1799	1801	1803	1805
イルクーツク商人からキレンスク，キャフタ商人	イルクーツク商人からキャフタ商人										
	イルクーツク商人からキレンスク商人										
イルクーツク商人関係者	イルクーツク商人	9	10	7	22	23	26	28	31	35	48
	イルクーツク商人息子				1	1	1	1	1	2	2
	イルクーツク商人兄弟				1	1	1	1		2	2
	イルクーツク町人から商人					2	3	3	5	5	5
	イルクーツク同業組合員から商人							1	1	1	1
	雑階級人からイルクーツク商人	2	2	3	4	3	3	2	2	2	2
イルクーツク住民・商工地区民	イルクーツク同業組合員	1					1	1	1	1	
	イルクーツク製肉業者										1
	イルクーツク商工地区民					1	1		1	2	2
	イルクーツク・コサック息子から商工地区民	1	1	1	1	1	1	1	1	1	1
	イルクーツク商業民										1
イルクーツク近郊商人・農民からイルクーツク商人	ヴェルフネウジンスク商人からイルクーツク商人										
	イルクーツク郡農民からイルクーツク商人	1	1	1	1	1	1	1	1		1
	ヴェルホレンスク商人からイルクーツク商人										
	キレンスク商人からイルクーツク商人										
	イリムスク商人からイルクーツク商人								1	1	1
	イリムスク農民からイルクーツク商人										
キャフタ商人・キレンスク商人	キレンスク商人										
	キャフタ商人				1	1	1	1	1	1	1
北ロシア商人・農民・聖職者からイルクーツク商人，近郊住民	ヤレンスク商人からイルクーツク商人									1	1
	ソリヴィチェゴツク商工地区民からイルクーツク商人	1	1	1							
	ソリヴィチェゴツク農民からイルクーツク商人	1	1	1	2	2	2	2	2	2	2
	ウスチュグ商人からイルクーツク商人						1	1	1	1	1
	ウスチュグ下級聖職者息子からイルクーツク商人	1	1	1							
	ウスチュグ農民からイルクーツク商人	3	3	1	2	3	3	3	4	3	3
	ヴァガ市ヴェリスキー地区国有地農民からイルクーツク商人	1	1	1	1	1	1	1	1	1	1
	ヴェリコウスチュグからイリムスク移住	1	1	1	1	1	1	1			
中央ロシア商人からイルクーツク商人	トゥーラ商人からイルクーツク商人								1	1	1
	クールスク商人からイルクーツク商人						1	1			
西シベリア商人	スーズダリ市国有地農民からトムスク商人										
	トボリスク商人										
中央ロシア商人・農民	ウスチュグ商人										
	ヴャズニキ（ウラジーミル県）国有地農民										
官吏・貴族	官吏・貴族										
不明		52	49	46	58	68	60	60	61	68	88
計		74	71	64	95	109	108	109	116	130	165

出典：巻末添付表 4 と同じ。

商人の出自(1世代前)

9	1810	1811	1812	1813	1814	1815	1816	1817	1818	1819	1820	1821	1822	1823	1824	1825	1828	1836	1837
																		1	1
												1	1	1	1	1		1	1
2	42	37	36	22	17	21	23	23	23	20	18	20	22	18	18	22	31	21	23
1	1	1	1		1	1	1	1	1	1	1	1		1	1	1	2	4	
8	8	9	9	4	4	5	5	7	7	9	10	9	9	6	7	11	12	12	13
1	1	2	2		1	1	1									1	1	3	1
1	1	1	1	1	1	1	1												
1	1																		
2	2	2	2	1	1	1	1	1	1	1	1	1	1	1	1	1	1		
1	1	1	1																
1	1	1	1	1	1	1	1	1	1	1	1	1	1	1	1	1	1	1	1
								1	1	1	1	1	1	1	1	1	1	1	1
				1	1	1	1	1	2								2	2	2
																			1
1	1	1	1	1															
																		1	1
																		1	1
1	1	1	1	1		1	1												
1	2	1	1	1		1	1	1	1										
						1	1												
2	1	1	1	1	1														
1	1																	1	
2	2	2	1															1	1
1	1	1	1	1	1	1	1												
								1											
																	1	1	1
																	1	1	1
																		1	1
													1				1		
							1												
3	50	46	40	19	22	20	20	16	14	14	14	16	17	16	19	23	34	48	48
1	117	107	99	54	51	56	59	53	51	47	46	50	53	45	49	62	88	101	98

表 5-3　イルクー

年		1791	1792	1793	1796	1797	1798	1799	1801	1803	1805
イルクーツク商人からキレンスク商人											
イルクーツク商人関係者	イルクーツク商人	2	2	2	9	9	10	8	5	9	16
	イルクーツク商人息子										
	イルクーツク商人兄弟										
	イルクーツク町人から商人										
	雑階級人からイルクーツク商人					1	1	2	2	2	2
	コサック息子からイルクーツク商人									1	1
	イルクーツク商工地区民から商人										
イルクーツク住民・商工地区民・コサック	イルクーツク商工地区民										
	イルクーツク商工地区民息子										
	イルクーツク商工地区民兄弟	1	1	1	1	1	1	1			
	コサックからイルクーツク商工地区民										
	イルクーツク商業民										1
	イルクーツク・コサック	1	1	1	1	1	1	1	1	1	1
	イルクーツク住民	1	1	1	1	1		2	2	2	2
キャフタ商人・キレンスク商人	キャフタ商人										
	キレンスク国有地農民からキレンスク商人										
西シベリアからイルクーツク商人・商工地区民	トボリスク県農民からイルクーツク商人										
	エニセイスクからイルクーツク商工地区民				1	1	1	1	1	1	1
北ロシア商人・商工地区民・農民からイルクーツク商人・商工地区民・近郊住民	ヤレンスク商人からイルクーツク商人										
	ソリヴィチェゴツク商工地区民からイルクーツク商人				2	2	2	3	3	3	3
	ソリヴィチェゴツク農民からイルクーツク商人	1	1	1	1	1	1	2	2	2	2
	ウスチュグ下級聖職者息子からイルクーツク商人				1	1	2	1	1	1	2
	ウスチュグ農民からイルクーツク商人	1	1		2	2	3	4	4	4	4
	ヴァガ市ヴェリスキー地区農民からイルクーツク商人										
	ウスチュグ農民からイルクーツク商工地区民	1					1	1	1	1	
	ヴェリコウスチュグからイリムスク移住								1	1	1
北ロシア農民	ウスチュグ農民	1	1	1	2	2	2	2	2	2	2
	ヴァガ市ヴェルホヴァジエ農民	1	1	1							
中央ロシア農民からイルクーツク商人	トヴェリ商工地区民息子からイルクーツク商人								1	1	1
クールスク商人											
不明		64	62	56	74	87	83	81	90	99	126
計		74	71	64	95	109	108	109	116	130	165

出典：巻末添付表 4 と同じ。

の出自(2 世代前)

	1810	1811	1812	1813	1814	1815	1816	1817	1818	1819	1820	1821	1822	1823	1824	1825	1828	1836	1837
																			1
	8	8	7	3	1	2	4	6	6	5	5	6	6	6	6	8	12	10	8
	1	1	1	1	1	1	1	1	1						1	1	1	1	1
																		1	1
																1	1	2	2
	3	4	4	2	2	3	3	4	4	4	3	3	3	2	1	1	2	2	2
	1	1	1																
													1				1	1	1
		1	1	1	1														
		1	1	1													1	1	1
	4	1	1																
	1	1	1	1	1	1	1	1	1	1	1	1	1	1	1	1	1	1	1
		1	1																
				1										1	1	1	1		
								1	1	1	1	1	1	1	1	1	1	1	1
																		1	1
																	1	1	1
	1	1	1													1	1		
																		1	1
3	2	1	1		1	1	1						2		1				
2	3	2	2	1				2	2	2	2	2		1		1	1		
1	1	1	1	1	1	1	1	1	1	1	1	1	1	1	1	1	1		
4	4	4	4	3	3	3	3	1	1										
2	3	3	3	3	3	3	3	2	2	2	2	2	2	2	2	2	2	2	2
1	1																		
1	1	1	1	1															
3	2	1	1	1	1														
1	1					1	1												
								1											
3	80	74	67	34	36	40	41	33	32	31	31	34	36	30	34	43	61	75	74
2	117	107	99	54	51	56	59	53	51	47	46	50	53	45	49	62	88	100	98

巻末添付表 6　キャフタ関税台帳記録

巻末添付表 6-1　キャフタで取引された中国商品(1813 年 9 月 18 日－1814 年 4 月 10 日)

＊キタイカ：南京木綿の一種(以下表 6-2，6-3，6-4，6-5，6-6 も同じ)

単位：1 端(チュン)＝35.6 m　　1 м＝1 箱(メスト место)＝磚茶 36 個≒2 プード　　1 к＝磚茶 1 個

出身地域	取引会社・商人	キタイカ*(端)			茶(箱) 白毫茶			茶(箱) 珠蘭(緑茶)			茶(箱) 磚茶		
		計	地域別累計	%	計	地域別累計	%	計	地域別累計	%	計	地域別累計	%
ロシア・アメリカ会社		0	0	0	251	251	0.74	0	0	0	0	0	0
モスクワ	ネヴェジンとソローキン　Невежин и Сорокин	4960	20278	24.02	1156	7949	23.56	154	1180	35.92	0	45	2.45
	アゲーエフ家　Агеевы	7708			2909			550			45		
	ジヴォフ　Живов	0			122			361			0		
	コルジンキンとロプコフ　Корзинкин и Лобков	3180			2247			4			0		
	メルリィ　Меллы	1393			500			50			0		
	ハジコスト　Хаджикост	1613			229			11			0		
	サムギン　Самгин	1424			786			50			0		
クールスク	フラーポニン家　Хлапонины	264	264	0.31	399	399	1.18	198	198	6.03	17	17	0.93
トゥーラ	シャポーシニコフ　Шапошников	0	0	0	165	165	0.49	54	54	1.64	14	14	0.76
カルーガ	ポルトノフ　Портнов	1451	2653	3.14	663	1692	5.01	20	30	0.91	30	60	3.27
	ゾロタリョフ家　Золотаревы	1202			1029			10			30		
トチマ	シェルギン　Шергин	3269	3529	4.18	191	311	0.92	25	25	0.76	1	2	0.11
	ホロジロフ　Холодилов	260			120			0			1		
ヴォログダ	コレーソフ　Колесов	7112	13078	15.49	5368	7799	23.12	197	329	10.02	236	603	32.84
	ヤーゴドニコフ　Ягодников	4211			794			63			44		
	フィリポフ　Филипов	1755			1103			69			323		
	スームキン　Сумкин	0			534			0			0		
ヴェリコウスチュグ	ブルダーコフ　Булдаков	345	1091	1.29	5	326	0.97	0	61	1.86	0	13	0.71
	フェドセーエフ家　Федосеевы	746			321			61			13		
ソリヴィチェゴツク	ピヤンコフ家　Пьянковы	2161	2161	2.56	767	767	2.27	216	216	6.58	1	1	0.05
カザン	クルペニコフ　Крупеников	2151	6699	7.93	835	3049	9.04	20	213	6.48	0	1	0.05
	アパナエフ　Апанаев	1742			1115			61			0		
	ユヌーソフ　Юнусов	1361			515			120			1		
	キタエフ　Китаев	1445			584			12			0		

出身地域	取引会社・商人	キタイカ*(端)			茶(箱)								
					白毫茶			珠蘭(緑茶)			磚茶		
		計	地域別累計	%	計	地域別累計	%	計	地域別累計	%	計	地域別累計	%
ネジン	アスナシェフ　Аснашев	1047	1047	1.24	419	494	1.46	0	0	0	10	10	0.54
	ボニイ　Бонiи	0			75			0			0		
ニジェゴロド	シチェペチリニコフ　Щепетильников	236	236	0.28	94	94	0.28	0	0	0	1	1	0.05
アルスコエ	ウスマノフ　Усманов	1643	1643	1.95	523	523	1.55	0	0	0	0	0	0
マルムィシ	ウチャムィシェフ　Утямышев	1853	1853	2.17	1296	1296	3.84	0	0	0	0	0	0
タラ	ネルピナ　Нерпина	1376	1376	1.63	1250	1250	3.7	115	115	3.5	32	32	1.74
トムスク	ムィリニコフ　Мыльников	1561	2277	2.7	859	1400	4.15	100	148	4.51	7	14	0.76
	シュミロフ　Шумилов	0			163			47			1		
	カシモフ　Касимов	716			378			1			6		
トボリスク	セリヴァノフ家　Селивановы	2324	6305	7.47	892	2421	7.18	24	356	10.84	2	67	3.65
	ピレンコフ　Пиленков	2674			873			21			63		
	シルコフ　Ширков	852			452			311			2		
	ピロージニコフ　Пирожников	455			204			0			0		
エニセイスク	ベドニャーギン　Беднягин	72	72	0.09	15	15	0.04	0	0	0	0	0	0
イルクーツク	メドヴェードニコフ家　Медведниковы	8023	12966	15.46	1051	2580	7.65	50	315	9.59	34	76	4.14
	トラペズニコフ　Трапезников	4333			1206			184			11		
	ルィチャゴフ　Лычагов	218			182			34			0		
	ベロゴローヴィー　Белоголовый	230			100			47			31		
	ミャフコストゥーポフ　Мяхкостулов	162			41			0			0		
ヴェルフネウジンスク，セレンギンスク，キャフタ		6907	6907	8.18	958	958	2.84	45	45	1.37	880	880	47.93
計		84435	84435	100	33739	33739	100	3285	3285	100	1836	1836	100

出典：РГАДА. Ф.183. Оп. 1. Д. 84а. Л. 39-40об.

巻末添付表 6-2　キャフタで取引された中国商品(1815 年 10 月 1 日－1816 年 10 月 1 日)

単位：1 端(チュン)＝35.6 m　　1 м＝1 箱(メスト место)＝磚茶 36 個≒2 プード　　1 к＝磚茶 1 個

出身地域	取引商人・会社	キタイカ(端)			茶(箱) 白毫茶			茶(箱) 珠蘭(緑茶)			茶(箱) 磚茶			関税	
		計	地域別累計	%	計	地域別累計	%	計	地域別累計	%	計	地域別累計	%	ルーブル	コペイカ
ロシア・アメリカ会社		4375	4375	4.88	1285	1285	2.55	2	2	0.34	0	0	0	165988	88
モスクワ	アゲーエフ家 Агеевы	7791.9	14836.9	16.55	5917.5	14647.5	29.08	2	201	33.95	469м	944м	14.19	666280	85
	コジェヴニコフ　Кожевников	752			1894			0			0			202070	15
	コルジンキンとロプコフ Корзинкин и Лобков	3468			2798			0			203м			320433	63
	ネヴェジンとソローキン Невежин и Сорокин	2825			4034			0			272м			455503	8
	ジヴォフ　Живов	0			4			199			0			26777	35
ネジン・ギリシャ人	メルリィ　Меллы	517.4	1995.7	2.23	724	1025	2.04	0	0	0	90м	238м 18к	3.59	81498	25
	ハジコスト　Хаджи-кост	316.7			0			0			0			1501	91
	アスナシェフ　Аснашев	1161.6			301			0			148м 18к			41254	27
カルーガ	ポルトノフ　Портнов	170.5	5339.4	5.95	81	3447	6.84	0	50	8.45	65м 6к	155м 6к	2.33	12521	68
	ピョートル・ゾロタリョフ П. Золотарев	2246			2109			0			89м			227885	8
	イヴァン・ゾロタリョフ И. Золотарев	1225			1227			50			1			145253	10
	シヴェーツォフとコロタエフ Швецов и Коротаев	1697.9			30			0			0			9397	61
カザン	アイトフ　Аитов	900.8	8981.9	10.02	280	3976	7.89	0	36	6.08	0	203м 1к	3.05	32507	7
	ユヌーソフ　Юнусов	907			547			0			96м 23к			67660	29
	クルペニコフ　Крупеников	1926			1291			0			4м			146432	49
	アパナエフ　Апанаев	1294			1457			0			77м 8к			163937	63
	ガバソフ　Габбасов	2977.8			315			18			17м 3к			46794	1
	キタエヴァ　Китаева	262			0			0			0			574	19
	スエロフ家　Суеровы	714.3			86			18			8м 3к			15730	80
クールスク	ゴルブノフ　Горбунов	655	3371.3	3.76	85	1162	2.31	0	0	0	37м 24к	248м 9к	3.73	11994	2
	バウシェフ　Баушев	1468			691			0			14м 21к			79760	42
	フラーポニン家　Хлапонины	1248.3			386			0			196м			50683	13

出身地域	取引商人・会社	キタイカ(端)			茶(箱)									関税	
					白毫茶			珠蘭(緑茶)			磚茶				
		計	地域別累計	%	計	地域別累計	%	計	地域別累計	%	計	地域別累計	%	ルーブル	コペイカ
トゥーラ	シャポーシニコフ Шапошников	1279	1279	1.43	662	662	1.31	70	70	11.82	30	30	0.45	82331	20
ヴォログダ	コレーソフ Колесов	9662.4	17855.5	19.91	7141	12318	24.46	139	139	23.48	442м 4к	1319м 26к	19.84	810825	98
	フィリポフ Филипов	1717.6			1896			0			779м 21к			223512	86
	スームキン Сумкин	1672.1			910			0			25м 1к			102073	43
	ヤーゴドニコフ Ягодников	4803.4			2371			0			73м			272130	35
トチマ	ホロジロフ Холодилов	1686	1864.7	2.08	1271	2064	4.1	0	0	0	89м 25к	512м 29к	7.71	139804	96
	シェルギン Шергин	178.7			793			0			423м 4к			99031	1
ヴェリコウスチュグ	フェドセーエフ家 Федосеевы	645.8	645.8	0.72	465	465	0.92	0	0	0	44м 7к	44м 7к	0.66	55581	99
マルムィシ	ウチャムィシェフ Утямышев	1938.4	1938.4	2.16	1298	1298	2.58	0	0	0	74м 9к	74м 9к	1.12	153912	58
アルスコエ	ウスマノフ Усманов	773.4	773.4	0.86	505	505	1	0	0	0	86м 14к	86м 14к	1.3	58854	50
ソリヴィチェゴツク	ピヤンコフ家 Пьянковы	366.2	366.2	0.41	432	432	0.86	0	0	0	3м	3м	0.05	48266	93
トボリスク	ピレンコフ Пиленков	1848.4	5066.1	5.65	874	2471	4.91	5	15	2.53	81м 25к	115м 26к	1.74	104885	77
	ピロージニコフ Пирожников	373			103			0			0			12138	6
	セリヴァノフ家 Селивановы	1575.7			632			10			27м			77356	39
	И. シルコフ И. Ширков	406			550			0			2м			62815	54
	А. シルコフ А. Ширков	863			312			0			5м 1к			38614	6
タラ	ネルピナ Нерпина	1518.4	1518.4	1.69	770	785	1.56	30	49	8.28	50м	50м	0.75	92044	99
	ピャトコフ Пятков	0			15			19			0			5707	5
トムスク	カシモフ Касимов	453.5	1842.7	2.06	329	1156	2.3	0	30	5.07	3м	45м 25к	0.69	38017	2
	ムィリニコフ Мыльников	1153.2			673			30			42м 25к			82798	42
	セレブレニコフ Серебреников	236			49			0			0			6195	58
	シュミロフ Шумилов	0			105			0			0			11478	74
エニセイスク	ベドニャーギン Беднягин	103	103	0.11	176	176	0.35	0	0	0	1м	1м	0.01	19863	22

出身地域	取引商人・会社	キタイカ(端)			茶(箱)									関税	
					白毫茶			珠蘭(緑茶)			磚茶				
		計	地域別累計	%	計	地域別累計	%	計	地域別累計	%	計	地域別累計	%	ルーブル	コペイカ
イルクーツク	トラペズニコフ　Трапезников	3811.2	14770.7	16.47	527	1551	3.08	0	0	0	404м 2к	890м 33к	13.39	84959	48
	メドヴェードニコフ家 Медведниковы	9714.3			591			0			103м			106240	68
	ルィチャゴフ　Лычагов	538.2			128			0			197м 34к			22069	25
	ミャフコストゥーポフ Мяхкостуцов	209.8			40			0			62м 15к			7833	85
	Я. ルィチャゴフ　Я. Лычагов	81			17			0			96м 18к			6481	22
	ベロゴローヴィー Белоголовый	416.2			248			0			27м			30679	96
ヴェルフネウジンスク	チトーフ　Титов	662.5	1038	1.16	88	152	0.3	0	0	0	243м 2к	680м 16к	10.23	19278	97
	オシポフ　Осипов	319.7			64			0			312м 14к			18831	84
	ソートニコフ　Сотников	55.4			0			0			125м			4060	6
セレンギンスク	ヴォロシロフ　Ворошилов	175	175	0.2	15	15	0.03	0	0	0	237м	237м	3.56	9327	76
キャフタ	バスニン　Баснин	651.1	1526	1.7	589	770	1.53	0	0	0	430м 2к	772м 3к	11.61	76889	51
	クリュコフ　Крюков	875.2			181			0			342м 1к			32662	31
計		89663	89663	100	50362.5	50362.5	100	592	592	100	6652м 6к	6652м 6к	100	6009995	41

出典：РГАДА. Ф. 183. Оп. 1. Д. 84а. Л. 91-об., 93-об., 98-101.

巻末添付表 6-3　キャフタで取引された中国商品(1816 年 10 月 1 日－1817 年 6 月 1 日)

単位：1 端(チュン)＝35.6 m　　1 м＝1 箱(メスト место)＝磚茶 36 個≒2 プード　　1 к＝磚茶 1 個

出身地域	取引商人・会社	キタイカ(端) 計	キタイカ 地域別累計	キタイカ %	白毫茶 計	白毫茶 地域別累計	白毫茶 %	珠蘭(緑茶) 計	珠蘭 地域別累計	珠蘭 %	磚茶 計	磚茶 地域別累計	磚茶 %
ロシア・アメリカ会社		12965	12965	17.54	3183	3183	8.4	0	0	0	0	0	0
モスクワ	アゲーエフ家　Агеевы	5486.5	15538.5	21.02	5134	10863	28.66	265	604	35.8	609м 25к	1456м 7к	17.61
	ネヴェジン，ソローキン　Невежин, Сорокин	4936			1445			339			152м 18к		
	コルジンキンとロプコフ　Корзинкин и Лобков	1954			2583			0			371м		
	サヴェリエフ　Савельев	542			333			0			323м		
	コジェヴニコフ　Кожевников	2620			1368			0			0		
カルーガ	ピョートル・ゾロタリョフ Петр Золотарев	4133	4226	5.72	1778	2092	5.52	0	0	0	162м 8к	162м 8к	1.96
	ポルトノフ　Портнов	93			1			0			0		
	シヴェーツォフ，コロタエフ Швецов, Коротаев	0			313			0			0		
カザン	クルペニコフ　Крупеников	783.2	3761.1	5.09	542	2826	7.46	0	370	21.93	47м	678м 2к	8.2
	アイトフ　Аитов	53			360			370			230м 14к		
	アパナエフ　Апанаев	1329			965			0			19м		
	スエロフ家　Суеровы	279			102			0			6м		
	ユヌーソフ　Юнусов	478.9			442			0			346м 13к		
	ガバソフ　Габбасов	838			267			0			30м		
	キタエフ　Китаев				148			0			0		
トゥーラ	シャポシニコフ　Шапошников	2284	2284	3.09	1427	1427	3.76	0	0	0	455м	455м	5.5
クールスク	バウシェフ　Баушев	1774	2119.9	2.87	142.5	251	0.66	0	0	0	0	0	0
	ゴルブノフ　Горбунов	345.9			108.5			0			0		
ネジン	アスナシェフ　Аснашев	199	1108	1.5	2	511	1.35	0	0	0	156м	176м	2.13
	メルリィ　Меллы	909			509			0			20м		
ヴォログダ	コレーソフ　Колесов	6013.4	7870.9	10.65	6170	9806.5	25.87	707	707	41.91	877м 6к	1473м 22к	17.82
	フィリポフ　Филипов	1219.8			2075.5			0			592м 6к		
	ヤーゴドニコフ　Ягодников	615			782			0			10к		
	スームキン　Сумкин	22.7			779			0			4м		

出身地域	取引商人・会社	キタイカ(端)			茶(箱м, 個к)								
					白毫茶			珠蘭(緑茶)			磚茶		
		計	地域別累計	%	計	地域別累計	%	計	地域別累計	%	計	地域別累計	%
トチマ	シェルギン　Шергин	1827	1827	2.47	234	234	0.62	0	0	0	22м 6к	22м 6к	0.27
ヴェリコウスチュグ	フェドセーエフ家　Федосеевы	803.2	803.2	1.09	81	81	0.21	0	0	0	268м 17к	268м 17к	
ソリヴィチェゴツク	ピヤンコフ　Пьянков	1083.7	1083.7	1.47	155	155	0.41	0	0	0	80м	80м	3.25
アルスコエ	ウスマノフ　Усманов	1159	1159	1.57	354	354	0.93	0	0	0	124м 8к	124м 8к	1.5
マルムィシ	ウチャムィシェフ　Утямышев	1102	1102	1.49	317	317	0.84	0	0	0	30м 18ки	30м 18к	0.37
タラ	ネルピナ　Нерпина	1939	1939	2.62	381	381	1.01	0	0	0	0	0	0
トボリスク	セリヴァノフ家　Селивановы	1327	3421.8	4.63	627	2359	6.22	0	6	0.36	163м	422м 29к	5.11
	ピレンコフ　Пиленков	1331.3			1041			5			208м 16к		
	アレクセイ・シルコフ　Алексей Ширков	114.5			208			1			24м 8к		
	イヴァン・シルコフ　Иван Ширков	649			483			0			27м 5к		
トムスク	カシモフ　Касимов	356	356	0.48	139	139	0.37	0	0	0	0	0	0
イルクーツク	メドヴェードニコフ家　Медведниковы	3783.5	8982.1	12.15	1340	2444	6.45	0	0	0	6м	709м 7к	8.57
	トラペズニコフ　Трапезников	3945.2			641			0			408м		
	ルィチャゴフ　Лычагов	431.6			243			0			158м 4к		
	ベロゴローヴィー　Белоголовый	211			132			0			47м		
	エルモライ・ルィチャゴフ　Ермолай Лычагов	24			4			0			88м 3к		
	ミャフコストゥーポフ　Мягкостyпов	586.8			84			0			2м		
ヴェルフネウジンスク	オシポフ　Осипов	500.7	1004.9	1.36	12	33	0.09	0	0	0	401м 12к	666м 13к	8.06
	チトーフ　Титов	431.2			21			0			145м 1к		
	ソートニコフ　Сотников	73			0			0			120м		
セレンギンスク	ヴォロシロフ　Ворошилов	410.4	410.4	0.56	17	17	0.04	0	0	0	259м 18к	259м 18к	3.14
キャフタ	バスニン　Баснин	817.4	1972.8	2.67	368	431	1.14	0	0	0	622м 14к	1283м 32к	15.53
	クリュコフ　Крюков	1155.4			63			0			661м 18к		
計		73935.3	73935.3	100	37904.5	37904.5	100	1687	1687	100	8268м 7к	8268м 7к	100

出典：РГАДА. Ф. 183. Оп. 1. Д. 84а. Л. 119–120об.

巻末添付表 6-4　キャフタで取引された中国商品(1819 年 10 月 1 日－1820 年 6 月 4 日)

単位：1 端(チュン)＝35.6 m　1 м＝1 箱(メスト место)＝磚茶 36 個≒2 プード　1 к＝磚茶 1 個　1 プード＝40 フント

出身地域	取引商人・会社	キタイカ(端)			茶(箱)									砂糖		
					白毫茶			珠蘭(緑茶)			磚茶(箱 м，個 к)					
		計	地域別累計	%	計	地域別累計	%	計	地域別累計	%	計	地域別累計	%	プード п フント ф	地域別累計	%
ロシア・アメリカ会社		5720.3	5720.3	8.23	2256	2256	3.68	2	2	0.29	11м 1к	11м 1к	0.11	379п 39ф	379п 39ф	3.92
サンクト・ペテルブルク	チャプリン　Чаплин	600	600	0.86	494	494	0.81	0	0	0	0	0	0	0	0	0
モスクワ	アゲーエフ家　Агеевы	4505.5	10350.5	14.9	6214	13007	21.24	166	167	24.1	25м 24к	347м 24к	3.39	24	151	1.56
	コルジンキンとロプコフ Корзинкин и Лобков	1818			3130			0						127		
	E. コジェヴニコフ　E. Кожевников	2902			1404			1			117м			0		
	フラーポニン　Хлапонин	1125			1244			0						0		
	E. パシマド　E. Пашмад	0			906			0			205м 2к			0		
	オシポフ　Осипов	0			109			0						0		
カルーガ	ピョートル・ゾロタリョフ Петр Золотарев	913.9	913.9	1.32	3002	3082	5.03	0	0	0	231м 21к	380м 21к	3.71	209п 4ф	209п 4ф	2.16
	イヴァン・ゾロタリョフ Иван Золотарев	0			80			0			149м			0		
ソリヴィチェゴツク	ピヤンコフ　Пьянков	300	300	0.43	2	2	0.003	46	46	6.64	20м			0		
クールスク	ゴルブノフ　Горбунов	469	1353	1.95	613	1822	2.98	0	0	0	40м			0		
	バウシェフ　Баушев	884			1209			0			20м			0		
トゥーラ	E. シャポシニコフ E. Шапошников	30	1047	1.51	2743	2857	4.67	265	265	38.24	621м 18к	632м 18к	6.17	98п 39ф	98п 39ф	1.02
	クラスノグラーゾフ　Красноглазов	1017			114			0			11м			0		

出身地域	取引商人・会社	キタイカ(端)			茶(箱) 白毫茶			茶(箱) 珠蘭(緑茶)			茶(箱) 磚茶(箱 м, 個 к)			砂糖		
		計	地域別累計	%	計	地域別累計	%	計	地域別累計	%	計	地域別累計	%	プード п フント ф	地域別累計	%
カザン	クルペニコフ Крупеников	2042	6458	9.29	1970	7421	12.12	2	149	21.5	427м	611м 18к	5.96	521п 17ф	521п 17ф	5.38
	コチョーロフ Котелов	979			1007			0			0			0		
	ガバソフ Габбасов	397.6			155			0			72м			0		
	アパナエフ Апанаев	1124			745			4			110м 18к			0		
	ユヌーソフ Юнусов	1195.4			2142			143			2м			0		
	アイトフ Аитов	290			908			0			0			0		
	スエロフ家 Суеровы	430			494			0			0			0		
ヴォログダ	コレーソフ Колесов	5480	9113.2	13.12	7293	12149	19.84	54	54	7.79	1622м 2к	1940м	18.92	1376п 33ф	1384п 33ф	14.28
	フィリポフ Филипов	0			1118			0			191м 34к			0		
	ヤーゴドニコフ Ягодников	3633.2			3738			0			126м			8		
トチマ	ホロジロフ Холодилов	140	391.4	0.56	1644	1915	3.13	0	0	0	119м	448м	4.37	17	33п 2ф	0.34
	シェルギン Шергин	251.4			271			0			329м			16п 2ф		
アルスコエ	ウスマノフ Усманов	408.3	408.3	0.59	804	804	1.31	0	0	0	5м	5м	0.05	0	0	0
マルムィシ	ウチャムィシェフ Утямышев	889.4	889.4	1.28	923	923	1.51	2	2	0.29	58м 2к	58м 2к	0.56	2п 25ф	2п 25ф	0.03
ヴェルホヴァジエ	ルダコフ Рудаков	406	406	0.58	600	600	0.98	0	0	0	1130м	1130м	11.02	484п 3ф	484п 3ф	4.99
トボリスク	ピレンコフ Пиленков	3159.9	5977.9	8.6	2004.5	5039.5	8.23	3	7	1.01	387м 23к	573м 34к	5.6	7п 10ф	7п 10ф	0.07
	アレクセイ・シルコフ Алексей Ширков	839			667			4			182м			0		
	イヴァン・シルコフ Иван Ширков	477			1457			0			3м 11к			0		
	セリヴァノフ家 Селивановы	1502			911			0			1м			0		
タラ	ネルピナ Нерпина	618.2	618.2	0.89	584	584	0.95	0	0	0	3м	3м	0.03	0	0	0
トムスク	ムィリニコフ Мыльников	0	533.4	0.77	906	1427	2.33	0	0	0	90м	101м	0.99	0	13п 24ф	0.14
	カシモフ Касимов	533.4			521			0			11м			13п 24ф		

出身地域	取引商人・会社	キタイカ(端)			茶(箱) 白毫茶			珠蘭(緑茶)			磚茶(箱 м, 個 к)			砂糖		
		計	地域別累計	%	計	地域別累計	%	計	地域別累計	%	計	地域別累計	%	プード п フント ф	地域別累計	%
エニセイスク	コブィチョフ　Кобычев	199	461	0.66	30	326	0.53	0	0	0	0	24м	0.23	0	0	0
	ホロシェフ　Хорошев	262			296			0			24м			0		
イルクーツク	メドヴェードニコフ家 Медведниковы	10259	19488.9	28.05	1223	5289	8.64	0	1	0.14	12м	1031м 21к	10.06	1332п 12ф	4417	45.54
	トラペズニコフ　Трапезников	4719			2561			1			345м 3к			1437п 23ф		
	ルィチャゴフ　Лычагов	327			267			0			204м 30к			312п 14ф		
	ミャフコストゥーポフ Мягкостyпов	959			360			0			298м			103п 36ф		
	シビリャコフ　Сибиряков	1535			587			0			0			590п 24ф		
	ベロゴローヴィー　Белоголовый	1689.9			291			0			171м 24к			640п 11ф		
ヴェルフネウジンスク	オシポフ　Осипов	486.6	1158.5	1.67	6	250	0.41	0	0	0	199м 38к	1258м 26к	12.28	323п 19ф	395п 4ф	4.07
	チトーフ　Титов	25.4			14			0			238м 24к			10		
	ソートニコフ　Сотников	353.5			33			0			381м			61п 25ф		
	クルバトフ　Курбатов	293			197			0			439м			0		
セレンギンスク	ヴォロシロフ　Ворошилов	272	272	0.39	0	0	0	0	0	0	192м 18к	192м 18к	1.88	816п 37ф	816п 37ф	8.42
キャフタ	バスニン　Баснин	1053.7	3019.1	4.35	908	993	1.62	0	0	0	767м 7к	1423м 20к	13.88	289п 15ф	784п 18ф	8.09
	チェレパノフ　Черепанов	1012.9			76			0			491м 45к			160п 33ф		
	モルチャノフ　Молчанов	952.5			9			0			164м 4к			334п 10ф		
総計		69480	69480	100	61240.5	61240.5	100	693	693	100	10252м 25к	10252м 25к	100	9699п 15ф	9699п 15ф	100

出典：РГАДА. Ф. 183. Оп. 1. Д. 84а. Л. 156-157об.

巻末添付表 6-5　キャフタで取引された中国商品(1820 年 10 月 1 日－1821 年 6 月 7 日)

単位：1 端(チュン)＝35.6 m　1 м＝1 箱(メスト место)＝磚茶 36 個≒2 プード　1 к＝磚茶 1 個　1 プード＝40 フント

出身地域	取引商人・会社	キタイカ(端)			茶(箱)									砂糖(プード п, フント ф)		
					白毫茶			珠蘭(緑茶)			磚茶(箱 м, 個 к)					
		計	地域別累計	%	計	地域別累計	%	計	地域別累計	%	計	地域別累計	%	計	地域別累計	%
ロシア・アメリカ会社		2000	2000	2.97	1440	1440	2.16	3	3	0.26	20м	20м	0.21	0	0	0
サンクト・ペテルブルク	チャプリン　Чаплин	700	700	1.04	483	483	0.73	0	0	0	0	0	0	0	0	0
モスクワ	クマニン家　Куманины	930	14750.2	21.88	1639	15181	22.8	0	259	22.86	0	407м 18к	4.18	0	1887п 37ф	19.9
	パシマド　Пашмад	69			809			0			0			0		
	アゲーエフ家　Агеевы	7690.2			3670			60			172м 18к			1473п 31ф		
	コルジンキンとロプコフ Корзинкин и Лобков	985			3213			150			230м			109п 12ф		
	フラーポニン　Хлапонин	1065			1741			49			5м			14п 34ф		
	コジェヴニコフ　Кожевников	4011			4109			0			0			290		
ヴェレヤ	ショーキン　Шокин	473	473	0.7	464	464	0.7	0	0	0	0			0		
トゥーラ	シャポシニコフ　Шапошников	3256	3256	4.83	2756	2756	4.14	307	307	27.1	578м	578м	5.93	215п 6ф	215п 6ф	2.27
カルーガ	イヴァン・ゾロタリョフ И. Золотарев	2501	6238.5	9.25	816	3858	5.79	1	11	0.97	260м	965м	9.89	109п 4ф	750п 38ф	7.91
	ピョートル・ゾロタリョフ П. Золотарев	3737.5			3042			10			705м			641п 34ф		
クールスク	バウシェフ家　Баушевы	10.2	10.2	0.01	0	0	0	0	0	0	0	0	0	15	15	0.16
ヴォログダ	コレーソフ　Колесов	8994.5	12392.5	18.38	10556.5	14768	22.18	414	414	36.4	1976м	2006м 14к	20.58	1802п 16ф	1802п 16ф	19
	フィリポフ　Филипов	365			1283			0			24м 32к			0		
	ヤーゴドニコフ　Ягодников	3033			2928.5			0			5м 18к			0		
トチマ	ホロジロフ　Холодилов	1048.8	1048.8	1.56	1344.5	1344.5	2.02	0	0	0	174м	174м	1.78	124п 32ф	124п 32ф	1.31

出身地域	取引商人・会社	キタイカ(端) 計	キタイカ 地域別累計	キタイカ %	茶(箱) 白毫茶 計	白毫茶 地域別累計	白毫茶 %	珠蘭(緑茶) 計	珠蘭 地域別累計	珠蘭 %	磚茶(箱 м, 個 к) 計	磚茶 地域別累計	磚茶 %	砂糖(プード п, フント ф) 計	砂糖 地域別累計	砂糖 %
カザン	アパナエフ Апанаев	1820.3	3688.9	5.47	1474	7895	11.86	56	56	4.94	397м	1244м 4к	12.75	46п 7ф	112п 8ф	1.18
	クルペニコフ Крупеников	549			1647			0			338м 4к			33п 4ф		
	スエロフ家 Суеровы	8			746			0			2м			0		
	アイトフ Аитов	118.5			1560			0						0		
	コチョーロフ Котелов	0			403			0						0		
	ユヌーソフ Юнусов	1181.1			1748			0			507м			32п 37ф		
	ガバソフ Габбасов	12			317			0						0		
マルムィシ	ウチャムィシェフ Утямышев	2236	2236	3.32	612.5	612.5	0.92	0	0	0	123м	123м	1.26	31	31	0.33
アルスコエ	ウスマノフ Усманов	858.8	858.8	1.27	1269	1269	1.9	0	0	0	0	0	0	0	0	0
ヴェルホヴァジエ	ルダコフ Рудаков	177.2	177.2	0.26	905	905	1.36	2	2	0.18	338м	338м	3.47	127п 20ф	127п 20ф	1.34
ヴェリコウスチュグ	フェドセーエフ家 Федосеевы	115	115	0.17	23	23	0.03	0	0	0	4м	4м	0.04	0	0	0
タラ	ネルピナ Нерпина	756	756	1.12	623	623	0.94	0	0	0	102м	102м	1.05	0	0	0
エニセイスク	ホロシェフ Хорошев	12.3	12.3	0.02	0	0	0	0	0	0	0	0	0	0	0	0
トボリスク	ピレンコフ Пиленков	2164.2	7927.7	11.76	1841	5769	8.66	49	49	4.32	150м 28к	189м 28к	1.95	8п 35ф	8п 35ф	0.09
	セリヴァノフ家 Селивановы	3302.5			1095			0			14м			0		
	イヴァン・シルコフ Ив. Ширков	2460			2387			0			25м			0		
	アレクセイ・シルコフ Алексей Ширков	1			446			0			0			0		
トムスク	カシモフ Касимов	75	215	0.32	639	1463	2.2	32	32	2.82	0	0	0	68п 26ф	68п 26ф	0.72
	ムィリニコフ Мыльников	140			824			0			0			0		

出身地域	取引商人・会社	キタイカ(端)			茶(箱)									砂糖(プード п, フント ф)		
					白毫茶			珠蘭(緑茶)			磚茶(箱 м, 個 к)					
		計	地域別累計	%	計	地域別累計	%	計	地域別累計	%	計	地域別累計	%	計	地域別累計	%
イルクーツク	トラペズニコフ Трапезников	1819.6	7438.7	11.03	2860.5	7562.5	11.36	0	0	0	323м	1187м 34к	12.18	1406п 14ф	3381п 21ф	35.64
	メドヴェードニコフ家 Медведниковы	2203			2013			0			99м			906п 19ф		
	ルィチャゴフ Лычагов	59.5			95			0			217м			102п 10ф		
	ミャフコストゥーポフ Мягкоступов	589			238			0			9м			242п 4ф		
	シビリャコフ家 Сибиряковы	2487.2			2350			0			415м			709п 15ф		
	ベロゴローヴィー Белоголовый	280.4			6			0			124м 34к			14п 39ф		
ヴェルフネウジンスク	クルバトフ Курбатов	970.8	1513.7	2.25	120	138	0.21	0	0	0	468м	1462м 24к	15	135п 21ф	601п 25ф	6.34
	ソートニコフ Сотников	183			0			0			563м 6к			191п 2ф		
	チトーフ Титов	49.5			13			0			95м			35		
	オシポフ Осипов	310.4			5			0			335м 24к			240п 2ф		
セレンギンスク	ヴォロシロフ Ворошилов	199.8	199.8	0.18	13	13	0.02	0	0	0	438м 30к	438м 30к	4.5	91п 10ф	91п 10ф	0.96
キャフタ	モルチャノフ Молчанов	890.7	1412.2	2.09	12	22	0.03	0	0	0	236м	513м	5.26	158п 36ф	269п 11ф	2.84
	バスニン家 Баснины	470.5			10			0			159м			110п 15ф		
	チェレパノフ Черепанов	51			0			0			118м			0		
計		67420.5	67420.5	100	66589.5	66589.5	100	1133	1133	100	9754м 8к	9754м 8к	100	9488п 5ф	9488п 5ф	100

出典；РГАДА. Ф. 183. Оп. 1. Д. 84а. Л 172–173об.

巻末添付表 6-6　キャフタで取引された中国商品(1829 年 1 月 3 日－3 月 20 日)

単位：1 端(チュン)＝35.6 m　　1 м＝1 箱(メスト место)＝磚茶 36 個≒2 プード

出身地域	名前	キタイカ(端) 計	キタイカ(端) 地域別累計	キタイカ(端) %	茶(箱) 白毫茶 計	白毫茶 地域別累計	白毫茶 %	緑茶 計	緑茶 地域別累計	緑茶 %	磚茶 計	磚茶 地域別累計	磚茶 %
ロシア・アメリカ会社		1920	1920	2.3	1920	1920	2.86	0	0	0	0	0	0
サンクト・ペテルブルク	チャプリン　Чаплин	1454	1454	1.75	1354	1354	2.01	0	0	0	100	100	1.23
モスクワ	コレーソフ　Колесов	8133.5	23922 1/2	28.71	7392 1/2	20995 1/2	31.24	10	742	45.77	530	1614	19.93
	ロプコフ　Лобков	2616			2328			243			45		
	A. クマニン息子　A. Куманина сынов	4541			4372			0			0		
	コルジンキン　Корзинкин	2005			1735			270			0		
	クヴァスニコフ　Квасников	1185			1100			73			12		
	ボトキン家　Боткины	1680			1282			50			348		
	シャポシニコフ　Шапошников	1875			945			96			635		
	ハジコスト家　Хажикосты	1099			1055			0			44		
	フローポニン　Хлопонин	466			464			0			0		
	サヴィン　Савин	184			184			0			0		
	ボロディン家　Бородины	138			138			0			0		
カルーガ	カリニコフとファレーエフ Калиников и Фалеев	2007	3119	3.74	1678	2657	3.95	299	434	26.74	30	30	0.37
	П. ゾロタリョフ　П. Золотарев	734			614			120			0		
	M. ゾロタリョフ　M. Золотарев	215			200			15			0		
	ゾロタリョフ後見人	163			163			0			0		
クールスク	ゴルブノフ　Горбунов	639 5/10	639 5/10	0.77	610	610	0.91	0	0	0	5	5	0.06
トゥーラ	スーシキン　Сушкин	1130	1980	2.38	1019	1869	2.78	0	0	0	55	55	0.68
	クラスノグラーゾフ　Красноглазов	850			850			0			0		
ヴォログダ	ヤーゴドニコフ　Ягодников	1212	2857	3.43	1212	2857	4.25	0	0	0	0	0	0
	コレーソフ　Колесов	1645			1645			0			0		

出身地域	名前	キタイカ(端)			茶(箱)								
					白毫茶			緑茶			磚茶		
		計	地域別累計	%	計	地域別累計	%	計	地域別累計	%	計	地域別累計	%
トチマ	ホロジロフ　Холодилов	1050	1050	1.26	884	884	1.32	0	0	0	66	66	0.81
ヴェルホヴァジエ	ルダコフ　Рудаков	2619	4260	5.11	2062	3220	4.79	422	422	26	135	618	7.63
	ゼンジーノフ　Зензинов	929			759			0			170		
	ユリンスキー　Юринский	712			399			0			313		
カザン	クルペニコフ　Крупеников	1941	10722.5	12.87	1941	10234	15.23	0	0	0	0	280	3.46
	П. コチョーロフ　П. Котелов	1205			1205			0			0		
	リトヴァ　Литова	2905.5			2417			0			280		
	アパナエフ　Апанаев	1728			1728			0			0		
	ヤクーポフ　Якупов	977			977			0			0		
	ウスマノフ　Усманов	883			883			0			0		
	ユヌーソフ　Юнусов	1083			1083			0			0		
マルムィシ	ウチャムィシェフ　Утямышев	938	938	1.13	938	938	1.4	0	0	0	0	0	0
ヴャズニキ	クリコフ　Куликов	588	588	0.71	588	588	0.88	0	0	0	490	490	6.05
ヴェルホトゥリエ	ポポフ　Попов	186	186	0.22	123	123	0.18	0	0	0	0	0	0
トボリスク	N. ピレンコフ　N. Пиленков	2675.5	4219.5	5.06	2245 1/2	3097 1/2	4.61	0	0	0	208	214	2.64
	セリヴァノフ　Селиванов	1544			852			0			6		
エニセイスク	コブィチョフ　Кобычев	485.75	485.75	0.58	343 1/4	343 1/4	0.51	0	0	0	0	0	0
イルクーツク	プロコペイ・メドヴェードニコフ Пр. Медведников	2969	11681.25	14.02	2901	8502 1/4	12.65	0	21	1.29	68	1596	19.71
	トラペズニコフ　Трапезников	5433			3394			21			825		
	イヴァン・メドヴェードニフ Ив. Медведников	847			556			0			127		
	プリャニシニコフ　Пряништиков	1026			726			0			300		
	スヴェシニコフ　Свешников	683.25			202 1/4			0			276		
	ナクヴァシン　Наквасин	723			723			0			0		
ネルチンスク	カンディンスキー　Кандинский	692	692	0.83	523	523	0.78	0	0	0	169	169	2.09

出身地域	名前	キタイカ(端)			茶(箱)								
					白毫茶			緑茶			磚茶		
		計	地域別累計	%	計	地域別累計	%	計	地域別累計	%	計	地域別累計	%
ヴェルフネウジンスクとキャフタ	クルバトフ　Курбатов	1879	12601 8/36	15.12	770	6485	9.65	0	4	0.25	400	2861 8/36	35.34
	ナレートフ　Nалетов	1205.3			229			0			419 1/2		
	シビリャコフ　Сибиреков	245			135			0			110		
	バスニン家　Баснины	3275			3151			4			120		
	コテリニコフ　Котельников	1475			875			0			600		
	イグームノフ　Игумнов	2510.7			1185			0			544		
	モルチャノフ　Молчанов	1905			136			0			642		
	Д.ロセフ　Д. Лосев	106 8/36			4			0			26 8/36		
計		83316 8/36	83316 8/36	100	67198 1/2	67198 1/2	100	1623	1623	100	8098 26/36	8098 26/36	100

出典：РГАДА. Ф. 183. Оп. 1. Д. 82А. Л. 8-11.

巻末添付図
（イルクーツク商人家系図）

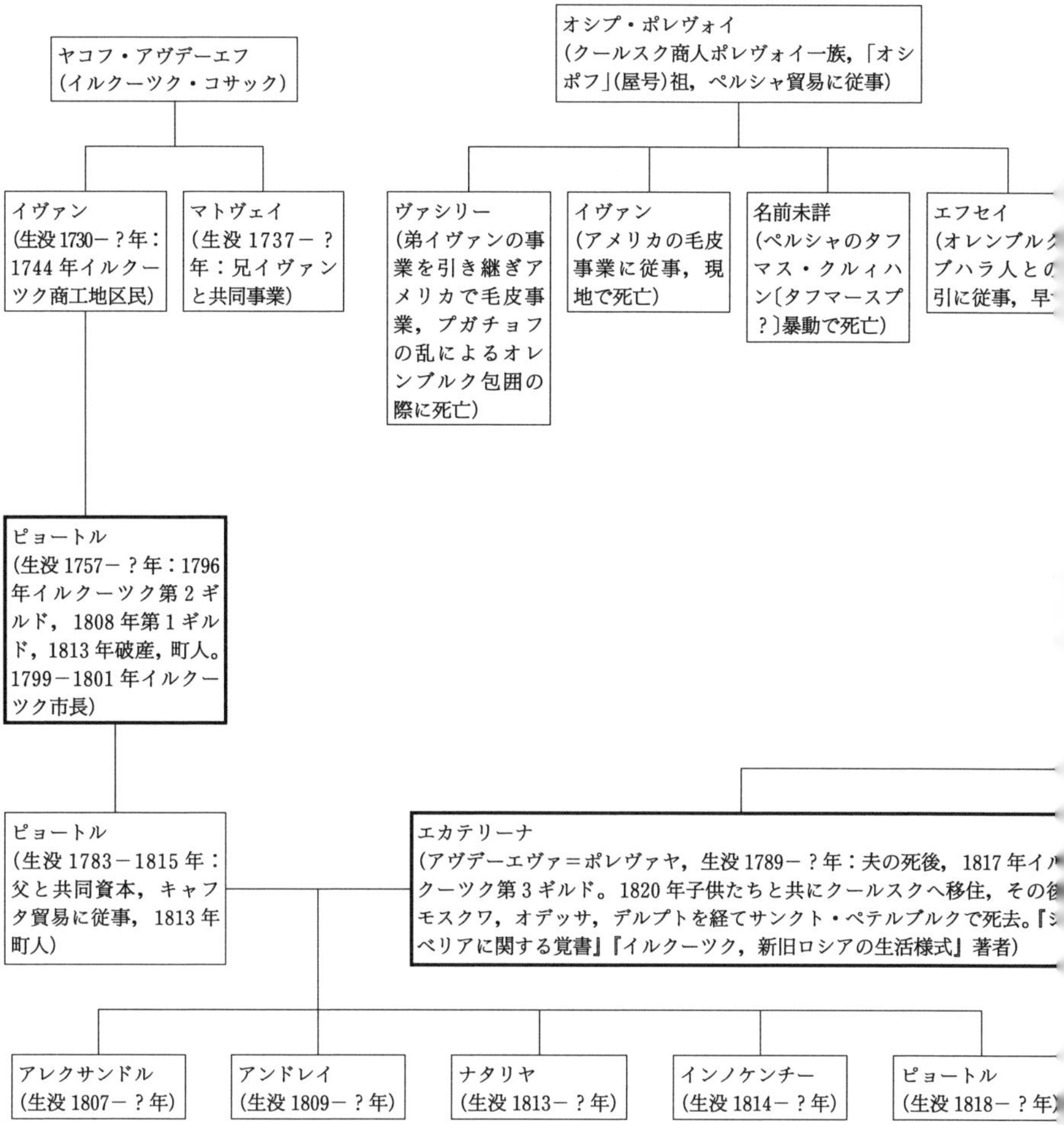
ヤコフ・アヴデーエフ
(イルクーツク・コサック)
オシプ・ポレヴォイ
(クールスク商人ポレヴォイ一族，「オシポフ」(屋号)祖，ペルシャ貿易に従事)
イヴァン
(生没1730−？年：1744年イルクーツク商工地区民)
マトヴェイ
(生没1737−？年：兄イヴァンと共同事業)
ヴァシリー
(弟イヴァンの事業を引き継ぎアメリカで毛皮事業，プガチョフの乱によるオレンブルク包囲の際に死亡)
イヴァン
(アメリカの毛皮事業に従事，現地で死亡)
名前未詳
(ペルシャのタフマス・クルィハン〔タフマースプ？〕暴動で死亡)
エフセイ
(オレンブルク
ブハラ人との
引に従事，早
ピョートル
(生没1757−？年：1796年イルクーツク第2ギルド，1808年第1ギルド，1813年破産，町人。1799−1801年イルクーツク市長)
ピョートル
(生没1783−1815年：父と共同資本，キャフタ貿易に従事，1813年町人)
エカテリーナ
(アヴデーエヴァ＝ポレヴァヤ，生没1789−？年：夫の死後，1817年イル
クーツク第3ギルド。1820年子供たちと共にクールスクへ移住，その後
モスクワ，オデッサ，デルプトを経てサンクト・ペテルブルクで死去。『シ
ベリアに関する覚書』『イルクーツク，新旧ロシアの生活様式』著者)
アレクサンドル
(生没1807−？年)
アンドレイ
(生没1809−？年)
ナタリヤ
(生没1813−？年)
インノケンチー
(生没1814−？年)
ピョートル
(生没1818−？年)

巻末添付図 1-1　アヴデーエフ家

出典：Н. Полевой. *Очерки русской литературы. Сочинение Николая Полеваго. Ч. I.* СПб., 1839.
История Русской Америки. Т. 1. С. 109-153.
Краткая энциклопедия по истории купечества и коммерции Сибири. Т. 1. Кн. 1. С. 17-19.

□ は家族を代表する商人身分，もしくはギルドに登録したことが判明している人物

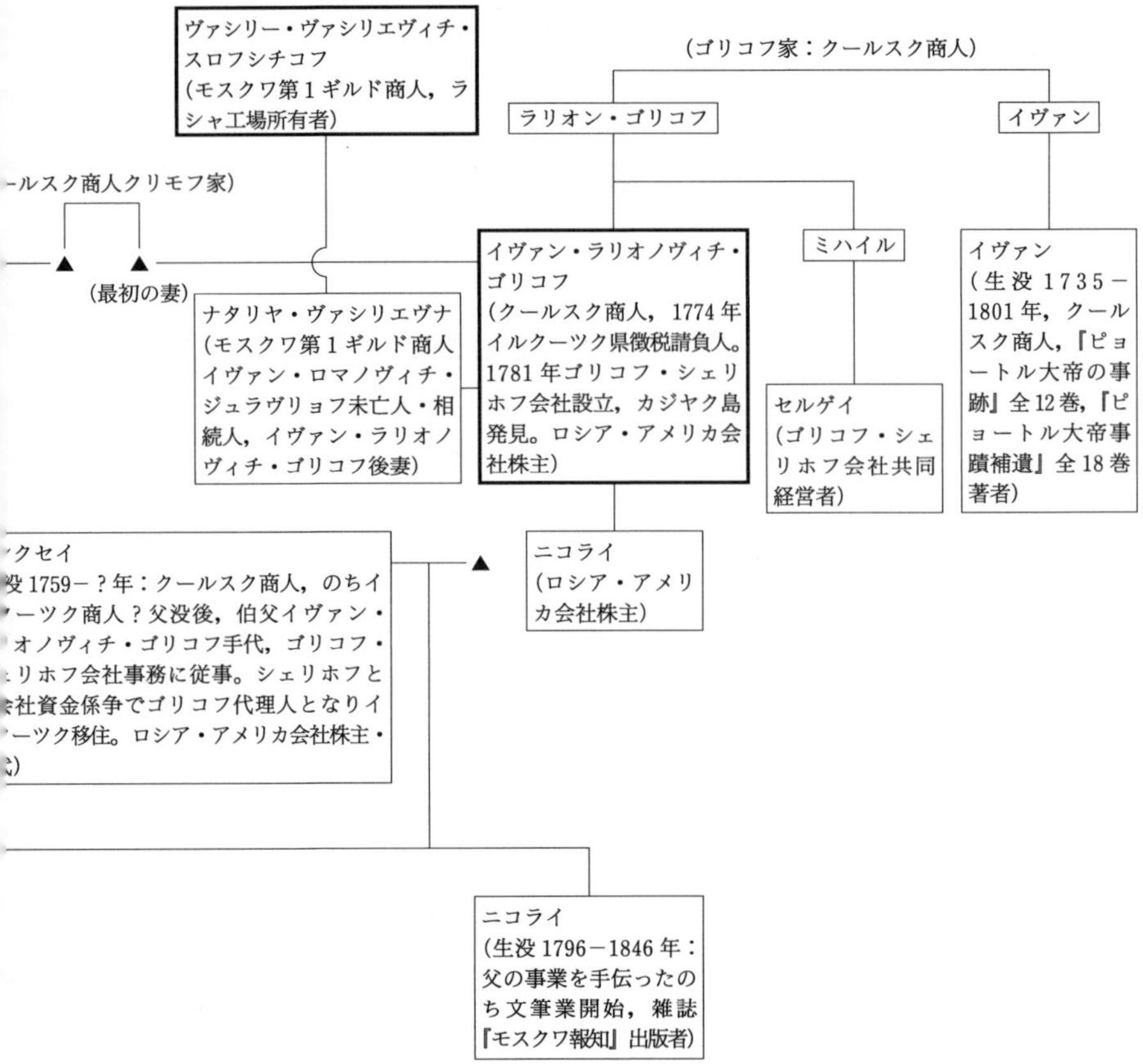
ヴァシリー・ヴァシリエヴィチ・スロフシチコフ
(モスクワ第1ギルド商人，ラシャ工場所有者)
(ゴリコフ家：クールスク商人)
ラリオン・ゴリコフ
イヴァン
ールスク商人クリモフ家)
(最初の妻)
イヴァン・ラリオノヴィチ・ゴリコフ
(クールスク商人，1774年イルクーツク県徴税請負人。1781年ゴリコフ・シェリホフ会社設立，カジヤク島発見。ロシア・アメリカ会社株主)
ミハイル
イヴァン
(生没1735－1801年，クールスク商人，『ピョートル大帝の事跡』全12巻，『ピョートル大帝事蹟補遺』全18巻著者)
ナタリヤ・ヴァシリエヴナ
(モスクワ第1ギルド商人イヴァン・ロマノヴィチ・ジュラヴリョフ未亡人・相続人，イヴァン・ラリオノヴィチ・ゴリコフ後妻)
セルゲイ
(ゴリコフ・シェリホフ会社共同経営者)
クセイ
役1759－？年：クールスク商人，のちイ
ーツク商人？父没後，伯父イヴァン・
オノヴィチ・ゴリコフ手代，ゴリコフ・
リホフ会社事務に従事。シェリホフと
会社資金係争でゴリコフ代理人となりイ
ーツク移住。ロシア・アメリカ会社株主・
)
ニコライ
(ロシア・アメリカ会社株主)
ニコライ
(生没1796－1846年：父の事業を手伝ったのち文筆業開始，雑誌『モスクワ報知』出版者)

ノヴォイ家，ゴリコフ家系図

V-XXVIII.

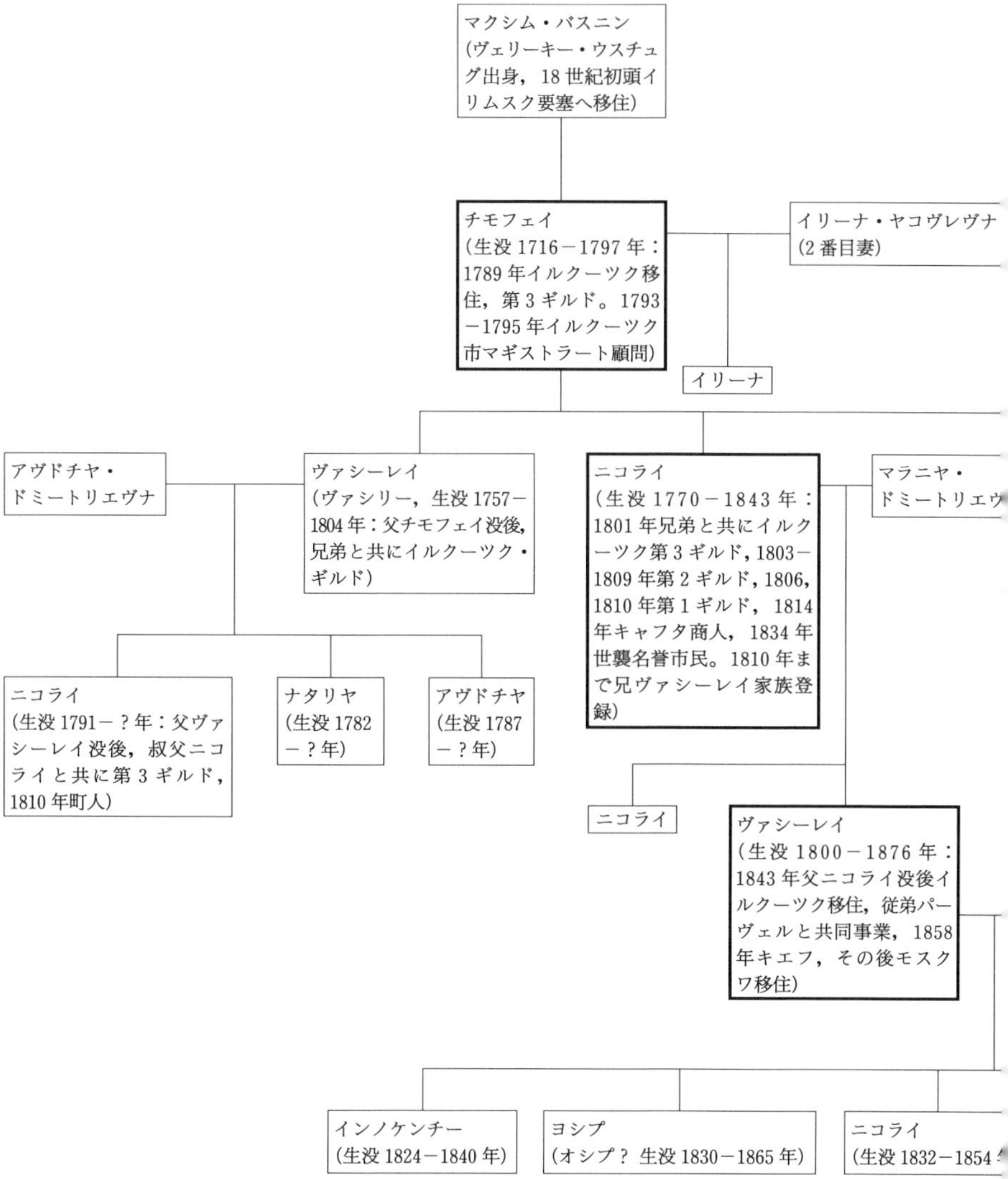
マクシム・バスニン
(ヴェリーキー・ウスチュグ出身，18 世紀初頭イリムスク要塞へ移住)
チモフェイ
(生没 1716－1797 年：1789 年イルクーツク移住，第 3 ギルド。1793－1795 年イルクーツク市マギストラート顧問)
イリーナ・ヤコヴレヴナ
(2 番目妻)
イリーナ
アヴドチヤ・ドミートリエヴナ
ヴァシーレイ
(ヴァシリー，生没 1757－1804 年：父チモフェイ没後，兄弟と共にイルクーツク・ギルド)
ニコライ
(生没 1770－1843 年：1801 年兄弟と共にイルクーツク第 3 ギルド，1803－1809 年第 2 ギルド，1806，1810 年第 1 ギルド，1814 年キャフタ商人，1834 年世襲名誉市民。1810 年まで兄ヴァシーレイ家族登録)
マラニヤ・ドミートリエヴ
ニコライ
(生没 1791－？年：父ヴァシーレイ没後，叔父ニコライと共に第 3 ギルド，1810 年町人)
ナタリヤ
(生没 1782－？年)
アヴドチヤ
(生没 1787－？年)
ニコライ
ヴァシーレイ
(生没 1800－1876 年：1843 年父ニコライ没後イルクーツク移住，従弟パーヴェルと共同事業，1858 年キエフ，その後モスクワ移住)
インノケンチー
(生没 1824－1840 年)
ヨシプ
(オシプ？ 生没 1830－1865 年)
ニコライ
(生没 1832－1854

巻末添付図

出典：ГАИО. Ф. 70. Оп. 1. Д. 44. Л. 107об.; Д. 45. Л. 53об.; Д. 46. Л. 34об.
ГАИО. Ф. 308. Оп. 1. Д. 12. Л. 6; Д. 18. Л. 5; Д. 21. Л. 4; Д. 33. Л. 3; Д. 41. Л. 3; Д. 54. Л. 2;
Краткая энциклопедия по истории купечества и коммерции Сибири. Т. 1. Кн. 1. С. 88–93.

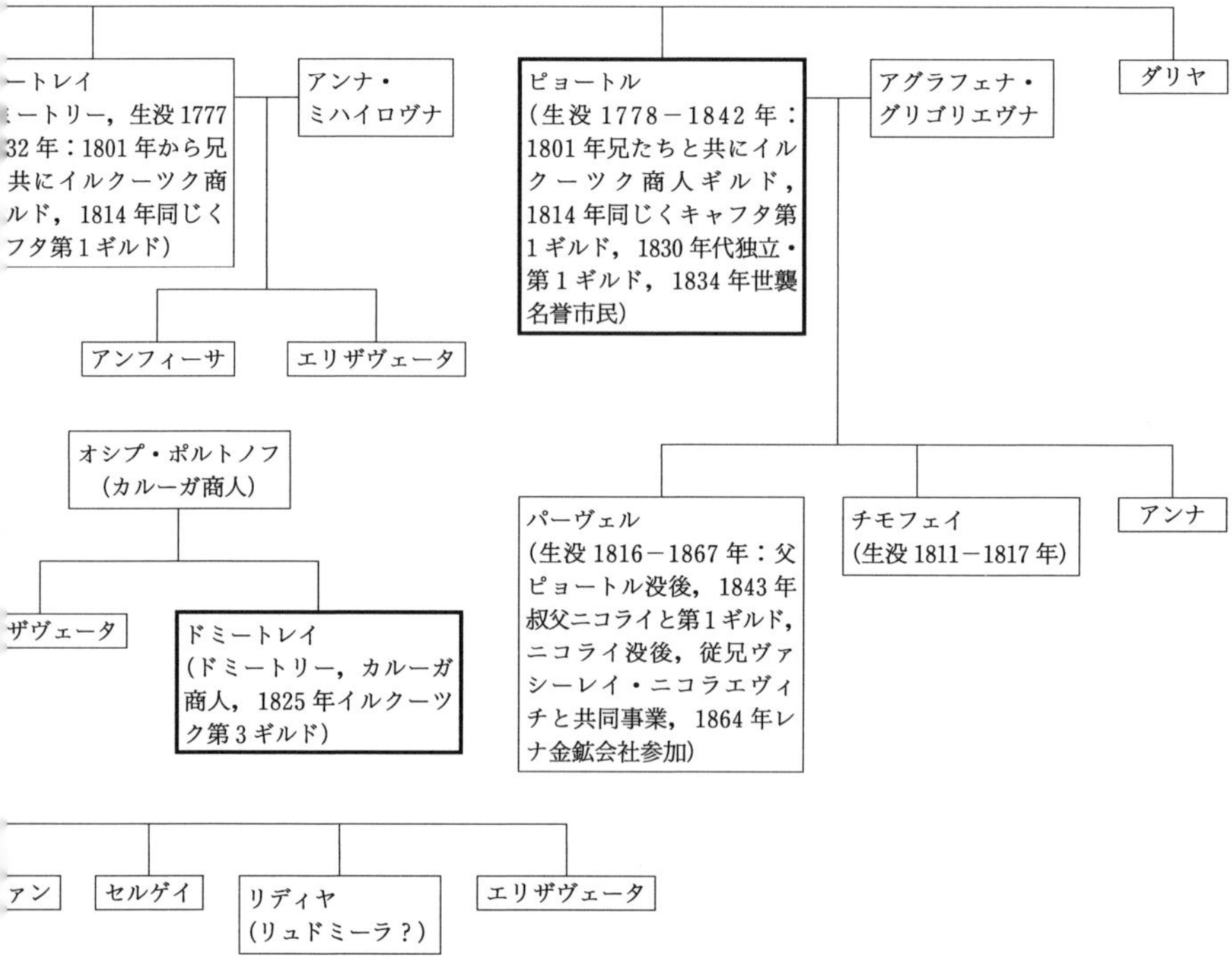
ートレイ
ミートリー，生没 1777
32 年：1801 年から兄
共にイルクーツク商
ルド，1814 年同じく
フタ第 1 ギルド）
アンナ・
ミハイロヴナ
アンフィーサ
エリザヴェータ
ピョートル
（生没 1778－1842 年：
1801 年兄たちと共にイル
クーツク商人ギルド，
1814 年同じくキャフタ第
1 ギルド，1830 年代独立・
第 1 ギルド，1834 年世襲
名誉市民）
アグラフェナ・
グリゴリエヴナ
ダリヤ
オシプ・ポルトノフ
（カルーガ商人）
ザヴェータ
ドミートレイ
（ドミートリー，カルーガ
商人，1825 年イルクーツ
ク第 3 ギルド）
パーヴェル
（生没 1816－1867 年：父
ピョートル没後，1843 年
叔父ニコライと第 1 ギルド，
ニコライ没後，従兄ヴァ
シーレイ・ニコラエヴィ
チと共同事業，1864 年レ
ナ金鉱会社参加）
チモフェイ
（生没 1811－1817 年）
アンナ
ァン
セルゲイ
リディヤ
（リュドミーラ？）
エリザヴェータ

ニン家系図

I. 3; Д. 72. Л. 4; Д. 80. Л. 4; Д. 86. Л. 3; Д. 97. Л. 2; Д. 103. Л. 1.

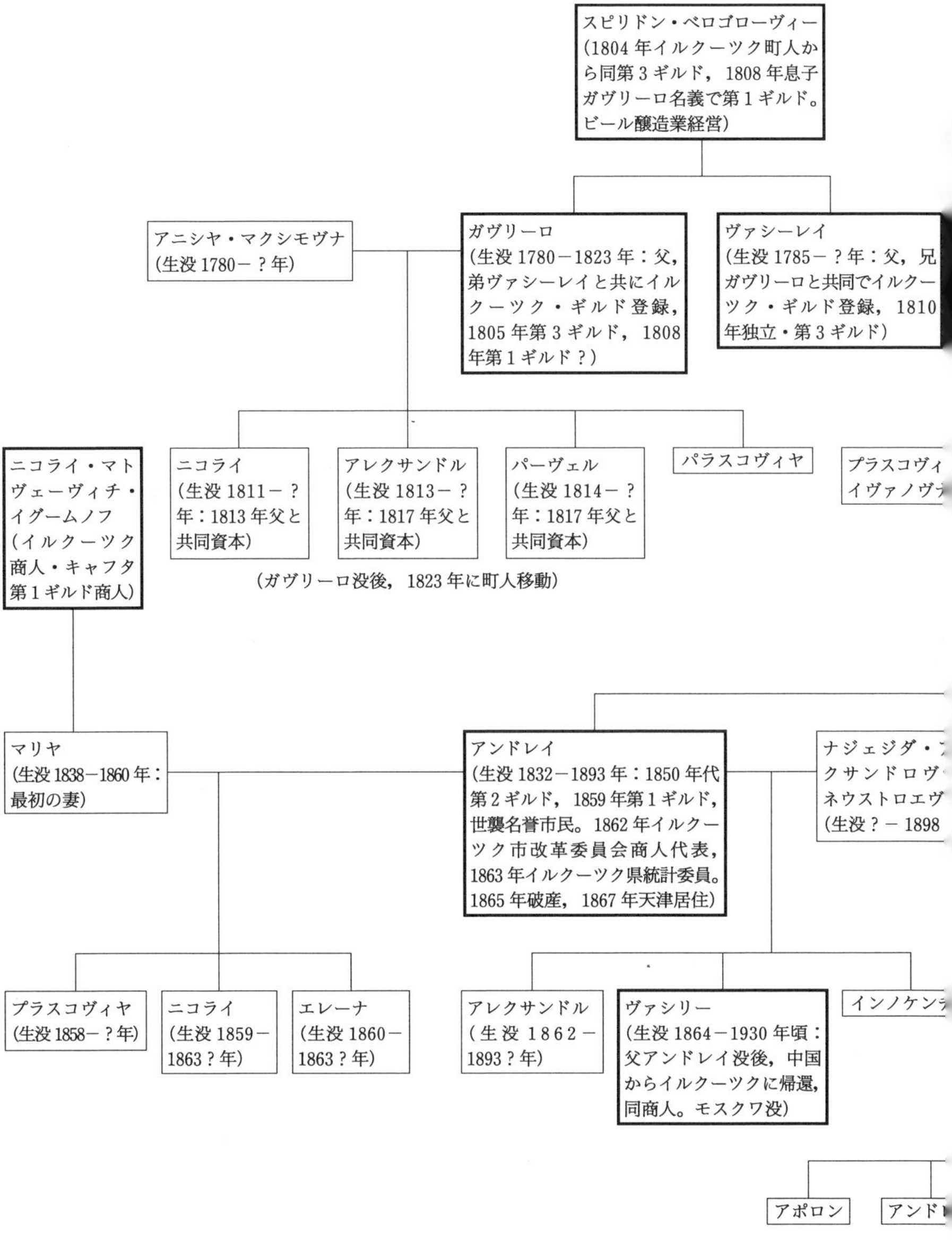
スピリドン・ベロゴローヴィー
(1804 年イルクーツク町人から同第 3 ギルド，1808 年息子ガヴリーロ名義で第 1 ギルド。ビール醸造業経営)
アニシヤ・マクシモヴナ
(生没 1780－？年)
ガヴリーロ
(生没 1780－1823 年：父，弟ヴァシーレイと共にイルクーツク・ギルド登録，1805 年第 3 ギルド，1808 年第 1 ギルド？)
ヴァシーレイ
(生没 1785－？年：父，兄ガヴリーロと共同でイルクーツク・ギルド登録，1810 年独立・第 3 ギルド)
ニコライ・マトヴェーヴィチ・イグームノフ
(イルクーツク商人・キャフタ第 1 ギルド商人)
ニコライ
(生没 1811－？年：1813 年父と共同資本)
アレクサンドル
(生没 1813－？年：1817 年父と共同資本)
パーヴェル
(生没 1814－？年：1817 年父と共同資本)
パラスコヴィヤ
プラスコヴィ
イヴァノヴ
(ガヴリーロ没後，1823 年に町人移動)
マリヤ
(生没 1838－1860 年：最初の妻)
アンドレイ
(生没 1832－1893 年：1850 年代第 2 ギルド，1859 年第 1 ギルド，世襲名誉市民。1862 年イルクーツク市改革委員会商人代表，1863 年イルクーツク県統計委員。1865 年破産，1867 年天津居住)
ナジェジダ・
クサンドロヴ
ネウストロエヴ
(生没？－1898
プラスコヴィヤ
(生没 1858－？年)
ニコライ
(生没 1859－1863？年)
エレーナ
(生没 1860－1863？年)
アレクサンドル
(生没 1862－1893？年)
ヴァシリー
(生没 1864－1930 年頃：父アンドレイ没後，中国からイルクーツクに帰還，同商人。モスクワ没)
インノケンテ
アポロン
アンド

巻末添付図 1-3　べ

出典：ГАИО. Ф. 70. Оп. 1. Д. 1866. Л. 2об., 5об., 131, 132об.; Д. 2062. Л. 2, 9; Д. 2310. Л. 3об., 261
ГАИО. Ф. 308. Оп. 1. Д. 54. Л. 5; Д. 70. Л. 2; Д. 72. Л. 3; Д. 80. Л. 4, 15; Д. 86. Л. 3, 12; Д. 97
185. Л. 2, 9; Д. 199. Л. 8; Д. 219. Л. 6; Д. 300. Л. 8; Д. 310. Л. 4; Д. 312. Л. 33.
Краткая энциклопедия по истории купечества и коммерции Сибири. Т. 1. Кн. 1. С. 104-10

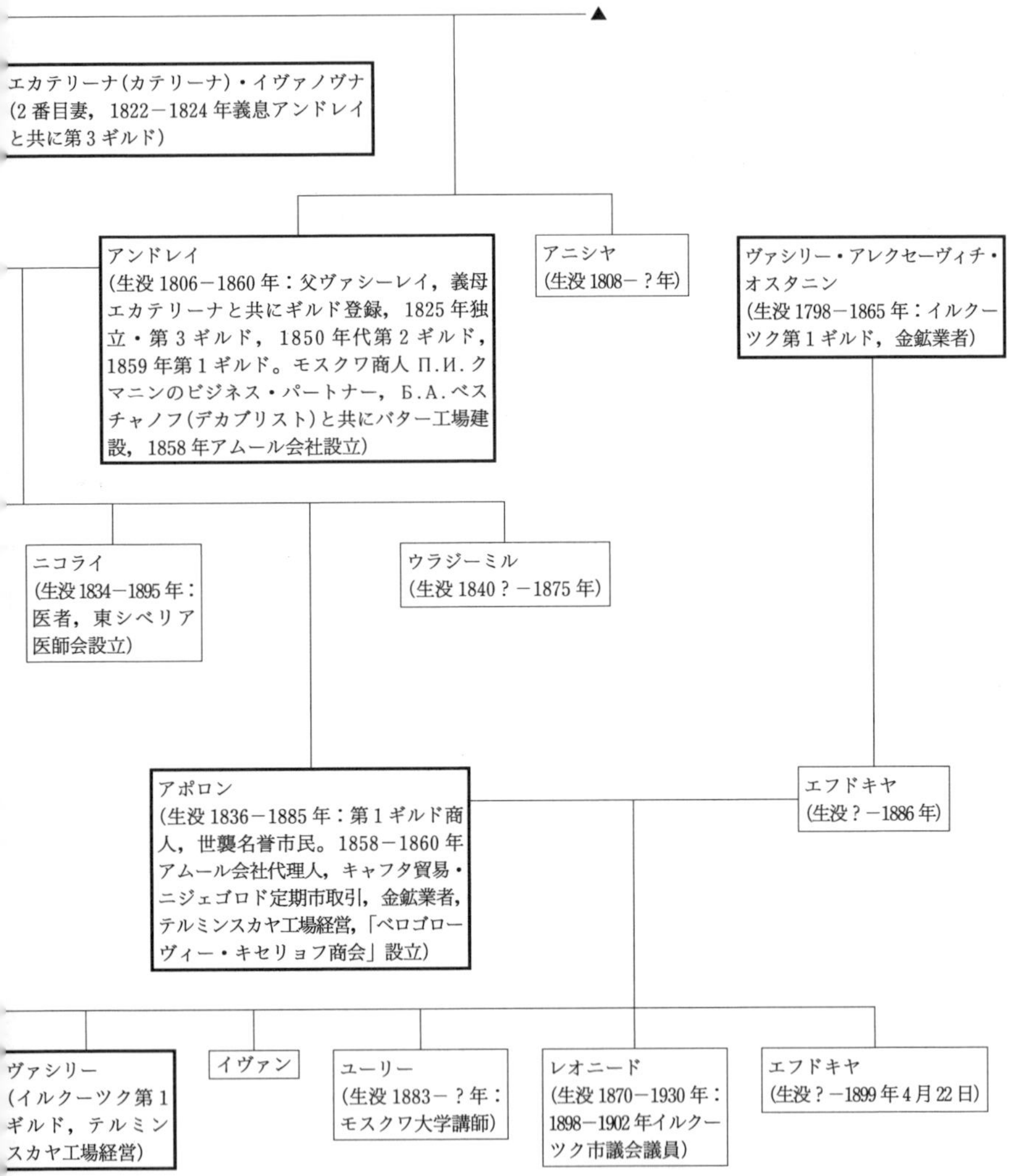
エカテリーナ(カテリーナ)・イヴァノヴナ
(2番目妻，1822－1824年義息アンドレイと共に第3ギルド)
アンドレイ
(生没1806－1860年：父ヴァシーレイ，義母エカテリーナと共にギルド登録，1825年独立・第3ギルド，1850年代第2ギルド，1859年第1ギルド。モスクワ商人 П.И.クマニンのビジネス・パートナー，Б.А.ベスチャノフ(デカブリスト)と共にバター工場建設，1858年アムール会社設立)
アニシヤ
(生没1808－？年)
ヴァシリー・アレクセーヴィチ・オスタニン
(生没1798－1865年：イルクーツク第1ギルド，金鉱業者)
ニコライ
(生没1834－1895年：医者，東シベリア医師会設立)
ウラジーミル
(生没1840？－1875年)
アポロン
(生没1836－1885年：第1ギルド商人，世襲名誉市民。1858－1860年アムール会社代理人，キャフタ貿易・ニジェゴロド定期市取引，金鉱業者，テルミンスカヤ工場経営，「ベロゴローヴィー・キセリョフ商会」設立)
エフドキヤ
(生没？－1886年)
ヴァシリー
(イルクーツク第1ギルド，テルミンスカヤ工場経営)
イヴァン
ユーリー
(生没1883－？年：モスクワ大学講師)
レオニード
(生没1870－1930年：1898－1902年イルクーツク市議会議員)
エフドキヤ
(生没？－1899年4月22日)

-ヴィー家系図

. Л. 746об.
; Д. 103. Л. 6, 8; Д. 111. Л. 2, 7; Д. 112. Л. 2, 6; Д. 129. Л. 2, 5; Д. 148. Л. 2, 6; Д. 103. Л. 8; Д.

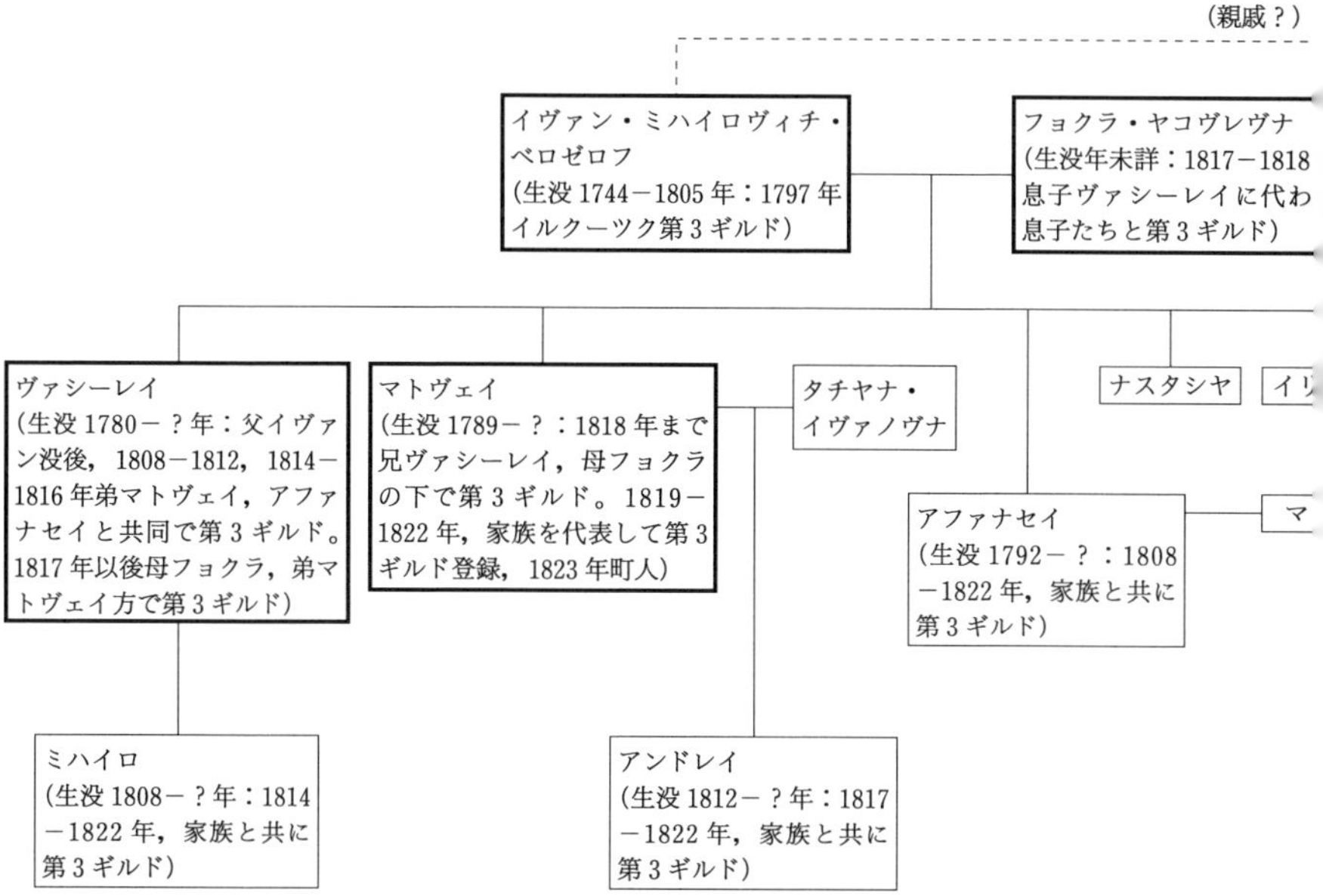
（親戚？）
イヴァン・ミハイロヴィチ・ベロゼロフ（生没1744−1805年：1797年イルクーツク第3ギルド）
フォクラ・ヤコヴレヴナ（生没年未詳：1817−1818
息子ヴァシーレイに代わ
息子たちと第3ギルド）
ヴァシーレイ（生没1780−？年：父イヴァン没後，1808−1812，1814−1816年弟マトヴェイ，アファナセイと共同で第3ギルド。1817年以後母フォクラ，弟マトヴェイ方で第3ギルド）
マトヴェイ（生没1789−？：1818年まで兄ヴァシーレイ，母フォクラの下で第3ギルド。1819−1822年，家族を代表して第3ギルド登録，1823年町人）
タチヤナ・イヴァノヴナ
ナスタシヤ
アファナセイ（生没1792−？：1808−1822年，家族と共に第3ギルド）
ミハイロ（生没1808−？年：1814−1822年，家族と共に第3ギルド）
アンドレイ（生没1812−？年：1817−1822年，家族と共に第3ギルド）

巻末添付図

出典：ГАИО. Ф. 70. Оп. 1. Д. 1866. Л. 4об., 7, 135, 137; Д. 2072. Л. 6, 8; Д. 2310. Л. 8об.
ГАИО. ф. 308. Оп. 1. Д. 18. Л. 6; Д. 21. Л. 4; Д. 33. Л. 9; Д. 41. Л. 8; Д. 54. Л. 9; Д. 70. Л. 9
Д. 112. Л. 5, 10; Д. 129. Л. 4, 8; Д. 148. Л. 5, 8; Д. 185. Л. 7, 8; Д. 199. Л. 6, 7.
Краткая энциклопедия по истории купечества и коммерции Сибири. Т. 1. Кн. 1. С. 109-1

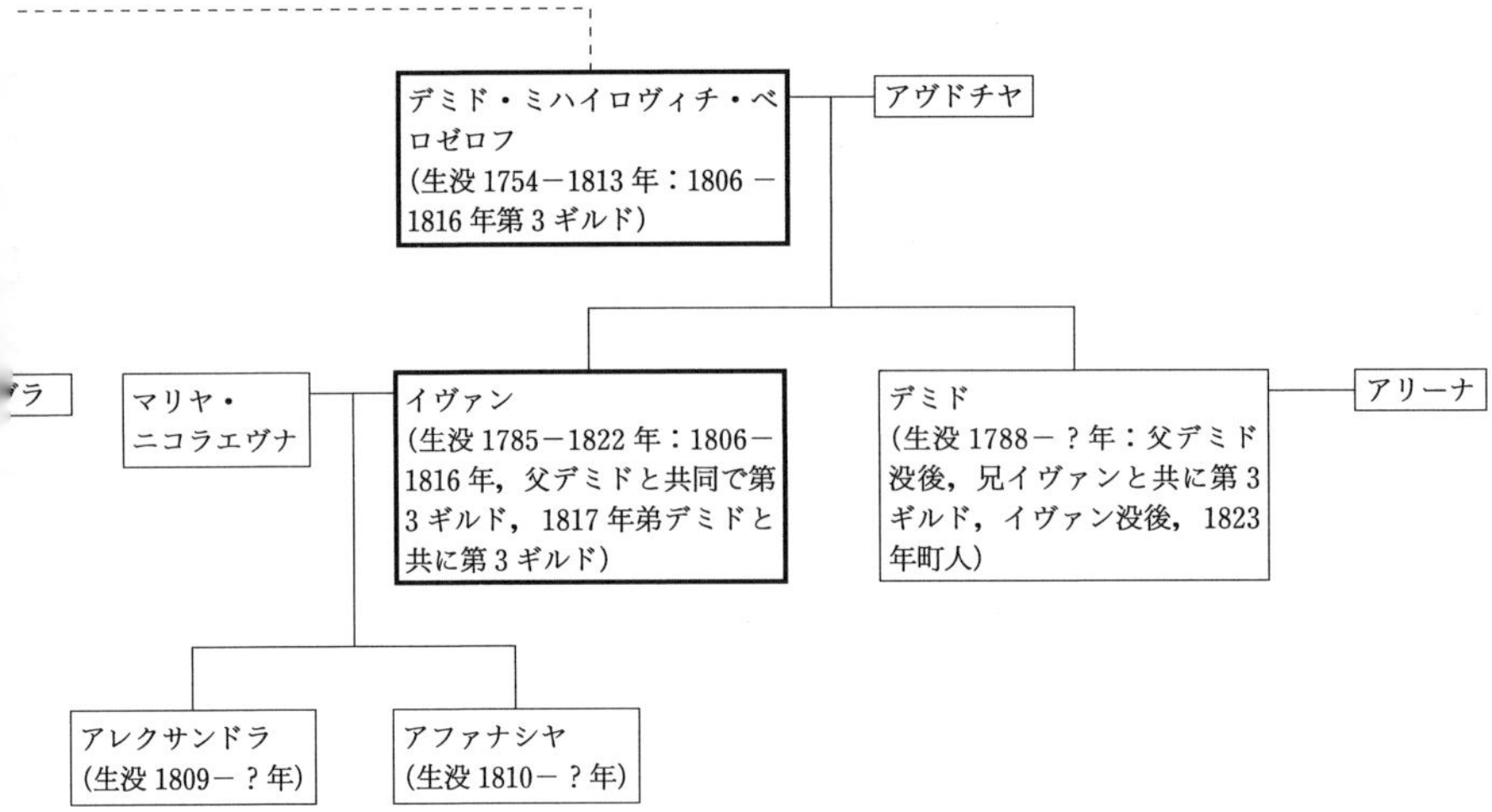
デミド・ミハイロヴィチ・ベロゼロフ
(生没1754－1813年：1806－1816年第3ギルド)
アヴドチヤ
ラ
マリヤ・ニコラエヴナ
イヴァン
(生没1785－1822年：1806－1816年，父デミドと共同で第3ギルド，1817年弟デミドと共に第3ギルド)
デミド
(生没1788－？年：父デミド没後，兄イヴァンと共に第3ギルド，イヴァン没後，1823年町人)
アリーナ
アレクサンドラ
(生没1809－？年)
アファナシヤ
(生没1810－？年)

ゼロフ家系図

. Л. 10, 11; Д. 80. Л. 12, 13; Д. 86. Л. 9, 10; Д. 97. Л. 9; Д. 18. Л. 6; Д. 103. Л. 8; Д. 111. Л. 5, 9;

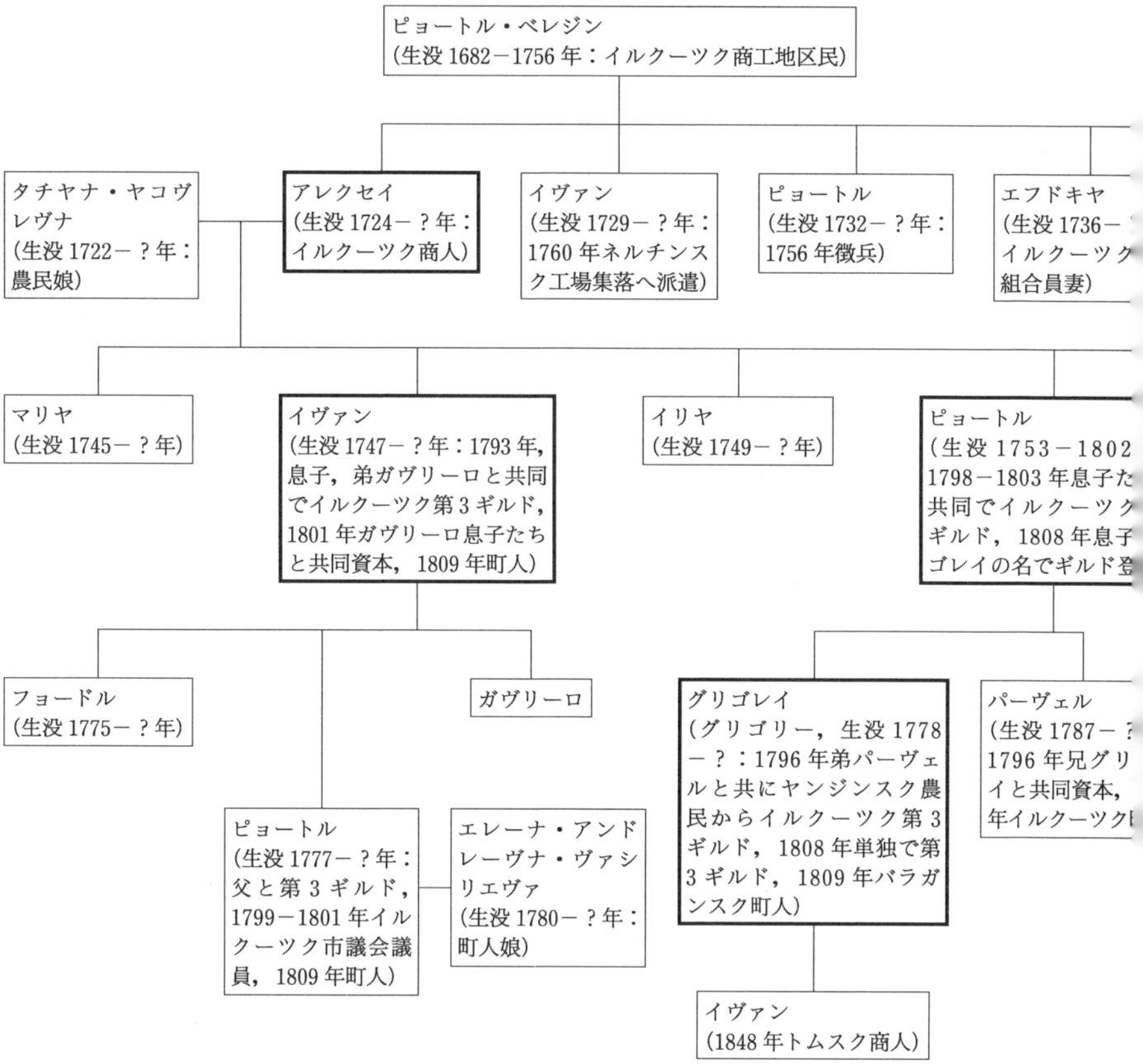
ピョートル・ベレジン
(生没 1682−1756 年：イルクーツク商工地区民)
タチヤナ・ヤコヴレヴナ
(生没 1722−？年：農民娘)
アレクセイ
(生没 1724−？年：イルクーツク商人)
イヴァン
(生没 1729−？年：1760 年ネルチンスク工場集落へ派遣)
ピョートル
(生没 1732−？年：1756 年徴兵)
エフドキヤ
(生没 1736−
イルクーツク
組合員妻)
マリヤ
(生没 1745−？年)
イヴァン
(生没 1747−？年：1793 年，息子，弟ガヴリーロと共同でイルクーツク第 3 ギルド，1801 年ガヴリーロ息子たちと共同資本，1809 年町人)
イリヤ
(生没 1749−？年)
ピョートル
(生没 1753−1802
1798−1803 年息子た
共同でイルクーツク
ギルド，1808 年息子
ゴレイの名でギルド登
フョードル
(生没 1775−？年)
ガヴリーロ
ピョートル
(生没 1777−？年：父と第 3 ギルド，1799−1801 年イルクーツク市議会議員，1809 年町人)
エレーナ・アンドレーヴナ・ヴァシリエヴァ
(生没 1780−？年：町人娘)
グリゴレイ
(グリゴリー，生没 1778−？：1796 年弟パーヴェルと共にヤンジンスク農民からイルクーツク第 3 ギルド，1808 年単独で第 3 ギルド，1809 年バラガンスク町人)
パーヴェル
(生没 1787−？
1796 年兄グリ
イと共同資本，
年イルクーツク
イヴァン
(1848 年トムスク商人)

巻末添付図

出典：ГАИО. Ф. 70. Оп. 1. Д. 44. Л. 111об.; Д. 45. Л. 57об.; Д. 46. Л. 37; Д. 2505. Л. 748об.
ГАИО. Ф. 308. Оп. 1. Д. 12. Л. 7, 11; Д. 18. Л. 3, 5; Д. 21. Л. 4; Д. 33. Л. 7; Д. 41. Л. 4, 5; Д
Краткая энциклопедия по истории купечества и коммерции Сибири. Т. 1. Кн. 1. С. 109–1

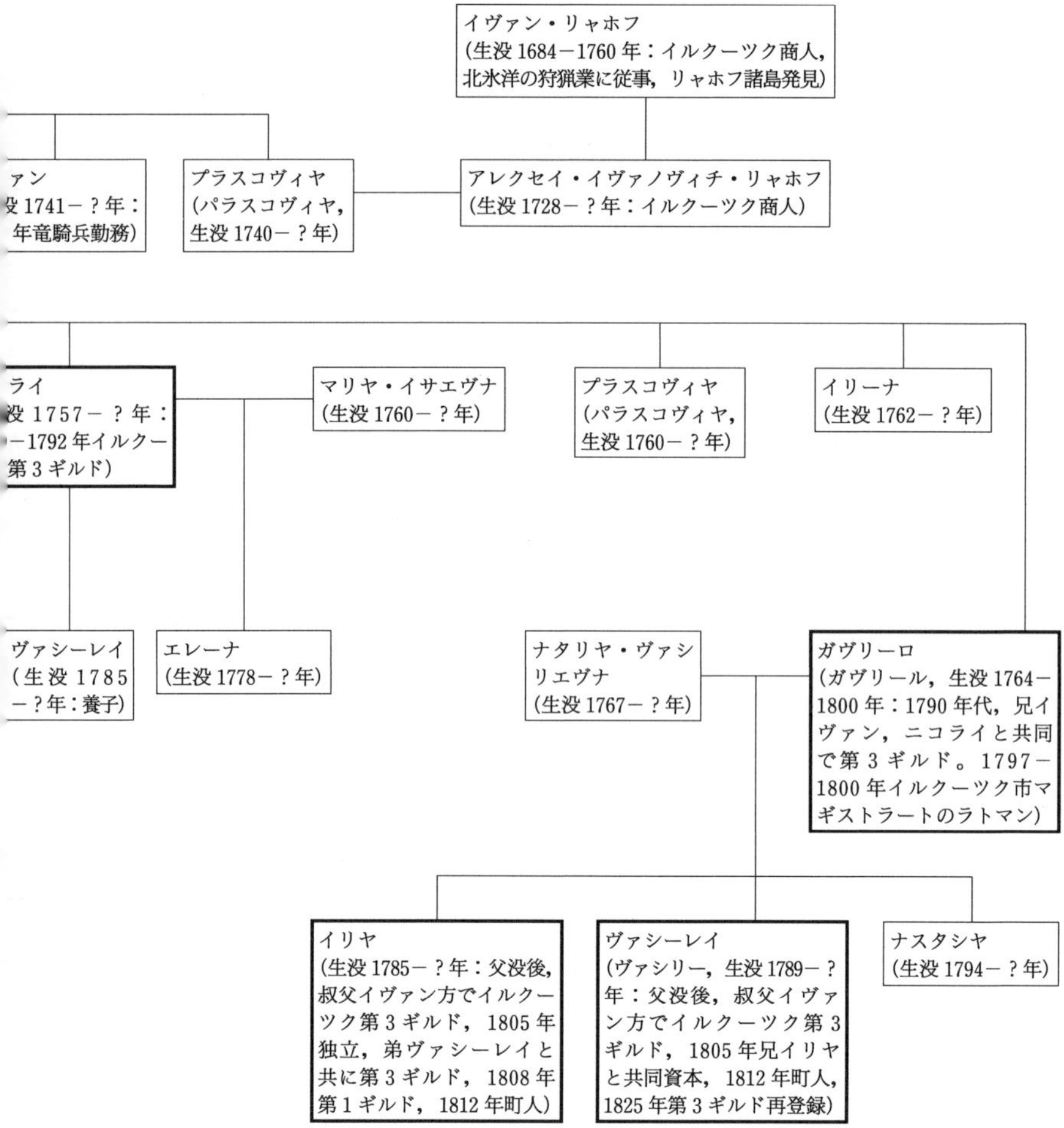
イヴァン・リャホフ
(生没 1684－1760 年：イルクーツク商人，
北氷洋の狩猟業に従事，リャホフ諸島発見)
ァン
役 1741－？年：
年竜騎兵勤務)
プラスコヴィヤ
(パラスコヴィヤ，
生没 1740－？年)
アレクセイ・イヴァノヴィチ・リャホフ
(生没 1728－？年：イルクーツク商人)
ライ
没 1757－？年：
－1792 年イルクー
第 3 ギルド)
マリヤ・イサエヴナ
(生没 1760－？年)
プラスコヴィヤ
(パラスコヴィヤ，
生没 1760－？年)
イリーナ
(生没 1762－？年)
ヴァシーレイ
(生没 1785
－？年：養子)
エレーナ
(生没 1778－？年)
ナタリヤ・ヴァシ
リエヴナ
(生没 1767－？年)
ガヴリーロ
(ガヴリール，生没 1764－
1800 年：1790 年代，兄イ
ヴァン，ニコライと共同
で第 3 ギルド。1797－
1800 年イルクーツク市マ
ギストラートのラトマン)
イリヤ
(生没 1785－？年：父没後，
叔父イヴァン方でイルクー
ツク第 3 ギルド，1805 年
独立，弟ヴァシーレイと
共に第 3 ギルド，1808 年
第 1 ギルド，1812 年町人)
ヴァシーレイ
(ヴァシリー，生没 1789－？
年：父没後，叔父イヴァ
ン方でイルクーツク第 3
ギルド，1805 年兄イリヤ
と共同資本，1812 年町人，
1825 年第 3 ギルド再登録)
ナスタシヤ
(生没 1794－？年)

ジン家系図

4, 10; Д. 70. Л. 2, 7; Д. 72. Л. 2; Д. 80. Л. 3; Д. 86. Л. 2; Д. 300. Л. 3; Д. 310. Л. 2; Д. 312. Л. 29об.

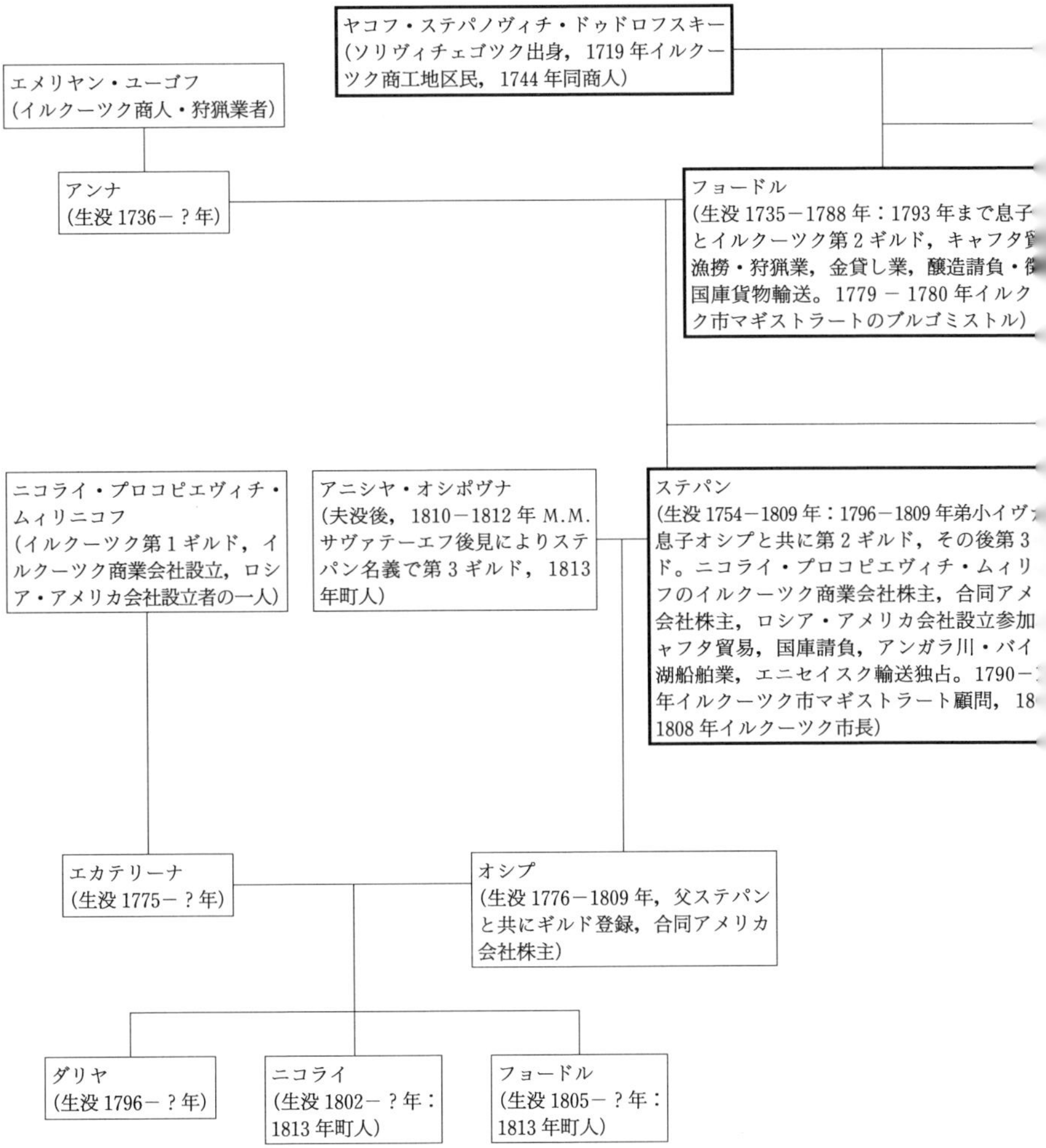
ヤコフ・ステパノヴィチ・ドゥドロフスキー（ソリヴィチェゴツク出身，1719年イルクーツク商工地区民，1744年同商人）
エメリヤン・ユーゴフ（イルクーツク商人・狩猟業者）
アンナ（生没1736－？年）
フョードル（生没1735－1788年：1793年まで息子とイルクーツク第2ギルド，キャフタ貿漁撈・狩猟業，金貸し業，醸造請負・徴国庫貨物輸送。1779－1780年イルクク市マギストラートのブルゴミストル）
ニコライ・プロコピエヴィチ・ムィリニコフ（イルクーツク第1ギルド，イルクーツク商業会社設立，ロシア・アメリカ会社設立者の一人）
アニシヤ・オシポヴナ（夫没後，1810－1812年M.M.サヴァテーエフ後見によりステパン名義で第3ギルド，1813年町人）
ステパン（生没1754－1809年：1796－1809年弟小イヴァ息子オシプと共に第2ギルド，その後第3ド。ニコライ・プロコピエヴィチ・ムィリフのイルクーツク商業会社株主，合同アメ会社株主，ロシア・アメリカ会社設立参加ャフタ貿易，国庫請負，アンガラ川・バイ湖船舶業，エニセイスク輸送独占。1790－年イルクーツク市マギストラート顧問，18 1808年イルクーツク市長）
エカテリーナ（生没1775－？年）
オシプ（生没1776－1809年，父ステパンと共にギルド登録，合同アメリカ会社株主）
ダリヤ（生没1796－？年）
ニコライ（生没1802－？年：1813年町人）
フョードル（生没1805－？年：1813年町人）

巻末添付図 1-6

出典：ГАИО. Ф. 70. Оп. 1. Д. 44. Л. 105об.; Д. 45. Л. 51об.; Д. 46. Л. 32об.
ГАИО. Ф. 308. Оп. 1. Д. 12. Л. 1, 4; Д. 18. Л. 1, 2; Д. 21. Л. 2, 3; Д. 33. Л. 3, 7, 8; Д. 41. Л. Д. 103. Л. 13.
Краткая энциклопедия по истории купечества и коммерции Сибири. Т. 1. Кн. 1. С. 135–1

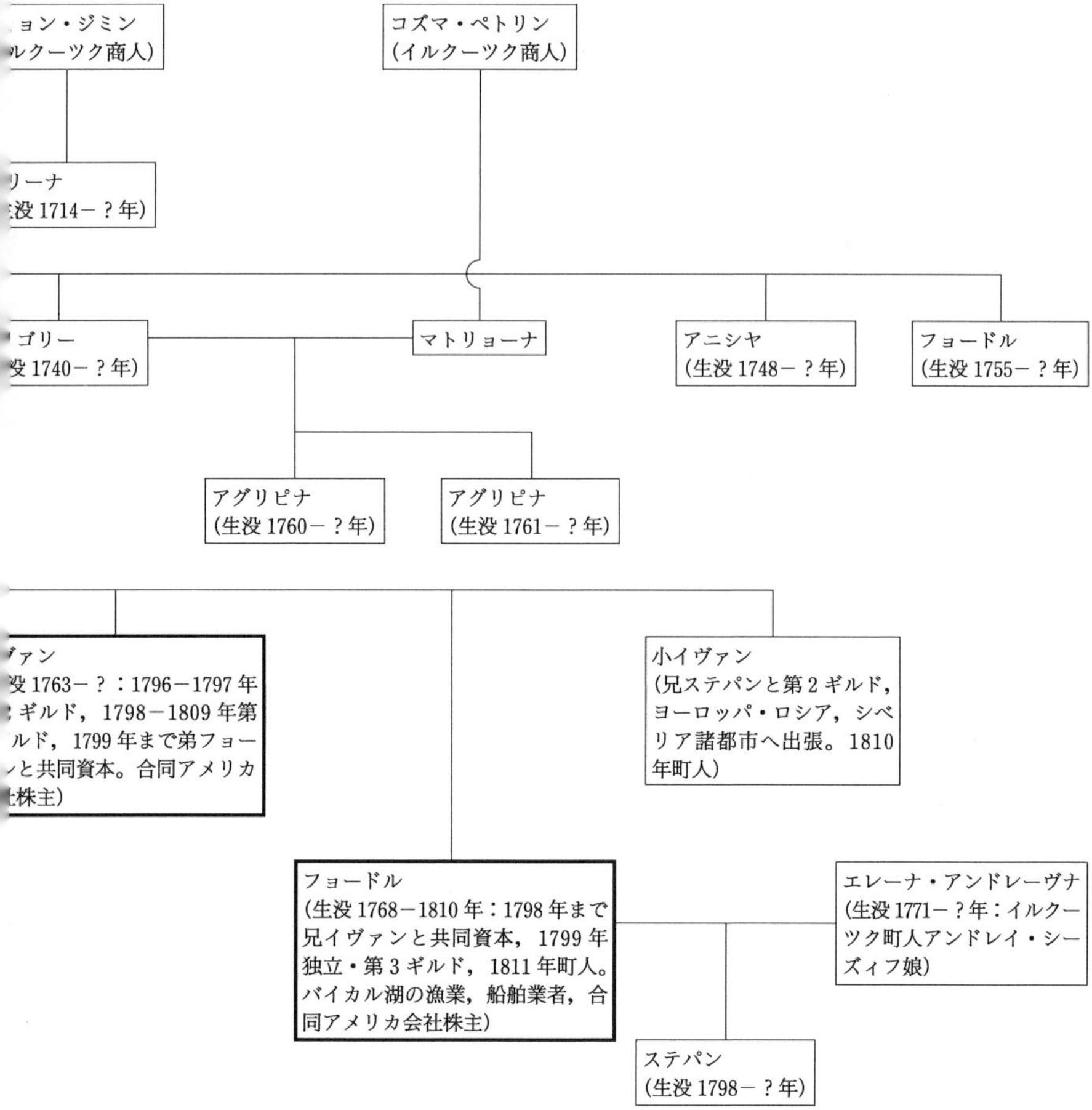
ョン・ジミン
ルクーツク商人）
コズマ・ペトリン
（イルクーツク商人）
リーナ
生没 1714－？年）
ゴリー
没 1740－？年）
マトリョーナ
アニシヤ
（生没 1748－？年）
フョードル
（生没 1755－？年）
アグリピナ
（生没 1760－？年）
アグリピナ
（生没 1761－？年）
ヴァン
没 1763－？：1796－1797 年
ギルド，1798－1809 年第
ルド，1799 年まで弟フョー
ンと共同資本。合同アメリカ
社株主）
小イヴァン
（兄ステパンと第 2 ギルド，
ヨーロッパ・ロシア，シベ
リア諸都市へ出張。1810
年町人）
フョードル
（生没 1768－1810 年：1798 年まで
兄イヴァンと共同資本，1799 年
独立・第 3 ギルド，1811 年町人。
バイカル湖の漁業，船舶業者，合
同アメリカ会社株主）
エレーナ・アンドレーヴナ
（生没 1771－？年：イルクー
ツク町人アンドレイ・シー
ズィフ娘）
ステパン
（生没 1798－？年）

フスキー家系図

Д. 54. Л. 1, 5, 11; Д. 70. Л. 3, 10, 11; Д. 72. Л. 4, 11, 12; Д. 80. Л. 14, 16; Д. 86. Л. 12; Д. 97. Л. 11;

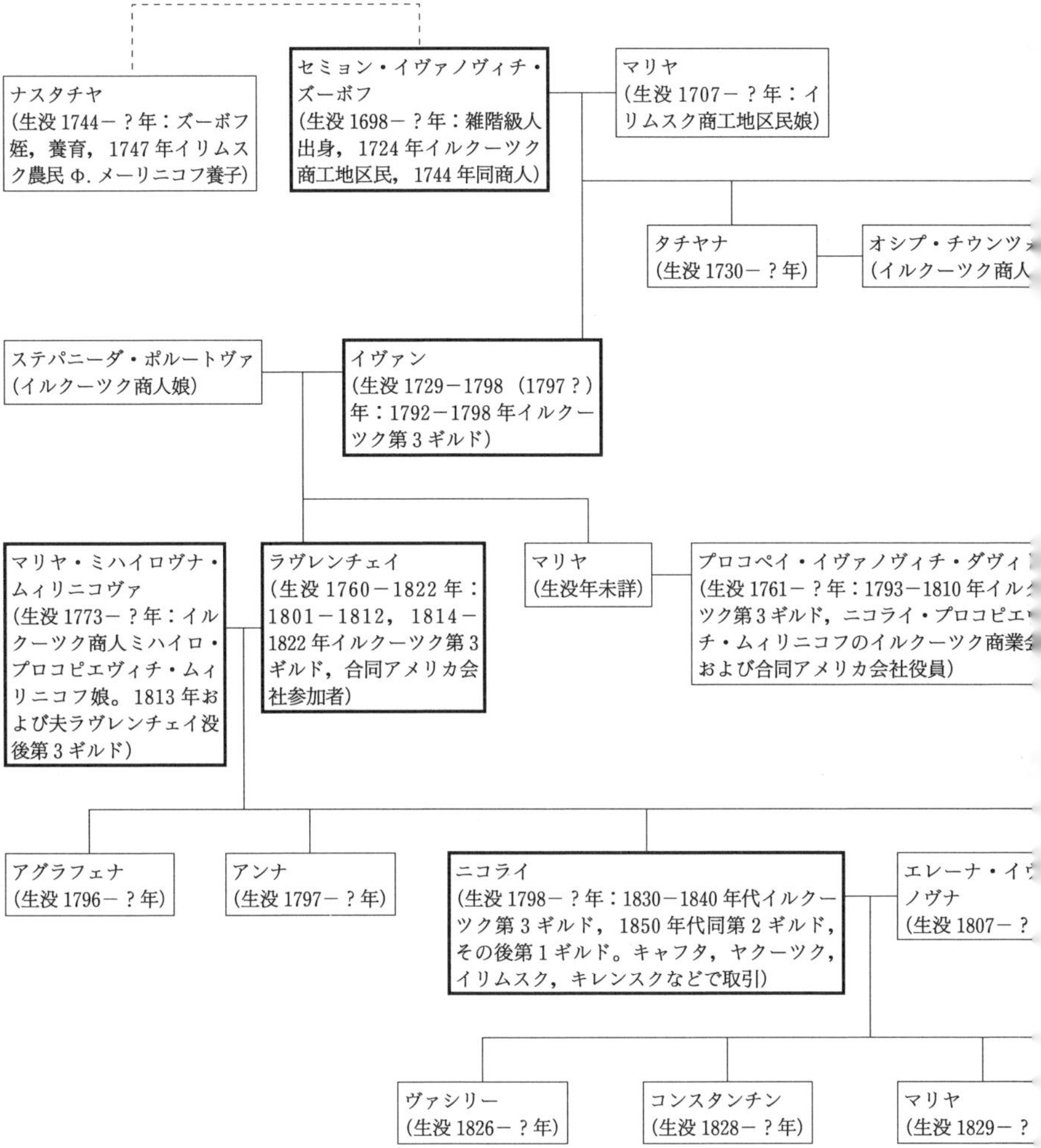
ナスタチヤ
(生没 1744－？年：ズーボフ姪，養育，1747 年イリムスク農民 Ф. メーリニコフ養子)
セミョン・イヴァノヴィチ・ズーボフ
(生没 1698－？年：雑階級人出身，1724 年イルクーツク商工地区民，1744 年同商人)
マリヤ
(生没 1707－？年：イリムスク商工地区民娘)
タチヤナ
(生没 1730－？年)
オシプ・チウンツ
(イルクーツク商人
ステパニーダ・ポルートヴァ
(イルクーツク商人娘)
イヴァン
(生没 1729－1798（1797？）年：1792－1798 年イルクーツク第 3 ギルド)
マリヤ・ミハイロヴナ・ムィリニコヴァ
(生没 1773－？年：イルクーツク商人ミハイロ・プロコピエヴィチ・ムィリニコフ娘。1813 年および夫ラヴレンチェイ没後第 3 ギルド)
ラヴレンチェイ
(生没 1760－1822 年：1801－1812，1814－1822 年イルクーツク第 3 ギルド，合同アメリカ会社参加者)
マリヤ
(生没年未詳)
プロコペイ・イヴァノヴィチ・ダヴィ
(生没 1761－？年：1793－1810 年イル
ツク第 3 ギルド，ニコライ・プロコピエ
チ・ムィリニコフのイルクーツク商業
および合同アメリカ会社役員)
アグラフェナ
(生没 1796－？年)
アンナ
(生没 1797－？年)
ニコライ
(生没 1798－？年：1830－1840 年代イルクーツク第 3 ギルド，1850 年代同第 2 ギルド，その後第 1 ギルド。キャフタ，ヤクーツク，イリムスク，キレンスクなどで取引)
エレーナ・イ
ノヴナ
(生没 1807－？
ヴァシリー
(生没 1826－？年)
コンスタンチン
(生没 1828－？年)
マリヤ
(生没 1829－？

巻末添付図

出典：ГАИО. Ф. 70. Оп. 1. Д. 45. Л. 59; Д. 46. Л. 38; Д. 1866. Л. 7об., 74, 136об.; Д. 2062. Л. 4; Д. 2
ГАИО. Ф. 308. Оп. 1. Д. 12. Л. 6; Д. 18. Л. 4; Д. 21. Л. 4; Д. 33. Л. 4; Д. 33. Л. 4; Д. 41. Л. 6
Л. 8; Д. 129. Л. 8; Д. 148. Л. 8; Д. 103. Л. 8; Д. 185. Л. 6; Д. 199. Л. 7; Д. 219. Л. 5; Д. 300. Л
Краткая энциклопедия по истории купечества и коммерции Сибири. Т. 2. Кн. 1. С. 71-72.

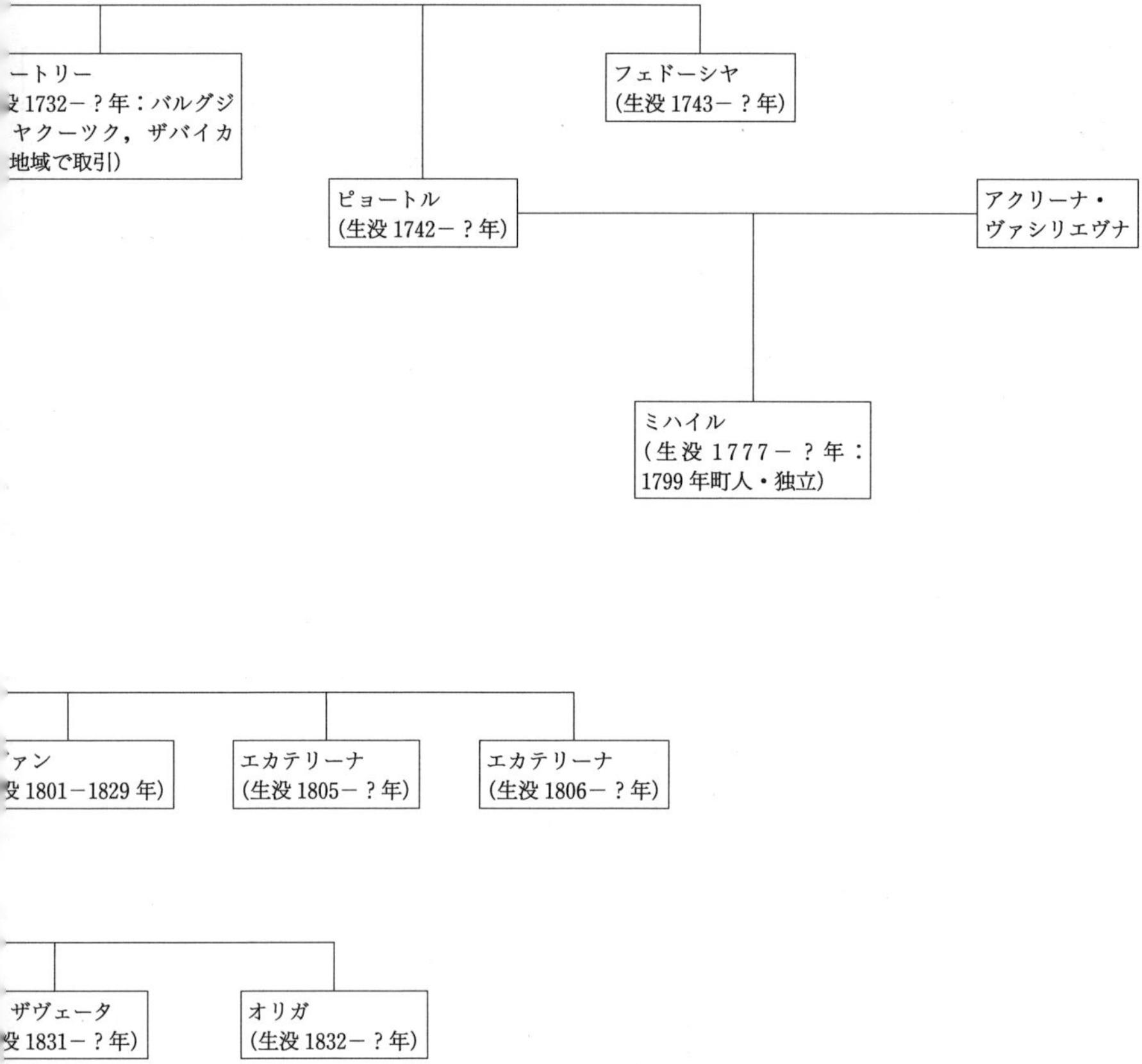
ートリー
设 1732－？年：バルグジ
ヤクーツク，ザバイカ
地域で取引)
フェドーシヤ
(生没 1743－？年)
ピョートル
(生没 1742－？年)
アクリーナ・
ヴァシリエヴナ
ミハイル
(生没 1777－？年：
1799 年町人・独立)
ァン
没 1801－1829 年)
エカテリーナ
(生没 1805－？年)
エカテリーナ
(生没 1806－？年)
ザヴェータ
没 1831－？年)
オリガ
(生没 1832－？年)

-ボフ家系図

62об.; Д. 2505. Л. 750об.
Л. 9; Д. 70. Л. 5; Д. 72. Л. 6; Д. 80. Л. 7; Д. 86. Л. 6; Д. 97. Л. 6; Д. 103. Л. 8; Д. 111. Л. 9; Д. 103.
10. Л. 5об.; Д. 312. Л. 35об.

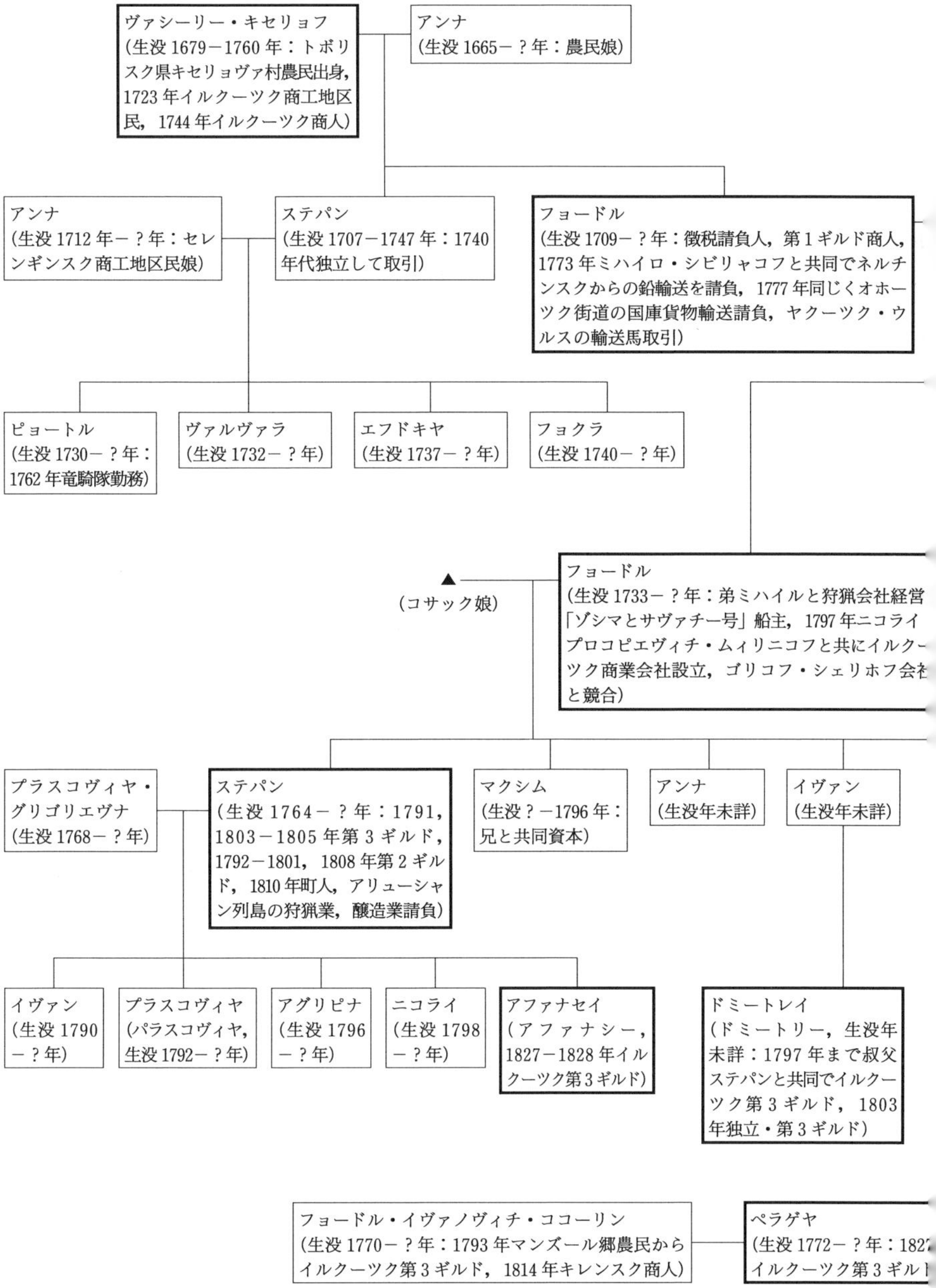
ヴァシーリー・キセリョフ
(生没 1679－1760 年：トボリスク県キセリョヴァ村農民出身，1723 年イルクーツク商工地区民，1744 年イルクーツク商人)
アンナ
(生没 1665－？年：農民娘)
アンナ
(生没 1712 年－？年：セレンギンスク商工地区民娘)
ステパン
(生没 1707－1747 年：1740 年代独立して取引)
フョードル
(生没 1709－？年：徴税請負人，第 1 ギルド商人，1773 年ミハイロ・シビリャコフと共同でネルチンスクからの鉛輸送を請負，1777 年同じくオホーツク街道の国庫貨物輸送請負，ヤクーツク・ウルスの輸送馬取引)
ピョートル
(生没 1730－？年：1762 年竜騎隊勤務)
ヴァルヴァラ
(生没 1732－？年)
エフドキヤ
(生没 1737－？年)
フョクラ
(生没 1740－？年)
(コサック娘)
フョードル
(生没 1733－？年：弟ミハイルと狩猟会社経営「ゾシマとサヴァチー号」船主，1797 年ニコライプロコピエヴィチ・ムィリニコフと共にイルクーツク商業会社設立，ゴリコフ・シェリホフ会社と競合)
プラスコヴィヤ・グリゴリエヴナ
(生没 1768－？年)
ステパン
(生没 1764－？年：1791，1803－1805 年第 3 ギルド，1792－1801，1808 年第 2 ギルド，1810 年町人，アリューシャン列島の狩猟業，醸造業請負)
マクシム
(生没？－1796 年：兄と共同資本)
アンナ
(生没年未詳)
イヴァン
(生没年未詳)
イヴァン
(生没 1790－？年)
プラスコヴィヤ
(パラスコヴィヤ，生没 1792－？年)
アグリピナ
(生没 1796－？年)
ニコライ
(生没 1798－？年)
アファナセイ
(アファナシー，1827－1828 年イルクーツク第 3 ギルド)
ドミートレイ
(ドミートリー，生没年未詳：1797 年まで叔父ステパンと共同でイルクーツク第 3 ギルド，1803 年独立・第 3 ギルド)
フョードル・イヴァノヴィチ・ココーリン
(生没 1770－？年：1793 年マンズール郷農民からイルクーツク第 3 ギルド，1814 年キレンスク商人)
ペラゲヤ
(生没 1772－？年：
イルクーツク第 3 ギル

巻末添付図

出典：ГАИО. Ф. 70. Оп. 1. Д. 44. Л. 108об.; Д. 45. Л. 54об., 59; Д. 46. Л. 33, 38; Д. 2310. Л. 3, 13
ГАИО. Ф. 308. Оп. 1. Д. 12. Л. 4, 9; Д. 18. Л. 2, 7; Д. 21. Л. 2, 4, 6; Д. 33. Л. 3, 6; Д. 41. Л. 8,
Краткая энциклопедия по истории купечества и коммерции Сибири. Т. 2. Кн. 2. С. 11-13.

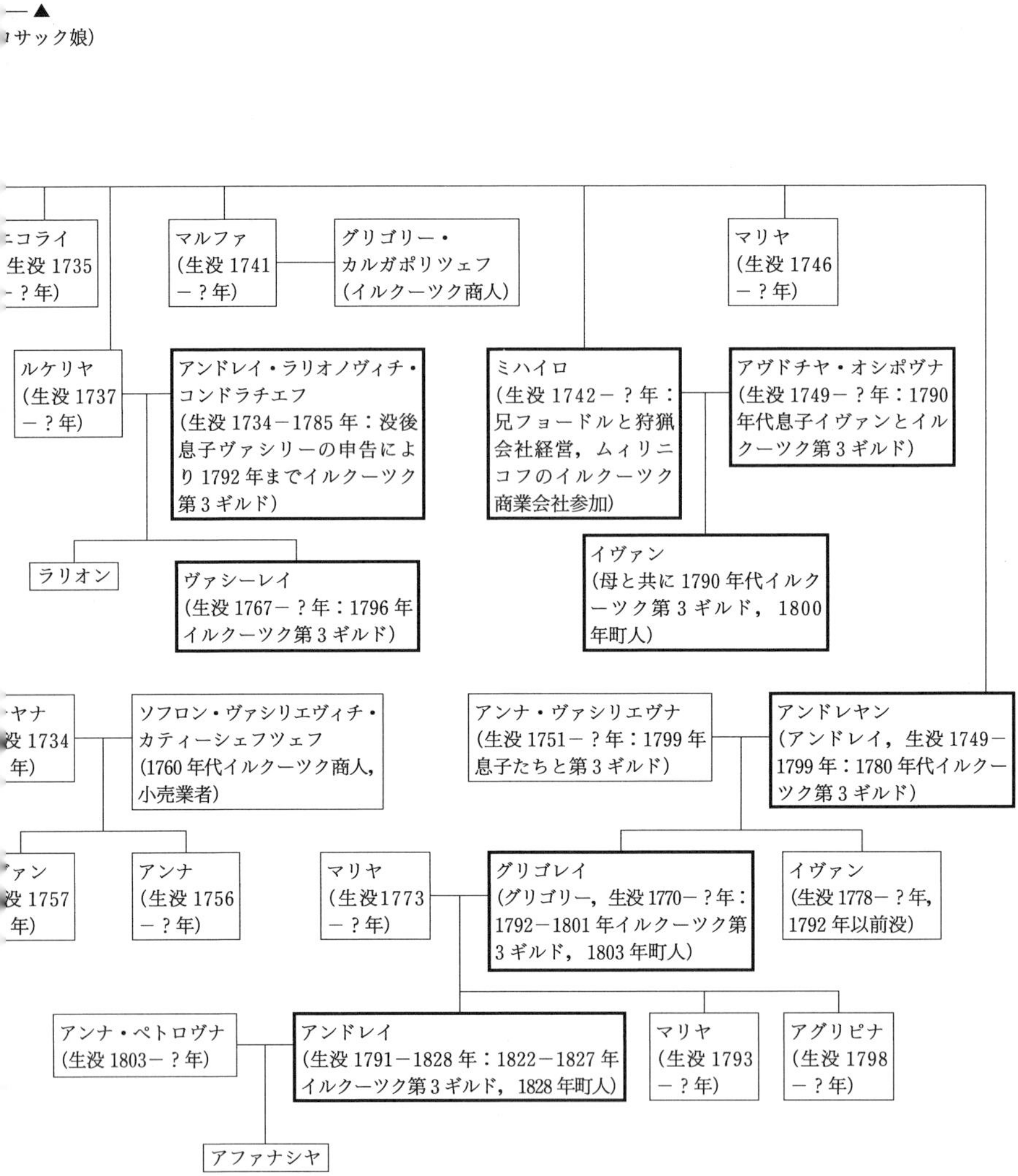

—▲
ｺサック娘)
ニコライ
生没 1735
-？年)
マルファ
(生没 1741
-？年)
グリゴリー・
カルガポリツェフ
(イルクーツク商人)
マリヤ
(生没 1746
-？年)
ルケリヤ
(生没 1737
-？年)
アンドレイ・ラリオノヴィチ・
コンドラチエフ
(生没 1734-1785 年：没後
息子ヴァシリーの申告によ
り 1792 年までイルクーツク
第 3 ギルド)
ミハイロ
(生没 1742-？年：
兄フョードルと狩猟
会社経営，ムィリニ
コフのイルクーツク
商業会社参加)
アヴドチヤ・オシポヴナ
(生没 1749-？年：1790
年代息子イヴァンとイル
クーツク第 3 ギルド)
ラリオン
ヴァシーレイ
(生没 1767-？年：1796 年
イルクーツク第 3 ギルド)
イヴァン
(母と共に 1790 年代イルク
ーツク第 3 ギルド，1800
年町人)
ヤナ
没 1734
年)
ソフロン・ヴァシリエヴィチ・
カティーシェフツェフ
(1760 年代イルクーツク商人，
小売業者)
アンナ・ヴァシリエヴナ
(生没 1751-？年：1799 年
息子たちと第 3 ギルド)
アンドレヤン
(アンドレイ，生没 1749-
1799 年：1780 年代イルクー
ツク第 3 ギルド)
ヴァン
没 1757
年)
アンナ
(生没 1756
-？年)
マリヤ
(生没1773
-？年)
グリゴレイ
(グリゴリー，生没 1770-？年：
1792-1801 年イルクーツク第
3 ギルド，1803 年町人)
イヴァン
(生没 1778-？年，
1792 年以前没)
アンナ・ペトロヴナ
(生没 1803-？年)
アンドレイ
(生没 1791-1828 年：1822-1827 年
イルクーツク第 3 ギルド，1828 年町人)
マリヤ
(生没 1793
-？年)
アグリピナ
(生没 1798
-？年)
アファナシヤ

ェリョフ家系図

1об.; Д. 2505. Л. 750об., 752об.
; Д. 54. Л. 11; Д. 70. Л. 3, 9; Д. 72. Л. 9, 12; Д. 300. Л. 14.

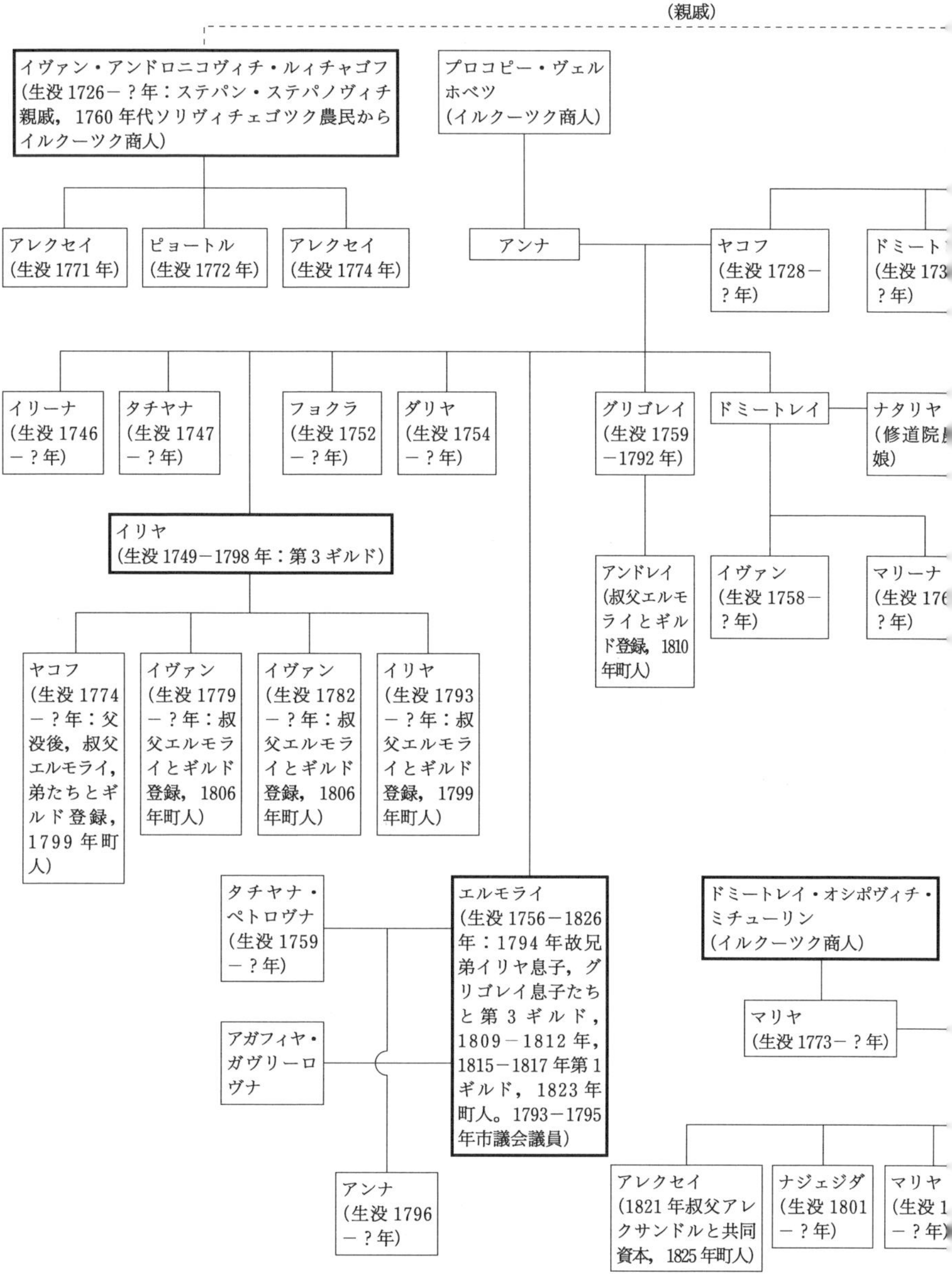
（親戚）
イヴァン・アンドロニコヴィチ・ルィチャゴフ（生没1726－？年：ステパン・ステパノヴィチ親戚，1760年代ソリヴィチェゴツク農民からイルクーツク商人）
プロコピー・ヴェルホベツ（イルクーツク商人）
アレクセイ（生没1771年）
ピョートル（生没1772年）
アレクセイ（生没1774年）
アンナ
ヤコフ（生没1728－？年）
ドミート（生没173
？年）
イリーナ（生没1746－？年）
タチヤナ（生没1747－？年）
フョクラ（生没1752－？年）
ダリヤ（生没1754－？年）
グリゴレイ（生没1759－1792年）
ドミートレイ
ナタリヤ（修道院
娘）
イリヤ（生没1749－1798年：第3ギルド）
アンドレイ（叔父エルモライとギルド登録，1810年町人）
イヴァン（生没1758－？年）
マリーナ（生没17
？年）
ヤコフ（生没1774－？年：父没後，叔父エルモライ，弟たちとギルド登録，1799年町人）
イヴァン（生没1779－？年：叔父エルモライとギルド登録，1806年町人）
イヴァン（生没1782－？年：叔父エルモライとギルド登録，1806年町人）
イリヤ（生没1793－？年：叔父エルモライとギルド登録，1799年町人）
タチヤナ・ペトロヴナ（生没1759－？年）
エルモライ（生没1756－1826年：1794年故兄弟イリヤ息子，グリゴレイ息子たちと第3ギルド，1809－1812年，1815－1817年第1ギルド，1823年町人。1793－1795年市議会議員）
ドミートレイ・オシポヴィチ・ミチューリン（イルクーツク商人）
アガフィヤ・ガヴリーロヴナ
マリヤ（生没1773－？年）
アンナ（生没1796－？年）
アレクセイ（1821年叔父アレクサンドルと共同資本，1825年町人）
ナジェジダ（生没1801－？年）
マリヤ（生没1
－？年）

巻末添付図

出典：ГАИО. Ф. 70. Оп. 1. Д. 44. Л. 110; Д. 45. Л. 56; Д. 46. Л. 35об., 36; Д. 1866. Л. 2об., 131об.; Д. 2
ГАИО. Ф. 308. Оп. 1. Д. 12. Л. 6, 7; Д. 18. Л. 4; Д. 21. Л. 5; Д. 33. Л. 3, 5, 8; Д. 41. Л. 4, 7; Д.
103. Л. 7; Д. 111. Л. 2; Д. 112. Л. 1, 8; Д. 129. Л. 2; Д. 148. Л. 2, 4; Д. 185. Л. 2, 8; Д. 199. Л
Краткая энциклопедия по истории купечества и коммерции Сибири. Т. 2. Кн. 2. С. 48-50.

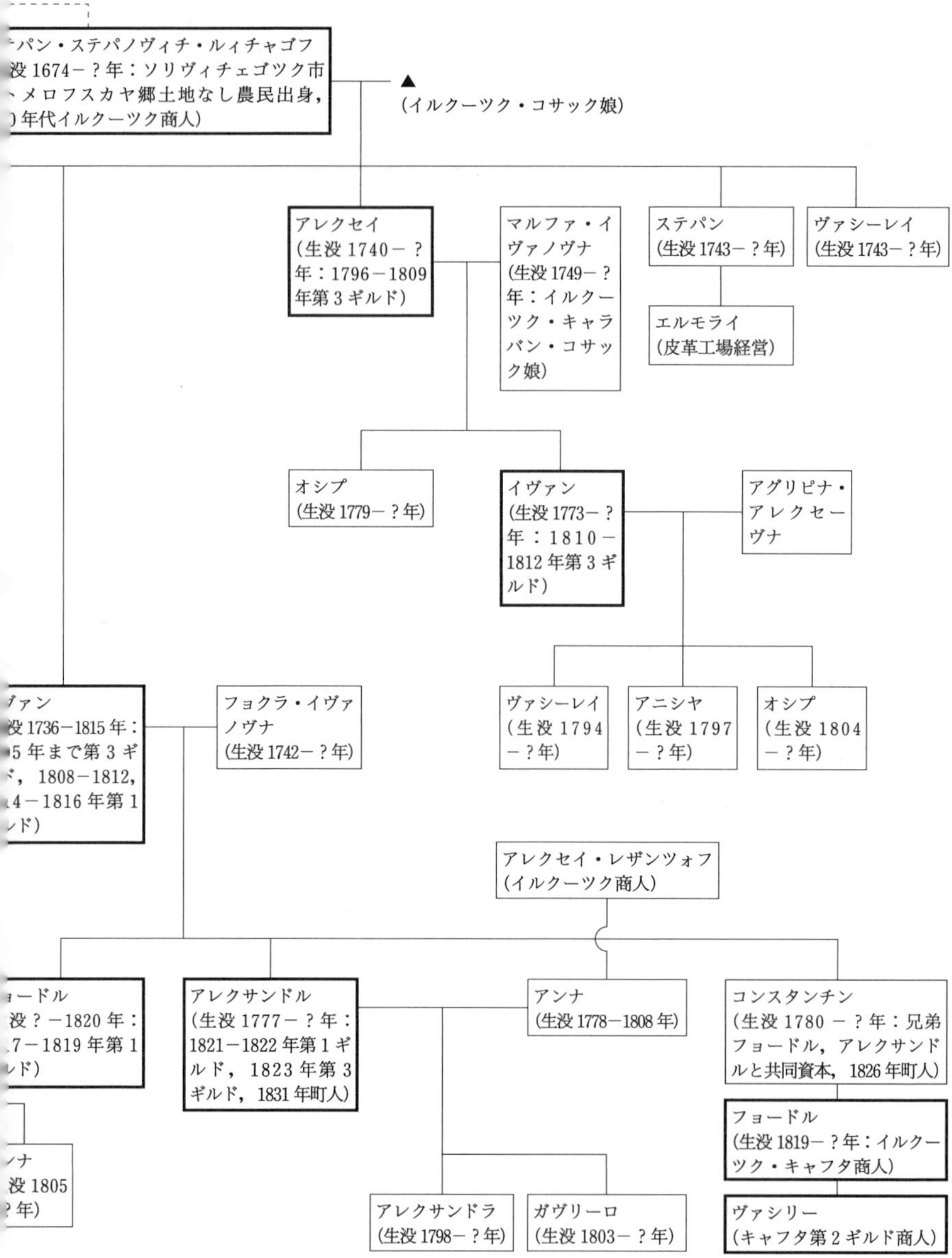
ェパン・ステパノヴィチ・ルィチャゴフ
役 1674－？年：ソリヴィチェゴツク市
・メロフスカヤ郷土地なし農民出身，
) 年代イルクーツク商人）
▲
（イルクーツク・コサック娘）
アレクセイ
（生没 1740－？年：1796－1809 年第 3 ギルド）
マルファ・イヴァノヴナ
（生没 1749－？年：イルクーツク・キャラバン・コサック娘）
ステパン
（生没 1743－？年）
ヴァシーレイ
（生没 1743－？年）
エルモライ
（皮革工場経営）
オシプ
（生没 1779－？年）
イヴァン
（生没 1773－？年：1810－1812 年第 3 ギルド）
アグリピナ・アレクセーヴナ
ヴァシーレイ
（生没 1794－？年）
アニシヤ
（生没 1797－？年）
オシプ
（生没 1804－？年）
ヴァン
役 1736－1815 年：
5 年まで第 3 ギ
゛，1808－1812，
4－1816 年第 1
ルド）
フョクラ・イヴァノヴナ
（生没 1742－？年）
アレクセイ・レザンツォフ
（イルクーツク商人）
ョードル
役？－1820 年：
7－1819 年第 1
ルド）
アレクサンドル
（生没 1777－？年：1821－1822 年第 1 ギルド，1823 年第 3 ギルド，1831 年町人）
アンナ
（生没 1778－1808 年）
コンスタンチン
（生没 1780 －？年：兄弟フョードル，アレクサンドルと共同資本，1826 年町人）
フョードル
（生没 1819－？年：イルクーツク・キャフタ商人）
ヴァシリー
（キャフタ第 2 ギルド商人）
ンナ
役 1805
? 年）
アレクサンドラ
（生没 1798－？年）
ガヴリーロ
（生没 1803－？年）

ィチャゴフ家系図

2об., 7; Д. 2310. Л. 4об., 263; Д. 2505. Л. 748.
3, 7, 9; Д. 70. Л. 2, 6, 11; Д. 72. Л. 2, 3, 12; Д. 80. Л. 3, 4, 15; Д. 86. Л. 2, 3, 12; Д. 97. Л. 2, 11; Д.
219. Л. 6.

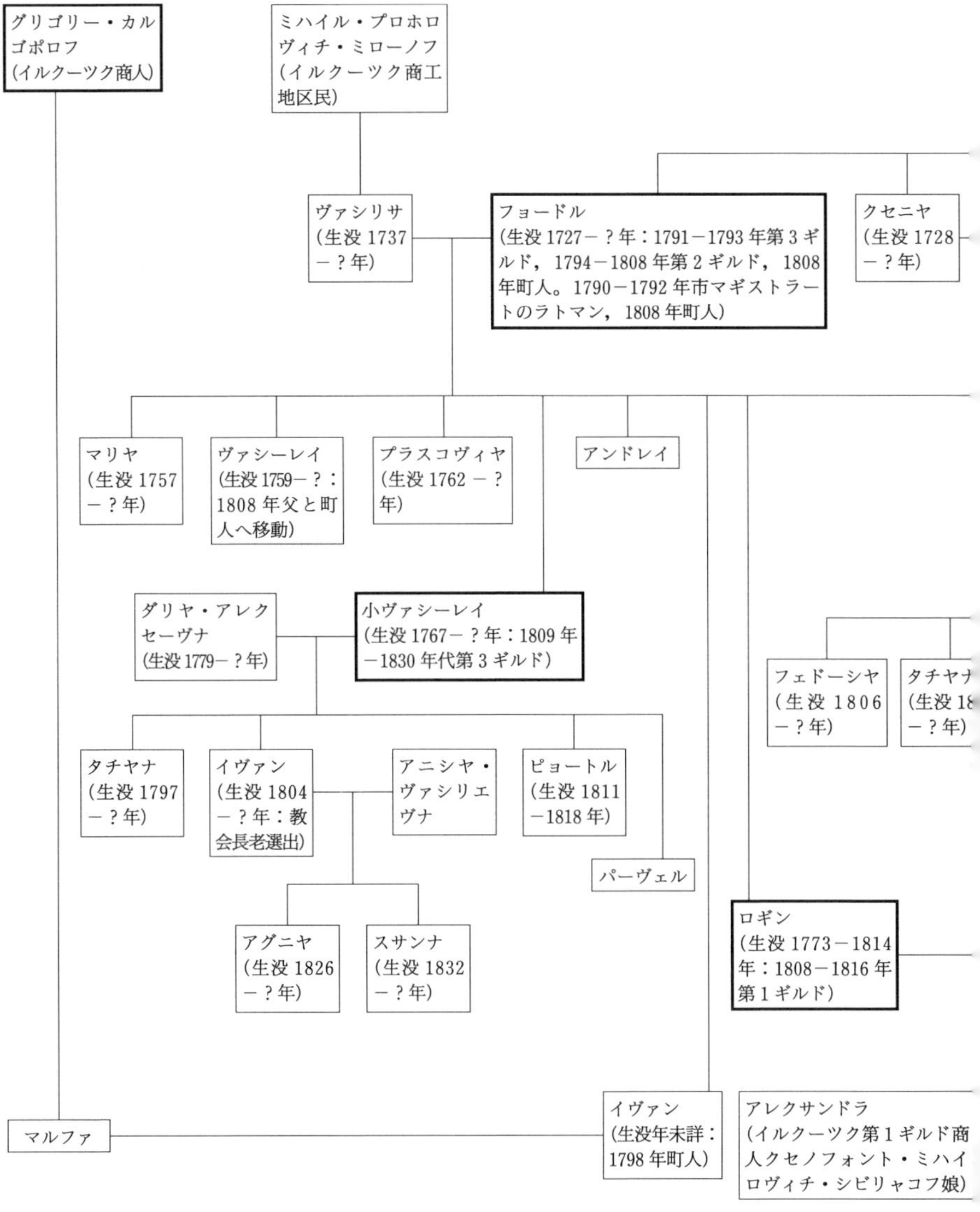
グリゴリー・カルゴポロフ（イルクーツク商人）
ミハイル・プロホロヴィチ・ミローノフ（イルクーツク商工地区民）
ヴァシリサ（生没 1737－？年）
フョードル（生没 1727－？年：1791－1793 年第 3 ギルド，1794－1808 年第 2 ギルド，1808 年町人。1790－1792 年市マギストラートのラトマン，1808 年町人）
クセニヤ（生没 1728－？年）
マリヤ（生没 1757－？年）
ヴァシーレイ（生没 1759－？：1808 年父と町人へ移動）
プラスコヴィヤ（生没 1762 －？年）
アンドレイ
ダリヤ・アレクセーヴナ（生没 1779－？年）
小ヴァシーレイ（生没 1767－？年：1809 年－1830 年代第 3 ギルド）
フェドーシヤ（生没 1806－？年）
タチヤナ（生没 18
タチヤナ（生没 1797－？年）
イヴァン（生没 1804－？年：教会長老選出）
アニシヤ・ヴァシリエヴナ
ピョートル（生没 1811－1818 年）
パーヴェル
アグニヤ（生没 1826－？年）
スサンナ（生没 1832－？年）
ロギン（生没 1773－1814 年：1808－1816 年第 1 ギルド）
マルファ
イヴァン（生没年未詳：1798 年町人）
アレクサンドラ（イルクーツク第 1 ギルド商人クセノフォント・ミハイロヴィチ・シビリャコフ娘）

巻末添付図 1-10 メ

出典：ГАИО. Ф. 70. Оп. 1. Д. 44. Л. 109об., 107; Д. 45. Л. 55об., 53; Д. 46. Л. 36; Д. 1866. Л. 2, 5, 1
ГАИО. Ф. 308. Оп. 1. Д. 12. Л. 4; Д. 18. Л. 2; Д. 21. Л. 2; Д. 33. Л. 2; Д. 41. Л. 1; Д. 54. Л. 1;
6; Д. 112. Л. 1, 5; Д. 129. Л. 1, 5; Д. 148. Л. 1, 5; Д. 185. Л. 2, 4; Д. 199. Л. 2, 6; Д. 129. Л. 1
Краткая энциклопедия по истории купечества и коммерции Сибири. Т. 2. Кн. 2. С. 94-97.

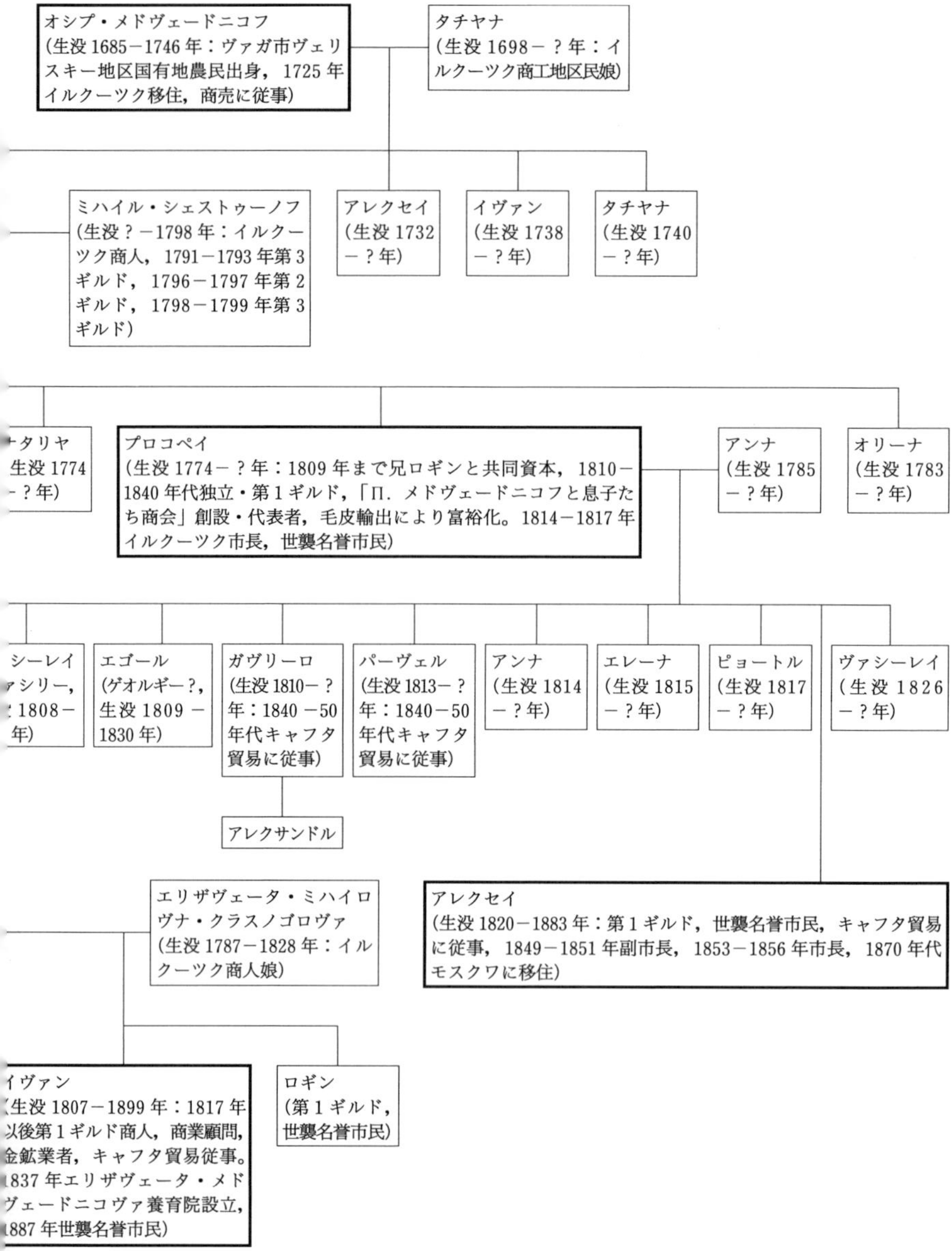
オシプ・メドヴェードニコフ
(生没1685−1746年：ヴァガ市ヴェリスキー地区国有地農民出身，1725年イルクーツク移住，商売に従事)
タチヤナ
(生没1698−？年：イルクーツク商工地区民娘)
ミハイル・シェストゥーノフ
(生没？−1798年：イルクーツク商人，1791−1793年第3ギルド，1796−1797年第2ギルド，1798−1799年第3ギルド)
アレクセイ
(生没1732−？年)
イヴァン
(生没1738−？年)
タチヤナ
(生没1740−？年)
タリヤ
生没1774
−？年)
プロコペイ
(生没1774−？年：1809年まで兄ロギンと共同資本，1810−1840年代独立・第1ギルド，「П. メドヴェードニコフと息子たち商会」創設・代表者，毛皮輸出により富裕化。1814−1817年イルクーツク市長，世襲名誉市民)
アンナ
(生没1785−？年)
オリーナ
(生没1783−？年)
シーレイ
ァシリー，
1808−
年)
エゴール
(ゲオルギー？，生没1809−1830年)
ガヴリーロ
(生没1810−？年：1840−50年代キャフタ貿易に従事)
パーヴェル
(生没1813−？年：1840−50年代キャフタ貿易に従事)
アンナ
(生没1814−？年)
エレーナ
(生没1815−？年)
ピョートル
(生没1817−？年)
ヴァシーレイ
(生没1826−？年)
アレクサンドル
エリザヴェータ・ミハイロヴナ・クラスノゴロヴァ
(生没1787−1828年：イルクーツク商人娘)
アレクセイ
(生没1820−1883年：第1ギルド，世襲名誉市民，キャフタ貿易に従事，1849−1851年副市長，1853−1856年市長，1870年代モスクワに移住)
イヴァン
生没1807−1899年：1817年以後第1ギルド商人，商業顧問，金鉱業者，キャフタ貿易従事。1837年エリザヴェータ・メドヴェードニコヴァ養育院設立，1887年世襲名誉市民)
ロギン
(第1ギルド，世襲名誉市民)

ードニコフ家系図

Д. 2062. Л. 1, 5; Д. 2310. Л. 1об., 3об., 258-об., 261; Д. 2505. Л. 744, 745, 747.
Л. 2; Д. 72. Л. 3, 13; Д. 80. Л. 4, 14; Д. 86. Л. 2, 11; Д. 97. Л. 2, 10; Д. 103. Л. 1, 5; Д. 111. Л. 1,
19. Л. 2, 6; Д. 300. Л. 16, 17, 33; Д. 310. Л. 1-об., 3, 28-об., 32.

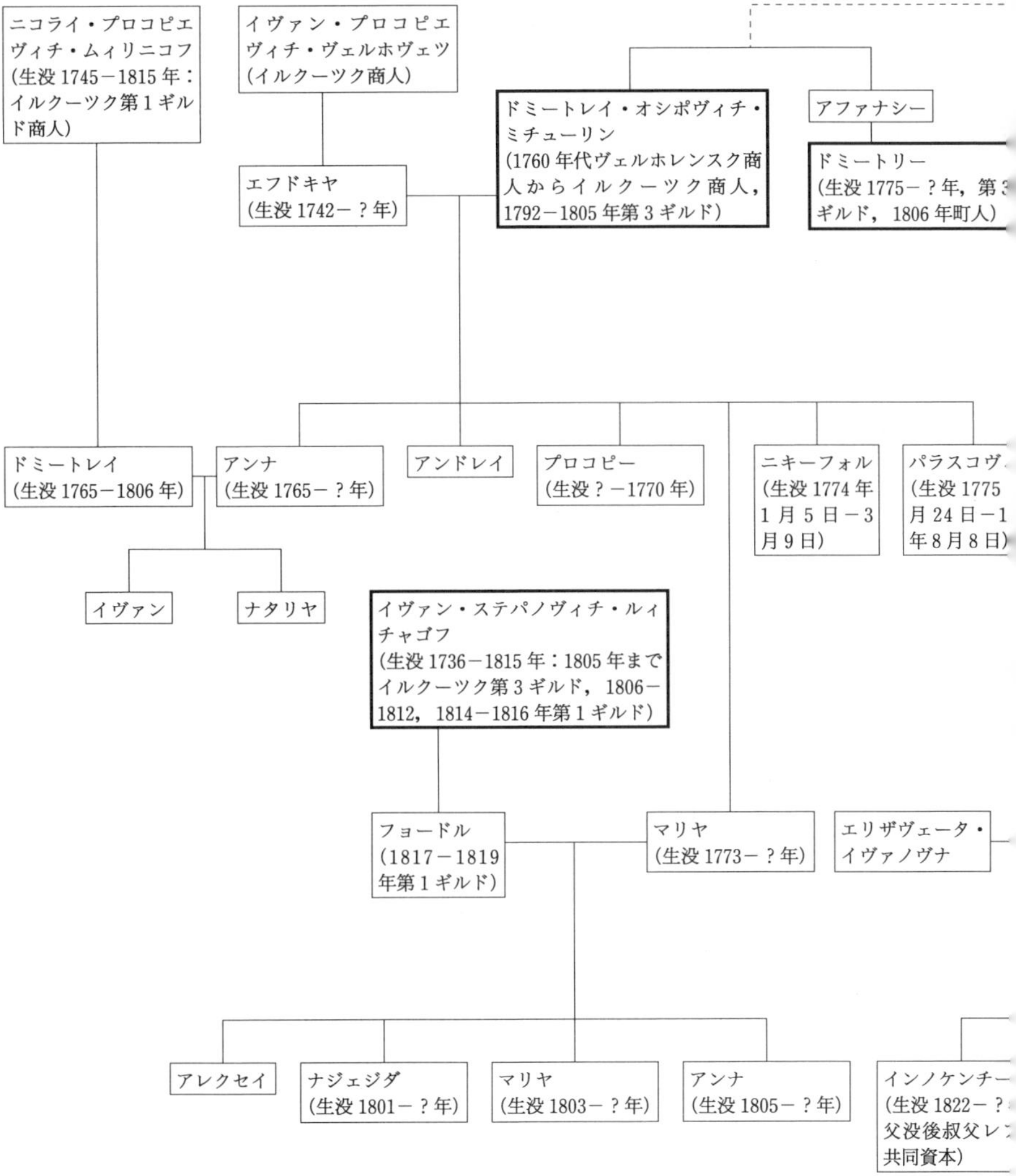
ニコライ・プロコピエヴィチ・ムィリニコフ（生没 1745−1815 年：イルクーツク第 1 ギルド商人）
イヴァン・プロコピエヴィチ・ヴェルホヴェツ（イルクーツク商人）
ドミートレイ・オシポヴィチ・ミチューリン（1760 年代ヴェルホレンスク商人からイルクーツク商人，1792−1805 年第 3 ギルド）
アファナシー
ドミートリー（生没 1775−？年，第
ギルド，1806 年町人）
エフドキヤ（生没 1742−？年）
ドミートレイ（生没 1765−1806 年）
アンナ（生没 1765−？年）
アンドレイ
プロコピー（生没？−1770 年）
ニキーフォル（生没 1774 年 1 月 5 日−3 月 9 日）
パラスコヴ
（生没 1775
月 24 日−1
年 8 月 8 日）
イヴァン
ナタリヤ
イヴァン・ステパノヴィチ・ルィチャゴフ（生没 1736−1815 年：1805 年までイルクーツク第 3 ギルド，1806−1812，1814−1816 年第 1 ギルド）
フョードル（1817−1819 年第 1 ギルド）
マリヤ（生没 1773−？年）
エリザヴェータ・イヴァノヴナ
アレクセイ
ナジェジダ（生没 1801−？年）
マリヤ（生没 1803−？年）
アンナ（生没 1805−？年）
インノケンチー
（生没 1822−？
父没後叔父レ
共同資本）

巻末添付図 1

出典：ГАИО. Ф. 70. Оп. 1. Д. 44. Л. 106; Д. 45. Л. 52, 58об.; Д. 46. Л. 32об., 37об.; Д. 1866. Л. 5, 133-
ГАИО. Ф. 308. Оп. 1. Д. 12. Л. 2, 5; Д. 18. Л. 1, 8; Д. 21. Л. 2, 4; Д. 33. Л. 1, 8; Д. 41. Л. 4, 8
5; Д. 129. Л. 5; Д. 148. Л. 5, 9; Д. 185. Л. 5, 6; Д. 199. Л. 4, 5; Д. 219. Л. 4, 5; Д. 300. Л. 16; Д.
Краткая энциклопедия по истории купечества и коммерции Сибири. Т. 2. Кн. 2. С. 124-12

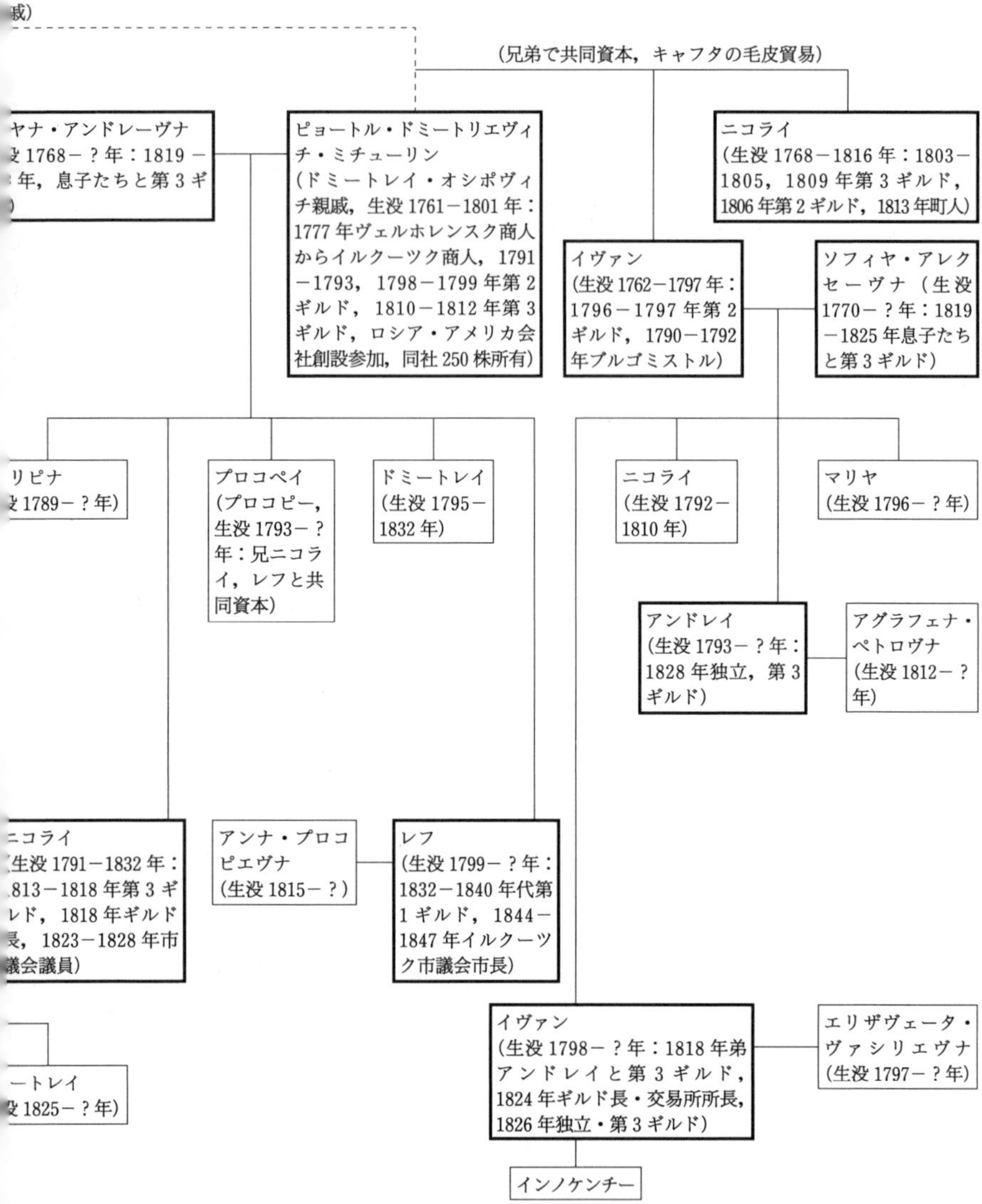
戚)
(兄弟で共同資本，キャフタの毛皮貿易)
ヤナ・アンドレーヴナ
殳 1768－？年：1819－
年，息子たちと第 3 ギ
)
ピョートル・ドミートリエヴィチ・ミチューリン
(ドミートレイ・オシポヴィチ親戚，生没 1761－1801 年：1777 年ヴェルホレンスク商人からイルクーツク商人，1791－1793，1798－1799 年第 2 ギルド，1810－1812 年第 3 ギルド，ロシア・アメリカ会社創設参加，同社 250 株所有)
ニコライ
(生没 1768－1816 年：1803－1805，1809 年第 3 ギルド，1806 年第 2 ギルド，1813 年町人)
イヴァン
(生没 1762－1797 年：1796－1797 年第 2 ギルド，1790－1792 年ブルゴミストル)
ソフィヤ・アレクセーヴナ (生没 1770－？年：1819－1825 年息子たちと第 3 ギルド)
リピナ
殳 1789－？年)
プロコペイ
(プロコピー，生没 1793－？年：兄ニコライ，レフと共同資本)
ドミートレイ
(生没 1795－1832 年)
ニコライ
(生没 1792－1810 年)
マリヤ
(生没 1796－？年)
アンドレイ
(生没 1793－？年：1828 年独立，第 3 ギルド)
アグラフェナ・ペトロヴナ
(生没 1812－？年)
ニコライ
生没 1791－1832 年：
813－1818 年第 3 ギ
ルド，1818 年ギルド
長，1823－1828 年市
議会議員)
アンナ・プロコピエヴナ
(生没 1815－？)
レフ
(生没 1799－？年：1832－1840 年代第 1 ギルド，1844－1847 年イルクーツク市議会市長)
ートレイ
殳 1825－？年)
イヴァン
(生没 1798－？年：1818 年弟アンドレイと第 3 ギルド，1824 年ギルド長・交易所所長，1826 年独立・第 3 ギルド)
エリザヴェータ・ヴァシリエヴナ
(生没 1797－？年)
インノケンチー

チューリン家系図

062. Л. 7об., 8об.; Д. 2310. Л. 3, 6об., 260об., 263; Д. 2505. Л. 748, 751об.
Л. 3, 4; Д. 72. Л. 13; Д. 80. Л. 14; Д. 86. Л. 11; Д. 97. Л. 10; Д. 103. Л. 5; Д. 111. Л. 6; Д. 112. Л.
об.; Д. 312. Л. 33об.

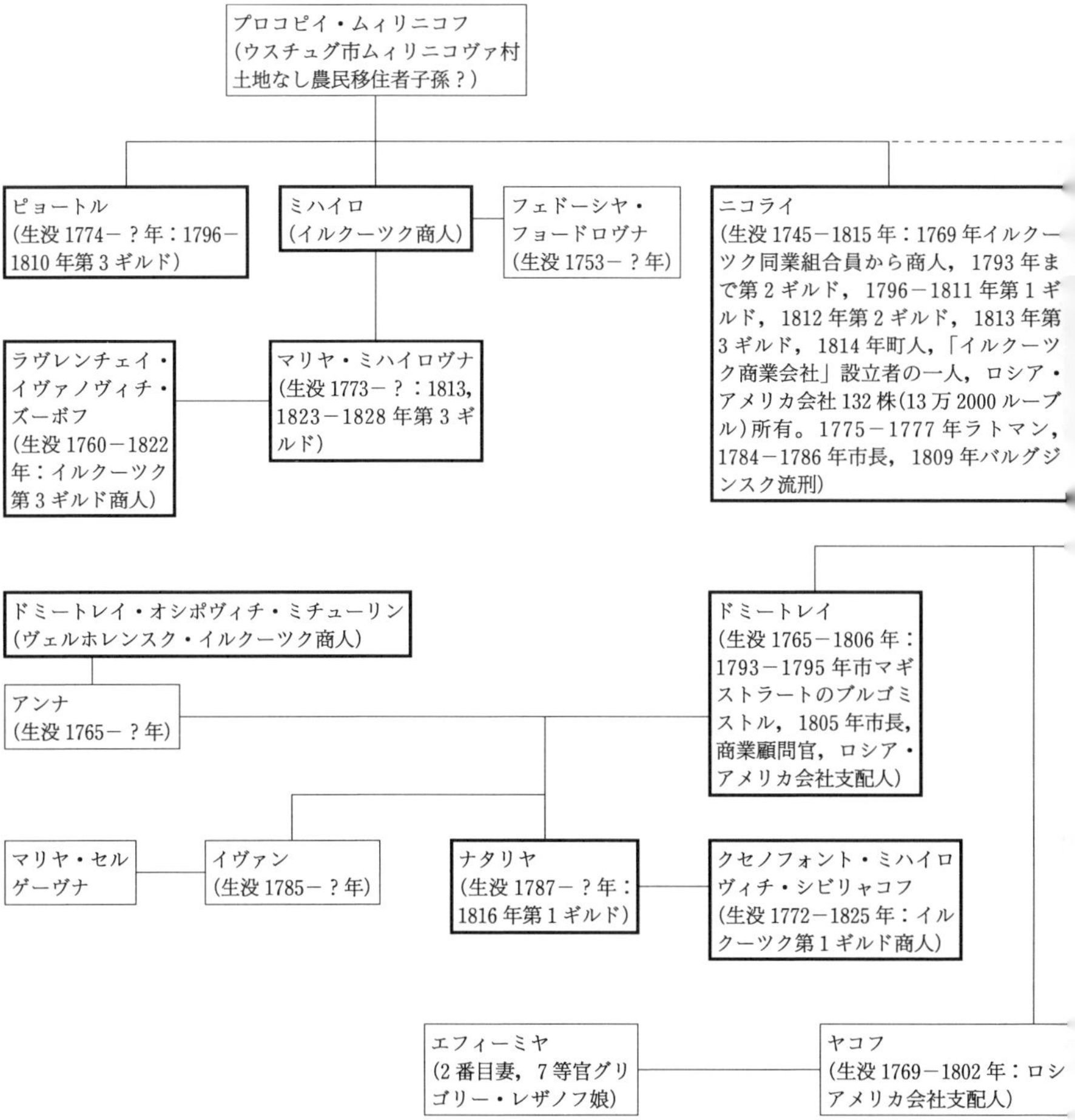
プロコピイ・ムィリニコフ
（ウスチュグ市ムィリニコヴァ村
土地なし農民移住者子孫？）
ピョートル
（生没 1774－？年：1796－
1810 年第 3 ギルド）
ミハイロ
（イルクーツク商人）
フェドーシヤ・
フョードロヴナ
（生没 1753－？年）
ニコライ
（生没 1745－1815 年：1769 年イルクー
ツク同業組合員から商人，1793 年ま
で第 2 ギルド，1796－1811 年第 1 ギ
ルド，1812 年第 2 ギルド，1813 年第
3 ギルド，1814 年町人，「イルクーツ
ク商業会社」設立者の一人，ロシア・
アメリカ会社 132 株(13 万 2000 ループ
ル)所有。1775－1777 年ラトマン，
1784－1786 年市長，1809 年バルグジ
ンスク流刑)
ラヴレンチェイ・
イヴァノヴィチ・
ズーボフ
（生没 1760－1822
年：イルクーツク
第 3 ギルド商人）
マリヤ・ミハイロヴナ
（生没 1773－？：1813,
1823－1828 年第 3 ギ
ルド）
ドミートレイ・オシポヴィチ・ミチューリン
（ヴェルホレンスク・イルクーツク商人）
アンナ
（生没 1765－？年）
ドミートレイ
（生没 1765－1806 年：
1793－1795 年市マギ
ストラートのブルゴミ
ストル，1805 年市長，
商業顧問官，ロシア・
アメリカ会社支配人）
マリヤ・セル
ゲーヴナ
イヴァン
（生没 1785－？年）
ナタリヤ
（生没 1787－？年：
1816 年第 1 ギルド）
クセノフォント・ミハイロ
ヴィチ・シビリャコフ
（生没 1772－1825 年：イル
クーツク第 1 ギルド商人）
エフィーミヤ
（2 番目妻，7 等官グリ
ゴリー・レザノフ娘）
ヤコフ
（生没 1769－1802 年：ロシ
アメリカ会社支配人）

巻末添付図 1

出典：ГАИО. Ф. 70. Оп. 1. Д. 44. Л. 105об.; Д. 45. Л. 51об.; Д. 46. Л. 32; Д. 2310. Л. 262; Д. 2505. Л. 74
ГАИО. Ф. 308. Оп. 1. Д. 12. Л. 1, 9; Д. 18. Л. 1, 7; Д. 21. Л. 1, 6; Д. 33. Л. 1, 5; Д. 41. Л. 1, 4
Л. 10; Д. 129. Л. 9; Д. 300. Л. 16; Д. 310. Л. 3об., 7; Д. 312. Л. 32об., 36об.
Краткая энциклопедия по истории купечества и коммерции Сибири. Т. 2. Кн. 2. С. 153-1

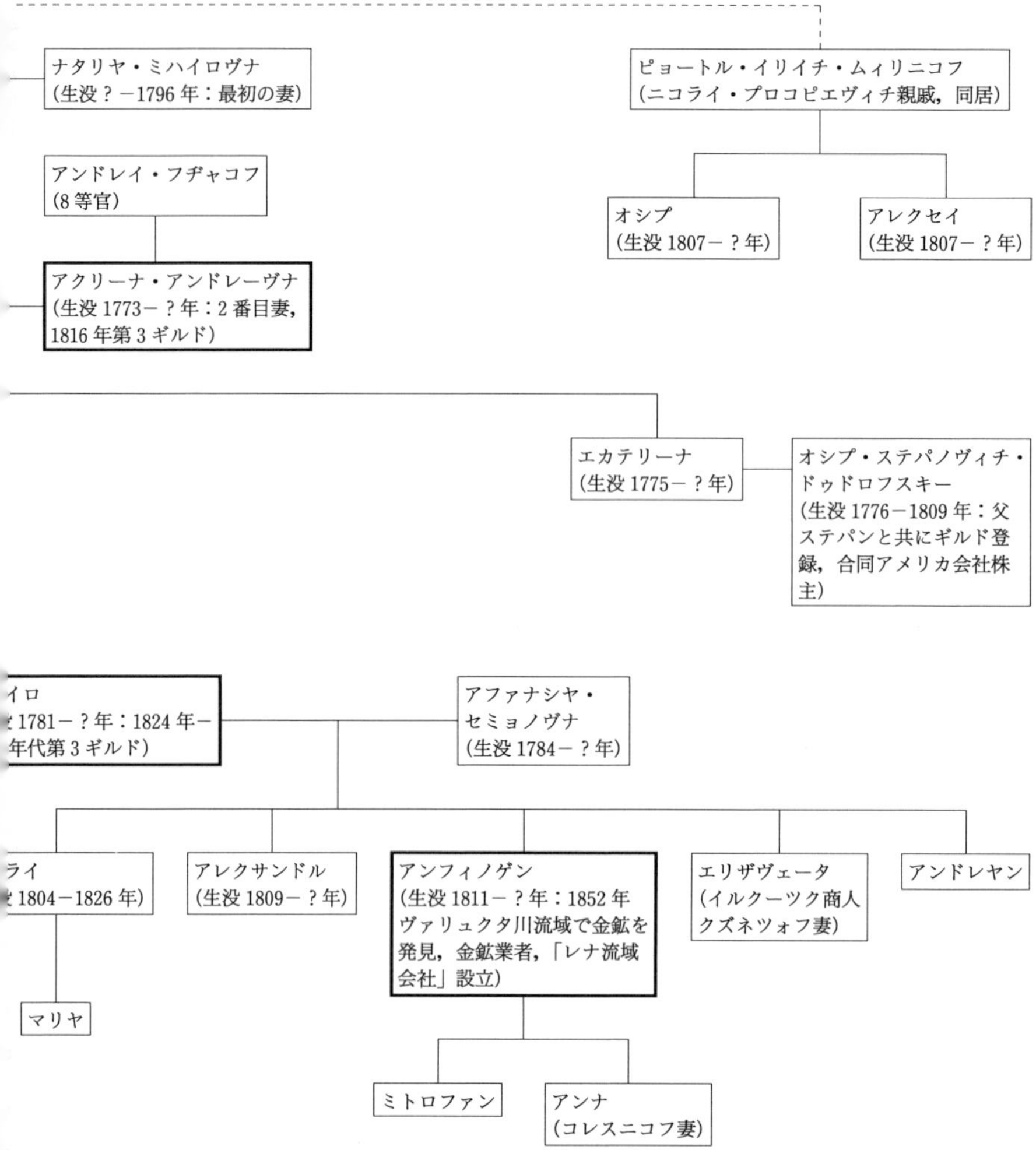
ナタリヤ・ミハイロヴナ
(生没？－1796年：最初の妻)
アンドレイ・フヂャコフ
(8等官)
アクリーナ・アンドレーヴナ
(生没1773－？年：2番目妻，
1816年第3ギルド)
ピョートル・イリイチ・ムィリニコフ
(ニコライ・プロコピエヴィチ親戚，同居)
オシプ
(生没1807－？年)
アレクセイ
(生没1807－？年)
エカテリーナ
(生没1775－？年)
オシプ・ステパノヴィチ・
ドゥドロフスキー
(生没1776－1809年：父
ステパンと共にギルド登
録，合同アメリカ会社株
主)
イロ
1781－？年：1824年－
年代第3ギルド)
アファナシヤ・
セミョノヴナ
(生没1784－？年)
ライ
1804－1826年)
アレクサンドル
(生没1809－？年)
アンフィノゲン
(生没1811－？年：1852年
ヴァリュクタ川流域で金鉱を
発見，金鉱業者，「レナ流域
会社」設立)
エリザヴェータ
(イルクーツク商人
クズネツォフ妻)
アンドレヤン
マリヤ
ミトロファン
アンナ
(コレスニコフ妻)

リニコフ家系図

. 1, 9; Д. 70. Л. 1, 11; Д. 72. Л. 1, 12; Д. 80. Л. 2, 14; Д. 86. Л. 1; Д. 97. Л. 4; Д. 103. Л. 8; Д. 112.

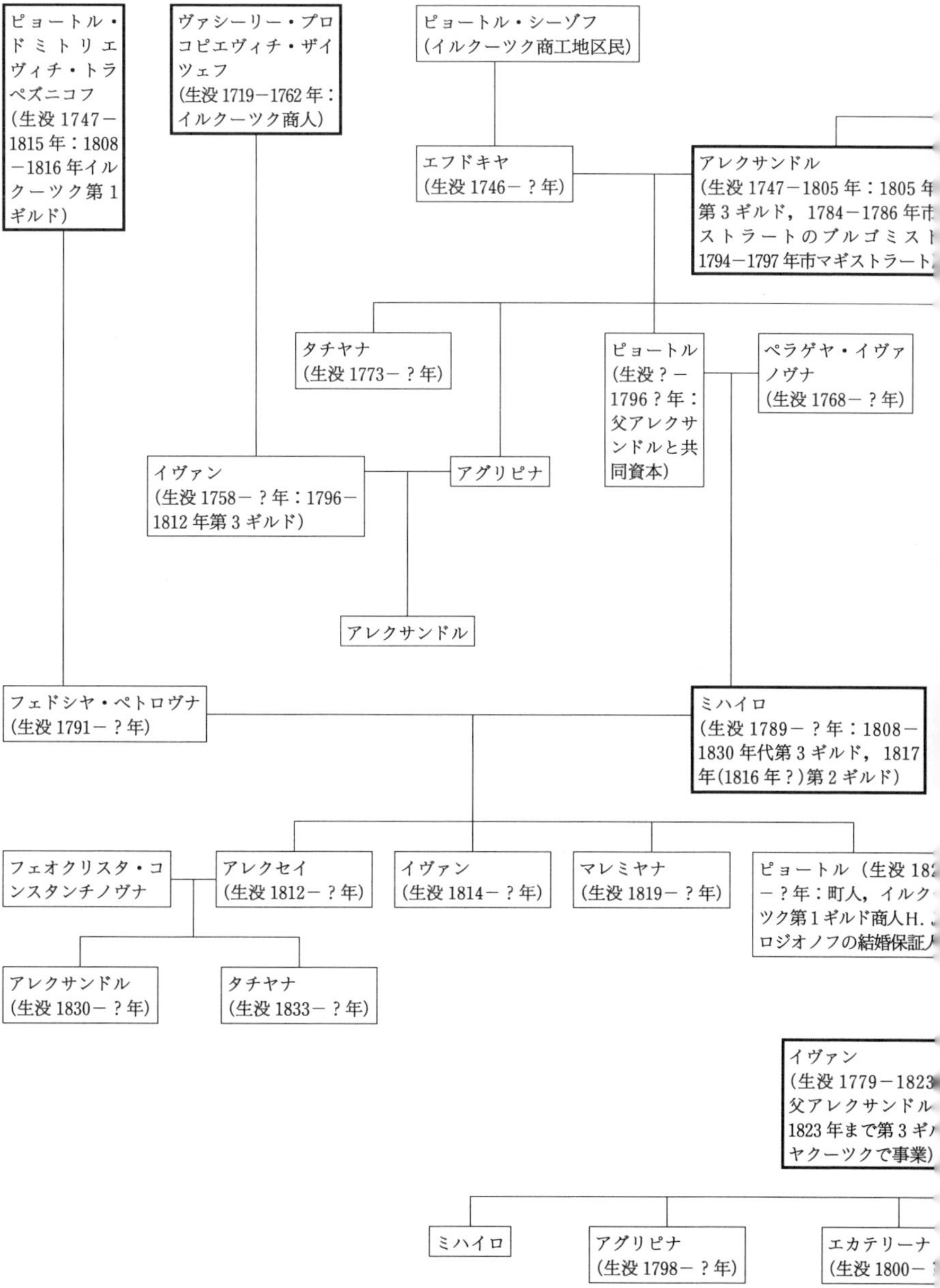
ピョートル・ドミトリエヴィチ・トラペズニコフ(生没 1747－1815 年：1808－1816 年イルクーツク第 1 ギルド)
ヴァシーリー・プロコピエヴィチ・ザイツェフ(生没 1719－1762 年：イルクーツク商人)
ピョートル・シーゾフ(イルクーツク商工地区民)
エフドキヤ(生没 1746－？年)
アレクサンドル(生没 1747－1805 年：1805 年
第 3 ギルド，1784－1786 年市
ストラートのブルゴミスト
1794－1797 年市マギストラート
タチヤナ(生没 1773－？年)
ピョートル(生没？－1796？年：父アレクサンドルと共同資本)
ペラゲヤ・イヴァノヴナ(生没 1768－？年)
イヴァン(生没 1758－？年：1796－1812 年第 3 ギルド)
アグリピナ
アレクサンドル
フェドシヤ・ペトロヴナ(生没 1791－？年)
ミハイロ(生没 1789－？年：1808－1830 年代第 3 ギルド，1817 年(1816 年？)第 2 ギルド)
フェオクリスタ・コンスタンチノヴナ
アレクセイ(生没 1812－？年)
イヴァン(生没 1814－？年)
マレミヤナ(生没 1819－？年)
ピョートル（生没 18
－？年：町人，イルク
ツク第 1 ギルド商人H.
ロジオノフの結婚保証人
アレクサンドル(生没 1830－？年)
タチヤナ(生没 1833－？年)
イヴァン
(生没 1779－1823
父アレクサンドル
1823 年まで第 3 ギ
ヤクーツクで事業)
ミハイロ
アグリピナ(生没 1798－？年)
エカテリーナ
(生没 1800－

巻末添付図

出典：ГАИО. Ф. 70. Оп. 1. Д. 44. Л. 106об., 107об.; Д. 45. Л. 52об.; Д. 46. Л. 33об., 38; Д. 1866. Л.
ГАИО. Ф. 308. Оп. 1. Д. 12. Л. 6, 9; Д. 18. Л. 3, 7; Д. 21. Л. 3, 6; Д. 33. Л. 4, 7; Д. 41. Л. 4, 1
Л. 3, 6; Д. 111. Л. 5, 8, 9; Д. 112. Л. 5, 7; Д. 129. Л. 4, 7; Д. 148. Л. 4, 7, 8; Д. 185. Л. 7, 8,
Краткая энциклопедия по истории купечества и коммерции Сибири. Т. 3. Кн. 2. С. 77-78

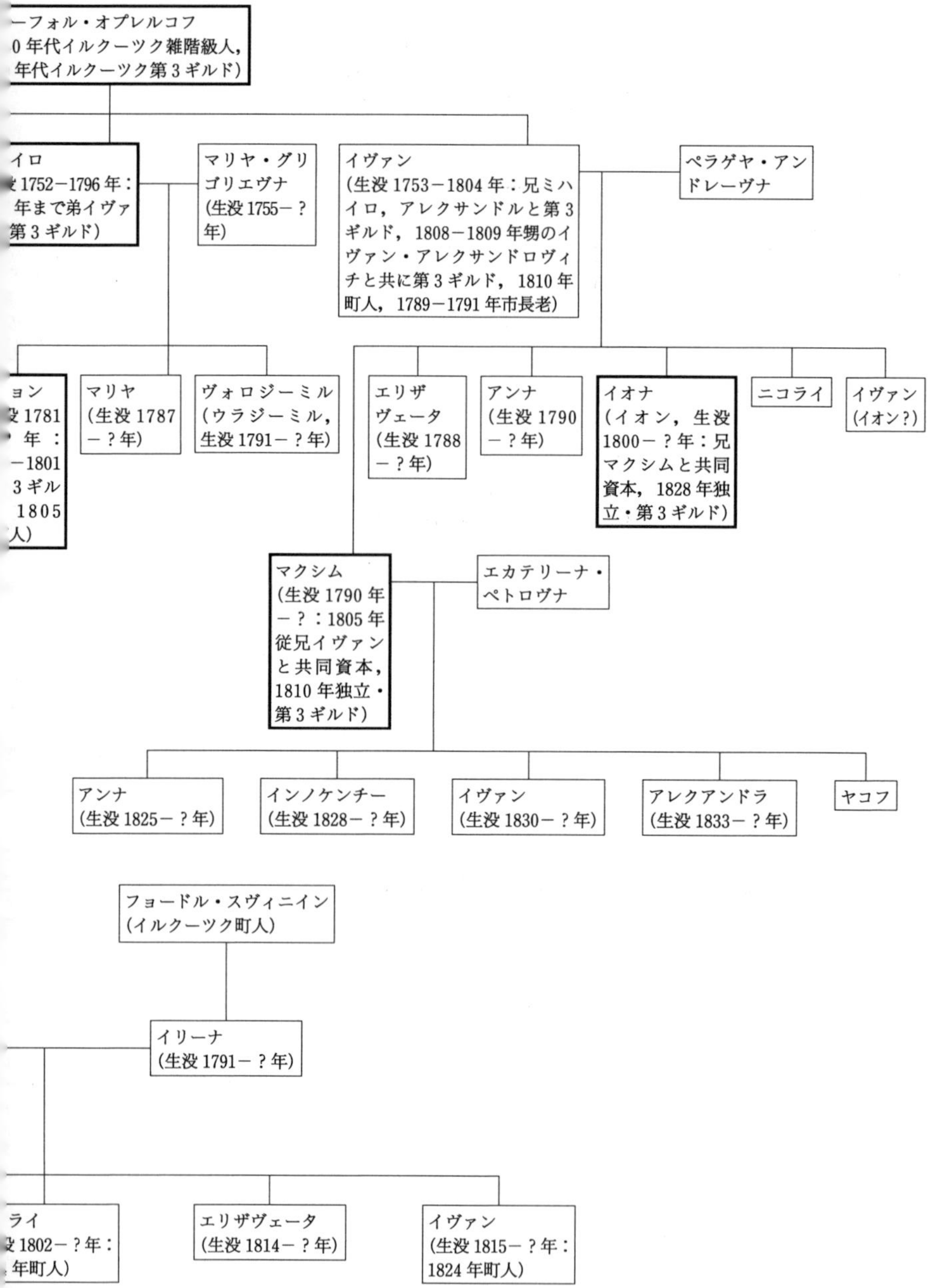

ーフォル・オプレルコフ
0年代イルクーツク雑階級人，
年代イルクーツク第3ギルド）
イロ
没1752−1796年：
年まで弟イヴァ
第3ギルド）
マリヤ・グリゴリエヴナ
（生没1755−？年）
イヴァン
（生没1753−1804年：兄ミハイロ，アレクサンドルと第3ギルド，1808−1809年甥のイヴァン・アレクサンドロヴィチと共に第3ギルド，1810年町人，1789−1791年市長老）
ペラゲヤ・アンドレーヴナ
ョン
没1781
年：
−1801
3ギル
1805
人）
マリヤ
（生没1787−？年）
ヴォロジーミル
（ウラジーミル，生没1791−？年）
エリザヴェータ
（生没1788−？年）
アンナ
（生没1790−？年）
イオナ
（イオン，生没1800−？年：兄マクシムと共同資本，1828年独立・第3ギルド）
ニコライ
イヴァン
（イオン？）
マクシム
（生没1790年−？：1805年従兄イヴァンと共同資本，1810年独立・第3ギルド）
エカテリーナ・ペトロヴナ
アンナ
（生没1825−？年）
インノケンチー
（生没1828−？年）
イヴァン
（生没1830−？年）
アレクアンドラ
（生没1833−？年）
ヤコフ
フョードル・スヴィニイン
（イルクーツク町人）
イリーナ
（生没1791−？年）
ライ
没1802−？年：
年町人）
エリザヴェータ
（生没1814−？年）
イヴァン
（生没1815−？年：
1824年町人）

ﾟレルコフ家系図

7, 134-об.; Д. 2062. Л. 5об., 6, 8; Д. 2310. Л. 4, 5об., 260; Д. 2505. Л. 750об., 751об.
І. 4, 13; Д. 70. Л. 4, 6; Д. 72. Л. 5, 7; Д. 80. Л. 6, 15; Д. 86. Л. 5, 7, 11; Д. 97. Л. 5, 7, 11; Д. 103.
Л. 6, 7, 8; Д. 219. Л. 3, 4; Д. 300. Л. 18; Д. 310. Л. 2об., 3, 4; Д. 312. Л. 31-об., 33.

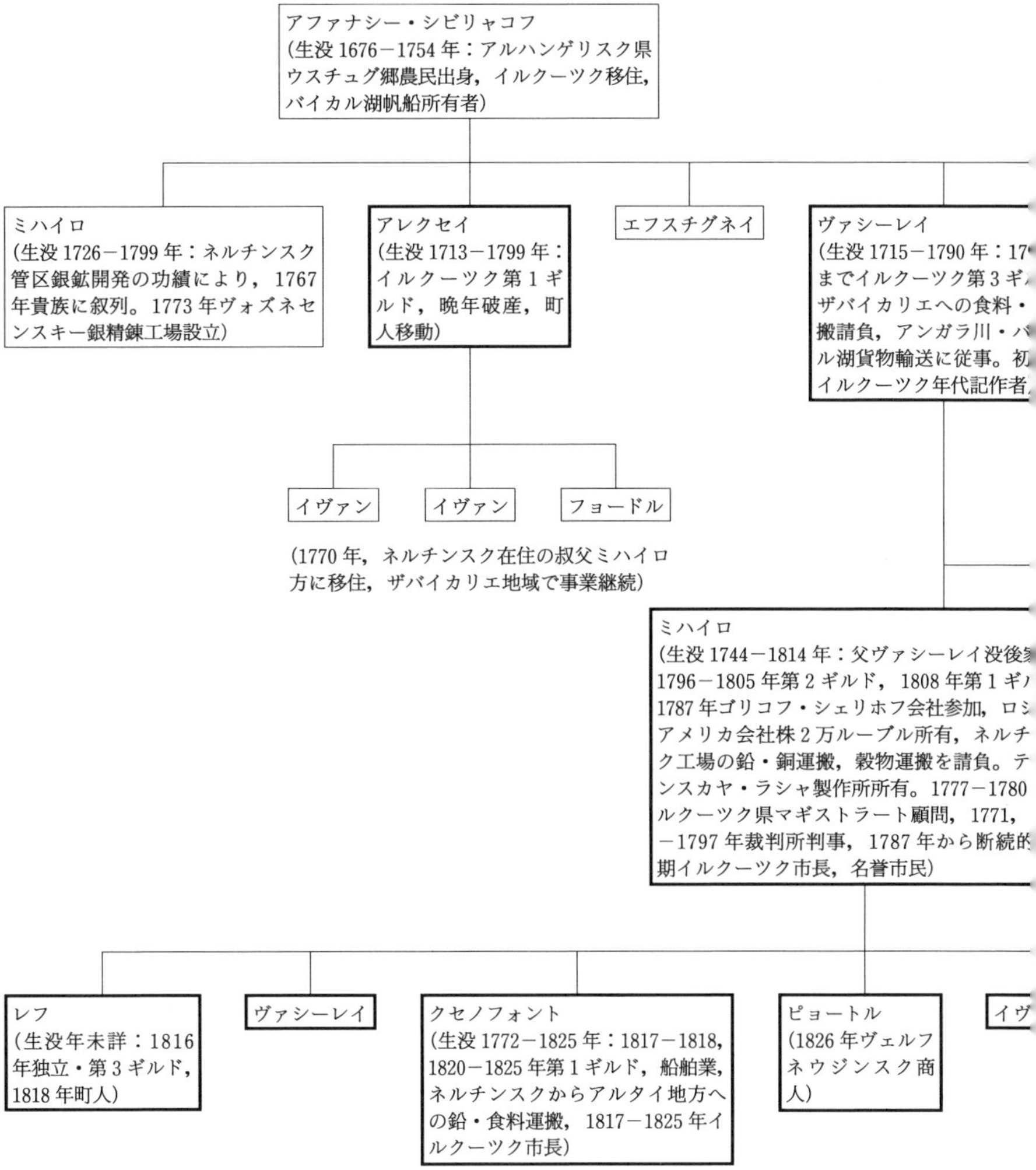
アファナシー・シビリャコフ
(生没 1676－1754 年：アルハンゲリスク県ウスチュグ郷農民出身，イルクーツク移住，バイカル湖帆船所有者)
ミハイロ
(生没 1726－1799 年：ネルチンスク管区銀鉱開発の功績により，1767 年貴族に叙列。1773 年ヴォズネセンスキー銀精錬工場設立)
アレクセイ
(生没 1713－1799 年：イルクーツク第 1 ギルド，晩年破産，町人移動)
エフスチグネイ
ヴァシーレイ
(生没 1715－1790 年：1
までイルクーツク第 3 ギ
ザバイカリエへの食料・
搬請負，アンガラ川・バ
ル湖貨物輸送に従事。初
イルクーツク年代記作者
イヴァン
イヴァン
フョードル
(1770 年，ネルチンスク在住の叔父ミハイロ方に移住，ザバイカリエ地域で事業継続)
ミハイロ
(生没 1744－1814 年：父ヴァシーレイ没後
1796－1805 年第 2 ギルド，1808 年第 1 ギ
1787 年ゴリコフ・シェリホフ会社参加，ロシ
アメリカ会社株 2 万ルーブル所有，ネルチ
ク工場の鉛・銅運搬，穀物運搬を請負。テ
ンスカヤ・ラシャ製作所所有。1777－1780
ルクーツク県マギストラート顧問，1771，
－1797 年裁判所判事，1787 年から断続的
期イルクーツク市長，名誉市民)
レフ
(生没年未詳：1816 年独立・第 3 ギルド，1818 年町人)
ヴァシーレイ
クセノフォント
(生没 1772－1825 年：1817－1818，1820－1825 年第 1 ギルド，船舶業，ネルチンスクからアルタイ地方への鉛・食料運搬，1817－1825 年イルクーツク市長)
ピョートル
(1826 年ヴェルフネウジンスク商人)
イヴ

巻末添付図 1-

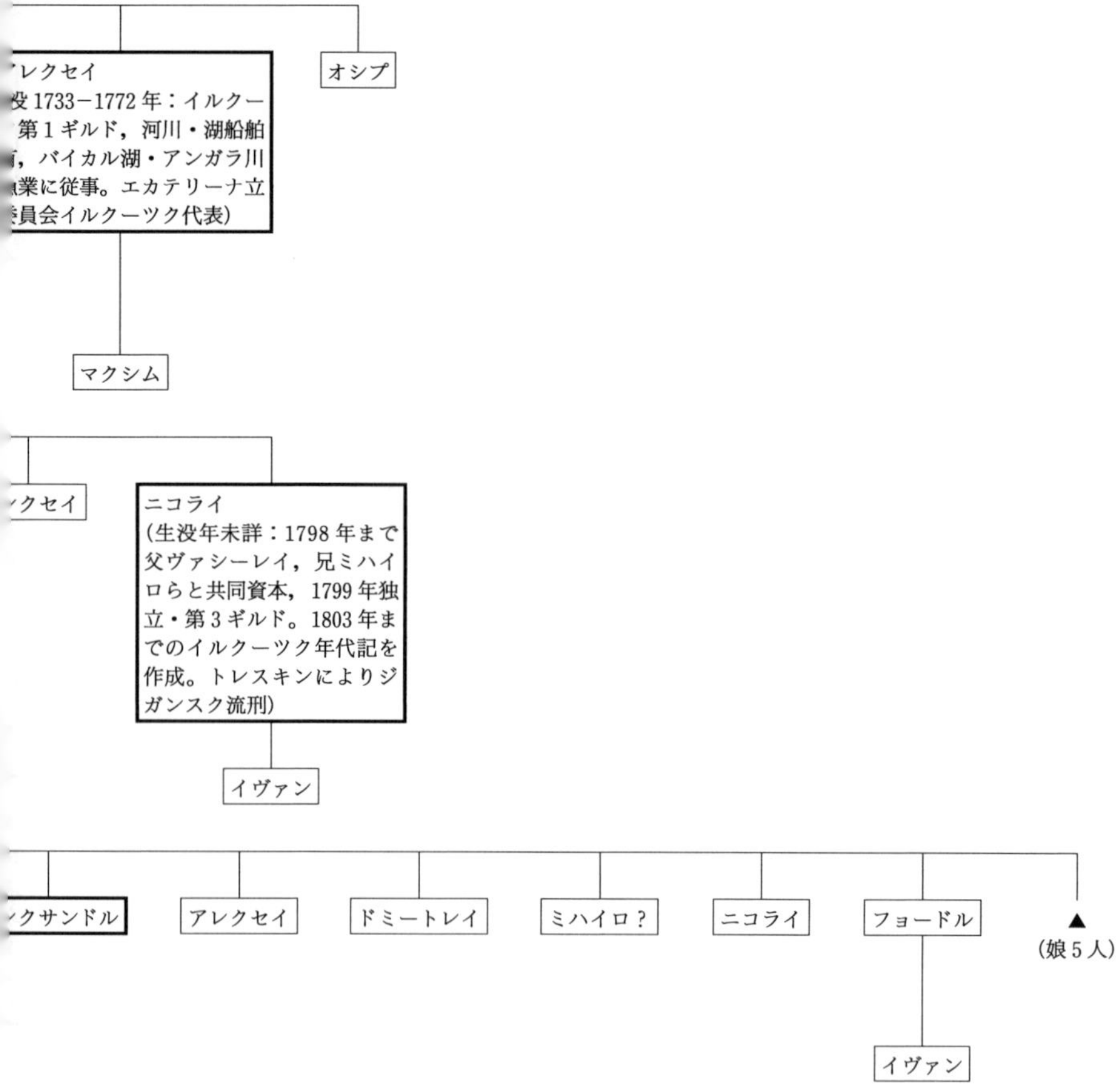
アレクセイ
没 1733−1772 年：イルクー
第 1 ギルド，河川・湖船舶
，バイカル湖・アンガラ川
業に従事。エカテリーナ立
員会イルクーツク代表)
オシプ
マクシム
クセイ
ニコライ
(生没年未詳：1798 年まで父ヴァシーレイ，兄ミハイロらと共同資本，1799 年独立・第 3 ギルド。1803 年までのイルクーツク年代記を作成。トレスキンによりジガンスク流刑)
イヴァン
クサンドル
アレクセイ
ドミートレイ
ミハイロ？
ニコライ
フョードル
▲
(娘 5 人)
イヴァン

ビリャコフ家系図①

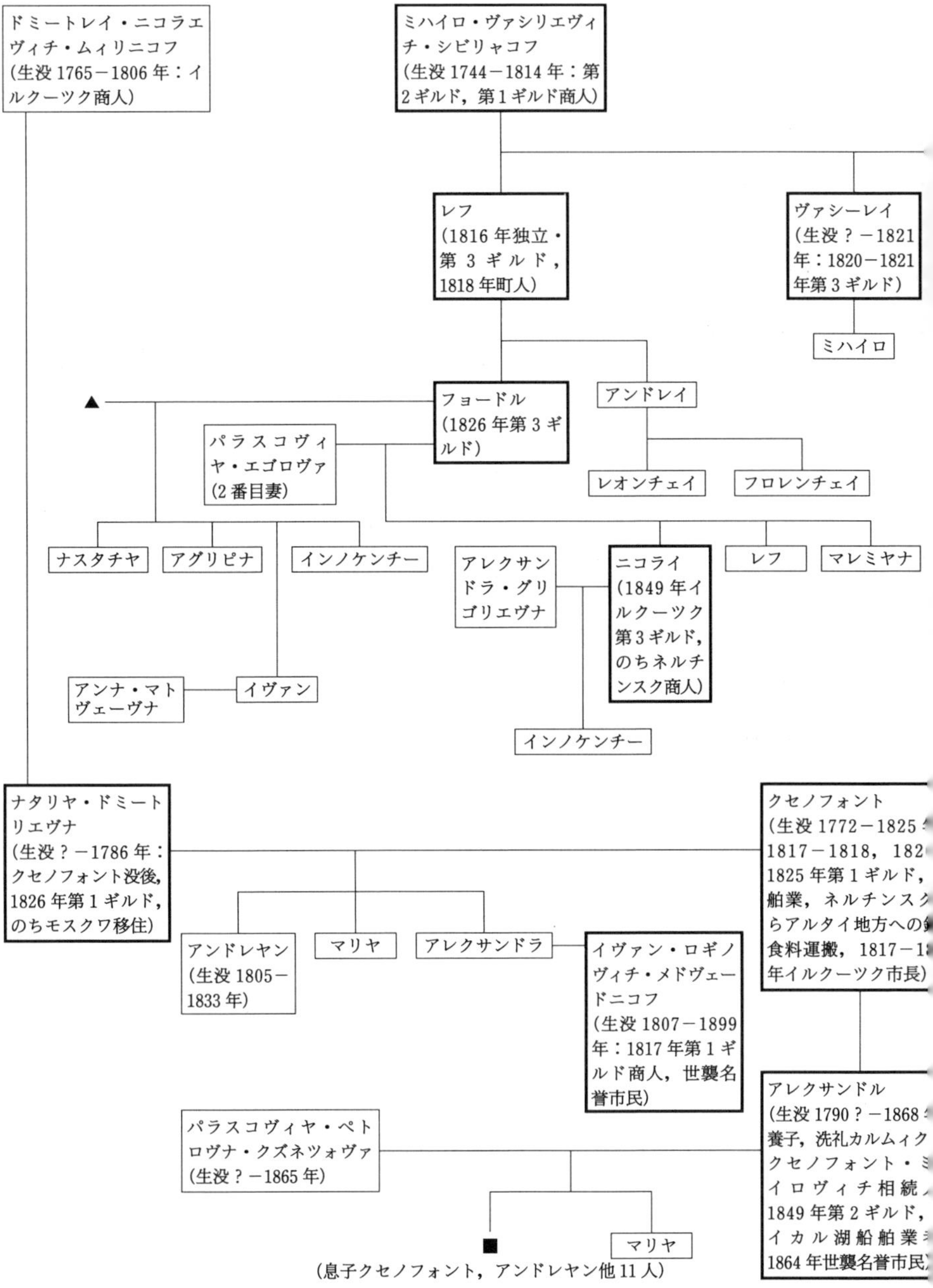

ドミートレイ・ニコラエヴィチ・ムィリニコフ（生没 1765－1806 年：イルクーツク商人）
ミハイロ・ヴァシリエヴィチ・シビリャコフ（生没 1744－1814 年：第 2 ギルド，第 1 ギルド商人）
レフ（1816 年独立・第 3 ギルド，1818 年町人）
ヴァシーレイ（生没？－1821 年：1820－1821 年第 3 ギルド）
ミハイロ
フョードル（1826 年第 3 ギルド）
アンドレイ
パラスコヴィヤ・エゴロヴァ（2 番目妻）
レオンチェイ
フロレンチェイ
ナスタチヤ
アグリピナ
インノケンチー
アレクサンドラ・グリゴリエヴナ
ニコライ（1849 年イルクーツク第 3 ギルド，のちネルチンスク商人）
レフ
マレミヤナ
アンナ・マトヴェーヴナ
イヴァン
インノケンチー
ナタリヤ・ドミートリエヴナ（生没？－1786 年：クセノフォント没後，1826 年第 1 ギルド，のちモスクワ移住）
クセノフォント（生没 1772－1825
1817－1818，182
1825 年第 1 ギルド，
舶業，ネルチンスク
らアルタイ地方への
食料運搬，1817－1
年イルクーツク市長）
アンドレヤン（生没 1805－1833 年）
マリヤ
アレクサンドラ
イヴァン・ロギノヴィチ・メドヴェードニコフ（生没 1807－1899 年：1817 年第 1 ギルド商人，世襲名誉市民）
アレクサンドル
（生没 1790？－1868
養子，洗礼カルムィク
クセノフォント・ミ
イロヴィチ相続
1849 年第 2 ギルド，
イカル湖船舶業
1864 年世襲名誉市民）
パラスコヴィヤ・ペトロヴナ・クズネツォヴァ（生没？－1865 年）
マリヤ
（息子クセノフォント，アンドレヤン他 11 人）

巻末添付図 1-

出典：ГАИО. Ф. 70. Оп. 1. Д. 44. Л. 106об., 107об.; Д. 45. Л. 52об., 53об.; Д. 46. Л. 33об., 34об.; Д. 52
ГАИО. ф. 308. Оп. 1. Д. 12. Л. 3; Д. 18. Л. 2; Д. 21. Л. 2, 4; Д. 33. Л. 2, 5; Д. 41. Л. 3, 6; Д. 54
2; Д. 129. Л. 2, 9; Д. 148. Л. 68, 75; Д. 185. Л. 1, 4; Д. 199. Л. 1, 9; Д. 219. Л. 1.
Краткая энциклопедия по истории купечества и коммерции Сибири. Т. 4. Кн. 1. С. 46–53.

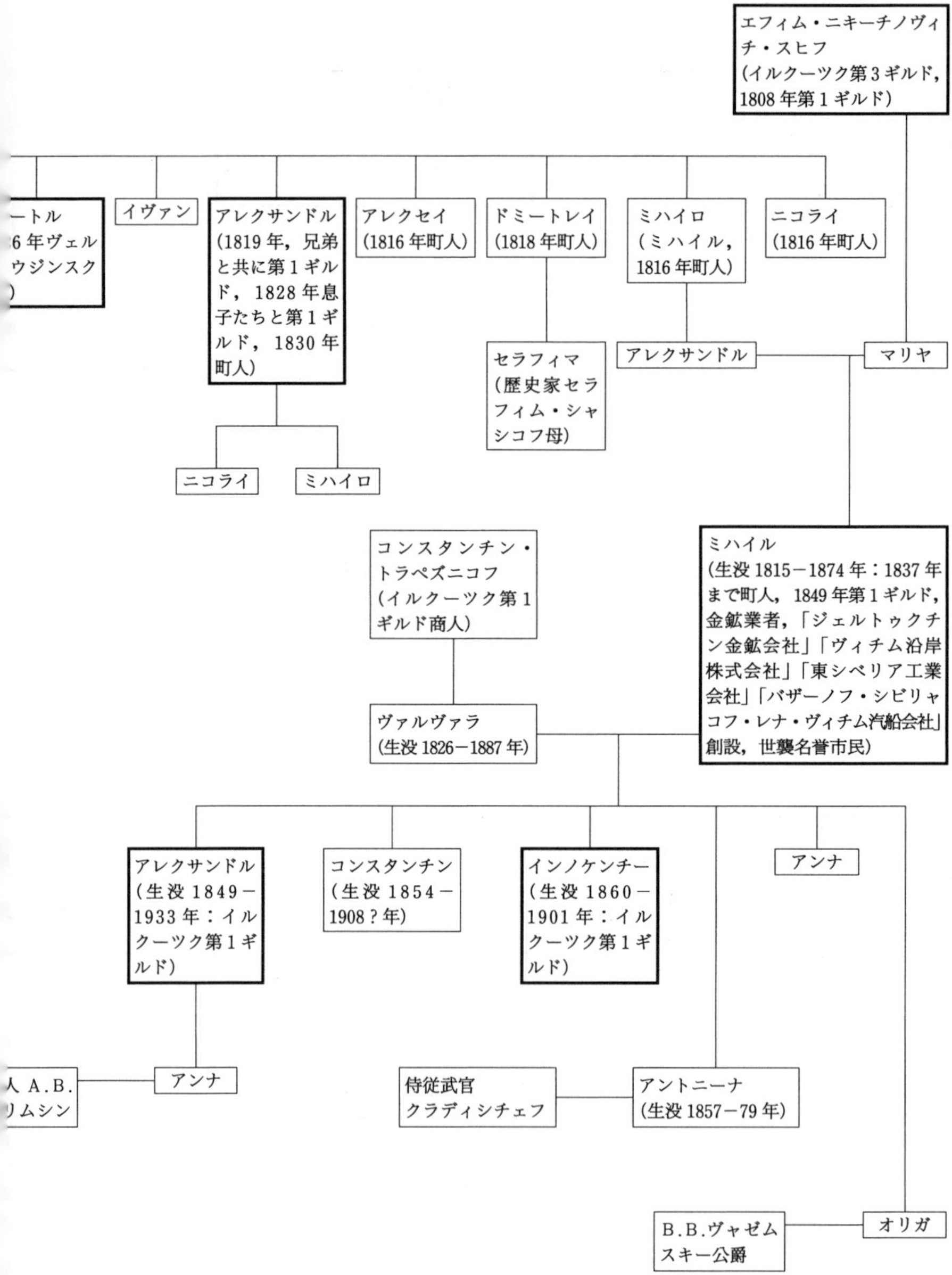
エフィム・ニキーチノヴィチ・スヒフ（イルクーツク第3ギルド，1808年第1ギルド）
ートル
6年ヴェル
ウジンスク
）
イヴァン
アレクサンドル（1819年，兄弟と共に第1ギルド，1828年息子たちと第1ギルド，1830年町人）
アレクセイ（1816年町人）
ドミートレイ（1818年町人）
ミハイロ（ミハイル，1816年町人）
ニコライ（1816年町人）
セラフィマ（歴史家セラフィム・シャシコフ母）
アレクサンドル
マリヤ
ニコライ
ミハイロ
コンスタンチン・トラペズニコフ（イルクーツク第1ギルド商人）
ミハイル（生没1815－1874年：1837年まで町人，1849年第1ギルド，金鉱業者，「ジェルトゥクチン金鉱会社」「ヴィチム沿岸株式会社」「東シベリア工業会社」「バザーノフ・シビリャコフ・レナ・ヴィチム汽船会社」創設，世襲名誉市民）
ヴァルヴァラ（生没1826－1887年）
アレクサンドル（生没1849－1933年：イルクーツク第1ギルド）
コンスタンチン（生没1854－1908？年）
インノケンチー（生没1860－1901年：イルクーツク第1ギルド）
アンナ
人 A.B.
リムシン
アンナ
侍従武官クラディシチェフ
アントニーナ（生没1857－79年）
B.B.ヴャゼムスキー公爵
オリガ

ビリャコフ家系図②

59об.; Д. 1866. Л. 2об., 7об., 131; Д. 2062. Л. 2, 3об.; Д. 2310. Л. 1; Д. 2310. Л. 258; Д. 2505. Л. 744.
; Д. 70. Л. 1; Д. 72. Л. 2; Д. 80. Л. 3; Д. 86. Л. 2; Д. 97. Л. 1; Д. 103. Л. 2; Д. 111. Л. 3; Д. 112. Л.

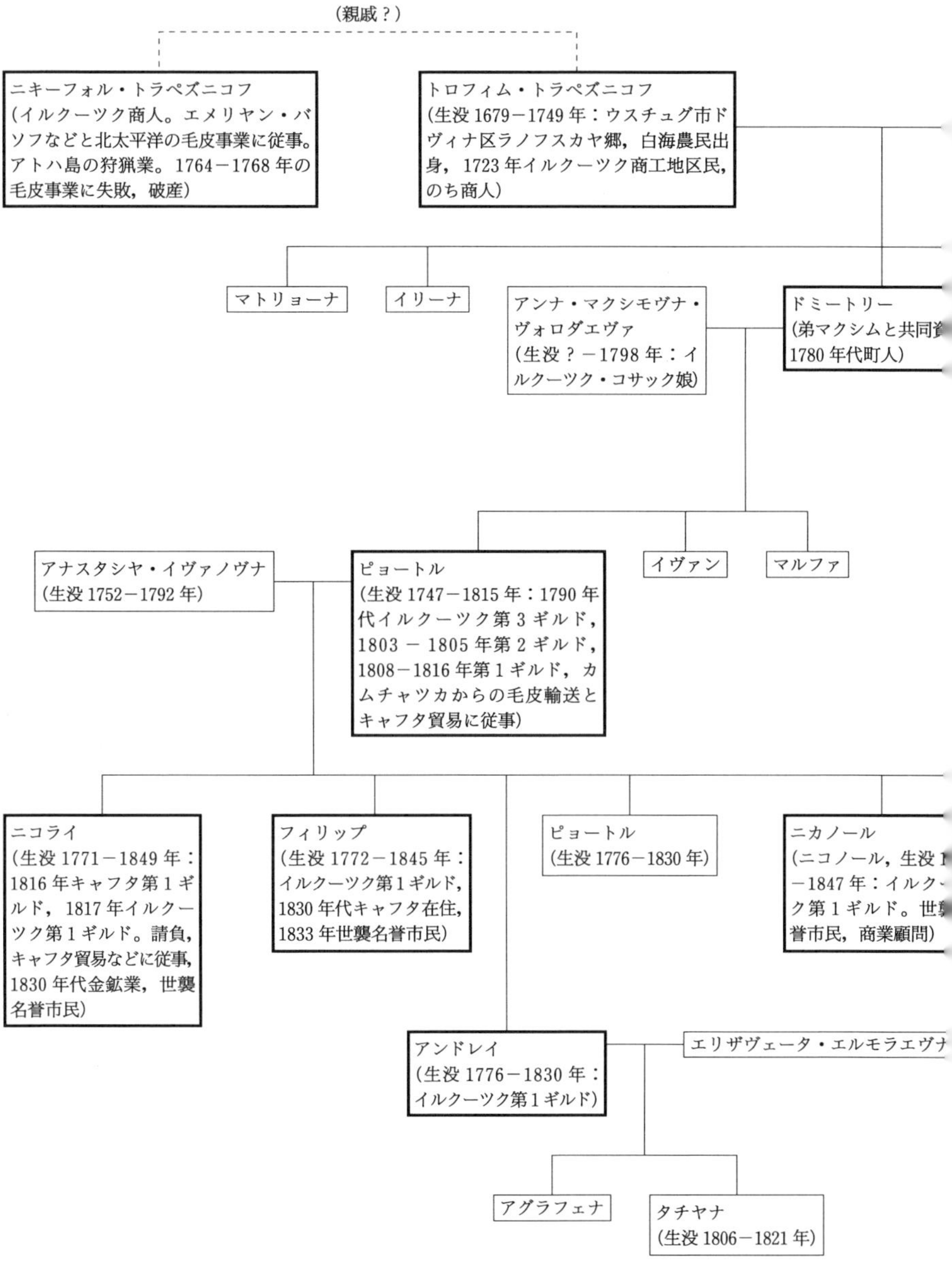
（親戚？）
ニキーフォル・トラペズニコフ
(イルクーツク商人。エメリヤン・バソフなどと北太平洋の毛皮事業に従事。アトハ島の狩猟業。1764－1768 年の毛皮事業に失敗，破産)
トロフィム・トラペズニコフ
(生没 1679－1749 年：ウスチュグ市ドヴィナ区ラノフスカヤ郷，白海農民出身，1723 年イルクーツク商工地区民，のち商人)
マトリョーナ
イリーナ
アンナ・マクシモヴナ・ヴォロダエヴァ
(生没？－1798 年：イルクーツク・コサック娘)
ドミートリー
(弟マクシムと共同
1780 年代町人)
アナスタシヤ・イヴァノヴナ
(生没 1752－1792 年)
ピョートル
(生没 1747－1815 年：1790 年代イルクーツク第 3 ギルド，1803 － 1805 年第 2 ギルド，1808－1816 年第 1 ギルド，カムチャツカからの毛皮輸送とキャフタ貿易に従事)
イヴァン
マルファ
ニコライ
(生没 1771－1849 年：1816 年キャフタ第 1 ギルド，1817 年イルクーツク第 1 ギルド。請負，キャフタ貿易などに従事，1830 年代金鉱業，世襲名誉市民)
フィリップ
(生没 1772－1845 年：イルクーツク第 1 ギルド，1830 年代キャフタ在住，1833 年世襲名誉市民)
ピョートル
(生没 1776－1830 年)
ニカノール
(ニコノール，生没
－1847 年：イルク
ク第 1 ギルド。世
誉市民，商業顧問)
アンドレイ
(生没 1776－1830 年：イルクーツク第 1 ギルド)
エリザヴェータ・エルモラエヴナ
アグラフェナ
タチヤナ
(生没 1806－1821 年)

巻末添付図 1-15 a　トラ

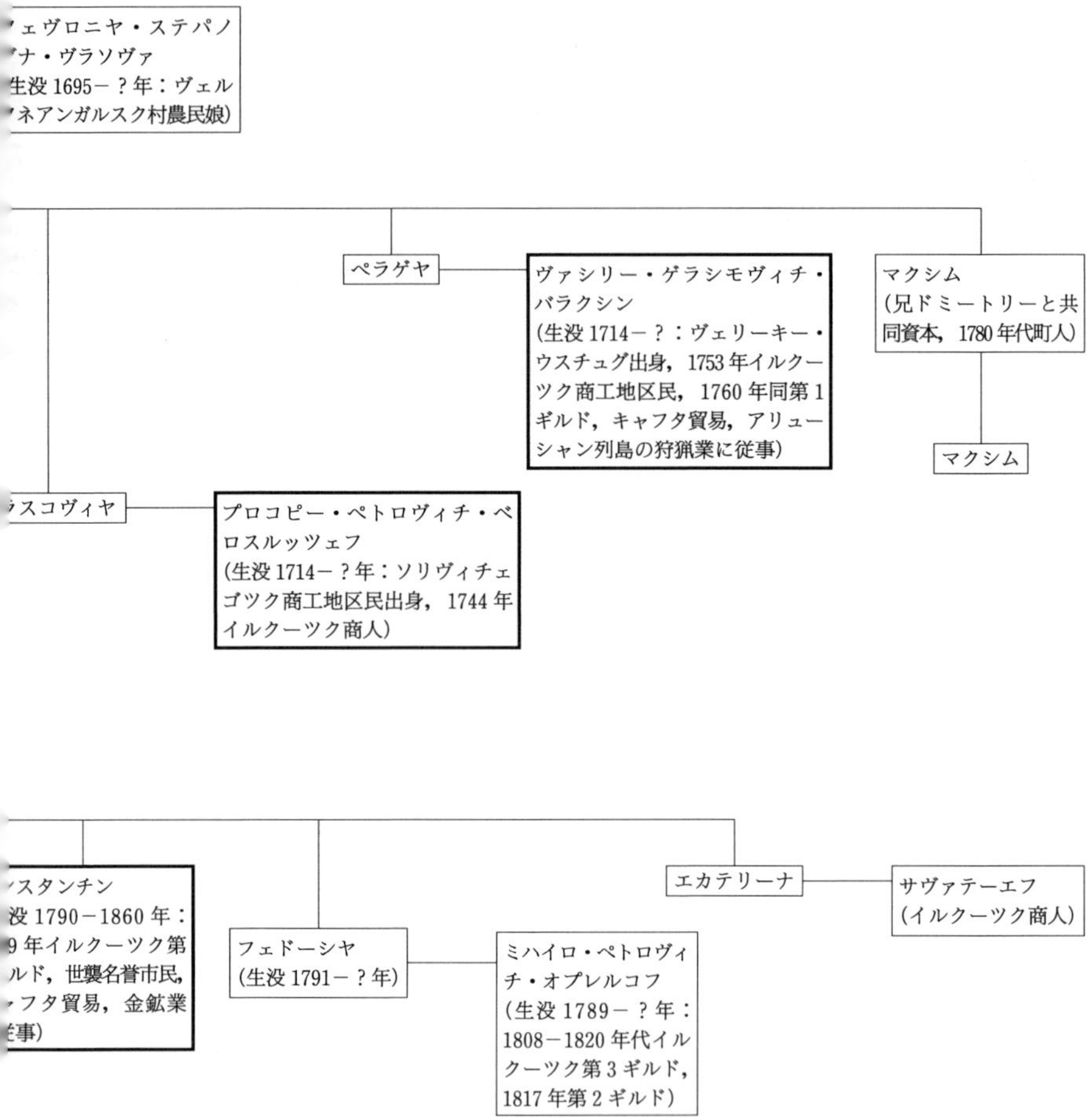
ェヴロニヤ・ステパノ
ナ・ヴラソヴァ
生没 1695－？年：ヴェル
ネアンガルスク村農民娘)
ペラゲヤ
ヴァシリー・ゲラシモヴィチ・バラクシン
(生没 1714－？：ヴェリーキー・ウスチュグ出身，1753 年イルクーツク商工地区民，1760 年同第 1 ギルド，キャフタ貿易，アリューシャン列島の狩猟業に従事)
マクシム
(兄ドミートリーと共同資本，1780 年代町人)
マクシム
スコヴィヤ
プロコピー・ペトロヴィチ・ベロスルッツェフ
(生没 1714－？年：ソリヴィチェゴツク商工地区民出身，1744 年イルクーツク商人)
スタンチン
没 1790－1860 年：
9 年イルクーツク第
ルド，世襲名誉市民，
フタ貿易，金鉱業
事)
フェドーシヤ
(生没 1791－？年)
ミハイロ・ペトロヴィチ・オプレルコフ
(生没 1789－？年：1808－1820 年代イルクーツク第 3 ギルド，1817 年第 2 ギルド)
エカテリーナ
サヴァテーエフ
(イルクーツク商人)

コフ家系図①第 1-4 世代

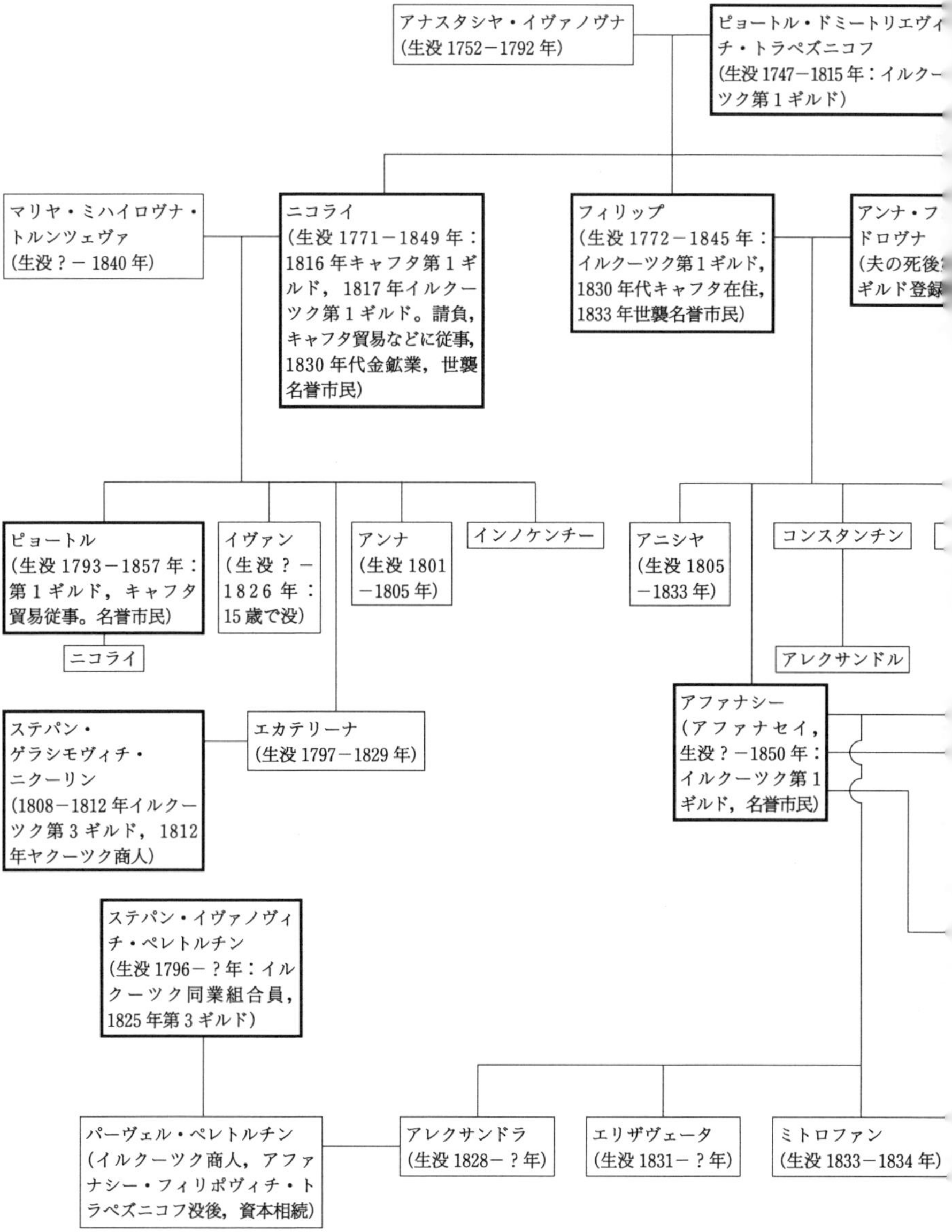
アナスタシヤ・イヴァノヴナ (生没 1752−1792 年)
ピョートル・ドミートリエヴィチ・トラペズニコフ (生没 1747−1815 年：イルクーツク第 1 ギルド)
マリヤ・ミハイロヴナ・トルンツェヴァ (生没？− 1840 年)
ニコライ (生没 1771−1849 年：1816 年キャフタ第 1 ギルド，1817 年イルクーツク第 1 ギルド。請負，キャフタ貿易などに従事，1830 年代金鉱業，世襲名誉市民)
フィリップ (生没 1772−1845 年：イルクーツク第 1 ギルド，1830 年代キャフタ在住，1833 年世襲名誉市民)
アンナ・フ
ドロヴナ
(夫の死後
ギルド登録
ピョートル (生没 1793−1857 年：第 1 ギルド，キャフタ貿易従事。名誉市民)
ニコライ
イヴァン (生没？− 1826 年：15 歳で没)
アンナ (生没 1801 −1805 年)
インノケンチー
アニシヤ (生没 1805 −1833 年)
コンスタンチン
アレクサンドル
ステパン・ゲラシモヴィチ・ニクーリン (1808−1812 年イルクーツク第 3 ギルド，1812 年ヤクーツク商人)
エカテリーナ (生没 1797−1829 年)
アファナシー (アファナセイ，生没？− 1850 年：イルクーツク第 1 ギルド，名誉市民)
ステパン・イヴァノヴィチ・ペレトルチン (生没 1796−？年：イルクーツク同業組合員，1825 年第 3 ギルド)
パーヴェル・ペレトルチン (イルクーツク商人，アファナシー・フィリポヴィチ・トラペズニコフ没後，資本相続)
アレクサンドラ (生没 1828−？年)
エリザヴェータ (生没 1831−？年)
ミトロファン (生没 1833−1834 年)

巻末添付図 1-15 b トラペズニコフ家系図②第 3-5 世代

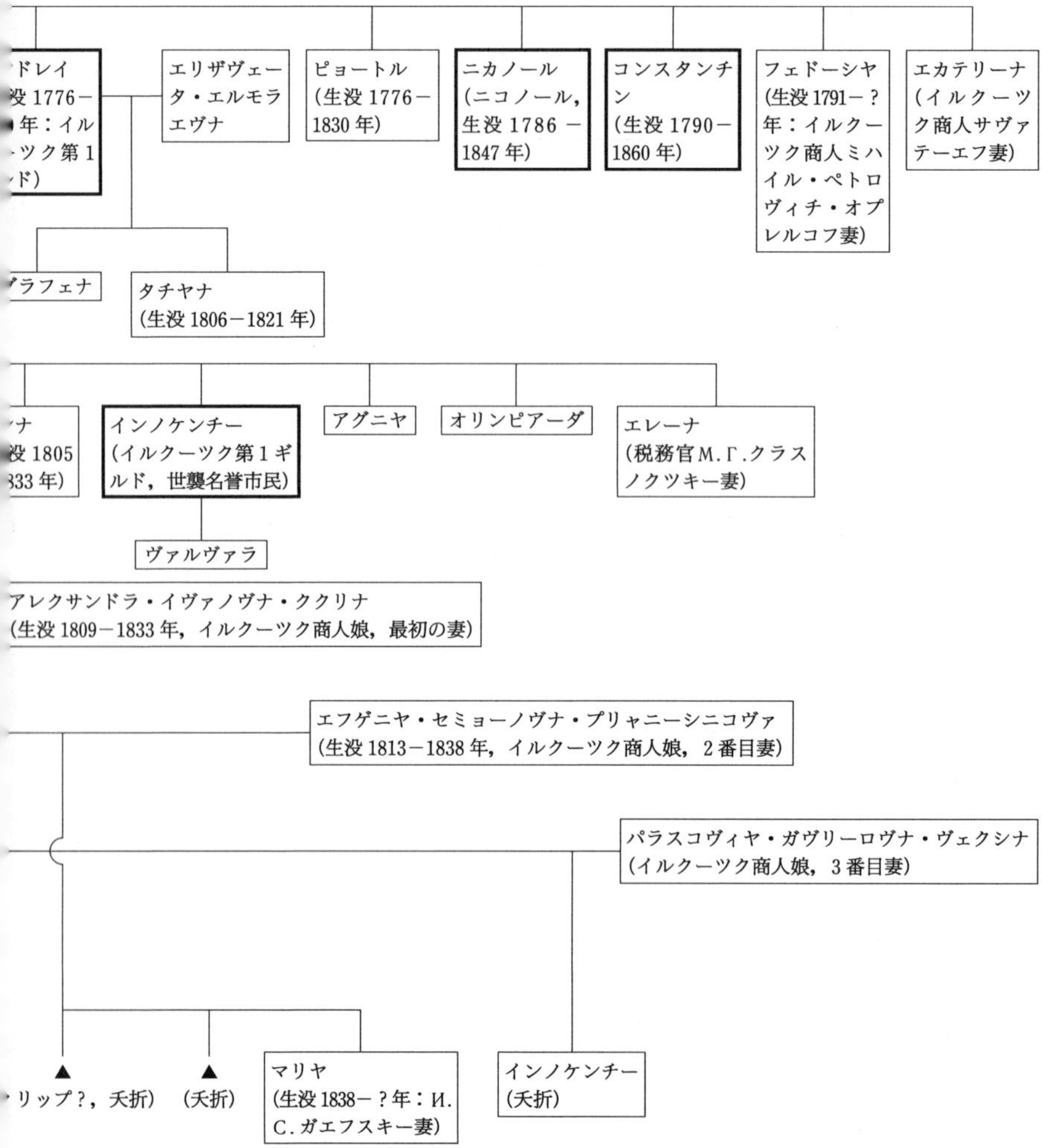
ドレイ
没 1776－
年：イル
ーツク第1
ド)
エリザヴェータ・エルモラエヴナ
ピョートル
(生没 1776－1830 年)
ニカノール
(ニコノール，生没 1786 －1847 年)
コンスタンチン
(生没 1790－1860 年)
フェドーシヤ
(生没 1791－？年：イルクーツク商人ミハイル・ペトロヴィチ・オプレルコフ妻)
エカテリーナ
(イルクーツク商人サヴァテーエフ妻)
グラフェナ
タチヤナ
(生没 1806－1821 年)
ナ
没 1805
833 年)
インノケンチー
(イルクーツク第1ギルド，世襲名誉市民)
アグニヤ
オリンピアーダ
エレーナ
(税務官 M. Г. クラスノクツキー妻)
ヴァルヴァラ
アレクサンドラ・イヴァノヴナ・ククリナ
(生没 1809－1833 年，イルクーツク商人娘，最初の妻)
エフゲニヤ・セミョーノヴナ・プリャニーシニコヴァ
(生没 1813－1838 年，イルクーツク商人娘，2番目妻)
パラスコヴィヤ・ガヴリーロヴナ・ヴェクシナ
(イルクーツク商人娘，3番目妻)
▲
リップ？，夭折)
▲
(夭折)
マリヤ
(生没 1838－？年：И. С. ガエフスキー妻)
インノケンチー
(夭折)

コライ・ペトロヴィチ，フィリップ・ペトロヴィチの系統

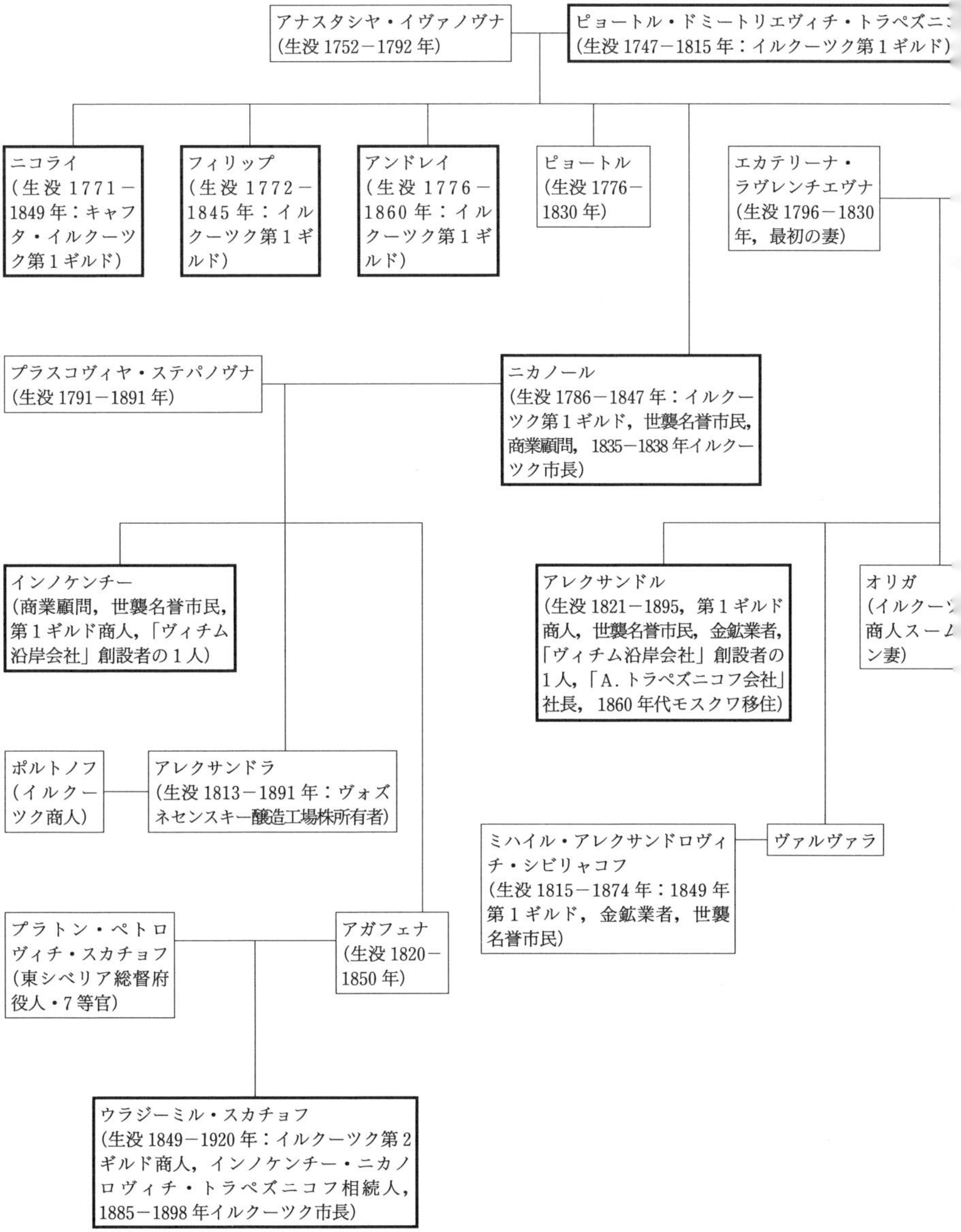
アナスタシヤ・イヴァノヴナ
(生没 1752−1792 年)
ピョートル・ドミートリエヴィチ・トラペズニコ
(生没 1747−1815 年：イルクーツク第 1 ギルド)
ニコライ
(生没 1771−1849 年：キャフタ・イルクーツク第 1 ギルド)
フィリップ
(生没 1772−1845 年：イルクーツク第 1 ギルド)
アンドレイ
(生没 1776−1860 年：イルクーツク第 1 ギルド)
ピョートル
(生没 1776−1830 年)
エカテリーナ・ラヴレンチエヴナ
(生没 1796−1830 年，最初の妻)
プラスコヴィヤ・ステパノヴナ
(生没 1791−1891 年)
ニカノール
(生没 1786−1847 年：イルクーツク第 1 ギルド，世襲名誉市民，商業顧問，1835−1838 年イルクーツク市長)
インノケンチー
(商業顧問，世襲名誉市民，第 1 ギルド商人，「ヴィチム沿岸会社」創設者の 1 人)
アレクサンドル
(生没 1821−1895，第 1 ギルド商人，世襲名誉市民，金鉱業者，「ヴィチム沿岸会社」創設者の 1 人，「A. トラペズニコフ会社」社長，1860 年代モスクワ移住)
オリガ
(イルクー
商人スーム
ン妻)
ポルトノフ
(イルクーツク商人)
アレクサンドラ
(生没 1813−1891 年：ヴォズネセンスキー醸造工場株所有者)
ミハイル・アレクサンドロヴィチ・シビリャコフ
(生没 1815−1874 年：1849 年第 1 ギルド，金鉱業者，世襲名誉市民)
ヴァルヴァラ
プラトン・ペトロヴィチ・スカチョフ
(東シベリア総督府役人・7 等官)
アガフェナ
(生没 1820−1850 年)
ウラジーミル・スカチョフ
(生没 1849−1920 年：イルクーツク第 2 ギルド商人，インノケンチー・ニカノロヴィチ・トラペズニコフ相続人，1885−1898 年イルクーツク市長)

巻末添付図 1-15 c　トラペズニコフ家系図③第 3-5 世代

出典：ГАИО. Ф. 70. Оп. 1. Д. 44. Л. 111; Д. 45. Л. 57об.; Д. 52. Л. 56об.; Д. 1866. Л. 2, 130об.; Д. 20
ГАИО. Ф. 308. Оп. 1. Д. 12. Л. 7; Д. 18. Л. 6; Д. 21. Л. 4; Д. 33. Л. 3; Д. 41. Л. 3; Д. 54. Л. 2;
112. Л. 1; Д. 129. Л. 1; Д. 148. Л. 2; Д. 185. Л. 2; Д. 199. Л. 2; Д. 219. Л. 2.
Краткая энциклопедия по истории купечества и коммерции Сибири. Т. 1. Кн. 1. С. 63, 111;

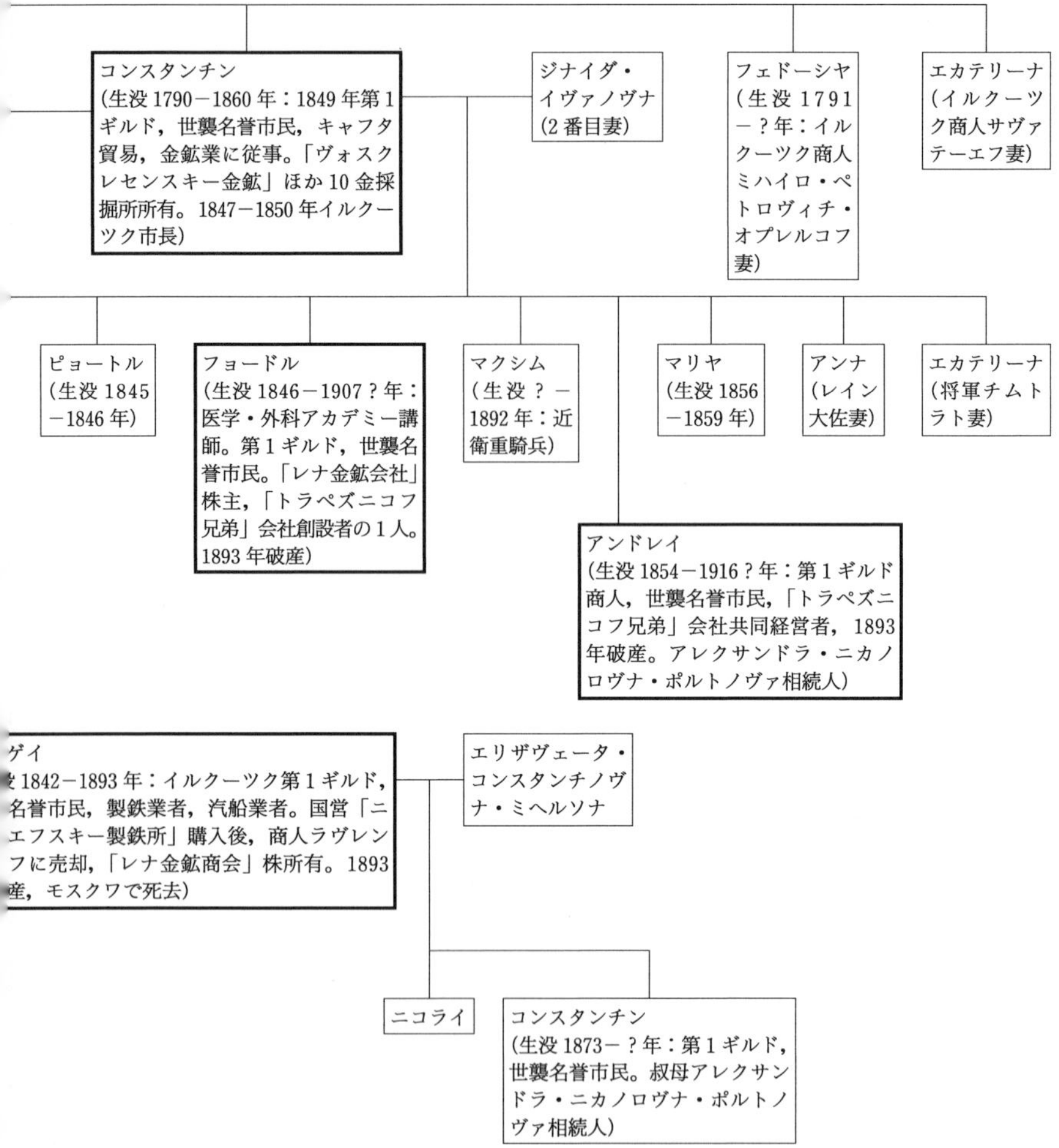
コンスタンチン
(生没 1790－1860 年：1849 年第 1 ギルド，世襲名誉市民，キャフタ貿易，金鉱業に従事。「ヴォスクレセンスキー金鉱」ほか 10 金採掘所所有。1847－1850 年イルクーツク市長)
ジナイダ・イヴァノヴナ
(2 番目妻)
フェドーシヤ
(生没 1791－？年：イルクーツク商人ミハイロ・ペトロヴィチ・オプレルコフ妻)
エカテリーナ
(イルクーツク商人サヴァテーエフ妻)
ピョートル
(生没 1845－1846 年)
フョードル
(生没 1846－1907？年：医学・外科アカデミー講師。第 1 ギルド，世襲名誉市民。「レナ金鉱会社」株主，「トラペズニコフ兄弟」会社創設者の 1 人。1893 年破産)
マクシム
(生没？－1892 年：近衛重騎兵)
マリヤ
(生没 1856－1859 年)
アンナ
(レイン大佐妻)
エカテリーナ
(将軍チムトラト妻)
アンドレイ
(生没 1854－1916？年：第 1 ギルド商人，世襲名誉市民，「トラペズニコフ兄弟」会社共同経営者，1893 年破産。アレクサンドラ・ニカノロヴナ・ポルトノヴァ相続人)
ゲイ
1842－1893 年：イルクーツク第 1 ギルド，
名誉市民，製鉄業者，汽船業者。国営「ニ
エフスキー製鉄所」購入後，商人ラヴレン
フに売却，「レナ金鉱商会」株所有。1893
産，モスクワで死去)
エリザヴェータ・コンスタンチノヴナ・ミヘルソナ
ニコライ
コンスタンチン
(生没 1873－？年：第 1 ギルド，世襲名誉市民。叔母アレクサンドラ・ニカノロヴナ・ポルトノヴァ相続人)

ノール・ペトロヴィチ，コンスタンチン・ペトロヴィチの系統

об.; Д. 2310. Л. 1об., 258об.; Д. 2505. Л. 744об.
I. 2, 9; Д. 72. Л. 3, 10; Д. 80. Л. 4, 12; Д. 86. Л. 3, 9; Д. 97. Л. 2, 12; Д. 103. Л. 1; Д. 111. Л. 2; Д.

н. 2. С. 41; *Т. 4. Кн. 1.* С. 95-96; *Т. 4. Кн. 2.* С. 6-13.

巻末添付文書史料

巻末添付文書史料 1

Л. 1 РГАДА. Ф. 183. оп. 1. Д. 32. Инструкцiя, составленная высшимъ Китайскимъ Правительствомъ для своего Купечества, торгующаго при Кяхте съ Россiянами.
Копiя съ сей Инст. поднесенъ Г. Г. Генвар. 2. 1823. ирк. [redacted] р веч.

РГАДА. Ф. 183. Оп. 1. Д. 32.
キャフタでロシア人と交易する商人向けに中国政府が作成した訓令
(1823 年 1 月 23 日，イルクーツク[redacted]に持ち込まれた訓令の写し)

Л. 2 Торгующiе при Кяхте съ Россiянами Китайцы, руководствуются следующею Верховнаго Китайскаго Правительства Инструкцiею.

キャフタでロシア人と交易する中国人は，以下の中国政府訓令により監督される。

Инструкцiя.

1й пунктъ.

Какъ общiя правила комерцiи основаны более на томъ, что бы купецъ узнавалъ благовременно цену и требованiе техъ товаровъ, коими онъ производствуетъ, а особливо въ торговле съ Иностранцами; то по сему всякой изъ торгующихъ при Кяхте китайцевъ долженъ разведывать у Россiянъ, Какую они имеютъ въ нашихъ товарахъ надобность, и въ какихъ именно более, и по какой цене оныя у нихъ внутри продаются равномерно, какой и когда будетъ у Россiянъ привозъ своихъ товаровъ. Обо всемъ ономъ тщательно любопытствовать.

訓令

第 1 項

一般に商売は商人が適切な時に価格と商品の需要を知った上で行うことが基本であり，特に外国人との貿易においてはそうである。従って，キャフタで商う中国人は全て，ロシア人たちが我が国の商品のどのようなものを必要としているか，何が特に需要が大きいのか，彼らの国ではどのような価格で一様に販売されているか，ロシア人は商品をいつ運んでくるのかといったことを探り出す義務がある。それら全てに細やかな関心を持つべきである。これに関する最高の知識を持つため，各商人は収集した情報を仲間に正直に公

А для лудчаго о сихъ предметахъ познанiя, долженъ Каждый изъ торгующих, все собираемыя сведенiя открывать чистосердечно своимъ общественникамъ. Но что бы узнанное известно было всемъ, то по вечерамъ каждаго
Л. 2об. дня, делать собранiя, въ которыхъ сообразивъ все сведенiя, доставлять оныя съ единогласнымъ своимъ мненiемъ съДзаргучею; а сей составивъ общее заключенiе, имеетъ раздать каждому купцу билетъ отъ какихъ изъ Русскихъ товаровъ воздержатся въ вымене, или какiе изъ своихъ подкрепить; равно, и въ другихъ случаяхъ какъ поступать.

2й.

Общую привозную нашихъ товаровъ въ Кяхту пропорцiю, не только иметь всегда въ одинаковомъ виде, но и старатся время отъ времени оную умаливать, понижая съ темъ вместе на всякiе изъ Русскихъ товаровъ цены; дабы наши товары всегда были у нихъ въ уваженiи; чрезъ что самый торгъ нашь для ихъ будетъ необходимо нуженъ, и Государственныя связи постановится на лудчую степень. А по сему и выпишу отъ своихъ Конторъ изъ внутри товаровъ, производить не иначе, какъ съ общаго всехъ совета, каждому

開する義務がある。そして発覚したことを周知するために，毎晩集会を開いて全情報を判断し，ザルグチェイと一致した意見を出すこと。これについて共通の結論を下し，各商人に院票(信票)を支給し，それによりロシア商品の交易を抑止し，中国商品を強化する。他の場合も同様に行動する。

第２項

キャフタにおける我が国の商品の搬入比率を常に一定にしておくだけでなく，徐々に全ロシア商品の価格を引き下げるよう努力すること。彼らが常に我が国の商品を尊重するようにさせること。それにより，我々の取引が彼らにとっても必要不可欠となり，国家間の関係はよりよい段階に進むだろう。その際，自国の事務所の国内商品を登録し，通常あらゆる全体会議により各地域で行っているのと同じく，あらゆる状況，取引現況の将来について最初から共同してよく判断すること。

по своему месту на всегда, сообразивъ съ начала общественно, все обстоятельства, и будущіе виды по текущей торговле.

Л. 3 3.

Чтобы побудить Русскихъ къ привозу излишней пропорціи нужныхъ намъ товаровъ, смотря по внутреннимъ своимъ деламъ, а особливо, если случится заметить недостатокъ оныхъ, то не только, по секрету будто бы, объявить имъ, что такіе-то товары нужны, но и оказывать стремленіе къ покупке оныхъ, съ передачею въ цене одинъ противъ другаго. Но если бы сія передача, произведенная для будущихъ выгодныхъ видовъ, доставила и убытокъ кому ни будь изъ торгующихъ, то для сего иметь общую сумму, какая по обстоятельствамъ потребуется; изъ Коей и удовлетворять понесшаго для общей пользы потерю.

第3項

ロシア人たちに我々が必要とする商品を余分に運び込ませるため，国内事業を見ながら，もし特に不足している商品に気づくようなことがあれば，秘密であるように装ってこれこれの商品が必要だと彼らに教えるだけでなく，それを購入する意志があることを示し，他の商品との価格対比を伝えること。しかしもし将来的利益のために行うこの伝達が，商人の誰かに損失をもたらす場合には，状況の必要性に応じて共同資金を用意する。これにより，全体に与えられる損失を穴埋めすること。

4

Когда же Ркcскіе по таковому стремленію, и смотря на возвышеніе ценъ, или по словамъ нашихъ купцовъ, сделаютъ привозъ изъ своихъ товаровъ больше обыкновенной пропорціи, а можетъ быть и сами по своимъ выпискамъ, привезутъ иногда излишнее, тогда все изъ нашихъ

第4項

ロシア人がそのような意志を持ったり，価格上昇や我が国の商人たちの言葉に基づき，自分たちの商品を通常より多く運び込んだり，もしかすると，それぞれが自ら余剰を取り寄せて，持ち込んだりする場合には，我が国の商人たちはそれらの商品の交換を停止し，ロシア人に対し(前述の支給されてい

торгующихъ должны, остановивъ выменъ техъ товаровъ, обьявить Россiянамъ, (по полученнымъ билетамъ, Какъ сказано выше) что у насъ оные товары вышли будто бы изъ употребленiя,

Л. 3об. или другiе Иностранцы привезли къ намъ внутрь подобнаго довольно. Чрезъ что самый нужный для насъ Русской товаръ приведется въ не уваженiе будто бы, следственно последуетъ на него и Пониженiе въ ценахъ, для общей государственной пользы.

る院票に基づき）我が国ではその商品の需要がなくなったとか，他の外国人が我が国に同様のものを十分持ってきた，と宣告しなければならない。我が国の最も必要とするロシア商品が尊重されていないかのようにすることで，結果的に価格が下がり，国家の利益となるだろう。

5.

Обходится съ Рссiянами учтиво, а не такъ какъ было прежде. Ходить Къ нимъ въ Компанiи и Звать Къ себе, не Запрещается. Но между темъ старатся узнавать не только о Комерческихъ, но и о Государственныхъ ихъ делахъ. Узнавшiй объ этомъ, и донешiй обществу и Дзаргучею, награжденъ будетъ Какъ отличившiйся по торговле Человекъ.

第5項

以前とは異なり，ロシア人に対して丁重に振舞うこと。彼らのところにグループで出かけることや，自分のところに招待することは禁止しない。しかし一方で，商売のことだけでなく，彼らの政治的事柄についても知るよう努めること。これを知り，仲間やザルグチェイに報告する者は，商売に抜きんでた人物として賞与されるだろう。

6.

Торговыхъ делъ, во внутренности нашаго Государства имеющихся, наипаче сiю Инструкцiю, да и самые малые предметы, подлежащiе къ сокровенiю, отнюдь Россiянамъ не обьявлять. Ибо сiиизвестiя есть самыя зловредныя, Которыя могутъ способство-

第6項

我が国の国内商業について，とりわけこの訓令について，そしてどんな些細な秘密であっても，ロシア人にけして教えないこと。なぜならこの情報はロシア商品の価格を上昇させ，我が国の商品価格を下落させるかもしれない最も有害なものだからだ。これにより，

вать къ возвешенiю ценъ на Русскiе товары, и къ пониженiю на наши; чрезъ что Комерцiя и Государство терпеть должены вредъ. А чтобы
Л. 4. любопытство Русскихъ купцовъ удовлетворить, дабы откровенностiю взаимно отъ нихъ пользоватся, то говорить имъ, будто бы предостерегая по дружественнымъ связямъ, что въ Государстве нашемъ существуетъ не урожай шелку, чаю, иногда бумаги; или есть привозъ пушныхъ товаровъ отъ другихъ Иностранцевъ въ Кантонъ; и тому подобное, смотря по надобности и обстоятельствамъ торговли, разумно выдуманное, Для чего Компанiоны съ Дзаргучеемъ придумать должны нужные на любопытство Русскихъ ответы. О которыхъ Дзаргучей чрезъ билеты сообщить долженъ не только Каждому изъ торгующихъ, но и ихъ служителямъ, имеющимъ входъ къ Русскимъ.

7.

Жадности къ покупке Русскихъ товаровъ не только не делать, но ивида къ тому не показывать; хотябы кому настояла и Крайняя въ чемъ нужда; или бы предвидеть доводилось большiе себе выгоды. Ибо частная всякаго польза, недолжна менятся на общую; которая непременно

商業と政府が害悪を蒙るはずである。ロシア商人の好奇心を満足させ，彼らとお互いに率直でいるためには，友好関係を守ろうとしているかのように装い，取引の必要や状況を判断しつつ，我が国では絹，茶，時には紙の出来が悪いとか，もしくは広東から他の外国人が毛皮商品を持ち込んだとか，それと同様の類を熟慮して彼らに話すべきである。そのために商人仲間とザルグチェイはロシア人の好奇心が求める答えを考えておかねばならない。ザルグチェイは院票を通じて，各商人だけでなくロシア人のところに出入りしている部下たちにもそのことを知らせること。

第７項

ロシア商品を購入したいと渇望したり，そのそぶりを示したりしないこと。たとえ誰かがそれを大いに必要としたり，もしくは自分に大きな利益があるとしても，である。なぜならあらゆる個人の利益は全体の利益に取って代えられるべきではないからである。全体の利益は必ず全員に報い，個人が行う

награждаетъ всехъ и каждаго, основательно торгъ своей ведущихъ; а первая приносить вредъ общей пользы, между темъ Какъ и порядкъ
Л. 4об. торговли съ Иностранцами, разрушаетъ. Что изъ многихъ опытовъ, предъ симъ случившихся видно было.

8

Кто утаить въ общем купцовъ собранiи при совете, слышанное отъ Русскихъ, апосле о томъ откроется, того садить подъстражу на три дней.

9

Кто противъ билету Дзаргучея сделаетъ упущенiе, того садить подъ стражу на шесть дней, а после запретить ему торговать съ Россiянами полмесяца.

10

Кто изъ нашихъ торгующихъ привезетъ излишную пропорцiю товаровъ против определенной ему обществомъ, то оные задержать до пред－будущей его очереди; а между темъ ни подъ какимъ видамъ не впускать ихъ въ торговое наше прикяхте, дабы между темъ не ослабить порядка положенной пропорцiи, ицели, къ уменшенiю оной, какъ изображено выше.

11

Кто изъ нашихъ учинитъ съ Русскимъ ссору, какого бы

取引にも十分報いるものである。前者〔個人の利益―訳註〕は全体の利益に害をもたらす一方で外国人との貿易秩序を破壊するだろう。かつて生じた経験から，それは明らかだ。

第 8 項

商人の全体集会において，ロシア人から聞いた情報を秘匿している者は，後にそれが発覚したら，3 日間逮捕拘禁する。

第 9 項

ザルグチェイの院票に違反して輸出をする者は，これを 6 日間逮捕拘禁し，その後ロシア人との貿易を 6 カ月間禁じる。

第 10 項

我が国の商売人で，団体で決定した商品比率に違反して余剰商品を持ち込んだ者は，その後の彼の順番を遅らせること。さらに前述のごとく規定の割合や減らすという目的を緩めることなく，キャフタにおけるいかなる取引も彼らに行わせないこと。

第 11 項

我が国の者でロシア人と喧嘩する者

рода ни было, хотя бы онъ на ходу дела оказался и невиноватъ, того садить подъ стражу на десять дней.

Л. 5. Между купцами обейхъ Націи претензіи всякаго рода, разбирать должные Компаніоны безъ шуму и добропорядочно; дабы изъ малыхъ неудовольствій, не возродить иногда большія и Государственныя.

12

Кто откроетъ секретъ торговыхъ Делъ нашихъ Русскихъ, какъ то: о состояніи ценъ внутри нашего государства на ихъ товары, или требованіе оныхъ; количество своихъ собственныхъ, или другаго чего идущаго къ Кяхте, того садить подъ стражу, за 1й разъ на 6дней изапретить торговать после того месяцъ. За 2-й на 12 дней запретить торговать 2 месяца. А за 3 Разъ, Какъ вреднаго для общества Члена, лишить пребыванія У Кяхте, поруча дела его избраннымъ Компаніонамъ, покуда оные не поставять на место его другаго правителя.

13.

Кто откроетъ сію Инструкцію, или секретъ Дзаргучейскаго билета, тому дать пятдесятъ ударовъ палками, и выгнать изъ нашего торговаго при кяхте места, распорядившись делами его

がいれば，それがどのようなものであれ，たとえ事件の過程で無実と判明しても，10日間逮捕拘禁すること。両国商人の間であらゆる苦情はしかるべき組合員が騒ぎ立てることなくきちんと解決すること。些細な不満から国家的な大誤解を生じたりしないようにすること。

第12項

我が国の取引の秘密，例えば我が国におけるロシア商品の価格動向や需要，キャフタを訪れる自他の個人商品の量などについてロシア人に漏洩する者がいれば，初犯は6日間逮捕拘禁し，その後1カ月間取引を禁じる。2回目は，12日間拘禁し，2カ月間取引を禁じる。3回目は，社会に有害な人物としてキャフタに滞在する権利を取り上げ，他の運営者を据えるまでは，選出された組合員に彼〔違反者〕の事業を委任すること。

第13項

この訓令やザルグチェイの院票の秘密を漏洩する者は，50回棒で叩いた上，キャフタの交易所から追放し，その事業を第12項で述べたように命じること。

Какъ въ $12^{\text{мъ}}$ пункте сказано.

14

Кто откроетъ государственныя дела,

Л. 5об. тому отсечь голову, поступя съ его делами какъ $12^{\text{м}}$ пункте сказано.

15

Кто окажетъ жадность къ покупуке товаровъ у Русскихъ видомъ, тому, сделавъ при общество выговоръ, запретить входъ къ Русскимъ на три дня.

16

Кто окажетъ ту жадность действiемъ, съ передачею противъ общаго положенiя, того оштрафовать переданнаго количества въ десятеро, въ пользу общей суммы; а самому запретить торговать съ Русскими пол-месяца за первый разъ, месяцъ за вторый, а за третiй, выгнать изъ нашего торговаго при Кяхте места, поступя съ делами его, Какъ сказано въ 12пункте.

17

Вновъ приезжащему Къ Кяхте для производства Комерцiи, запрешаетсясвоимъ лицомъ торговать съ Русскими одинъ годъ, хотябы онъ умелъ ихъ изыскомъ говорить; дабы ошибкой не сделалъ онъ разстройства общей связи.

第 14 項

政治的事柄について秘密を漏洩する者は斬首刑にし，彼の者の事業については第 12 項で述べたようにすること。

第 15 項

ロシア人の見ている前で商品の購入意欲を示す者は，団体で戒告処分を行い，ロシア人のところへの出入りを 3 日間禁じること。

第 16 項

この〔購入〕意欲を実際に示し，全体規則に違反して〔商品を〕渡す者は，引き渡した量の 10 倍を罰金として課し，全体のものとする。本人に関しては初犯の場合ロシア人との取引を半月禁じる。2 回目は 1 カ月間，3 回目はキャフタの交易所から追放し，その事業は第 12 項に述べられているように処理すること。

第 17 項

商売を行うためにキャフタを初めて訪れる者は，ロシア人との直接取引を行うことを 1 年間禁じる。全体の秩序を乱すような過ちを犯させないためである。

巻末添付文書史料 2

РГИА. Ф. 1264. Оп. 1. Д. 75. Дело по объявлению председателя Иркутской уголовной палаты С. А. Горновского в доносе на злоупотребления местных чиновников. “Ведомость о запасах хлеба по Иркутской губ., с 1806 по 1818 гг.” (地元役人の不正に関するイルクーツク刑事局代表 C. A. ゴルノフスキーの密告提出の件『1806-1808 年イルクーツク県内の穀物備蓄関連書類』)

1817 年 11 月 29 日イルクーツク市議会からイルクーツク県庁への報告文書, №1140. (Л. 50-51)

この議会へ提出された請願書により，イルクーツク第 3 ギルド商人ピョートル・プリャニシニコフ他が，記述されている理由から次のように請願している。第 1 に，イルクーツク第 3 ギルド商人にキャフタ外国貿易を，もしくは少なくとも地元シベリアの毛皮商品・物産の取引を許可してくれるよう政府に求める。なぜならこの土地の異教徒〔イノヴェルツィ。ラマ教徒のブリャート人を指すと推測される―訳註〕は自分で貿易を行っており，地元のギルドと市団はキャフタ以外のすべての港〔ポルト〕から遠隔地の県にあるため，我々の環境を支える最重要手段はキャフタ貿易だと考えるからである。また市団はロシアの諸定期市から遠く離れており，同様の障害によって他の取引手段を奪われているからである。第 2 に，第 1・第 2 ギルド商人が与えられている諸権利のうち，法的手段を制限すること。と同時に，卸取引や詳細取引〔ポドローヴヌィ・トルグ〕以外は，第 3 ギルドに許可されている取引に影響しないように，第 1・第 2 ギルドの小売取引を禁止し，詳細取引は小間物・小売取引と何が違うのか彼らに説明すること。法的には次のように命じられている。都市条例条文第 104 項，第 1 ギルドは国内および帝国外であらゆる取引をすること，商品を登録して海外へ輸出すること，それらを販売し，交換すること，法に基づき卸および詳細に購入することが許可されているだけでなく，これを奨励されている。第 110 項，第 2 ギルドは帝国内のあらゆる取引と，商品を水路・陸路で諸都市や諸定期市に運ぶこと，そこで販売，交換，購入すること，それに必要な卸・詳細取引を法に基づいて行うことを許可され，奨励されている。第 116 項，第 3 ギルドは都市，郡において小売取引きし，都市や管区で小間物商品を販売すること，その小間物商品を水路・陸路で村・集落・村落市に運び，それら市で販売，交換，購入し，小売取引のために必要なものを卸もしくは詳細に都市・管区で購入することを許

可・奨励される……

巻末添付文書史料3

ГАИО. Ф. 70. Оп. 1. Д. 1913. Дело по прошенiю Иркутскихъ 3 и гильдiи купцовъ. О разрешенiи имъ на кяхтинскомъ порте торговле, и о ограниченiи оной между Гильдiями. Началось сентября 21 ч. 1817 года.（イルクーツク第3ギルド請願の件。イルクーツク第3ギルド商人によるキャフタ貿易許可について。1817年9月21日より）Л. 1-2об.

1. 都市規則 Высочайшее городовое положенiе〔1785年都市への恵与状（ジャロヴァンナヤ・グラモタ Жалованная грамота）のことか？—訳注〕および1807年1月1日詔勅によるギルド商人の権利と利益は，第1ギルドが外国貿易を行うこと，第2ギルドが帝国内の諸都市・諸定期市で卸・小売取引を行うこと，とあります。この2つのギルドは自分が所属する都市で卸・小売取引をし，他の場所でも他都市商人に登録して同様の取引をする権利があります。従ってこの2つのギルドの取引は様々な分野に拡大することができます。もちろんこの生業は重大な利益をもたらすと期待されます。これとは反対に，第3ギルドは自分が登録する都市・郡での小売取引を行う権利しか享受しておらず，他へ広げることはできません。しかしイルクーツク第3ギルドの取引は1807年1月1日の詔勅成立まで特殊な利益を有していました。この県では，県都に最も近いキャフタ港〔ママ〕で主に中国商人と交易される商品である様々な〔毛皮〕獣猟があるからです。こうしてこの贅沢品はキャフタで取引する人々が作ったコンパニオンにより，第1ギルド同様，輸出向けに自由に購入することができ，需要もあり，利益を得られ，外国商品は第1ギルド商人と同じ価格で手に入りました。輸出時の価格は同じでした。このため第3ギルドは第1ギルド・第2ギルドに比べ，取引がなくなることは全くありませんでした。第3ギルドはこれにより繁栄していたと言うことができ，現在とは異なる莫大な利益を国庫と社会にもたらし，停滞することもなく保証されていました。なんとなれば1807年には〔第3ギルドに〕162家族がいたからです。
2. 2つの下層ギルドの港における交易を廃止するという上記の詔勅が成立したとき，第1ギルドは主に私的に，または仲介人・手代を通じ，様々な場所でイルクーツク県在住の人々が猟で得た毛皮獣を小売販売し始めました。このためときには獣を1枚，2枚，10枚と，例外なく自分の手に入れ，かなりの量の商品

を蓄えて外国へ輸出しました。地元は〔毛皮〕獣の購入とキャフタ港における中国商品の交易で利益を得ており，この商品をイルクーツクに輸送する際，第3ギルドの手に商品を引き渡すときも，同じく第1ギルドが恣意的かつ極めて有利な価格を享受しています。しかし全般に彼らが開店している膨大な数の店舗では，手代や仲介人を通じてこれらの商品を最も細かく小売販売しようと努めています。また彼ら〔第1ギルド〕の小売価格は第3ギルド商人への卸値です。時には第1ギルド自体の数が減少し，外国貿易に全家族が参加しているわけではなく，そのため第3ギルド商人がキャフタ貿易商品として入手したものを〔第1ギルドよりも〕安価に販売することができませんし，第2ギルドは様々な場所で行われている貿易により利益を得ています。なぜなら第1ギルド商人は規則に従い無制限に小売取引をしており，第3ギルドだけが全く踏みにじられた状態だからです。第3ギルドは1807年から現在までの取引減少と，上記の理由により1817年には162資本から42資本にまで減少しました。しかしそれにもかかわらず，第1，第2ギルドはわずか11資本です。第3ギルドは市の重要な勤務を行っており，全体に上の2つのギルド身分を圧倒しています——こうした理由と，上記2ギルドによる小売取引の剽窃により，第3ギルドは自分の権利が完全に圧迫され，横取りされた取引のゆっくりとした衰退により，脅威にさらされていると感じています。そのうえ1814年初め，上位2ギルドの小売取引獲得に関して発布された関税規則第6章第2項と都市規則に基づく命令は各ギルドの権利制限についてこれらギルド側の横領を食い止めることができませんでした。従って特別措置がなければこれを根絶することはできません。

こうした緊急事態の中で上記を説明していくことで，最終的な手段を見出すことができます。1807年1月1日成立の詔勅の考えに従えば，市長の義務として商人の権利・特権を全力で保護することが可能です。市長はこれに関し，イルクーツク市議会への請願書を含め，大臣閣下の審議にかけるため提出することが許されています。現在の第3ギルドの状態について近日中に審議にかけることはかまわないでしょうか。第3ギルド再建のためには第1に，キャフタ貿易を少なくとも地元シベリア毛皮商品に関してイルクーツク第3ギルド商人に許可することを政府に要望します。なぜなら地元の異教徒たち自身が貿易の恩恵を享受しており，同地がキャフタ以外の全港から遠く離れていることを考

慮し，第3ギルドは以上のことを要求致します。一つ重要なことは，キャフタ貿易の現状維持への手段です。なぜならロシアの諸定期市は遠隔地にあるなど困難であり，他の〔取引〕手段を奪われています。法的権利を与えられている第1・第2ギルドの法的手段を制限し，同時に小物取引を禁じるべきです。卸・小売取引の他に，第1・第2ギルドの取引が第3ギルドの取引に全く影響しないよう，詳細取引，ばら売り〔ラズニーチヌィ〕，小売とどのような関係となるのか明らかにするべきです：〔以下署名〕

イルクーツク商人ピョートル・プリャニシニコフ　　ヴァシリー・クズネツォフ
イヴァン・ザベリンスコイ　　ヤコフ・ドンスコイ
ヴァシリー・クリムシン　　エフドキム・リトヴィンツォフ
マトヴェイ・イグームノフ　　マクシム・デフテフ
イヴァン・シガーエフ　　ニコライ・ブリャンスコイ
イヴァン・オプレルコフ　　マクシム・オプレルコフ
ドミートレイ・トロピン　　アレクサンドル・ヴェクシン
グリゴレイ・マルィシェフ　　セミョン・スームキン
ヤコフ・[redacted]

巻末添付文書史料 4

РГАДА. Ф. 183. Оп. 1. Д. 16. Записки о неудобстве раннего размена с Китайцами. 中国人との早期取引の不便に関するメモ（Л. 1-2об.）

長年キャフタ商人が蒙ってきた著しい損失により，彼らは政府の許可を得て交換された茶の全てを突然キャフタから運ばなくなりました――この措置によってロシア商品を中国人と交換する際の価格と，中国商品をモスクワ・マカリエフ定期市で販売する際の価格を維持したのです。

昨年中国人との交換が 1 月，2 月に始まり，5 月初めに終了したとき，交換された茶の半分はモスクワとイルビート定期市・マカリエフ定期市へ送られ，残りは 8 月，10 月，12 月に出荷するためキャフタに残されました。この残りの部分は 12 月，1 月，2 月，3 月にモスクワに送られ，新たに交易される茶を受け取るまで販売価格を下げることのない十分な量でした。

しかし去る 1832 年に行われた 10 月の交易開始は，上記の措置によって予測された利益を破壊し，キャフタ商人たちに茶の価格下落による資本の大損害を与えました。なぜなら，モスクワに出荷され始める前に，先に交易された茶の残り 3 万箱以下を受け取った後で初めて交易されたからで，モスクワの卸買付け人は新たに交易された茶が入荷するのを見ても，さらにあとどのくらいの量が来るのか分からず，去る 9 月の価格と比べて 1 箱当たり 100 ルーブルも下げました。

キャフタで商うモスクワ商人および他都市商人たちは，中国人と早い時期に交易することがキャフタ貿易全体に悪影響を与え，それらがかつて蒙っていたような損失を与えるかもしれないことに気づき，尊敬する政府に次のことをあえて提起しております。

1. 中国人と交換する商品の主要な出荷はマカリエフ定期市から行われ，この商品は 12 月半ばを過ぎるまで絶対にキャフタには入荷させないこと。同じく商いを行う商人たちの大部分はこの時期の前後にキャフタへ来訪しないこと。12 月より前に行われる交易用ロシア商品の評価に関する規定は，現状を考慮するのでなく，先立って〔決められた〕交換価格に基づくべきです。商売人全体の同意に基づいていないこと，そのことにより商人とキャフタ貿易に従事する膨大な数の産業家大多数の全体の利益が損なわれているのです。
2. 1 月まで交易を制限することは中国人を困窮させるものではありません，なぜ

なら現在まで彼らは，その時期に交易したロシア商品全てを彼らの市・定期市の時期までに自国に送ることができるからです。

3. 上記の時期まで交易を制限するに際し，毎年政府の許可を得て残される量の茶は決まった時期にキャフタから運び出すこと。そして価格を下げることなく，新たに交換された茶を受け取る前にそれを販売すべきで，そのためにキャフタ商人は中国人との交易の始まりがこれまでの例にならって1月以前にならないよう希望し，請願致します。

(署名)アレクセイ・クマニンの息子たち

イヴァン・コレソフ	セミョン・カラシニコフ
イヴァン・コルジンキン	ピョートル・ボトキン
ニコライ・ボトキン	パーヴェル・ゾロタリョフ
アレクセイ・ルダコフ	アレクサンドル・コルジンキン
イヴァン・ロプコフ	ピョートル・クラスノグラーゾフ
セミョン・フローパニン〔ママ〕	イヴァン・ハジコンスタ〔ママ〕
デミド・スームキン	パーヴェル・チェルニャフスキー

巻末添付文書史料 5

РГАДА. Ф. 183. Оп. 1. Д. 54. Письмо къ Государю Императору и две записки поданные Градскимъ Главою Е. А. Кузнецовымъ въ пользу Иркутскихъ Гражданамъ и Кяхтинской Торговли въ СПб., 1827м году. Примечанiи Министра финансов.（1827年市長E. A. クズネツォフから皇帝宛て，イルクーツク市民とキャフタ貿易のための手紙）Л. 3-7об.

〔右側はクズネツォフの書いた文章，左側はクズネツォフの意見に対し役人が書き足したコメント―訳註〕

イルクーツクに第1ギルド商人が存在する唯一の理由はキャフタにおける中国人とのバーター貿易です。これは旧来の規則によって同ギルドのみに特に許可されており，ギルド制に関する新規則でも制限されていません。1824年11月14日に陛下が確認されたこの規則にもかかわらず，国境貿易は他の全ての場所で第2ギルドにも許されています。

しかし上級ギルドのこのような権利が，第2ギルドとなることを完全に妨げています。なぜなら国内卸取引が直接キャフタにおけるバーター貿易と結びつけられており，卸取引自体，キャフタ貿易なしでは何の利益も持たず，その存在手段がないからです。

この結果は以下の環境によるものです。第1ギルド商人はシベリア地域の製品を第2ギルド商人より安価に購入しています。なぜなら第1ギルド商人はキャフタ国境貿易とロシア国内取引の権利を利用し，あれこれの取引に有効な商品を卸購入し，種類や品質によって2種類に分類し，商取引のやり方に応じて同商品の価格を思い通りに操作し，特にキャフタにおける中国人向け販売と国内販売のため，各取引で価格を引き上げたり引き下げたりすることで，その利益が保証されています，つまり国境貿易と国内取引双方によって支えられているからです。

これとは反対に，第2ギルド商人はロシア国内取引の商品購入に制限されており，それによる利益がもしかすると保証されえないかもしれないだけでなく，特に第1ギルド商人がキャフタにおける国境貿易の方式に従い，第2ギルドも取り扱っている国内取引商品の価格を引き下げるときには，個人的に損失を蒙っています。これと同様に，イルクーツク第1ギルド商人がロシア国内諸県の商品を購入するのは中国人への販売が目的であり，第2ギルド商人にとっては必ずしも適正ではありません。なぜなら第2ギルドはこのような目的を持ちえず，シベリアでの転売は彼らにとって損失以外のなにものでもないからです。

イルクーツク第1ギルド商人が享受する権利は，地元で商売する第3ギルド商人を圧迫しています。1824年11月14日に確認されたギルド制度に関する全体規則は，卸取引のみならず，第3ギルド商人に属する小売取引をも第1ギルド商人に許可しています――イルクーツクの小売取引における重要品目は，第1ギルド商人の仲介で中国人から得る商品です。つまり同商人はそれらを小売販売のため第3ギルド商人に販売し，同時に自身も店舗で同じように取引し，第3ギルド商人に卸販売する価格よりも安価に販売します。このため第3ギルド商人は中国商品を購入・販売することでいかなる利益も持たないのです。〔彼らは〕第1ギルド商人の小売取引価格が引き下げられる場合，最も損失を蒙ります。第1ギルド商人のこのような行動には2つの理由がありえます。第3ギルド商人が商品を交換する可能性を奪いたいという欲求，もしくは小売販売でただ金を儲けることです。そして第3ギルド商人に商品を卸販売するときは，彼らから受け取る金を貸しにしておくのです――第3ギルド商人はイルクーツク第1ギルド商人からの購入を避けられません。

なぜなら，キャフタで中国商品の交換を行っている他県の第１ギルドは，シベリア諸都市のわずかな場所でしかそれらを販売せず，ほとんど全てを〔ヨーロッパ・〕ロシア国内や最も重要な定期市，ニジェゴロドとイルビートへ送るのです。

これは正しくない！中国人と取引のある他都市商人たちはイルクーツクやイルクーツク県全体で中国の小間物を地元商人より多く販売している。

一方，第３ギルド商人にとって，ロシア国内で入手する商品の取引は助けになりません。なぜなら第１ギルド商人たちはこのような商品を自分の店舗で小売取引しているからです。さらに一層破滅をもたらしているのは証明書を持つ〔ヨーロッパ・〕ロシアからの来訪農民の取引です。

ここではまるでイルクーツク市民が農民に比べて信頼を得ていないかのように証言している。

この農民たちは手形によって仲介人が何割か値下げ販売した商品だけを受け取ります。そのためそれらをイルクーツクの地元商人よりも安価に販売できます。なぜなら地元商人は自己資本のみで〔ヨーロッパ・〕ロシアから商品を受け取り，商品利益を公平に享受しなければならないからです＋。

＋市民たちが莫大で不釣合いなほどの利益を

欲求していることを証明しようとはしないのだろうか。

そのほか，証言によると農民の取引はイルクーツク市だけで行われるのではなく，シベリア中で行われているのであり，この地域全体に害を及ぼし，年々その資本を途方もなく減らしているのです。農民たちはシベリアで商品を売って得た金を〔ヨーロッパ・〕ロシア内に持ち出し，シベリア製品は何一つ買わないのですから。θ

θ考えてもみたまえ、ここで誰が毛皮製品を買うか教えていただきたい。

上記のことは全て，イルクーツクにおける第1ギルド商人の豊かさと，それとは反対の第3ギルド商人の貧しさを明示しており，第3ギルドの多くが自己資本の損失のみならず，手形に替えられた他人の資本を損失することで商売を止め，その後町人になるのです。

イルクーツクの町人身分もまた極貧状態にあり，人口希薄な地域という地元の環境から，彼らの小売取引は重要ではありません。手工業の意義も全てにおいて取るに足らぬものです。なぜならイルクーツクには昔から数百人の流刑囚による官営の手工業所があり，社会監督局の資本で活動し，市住民用のあらゆる工芸品を個人手工業者が作るよりずっと便利かつ安価に製造しています。こうした理由から，市内で手工業を行える状態ではない，より多くの町人が，家族をもっと良い条件で養うため村落に住み，農民労働に雇われています。

さらに，イルクーツク市民は，県都にふさわしいレベルの建設を行って市を維持するという負担を背負っています。市歳入は全部で4万から5万ルーブルであり，支出

は毎年7万もある――したがって支出のほぼ半分は市民への税金で補充されます。この税はギルド税，地方税と共に，特に第3ギルド商人と町人が緊急時に支払って補充しています＋。

＋第1ギルドは何も支払っていないかのように見える。

それ以上に，町人の多くが非常に貧しく，彼らの支払いは他の市民の負担にもなっています。

イルクーツク市長は敬意をもって謹んで皇帝陛下に以下のことを奏上申し上げます。

1. 1824年11月14日作成で陛下が確認された国境貿易の権利は，第1ギルド商人のみならずイルクーツク市民に関しては第2ギルド商人にも拡大し，キャフタ貿易については全体規約の例外とすること。
2. この〔第2ギルドの〕権利をキャフタで取引する第1ギルド商人ができるだけ感知しないようにするため，上記規則により第2ギルド商人が他の土地で許可される取引を年30万ルーブルに，キャフタでは50万ルーブルに制限すること。なぜなら中国人との交換および取引自体は1年に1回のみだからです。
3. 後者においては，イルクーツク市の一時登録者であったり，もしくは取引権証明書を受け取っているのに，他の土地からの来訪者でイルクーツク定住市民ではなかったりする第2ギルド商人には，キャフタ貿易を許さないこと。
4. イルクーツクで第1ギルド商人が中国商品を小売取引することを禁じること。しかし第2ギルド商人には禁じないこと，なぜならキャフタにおける彼らの卸取引は取るに足りないからです。
5. イルクーツクでの〔ヨーロッパ・〕ロシア内諸県から

の来訪農民の取引は同市に存在する臨時定期市に制限すること。

6. 1783年3月6日勅令で定められた，イルクーツク県内の税関において搬入・搬出商品から〔徴収される〕1ルーブル当たり1コペイカの税は，学校や，社会監督局のその他有益な市施設に向けること，それらの施設はこれまで理由不明で全く修復できなかったり，県都イルクーツクの歳入不足のため，維持費や建設費を振り分けるべき社会的に有益な施設とすること。
7. イルクーツク市の歳入不足のため，同地軍事施設の建設・維持は，法令により県の地方税全体からの支出である。従ってこれに基づき，過去3年間軍司令官施設と中央警備隊長所在地建設にかかった額を一般地方税から市歳入へ差し戻すこと。

こうした手段そのものにより全て例外なく，イルクーツク市民は福祉を保証されうるでしょう。第1ギルド商人は最も重要な卸取引の中心に留まり，それによりキャフタ，ニジェゴロド定期市，イルビート定期市，首都のモスクワで貢献するでしょう。第2ギルド商人は国庫に取引権の代償として金を支払い，第1ギルドと第3ギルドの間で取引の中間を占める自分の位置を受け入れ，これらギルドの中で公平を期すでしょうし，彼らは現在第3ギルドに対して何ら害を及ぼしておりません。第3ギルドは第1ギルド商人への重度の依存から脱却するでしょう。それは現在緊急に必要であり，中国商品の取引に関しては第2ギルドへ上昇する可能性を持つでしょう。なぜなら第2ギルドは第1ギルドよりも多くを求めないからです。現在に至るまで取るに足らない町人は，第3ギルド商人の取引権を持てばこのギルドに入り，〔ヨーロッパ・〕ロシアからの来訪農民の取引に取って代わる

でしょうし，国庫は農民に与える権利で得られる収入を補塡するでしょう。そして最後に，市民の福祉と，イルクーツク市自体が要求するあらゆる関連建設資金があれば，ほどなくロシア最良の県都に並び，その遠隔性から全てを包み込んでいる皇室の保護を証明することにもなることでしょう。

1827年10月31日